中国歴史・文学人物図典

瀧本弘之 編著

遊子館

はしがき

現代に生きる我々が、中国の歴史や文学をひもとくとき、そこに登場するあまたの英雄豪傑や才子佳人のイメージは、テキストだけでは掴みにくいことが多い。登場人物の姿を目にしてみたい……。そんなごく自然な要望に応えようとして編纂したのが、本図典である。

歴史上功績ある帝王や功臣らは、顕彰の意味から多くの図像が描かれ伝えられてきた。それは歴代にわたるその人物の評価と共に大きく変遷もしている。旧時代における肖像とは、その人物がそのときどきに如何に表象されているかのメルクマールでもあった。また貴顕や著名人以外の肖像となると、これがあまり知られていない。本書では、脇役となるひとびとや女性にも極力注目して、その図像を博捜し掲載することにつとめた。

古くは後漢時代の画像石から、近くは清末の版本までを用い、かの国の人々が親しく目睹した歴史・文学における登場人物のかずかずを収録し簡略に解説を付した。なかでも重要・著名な人物にはできうる限り複数の資料を提示し、時代とともに変遷する人物評価にまで理解が届くような工夫も凝らしてみた。索引もつけてあるので、検索にも便利であろう。

歴史・文学・風俗等の研究調査に携わる専門家から、中国の歴史・文学の愛好者まで幅広く活用していただければ、筆者にとってこれに過ぎる喜びはない。

編著者 識

平成二十二年 盛夏

＊本書は二〇〇五年刊行の『中国歴史人物大図典』（歴史・文学編）の新装版である。出版にあたり、誤植の訂正や最小限の加筆を行った。

中国歴史・文学人物図典

中国歴史・文学人物図典　目次

主要資料解題　10

歴史編

■■■殷・西周時期■■■

桀王　古列女傳　4
末喜　古列女傳　4
桀王　石索　4
契　集古像賛　4
契　三才図会　5
伊尹　三才図会　5
傅説　三才図会　5
成湯　三才図会　5
殷高宗　三才図会　6
殷紂王　古列女傳　6
妲己　古列女傳　6
箕子　古聖賢像傳略　6
比干　古聖賢像傳略　7
微子　古聖賢像傳略　7
后稷　集古像賛　8
周公旦　石索　8
周成王　石索　8
息夫人　古列女傳　9
息夫人　百美新詠　9
周公旦　集古像賛　10
周公旦　三才図会　10
周文王　集古像賛　10
周文王　三才図会　10
太公望　歴代古人像賛　11
太公望　古聖賢像傳略　11
太公望　百将図傳　12
周武王　集古像賛　13
周康王　三才図会　13
伯夷　三才図会　13
伯夷　古聖賢像傳略　13
叔斉　古聖賢像傳略　14
召公奭　三才図会　14
召公奭　古聖賢像傳略　14
太伯　三才図会　14
太姜　古列女傳　15
太任　古列女傳　15
太姒　古列女傳　15
太伯　古列女傳　15
周文王　古列女傳　15
周武王　古列女傳　15
季歴（王季）　古列女傳　15
古公亶父（太王）　古列女傳　15
周幽王　古列女傳　15
褒姒　古列女傳　15
褒姒　百美新詠　16

■■春秋戦国時期■■

范蠡　博古葉子　18
范蠡　於越先賢像傳賛　18
西施　百美新詠　19
西施　於越先賢像傳賛　19
柳下恵　古列女傳　20
柳下恵妻　古列女傳　20
柳下恵　古聖賢像傳略　20
接輿　古列女傳　21
接輿妻　古列女傳　21
晏子　古聖賢像傳略　21
伍子胥　呉郡名賢図傳賛　22
季札　呉郡名賢図傳賛　22
季札　集古像賛　23

目次

呉王僚	石索	23
専諸	石索	23
斉桓公	古列女傳	24
衛姫	古列女傳	24
衛姫	百美新詠	24
管仲	集古像賛	25
管仲	石索	25
斉桓公	石索	25
曹沫	石索	25
斉宣王	古列女傳	26
鍾離春	古列女傳	26
斉宣王	石索	26
鍾離春	石索	26
老莱子	博古葉子	27
百里奚	博古葉子	27
孫武	百将図傳	28
孫臏	百将図傳	28
楽毅	百将図傳	29
魯仲連	古聖賢像傳略	29
藺相如	山東沂南画像石	30
藺相如	石索	30
孟嘗君	博古葉子	31
寧戚	古聖賢像傳略	31
豫讓	石索	32
聶政	石索	32
蘇秦	博古葉子	33
范睢	石索	33
申生	古列女傳	34
驪姫	古列女傳	34

西門豹	古聖賢像傳略	34
呂不韋	博古葉子	35
黔婁	博古葉子	35
白圭	博古葉子	36
猗頓	博古葉子	36
屈原	離騒図	37
屈原	古聖賢像傳略	37
孔子	集古像賛	38
孔子	歴代古人像賛	39
孔子	聖廟祀典図考	40
孔子	聖賢像賛	40
孔鯉	聖賢像賛	40
叔梁紇	聖賢像賛	40
子思	聖廟祀典図考	41
子思	聖賢像賛	41
子思	三才図会	41
顔子	三才図会	41
顔子	聖廟祀典図考	42
曾子	高士傳	43
曾子	三才図会	44
閔損	聖廟祀典図考	44
冉耕	聖賢像賛	44
冉雍	聖廟祀典図考	44
冉雍	聖賢像賛	45
宰予	聖廟祀典図考	45
端木賜	聖賢像賛	45
冉求	聖賢像賛	45
子路	石索	46
子路	聖廟祀典図考	47

子游	三才図会	47
子夏	聖賢像賛	47
子張	聖賢像賛	47
顔無繇	聖賢像賛	48
曾點	聖賢像賛	48
宓子賎	聖賢像賛	48
燕伋	聖賢像賛	48
公晳哀	聖廟祀典図考	48
公冶長	聖賢像賛	49
南宮括	聖廟祀典図考	49
叔仲会	聖賢像賛	49
商瞿	聖賢像賛	49
原憲	聖賢像賛	50
原憲	高士傳	50
高柴	聖廟祀典図考	51
漆雕開	聖廟祀典図考	51
漆雕開	聖賢像賛	51
司馬耕	聖賢像賛	51
有若	聖賢像賛	52
樊須	聖賢像賛	52
公西赤	聖廟祀典図考	52
巫馬施	聖廟祀典図考	52
梁鱣	聖廟祀典図考	53
顔辛（幸）	聖廟祀典図考	53
冉儒（孺）	聖廟祀典図考	53
曹卹	聖廟祀典図考	53
伯虔	聖廟祀典図考	54
公孫龍	聖廟祀典図考	54
冉季	聖賢像賛	54

奚容蔵　聖賢像賛　54
秦祖　聖賢像賛　54
漆雕哆　聖賢像賛　55
顔高　聖賢像賛　55
漆雕徒父　聖賢像賛　55
壌駟赤　聖賢像賛　55
商澤　聖賢像賛　56
石作蜀　聖賢像賛　56
任不斉　聖廟祀典図考　56
公夏首　聖廟祀典図考　56
后処　聖廟祀典図考　57
后処　聖賢像賛　57
公肩定　聖廟祀典図考　57
顔祖　聖廟祀典図考　57
鄡単　聖廟祀典図考　58
句井疆　聖廟祀典図考　58
罕父黒　聖廟祀典図考　58
秦商　聖廟祀典図考　58
施子常　聖廟祀典図考　59
公祖句茲　聖廟祀典図考　59
左人郢　聖賢像賛　59
県成　聖賢像賛　59
鄭国　聖廟祀典図考　60
顔子僕　聖賢像賛　60
廉潔　聖賢像賛　60
楽欬　聖廟祀典図考　60
邦巽　聖廟祀典図考　61
狄黒　聖賢像賛　61
公西輿如　聖賢像賛　61
公西蔵　聖賢像賛　61
陳亢　聖賢像賛　62
秦非　聖廟祀典図考　62
秦冉　聖廟祀典図考　62
琴張（牢）　聖廟祀典図考　62
申棖　聖廟祀典図考　63
歩叔乗　聖廟祀典図考　63
顔噲　聖廟祀典図考　63
林放　聖賢像賛　63
穀梁赤　聖賢像賛　64
蘧伯玉　聖廟祀典図考　64
公羊高　聖賢像賛　64
左丘明　聖廟祀典図考　65
孟子　三才図会　65
孟子　古列女傳　66
孟母　古列女傳　66
孟子　聖廟祀典図考　66
老子　列仙酒牌　67
老子　古聖賢像傳略　68
荘子　古聖賢像傳略　69

■■■　秦漢時期　■■■

始皇帝　三才図会　72
荊軻　石索　73
項羽　晩笑堂画傳　74
項羽　無雙譜　75
項羽　集古像賛　76
項羽　歴代古人像賛　76
虞姫　百美新詠　76
虞姫　晩笑堂画傳　77
漢高祖（劉邦）　集古像賛　78
漢高祖（劉邦）　三才図会　78
漢高祖（劉邦）　晩笑堂画傳　79
蕭何　古聖賢像傳略　80
張良　無雙譜　80
張良　晩笑堂画傳　81
韓信　晩笑堂画傳　82
韓信　博古葉子　83
陳平　博古葉子　83
賈誼　古聖賢像傳略　84
曹参　古聖賢像傳略　84
周勃　古聖賢像傳略　84
漢武帝　三才図会　84
漢武帝　集古像賛　85
李夫人　百美新詠　86
陳后　百美新詠　87
鉤弋夫人　百美新詠　88
邢夫人　百美新詠　88
東方朔　無雙譜　88
東方朔　晩笑堂画傳　89
董仲舒　聖賢像賛　90
蘇武　無雙譜　91
衛青　古聖賢像傳略　91
衛青　博古葉子　91
霍去病　百将図傳　92
呉王濞　博古葉子　93
張騫　無雙譜　94

汲黯　古聖賢像傳略　95
霍光　古聖賢像傳略　95
主父偃　博古葉子　95
司馬相如　博古葉子　96
卓王孫　博古葉子　96
卓文君　博古葉子　96
卓文君　百美新詠　97
朱買臣　於越先賢像傳賛　98
周亜夫　古聖賢像傳略　98
王昭君　百美新詠　99
趙飛燕　百美新詠　100
趙合徳　百美新詠　100
班婕妤　百美新詠　100
班婕妤　晩笑堂画傳　101
漢文帝　歴代古人像賛　102
李廣　百将図傳　103
李廣　古聖賢像傳略　103
斉太倉女　晩笑堂画傳　104
漢景帝　歴代古人像賛　105
漢宣帝　三才図会　106
鄭吉　於越先賢像傳賛　106
楊雄　歴代古人像賛　107
楊雄　三才図会　107
毛萇　聖賢像賛　108
高堂生　聖廟祀典図考　109
孔安国　聖廟祀典図考　109
陸賈　古聖賢像傳略　109
司馬遷　晩笑堂画傳　110
司馬遷　三才図会　111
厳君平　博古葉子　111
鄧通　博古葉子　112
児寛　古聖賢像傳略　112
卜式　古聖賢像傳略　112
卜式　博古葉子　113
金日磾　古聖賢像傳略　113
龔遂　古聖賢像傳略　113
黄覇　古聖賢像傳略　114
丙吉　古聖賢像傳略　114
魏相　古聖賢像傳略　114
趙充国　古聖賢像傳略　114
伏生（伏勝）　無雙譜　115
王尊　古聖賢像傳略　116
劉向　古聖賢像傳略　116
董賢　無雙譜　116
王章　博古葉子　117
王章　古聖賢像傳略　117
漢光武帝　集古像賛　118
漢光武帝　歴代古人像賛　119
漢明帝　三才図会　120
漢章帝　三才図会　120
馬援　三才図会　121
馬援　百将図傳　121
王充　於越先賢像傳賛　122
班超　無雙譜　123
班超　百将図傳　124
班固　古聖賢像傳略　124
班昭　無雙譜　125
班昭　晩笑堂画傳　125
李膺　三才図会　126
徐穉　三才図会　126
郭泰　古聖賢像傳略　126
范滂　三才図会　126
蔡邕　集古像賛　127
蔡邕　三才図会　127
蔡文姫　百美新詠　128
江革　古聖賢像傳略　129
厳光　三才図会　129
厳光　無雙譜　129
楊震　三才図会　130
黄香　古聖賢像傳略　130
姜詩妻　晩笑堂画傳　131
龐徳公　晩笑堂画傳　132
曹娥　無雙譜　133
孔融　古聖賢像傳略　134
鄧禹　三才図会　134
鄧禹　雲台二十八将図　134
馬成　雲台二十八将図　135
呉漢　雲台二十八将図　136
王梁　雲台二十八将図　136
賈復　雲台二十八将図　137
陳俊　雲台二十八将図　137
耿弇　雲台二十八将図　138
杜茂　雲台二十八将図　139
寇恂　雲台二十八将図　140
傅俊　雲台二十八将図　140
岑彭　雲台二十八将図　141
堅鐔　雲台二十八将図　141

馮異　雲台二十八将図　142
王覇　雲台二十八将図　143
朱祐　雲台二十八将図　143
任光　雲台二十八将図　144
祭遵　雲台二十八将図　144
李忠　雲台二十八将図　145
景丹　雲台二十八将図　146
萬修　雲台二十八将図　147
蓋延　雲台二十八将図　147
銚期　雲台二十八将図　148
邳彤　雲台二十八将図　149
劉植　雲台二十八将図　149
耿純　雲台二十八将図　150
馬武　雲台二十八将図　150
臧宮　雲台二十八将図　151
劉隆　雲台二十八将図　152
梁鴻　古列女傳　152
孟光　古列女傳　152
魏伯陽　於越先賢像傳賛　153
董永　古聖賢像傳略　154
魏朗　於越先賢像傳賛　154
朱儁　於越先賢像傳賛　155
丁蘭　古聖賢像傳略　155

■■■ 魏晋南北朝時期 ■■■

劉備　集古像賛　158
諸葛亮　無雙譜　159
諸葛亮　集古像賛　160
関羽　三才図会　161
劉諶　無雙譜　162
姜維　古聖賢像傳略　163
鍾繇　三才図会　163
衛夫人　百美新詠　164
司馬懿　歴代古人像賛　165
周瑜　古聖賢像傳略　166
周瑜　百将図傳　166
曹操（魏太祖）　歴代古人像賛　167
孫権（呉大帝）　歴代古人像賛　168
孫夫人　百美新詠　169
二喬　百美新詠　170
孫策　無雙譜　171
羊祜　無雙譜　172
杜預　絵図三国演義　173
陸抗　古聖賢像傳略　173
晋武帝　三才図会　174
晋元帝　三才図会　174
晋元帝　歴代古人像賛　174
王導　集古像賛　175
王導　古聖賢像傳略　175
宋武帝　歴代古人像賛　176
李勢女　百美新詠　177
楽昌公主　百美新詠　178
謝安　晩笑堂画傳　179
謝安　無雙譜　180
謝安　於越先賢像傳賛　180
佛図澄　仙佛奇踪　181
薛夜来　百美新詠　182
莫瓊樹　百美新詠　182
慧遠　晩笑堂画傳　183
竺道生　仙佛奇踪　184
石崇　博古葉子　184
緑珠　無雙譜　185
王羲之　晩笑堂画傳　186
王羲之　集古像賛　187
蘭亭修禊図　程氏墨苑　187
王献之　於越先賢像傳賛　188
王徽之　於越先賢像傳賛　189
桃葉　百美新詠　189
孫綽　於越先賢像傳賛　190
戴逵　於越先賢像傳賛　190
陶淵明　歴代古人像賛　191
陶淵明　晩笑堂画傳　192
陶淵明　博古葉子　193
謝霊運　集古像賛　193
周処　無雙譜　194
周処　百将図傳　195
檀道済　三才図会　196
王猛　無雙譜　196
蘇蕙　晩笑堂画傳　197
蘇蕙　無雙譜　198
嵆康　古聖賢像傳略　199
竹林七賢　程氏墨苑　199
阮籍　古聖賢像傳略　200
山濤　古聖賢像傳略　200
王祥　古聖賢像傳略　201
陶侃　古聖賢像傳略　201

卞壼　古聖賢像傳略　202
温嶠　古聖賢像傳略　202
顧愷之　晩笑堂画傳　203
羊皇后　百美新詠　204
宋文帝　三才図会　205
宋前廃帝　歴代古人像賛　205
斉高祖（斉高帝）　歴代古人像賛　206
顧野王　呉郡名賢図傳賛　206
梁武帝　歴代古人像賛　207
昭明太子　歴代古人像賛　208
陶弘景　仙佛奇踪　209
謝道韞　於越先賢像傳賛　210
木蘭　無雙譜　211
陳武帝　歴代古人像賛　212
張麗華　百美新詠　213
袁大捨　百美新詠　214
寿陽公主　百美新韻　215
寿陽公主　百美新詠　216

■■■ 隋唐五代時期 ■■■

隋文帝　歴代古人像賛　218
楊素　百将図傳　219
宣華夫人　百美新詠　219
洗夫人　無雙譜　220
袁宝児　百美新詠　221
呉絳仙　百美新詠　221
劉孝孫　古聖賢像傳略　222
孔穎達　三才図会　222
王通　聖賢像賛　223
王通　歴代古人像賛　223
韓擒虎　百将図傳　224
韓擒虎　三才図会　224
唐高祖　新刻歴代聖賢像賛　225
竇后　百美新詠　225
唐太宗　歴代古人像賛　226
唐太宗　集古像賛　227
唐太宗　新刻歴代聖賢像賛　227
褚遂良　新刻歴代聖賢像賛　228
顔師古　古聖賢像傳略　229
顔師古　三才図会　229
則天武后　無雙譜　230
則天武后　集古像賛　231
則天武后　百美新詠　231
長孫無忌　凌烟閣功臣図　232
長孫無忌　新刻歴代聖賢像賛　233
李孝恭　凌烟閣功臣図　234
杜如晦　凌烟閣功臣図　235
魏徴　新刻出像官版西遊記　236
太宗　新刻出像官版西遊記　236
魏徴　凌烟閣功臣図　237
高士廉　凌烟閣功臣図　238
李靖　凌烟閣功臣図　239
尉遅恭　凌烟閣功臣図　240
尉遅恭　新刻歴代聖賢像賛　241
尉遅恭　百将図傳　241
房玄齢　凌烟閣功臣図　242
房玄齢　歴代古人像賛　243
蕭瑀　凌烟閣功臣図　244
段志玄　凌烟閣功臣図　245
屈突通　凌烟閣功臣図　246
殷開山　凌烟閣功臣図　247
柴紹　凌烟閣功臣図　248
長孫順徳　凌烟閣功臣図　249
張亮　凌烟閣功臣図　250
侯君集　凌烟閣功臣図　251
張公謹　凌烟閣功臣図　252
程知節　凌烟閣功臣図　253
虞世南　凌烟閣功臣図　254
虞世南　新刻歴代聖賢像賛　255
劉政会　凌烟閣功臣図　256
唐倹　凌烟閣功臣図　257
李勣　凌烟閣功臣図　258
李勣　新刻歴代聖賢像賛　259
秦瓊　凌烟閣功臣図　260
安金蔵　無雙譜　261
郭子儀　無雙譜　262
郭子儀　晩笑堂画傳　262
狄仁傑　無雙譜　263
狄仁傑　晩笑堂画傳　263
姚崇　新刻歴代聖賢像賛　264
宋璟　新刻歴代聖賢像賛　264
張巡　新刻歴代聖賢像賛　265
張巡　晩笑堂画傳　265
薛仁貴　百将図傳　266
唐玄宗　集古像賛　267
楊貴妃　百美新詠　268

目次

唐玄宗	古雜劇	269
楊貴妃	古雜劇	269
梅妃	百美新詠	270
虢国夫人	百美新詠	270
秦国夫人	百美新詠	271
顔真卿	晩笑堂画傳	272
顔真卿	新刻歴代聖賢像賛	273
顔杲卿	晩笑堂画傳	273
李晟	新刻歴代聖賢像賛	274
李光弼	新刻歴代聖賢像賛	274
関盼盼	百美新詠	275
開元宮人	百美新詠	275
陸贄	新刻歴代聖賢像賛	276
斐度	新刻歴代聖賢像賛	276
柳公権	新刻歴代聖賢像賛	277
唐徳宗	集古像賛	278
唐憲宗	歴代古人像賛	279
唐宣宗	歴代古人像賛	279
唐武宗	三才図会	280
孟才人	百美新詠	280
張紅紅	百美新詠	281
王勃	晩笑堂画傳	281
楊炯	晩笑堂画傳	282
盧昭鄰	晩笑堂画傳	282
駱賓王	晩笑堂画傳	283
張九齢	晩笑堂画傳	284
張九齢	新刻歴代聖賢像賛	284
王維	晩笑堂画傳	285
王維	古聖賢像傳略	285

孟浩然	晩笑堂画傳	286
飲中八仙	程氏墨苑	287
張旭	呉郡名賢図傳賛	287
賀知章	新刻歴代聖賢像賛	288
賀知章	於越先賢像傳賛	288
上官昭容	百美新詠	289
柳氏	百美新詠	289
韓翠蘋	百美新詠	290
韓翠蘋	題紅記	291
魚玄機	歴朝名媛詩詞	291
杜甫	晩笑堂画傳	292
杜甫	新刻歴代聖賢像賛	293
杜甫	博古葉子	293
李白	晩笑堂画傳	294
李白	無雙譜	294
李白	歴代古人像賛	294
韋応物	呉郡名賢図傳賛	296
孟郊	歴代古人像賛	296
陸羽	呉郡名賢図傳賛	296
劉禹錫	呉郡名賢図傳賛	297
劉禹錫	晩笑堂画傳	297
韓愈	晩笑堂画傳	298
韓愈	聖賢像賛	298
柳宗元	晩笑堂画傳	299
柳宗元	集古像賛	299
白居易	集古像賛	300
白居易	晩笑堂画傳	300
白居易	古雜劇	301
潯陽妓	古雜劇	301

潯陽妓	百美新詠	302
小蛮	百美新詠	302
樊素	百美新詠	303
楚蓮香	百美新詠	303
元稹	晩笑堂画傳	304
劉采春	百美新詠	304
賈島	新刻歴代聖賢像賛	305
李賀	晩笑堂画傳	306
劉長卿	晩笑堂画傳	306
温庭筠	晩笑堂画傳	307
薛濤	百美新詠	307
李商隠	晩笑堂画傳	308
杜牧	晩笑堂画傳	308
杜牧	柳枝集	309
張好好	柳枝集	309
紫雲	百美新詠	309
寒山	仙佛奇踪	310
拾得	仙佛奇踪	311
豊干	仙佛奇踪	312
玄奘三蔵	三教源流捜神大全	312
慧能	仙佛奇踪	313
布袋	仙佛奇踪	314
司馬承禎	晩笑堂画傳	314
張公藝	古聖賢像傳略	315
牛僧孺	博古葉子	315
李徳裕	新刻歴代聖賢像賛	316
後梁太祖	三才図会	317
後唐荘宗	三才図会	317
後漢高祖	三才図会	317

後晋高祖　三才図会　317
後周高祖　三才図会　318
後周世宗　新刻歴代聖賢像賛　318
李後主（李煜）　歴代古人像賛　319
李後主（李煜）　三才図会　319
閩王審知　三才図会　320
閩王審知　歴代古人像賛　320
銭鏐　無雙譜　321
馮道　無雙譜　322
張承業　無雙譜　323
窅娘　百美新詠　324
花蕊夫人　百美新詠　324
花蕊夫人　歴朝名媛詩詞　325
花蕊夫人　列女傳　325
秦若蘭　百美新詠　326
懿徳后　百美新詠　326

■■■ 宋元時期 ■■■

宋太祖（趙匡胤）　古雑劇　328
宋太祖（趙匡胤）　新刻歴代聖賢像賛　329
宋太宗　新刻歴代聖賢像賛　329
宋真宗　三才図会　330
宋仁宗　新刻歴代聖賢像賛　330
宋徽宗　李卓吾批評水滸傳　331
李師師　李卓吾批評水滸傳　331
燕青　李卓吾批評水滸傳　331
竇儀　三才図会　332
趙普　新刻歴代聖賢像賛　332
石守信　古聖賢像傳略　332
曹彬　新刻歴代聖賢像賛　333
呂蒙正　新刻歴代聖賢像賛　333
寇準　古聖賢像傳略　333
范仲淹　聖廟祀典図考　334
范仲淹　新刻歴代聖賢像賛　334
韓琦　新刻歴代聖賢像賛　335
富弼　新刻歴代聖賢像賛　335
文彦博　新刻歴代聖賢像賛　335
文彦博　集古像賛　335
包拯　新刻歴代聖賢像賛　336
包拯　歴代古人像賛　336
李沆　新刻歴代聖賢像賛　336
狄青　晩笑堂画傳　337
狄青　百将図傳　337
林逋　古聖賢像傳略　338
林逋　列仙酒牌　338
黄庭堅　晩笑堂画傳　339
黄庭堅　集古像賛　339
蔡襄　晩笑堂画傳　340
米芾　新刻歴代聖賢像賛　341
蘇舜欽　古聖賢像傳略　342
梅堯臣　古聖賢像傳略　342
張耒　古聖賢像傳略　342
秦観　古聖賢像傳略　342
晁補之　古聖賢像傳略　343
李公麟　古聖賢像傳略　343
葉夢得　古聖賢像傳略　343
李清照　歴朝名媛詩詞　344
謝枋得　新刻歴代聖賢像賛　344
蘇軾　晩笑堂画傳　345
蘇軾　新刻歴代聖賢像賛　346
蘇軾　呉郡名賢図傳賛　346
蘇洵　晩笑堂画傳　347
蘇轍　晩笑堂画傳　347
朝雲　百美新詠　348
琴操　百美新詠　348
王安石　晩笑堂画傳　349
歐陽修　集古像賛　350
歐陽修　聖廟祀典図考　350
歐陽修　晩笑堂画傳　351
司馬光　聖賢像賛　352
司馬光　晩笑堂画傳　353
司馬光　事林広記　353
曾鞏　晩笑堂画傳　354
劉安世　晩笑堂画傳　354
邵雍　新刻歴代聖賢像賛　355
邵雍　聖賢像賛　355
邵雍　晩笑堂画傳　355
宋高宗　新刻歴代聖賢像賛　356
宋孝宗　新刻歴代聖賢像賛　356
宋孝宗　三才図会　356
宋寧宗　新刻歴代聖賢像賛　357
宋理宗　新刻歴代聖賢像賛　357
宋度宗　新刻歴代聖賢像賛　357
周敦頤　晩笑堂画傳　358
周敦頤　事林広記　358
胡瑗　聖賢像賛　358

程顥	晩笑堂画傳	359
程顥	事林広記	359
程顥	新刻歴代聖賢像賛	359
程頤	晩笑堂画傳	360
程頤	事林広記	360
程頤	新刻歴代聖賢像賛	360
張載	晩笑堂画傳	361
張載	新刻歴代聖賢像賛	361
楊時	晩笑堂画傳	362
楊時	聖賢像賛	362
羅従彦	晩笑堂画傳	363
李侗	晩笑堂画傳	363
琵琶	百美新詠	364
賈愛卿	百美新詠	364
陸九淵	晩笑堂画傳	365
陸九淵	新刻歴代聖賢像賛	365
陸九淵	聖賢像賛	365
朱熹	晩笑堂画傳	366
朱熹	新刻歴代聖賢像賛	366
朱熹	事林広記	367
朱松	新刻歴代聖賢像賛	367
張栻	晩笑堂画傳	368
張栻	聖賢像賛	368
呂祖謙	聖廟祀典図考	369
呂祖謙	聖賢像賛	369
真徳秀	晩笑堂画傳	370
真徳秀	聖賢像賛	370
魏了翁	聖廟祀典図考	371
魏了翁	呉郡名賢図傳賛	371
岳飛	無雙譜	372
岳飛	集古像賛	372
岳飛	晩笑堂画傳	373
岳飛	新刻歴代聖賢像賛	373
陳東	無雙譜	374
李綱	古聖賢像傳略	375
李綱	新刻歴代聖賢像賛	375
宗澤	百将図傳	376
宗澤	古聖賢像傳略	376
文天祥	無雙譜	377
文天祥	晩笑堂画傳	377
陸游	列仙酒牌	378
陸游	古聖賢像傳略	379
元好問	古聖賢像傳略	379
朱淑真	百美新詠	379
元世祖	集古像賛	380
元世祖	古先君臣図鑑	381
耶律楚材	新刻歴代聖賢像賛	382
耶律楚材	集古像賛	383
耶律楚材	三才図会	383
伯顔	新刻歴代聖賢像賛	384
伯顔	百将図傳	384
劉秉忠	新刻歴代聖賢像賛	385
劉因	新刻歴代聖賢像賛	385
姚枢	新刻歴代聖賢像賛	385
程鉅夫	新刻歴代聖賢像賛	386
廉希憲	新刻歴代聖賢像賛	386
呉澄	新刻歴代聖賢像賛	387
呉澄	三才図会	387
趙孟頫	新刻歴代聖賢像賛	388
趙孟頫	古聖賢像傳略	388
虞集	三才図会	388
管夫人	百美新詠	389
管夫人	歴朝名媛詩詞	389
邱処機	玄風慶会図	390
許謙	聖廟祀典図考	391
許衡	聖賢像賛	391
許衡	新刻歴代聖賢像賛	391
倪瓚	呉郡名賢図傳賛	392
高克恭	古聖賢像傳略	392
黄公望	呉郡名賢図傳賛	392
鄭思肖	呉郡名賢図傳賛	393
楊維楨	呉郡名賢図傳賛	393
任仁發	呉郡名賢図傳賛	393
王冕	古聖賢像傳略	394
韓性	於越先賢像傳賛	394

■■■ 明清時期 ■■■

明太祖（朱元璋）	三才図会	396
馬皇后	晩笑堂画傳	396
明成祖（永楽帝）	三才図会	397
明世宗	三才図会	397
徐達	晩笑堂画傳	398
徐達	三才図会	398
常遇春	晩笑堂画傳	399
常遇春	三才図会	399
李文忠	晩笑堂画傳	400

目次

李文忠	三才図会	400
鄧愈	晩笑堂画傳	400
鄧愈	三才図会	401
湯和	晩笑堂画傳	401
湯和	三才図会	402
沐英	晩笑堂画傳	402
沐英	三才図会	403
胡大海	晩笑堂画傳	403
胡大海	三才図会	404
傅友徳	晩笑堂画傳	404
徐輝祖	三才図会	405
劉基	晩笑堂画傳	405
劉基	三才図会	406
宋濂	晩笑堂画傳	406
宋濂	三才図会	407
陶安	晩笑堂画傳	407
陶安	三才図会	408
章溢	晩笑堂画傳	408
章溢	三才図会	409
王禕	晩笑堂画傳	409
王禕	三才図会	410
馮国用	晩笑堂画傳	410
趙徳勝	晩笑堂画傳	411
耿再成	晩笑堂画傳	411
丁徳興	晩笑堂画傳	412
兪通海	晩笑堂画傳	412
張徳勝	晩笑堂画傳	413
呉良	晩笑堂画傳	413
康茂才	晩笑堂画傳	414
廖永忠	晩笑堂画傳	414
馮勝	晩笑堂画傳	415
郭子興	晩笑堂画傳	415
李善長	晩笑堂画傳	416
韓成	晩笑堂画傳	416
冷謙	晩笑堂画傳	417
丁普郎	晩笑堂画傳	417
濮眞	晩笑堂画傳	418
郭英	晩笑堂画傳	418
張中	晩笑堂画傳	419
華雲龍	晩笑堂画傳	419
葉琛	晩笑堂画傳	420
薛顕	晩笑堂画傳	420
蔡遷	晩笑堂画傳	421
呉復	晩笑堂画傳	421
孫炎	晩笑堂画傳	422
韓宜可	晩笑堂画傳	422
郭徳成	晩笑堂画傳	423
于謙	晩笑堂画傳	423
于謙	三才図会	424
徐階	三才図会	424
馬文升	三才図会	425
薛瑄	聖賢像賛	425
高啓	呉郡名賢図傳賛	426
夏昶	呉郡名賢図傳賛	426
楊士奇	三才図会	426
楊栄	三才図会	427
楊溥	三才図会	427
方孝孺	三才図会	427
沈周	練川名人画像	428
沈周	呉郡名賢図傳賛	428
呉寛	呉郡名賢図傳賛	429
祝允明	呉郡名賢図傳賛	429
唐寅	呉郡名賢図傳賛	429
銭穀	呉郡名賢図傳賛	429
李流芳	呉郡名賢図傳賛	430
陸治	呉郡名賢図傳賛	430
帰有光	呉郡名賢図傳賛	430
王世貞	呉郡名賢図傳賛	431
張鳳翼	呉郡名賢図傳賛	431
文震孟	呉郡名賢図傳賛	431
顧鼎臣	呉郡名賢図傳賛	432
文徴明	三才図会	432
文徴明	呉郡名賢図傳賛	432
文伯仁	呉郡名賢図傳賛	433
文彭	呉郡名賢図傳賛	433
文嘉	呉郡名賢図傳賛	433
海瑞	三才図会	433
李東陽	三才図会	434
楊継盛	晩笑堂画傳	434
王陽明	三不朽図賛	434
王陽明	聖廟祀典図考	435
陳洪綬	三不朽図賛	436
楊一清	古聖賢像傳略	437
戚継光	古聖賢像傳略	437
董其昌	古聖賢像傳略	437
馮夢楨	古聖賢像傳略	438
卞賽	秦淮八艶図詠	438

目次

馬守貞　秦淮八艶図詠　439
李香君　秦淮八艶図詠　439
柳如是　秦淮八艶図詠　440
董小宛　秦淮八艶図詠　440
顧横波　秦淮八艶図詠　441
寇白門　秦淮八艶図詠　442
陳子龍　古聖賢像傳略　443
史可法　古聖賢像傳略　443
黄宗羲　於越先賢像傳賛　443
利瑪竇　支那図説　444
徐光啓　支那図説　444
陳圓圓　秦淮八艶図詠　445
陳圓圓　秦淮八艶図詠　445
呉三桂　北京　446
李自成　北京　446
康熙帝　支那図説　447
康熙帝　康熙帝傳　447
王鑑　呉郡名賢図傳賛　448
王時敏　呉郡名賢図傳賛　448
王原祁　呉郡名賢図傳賛　448
銭大昕　呉郡名賢図傳賛　449
朱彝尊　呉郡名賢図傳賛　449
尤侗　呉郡名賢図傳賛　449
呉歴　練川名人画像　450
金農　冬心先生集　450
費丹旭　東軒吟社画像　451
顧炎武　呉郡名賢図傳賛　452
湯若望　支那図説　452
鄂爾泰　呉郡名賢図傳賛　453
蔣廷錫　呉郡名賢図傳賛　453
尹継善　呉郡名賢図傳賛　453

文学編

崑崙奴　酔江集　456
崔生　酔江集　456
紅綃　酔江集　456
僧俠　剣俠傳　457
紅線　酔江集　458
紅線　剣俠傳　459
聶隠娘　剣俠傳　460
嘉興縄技　剣俠傳　461
李亀寿　剣俠傳　462
淳于棼　南柯記　463
紅拂　継志斎紅拂記　464
紅拂　百美新詠　464
紅拂　継志斎紅拂記　465
李靖　継志斎紅拂記　465
虬髯客　継志斎紅拂記　465
杜麗娘　還魂記　466
柳夢梅　還魂記　467
崔鶯鶯　奇妙全釈西廂記　468
張君瑞　奇妙全釈西廂記　468
紅娘　奇妙全釈西廂記　468
崔鶯鶯　歴朝名媛詩詞　468

崔鶯鶯　閔刻西廂記　469
張君瑞　閔刻西廂記　469
紅娘　閔刻西廂記　469
崔鶯鶯　西廂記考　469
崔鶯鶯　雅趣蔵書　470
張君瑞　雅趣蔵書　470
紅娘　雅趣蔵書　470
崔鶯鶯　南西廂記　470
張君瑞　南西廂記　470
紅娘　南西廂記　470
崔鶯鶯　起鳳館北西廂記　471
紅娘　起鳳館北西廂記　471
趙五娘　李卓吾批評琵琶記　472
趙五娘　第七才子書　473
蔡邕　玩虎軒琵琶記　473
趙五娘　玩虎軒琵琶記　474
蔡邕　李卓吾批評琵琶記　475
劉備　絵図三国演義　476
関羽　絵図三国演義　476
張飛　絵図三国演義　476
劉備　英雄譜(桃園結義)　477
関羽　英雄譜(桃園結義)　477
張飛　英雄譜(桃園結義)　477
曹操　絵図三国演義　478
董卓　絵図三国演義　478
曹操　英雄譜(曹操刺殺董卓)　479
董卓　英雄譜(曹操刺殺董卓)　479
呂布　絵図三国演義　480
貂蝉　絵図三国演義　480

目次

王允	絵図三国演義	480
劉備	英雄譜(虎牢関三戦呂布)	481
関羽	英雄譜(虎牢関三戦呂布)	481
張飛	英雄譜(虎牢関三戦呂布)	481
呂布	英雄譜(虎牢関三戦呂布)	481
祢衡	絵図三国演義	482
曹操	四声猿	482
祢衡	四声猿	482
祢衡	英雄譜(祢衡裸衣罵曹操)	483
曹操	英雄譜(祢衡裸衣罵曹操)	483
文醜	絵図三国演義	484
顔良	絵図三国演義	484
関羽	英雄譜(雲長三鼓斬蔡陽)	485
蔡陽	英雄譜(雲長三鼓斬蔡陽)	485
袁紹	絵図三国演義	486
袁術	絵図三国演義	486
丁原	絵図三国演義	486
公孫瓚	絵図三国演義	487
劉表	絵図三国演義	487
劉璋	絵図三国演義	487
孔融	絵図三国演義	487
徐庶	絵図三国演義	488
徐母	絵図三国演義	488
劉備	英雄譜(徐庶走薦諸葛亮)	489
徐庶	英雄譜(徐庶走薦諸葛亮)	489
諸葛亮	絵図三国演義	490
孟獲	七勝記	490
諸葛亮	七勝記	490
諸葛亮	英雄譜(議定三分)	491
劉備	英雄譜(議定三分)	491
関羽	英雄譜(議定三分)	491
張飛	英雄譜(議定三分)	491
劉禅	絵図三国演義	492
趙雲	絵図三国演義	492
阿斗(劉禅)	英雄譜(趙子龍当陽救主)	493
趙雲	英雄譜(趙子龍当陽救主)	493
孫権	絵図三国演義	494
孫堅	絵図三国演義	494
孫策	絵図三国演義	494
諸葛亮	英雄譜(諸葛亮激孫権)	495
孫権	英雄譜(諸葛亮激孫権)	495
黄蓋	絵図三国演義	496
闞澤	絵図三国演義	496
諸葛亮	英雄譜(黄蓋用苦肉計)	497
孫権	英雄譜(黄蓋用苦肉計)	497
黄蓋	英雄譜(黄蓋用苦肉計)	497
甘夫人	絵図三国演義	498
孫夫人	絵図三国演義	498
糜夫人	絵図三国演義	498
孫夫人	英雄譜(玄徳智娶孫夫人)	499
劉備	英雄譜(玄徳智娶孫夫人)	499
漢献帝	絵図三国演義	500
伏皇后	絵図三国演義	500
董妃	絵図三国演義	500
曹操	英雄譜(曹操杖殺伏皇后)	501
董妃	英雄譜(曹操杖殺伏皇后)	501
関平	絵図三国演義	502
魯粛	絵図三国演義	502
関興	絵図三国演義	502
関羽	英雄譜(関雲長単刀赴会)	503
周倉	英雄譜(関雲長単刀赴会)	503
曹丕	絵図三国演義	504
曹植	絵図三国演義	504
甄妃	絵図三国演義	504
曹丕	英雄譜(曹子建七歩成詩)	505
曹植	英雄譜(曹子建七歩成詩)	505
司馬師	絵図三国演義	506
司馬懿	絵図三国演義	506
司馬昭	絵図三国演義	506
諸葛亮	英雄譜(死諸葛驚生仲達)	507
司馬懿	英雄譜(死諸葛驚生仲達)	507
鄧艾	絵図三国演義	508
姜維	絵図三国演義	508
鍾会	絵図三国演義	508
鄧艾	英雄譜(姜維長城戦鄧艾)	509
姜維	英雄譜(姜維長城戦鄧艾)	509
黄忠	絵図三国演義	510
馬謖	絵図三国演義	510
費禕	絵図三国演義	510
周瑜	絵図三国演義	511
呂蒙	絵図三国演義	511
張遼	絵図三国演義	511
龐徳	絵図三国演義	512
張郃	絵図三国演義	512
三蔵法師	新刻出像官版西遊記	513
孫悟空	新刻出像官版西遊記	513
猪八戒	新刻出像官版西遊記	513

目次

沙悟浄	新刻出像官版西遊記	513
三蔵法師	李卓吾批評西遊記	514
孫悟空	李卓吾批評西遊記	514
猪八戒	李卓吾批評西遊記	514
沙悟浄	李卓吾批評西遊記	514
孫悟空	出像古本西遊證道書	515
紅孩児	出像古本西遊證道書	515
観音	出像古本西遊證道書	515
孫悟空	楊東来先生批評西游記	516
観音	楊東来先生批評西游記	517
宋江	天罡地煞図	518
宋江	水滸葉子	518
戴宗	水滸葉子	518
宋江	水滸図賛	519
戴宗	水滸図賛	519
林冲	水滸葉子	520
徐寧	水滸葉子	520
徐寧	天罡地煞図	520
林冲	水滸図賛	521
徐寧	水滸図賛	521
呼延灼	天罡地煞図	522
呼延灼	水滸葉子	522
関勝	水滸葉子	522
呼延灼	水滸図賛	523
関勝	水滸図賛	523
花栄	水滸葉子	524
盧俊義	水滸葉子	524
盧俊義	天罡地煞図	524
呉用	天罡地煞図	524
花栄	水滸図賛	525
盧俊義	水滸図賛	525
呉用	水滸葉子	526
董平	水滸葉子	526
董平	天罡地煞図	526
楊志	天罡地煞図	526
呉用	水滸図賛	527
董平	水滸図賛	527
公孫勝	水滸葉子	528
樊瑞	水滸葉子	528
公孫勝	天罡地煞図	528
公孫勝	水滸図賛	529
樊瑞	水滸図賛	529
魯智深	水滸図賛	530
武松	水滸図賛	530
魯智深	水滸葉子	531
武松	水滸葉子	531
魯智深	天罡地煞図	531
武松	天罡地煞図	531
楊志	水滸葉子	532
索超	水滸葉子	532
戴宗	天罡地煞図	532
索超	天罡地煞図	532
楊志	水滸図賛	533
索超	水滸図賛	533
燕青	水滸図賛	534
李逵	水滸図賛	534
燕青	水滸葉子	535
李逵	水滸葉子	535
李逵	天罡地煞図	535
史進	天罡地煞図	536
史進	水滸葉子	536
史進	水滸図賛	537
劉唐	水滸図賛	537
劉唐	天罡地煞図	537
劉唐	水滸葉子	537
石秀	水滸葉子	538
時遷	水滸葉子	538
時遷	天罡地煞図	538
石秀	水滸図賛	539
時遷	水滸図賛	539
張青	水滸図賛	540
孫二娘	水滸図賛	540
孫二娘	水滸葉子	540
張青	天罡地煞図	541
孫二娘	天罡地煞図	541
王英	水滸図賛	542
扈三娘	水滸図賛	542
扈三娘	水滸葉子	542
孫新	水滸図賛	543
顧大嫂	水滸図賛	543
顧大嫂	水滸葉子	543
朱仝	水滸図賛	544
鄭天寿	水滸図賛	544
朱仝	水滸葉子	544
朱仝	天罡地煞図	545
石勇	水滸図賛	546
雷横	水滸図賛	546

雷横　水滸葉子　546
朱武　水滸図賛　547
黄信　水滸図賛　547
朱武　水滸葉子　547
柴進　水滸図賛　548
穆弘　水滸図賛　548
柴進　水滸葉子　549
穆弘　水滸葉子　549
秦明　水滸図賛　550
蒋敬　水滸図賛　550
秦明　水滸葉子　550
李応　水滸葉子　551
李応　水滸図賛　551
龔旺　水滸図賛　551
王定六　水滸図賛　552
李俊　水滸図賛　552
李俊　水滸葉子　552
朱貴　水滸図賛　553
阮小七　水滸図賛　553
阮小五　天罡地煞図　553
阮小七　天罡地煞図　553
阮小七　水滸葉子　553
鷗鵬　水滸図賛　554
蕭譲　水滸図賛　554
蕭譲　水滸葉子　554
安道全　水滸図賛　555
皇甫端　水滸図賛　555
安道全　天罡地煞図　555
安道全　水滸葉子　555
解宝　水滸図賛　556
解珍　水滸図賛　556
解珍　水滸葉子　556
張横　水滸図賛　557
張順　水滸図賛　557
張順　水滸葉子　557
張清　水滸図賛　558
施恩　水滸図賛　558
施恩　水滸葉子　558
賈宝玉　新鐫繍像全部紅楼夢　559
警幻仙姑　新鐫繍像全部紅楼夢　559
賈宝玉　新評繍像紅楼夢全傳　559
賈宝玉　紅楼夢図詠　560
晴雯　新鐫繍像全部紅楼夢　561
林黛玉　紅楼夢散套　562
紫鵑　紅楼夢図詠　562
林黛玉　紅楼夢図詠　563
林黛玉　新評繍像紅楼夢全傳　563
薛宝釵　新鐫繍像全部紅楼夢　564
鶯児　新評繍像紅楼夢全傳　564
薛宝釵　紅楼夢図詠　565
薛宝釵　新評繍像紅楼夢全傳　565
史湘雲　新鐫繍像全部紅楼夢　566
翠縷　新評繍像紅楼夢全傳　566
史湘雲　紅楼夢図詠　567
史湘雲　新評繍像紅楼夢全傳　567
賈元春　新鐫繍像全部紅楼夢　568
史太君　新鐫繍像全部紅楼夢　568
賈元春　紅楼夢図詠　569
賈元春　新評繍像紅楼夢全傳　569
賈迎春　紅楼夢図詠　570
賈迎春　新評繍像紅楼夢全傳　570
賈探春　紅楼夢図詠　571
賈探春　新評繍像紅楼夢全傳　571
賈惜春　紅楼夢図詠　572
賈惜春　新評繍像紅楼夢全傳　572
王熙鳳　紅楼夢図詠　573
王熙鳳　新鐫繍像全部紅楼夢　573
巧姐　紅楼夢図詠　574
巧姐　新鐫繍像全部紅楼夢　574
李紈　紅楼夢図詠　575
李紈　新鐫繍像全部紅楼夢　575
李綺　新鐫繍像全部紅楼夢　575
邢岫烟　新鐫繍像全部紅楼夢　575
秦可卿　紅楼夢図詠　576
秦可卿　新評繍像紅楼夢全傳　576
妙玉　紅楼夢図詠　577
妙玉　新鐫繍像全部紅楼夢　577
尤三姐　紅楼夢図詠　578
尤三姐　新評繍像紅楼夢全傳　578
薛宝琴　紅楼夢図詠　579
薛宝琴　新鐫繍像全部紅楼夢　579

索引（人物とその出典）　巻末1～14

主要資料解題

瀧本弘之

ここに、今回使用した資料の代表的なものを簡略に解説した。主として明清の版本であるが、なかには後漢の石刻、また後漢の拓本の模写刊本、元刊本の翻刻もある。それぞれの時代に中国の人々が、歴代の人物をどのようにとらえていたかを、直接に知ることが出来るものであり興味は尽きない。一覧することで、人物画の歴史の一端も伺うことが出来よう。しかし、ここでは人物画史や版画史の内容についての論考は下巻に譲り、本巻に使用した主用資料の概要を述べるにとどめておく。

●凌煙閣功臣図

『凌煙閣功臣図』は康熙七年（一六六八）、蘇州柱笏堂刊本。画家は劉源、刻工は朱圭。清初の代表的な木版画冊で、唐代の功臣二十四人を描いたとされる凌煙閣の図像（閻立本の画、いま傳わらない）にならって、新たにその功臣像を木版で表現したものである。描かれた功臣は二十四人、その他関羽や観音像が末尾につけられている。像にはそれぞれに著名な歴代の書家の書体による劉源自身の書による賛が付けられている。

劉源は、清初の旗人の画家で、河南祥符、また洛陽の人ともいう。書画に長じ、康熙年間内府に入った。工藝デザイナー的な才能も持ち合わせ、作墨の技術があり、故宮には劉源の作になる墨が遺されている。制硯の技も知られ、『西清硯譜』には劉源作の硯が掲載されている。

刻工の朱圭は、字を上如、別に柱笏堂とも署名する。蘇州の人。康熙三十年前後に北京に行き、内府に入った。

一説に『凌煙閣功臣図』は、別人（朱賓古）の作とされて、劉源がこれを盗み自分のものとしたという。清初版画の傑作として、中国版画史の中でも特筆すべき作品である。

●『無雙譜』

『無雙譜』は、康熙二十九年（一六九〇）刊で、画家金古良が原画を描いた。古今無双の傑出した人物の肖像に略傳を付け加えた。人物は四十人であるが、女性も大勢いるうえに、肖像の左にその関連する器物などと賛を附したのが特色であろう。

金古良は清の画家。名は史、字は古良、字を以て通した。別号は南陵、浙江山陰の人。陳洪綬を学び、古拙の風を良くした。取り上げた人物の賛からは、独特の史観が伺われる。『凌煙閣功臣図』は満洲族の立場で作られ、極めて勇壮な気分が漂っているの対して、『無雙譜』は征服された漢人の秘めたる屈折を示しているように感じられる。

『無雙譜』は、『凌煙閣功臣図』と並んで人物画冊の双壁と称されたが原刻本は稀で、乾隆八年、乾隆四十八年、さらに清末の重刻本が知られる。

刻工は刊記がないが、文献には朱圭の名を挙げるものがあり、その可能性は否定できない。

なお、『無雙譜』の趣向は、康熙年間の意匠流行を反映したもので、広く工藝分野でも応用された。後に嘉慶年間に陶器や磁器の模様としても利用され、これを「無雙譜瓷器」と称した。

●『晩笑堂画傳』

『晩笑堂画傳』は乾隆六年(一七四三)の刻本で、福建の画家上官周が描いた歴代人物肖像とその略傳である。

上官周(一六六五～?)は、字を文佐、号を竹荘という。福建邵武の人。八十五歳の時の絵画作品も知られるが、『晩笑堂画傳』の自序に「現在七十九歳」と書いており、してみると本書は、一種画業の集大成という側面もあったかもしれない。長年集めた資料によって描いた歴代の人物肖像に、明創業の功臣を四十四人加えているのが特色である。人物の選択には、画家独自の史観が反映しているようだ。残念ながら、刻工は不明である。我国でも江戸時代に翻刻本が出され、広く流通したらしい。

●『百美新詠』

『百美新詠』は、乾隆二十年(一七五五)の刻で、繊細な線描によって歴代の美人を百図描く。なかには「二喬」のように二人を一図にまとめたものもある。女性は、美人であれば、歴史上の人物も傳説も併せて収録している。

画家の王翽は乾隆時期に活躍したとされ、字は鉢池、壽春の人。内府に勤めたともいう。山川草木、鳥獣昆虫、また人物画に長じた。嘉慶以降翻刻され、『芥子園画傳四集』にも流用された。架蔵の嘉慶重刻本には、顔鑑塘の詩が合刻されている。およそ美人と呼ばれる人物のほとんどは、ここに集められている。

なお蔡文姫など一部肖像には、嘉慶年間の翻刻本を使用したが、それには周囲に枠がつけられている。

●『歴代名媛詩詞』

『歴代名媛詩詞』十二巻は乾隆三十八年(一七七三)の刊本。蘇州の人呉牧の評選、「元亨利貞」に分けて歴代女性詩人の作品を収録し、そのうち代表的な人物五十八人の肖像を掲載している。画家名も刻工名もないが、第四冊の最後に「王鳳儀刻字」と記されている。「美人」ではなく「女性詩人」を、これだけ多数集めた画冊も珍しい。『百美新詠』にみられない人物も多数収録している。

●『古聖賢像傳略』『聖廟祀典図考』『呉郡名賢像傳賛』

以上三種類は、いずれも蔵書家・刻書家の顧沅による刊本で、道光年間に刊行された。

『古聖賢像傳略』は道光十年(一八三〇)の刊本で十六巻、歴代の傑出した人物の肖像と略傳で、蘇州を除く各地の人物を集めている。同様に、蘇州出身の人物を中心としたものが姉妹編の『呉郡名賢像傳賛』(二十巻、道光九年刊)である。

『聖廟祀典図考』(五巻附「聖蹟図」「孟子聖蹟図」各一巻、一八二六年)は、儒教の先人の肖像と略傳の集成で、「孔子傳」「孟子傳」を附けている。いずれの刊本も、画家は孔継堯、刻工は張錦章の組み合わせで行われているが、その原稿の量は莫大なものであったろう。

顧沅(一七九九～一八五一)は蘇州の人で、字を湘舟、室名を藝海楼といった。大蔵書家で多くの書を刻して世に送り出していたが、咸豊年間に太平天国が蘇州を荒らしまわったとき、その大半が失われ、それはのちに丁日昌(一八二三～一八八二、字は雨生、室名は持静齋)に帰したという。丁日昌は広東の人。福建・江蘇巡撫などを歴任した大官で、蔵書家としても知られた。『百将図傳』は、彼による刻書である。

●『聖賢像賛』

『聖賢像賛』は、孔子から始まる歴代の聖賢を明代まで網羅したもので、表（陽）葉に肖像、裏（陰）葉には略傳を掲載する。明刊本で、日本に渡来して翻刻され広く流通した。架蔵本には「寛永二十癸未年□春之吉　室町通鯉山町　小嶋弥左衛門刊」とある。日本で最もよく知られた聖賢の肖像ではないだろうか。但し、架蔵の日本刊本には、何故か叔梁紇など数名が欠けている。これは明刻本で補った。

●『水滸葉子』

『水滸葉子』は、明末清初の画家、陳洪綬の画を杭州の刻工黄肇初が刻した酒令牌である。水滸傳の英雄百八人から四十人を選び、ひとりずつ肖像画にした画冊で、水滸傳に登場する英雄の肖像画「決定版」と言うほど、優れたもので、ひろく知られた。

底本には、架蔵の江蘇蘇州人民出版社一九五九年木刻本を使用した。これは北京図書館収蔵鄭振鐸旧蔵本（『中國版画史図録』第十三冊に珂羅版複製）を木版で覆刻したものである。刻工は蘇州桃花塢の傳統版画制作に携わった人々が行っている。

■『天罡地煞図』

『天罡地煞図』は、清代の画家陸謙の水滸人物像を天保年間に日本で翻刻したものである。陸謙は、字を興譲、号は益菴、杭州の人。人物、士女は李龍眠の衣鉢を継ぎ、写照を善くしたという（『図會寳鑑續纂』）。

陳洪綬の水滸葉子に学んだところが伺えるが、陳洪綬一流の変形した人物とは別に、独自の白描画を展開している。架蔵本以外には収蔵を知らない。また中国での原刻本収蔵も不詳である。

●『英雄譜』

『英雄譜』とは、『精鐫合刻三國水滸全傳二十巻三國二十巻二百四十回水滸百十回』の別名で、明末に福建建陽の書肆雄飛館から刊行された、「三国演義」と「水滸傳」の合体本である。テキストは、上と下に「三国」「水滸」を分けて収録する不思議な刊本である。挿図は、三国志六十二図、水滸傳三十八図を掲載する。ここでは三国志の部分から数葉を用いた。

●『歴代古人像賛』

『歴代古人像賛』は明の弘治年間の刻本で、伏羲から黄庭堅までの歴代名人百七十五人を、肖像と略傳によって綴ったものである。比較的古拙な描写が特色で、肖像はすべて右向きとなっている。

●『水滸図賛』

『水滸図賛』には、清光緒八年（一八八二）の劉晩榮による序を冠し、「羊城廣百宋齋蔵本」と封面に記した刊本が知られる。劉序には「明の画家杜菫が描いた」と傳えるが、果たしてもとの画が明のものかは定かではない。作風から察するに、恐らくずっと後からの仮託であろう。人物は、確かに百八名を二人ずつ組み合わせて、五十四葉揃えている。『水滸葉子』とはまた別の趣きがあり、かつ二人ずつの組み合わせという点が面白い。上海の朶雲軒からは、木刻による覆刻本が出されている。

●『集古像賛』

『集古像賛』は、明の嘉靖年間の序（孫承恩）をつけた刻本で、盤古から盧懐鎮まで四十七人の肖像を収録する。単面に人物の肖像とその上に人名、賛を附けていて、肖像は左向きである。

●『新刻歴代聖賢像賛』

『新刻歴代聖賢像賛』(二巻、明萬暦刊本)は、明の胡文煥による文会堂刊本で「格致叢書」の一種である。胡文煥は字を徳甫、号は全庵といい、杭州銭塘の人。格致叢書は、百六十八種が知られるという。

表(陽)葉に賛、裏(隠)葉に肖像を載せている。肖像は力強くすべて右向きの人物像となっている。

●『石索』

清代の古器物図譜『金石索』の「石索」部分である。道光二年(一八二二)に刊行された。「金索六巻」「石索六巻」から成る。著者は江蘇南通の人馮雲鵬、馮雲鵷。金索では周から宋元に到る各時代の金、鼎、兵器などの金属器や貨幣、銅鏡などを収録し、石索では歴代の石刻、画像石、画像磚、瓦当などを集め、実物の図像と考証を併記している。とくに山東の武氏祠画像石は名高い。

●『古列女傳』

『古列女傳』は、北宋嘉佑八年(一〇六三)の序を冠するが、元代に建陽の余氏勤有堂によって重刻されて清代に傳わり、現在見られるのは、これをさらに清代に重刻したものである。明版の「列女傳」と区別して「古」を冠した。

建陽の書肆、余氏勤有堂の主人は余志安、またの名を安定、字は櫟荘、建安崇化里の人。南宋徳祐元年(一二七五)に生まれ、元の至元七年(一三四七)に没した。余志安の勤有堂は、建陽の崇化坊の著名書肆でその刻書は元代がもっとも多くかつ影響力もあった。

『古列女傳』は八巻。賢母から節義まで古代の傑出した女性の傳記を集め、母儀、賢明、仁智、貞順、節義、辯通、孼嬖などに分類し(第八巻は頌なし)、各傳記に頌と挿絵がつけられている。挿絵は上図下文で、画家は傳・顧愷之とされるが根拠はない。但し宋代の民間絵画として重要な資料である。

●『於越先賢像傳賛』

『於越先賢像傳賛』(一八五八)は、清末の画家任熊と名工蔡照初の合作の画冊である。この二人の組み合わせで他に『剣俠傳』(一八五六)、『高士傳』(一八五六)、『列仙酒牌』(一八五五)がある。

任熊(一八二三〜一八五七)は清末の著名画家で、字は渭長、号は湘浦、浙江蕭山の人。人物、花卉、佛画などに優れた。筆法は陳洪綬を学んだところが窺えるが、更に独特の境地を切り開いた。任薫、任頤と併せて「三任」と呼ばれ、また、これに任預と併せて「四任」と称された。朱熊、張熊と併せて「三熊」ともいわれた。

蔡照初(一八二一頃―一八七四)は清末の刻工、またの名を照、字を容荘、号を碧山外史という。浙江蕭山の人。竹刻、また篆刻にも長じた、刻印、金石にも一家をなした。杭州の富商の胡雪岩の家に寄食した。

●『百将図傳』

『百将図傳』は、同治九年(一八七〇)丁日昌輯刊。孫武、楽毅、田単、韓信、李広、衛青、班超、張飛、陶侃、尉遅恭、岳飛、戚継光ら歴代の名将百人の図傳である。

丁日昌(一八二三〜一八八二)は、広東豊順の人。字は禹生、また雨生とも記す。太平天国の乱の時代に江蘇巡撫に任じていた。蔵書が多く「持静斎書目」があり、愛書家としても知られている。

画家は、「烏程陸唔敬絵」と記す。刻工は「金陵陳振海刻」とあり、金陵刊本であろう。

●『雲台二十八将図』
後漢の初年、明帝は開国の功臣二十八将の記念のために、彼らの肖像画を洛陽・南宮の雲台に描かせた。これによって、「雲台二十八将図」が生まれた。これをまた中興二十八将とも呼ぶという。失われて久しかったが、清末の画家張士葆が新たに、二十八人を描き、これを版刻したのが木版画冊『雲台二十八将図』である。道光二十六年（一八四六）に刊行された。版刻は丁寧だが、人物の迫力などは康熙年間の『凌烟閣功臣図』や『晩笑堂画傳』と比較すると、遜色は否めない。

張士葆(一八〇五～一八七九)は山東掖県の人。字は菊如。山水花鳥人物いずれにも秀で、詩にも長じた。

『雲台二十八将図』から二十年を経て同治十年(一八七一)、「三十二将図」が刊行された。原刻に四人を付け加えた作品である。但し、版刻はよくない。

●『秦淮八艶図詠』
『秦淮八艶図詠』は、明末清初の秦淮に名妓八人の図傳と、詩作をまとめたもので、光緒十八年（一八九二）刊本。李香君、柳如是、卞玉京、寇白門、陳圓圓らを収める。画家は葉衍蘭。

李香君は、史実を元に創作された、孔尚仁の傳奇『桃花扇』のヒロインで、寇白門や卞玉京もこの傳奇に登場する。

●『新鐫繡像全部紅楼夢』
『新鐫繡像全部紅楼夢』は、乾隆五十七年（一七九二）に萃文書屋から出た活字本で、最も知られた版本である。挿絵は当時の宮廷絵画の影響を伺わせる作風である。

●『紅楼夢図詠』
『紅楼夢図詠』は、清中期の画家改琦が原画を描いたもので、改琦の死後に版刻された。美人画の傑作とされ、紅楼夢人物像の代表作であるのみならず、改琦の代表作でもある。光緒年間に出版されると、相次いで翻刻が出て、日本でも久保田米齋によって大正五年（一九一六）に木版本が出された。明治から大正期の日本の版刻技術の素晴らしさを実感できる出来映えであり、本書では、これを底本とした。

●『紅楼夢散套』
『紅楼夢散套』は、清荊石山民填詞、嘉慶二十年（一八一五）蟾波閣刊本で、刻工は張浩三。荊石山民・呉鎬は太倉の人であるから、江蘇の刊本であろう。画は独特の民間の味わいがある。

●『新評繡像紅楼夢全傳』
『新評繡像紅楼夢全傳』は、いわゆる王希廉評本といわれるもので、道光十二年（一八三二）に刊行された。小型の袖珍本で、挿絵は人物と花卉図の組み合わせになっている。また文字は西廂記の一部を抜き出してこれに添えるという凝りようで、紅楼夢への偏愛が読み取れる。

●『絵図三国志演義』
『絵図三国志演義』は三国志演義の一百二十回本で、光緒庚寅年(一八九〇)に上海図書集成局が出版している。巻頭に百四十四図、各回二図ずつの合計三百八十四図を収録するが、ここでは「繡像」すなわち人物像の代表的なものを選んで収録した。

架蔵の小型本の挿絵は極めて多数で、しかも他本にはない「繡像」を多数付けているのが特色である。画の作風は、手慣れた筆遣いで、清末に上海で活躍した画家・銭慧安ふうの印象がある。

●『三才図会』

『三才図会』は、萬暦三十五年（一六〇七）に王圻が刊行した百六巻の類書で、清の雍正年間に刊行された殿版の『古今図書集成』と並んで著名である。のちに何度か翻刻・増葉されたらしい。多くの人物を収録して、一種の古代百科事典の典型となっている。架蔵のものは、清に入ってからの校訂本である。

なお、「三国志演義」「西遊記」「水滸傳」「紅楼夢」などの版本については、拙編の『中国古典文学挿画集成』（遊子館発行）の解説を参照していただければ幸いである。

〈主要参考文献〉

本書執筆のさい、歴代人物について書かれた様々な文字資料を参照したが、ここにはそれらの主なものを挙げる。

『中国古代詩詞曲詞典』江西教育出版社　一九八七年
『古本戯曲劇目提要』文化藝術出版社　一九九七年
『簡明中国古典文学辞典』江西人民出版社　一九八三年
『中国古代小説人物辞典』斉魯書社　一九九一年
『明清小説鑑賞辞典』浙江古籍出版社　一九九二年
『辞海』藝術分冊　上海辞書出版社　一九八五年
『辞海』文学分冊　上海辞書出版社　一九七九年
『辞海』歴史分冊（中国古代史）　上海辞書出版社　一九八五年
『辞海』宗教分冊　上海辞書出版社　一九八一年
『中国古代小説百科全書』　中国大百科全書出版社　一九九三年
『中国歴史大辞典』魏晋南北朝史　上海辞書出版社　二〇〇〇年
『中国歴史大辞典』秦漢史　上海辞書出版社　一九九〇年
『中国歴史大辞典』明史　上海辞書出版社　二〇〇〇年
『中国歴史大辞典』魏晋南北朝史　上海辞書出版社　二〇〇〇年
『中国歴史大辞典』清史（上）　上海辞書出版社　一九九二年
『中国歴史大辞典』宋史　上海辞書出版社　二〇〇〇年
『中国歴史大辞典』遼夏金元史　上海辞書出版社　一九八六年
『中国歴史人物辞典』黒龍江人民出版社　一九八三年
『紅楼夢人物辞典』広西人民出版社　一九八九年
高島俊男『水滸伝人物事典』講談社　一九九九年
渡辺精一『三国志人物事典』講談社　一九九二年
『古本戯曲劇目提要』文化藝術出版社　一九九七年
『中国古典小説百科全書』中国大百科全書出版社　一九九三年
『史記列伝』岩波文庫、『史記世家』岩波文庫
『三国志演義』上・下　平凡社　一九七二年
『紅楼夢』上・中・下　平凡社　一九七三年
『水滸伝』上・下　平凡社　一九九四年
『漢書・後漢書・三国志列伝選』平凡社　一九七八年
三木克己訳『漢書列伝選』筑摩書房　一九九二年

凡例

一、本書は歴史編、文学編に分けて記述した。
二、本書は、中国の歴史的な人物の図像を歴代の刊本類（石刻・版本・拓本等）から博捜し、簡略な伝記（解説）と併せて掲載した。
三、図版は同一人物でも異なる時代・資料のものは、複数を厭わず掲載した。
四、複数のページにわたって図版を掲載した場合、解説は初めの図版に付した。
五、図版の表題には一般的な呼称を採用し、適宜別称（字・号）などを示した。
六、表題や解説には、参考のためにごく一般的なふりがなを添えた。
七、図版には人物名（表題）の後に、出典資料を明記した。
八、本書利用の便のため、人名索引をつけた。
九、本書では傳、藝、佛など一部の漢字には正字体を採用した。
十、数字表記は漢数字を用い、西暦年号を除きすべて位数を標記する方式をとった。
（例・康熙三十五年、五百二十メートル、三十五年間。但し一三四五年）
十一、図版資料で汚損のはなはだしいものには適宜修正をほどこした。

中国歴代王朝簡表

（夏）	
	BC 1776
殷（商）	
	BC 1122
周	
	BC 770
春秋	
	BC 476
戦国	
	BC 221
秦	
	BC 206
漢	
	AD 220
魏晋	
	440
南北朝	
	589
隋	
	618
唐	
	907
五代	
	960
宋	
	1280
元	
	1368
明	
	1644
清	
	1911

歴史編

殷・西周時期

酒池
夏桀
末喜

桀王・末喜（古列女傳）

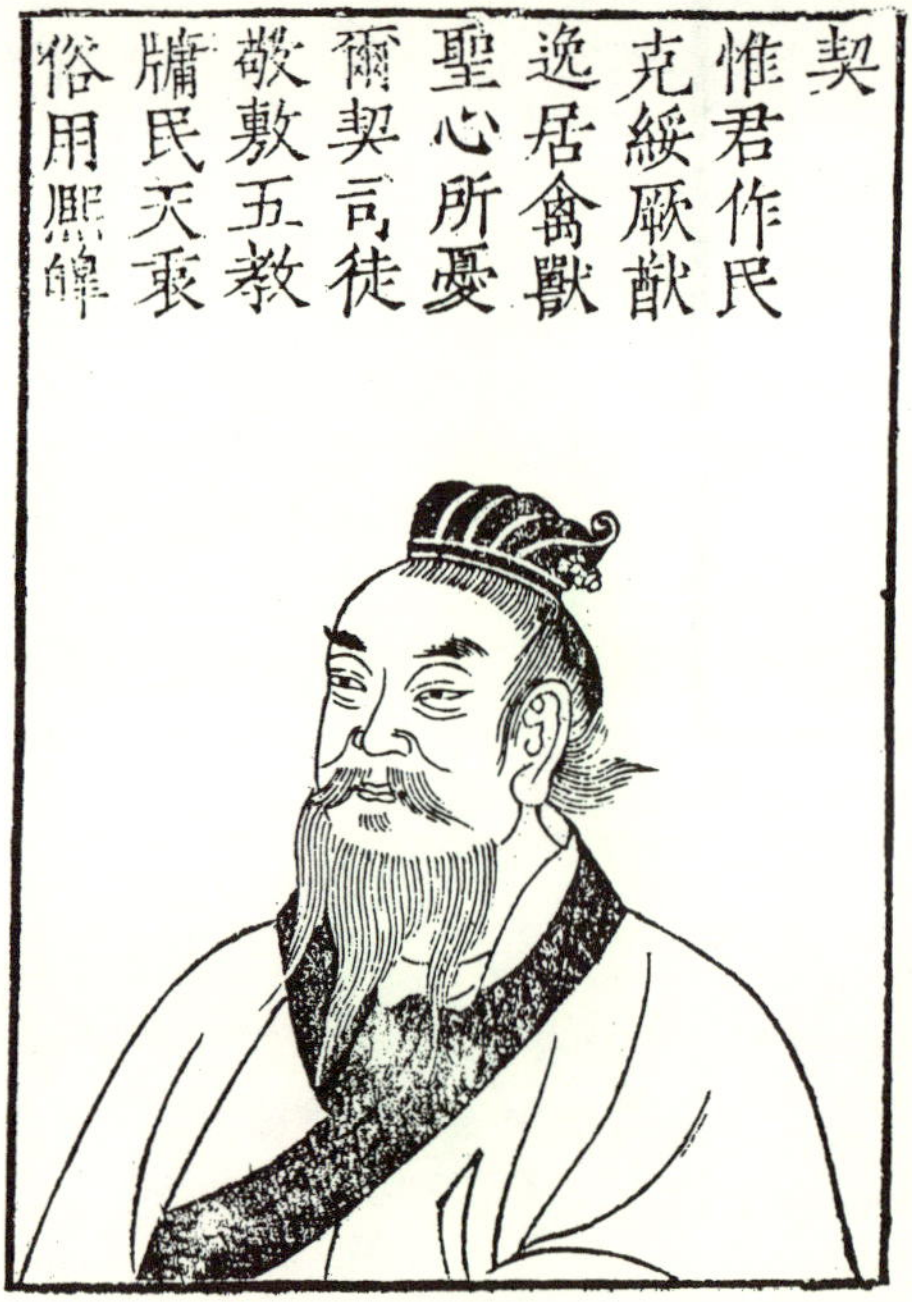
契
惟君作民
克綏厥猷
逸居禽獸
聖心所憂
爾契司徒
敬敷五教
牖民天衷
俗用熙皡

契（集古像贊）

夏桀

桀王（石索）

【桀王《けつおう》】

夏の最後の君主。名は履癸《りき》。桀はその称号。悪逆を尽くしたため、殷の湯王《とうおう》に討たれ、鳴条《めいじょう》（山西省安邑《あんゆう》県北）に走って死んだ。暴君の典型として殷の紂王と併称される。


【末喜《ばっき》】

夏の桀王の妃。有施《ゆうし》氏のむすめ。桀王が有施氏を攻めて、末喜を妃《きさき》とした。妹喜とも。


【契《せつ》】

商（殷）の始祖。玄王ともいう。簡狄《かんてき》がつばめ（玄鳥）の卵を飲んで生んだという。成人して、舜《しゅん》から河南商丘《しょうきゅう》に封ぜられ商の国を建国した。治水に功があったとされる。伝説では帝舜の五臣のひとりに当てる。

契（三才図会）

伊尹（三才図会）

傅説（三才図会）

成湯（三才図会）

【伊尹《いいん》】

殷の大臣。名は阿衡《あこう》。一名を摯《し》。初め有莘《ゆうしん》氏の下僕であったが、湯王に抜擢され、王を補佐し国相となった。上古時期の代表的な賢人の一人である。


【傅説《ふせつ》】

殷の高宗（武丁）時代の大臣。もと奴隷であったというが、高宗に見出されて重用され、国政に精勤した。


【成湯《せいとう》】

殷王朝初代の王、建国者・湯王《とうおう》のこと。殷の始祖契《せつ》より十四世目。夏《か》の桀王《けつおう》を討って建国した。亳《はく》（河南偃師《えんし》）に都し国号を商と定め、重臣の伊尹《いいん》などを用い、よく制度・典礼を整えた。在位十三年。商湯、武湯、大乙《たいいつ》ともいう。

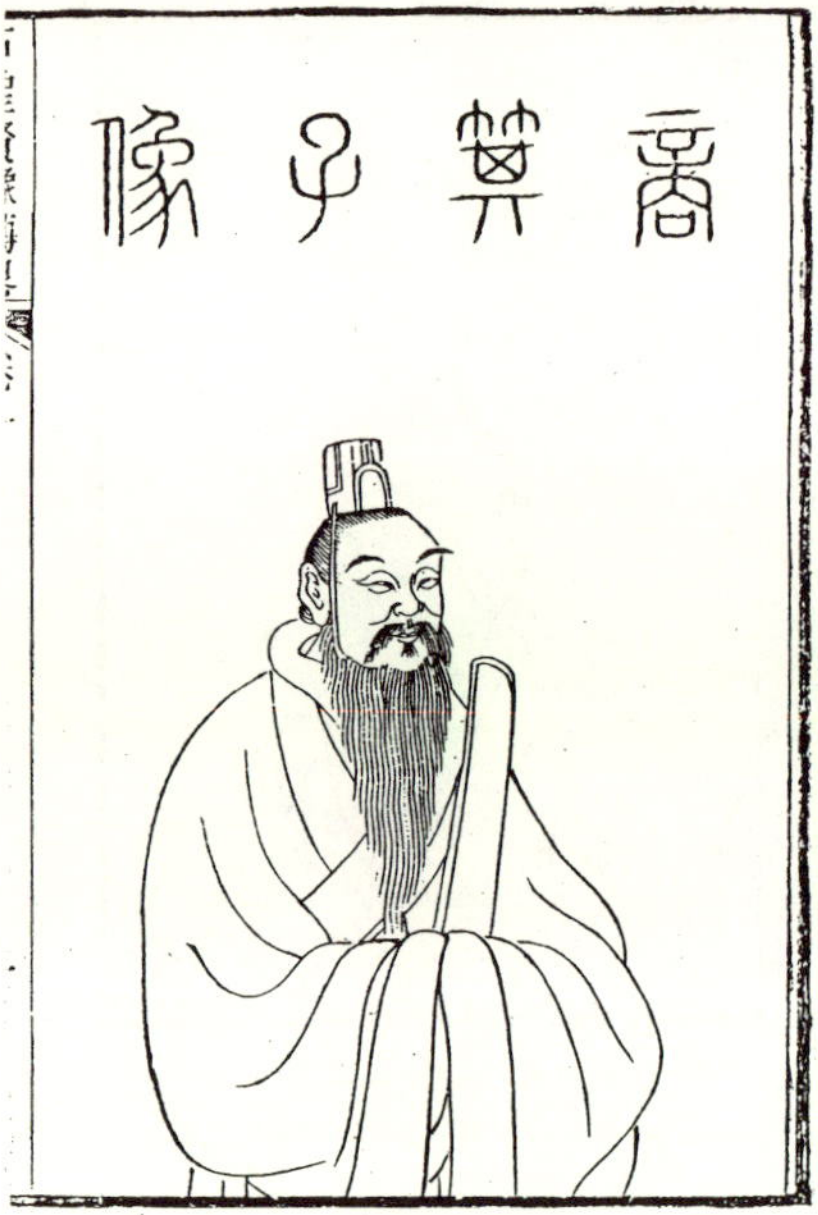

箕子（古聖賢像傳略）

殷高宗（三才図会）

殷紂王・妲己（古列女傳）

【殷高宗《いんこうそう》】

殷の国王。武丁《ぶてい》という。後に高宗と称された。幼時は民間に暮らし、即位してからは三年は国風を観察し、のちに傅説《ふせつ》らを大臣として重用した。五十九年の間、在位した。

【殷紂王《いんちゅうおう》】

紀元前十一世紀頃、殷王朝の最後の王。名は辛《しん》。受とも。紂は謚号《しごう》。才能・腕力ともに優れていたが、妲己《だっき》を寵愛し、酒池肉林に溺れる虐政となった。そのため民心は離反して、遂に周の武王に滅ぼされた。夏の桀王とともに暴君の代表とされる。

【妲己《だっき》】

殷の最後の王である紂王の寵妃。有蘇氏《ゆうそ》のむすめ。紂王と酒池肉林にふけり、火あぶりの刑(炮烙《ほうらく》の刑)を見て喜んだという。牧野《ぼくや》の戦いに紂王が敗れると自殺した。亡国の悪女の典型とされる。

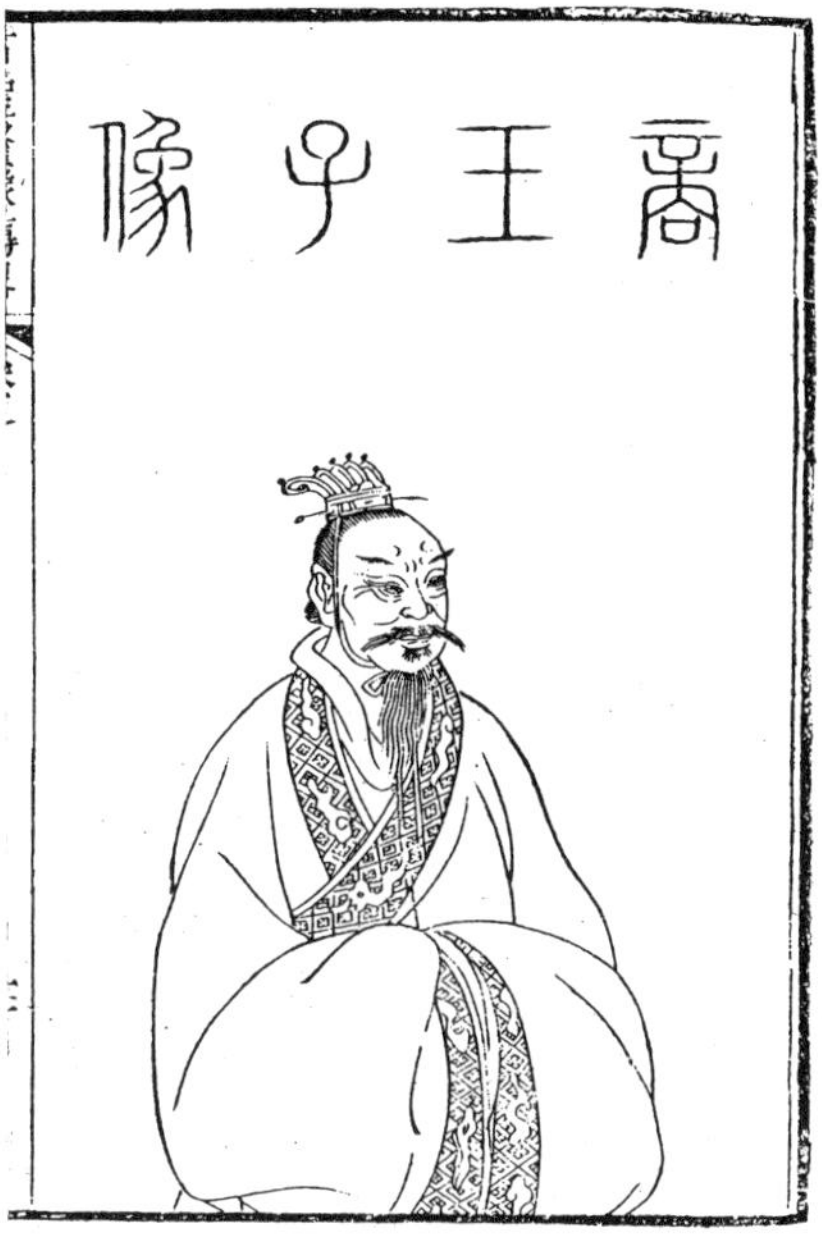

比干（古聖賢像傳略）

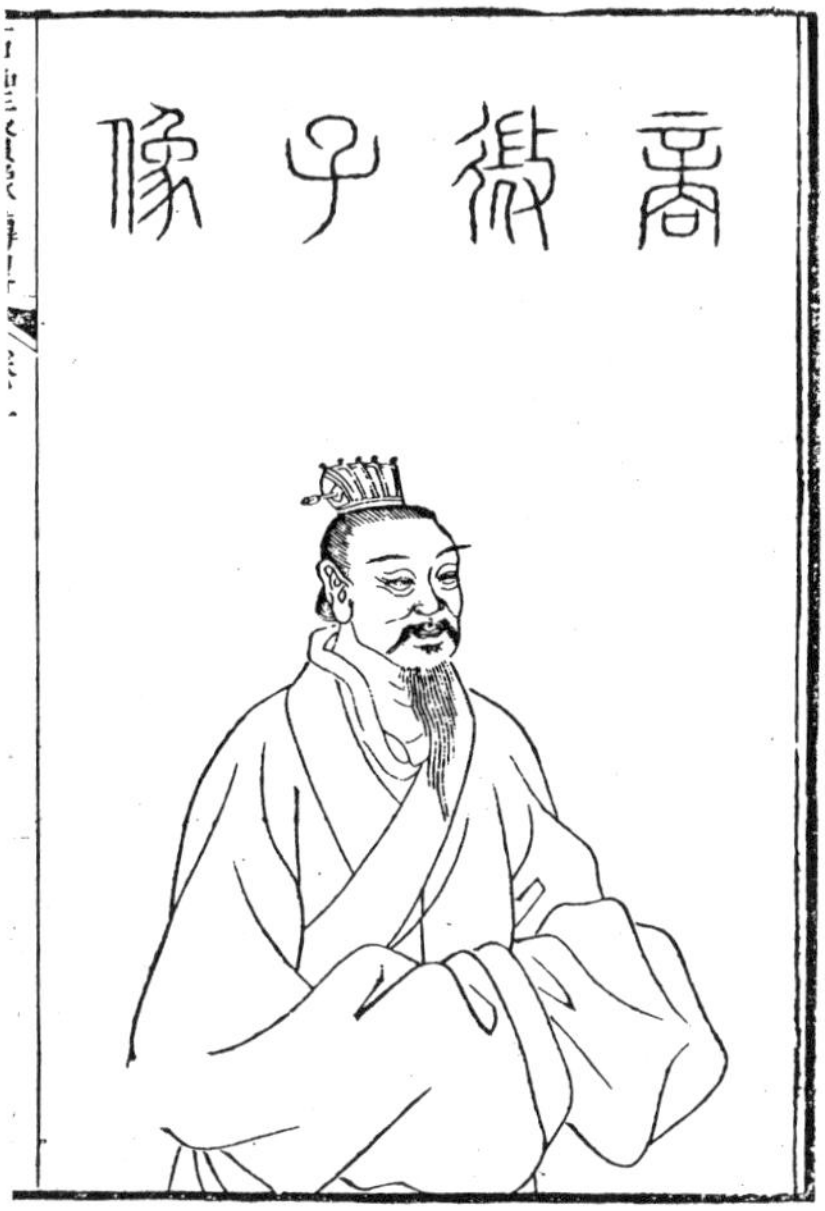

微子（古聖賢像傳略）

【箕子《きし》】

殷末期の忠臣。「箕」は、封ぜられた国名（山西省太谷県付近）のことである。紂王の叔父といわれる。紂王の暴政をいさめたが聞きいれられず囚われた。そこで狂人をよそおって身を保ち、のち周の武王に迎えられて朝鮮に封ぜられ、箕子朝鮮《きしちょうせん》の始祖となったといわれる。箕伯とも。


【比干《ひかん》】

殷末期の忠臣。紂王の叔父。紂王の暴虐を諫めたため怒りをかって、胸を割かれ殺された。箕子・微子とならんで「殷三仁《いんさんじん》」といわれる。


【微子《びし》】

殷末期の忠臣。紂王の異腹《いふく》の兄。本名は啓、または開、微子啓《びしけい》ともいう。酒池肉林に溺れる紂王の淫乱に忠言したが、聞き入れられないため逃げたという。殷が周に滅ぼされたのち、周公は微子を殷のあとをつぎとして、宋に封じた。

三層周公輔成王
（石索）

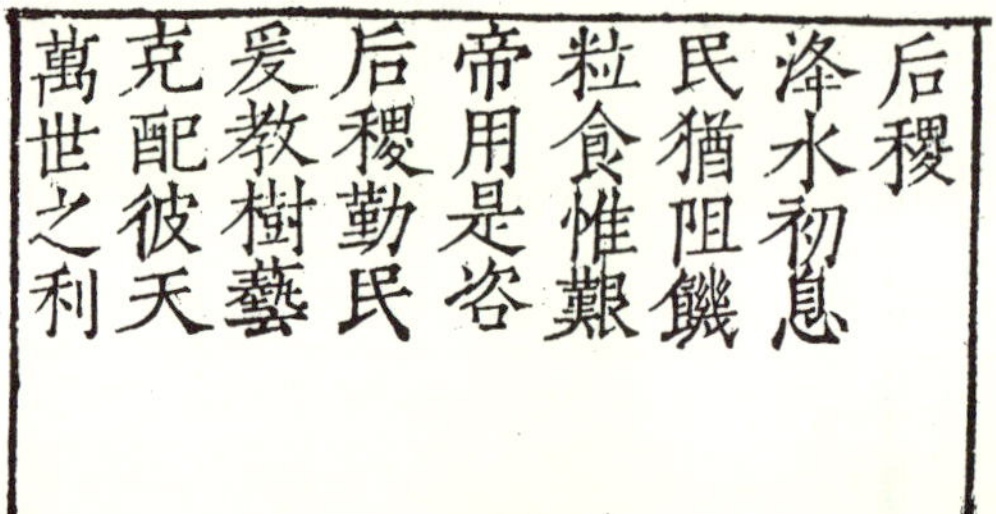
后稷
洚水初息
民猶阻饑
粒食惟艱
帝用是咨
后稷勤民
爰教樹藝
克配彼天
萬世之利
后稷（集古像賛）

【后稷《こうしょく》】

周王朝の始祖とされる伝説上の人物、帝尭《ぎょう》のときの人。姓は姫《き》、名は棄《き》。母の姜原《きょうげん》は、巨人の足跡を踏んで懐妊したといわれる。不祥を嫌って一度は捨てられたため、名を棄とした。幼時から農耕を好み、農業をつかさどる官職を子孫に伝えたという。

周成王〈中央〉周公旦〈左3〉

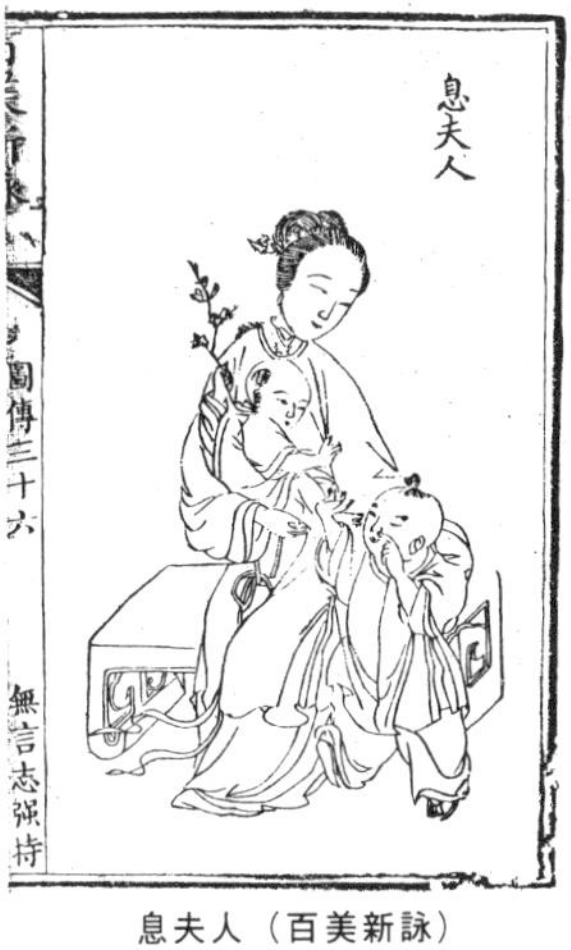

息夫人（百美新詠）

息夫人（古列女傳）

【息夫人《そくふじん》】

周代の貞女。周の諸侯・息国は楚に敗れた。国君の息君と夫人は虜となり、夫人は楚の後宮《こうきゅう》にいれられることとなった。ところが、息夫人は二人の夫に仕えることはないといって自殺した。そして息君も自殺したという。列女傳「貞順」に見られる挿話。


【周成王《しゅうせいおう》】

周の第二代の王。武王の子。姓は姫、名は誦《しょう》、成王は諡号《しごう》。幼くして即位したため、叔父の周公旦《しゅうこうたん》に輔弼《ほひつ》されて、周代の治世の基を築いた。


【周公旦《しゅうこうたん》】

周の文王《ぶんのう》の子、武王の弟。姓は姫、名は旦。武王を補佐して紂王を討ち、武王の死後、その子成王を盛りたてて、周王朝の基礎を固めた。儒教で聖人のひとりとされている。晩年の孔子が「周公を夢に見なくなった。衰えたなあ」と慨嘆《がいたん》したのは有名である。

周公像
三才圖會
人物四巻
十一

周公旦（三才図会）

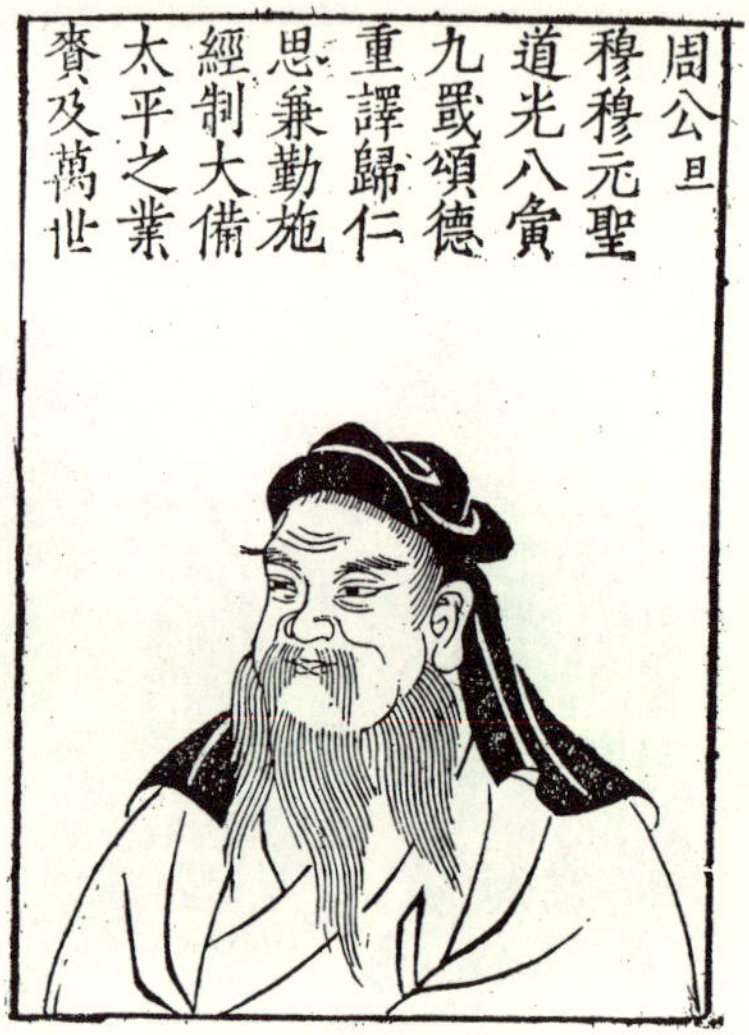
周公旦
穆穆元聖
道光八夤
九戢頌德
重譯歸仁
思兼勤施
經制大備
太平之業
賚及萬世

周公旦（集古像賛）

周文王
三才圖會
人物一巻
二十一

周文王（三才図会）

周文王
於穆文王
純一不已
道接羲皇
重爻演義
神化無迹
至德不形
大哉乾元
穹然高明

周文王（集古像賛）

【周公旦《しゅうこうたん》】解説前頁

【周文王《しゅうぶんのう》】

周の武王の父。姓は姫《き》、名は昌《しょう》。殷王朝のとき西方に勢力をもち、西伯《せいはく》と呼ばれた。文王には人並みはずれた人徳があり、善を重ね、篤く礼をもって賢者を遇したので多くの諸侯が集まり、天下の三分の二をおさめたという。在位は五十年も続き、その人がらや政治手法は、のちに孔子をはじめとする儒家の手本とされた。

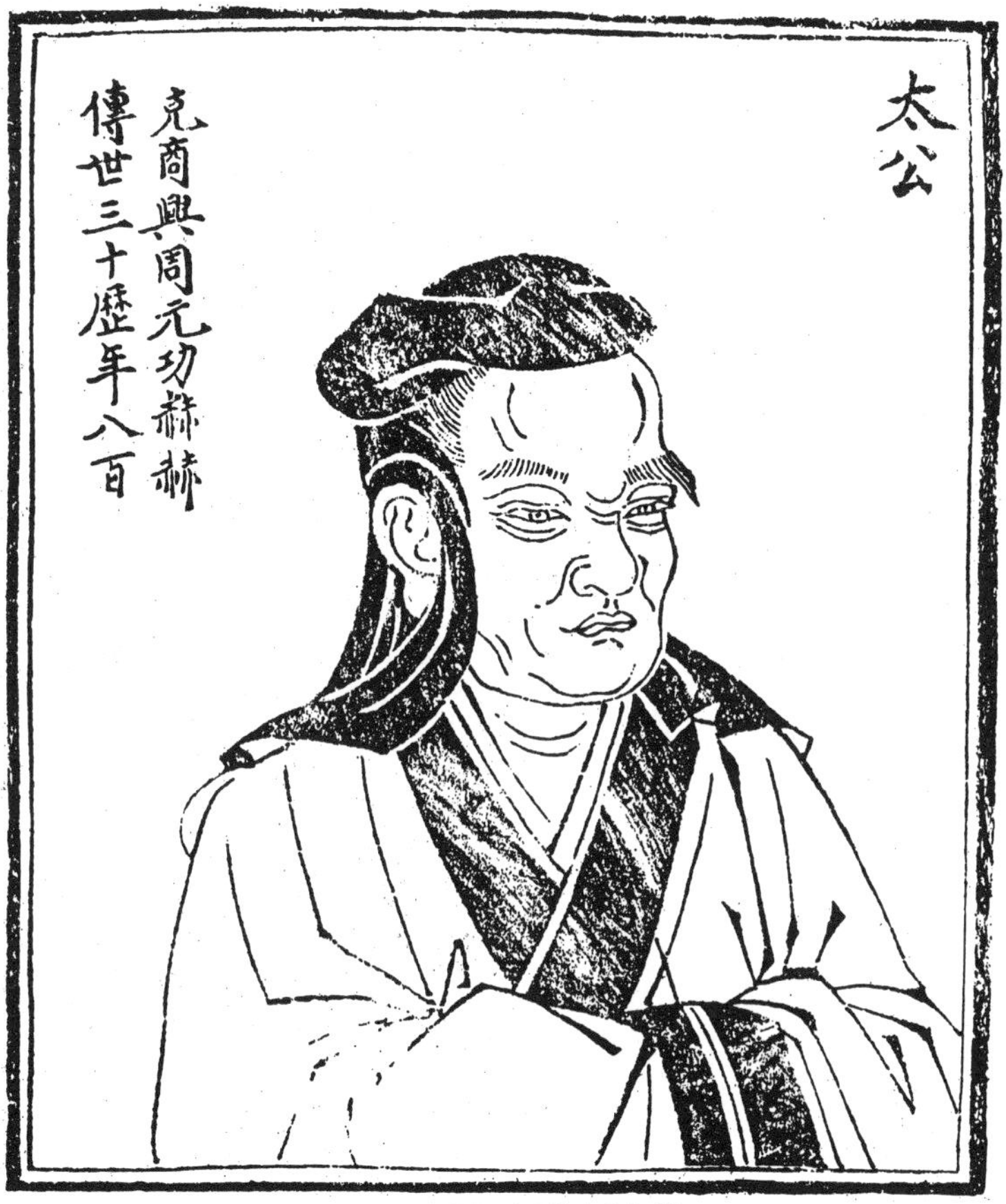

太公望（歴代古人像賛）

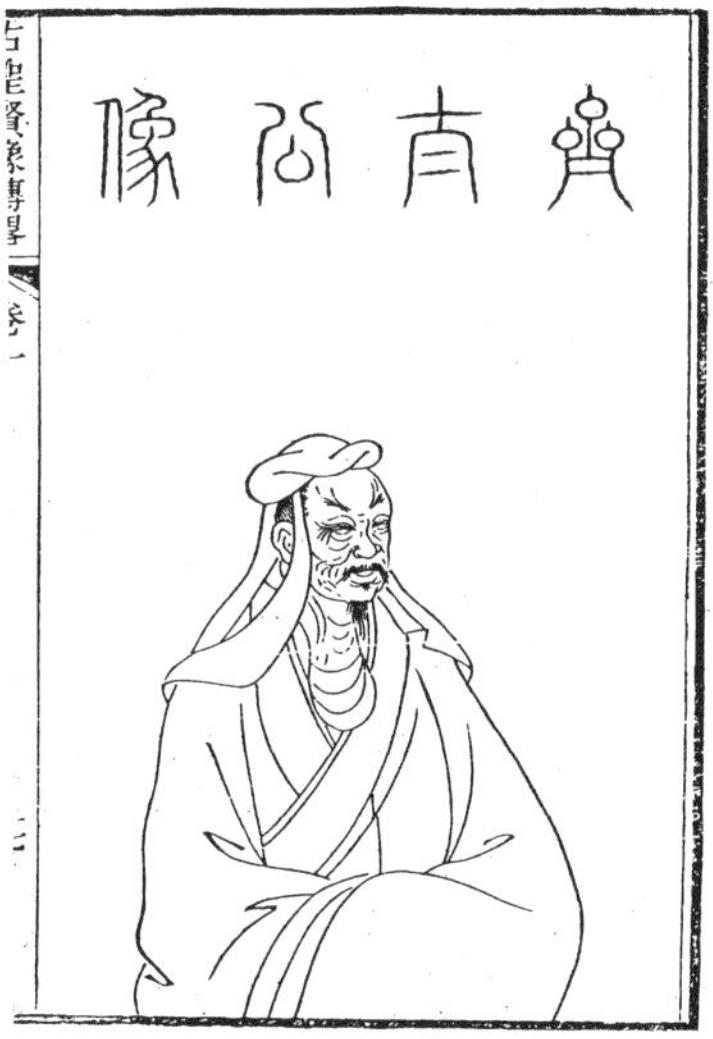

太公望（古聖賢像傳略）

【太公望《たいこうぼう》】

周の賢人、また斉《せい》国の国君。姜《きょう》叔牙《しゅくが》、呂尚《りょしょう》ともいう。

字は子牙・叔牙。伝説では渭水《いすい》のほとりで釣りをしているところを、周の文王に見出された。太公望《たいこうぼう》は、その知謀によって武王を助け、殷《いん》の紂《ちゅう》王を滅ぼし周を建国するのに大いに貢献した。後には山東に移り、斉の国の始祖となった。

太公望（百将図傳）

【太公望《たいこうぼう》】解説前頁

周康王（三才図会）

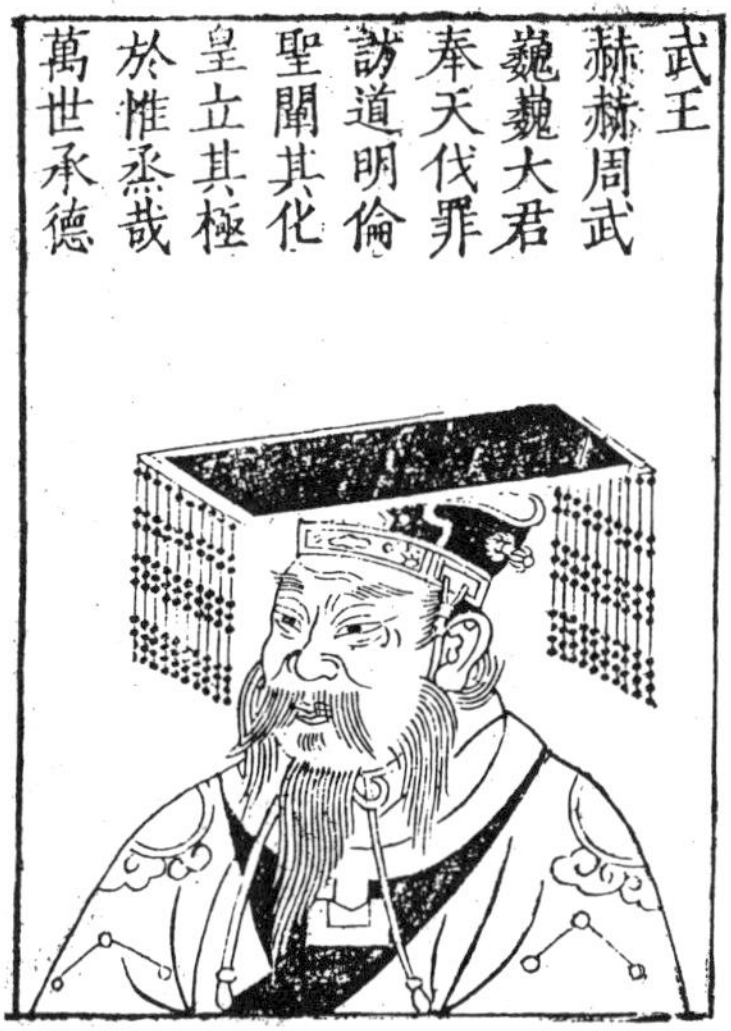

周武王（集古像贊）

伯夷（古聖賢像傳略）

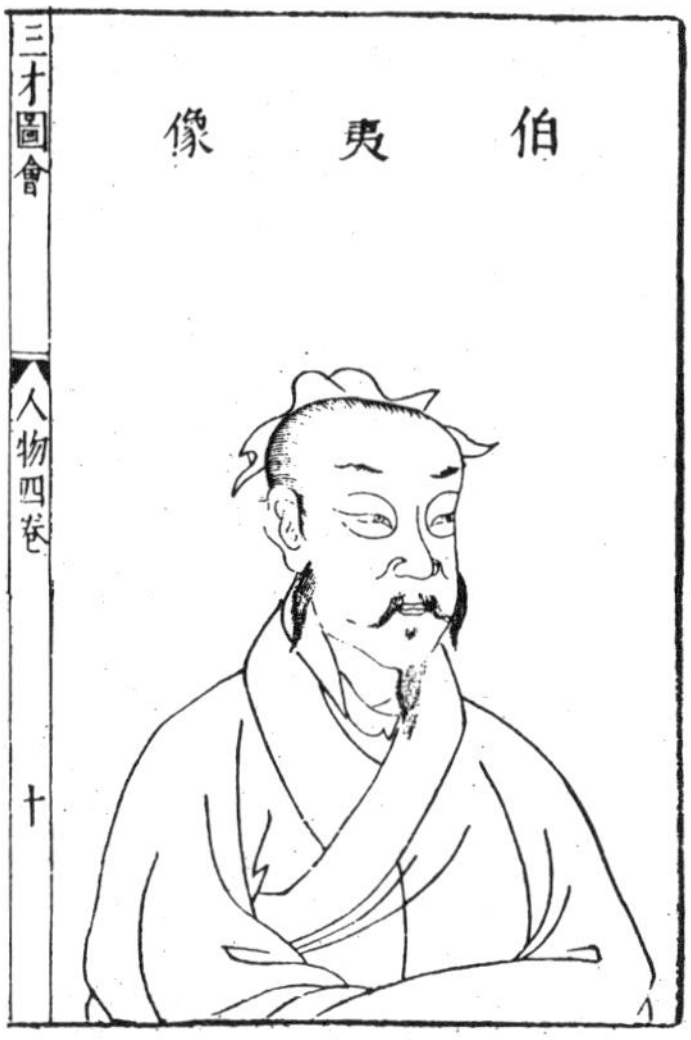

伯夷（三才図会）

【周武王《しゅうぶおう》】

周王朝初代の王。文王の子。姓は姫《き》、名は発。太公望呂尚《りょしょう》を右腕として、牧野《ぼくや》の戦いで殷の紂王を滅ぼして天子の位についた。鎬京《こうけい》を都城として、紀元前一一〇〇年ごろ国号を周とした。


【周康王《しゅうこうおう》】

周の成王の子。名は釗《しょう》。召公、畢《ひつ》公の補佐を得て、成王の政策を継続、天下の安定を招いた。


【伯夷《はくい》】

殷の孤竹君《こちくくん》の子。父は弟の叔斉《しゅくせい》を跡継ぎにしようとしたが、叔斉は兄の伯夷と譲りあって国を去り、文王を慕って周にいった。のち、周の武王が殷の紂王を討つのを諫めたが、聞き入れられなかったので、二人とも首陽山《しゅようざん》に隠れ、蕨を食《は》んで餓死した。節を守る、廉潔《れんけつ》な人物の代表とされる。

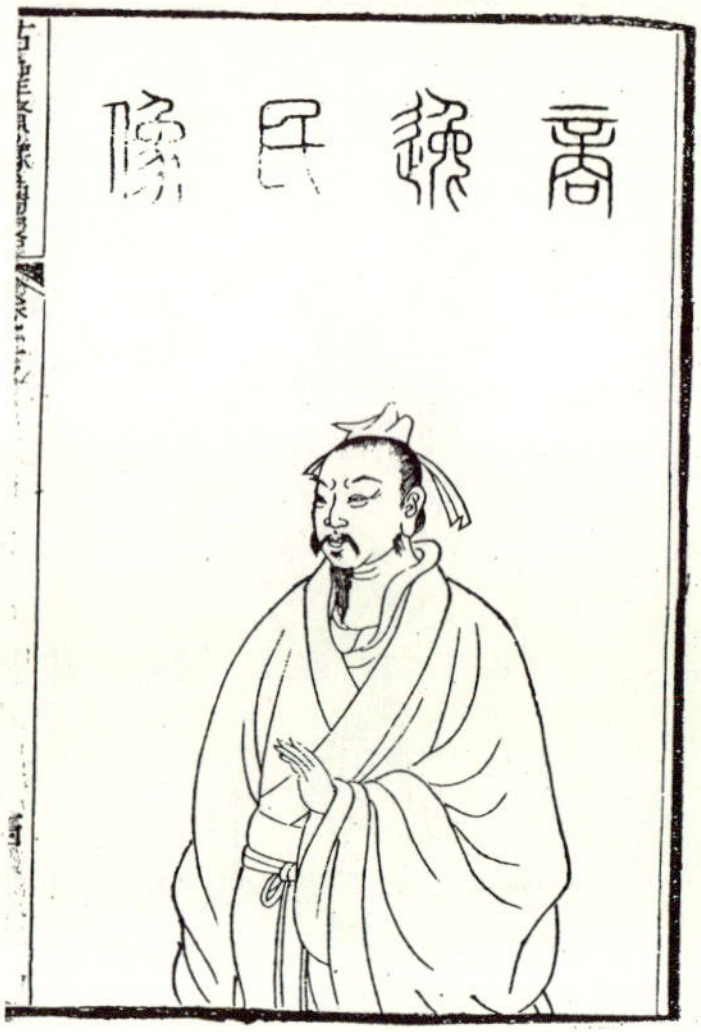

叔斉（古聖賢像傳略）

召公奭（三才図会）

太伯（三才図会）

召公奭（古聖賢像傳略）

【叔斉《しゅくせい》】
殷の孤竹君《こちくくん》の子。伯夷の弟。兄とともに、武王を諫めたが、聞き入れられなかったため、首陽山に隠れて節を守って餓死した。

【召公奭《しょうこうせき》】
周初の宰相。奭《せき》は名。文王《ぶんのう》の子。武王・周公旦の弟と伝えるが、殷代、河南西部で勢力を揮った召族の出身。周に協力し、成王の即位後、太保《たいほ》となり、陝西《せんせい》を治めた。燕《えん》の始祖となる。

【太伯《たいはく》】
周時代、呉の始祖とされる伝説的な人物。周の太王の古公亶父《ここうたんぽ》の長子、季歴《きれき》の兄である。太王が後継者として季歴に望みをかけているのを察し、弟の仲雍《ちゅうよう》と荊蛮《けいばん》（呉）の地へ逃げ、文身《ぶんしん》（刺青）断髪し呉国を建てたといわれる。呉太伯ともいう。また泰伯ともかく。

【季歴《きれき》】（王季）
周の祖。古公亶父の末子、文王の父。兄の太伯と虞仲は出国して、季歴に位を譲った。即位して公季・王季といわれる。

太姜・太任・太姒 ・古公亶父(太王)・季歴(王季)・太伯・文王・武王（古列女傳）

周幽王・褒姒（古列女傳）

【古公亶父《ここうたんぽ》】（太王）
周文王の祖父、武王の曽祖父。古公は号で亶父は名。岐山の麓に国をたてて国号を周と称した。曽孫の武王が殷の紂王を討ったのちに、太王の尊号を贈られた。

【太姜《たいきょう》】
殷時代、周の国君、周太王の妃。太伯、仲雍《ちゅうよう》、王季を生んだ。太王は事あるたびに常に太姜に相談したという。

【太任《たいじん》】
殷時代、周の国君、季歴《きれき》の妃、周文王の母。胎教につとめたとされる。大任とも書く。

【太姒《たいじ》】
殷時代、周の国君姫昌《きしょう》の正妃で、西周・武王の母。号は文母。旦夕勤労を心がけ、母としてまた妻として婦道を良くしたとされる。

【周幽王《しゅうゆうおう》】
（?～前七七一　在位前七八一～前七七一）周の第十二代の王。宣王の子。姓は姫、名は宮涅《きゅうでつ》。申后《しんこう》の子、太子宜臼《ぎきゅう》を退けて、寵愛する褒姒《ほうじ》の生んだ伯服《はくふく》を太子に立てたため、宜臼の母申后らによって驪山《りざん》の下で殺された。

褒姒（百美新詠）

【褒姒《ほうじ》】周の幽王の寵妃。褒《ほう》国（陝西褒城にあった姒《じ》姓の国）から献上され、申后に代って后《きさき》となる。褒姒は、子の伯服を生み、王の寵愛を得た。しかし、容易に笑わず、王が何事もないのに烽火を挙げて諸侯を集めたのを見て初めて笑った。のち申后の父申侯《しんこう》が周を攻めた時、烽火を挙げたが諸侯が集まらず、王は殺されて西周は滅亡、褒姒は捕虜にされた。

春秋戦国時期

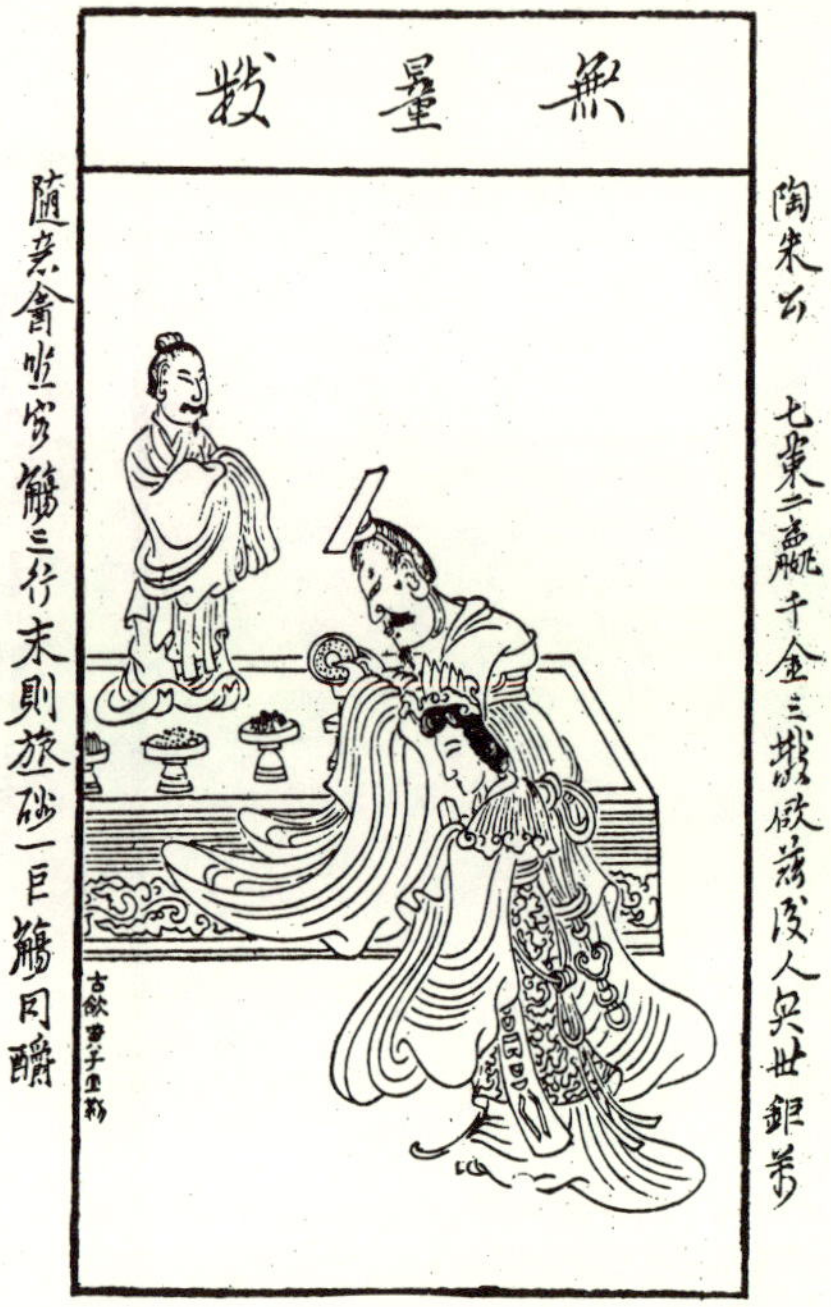

范蠡（博古葉子）

范蠡（於越先賢像傳賛）

【范蠡《はんれい》】　春秋時代、越の功臣。字《あざな》は少伯。呉越の戦いで、越王を二十年余りにわたり補佐し、ついに宿敵の呉を滅亡に至らしめた。のちには官を辞して、美女西施《せいし》とともに斉にいき、名を鴟夷子皮《しいしひ》と改め、大金持ちとなった。また、財を捨てて更に定陶《ていとう》に行き、陶朱公《とうしゅこう》と呼ばれたともいう。

西施（百美新詠）

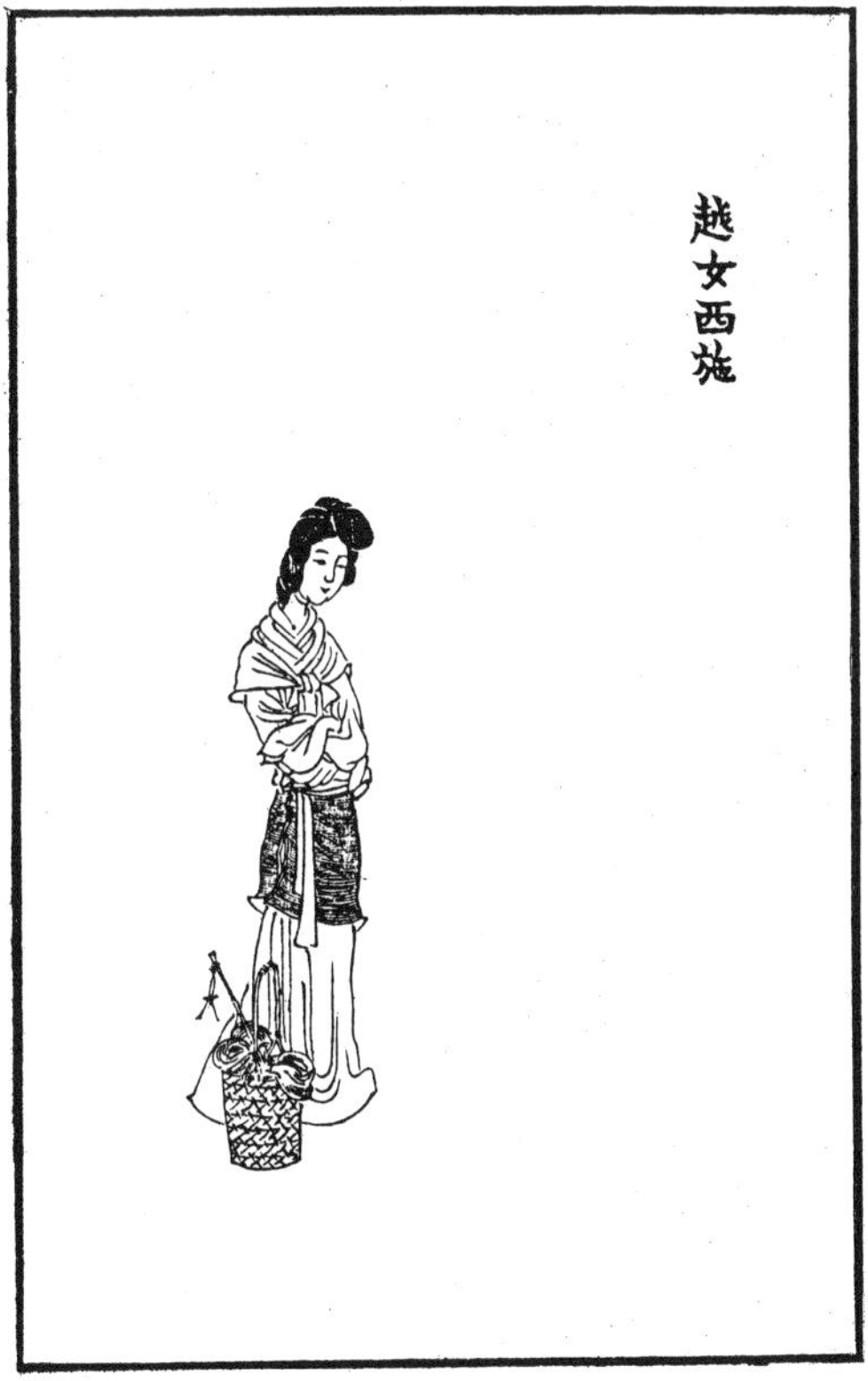

西施（於越先賢像傳贊）

【西施《せいし》】

春秋時代の越の美女。苧蘿《ちょら》山中の浣紗渓《かんさけい》で、薪を採って生活していたところを、范蠡《はんれい》に見出されたという。越王勾践《こうせん》が呉に敗れたのち呉王夫差《ふさ》のもとに送られると、夫差は美しい彼女におぼれて国を滅ぼした。伝説によると、范蠡《はんれい》とともに斉に行ったという。中国四大美女の一人である。

柳下恵・柳下恵妻（古列女傳）

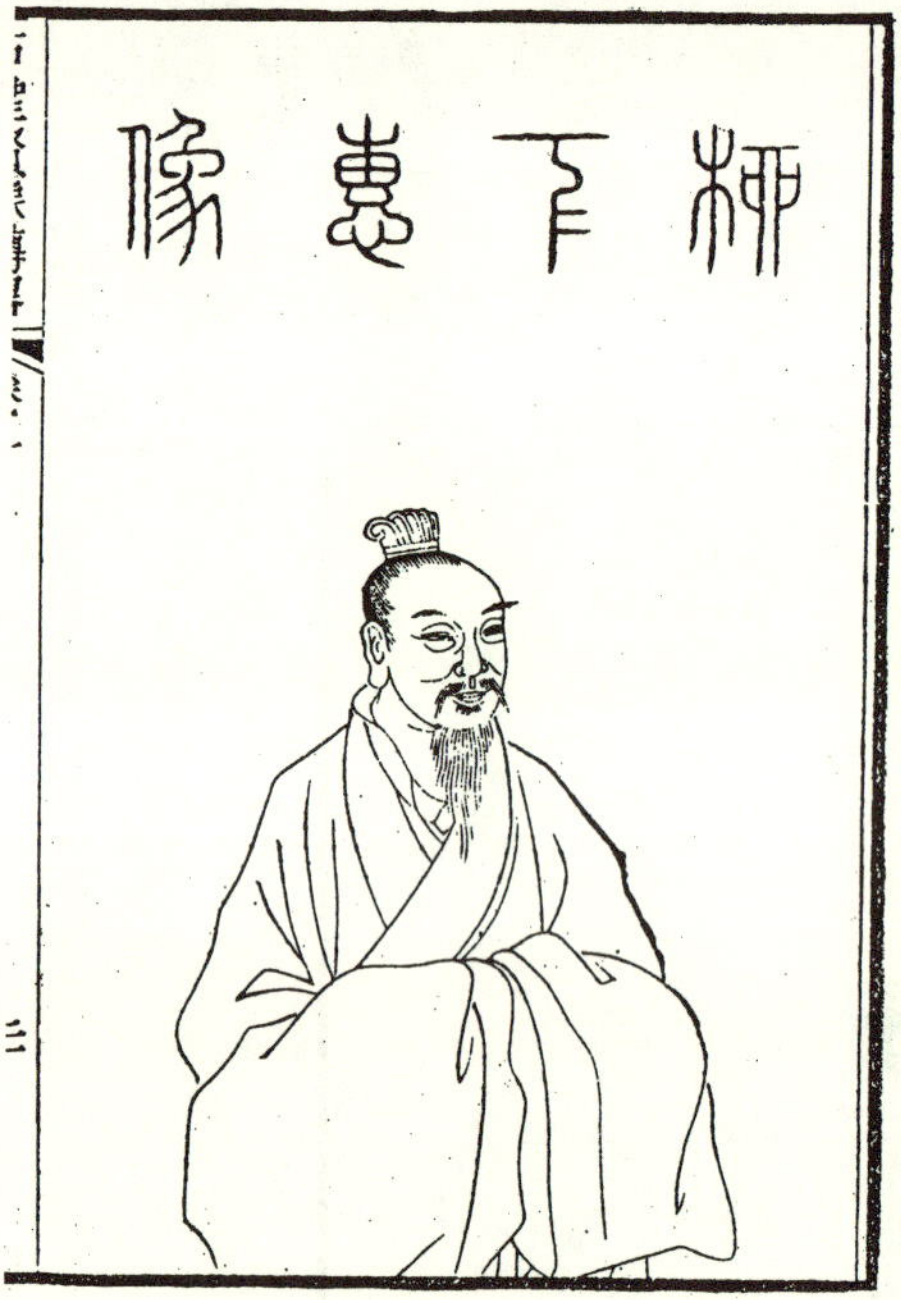

柳下恵（古聖賢像傳略）

【柳下恵《りゅうかけい》】

春秋時代、魯の大夫。姓は展、名は獲、字《あざな》は禽《きん》、恵は諡《おくりな》。伯夷・叔斉とも比較され、「直《ちょく》」（ひとすじの道）を守った、大らかな賢人として知られる。展季《てんき》・柳恵《りゅうけい》とも。その呼称は、柳下という地に住んだことからという。なお、妻も賢く人がらのすぐれた婦人だったとされる。

【柳下恵妻《りゅうかけいのつま》】

柳下恵の妻。姓名は不詳。柳下恵が亡くなったとき、妻自らが追悼の言葉を捧げた。それは門人誰一人として、一言も付け加えることのない、立派な文言であった。

接輿・接輿妻（古列女傳）

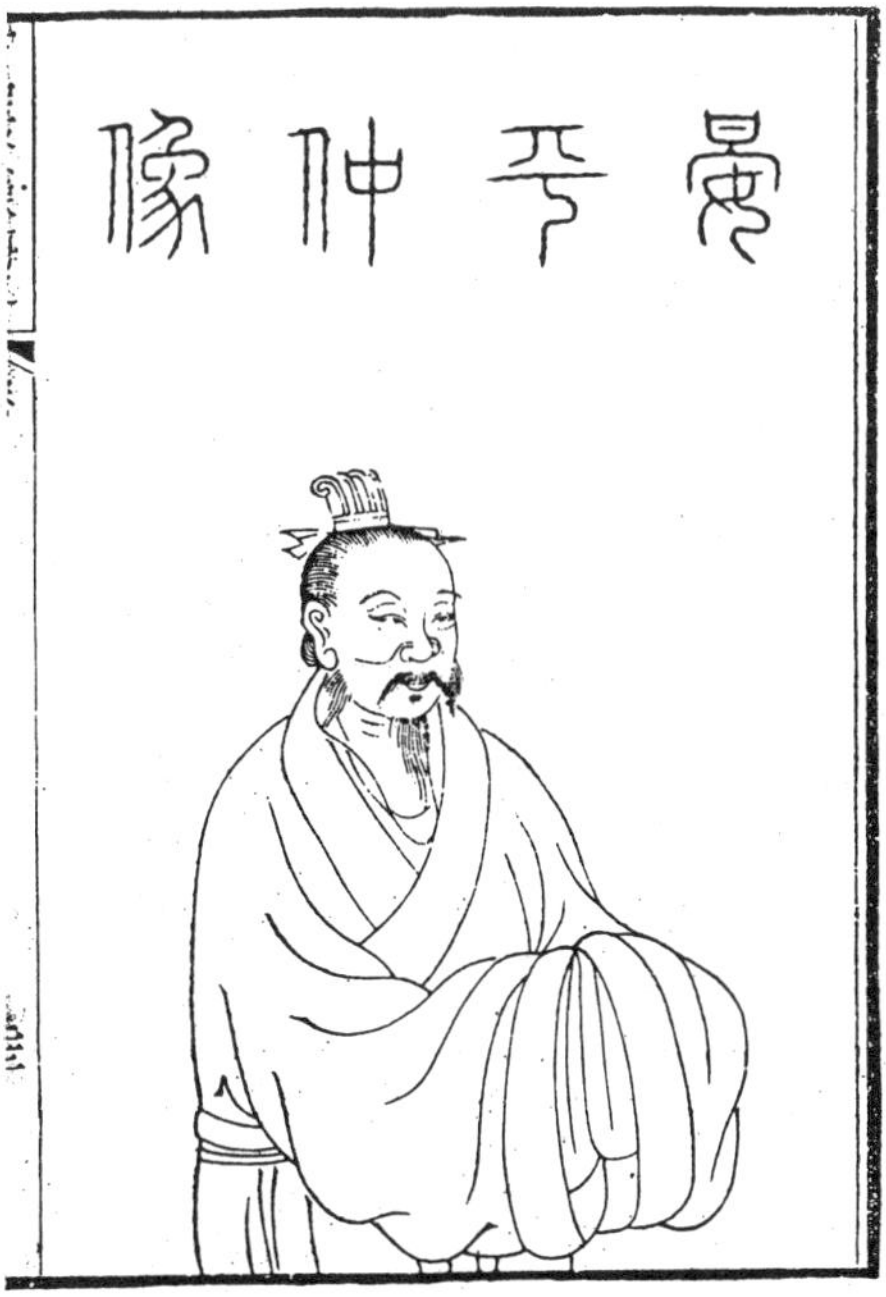

晏子（古聖賢像傳略）

【接輿《しょうよ・せつよ》】

春秋時代、楚の隠者。姓は陸、名は通、接輿は字《あざな》。狂人のふりをして、世を避けた。かつて孔子の一行とすれ違ったが、孔子とは語らず、孔子をむだな努力をする者だと皮肉った。楚狂《そきょう》とも。

【接輿妻《しょうよのつま・せつよのつま》】

楚の隠者、接輿の妻。「貧のため操を易え、賎のために行いを改めることはしない」と諫言し、夫への楚王からの仕官の招きを断らせ、二人して名を変え、遠方に移り身を隠した。

【晏子《あんし》】

（?～前五〇〇）春秋時代の斉の名臣、晏嬰《あんえい》の尊称がある。姓は晏、字《あざな》は仲、諡《おくりな》は平、普通、晏平仲《あんへいちゅう》という。斉景公の相となり、節倹力行をもって諸侯に知られた。その言行をしるしたものが『晏子春秋』として知られる。

伍子胥（呉郡名賢図傳贊）

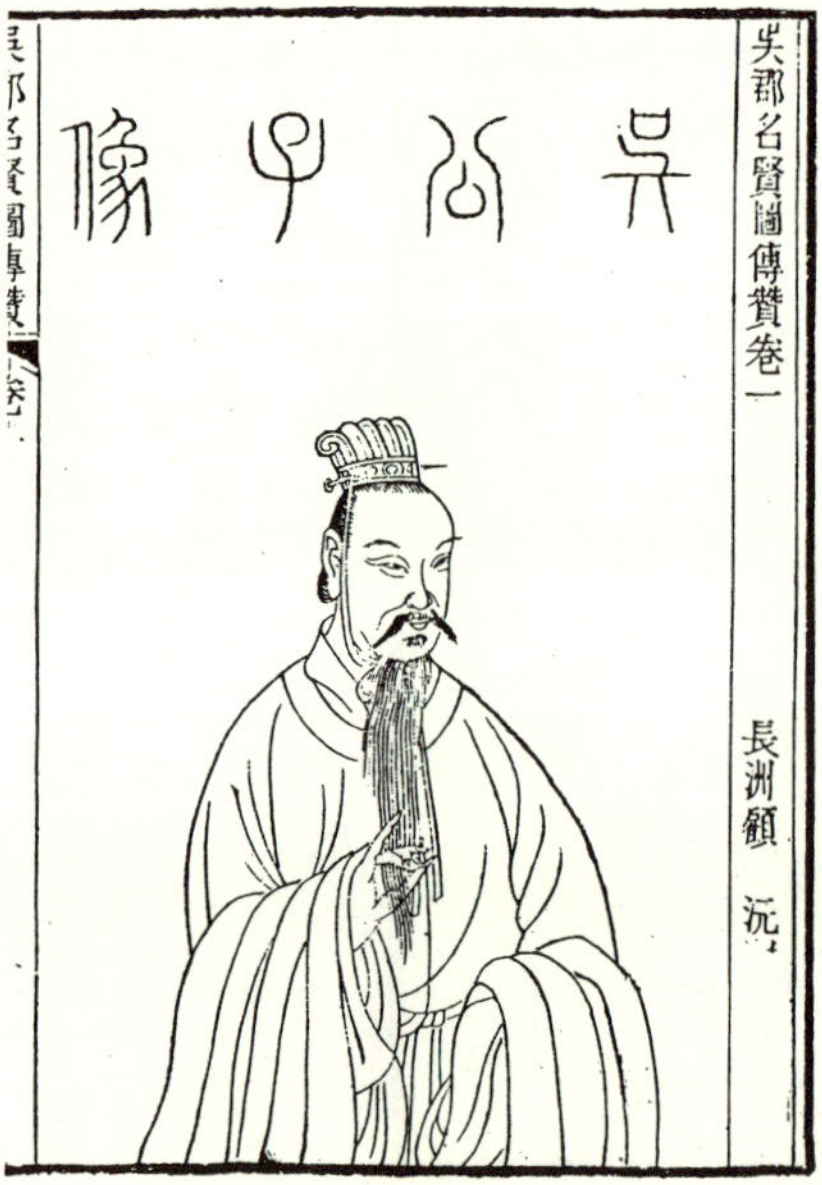

季札（呉郡名賢図傳贊）

【伍子胥《ごししょ》】

春秋時代、呉の大臣。姓は呉、名は員《うん》、子胥は字《あざな》。何世も続いた楚の家臣であったが、楚の平王に父も兄も殺されたので恨みに思い、敵である呉を助けて楚をうった。しかし、のちには讒言《ざんげん》により自らも殺された。

【季札《きさつ》】

（前五六一？～前五一五？）春秋時代、呉の王・寿夢《じゅぼう》の末子。寿夢が季札の賢明さをみて、太子にたてようとしたがこれを受けず、各地を歴訪して優れた人物とまじわった。特に、信義に厚かったことは有名である。延陵《えんりょう》季子ともよぶ。

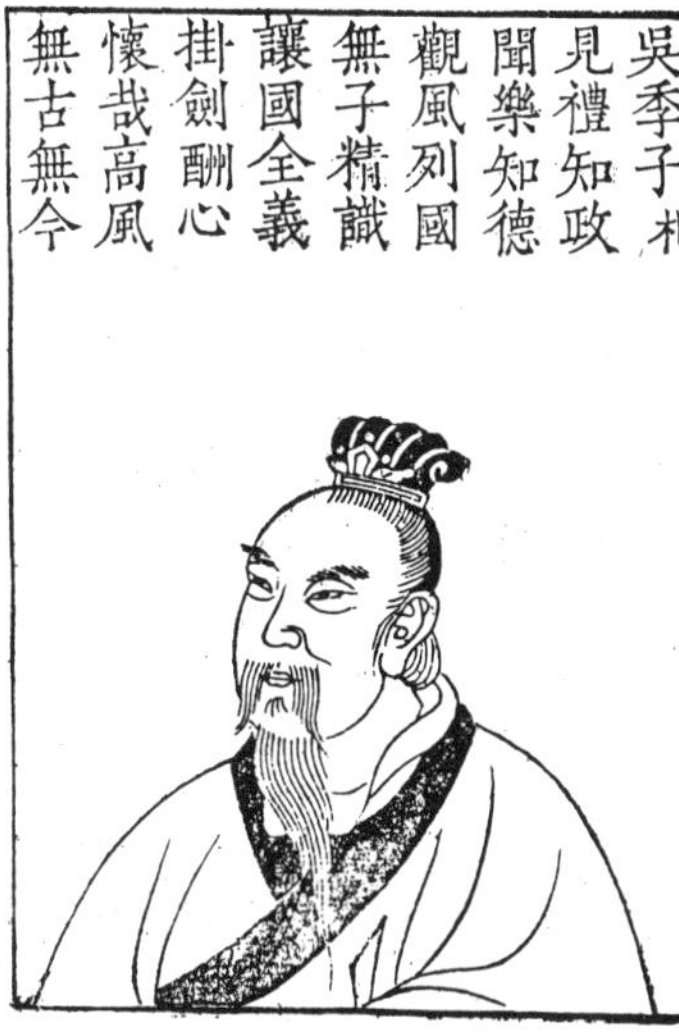
呉季子札
見禮知政
聞樂知德
觀風列國
無子精識
讓國全義
掛劍酬心
懷哉高風
無古無今

季札（集古像賛）

呉王
一之十六
二侍郎
専諸炙魚
刺殺呉王

呉王僚・専諸（石索）

【呉王僚《ごおうりょう》】

春秋時代、呉の国君。（在位前五二六～前五一五）。楚の亡臣伍子胥《ごししょ》が呉に入り、楚を討つべしと説くが容れられない。伍子胥は公子光《こうしこう》が王に二心を懐くのを知り、彼に近づき刺客を送って、呉王僚を殺した。


【専諸《せんしょ》】

（?～前五一五）春秋時代、呉の刺客。公子光《こうしこう》の意を受けて、伍子胥《ごししょ》の推薦によって、暗殺を実行した。宴会のときに、料理した魚の腹に匕首《あいくち》を隠し、呉王僚《ごおうりょう》を刺した。自らもその場で絶命した。公子光が即位すると、彼の息子は親の功によって上卿に封ぜられた。

斉桓公・衛姫（古列女傳）

衛姫（百美新詠）

【斉桓公《せいかんこう》】

（在位前六八五～前六四三）春秋時代、斉の君主。姓は姜、名は小白《しょうはく》。管仲《かんちゅう》を宰相に抜擢し、その補佐を得て春秋五覇の旗頭となった。

【衛姫《えいき》】

衛姫《えいき》は衛侯のむすめで、斉桓公《せいかんこう》の夫人となった人である。諸侯が桓公を覇者として認め来朝したのに衛だけは来なかったので、桓公はこれを討つことに決めたが、衛姫は桓公の顔色からそのことを察して、衛の罪を赦すように頼んだ。この明察に感じて、桓公は討伐を中止し、なおかつ衛姫を夫人に立てたという。

【管仲《かんちゅう》】

（?～前六四五）春秋時代、斉《せい》の宰相。潁水《えいすい》のほとりの人。名は夷吾《いご》、仲は字《あざな》、諡《おくりな》は敬。管敬仲・管子といわれる。親友の鮑叔《ほうしゅく》の推薦で桓公に仕えて宰相となった。四十年にわたり執政を担任し、商業を大いに広めて富国強兵に貢献した。桓公が五覇のひとりとなったのも彼の功である。

管大夫仲
假仁圖伯
尊王斥戎
民受其賜
聖與其功
治國長才
卓有令聞
四維之言
可以爲訓

管仲（集古像贊）

管仲
齊桓公
曹子刦桓
一之十五

管仲・斉桓公・曹沫（石索）

【曹沫《そうまつ・そうばつ》】

春秋時代、魯の将軍。斉の桓公と戦って敗れ、柯というところで和睦のため会合したとき、桓公を短剣で脅かして、魯に有利な条約を結んだ勇士。これを「曹柯之盟」という。

斉宣王・鍾離春（古列女傳）

斉宣王・鍾離春（石索）

【斉宣王《せいせんのう》】

戦国時代、斉の名君。在位は前三一九～前三〇一年。名は辟彊《へききょう》。即位の年に魏が韓・趙と戦うと、魏を攻めて三晋の地を平定した。さらに燕の内紛に乗じてその国都を攻略した。

かくて斉は東方諸国中で最大となり、国都の臨淄《りんし》は繁栄を極めた。しかも宣王は学者を優遇したので、孟子を初めとして天下の学者が稷下《しょくか》に集まり学問が栄えた。これを「稷下の学」という。「稷」は斉の都城の西にあった山の名、また、門の名ともいう。

【鍾離春《しょうりしゅん》】

戦国時代、斉の宣王の后《きさき》。無塩《ぶえん》(現・山東省)の出身で、無類の醜婦であった。無塩君ともいう。四十歳まで嫁がずにいたが、ある日、斉の宣王に面会して国政について直言し、その見識を高く評価されて皇后となった。

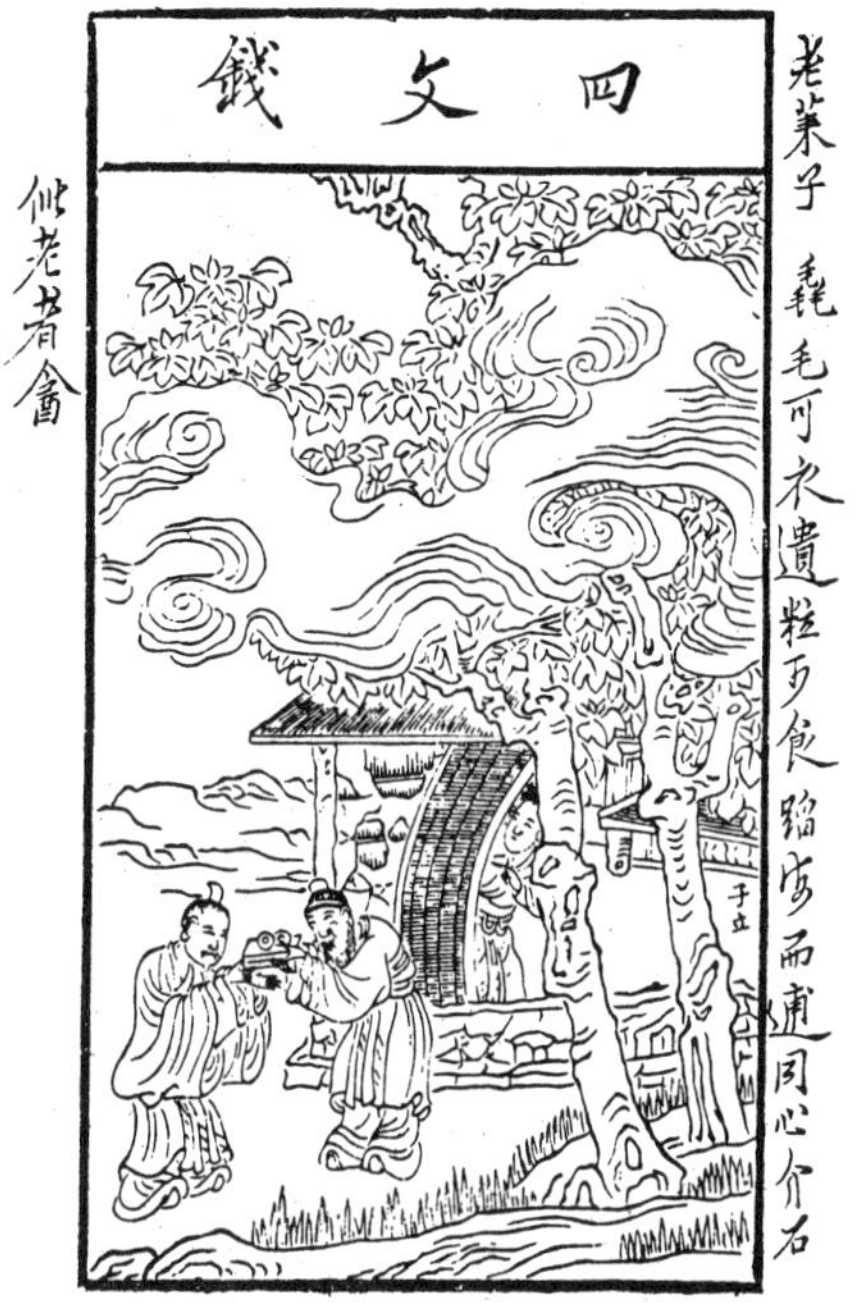

老莱子（博古葉子）

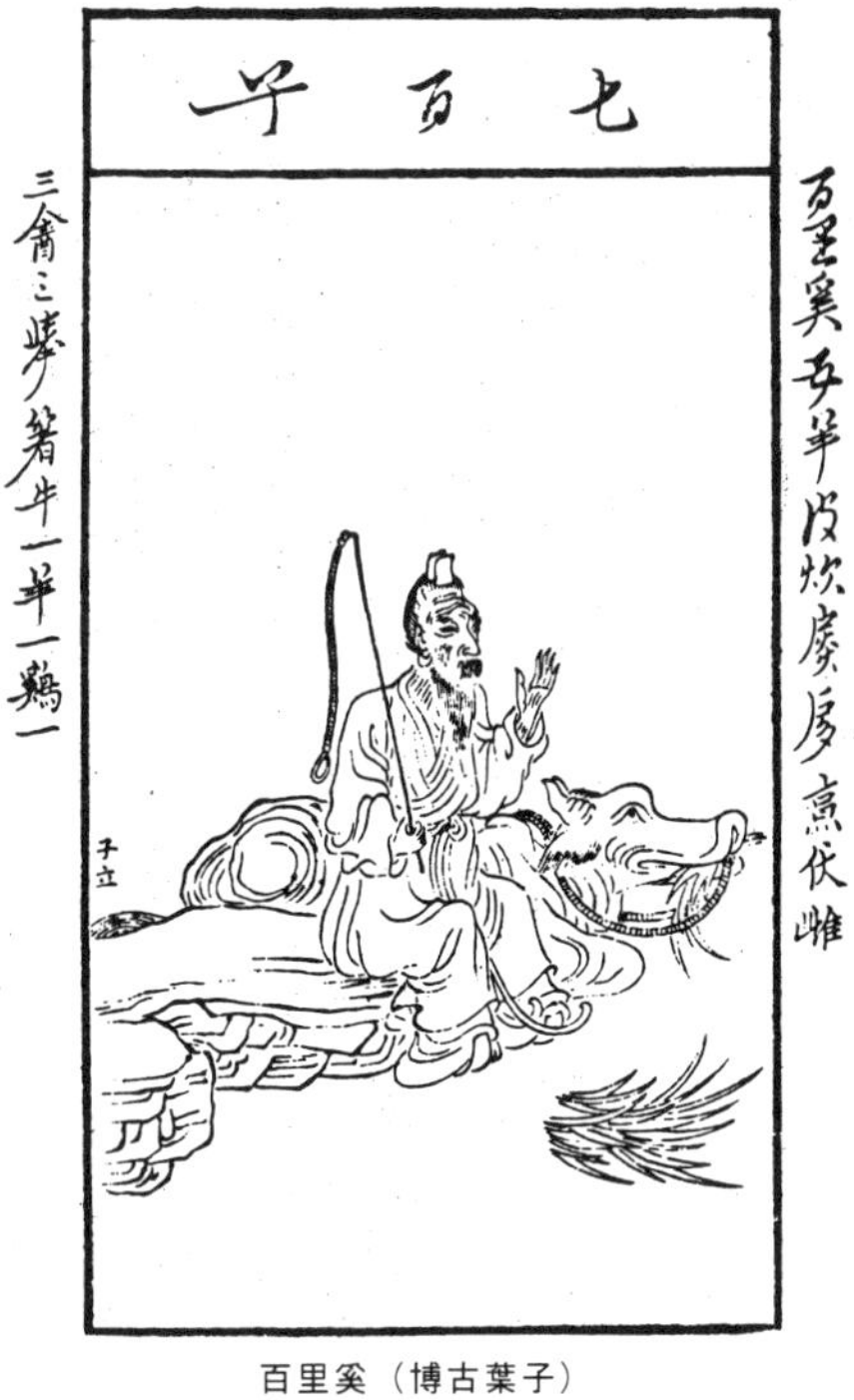

百里奚（博古葉子）

【老莱子《ろうらいし》】

春秋時代、楚の賢者。『老莱子』十五編の著者。親孝行が名高い。七十歳のときに、自ら五色の衣服を着て幼児の遊びのまねをしたり、幼児の泣き声をしてみせたりして、老親を楽しませたという。二十四孝の一つに挙げられている。


【百里奚《はくりけい》】

春秋時代、秦の大夫。字《あざな》は井伯《せいはく》。年少時は貧しく牛飼いをしていた。虞の重臣となるが晋に敗れ、主人の虞君《ぐくん》とともに秦に送られた。百里奚はこれを恥じて逃げ、楚人に捕らえられたが、秦の穆公《ぼくこう》が彼の賢人ぶりを高く買い、五匹の牡羊の皮を楚人に与えて、彼を譲り受けた。果たして、百里奚は、穆公に仕えて秦を強国にした。

孫武（百将図傳）

孫臏（百将図傳）

【孫武《そんぶ》】

春秋時代、斉の兵法・軍事家。孫子のこと。呉に流寓し、王闔閭《こうりょ》につかえた。その兵法によって楚を破り、また斉・晋を威圧して、天下に覇を唱えさせた。その著書『孫子』は兵法書の古典である。

孫武は、呉王闔閭《こうりょ》の面前で宮中の美女を訓練せよと命ぜられたとき、命令を聞かない闔閭《こうりょ》の愛姫を斬り捨てて見せしめとし、一糸乱れぬ隊列を出現させたという。

【孫臏《そんぴん》】

戦国時代、斉の兵法家・軍師。孫武（孫子）の子孫。斉の人。龐涓《ほうけん》とともに師の鬼谷子《きこくし》から兵法を学ぶ。のちに孫臏《そんぴん》の才能をねたんだ龐涓のために足切りの刑に処せられ、孫臏《そんぴん》（臏《ひん》は足切りの意味）と呼ばれた。後に、孫臏は斉の将軍田忌《でんき》の軍師として従軍し、馬陵《ばりょう》（現・山東省）の戦いで、魏の大将として従軍していた龐涓を見事に殺して復讐を遂げ、天下に名を知られた。図は、馬陵で射殺される龐涓で、孫臏はかくれている。

楽毅（百将図傳）

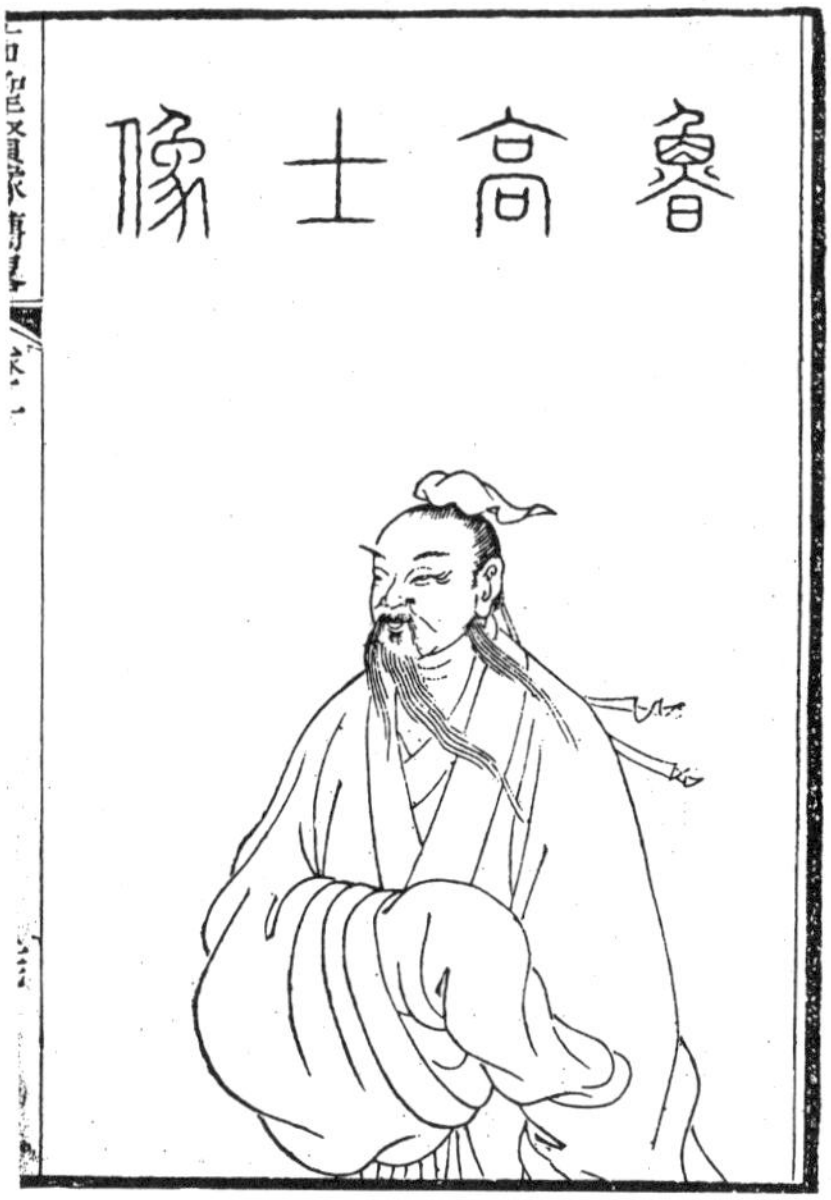

魯仲連（古聖賢像傳略）

【楽毅《がくき》】

戦国時代、燕《えん》の武将。魏の人。燕の昭王のとき、亜卿《あけい》(次席の宰相)として斉を討って功をたてた。燕軍の大勝の報に、昭王は自ら出迎えに走ったという。

しかし昭王の死後、恵王に疑われ、趙に亡命、趙では、観津《かんしん》に封ぜられて望諸《ぼうしょ》君と号した。恵王に当てた手紙は有名である。

【魯仲連《ろちゅうれん》】

戦国時代、斉の論客・雄弁家。彼は、節義をまもって、どこの国にも仕えなかった。周王室が存在するのに、勝手に帝を自称する秦の横暴も認めなかった。正論を通す勇気と、誇り高い節義をもって聞えた。魯連ともいう。

藺相如（山東沂南画像石）

藺相如（石索）

【藺相如《りんしょうじょ》】戦国時代、趙の大臣。会盟で恵文王《けいぶんのう》の面目をたて、のちに和氏《かし》の璧(宝物)を秦に持参して王と面会し、秦のおどしに屈せず、璧を持ち帰り使命を果たした（「完璧」の故事）。

弁舌で国を守る藺相如は、当時、軍事で国を守る将軍廉頗《れんぱ》と誤解があったが、のちに両者は和解して「刎頸《ふんけい》の友」となり、並び称せられた。

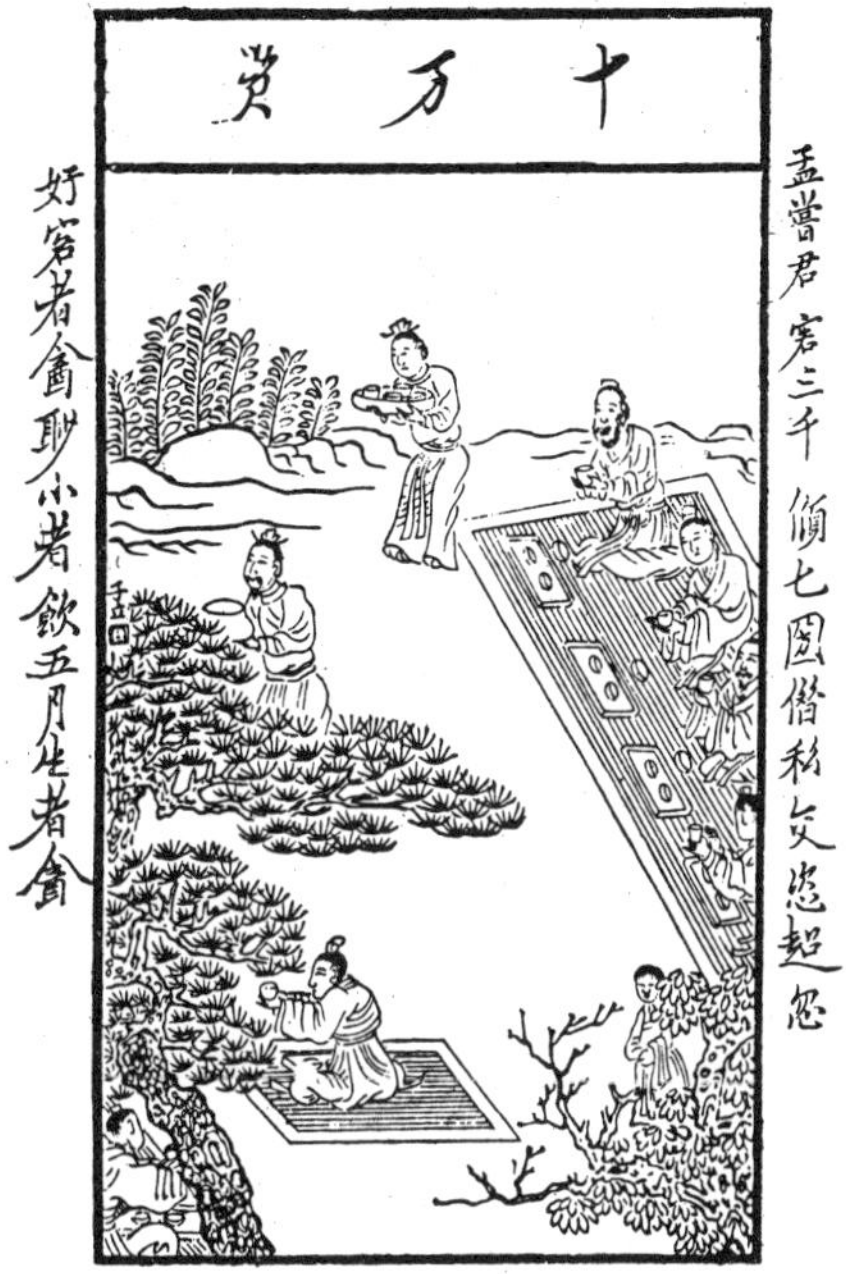

孟嘗君（博古葉子）

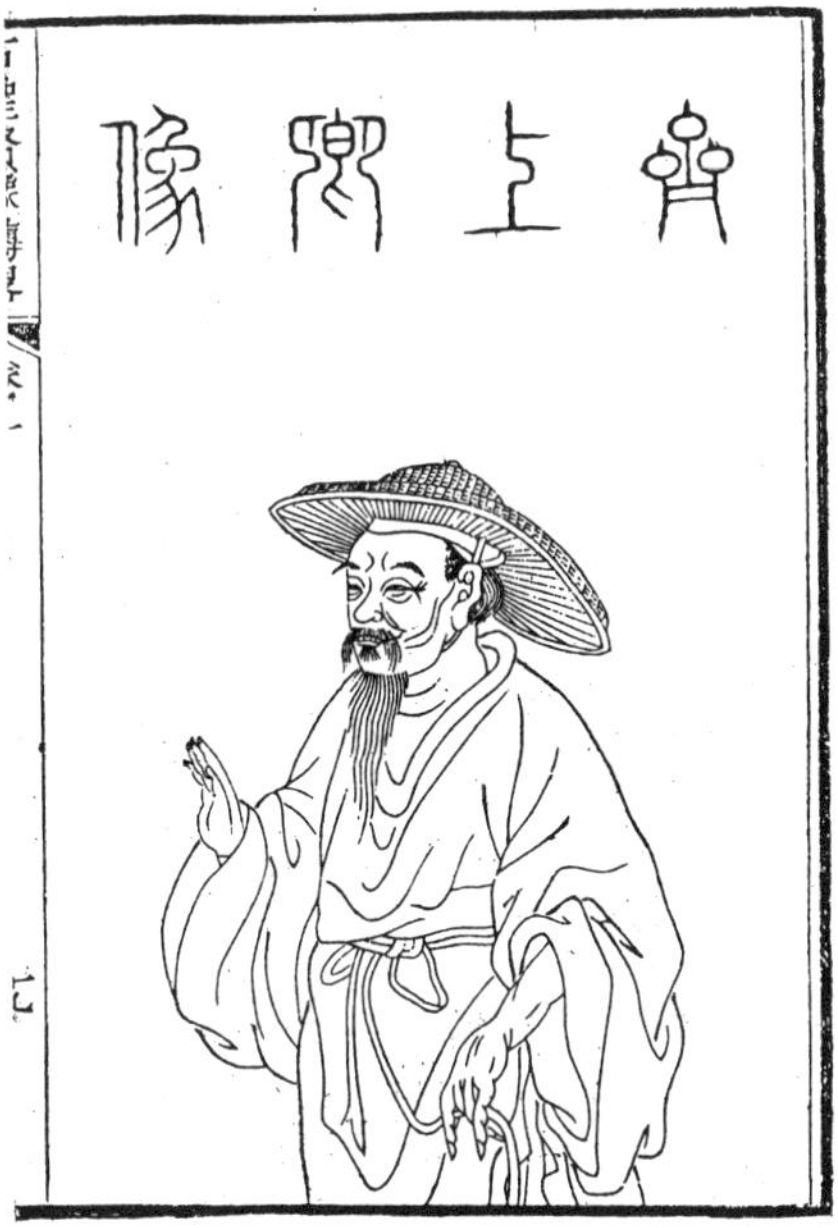

寧戚（古聖賢像傳略）

【孟嘗君《もうしょうくん》】

戦国時代、斉の王族・大臣。姓は田《でん》、名は文。戦国四君のひとり。数千人の食客を養っていたが、そのなかに「鶏鳴狗盗《けいめいくとう》」の徒がいたことは有名。斉の相となったが、讒言《ざんげん》に遭い魏の昭王の相となる。

のち自立し諸侯となり、薛《せつ》（山東省滕《とう》県東南部）で没した。


【寧戚《ねいせき》】

春秋時代、斉の重臣。もと衛の人。桓公に仕えて、大田《たいでん》（農務長官）として活躍した。

豫譲（石索）

聶政（石索）

【豫譲《よじょう》】

（？～前四五三）

戦国時代、晋の刺客。国士として待遇してくれた主君の智伯《ちはく》を滅ぼした趙襄子《ちょうじょうし》を殺そうとして、からだに漆を塗ったり炭を飲んで声をつぶしたりして近づいた。捕らえられたとき、趙襄子の上衣を所望し、これに三たび斬りつけ、自殺した。


【聶政《じょうせい》】

戦国時代、韓の刺客。大臣の侠累《きょうるい》を殺すようにたのまれ、母の死後に喪が明けてから約束を果たし、自殺した。これを知った姉の聶栄も、名を知られずにさらし者にされていた弟の死骸とともに、その事跡を述べて自殺した。

蘇秦（博古葉子）

范雎（石索）

【蘇秦《そしん》】

（?～前三一七）戦国時代の政治家。洛陽（現・河南省）の人。字《あざな》は季子。諸国を遊説してまわり、合従策を唱えて成功し、同時に六国の大臣となった。若いころ、読書していて眠くなると腿《もも》を錐で刺して読書を続けたという。

【范雎《はんしょ》】

戦国時代、魏の雄弁家。字《あざな》は叔。初め秦に仕えようとしたが、妨害にあって果たさず、名を変えて秦の昭王に仕えた。次第に頭角をあらわし最後には宰相となり、遠交近攻の策を用いて次々と領土を広げた。

申生・驪姫（古列女傳）

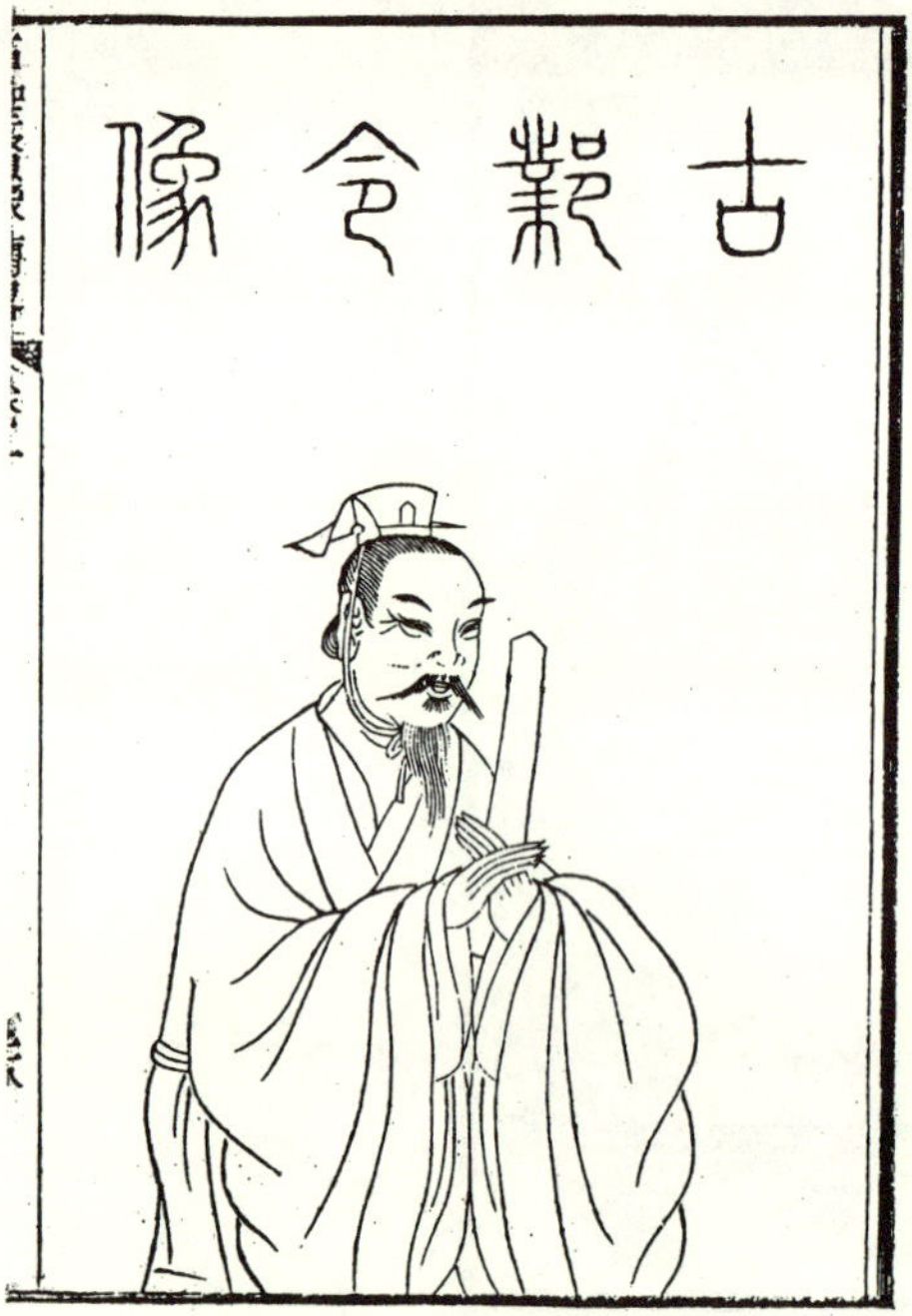
西門豹（古聖賢像傳略）

【申生《しんせい》】春秋時代、晋の国君・晋献公の太子。名を申生、また恭太子《きょうたいし》とよぶ。献公が驪姫を寵愛して、その子の奚斉《けいせい》を太子にしようと企み、彼を曲沃《きょくよく》に移らせた。後に申生は、自ら命を絶った

【驪姫《りき》】（?～前六五一）　春秋時代、晋の献公の夫人。献公に滅ぼされた驪戎《りじゅう》の娘である。自分がうんだ子の奚斉《けいせい》を太子にしようと企み、本来の太子の申生《しんせい》を謀殺し、またその他の公子をも追放した。麗姫ともいう。

【西門豹《せいもんひょう》】
戦国時代、魏の家臣・能吏。県令となった地方で、黄河の神にいけにえとして女性を川に投げこむ風習があった。西門豹はこれを害のある迷信と考え、その風習の当事者である巫女《ふじょ》を川に投げこませて、現実に祟りのないことを民衆に知らせ、悪習に終止符を打たせた。

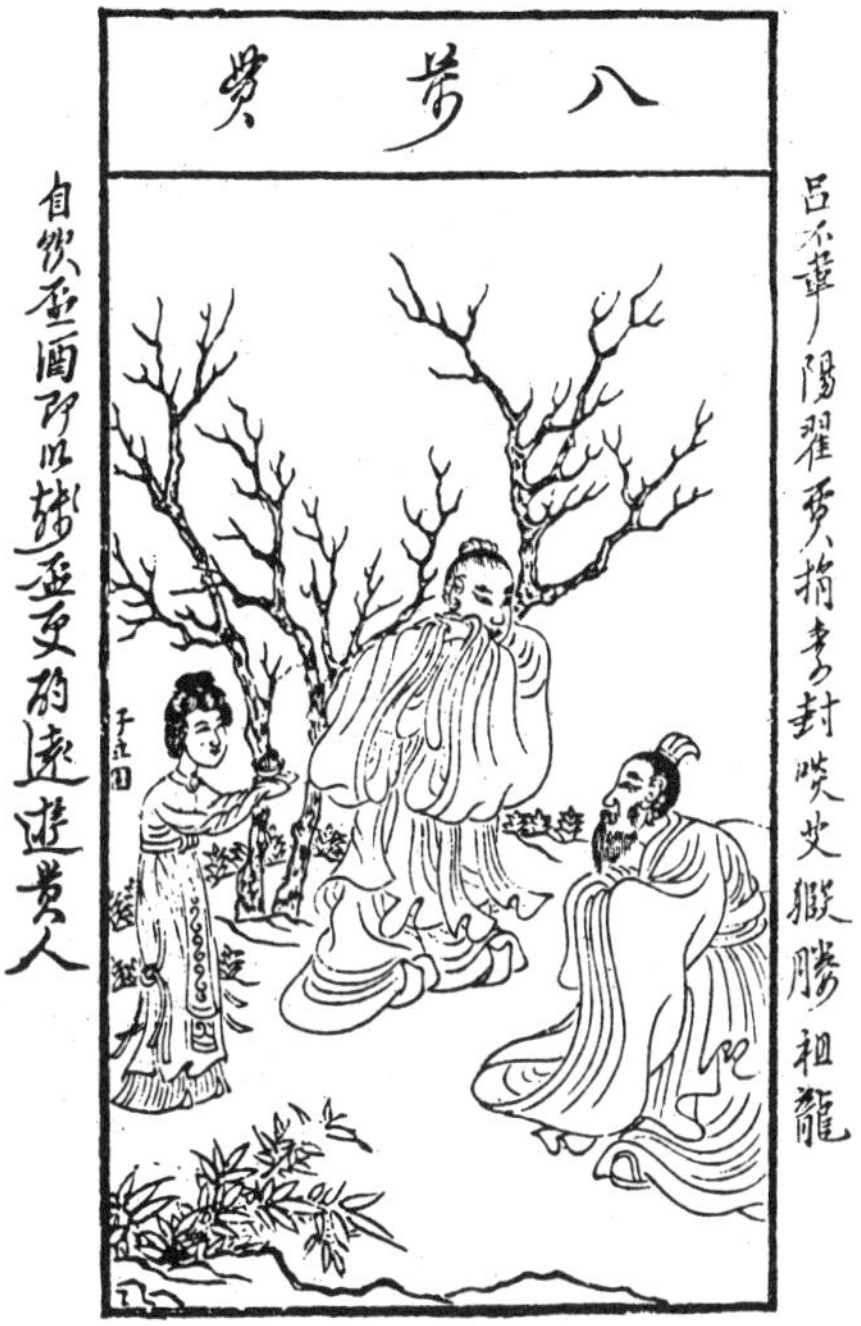

呂不韋（博古葉子）

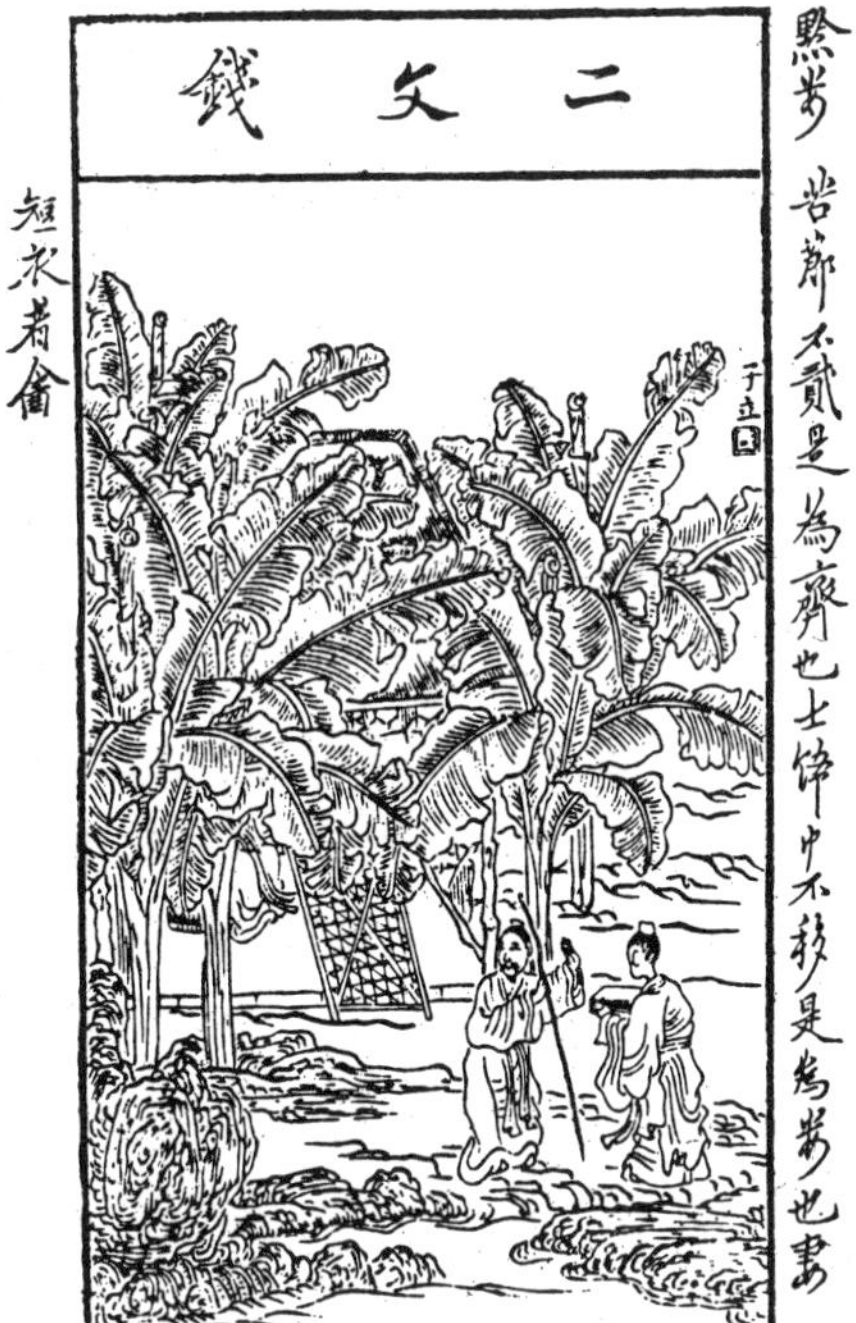

黔婁（博古葉子）

【呂不韋《りょふい》】

（？〜前二三五）戦国時代の商人・政治家。衛・濮陽《ぼくよう》の人。秦の庶腹《しょふく》の公子・子楚《しそ》が趙に人質となったとき、これを奇貨《きか》とし援助した（「奇貨居《お》くべし」の故事）。子楚《しそ》が帰国して荘襄王《そうじょうおう》となるとこれに仕えて、呂不韋《りょふい》は文信侯に封ぜられた。のちに始皇帝《しこうてい》となった政は、その子といわれる。『呂氏《りょし》春秋』はその著書である。


【黔婁《きんろう・けんろう》】

春秋時代、斉の隠士。修身清節の士で、魯の恭公、斉の威王ら諸侯の招きをことわって仕官しなかった。『黔婁子』によって道家の務めを述べたという。

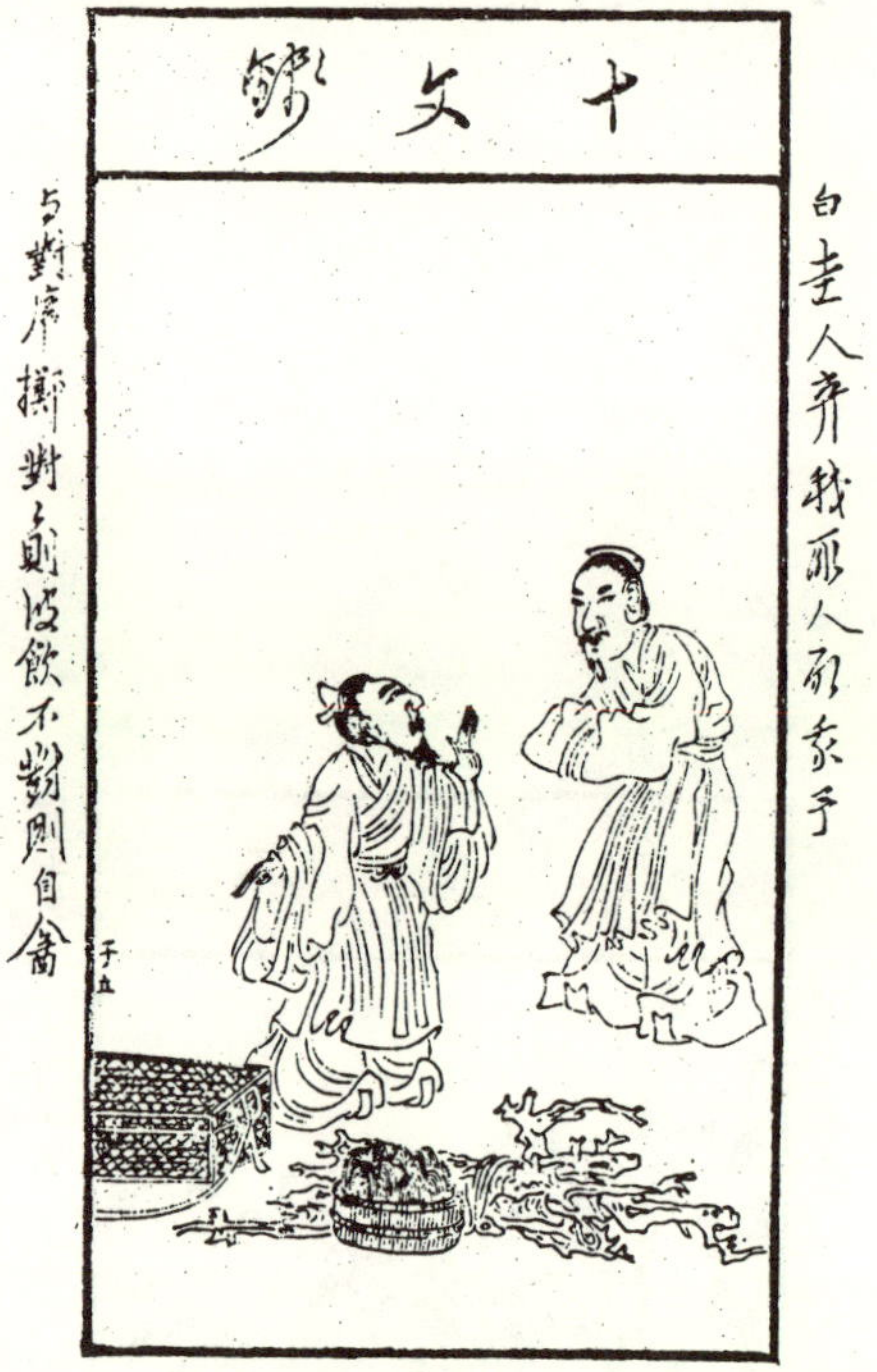

白圭（博古葉子）

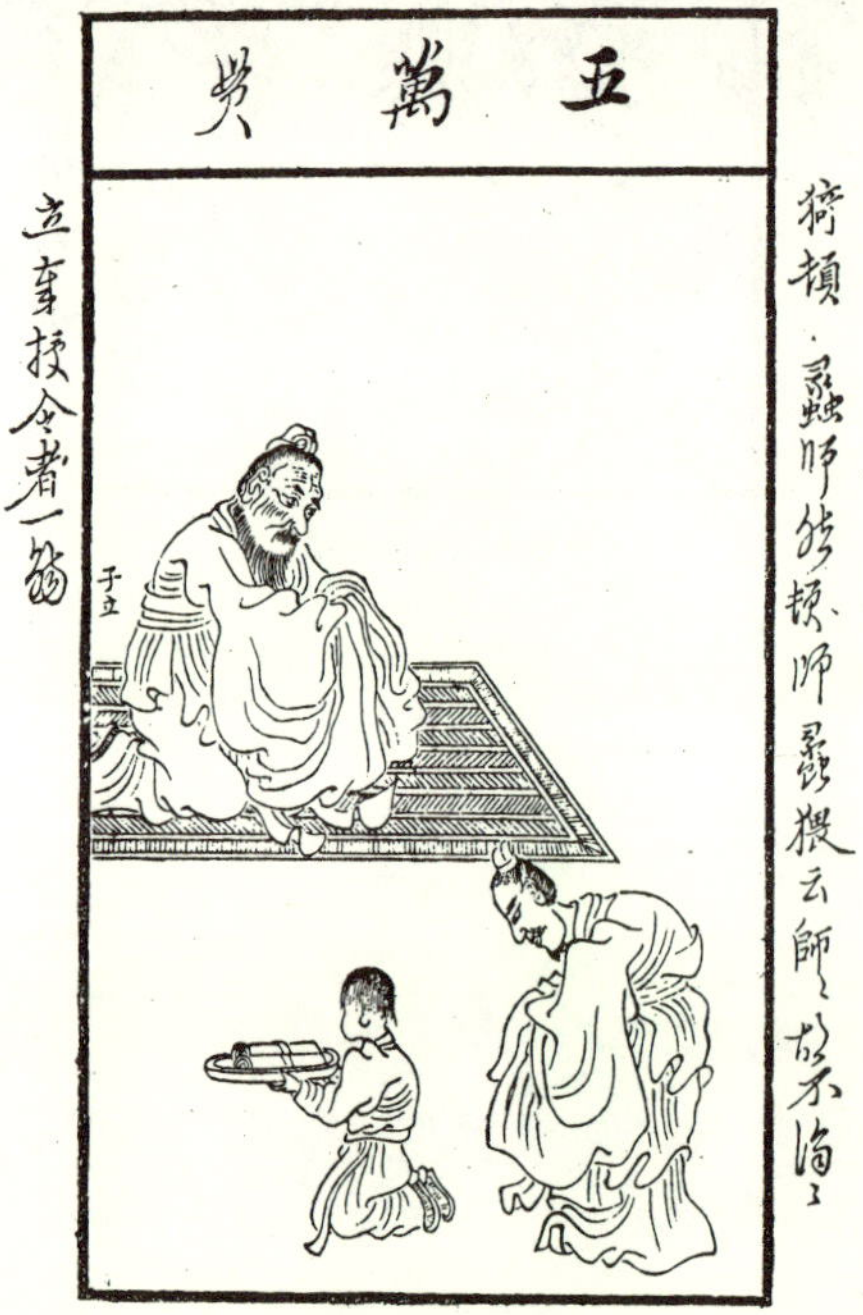

猗頓（博古葉子）

【白圭《はくけい》】

戦国時代、中山《ちゅうざん》王国の将軍。魏の文侯の時代、白圭は敗戦の責任によって中山君から処刑されようとしたため、危険を察知して魏に逃れた。そこで魏の文侯はこれを篤く処遇し、今度は中山攻略のさいに抜擢した。


【猗頓《いとん》】

戦国時代、魯の商人、大富豪である。「倚頓」ともかかれる。

河東（山西省南部）の塩池の経営によって巨万の富を得たという。また美玉の鑑別に長けていたことでも知られた。「猗頓之富《いとんのとみ》」とは巨万の富のことを言う。陶朱公（范蠡《はんれい》）とその富豪ぶりを併称された。

屈原（離騒図）

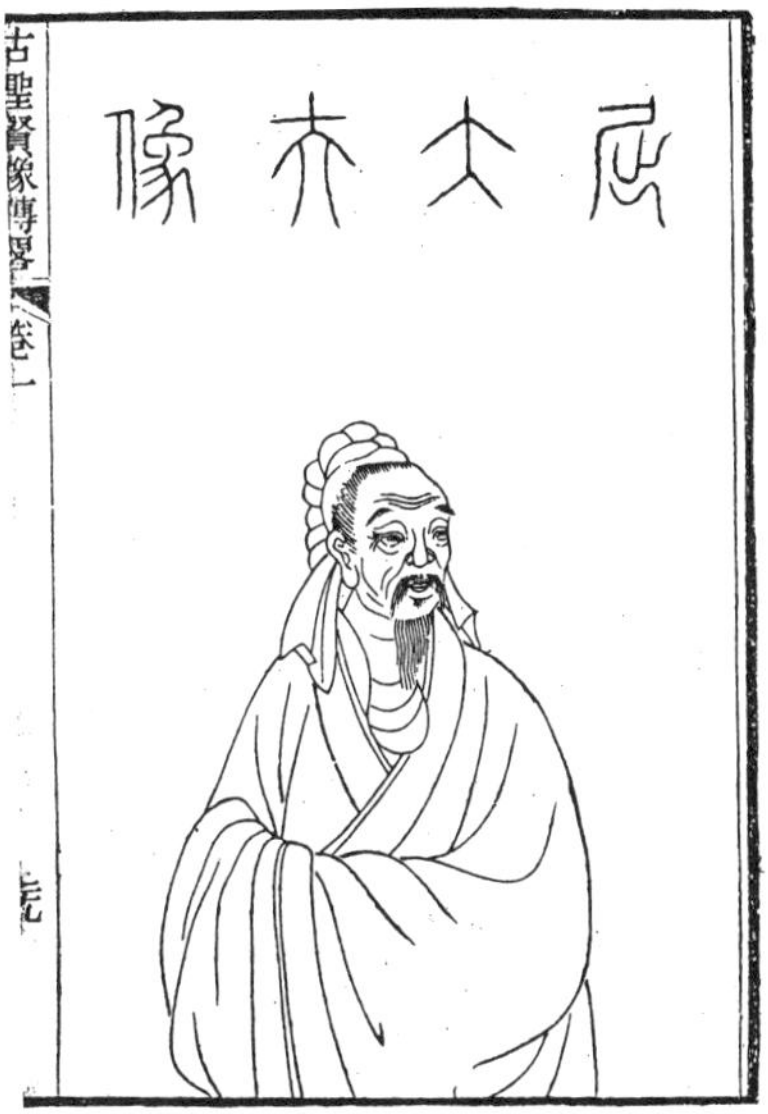

屈原（古聖賢像傳略）

【屈原《くつげん》】

戦国時代、楚の詩人。姓は屈、名は平《へい》、字《あざな》は原、また霊均。楚の王族である。

初め王に篤く信任されたが、斉と協力して秦に対抗することを主張したために疎遠となり、更に追放されて絶望し、汨羅《べきら》に身を投げて死んだ。『楚辞《そじ》』の代表的作者で、『離騒《りそう》』『漁父《ぎょほ》』などを創り、のちの文学に大きな影響を与えた。

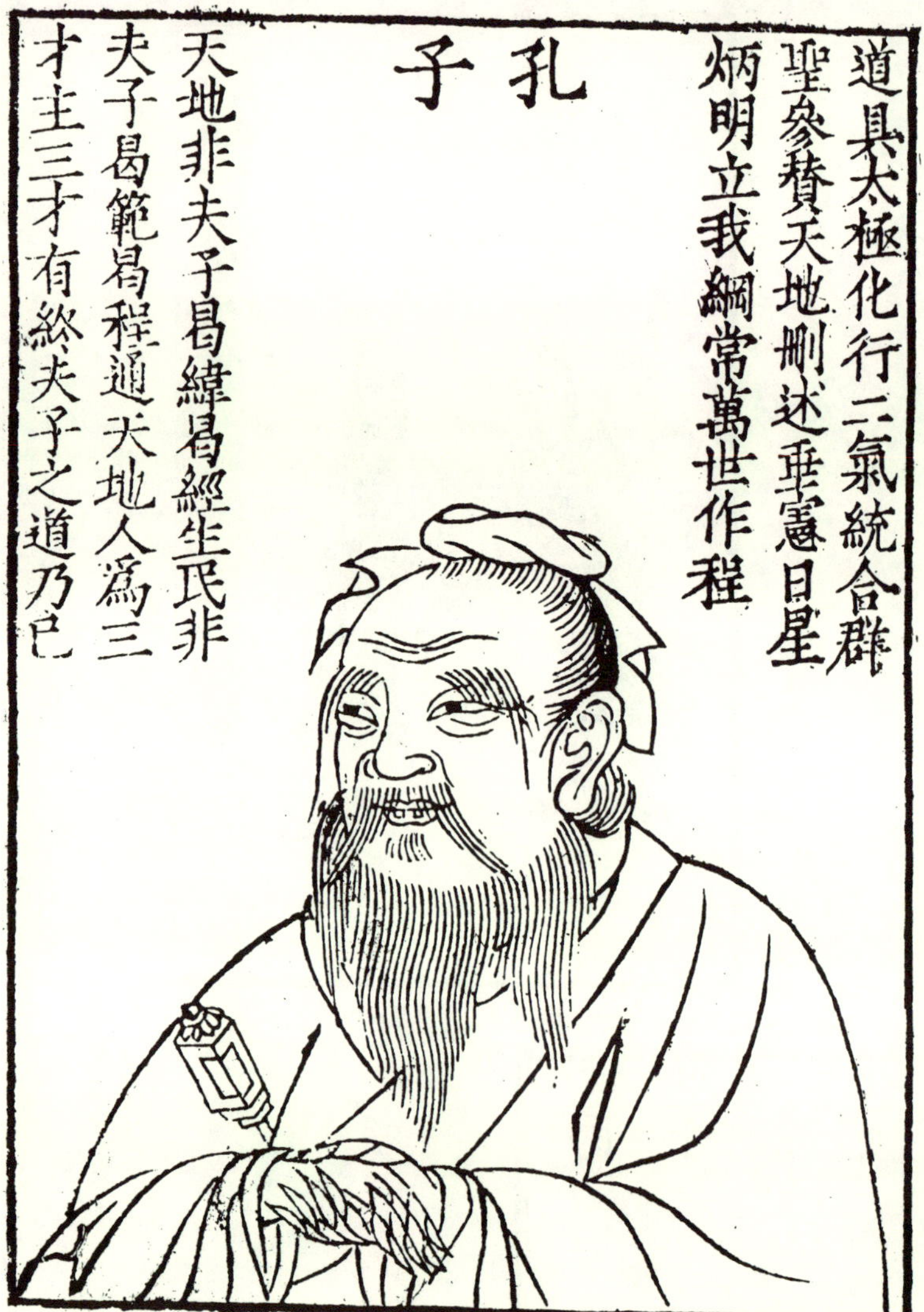
孔子
道具太極化行二氣統合群
聖參賛天地刪述垂憲日星
炳明立我綱常萬世作程
天地非夫子曷緯曷經生民非
夫子曷範曷程道天地人爲三
才主三才有終夫子之道乃已

孔子（集古像贊）

【孔子《こうし》】（前五五一～前四七九）春秋時代、魯《ろ》の政治家・哲人。名は丘《きゅう》、字《あざな》は仲尼《ちゅうじ》。儒教の始祖として長く尊敬されてきた。はじめ魯に仕え、のちには、諸国を巡回して周の時代の仁義の政治の復活を諸侯に説いた。晩年は、故郷の魯で弟子たちの教育に尽くした。また、詩や書など古典の整理にも大きな功績があった。

孔子（歴代古人像賛）

至聖先師孔子
名丘字仲尼山東兗州府曲阜縣人

孔子（聖賢像賛）

孔子（聖廟祀典図考）

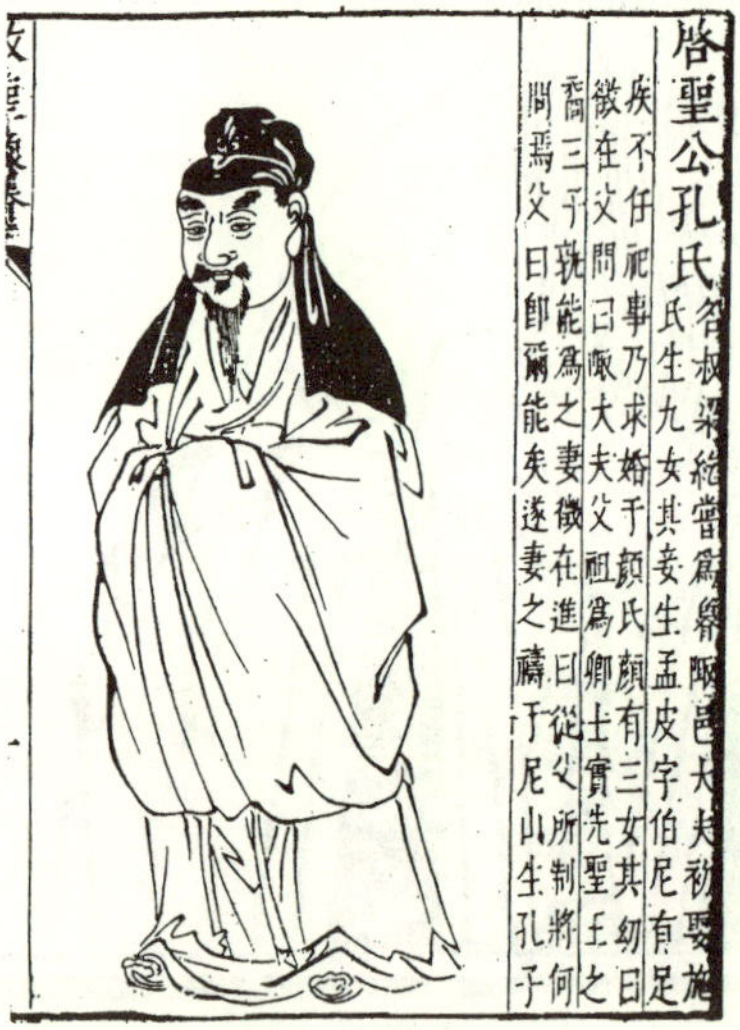
啓聖公孔氏
名叔梁紇當爲鄹邑大夫初娶施
氏生九女其妾生孟皮字伯尼有足
疾不任祀事乃求婚于顔氏顔有三女其幼曰
徵在父問曰鄹大夫父祖爲卿士實先聖王之
裔三子孰能爲之妻徵在進曰從父所制將何
問焉父曰即爾能矣遂妻之禱于尼山生孔子

叔梁紇（聖賢像賛）

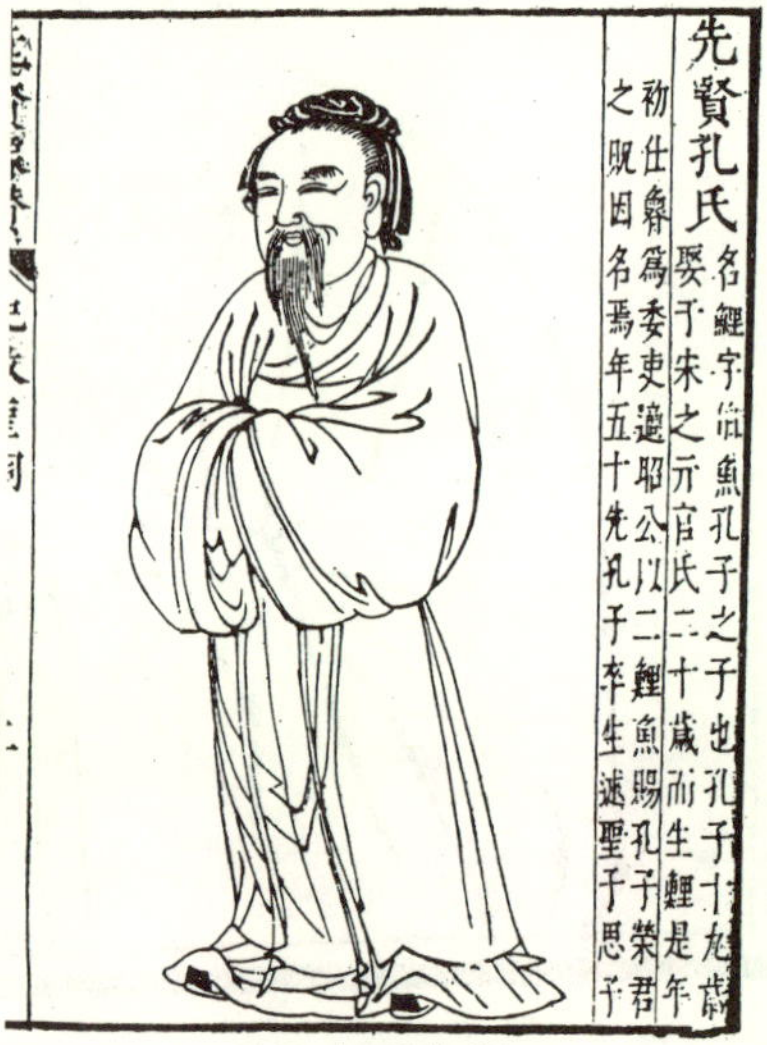
先賢孔氏
名鯉字伯魚孔子之子也孔子十九歲
娶于宋之亓官氏二十歲而生鯉是年
初仕魯爲委吏適昭公以二鯉魚賜孔子榮君
之貺因名焉年五十先孔子卒生述聖子思子

孔鯉（聖賢像賛）

【孔子《こうし》】解説前頁

【孔鯉《こうり》】

春秋時代、魯の人。孔子の子。字は伯魚《はくぎょ》。孔子に先だって五十歳で死んだ。

【叔梁紇《しゅくりょうこつ》】

春秋時代、魯の人。叔梁《しゅくりょう》は字《あざな》、紇《こつ》が名。孔子の父。山東曲阜《きょくふ》の大夫《たいふ》。力が強く武技に秀でていた。中年過ぎてから、顔氏の娘徴在《ちょうざい》と結婚して、孔子が生まれたが、孔子が三歳のときに亡くなった。

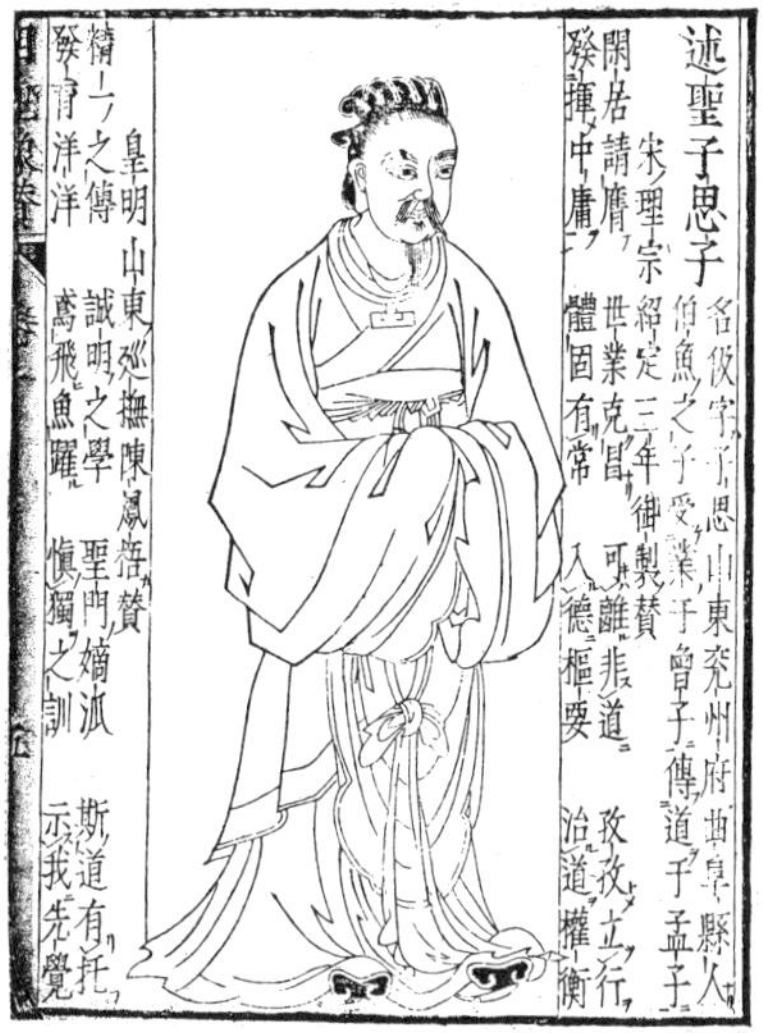
述聖子思子 名伋字子思山東兗州府曲阜縣人伯魚之子受業于曾子傳道于孟子
宋理宗紹定三年御製賛
閑居請膺 世業克昌 可離非道 孜孜立行
發揮中庸 體固有常 入徳樞要 治道權衡
皇明山東巡撫陳鳳梧賛
精一之傳 誠明之學 聖門嫡派 斯道有托
發育洋洋 鳶飛魚躍 慎獨之訓 示我先覺

子思（聖賢像賛）

子思（聖廟祀典図考）

顔子像
三才圖會
人物四巻
十九

顔子（三才図会）

子思像
三才圖會
人物四巻
二十

子思（三才図会）

【子思《しし》】（前四九二～前四三一）春秋時代、魯の学者。孔子の孫で、孔鯉《こうり》の子。名は伋《きゅう》、子思は字《あざな》。曾子《そうし》に学んだ。『中庸《ちゅうよう》』を著し、後世「述聖」といわれた。

【顔子《がんし》】（前五二一～前四九〇）春秋末期、魯の人。孔子の第一弟子（孔門十哲《こうもんじってつ》の首位とされる）。孔子にもっとも高く評価されていた。姓は顔、名は回《かい》。字は子淵《しえん》。陋巷《ろうこう》に貧窮の生活をしながらも天命を楽しみ、徳行をもって聞えたが早逝《そうせい》した。「一を聞いて十を知る」といわれた。後世、亜聖《あせい》と呼ばれた。

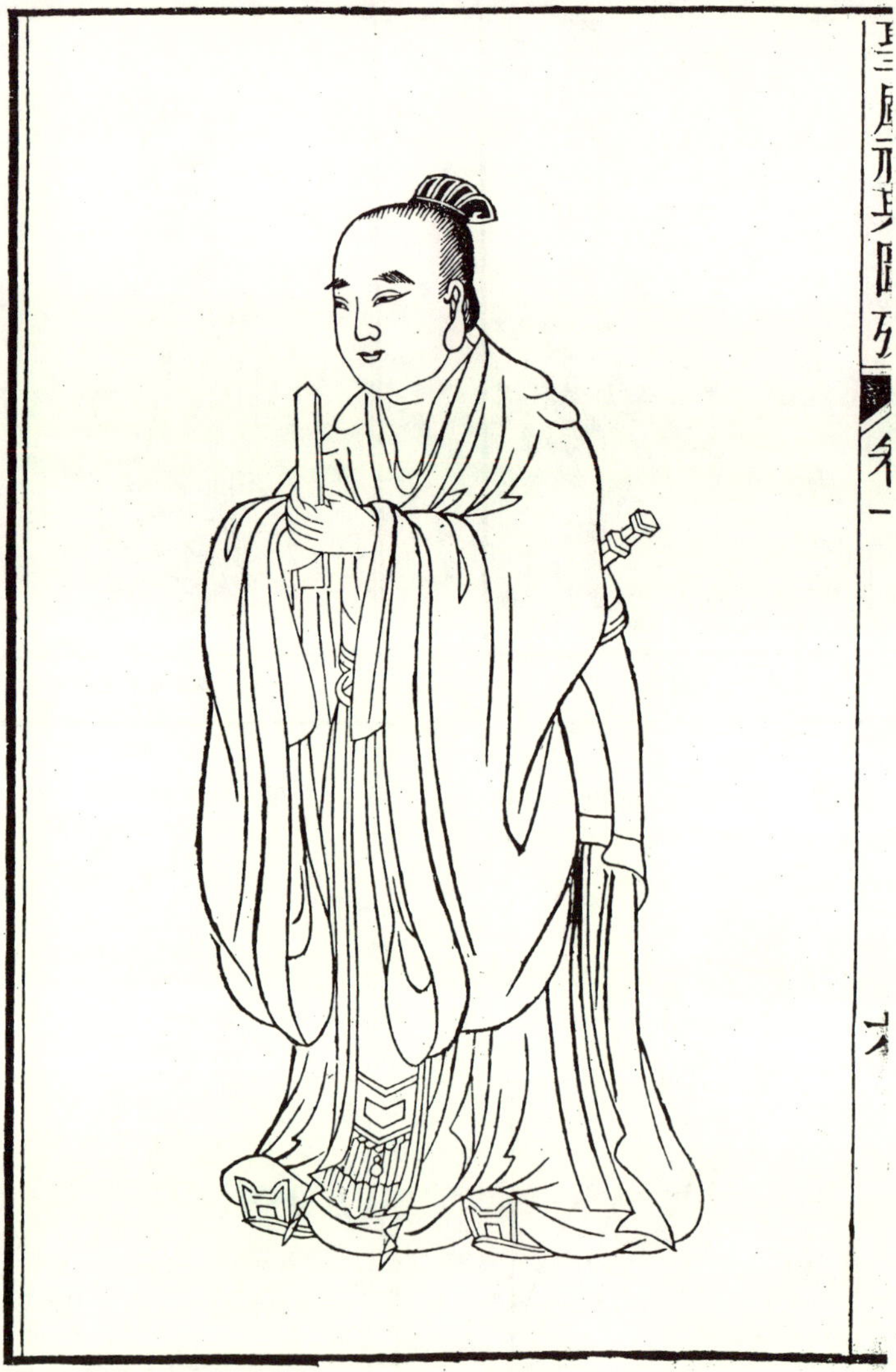

顔子（聖廟祀典図考）

【顔子《がんし》】解説前頁

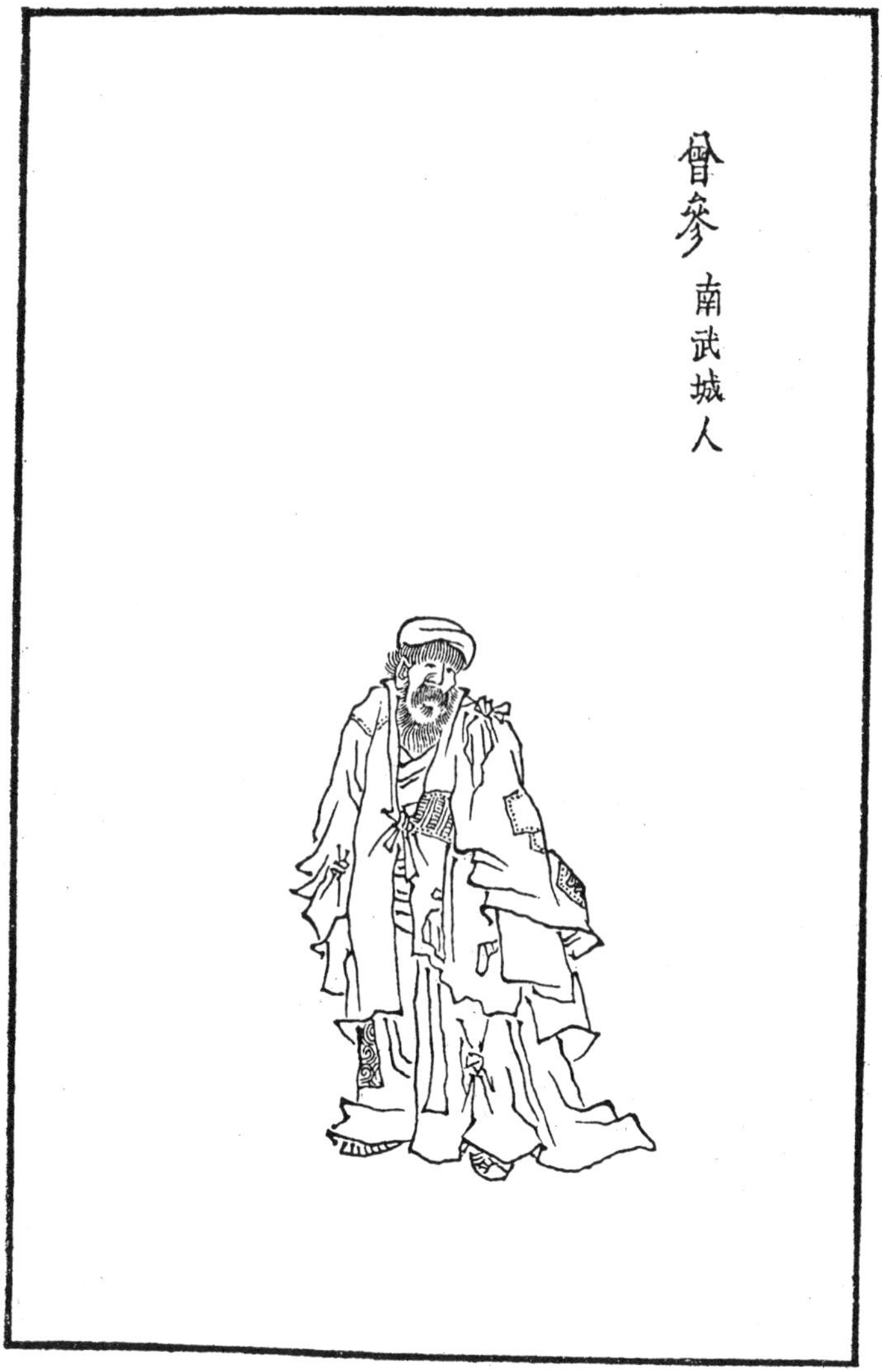

曾子（高士傳）

【曾子《そうし》】（前五〇五～前四三六?）春秋時代、魯の思想家。姓は曾《そう》、名は参《しん》、字は子輿《しょ》。親孝行の人として知られ、『孝経』を著したといわれる。孔子の孫、子思を教えた。

　曽参が山で薪取りをしているときに、家に客がきた。母親は息子が不在のため、接待する方法がなく、慌てて指を噛んだ。曽参は、柴を刈りながら突然心痛を感じたため、急いで帰宅した。家でそのわけを尋ねると、母親が突然の客でおまえが早く家に戻って欲しいと念じて、指を噛んだのだと答えたという（「二十四孝」の一つ）。

曾子像
三才圖會
人物四卷
二十
曾子（三才図会）

閔損（聖廟祀典図考）

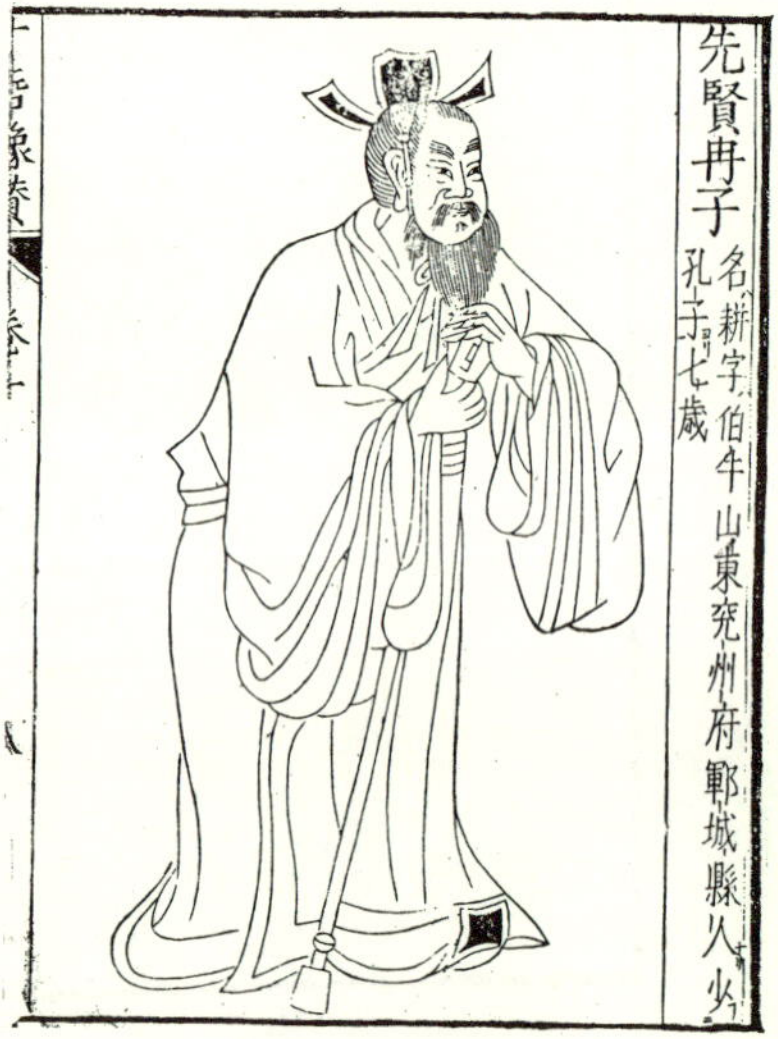
先賢冉子
名耕字伯牛山東兗州府鄆城縣人少孔子七歳
冉耕（聖賢像賛）

冉雍（聖廟祀典図考）

【曾子《そうし》】解説前頁

【閔損《びんそん》】

（前五三六～前四八七）春秋時代、魯の人。姓は閔、名は損。字《あざな》は子騫《しけん》。孔門十哲のひとり。徳行にすぐれ、義母をいさめ孝行した。

幼くして母親を失い、父が継母を娶り二人の弟を産んだ。まま母は、他の弟二人には厚い綿入れを着せてやるが、閔にはいつも単衣だった。ある日、父親がそれに気づいて母親を叱ろうとすると、閔損は「私が一人で寒い思いをすれば母はこのまま居られますが、母を叱って去らせれば子ども三人とも寒い思いをします」と母をかばった。これを聞いた母が、自分のえこ贔屓を深く悔い改めたという（「二十四孝」の一つ）。

【冉耕《ぜんこう》】

（前五四四～？）春秋時代、魯の思想家。冉は姓、耕は名、字は伯牛《はくぎゅう》。孔門十哲のひとり。徳行にすぐれていた。冉牛とも。

【冉雍《ぜんよう》】

（前五二二～？）春秋時代、魯の思想家。姓は冉、名は雍、字は仲弓《ちゅうきゅう》。孔門十哲のひとり。徳行にすぐれていた。

宰予（聖廟祀典図考）

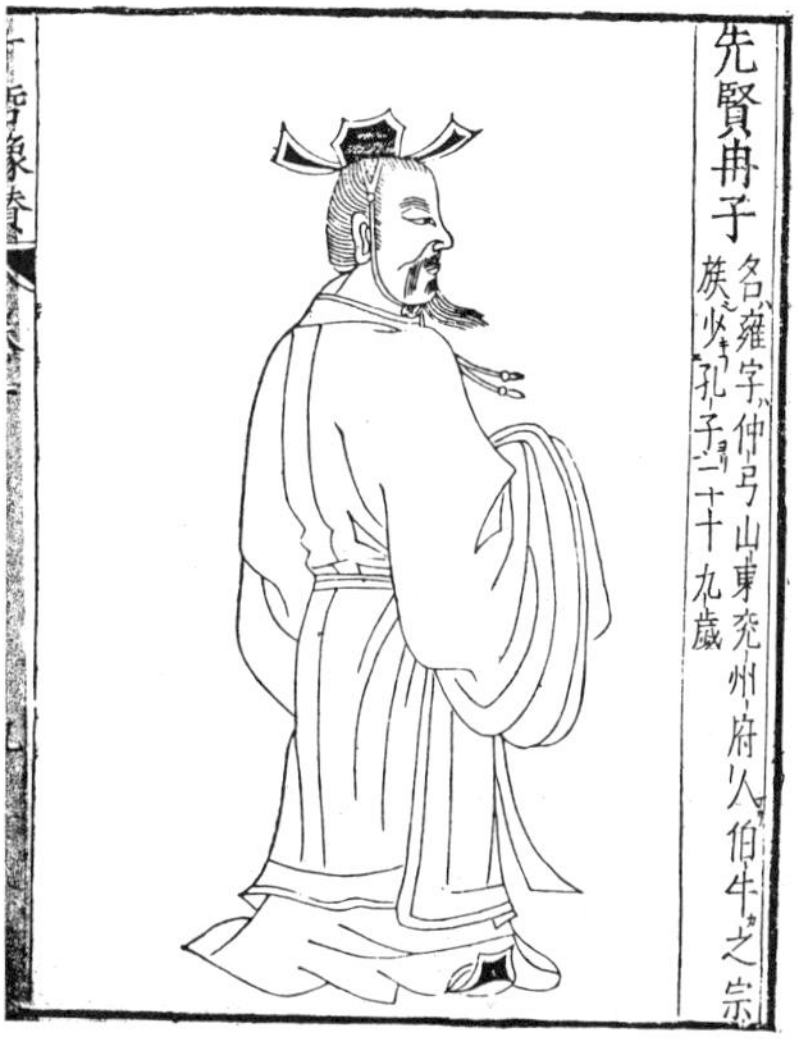
先賢冉子
名雍字仲弓山東兗州府人伯牛之宗族少孔子二十九歳

冉雍（聖賢像賛）

先賢冉子
名求字子有山東兗州府人仲弓之宗族少孔子二十九歳

冉求（聖賢像賛）

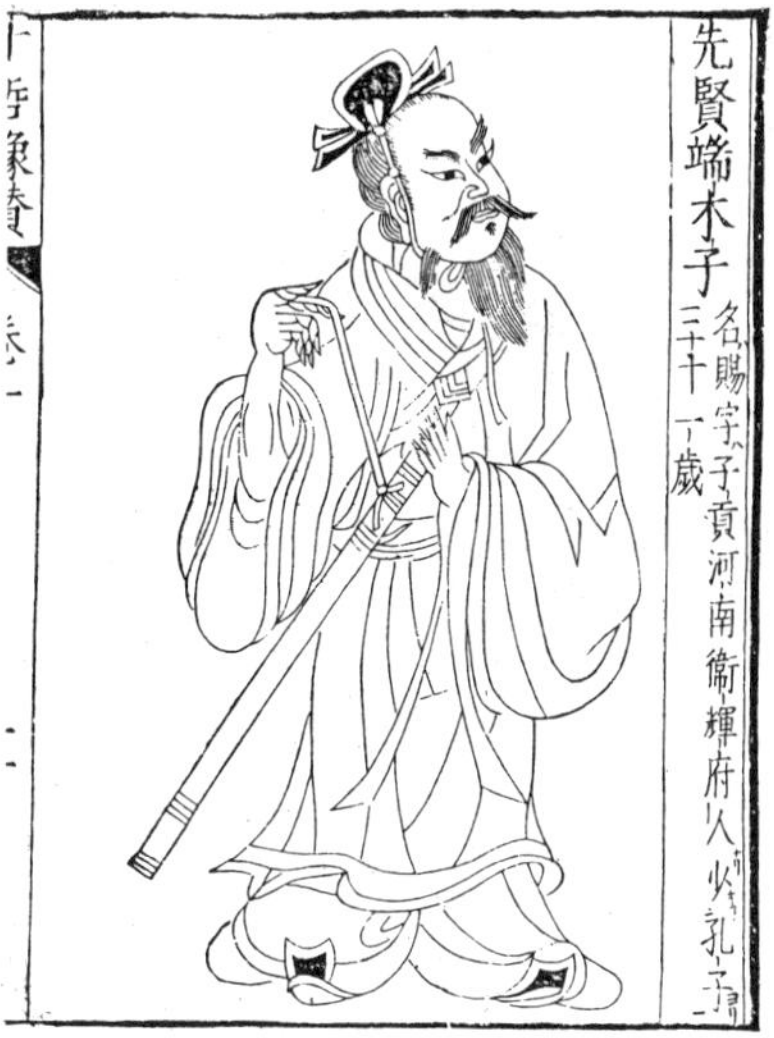
先賢端木子
名賜字子貢河南衛輝府人少孔子三十一歳

端木賜（聖賢像賛）

【宰予《さいよ》】（前五三一～前四八九）春秋時代、魯の人。姓は宰《さい》、名は予、字《あざな》は子我《しが》。孔門十哲のひとりで、言語・弁論にすぐれていた。斉《せい》の国の大夫となった。孔子に昼寝を非難されたことで知られる。

【端木賜《たんぼくし》】（前五二〇？～前四五六？）春秋時代、衛《えい》の学者。子貢《しこう》ともいう。姓は端木、名は賜、子貢は字。孔門十哲のひとりで、言語・弁舌・外交・理財にすぐれていた。経済に強く、大金持ちになり、孔子の布教活動を財政的に支えたともいう。

【冉求《ぜんきゅう》】（前五二二～前四八九？）春秋時代、魯の思想家。姓は冉《ぜん》、名は求、字は子有。孔門十哲のひとり。政事にすぐれていた。冉有とも。

子路（石索）

【子路《しろ》】（前五四二～前四八〇）春秋時代、魯の学者。姓は仲《ちゅう》、名は由、子路は字《あざな》。季路《きろ》ともいう。

孔門十哲のひとり。孔子より九歳年下だった。剛直で勇を好み、正義感が強く、政事・武勇に抜きん出ていた。魯と衛に仕えたが、六十四歳で非業の最期をとげた。

子路は家が貧しく、野の雑穀で餓えをしのいだ。父母のために百里の道を米を運んだという。親を亡くしてから、魯の大臣にまで出世した。禄米を車にいっぱいもらえる身分になったが、この豊かさを父母とともに味わうことができたらと嘆息したという（「二十四孝」の一つ）。

子游（三才図会）

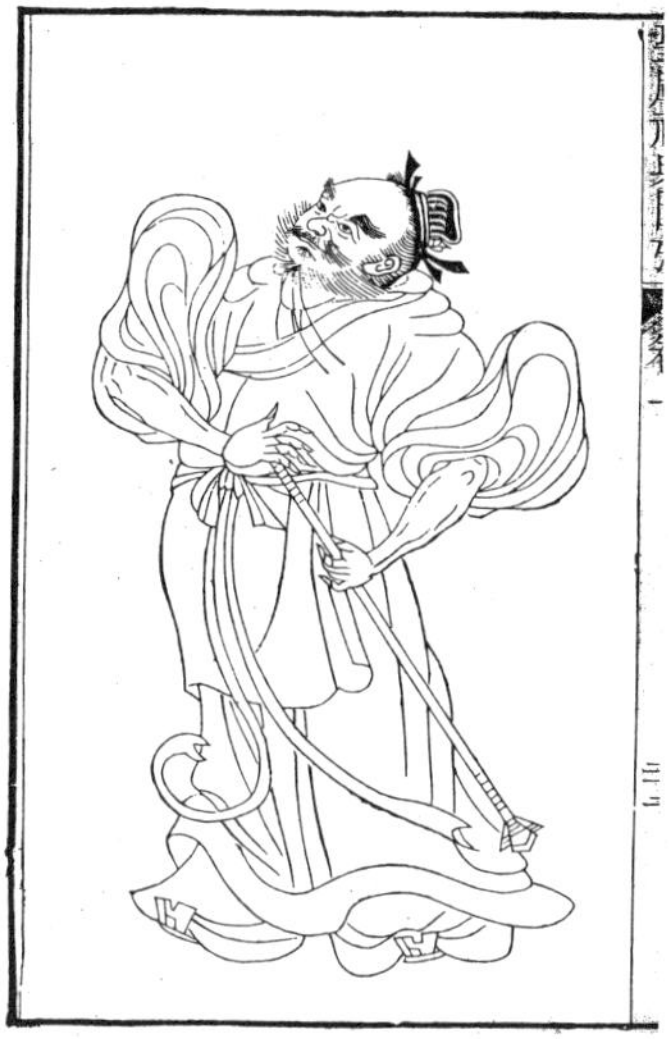
子路（聖廟祀典図考）

子張（聖賢像賛）

子夏（聖賢像賛）

【子游《しゆう》】

春秋時代、呉の学者。姓は言、名は偃《えん》。子游はその字。孔門十哲のひとりで、子夏とともに文章・学問にすぐれているとされた。


【子夏《しか》】

春秋時代、魏《ぎ》の学者。姓は卜《ぼく》、名は商。子夏は字《あざな》。孔門十哲《こうもんじってつ》のひとりで、子游とともに文学（文字・文章）が優れていたという。特に『詩経《しきょう》』に関する学問は、子夏にはじまるとされる。


【子張《しちょう》】

春秋時代、陳の人。姓は顓孫《せんそん》、名は師、子張は字《あざな》。孔子の弟子で孔子より四十八歳若かった。人づきあいのよい人であったが、一門の人から尊敬されるほどの人物ではなかったという。

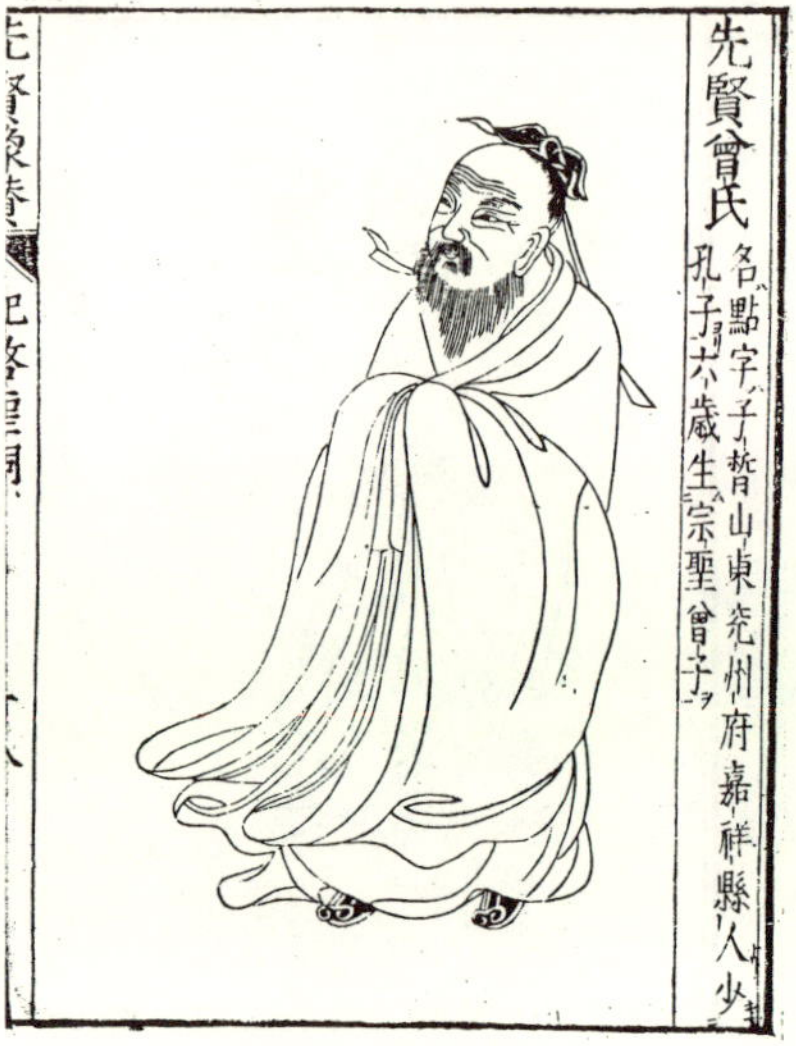
先賢曾氏
名點字子晳山東兗州府嘉祥縣人少
孔子六歳生宗聖曾子

曾點（聖賢像賛）

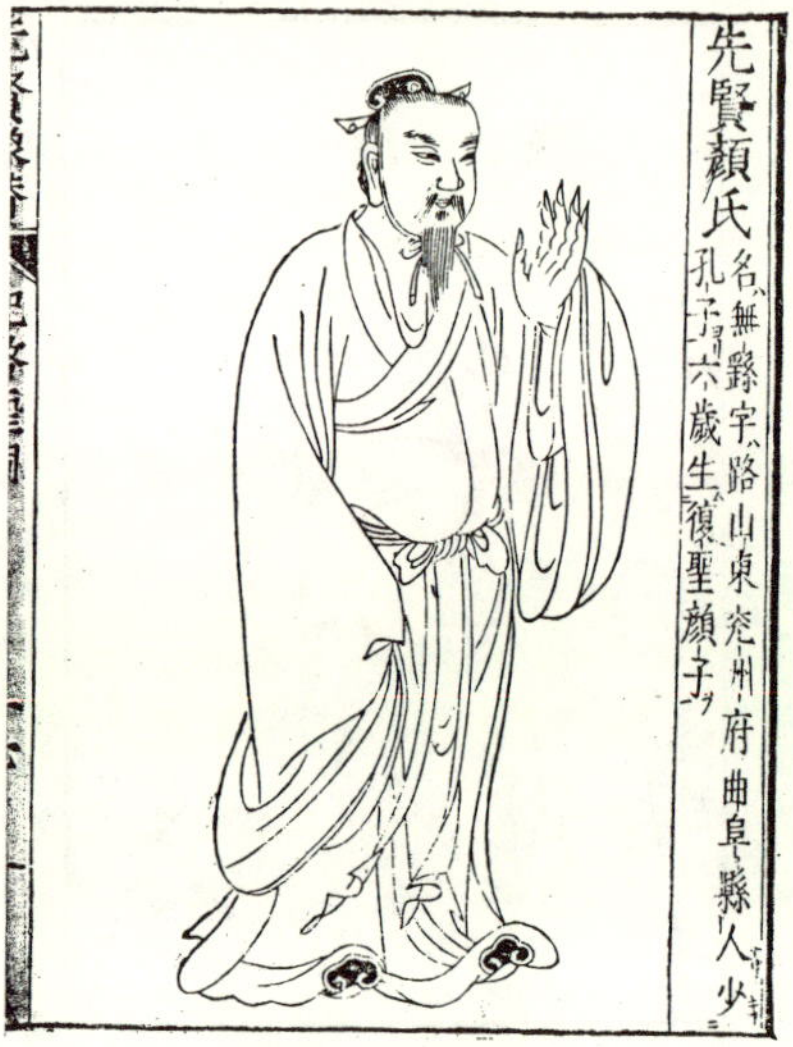
先賢顔氏
名無繇字路山東兗州府曲阜縣人少
孔子六歳生復聖顔子

顔無繇（聖賢像賛）

公晳哀（聖廟祀典図考）

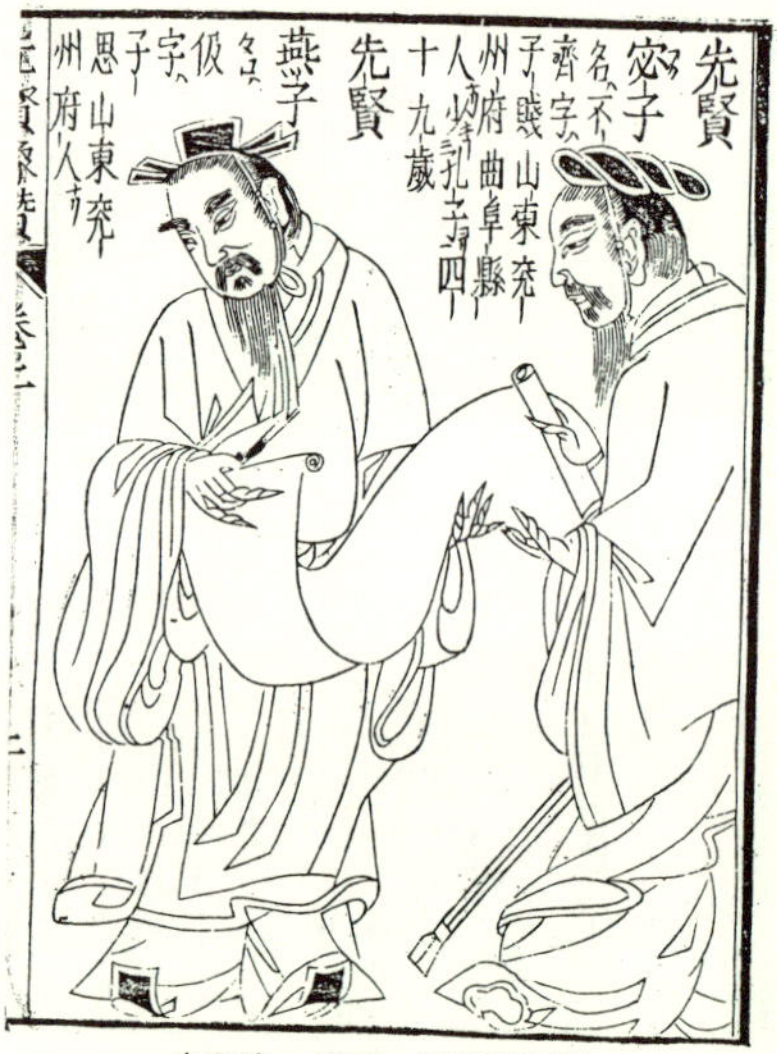
先賢
宓子
名不齊字子賤山東兗州府曲阜縣人少孔子四十九歳
先賢
燕子
名伋字子思山東兗州府人

宓子賤・燕伋（聖賢像賛）

【顔無繇《がんむよう》】

顔子（顔回）の父。姓は顔、名は無繇《むよう》または由。字は路、また季路《きろ》。孔子より六歳若い。孔子の最初の門人の一人とされる。


【曾點《そうてん》】

曾子の父。姓は曾、名は點また晳《せき》。温和な人であったという。


【宓子賤《ふくしせん》】

（前五二一～？）春秋時代、魯の人。孔子の弟子。姓は宓《ふく》、名は不斉《ふせい》、字《あざな》は子賤。孔子に君子と評された。


【燕伋《えんきゅう》】

春秋時代、秦の人。孔子の弟子。姓は燕、名は伋、字《あざな》は思、また子思。


【公晳哀《こうせきあい》】

春秋時代、魯の人また斉の人。孔子の弟子。姓は公晳《こうせき》、名は哀、字は季次《きじ》、また季沈《きちん》。節を曲げて大夫の家の家臣となるのを肯《がえ》んぜず、孔子に称揚された。

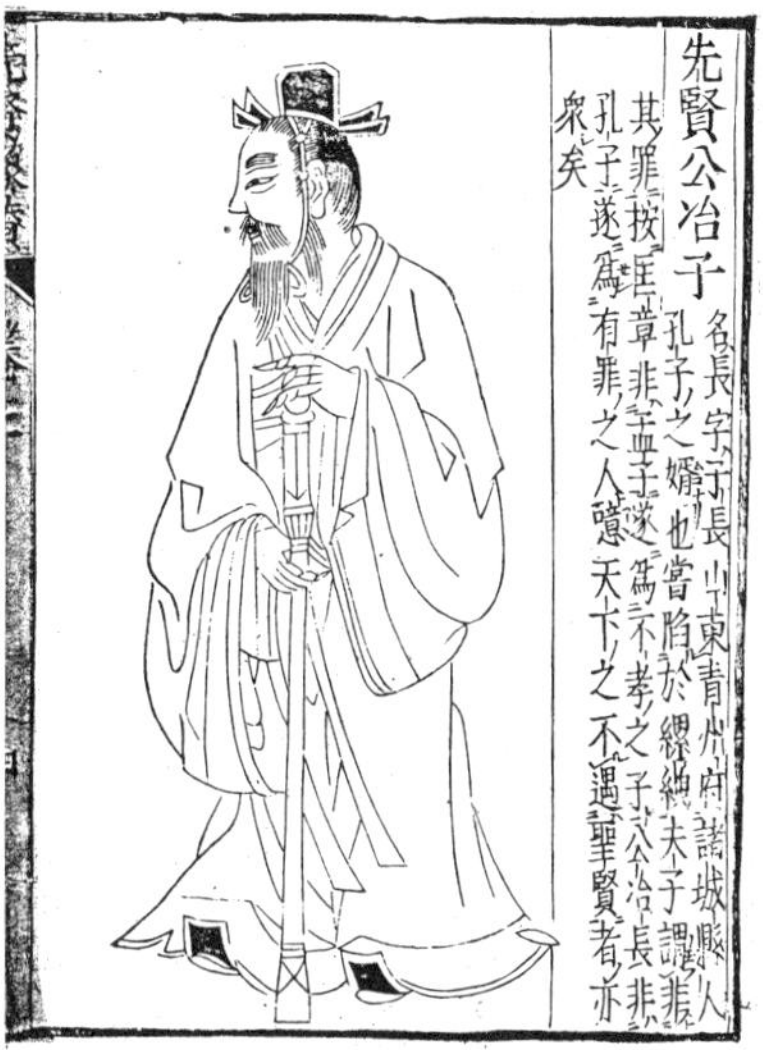
先賢公冶子
名長字子長山東青州府諸城縣人孔子之壻也嘗陷於縲絏夫子謂非其罪按匡章非孟子遂為不孝之子公冶長非孔子遂為有罪之人噫天下之不遇聖賢者亦衆矣
公冶長（聖賢像賛）

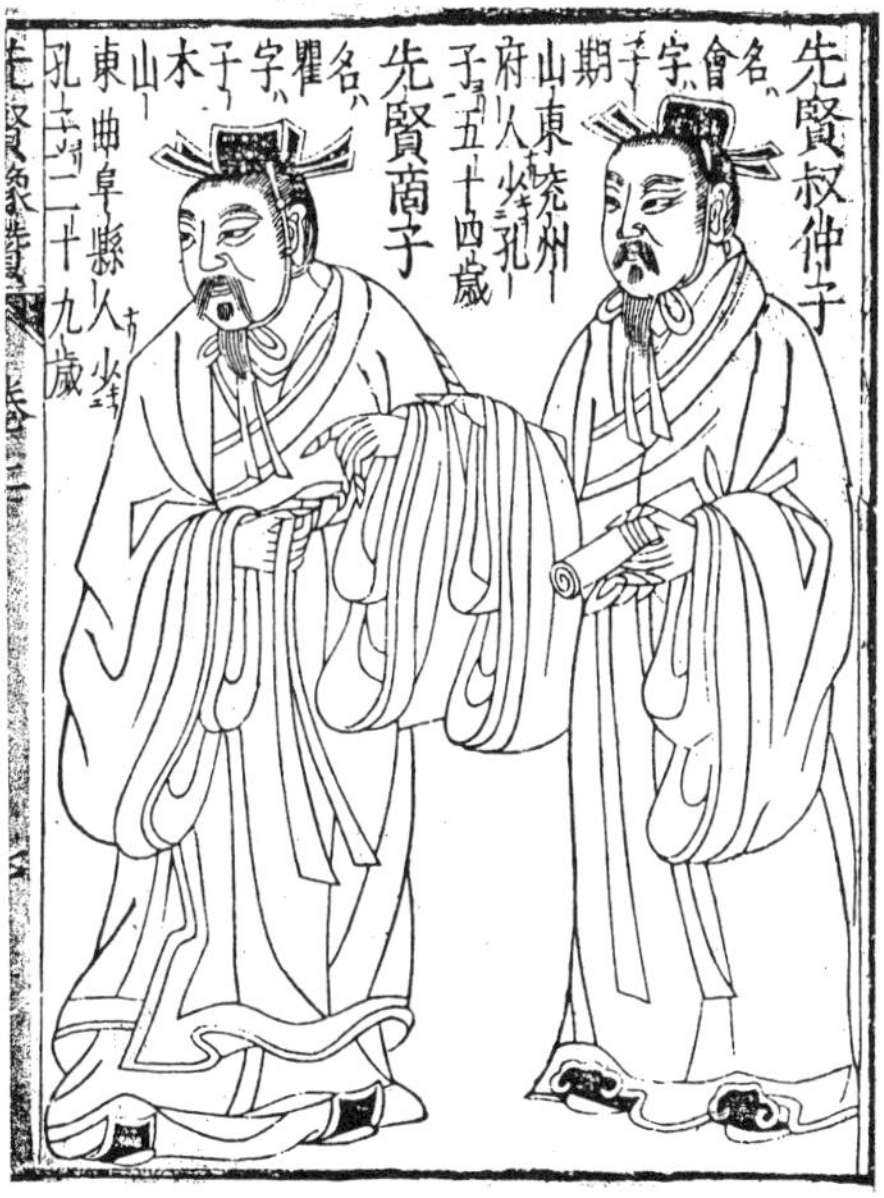
先賢叔仲子
名會字子期山東兗州府人少孔子五十四歳
先賢商子
名瞿字子木山東曲阜縣人少孔子二十九歳
叔仲会・商瞿（聖賢像賛）

南宮括（聖廟祀典図考）

【公冶長《こうやちょう》】
春秋時代、斉《せい》の人。孔子の弟子。姓は公冶《こうや》、字《あざな》は子長。鳥の声を理解したといわれる。『孔子家語《けご》』では、名は萇《ちょう》、字は子芝《しし》となっている。

【南宮括《なんきゅうかつ》】
春秋時代、魯の人。孔子の弟子。姓は南宮、名は括または韜《とう》、字《あざな》は子容。孔子はその人柄を「君子で徳を貴ぶ人」と褒め、兄の娘を嫁がせている。

【叔仲会《しゅくちゅうかい》】
春秋時代、魯の人、また晋《しん》の人。孔子の弟子。姓は叔仲、名は会、字は子期。好学の人材で、また孔子の記録係であった。

【商瞿《しょうく》】
（前五二二～？）春秋時代、魯の人。孔子の弟子。姓は商、名は瞿《く》、字は子木。孔子から『易経』を学び、それを伝え広めた第一人者であった。

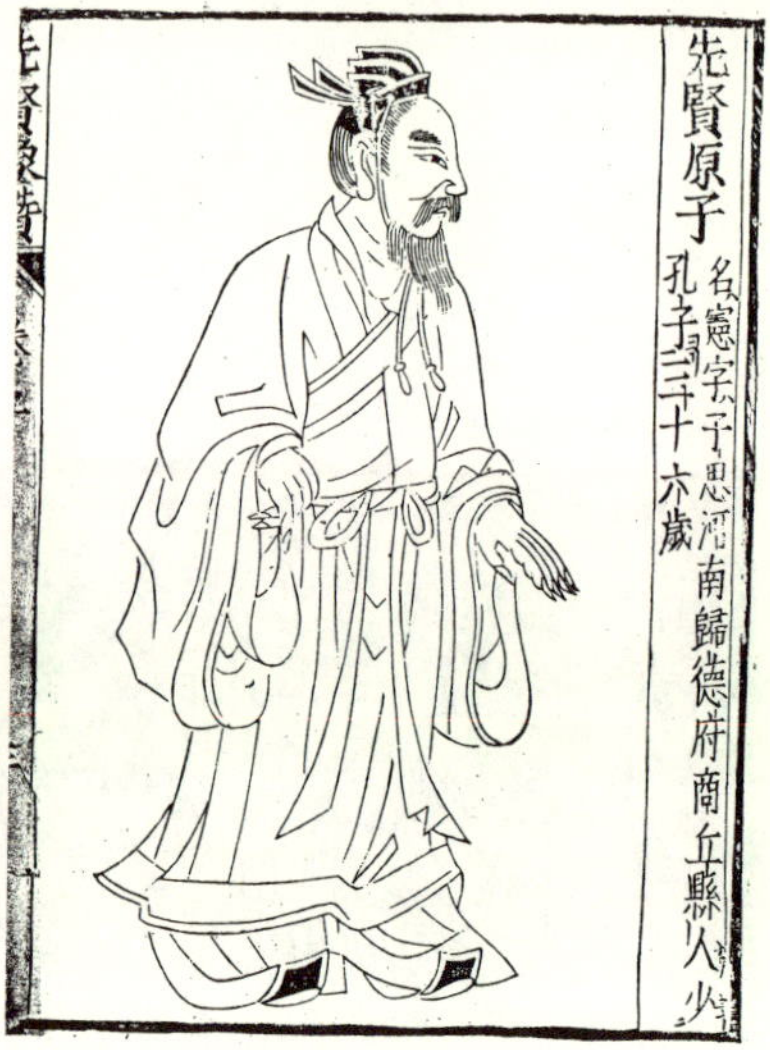
先賢原子
名憲字子思河南歸德府商丘縣人少
孔子三十六歲
原憲（聖賢像賛）

原憲
宋人
原憲（高士傳）

【原憲《げんけん》】（前五一五～？）春秋時代、魯の人。字《あざな》は子思。原思、仲憲《ちゅうけん》ともいう。また宋の人ともいう。孔子の弟子で、孔子より三十六歳若い。孔子が亡くなると、衛に隠居して破屋に住んだという。

高柴（聖廟祀典図考）

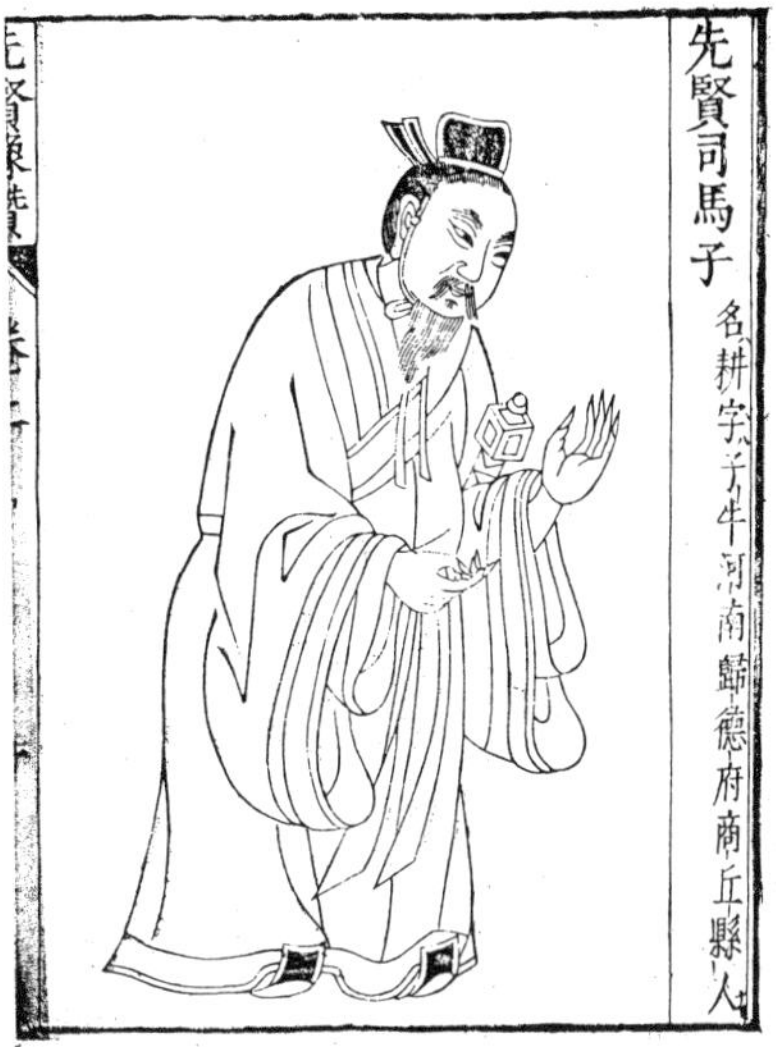
先賢司馬子
名耕字子牛河南歸德府商丘縣人

司馬耕（聖賢像賛）

漆雕開（聖廟祀典図考）

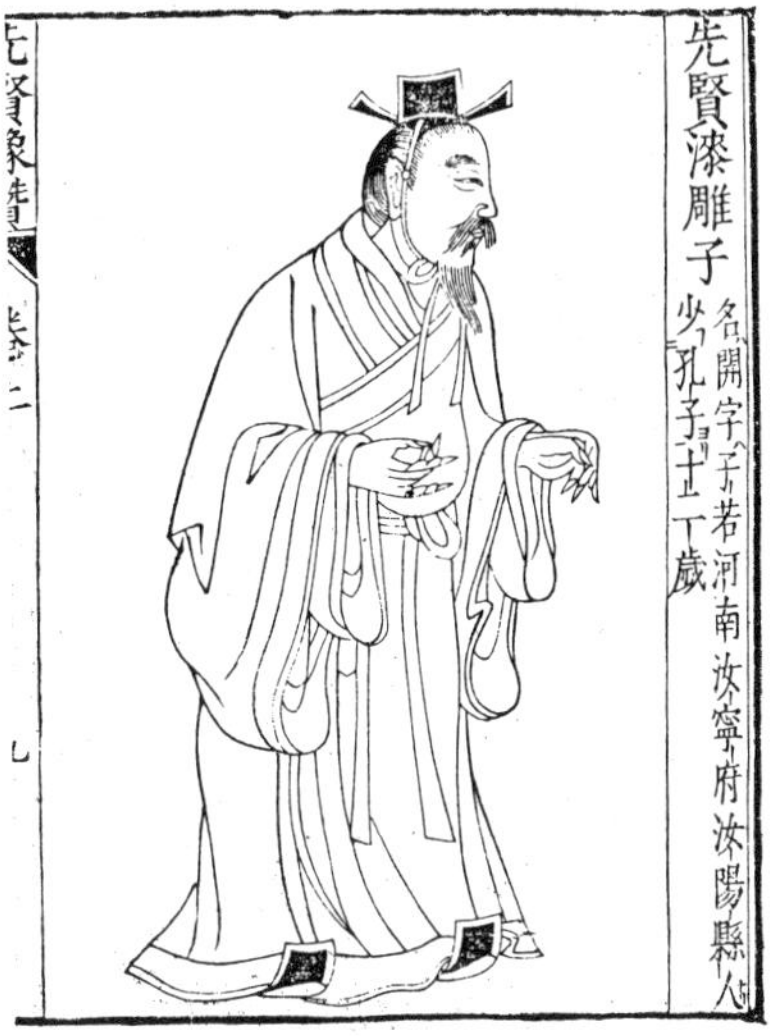
先賢漆雕子
名開字子若河南汝寧府汝陽縣人
少孔子十一歳

漆雕開（聖賢像賛）

【高柴《こうさい》】

（前五二一～？）春秋時代、衛の人、また斉の人。孔子の弟子。姓は高、名は柴《さい》、字は子羔《しこう》。孔子より三十歳若く、醜い容貌であったという。篤行の人という。

【漆雕開《しっちょうかい》】

（前五四〇～？）春秋時代、魯または蔡《さい》の人。孔子の弟子。姓は漆雕《しっちょう》、名は開また啓。字は子開。孔子が仕官を勧めたが、自信がないと辞退して孔子を喜ばせたという。

【司馬耕《しばこう》】

（？～前四八一）春秋時代、宋の人。孔子の弟子。姓は司馬、名は耕、字《あざな》は子牛。口数が多く騒がしいため、孔子に諭《さと》されたという。

公西赤（聖廟祀典図考）

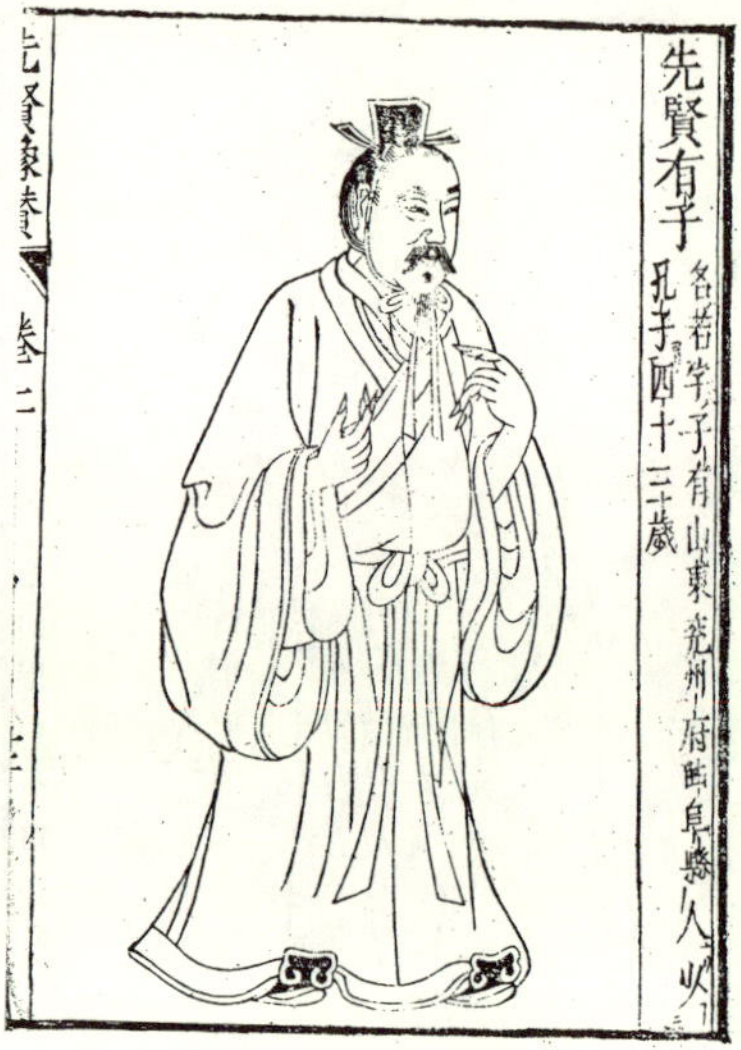

有若（聖賢像贊）

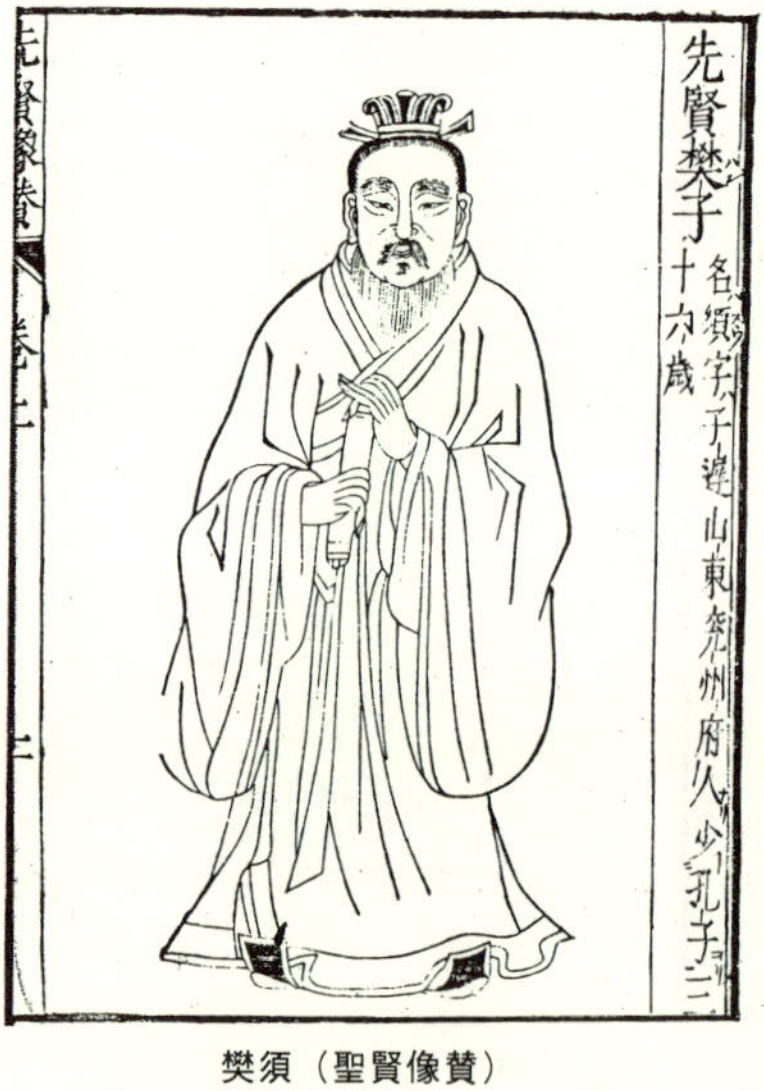

樊須（聖賢像贊）

巫馬施（聖廟祀典図考）

【有若《ゆうじゃく》】

（前五一五～？）春秋時代、魯の人。孔子の弟子。姓は有、名は若、字は子有。容貌が孔子に似ていたという。


【公西赤《こうせいせき》】

春秋時代、魯の人。孔子の弟子。姓は公西、名は赤、字は子華《しか》。儀式礼法に通じていた。


【巫馬施《ふばし》】

（前五二一～？）春秋時代、魯の人また陳の人。孔子の弟子。姓は巫馬《ふば》、名は施、字は子期。魯の単父《ぜんほ》の町を治め、政務に励んだ。


【樊須《はんしゅ》】

（前五〇五～？）春秋時代、魯の人また斉《せい》の人。孔子の弟子。姓は樊、名は須《しゅ》、字は子遅《しち》。孔子より三十六歳若く、孔子の御者をつとめた。

梁鱣（聖廟祀典図考）

顔辛（幸）（聖廟祀典図考）

冉儒（孺）（聖廟祀典図考）

曹卹（聖廟祀典図考）

【梁鱣《りょうせん》】
（前五一二～?）春秋時代、斉の人。孔子の弟子。姓は梁、名は鱣《せん》、字は子魚。

【顔辛《がんしん》（幸）】
（前五〇三～?）春秋時代、魯の人。孔子の弟子。姓は顔、名は辛（幸）、字は子柳。

【冉儒《ぜんじゅ》（孺）】
（前五〇一～?）春秋時代、魯の人。孔子の弟子。姓は冉、名は儒、字は子魯。学問好きであったという。

【曹卹《そうじゅつ》】
（前五〇一～?）春秋時代、蔡《さい》の人。孔子の弟子。姓は曹、名は卹、字《あざな》は子循《しじゅん》。

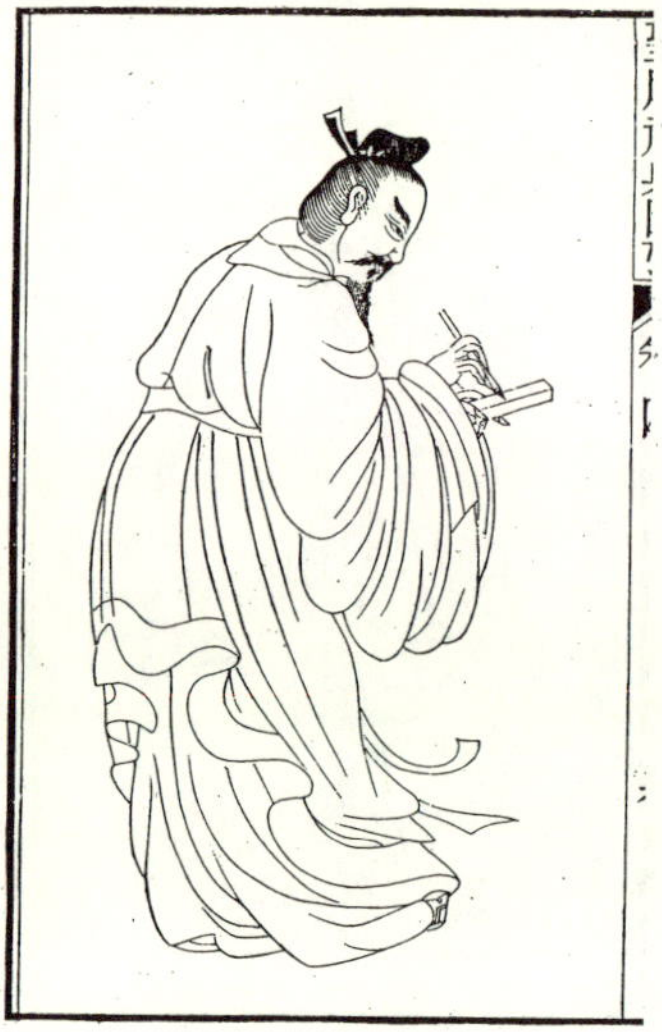

伯虔（聖廟祀典図考）

公孫龍（聖廟祀典図考）

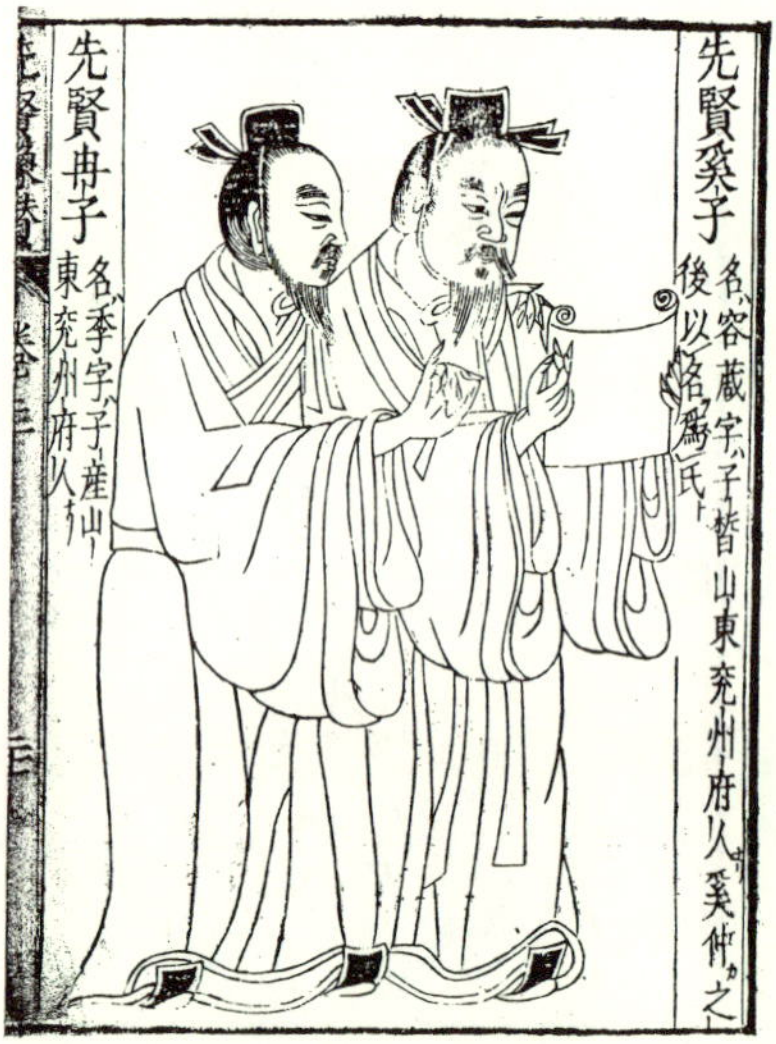

冉季・奚容蔵（聖賢像賛）

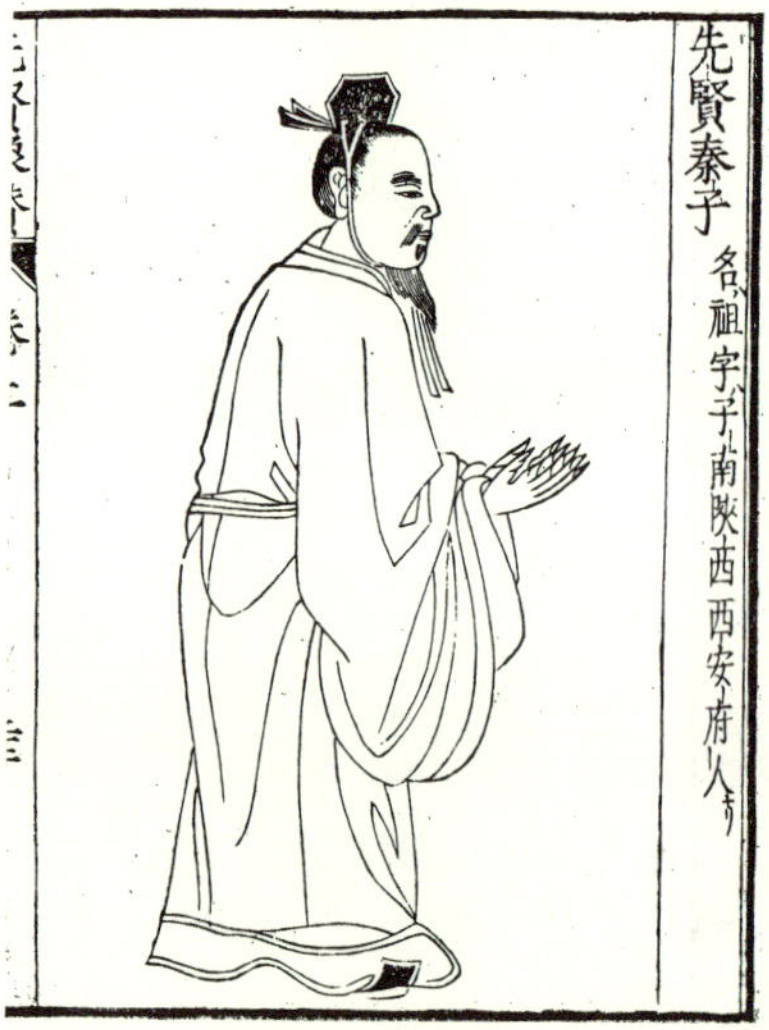

秦祖（聖賢像賛）

【伯虔《はくけん》】
（前五〇一～？）春秋時代、魯の人。孔子の弟子。姓は伯、名は虔、字は子析《しせき》。

【公孫龍《こうそんりょう》】
（前四九八～？）春秋時代、楚の人、また衛の人。孔子の弟子。姓は公孫、名は龍、字は子石。孔子より五十三歳若い。

【冉季《ぜんき》】
春秋時代、魯の人。孔子の弟子。姓は冉、名は季、字は子産。

【奚容蔵《けいようてん》】
春秋時代、衛の人。孔子の弟子。姓は奚《けい》、名は容蔵、字《あざな》は子皙《しせき》、また子楷。

【秦祖《しんそ》】
春秋時代、秦の人。孔子の弟子。姓は秦、名は祖、字は子南。

漆雕哆（聖賢像賛）

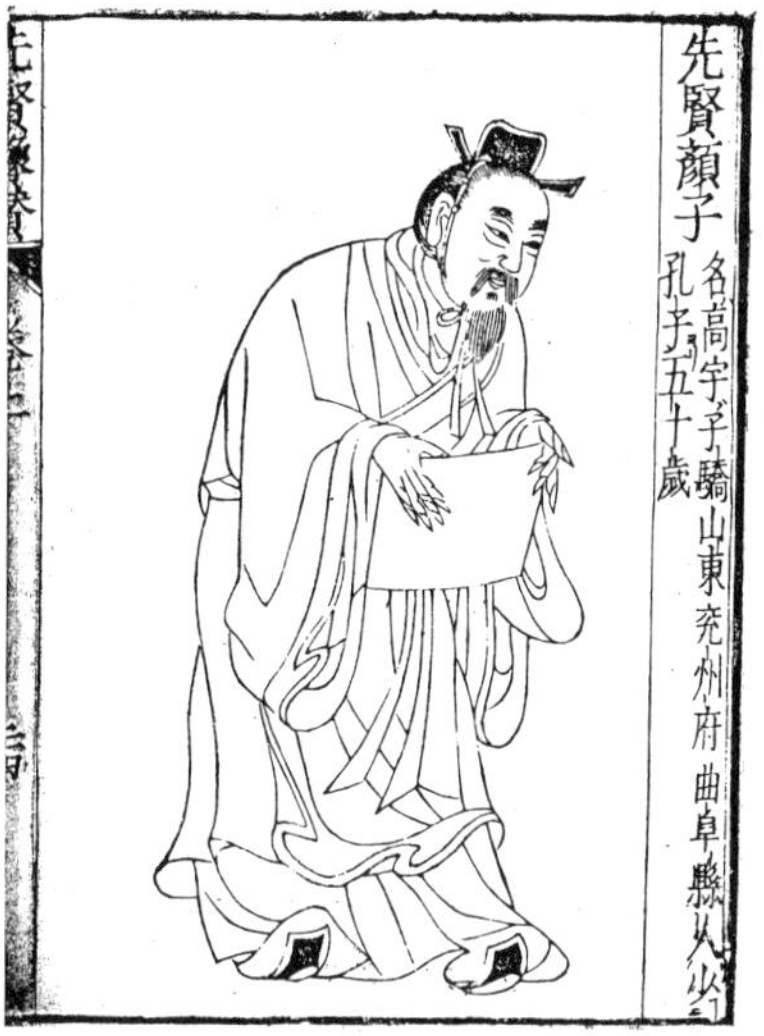

顔高（聖賢像賛）

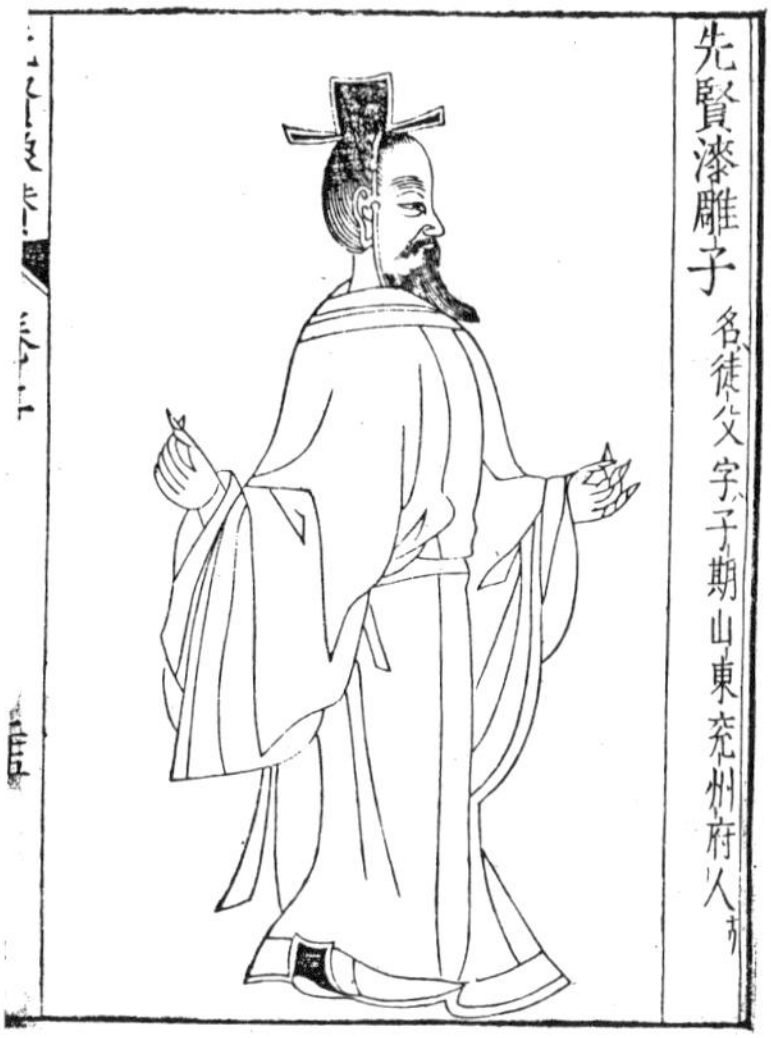

漆雕徒父（聖賢像賛）

壌駟赤（聖賢像賛）

【漆雕哆《しっちょうしゃ》】
春秋時代、魯の人。孔子の弟子。
姓は漆雕、名は哆《しゃ》、字は子斂《しれん》。

【顔高《がんこう》】
春秋時代、魯の人。孔子の弟子。
姓は顔、名は高、字は子驕《しきょう》。

【漆雕徒父《しっちょうとほ》】
春秋時代、魯の人。孔子の弟子。
姓は漆雕、名は徒歩、字は子文。

【壌駟赤《じょうしせき》】
春秋時代、秦の人。孔子の弟子。
姓は壌駟、名は赤、字は子徒。詩書を良くしたという。

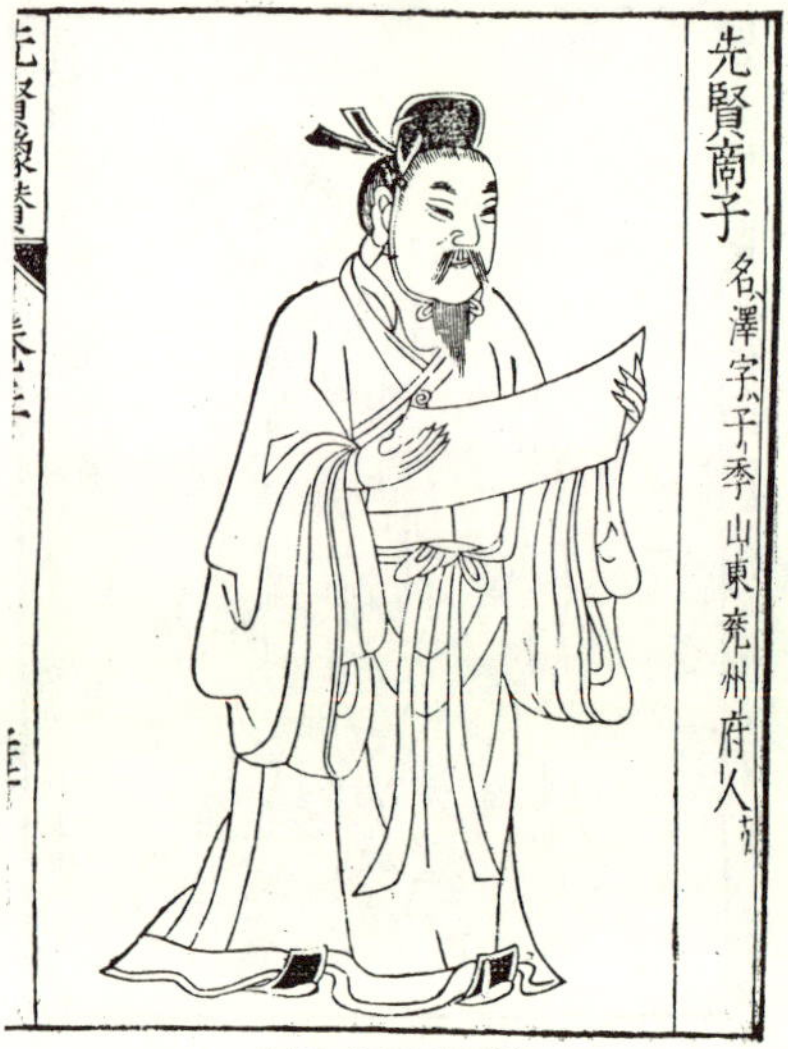
先賢商子
名澤字子季山東兗州府人
商澤（聖賢像賛）

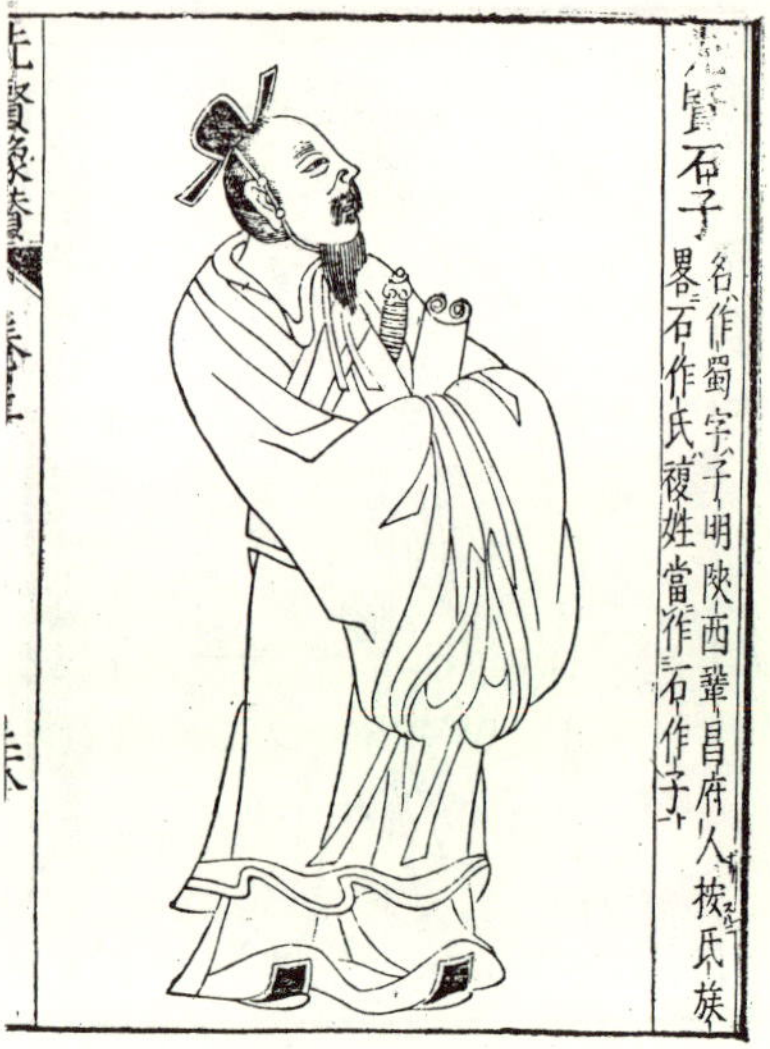
先賢石子
名作蜀字子明陝西鞏昌府人按氏族畧石作氏複姓當作石作子
石作蜀（聖賢像賛）

任不斉（聖廟祀典図考）

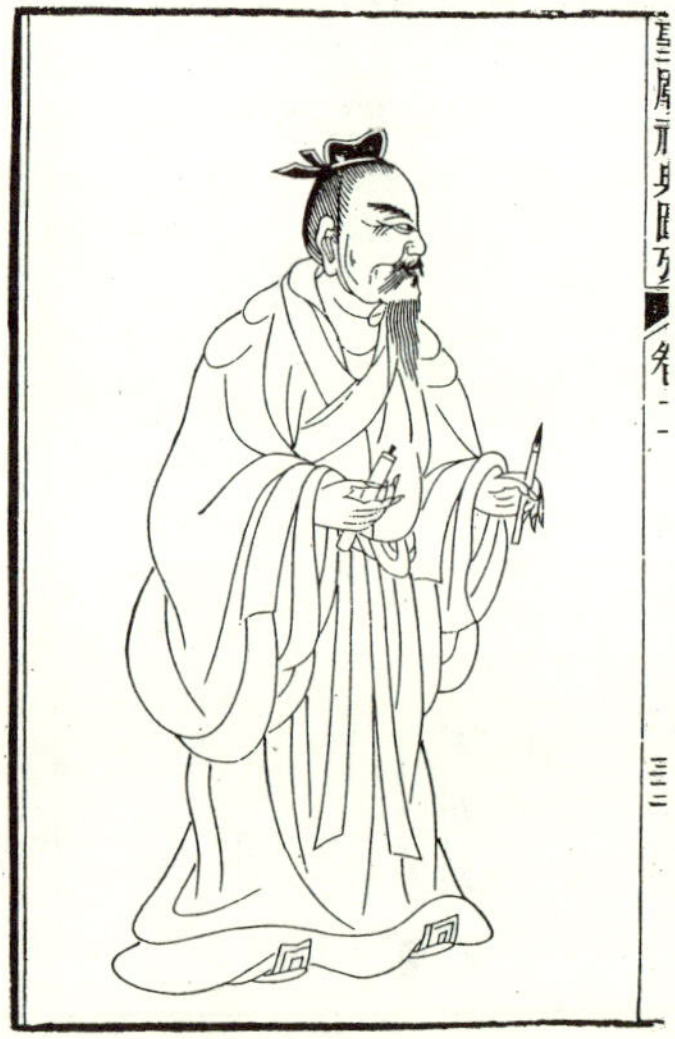
公夏首（聖廟祀典図考）

【商澤《しょうたく》】
春秋時代、魯の人。孔子の弟子。姓は商、名は澤、字《あざな》は子秀また子季。

【石作蜀《せきさくしょく》】
春秋時代、晋の人、また秦の人。孔子の弟子。姓は石作、名は蜀、字は子明。

【任不斉《じんふせい》】
春秋時代、楚の人。孔子の弟子。姓は任、名は不斉、字は選、また子選。

【公夏首《こうかしゅ》】
春秋末年、魯の人。姓は公夏、名は首、字は乗。

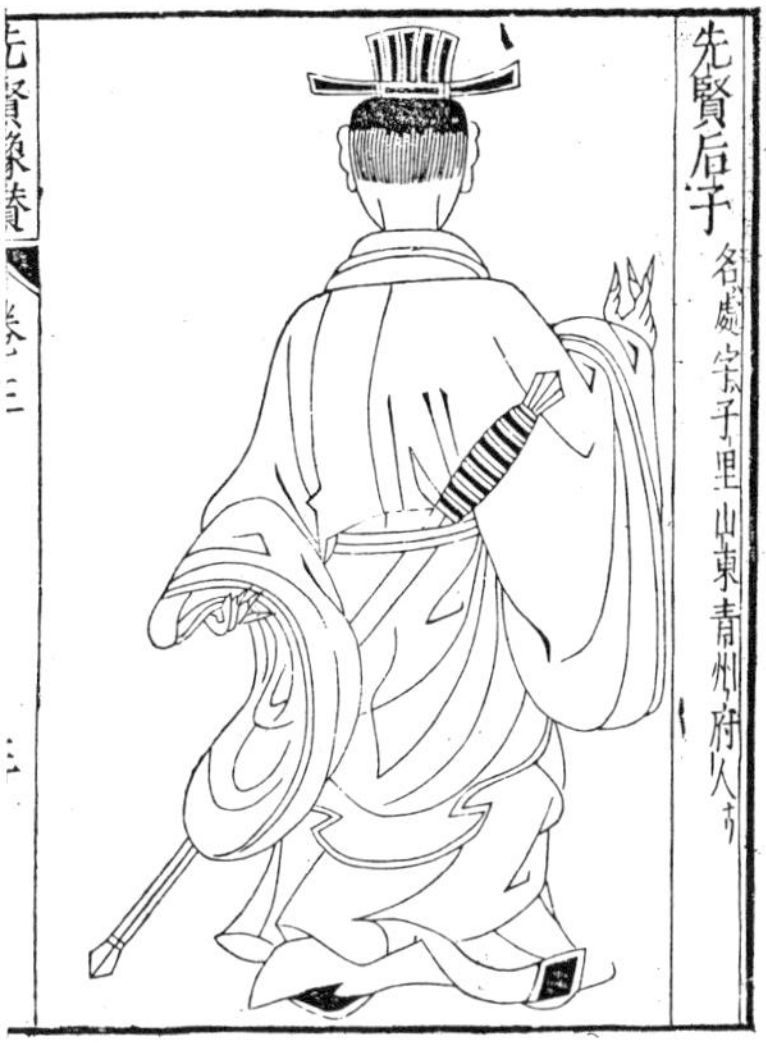

后処（聖賢像賛）

后処（聖廟祀典図考）

顔祖（聖廟祀典図考）

公肩定（聖廟祀典図考）

【后処《こうしょ》】
春秋時代、斉の人。孔子の弟子。姓は后、名は処、字は子里、また里之。

【公肩定《こうけんてい》】
春秋末年、魯の人。姓は公、名は肩定、一説に姓は公肩、名を定とする。

【顔祖《がんそ》】
春秋末年、魯の人。『孔子家語《けご》』には、顔相とつくる。姓は顔、名を祖、字《あざな》は襄《じょう》。

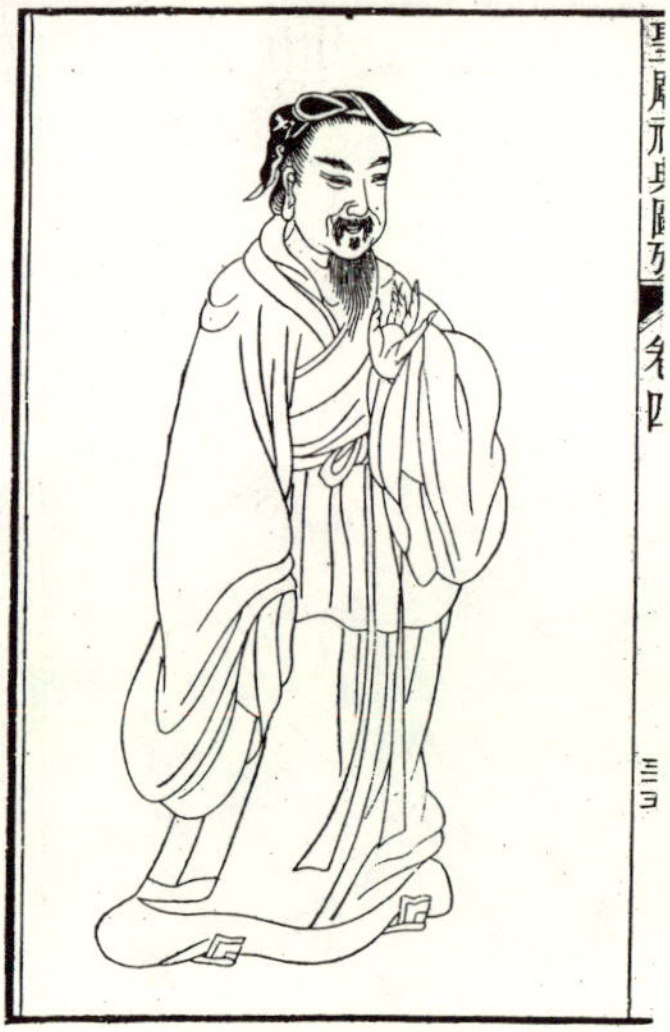

鄡単（聖廟祀典図考）

句井疆（聖廟祀典図考）

罕父黒（聖廟祀典図考）

秦商（聖廟祀典図考）

【鄡単《きょうぜん》】

春秋末年の人。姓は鄡、名を単、字は子家。


【句井疆《くせいきょう》】

春秋末年、衛の人。姓は句井、名は疆。


【罕父黒《かんぽこく》】

春秋末年の人。姓は罕（宰）父、名は黒、字は子索。一説に姓を罕父、名を黒、字を子黒とする。


【秦商《しんしょう》】

（前五四七～?）春秋時代、楚の人。孔子の弟子。姓は秦、名は商、字は子丕また丕《ひ》茲《じ》。

公祖句茲（聖廟祀典図考）

施子常（聖廟祀典図考）

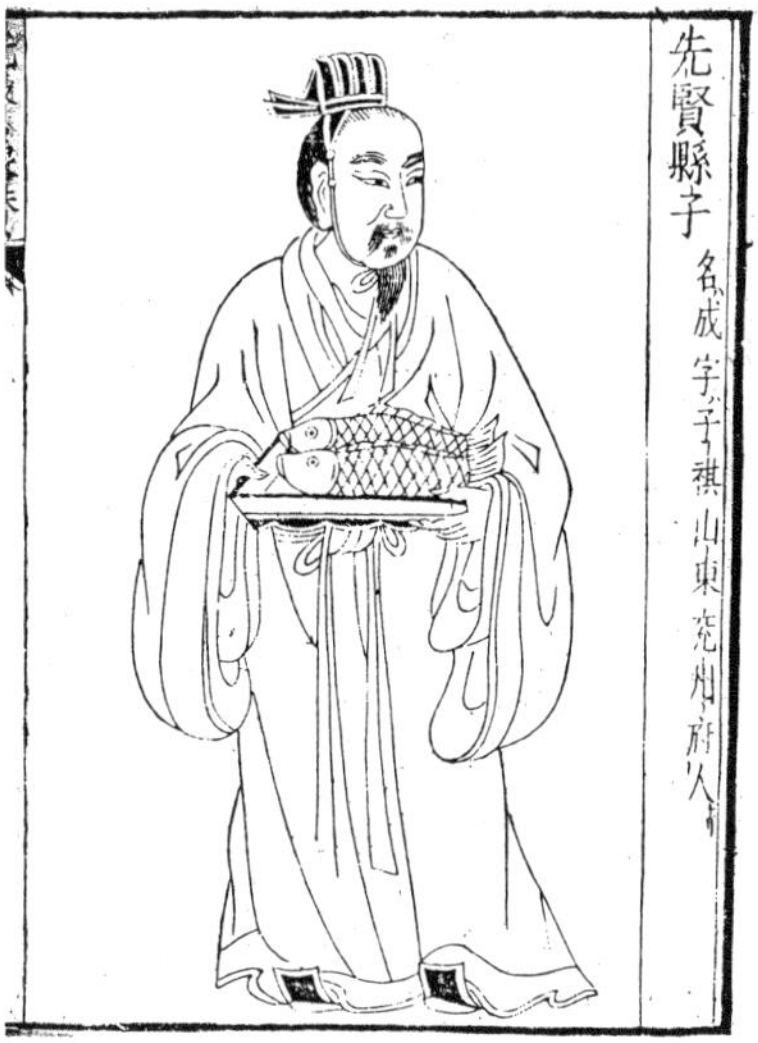
先賢縣子
名成字子祺山東兗州府人
県成（聖賢像賛）

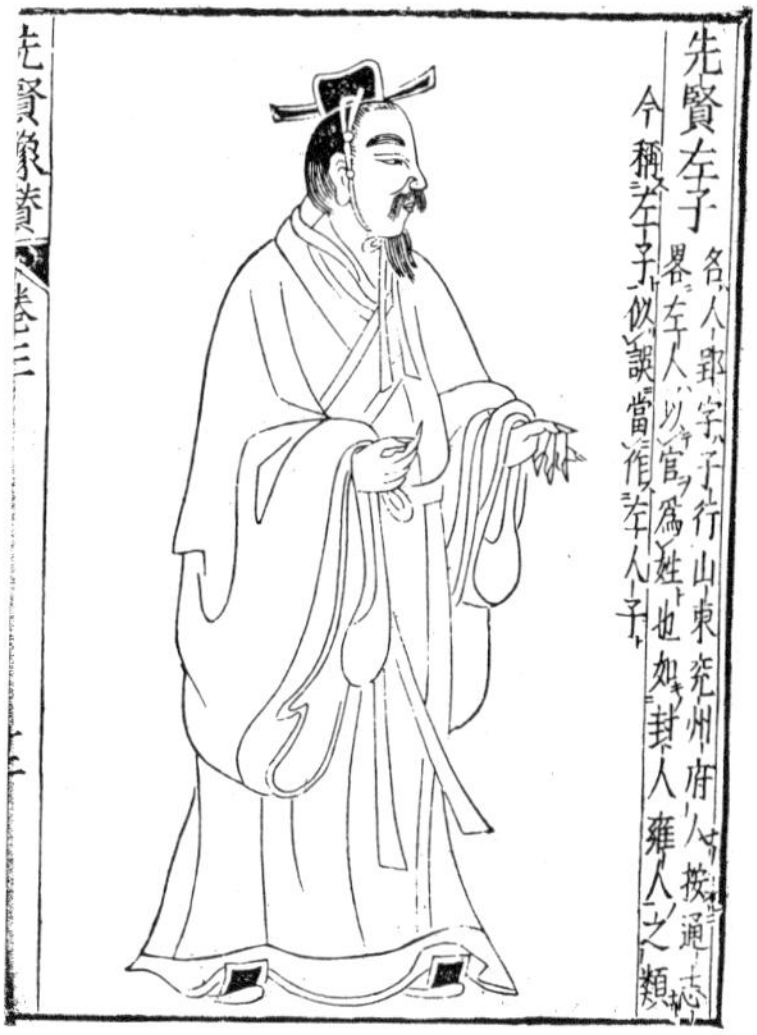
先賢左子
名人郢字子行山東兗州府人按通志
畧左人以官爲姓也如封人雍人之類
今稱左子似誤當作左人子
左人郢（聖賢像賛）

【施子常《しじょう・せしじょう》】
春秋時代、魯の人。孔子の弟子。姓は施、名は子常、字は子恒、また子常ともいう。

【公祖句茲《こうそくじ》】
春秋時代、魯の人。孔子の弟子。姓は公祖、名は句茲《くじ》、字は子之。

【左人郢《さじんえい》】
春秋時代、魯の人。孔子の弟子。姓は左人、名は郢、字は行。また姓が左、名が人郢ともいう。

【県成《けんせい》】
春秋時代、魯の人。孔子の弟子。姓は県、名は成、字は子祺、また子横。

鄭国（聖廟祀典図考）

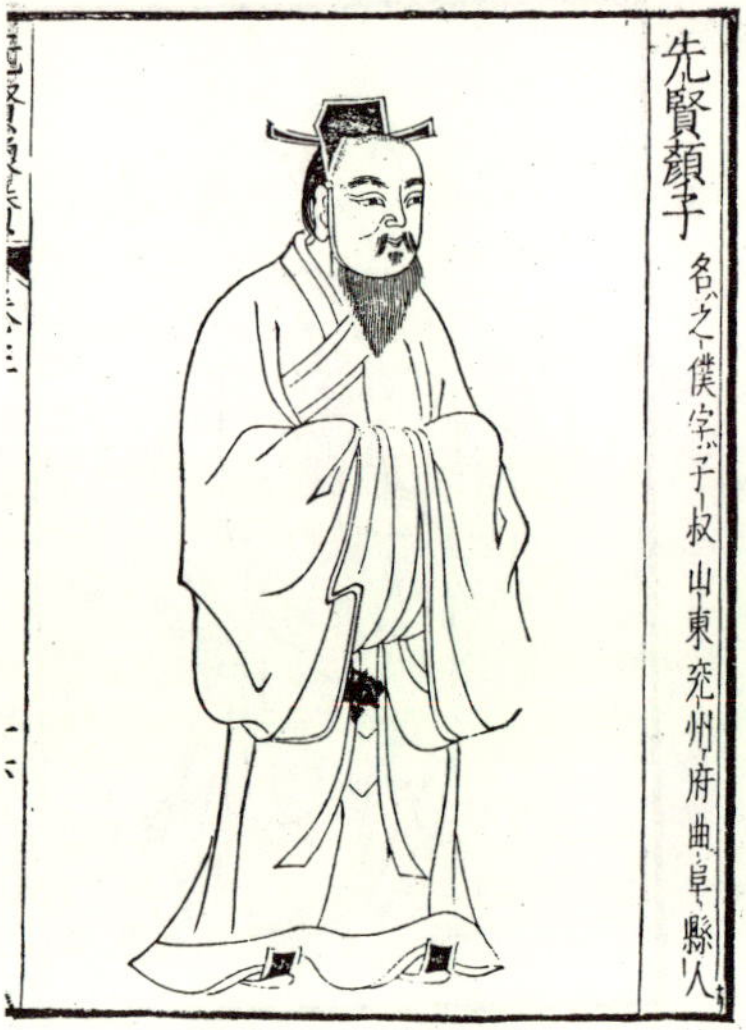
先賢顔子
名之僕字子叔山東兗州府曲阜縣人

顔子僕（聖賢像賛）

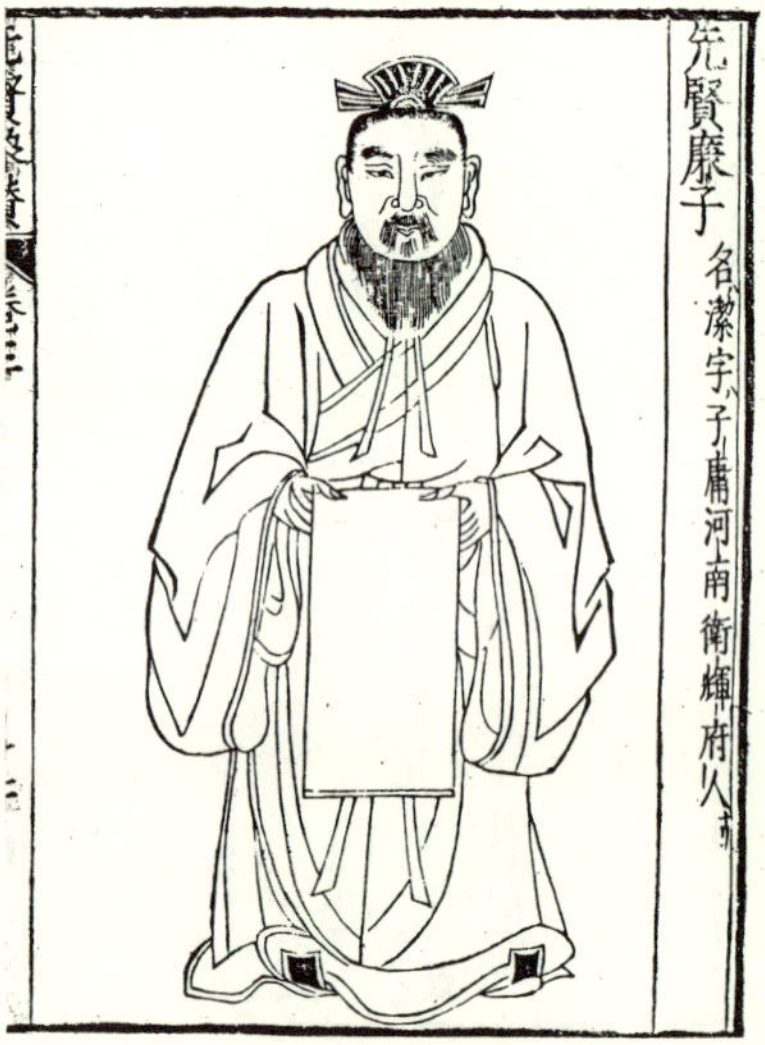
先賢廉子
名潔字子庸河南衛輝府人

廉潔（聖賢像賛）

楽欬（聖廟祀典図考）

【鄭国《ていこく》】

春秋時代、魯の人。孔子の弟子。姓は鄭、名は国、字《あざな》は子徒。また鄭邦《ていほう》ともいうとされる。


【顔子僕《がんしぼく》】

春秋時代、魯の人。孔子の弟子。姓は顔、名は子僕、字は叔また子叔。


【廉潔《れんけつ》】

春秋時代、衛の人。孔子の弟子。姓は廉、名は潔、字は庸《よう》、また子庸。


【楽欬《がくがい》】

春秋時代、秦の人、また魯の人。孔子の弟子。姓は楽、名は欬、字は子声。孔子がかつて三桓氏《さんかんし》の城壁を撤去する際にその役目を命じたその人である。

邦巽（聖廟祀典図考）

先賢狄子
名黒字子晳河南衛輝府人ナリ

狄黒（聖賢像賛）

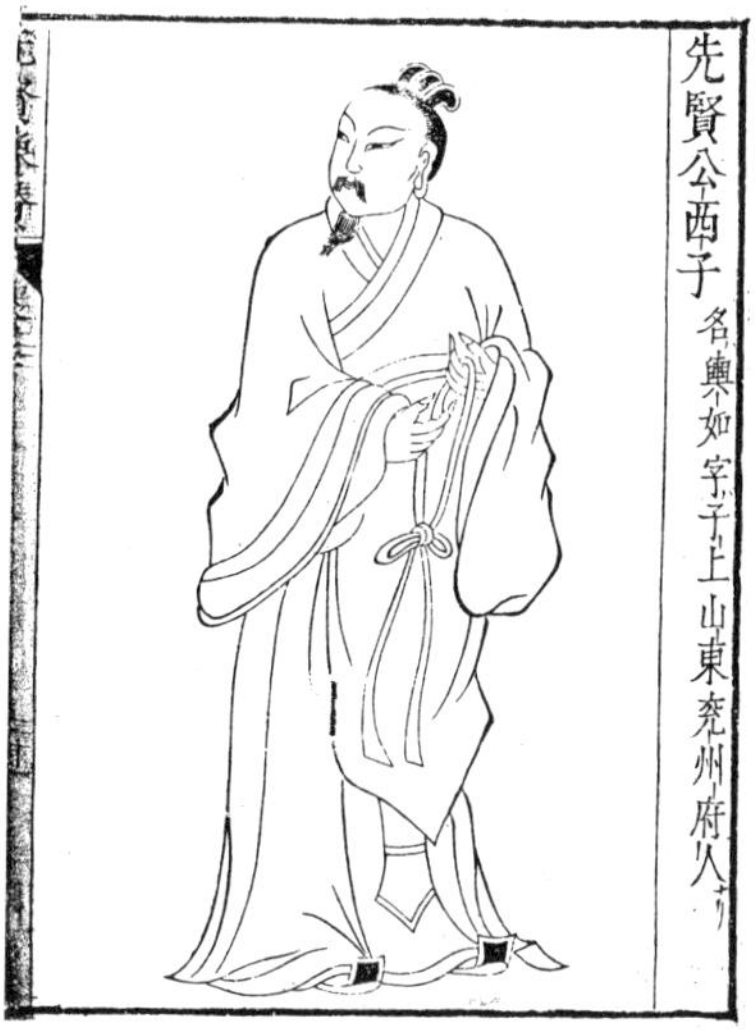
先賢公西子
名輿如字子上山東兗州府人ナリ

公西輿如（聖賢像賛）

先賢公西子
名蒧字子尚山東兗州府人ナリ

公西蒧（聖賢像賛）

【邦巽《ほうせん》】
春秋時代、魯の人。孔子の弟子。
姓は邦、名は巽、字は子斂《しれん》。

【狄黒《てきこく》】
春秋時代、衛の人。孔子の弟子。
姓は狄、名は黒、字は晳《せき》、また・之。

【公西輿如《こうせいよじょ》】
春秋末年の人。姓は公西、名を輿如、字は子上。『孔子家語《けご》』には、公西輿とつくる。

【公西蒧《こうせいてん》】
春秋時代、魯の人。孔子の弟子。
姓は公西、名は蒧《てん》、字は子索。

先賢陳子
名亢字子禽河南開封府陳州人少孔子四十歳

陳亢（聖賢像賛）

秦非（聖廟祀典図考）

秦冉（聖廟祀典図考）

琴張（牢）（聖廟祀典図考）

【陳亢《ちんこう》】

（前五一一～？）春秋末年の人。姓は陳、名は亢、字は子禽《しきん》。孔子より四十歳若く、子貢《しこう》の門人ともいう。

【秦非《しんひ》】

春秋時代、魯の人。孔子の弟子。姓は秦、名は非、字は子之。

【秦冉《しんぜん》】

春秋時代、蔡《さい》の人。孔子の弟子。姓は秦、名は冉、字《あざな》は開また子開。

【琴張《きんちょう》（牢）】

春秋時代、衛の人。孔子の弟子。姓は琴、名は牢、字は子開、また子張。

申棖（聖廟祀典図考）

歩叔乗（聖廟祀典図考）

顔噲（聖廟祀典図考）

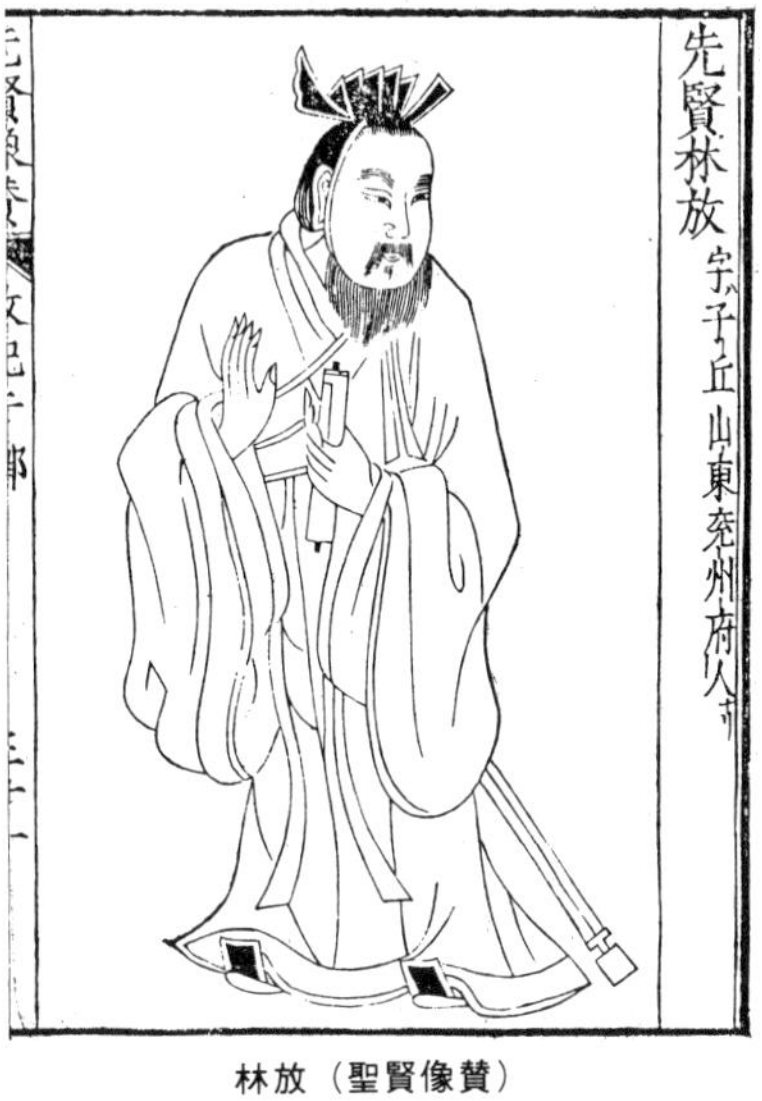

林放（聖賢像賛）

【申棖《しんとう》】
春秋時代、孔子の弟子。姓は申、名は棖、党、棠、続。字は周。

【歩叔乗《ほしゅくじょう》】
春秋時代、斉の人。孔子の弟子。姓は歩、名は乗、字は子車。

【顔噲《がんかい》】
春秋時代、魯の人。孔子の弟子。姓は顔、名は噲、字は子声。

【林放《りんぼう》】
春秋時代、魯の人。孔子の弟子。姓は林、名は放、字《あざな》は子丘。孔子に礼の本意について質問したことがあり、孔子は繁文縟礼《はんぶんじょくれい》や虚飾を批判したという。

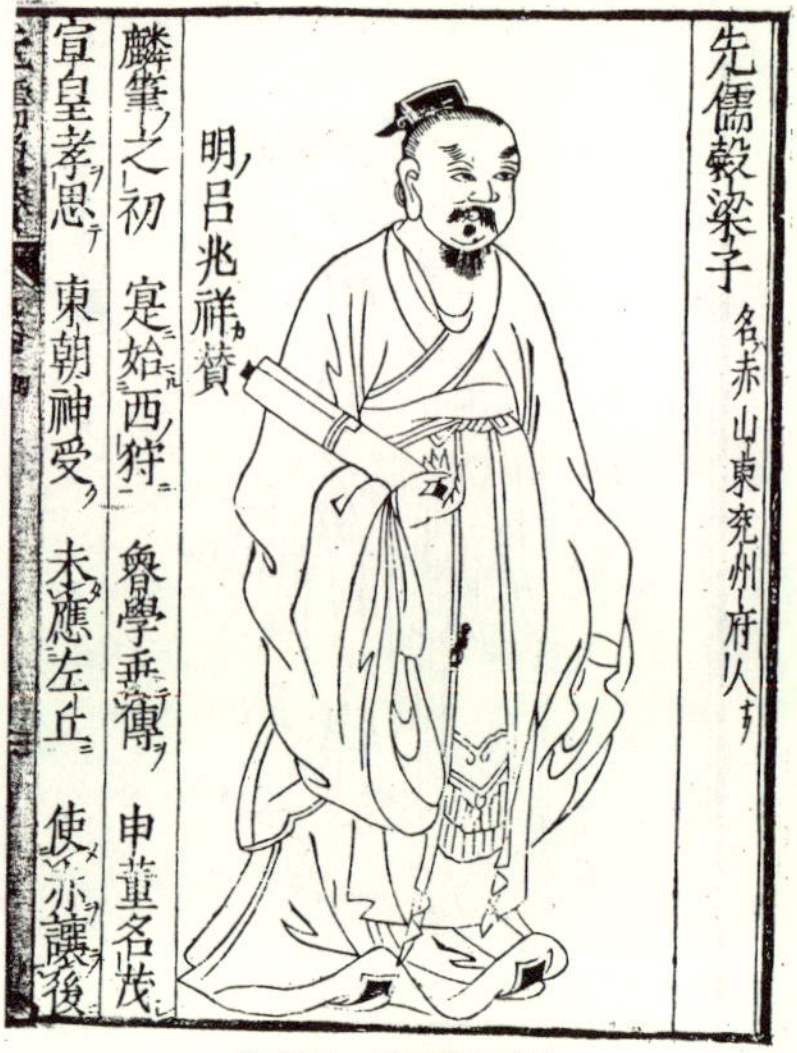
先儒穀梁子
名赤山東兖州府人
明呂兆祥贊
麟筆之初　寔始西狩　魯學垂傳　申董名茂
宣皇孝思　東朝神受　未應左丘　使亦讓後

穀梁赤（聖賢像贊）

蘧伯玉（聖廟祀典図考）

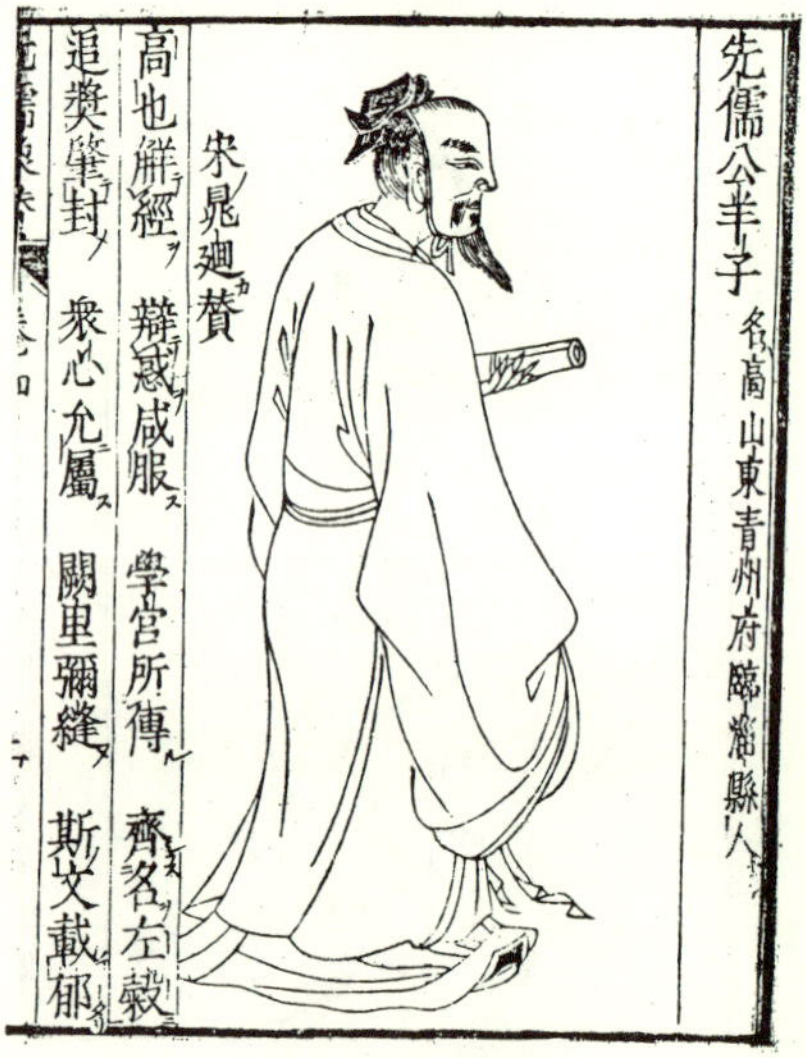
先儒公羊子
名高山東青州府臨淄縣人
宋晁迥贊
高也觧經　辯惑咸服　學官所傳　齊名左穀
追獎肇封　衆心允屬　闕里彌縫　斯文載郁

公羊高（聖賢像贊）

【穀梁赤《こくりょうせき》】

戦国時代の儒者。魯の人。姓は穀梁《こくりょう》、名は赤。一説に名は俶《しゅく》、字《あざな》を元始とする。また一説に名を喜、また嘉とする。孔子の門人子夏の弟子という。『春秋穀梁《こくりょう》傳』を書いた。


【公羊高《くようこう》】

戦国時代の儒者。斉の人。孔子の門人子夏の弟子という。『春秋公羊《くよう》傳』を書いた。


【蘧伯玉《きょはくぎょく》】

春秋時代、衛の大夫。名は瑗《えん》。伯玉は字《あざな》。孔子はその出処進退を明らかにする態度を君子として褒め称えた。

左丘明（聖廟祀典図考）

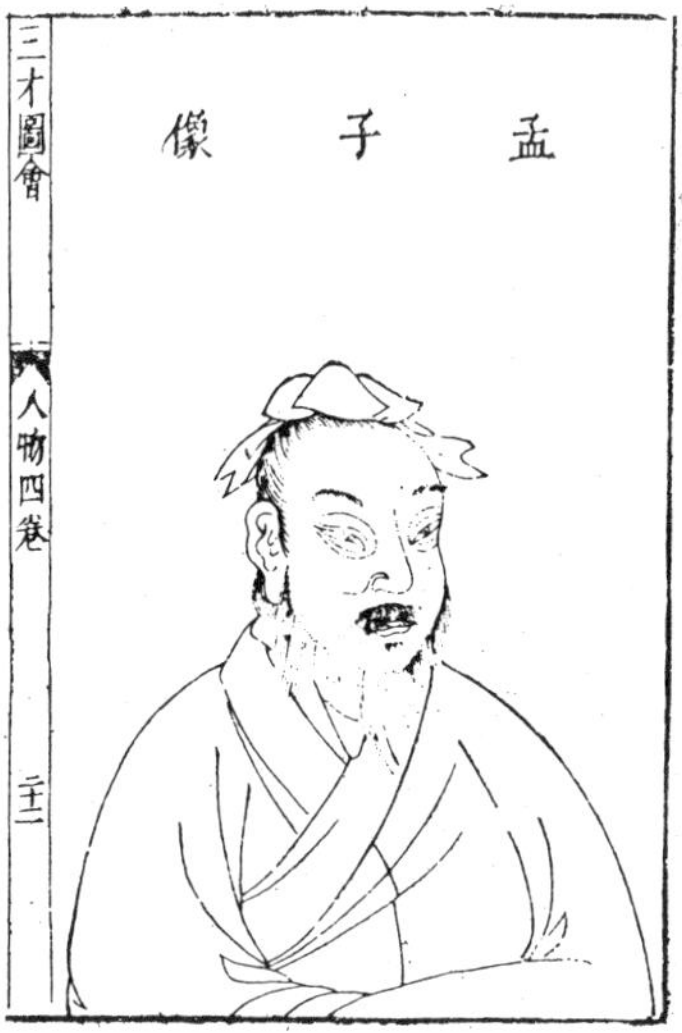

孟子（三才図会）

【左丘明《さきゅうめい》】

春秋時代、魯の史官。孔子と同時代ごろの人。『春秋左氏伝《さしでん》』の著者と伝えられるが経歴は不明。『春秋左氏伝』十二巻（経伝あわせて三十巻）は、「春秋」本文に対して史官であった左丘明が、豊富で確実な史実によって経義を説明した「伝」をつけたもの。

【孟子《もうし》】

（前三七二〜前二八九）戦国時代の思想家。魯の鄒《すう》（山東省）の人。名は軻《か》、字《あざな》は子輿。孔子の主張する「仁」に加えて「義」を説いた。比喩を用いたすぐれた議論によって、戦国諸子百家の説の中に儒教思想の基礎を確立した。亜聖《あせい》といわれる。孟子は幼い頃に父を亡くしたが、教育熱心な母に育てられた。その母との挿話である「断機《だんき》之戒《のいましめ》」「孟母三遷《さんせん》」などの故事は大変有名である。

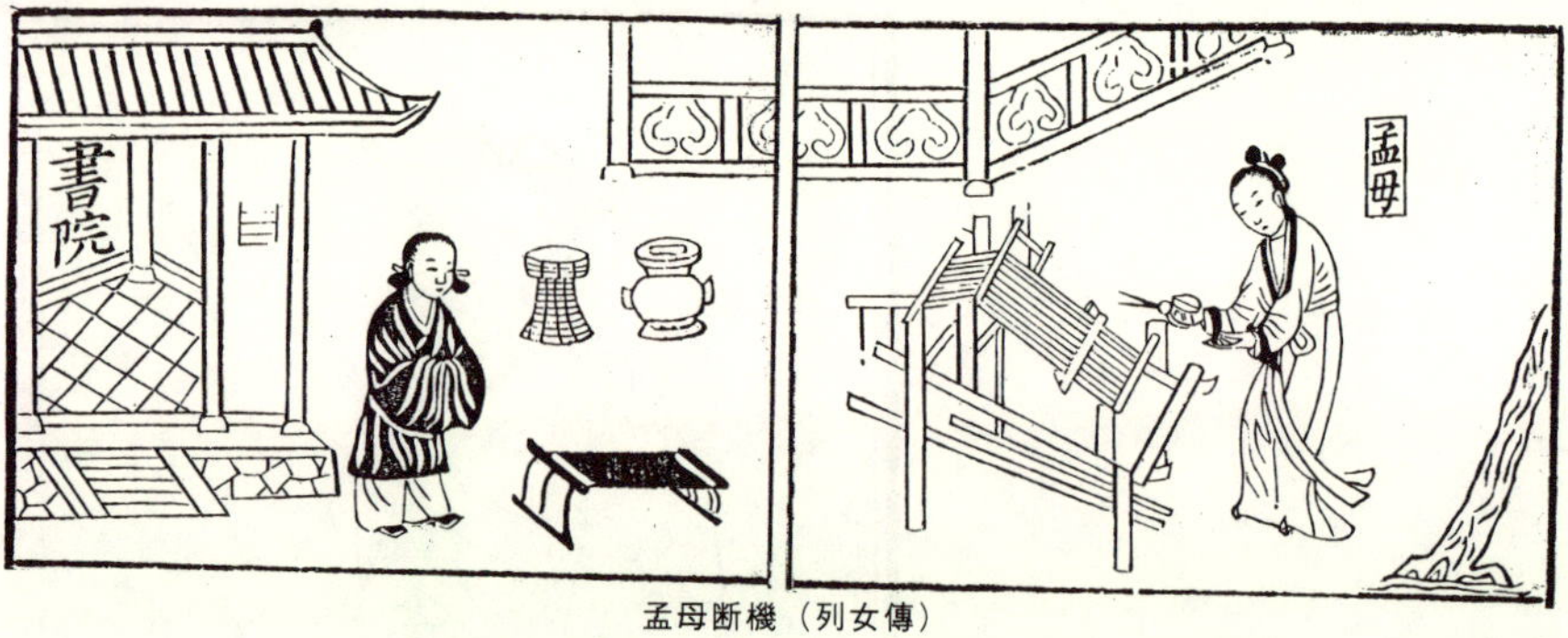

孟母断機（列女傳）

孟子（聖廟祀典図考）

【孟子《もうし》】解説前頁

【孟母《もうぼ》】

孟子の母。仇氏。夫は早く亡くなり、女手一つで孟子を育てたという。教育環境に配慮して、たびたび転居した（孟母三遷）や、孟子を諭した話（孟母断機）などで知られる。

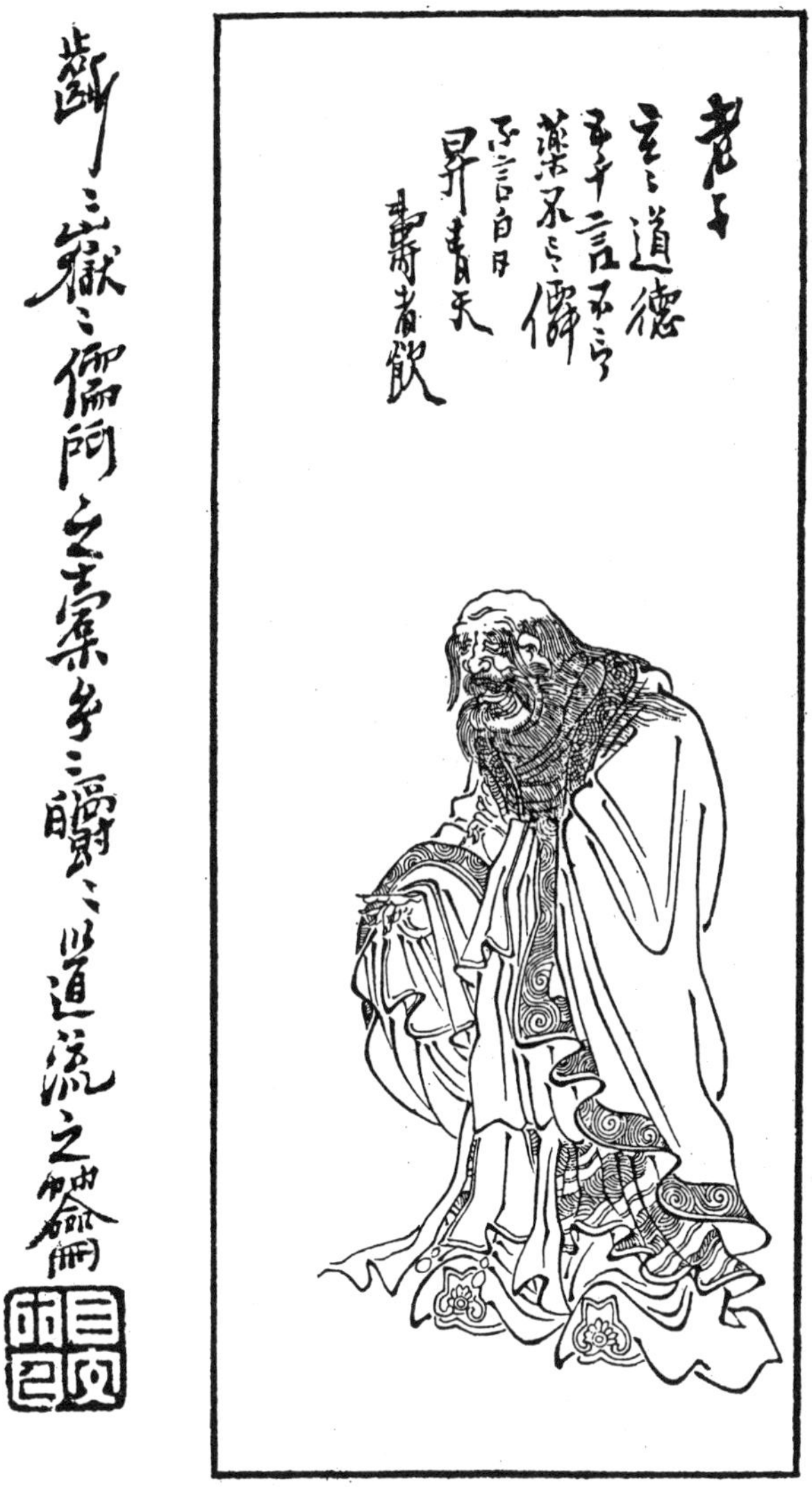

老子（列仙酒牌）

【老子《ろうし》】

戦国時代の思想家。姓は李、名は李耳《りじ》、字は伯陽。史記によれば、楚の苦県厲郷《れいきょう》曲仁里(河南省)の人。一説によると、周の守蔵室(図書室)の書記官だったが、乱世を逃れて関(函谷関《かんこくかん》?)に至り、関守の尹喜《いんき》に「老子道徳経」を説いたとされる。自我を捨て無為自然であれと説いた。唐代には、姓が王朝と同じ李であることから尊ばれた。

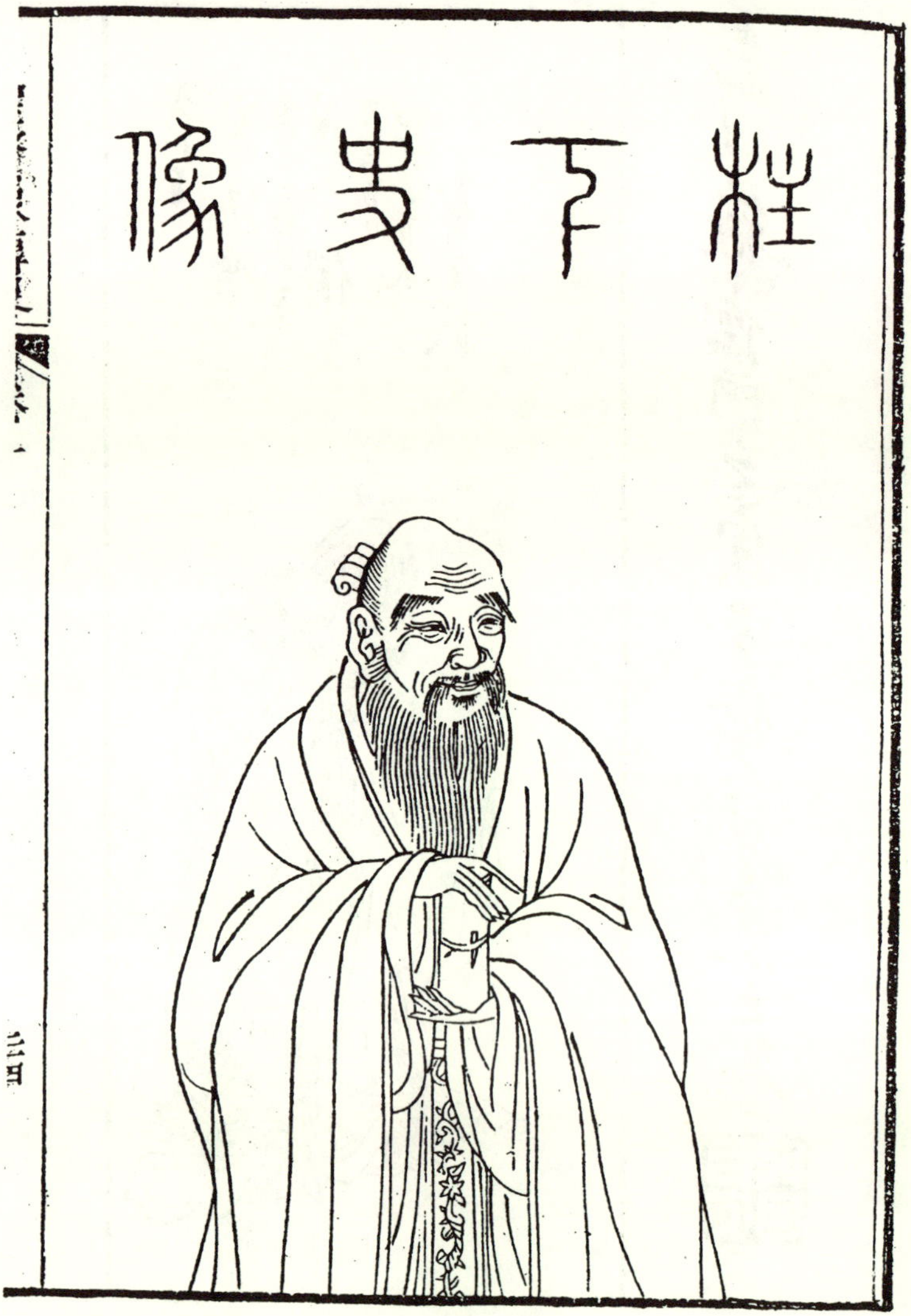

老子（古聖賢像傳略）

【老子《ろうし》】解説前頁

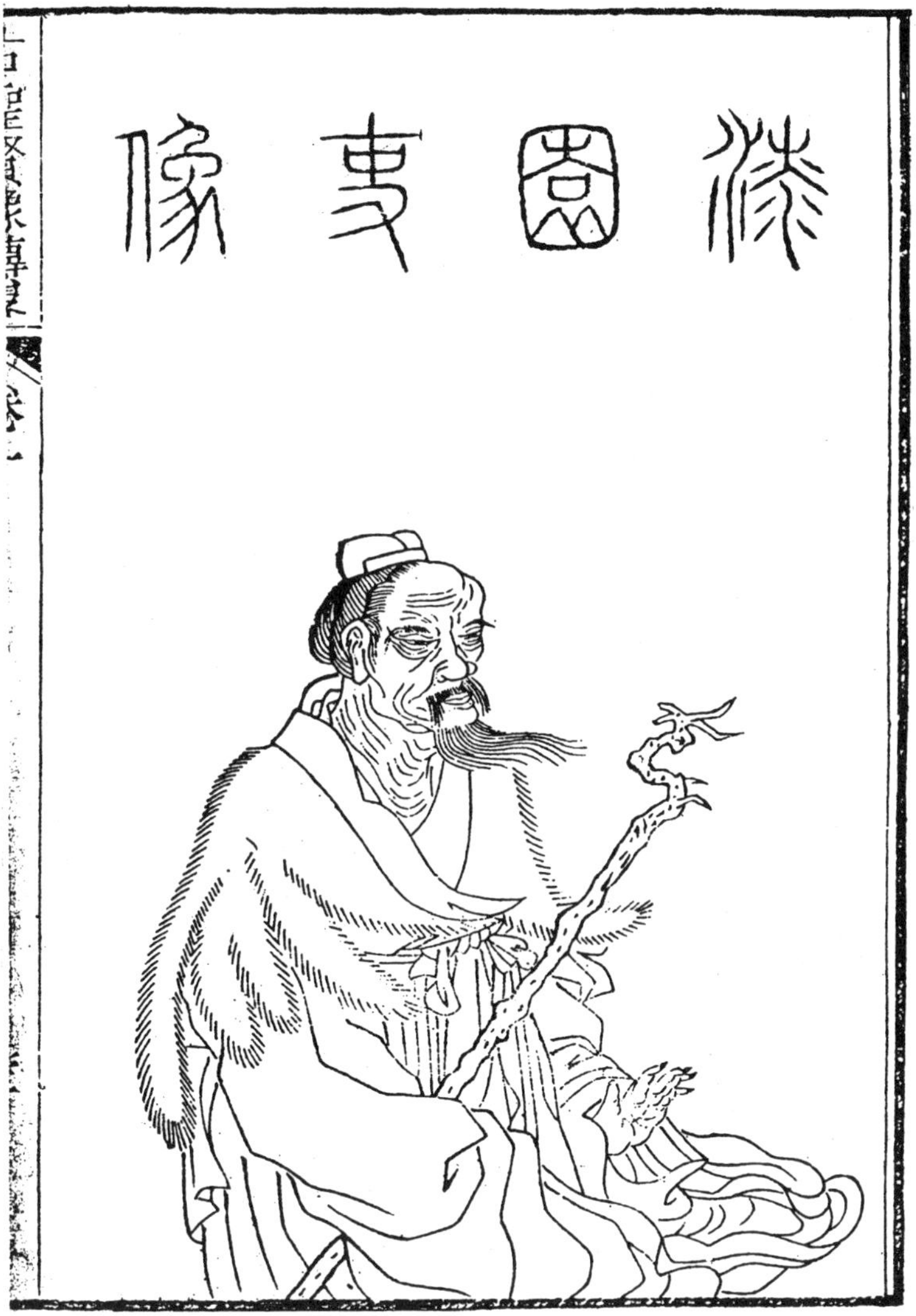

荘子（古聖賢像傳略）

【荘子《そうじ・そうし》】
戦国時代の思想家。宋の蒙《もう》（河南省商丘市《しょうきゅう》）の人。姓は荘、名は周、字は子休。唐代以後は、南華真人とも呼ばれた。漆園の小吏をつとめ、仕官せず民間にすごした。

欲望をすてて無為自然に生きるべきだと主張して、孔子をはじめとする儒家の思想に反対した。その主張は『荘子《そうし・そうじ》』として知られる。

秦漢時期

始皇帝（三才図会）

【始皇帝《しこうてい》】（前二五九～前二一〇　在位前二四六～前二一〇）秦《しん》の初代皇帝。姓は嬴《えい》、名は政。荘襄王《そうじょうおう》の子。戦国末期、諸国を滅ぼして天下を統一し、前二二一年、歴史上はじめての皇帝として自ら始皇帝と称した。咸陽《かんよう》に都を定めた。はじめて全国に郡県制をしき、官僚統制国家をきずいた。また、万里の長城を増築し、阿房宮《あぼうきゅう》などの豪勢な宮殿を築き、匈奴《きょうど》や南越に対する外征も行い、大いに威勢を示した。

荊軻（石索）

【荊軻《けいか》】（?～前二二七）戦国時代の刺客。衛の人。弱小な燕の太子・丹《たん》の命令によって、秦王・政(即ち後の始皇帝)の暗殺を企てた。首尾良く面会でき、もう少しで暗殺に成功しそうになったが失敗し殺された。

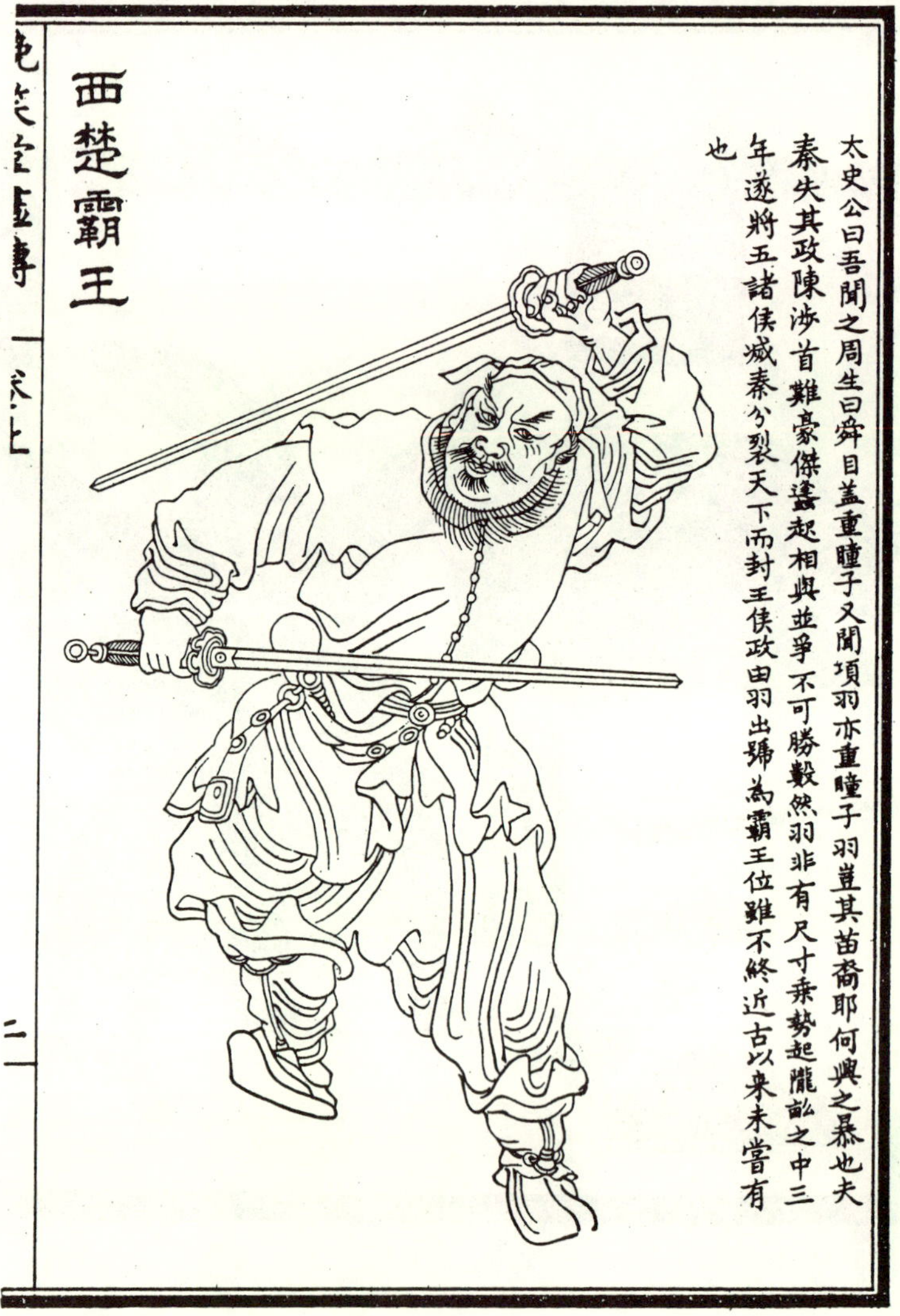
西楚霸王
太史公曰吾聞之周生曰舜目蓋重瞳子又聞項羽亦重瞳子羽豈其苗裔耶何興之暴也夫
秦失其政陳涉首難豪傑蠭起相與並爭不可勝數然羽非有尺寸乘勢起隴畝之中三
年遂將五諸侯滅秦分裂天下而封王侯政由羽出號為霸王位雖不終近古以來未嘗有
也
卷上
二

項羽（晩笑堂画傳）

【項羽《こうう》】（前二三二～前二〇二）秦末、楚の人。字《あざな》は羽、名は籍。劉邦（高祖）とともに、秦を滅ぼし、一時は西楚覇王《せいそはおう》を名のる勢いを見せたが、のち劉邦と天下を争い、最後は安徽省の垓下《がいか》で敗れて自殺した。鴻門《こうもん》での劉邦との会見（鴻門の会）や『垓下《がいか》の歌』の作者としても名高い。

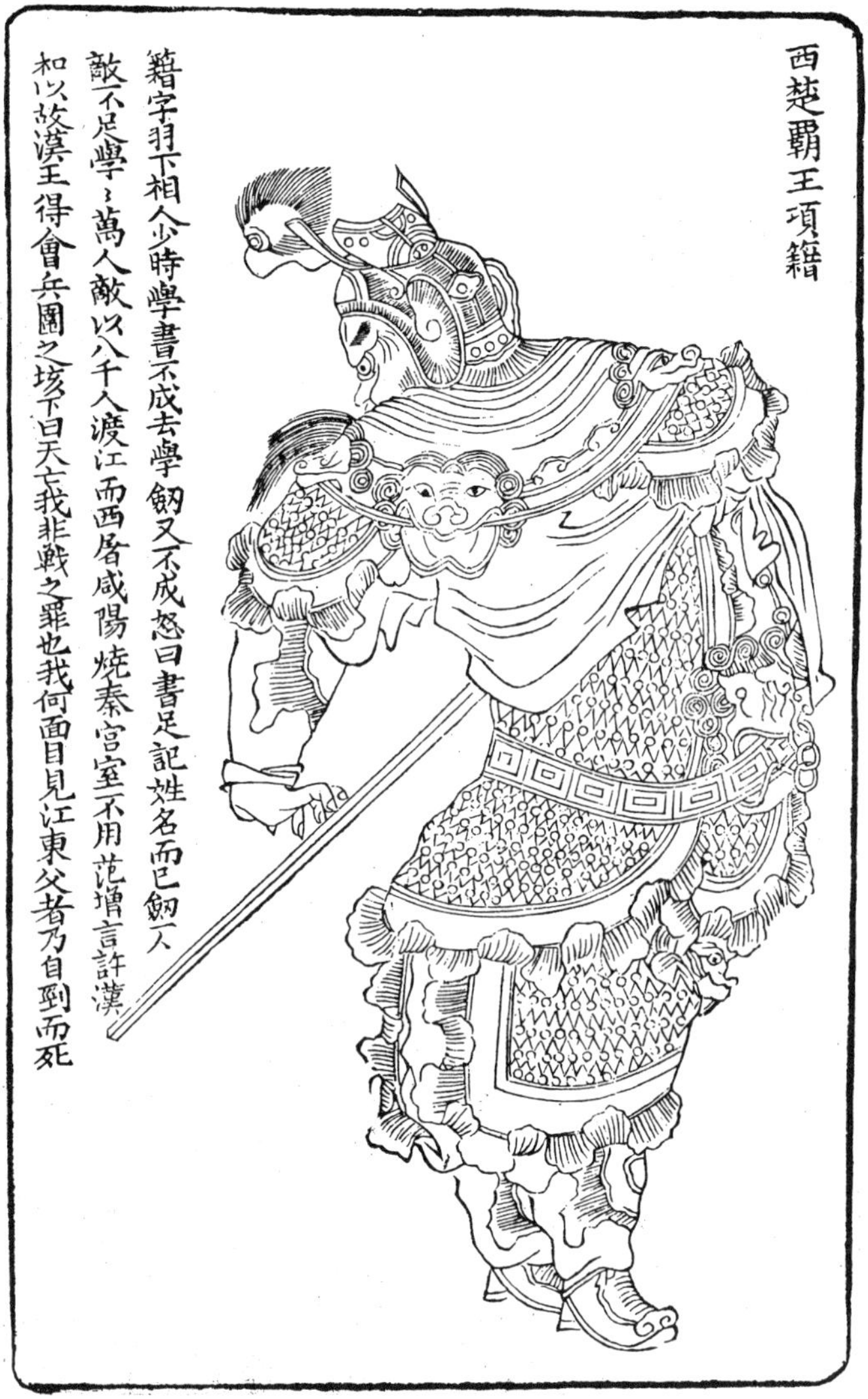
西楚霸王項籍
籍字羽下相人少時學書不成去學劍又不成怒曰書足記姓名而已劍一人
敵不足學〻萬人敵以八千人渡江而西屠咸陽燒秦宮室不用范增言許漢
和以故漢王得會兵圍之垓下曰天亡我非戰之罪也我何面目見江東父者乃自到而死

項羽（無雙譜）

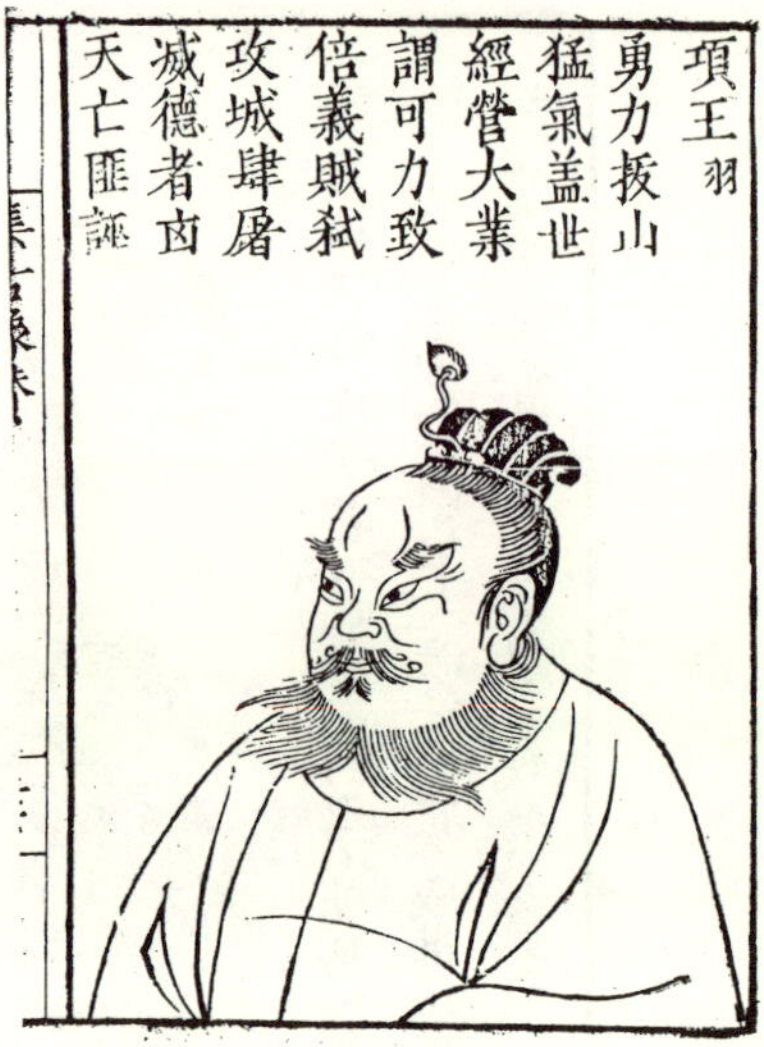
項王羽
勇力拔山
猛氣蓋世
經營大業
謂可力致
倍義賊弑
攻城肆屠
滅德者凶
天亡匪誣

項羽（集古像賛）

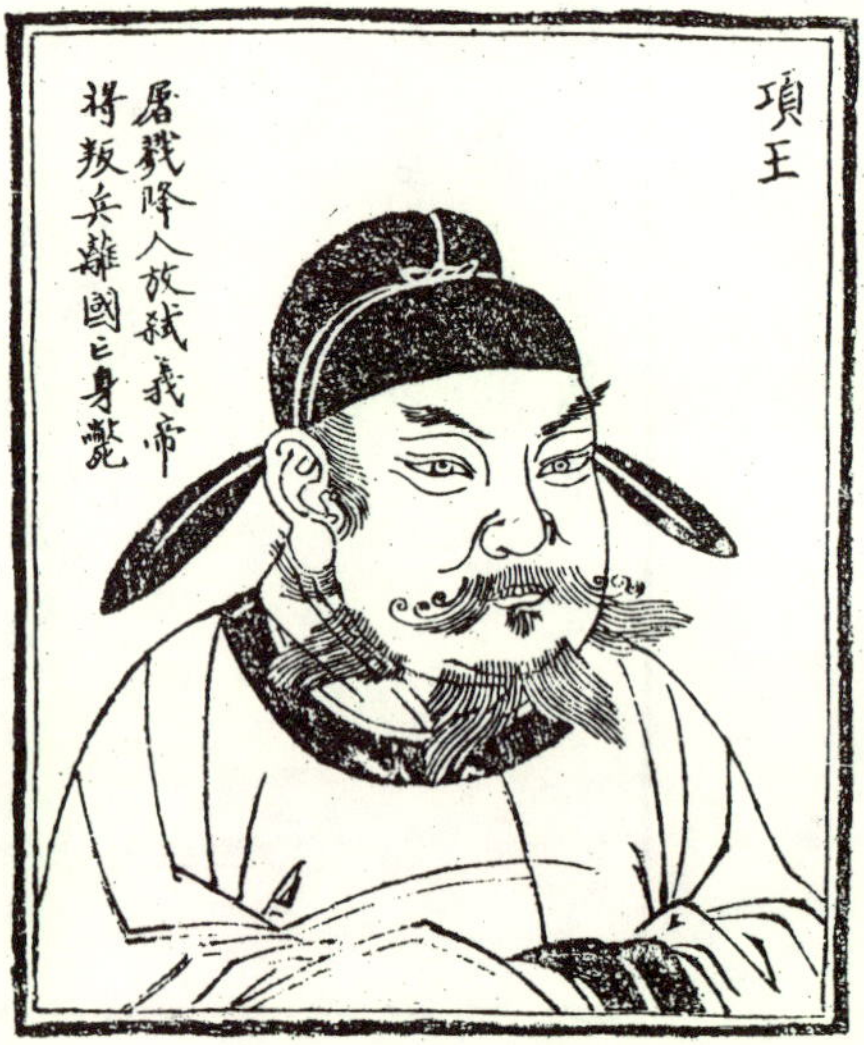
項王
屠戮降人放弑義帝
將叛兵離國亡身斃

項羽（歴代古人像賛）

虞姫

虞姫（百美新詠）

【項羽《こうう》】解説前頁

【虞姫《ぐき》】（?～前二〇二）項羽の愛姫。虞《ぐ》美人ともいう。項羽は垓下で劉邦（高祖）らの軍に囲まれ（四面楚歌《しめんそか》）天命すでに尽きたとして慨嘆の詩『垓下《がいか》の歌』をつくった。虞姫はこれに和して舞い自殺した。虞美人草（ひなげし）は、彼女が自殺した所に生じたといわれる。

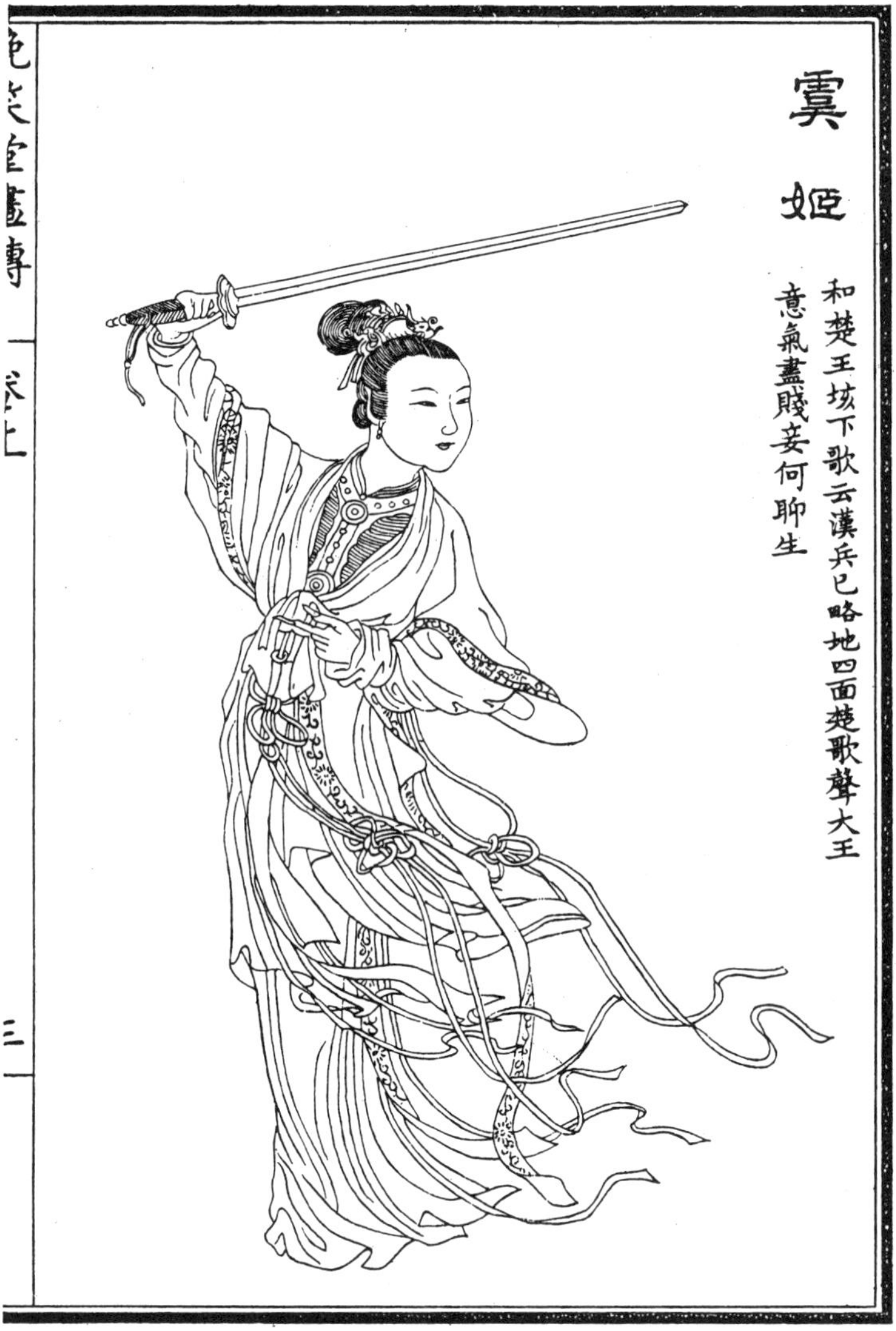
虞姬
和楚王垓下歌云漢兵已略地四面楚歌聲大王
意氣盡賤妾何聊生

虞姬（晚笑堂画傳）

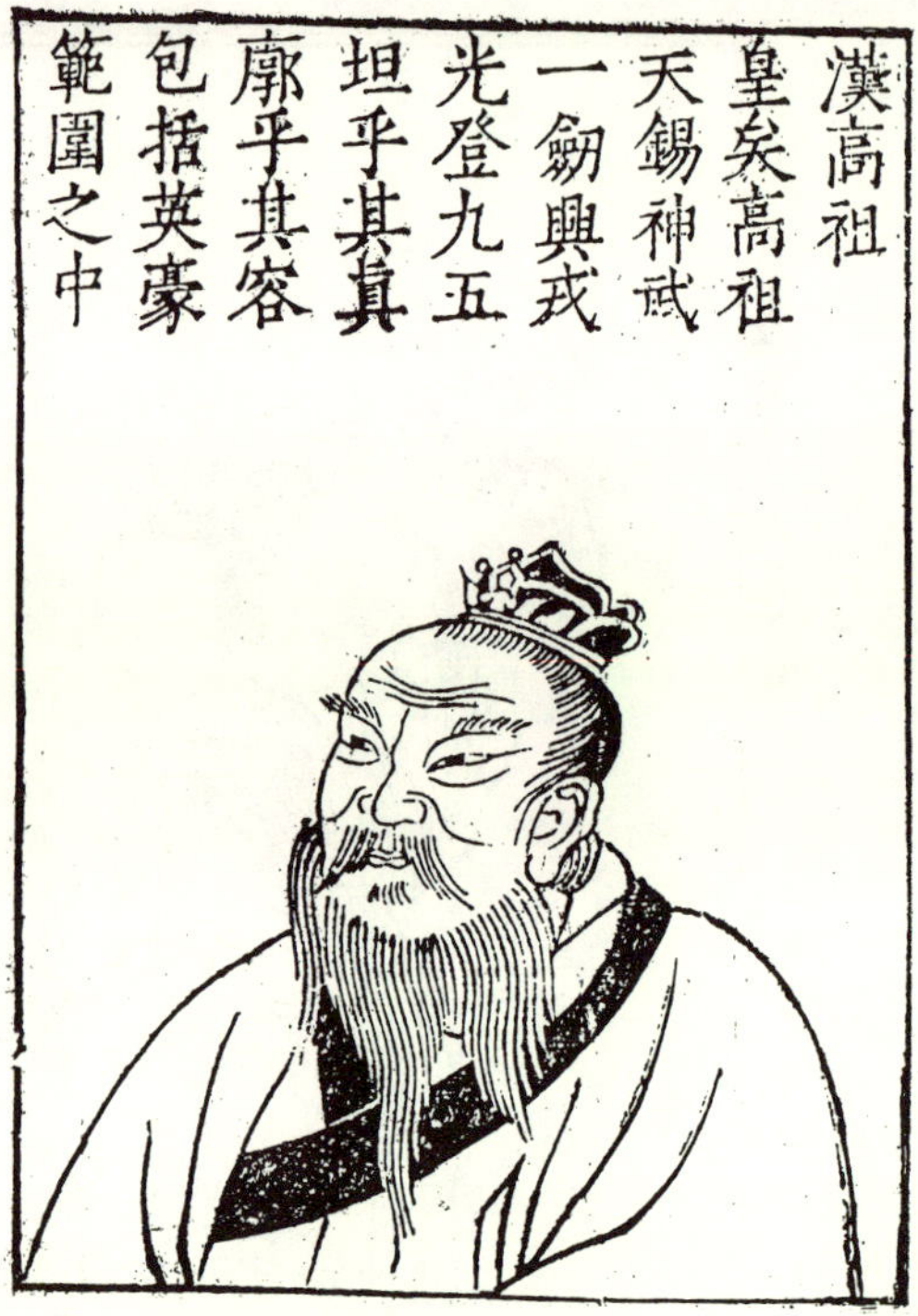
漢高祖
皇矣高祖
天錫神武
一劍興戎
光登九五
坦乎其眞
廓乎其容
包括英豪
範圍之中

漢高祖（集古像贊）

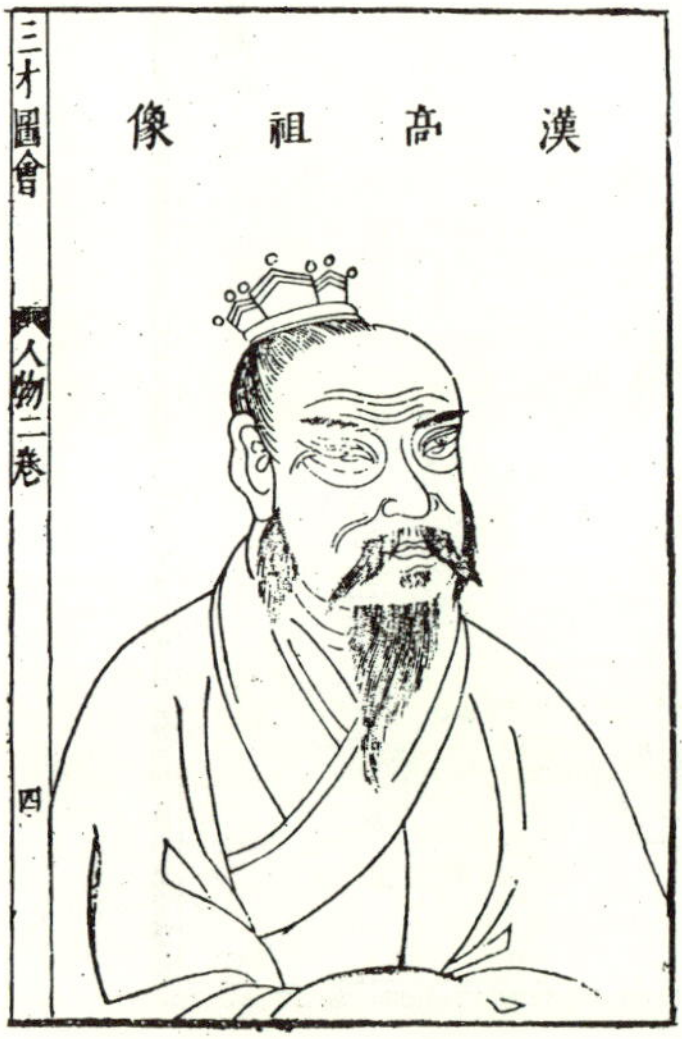
漢高祖像
三才圖會
人物二卷
四

漢高祖（三才図会）

【漢高祖《かんこうそ》】（劉邦）（前二四七～前一九五　在位前二〇六～前一九五）。前漢の初代皇帝。農民の出身。姓は劉、名は邦、字《あざな》は季。江蘇・沛《はい》の人。始皇帝没後の戦乱の中で、項羽らとともに挙兵して秦を滅ぼした。のちには、ライバルの項羽と争うがこれを垓下《がいか》に破って天下を統一する。そして長安に都して漢王朝を創立した。

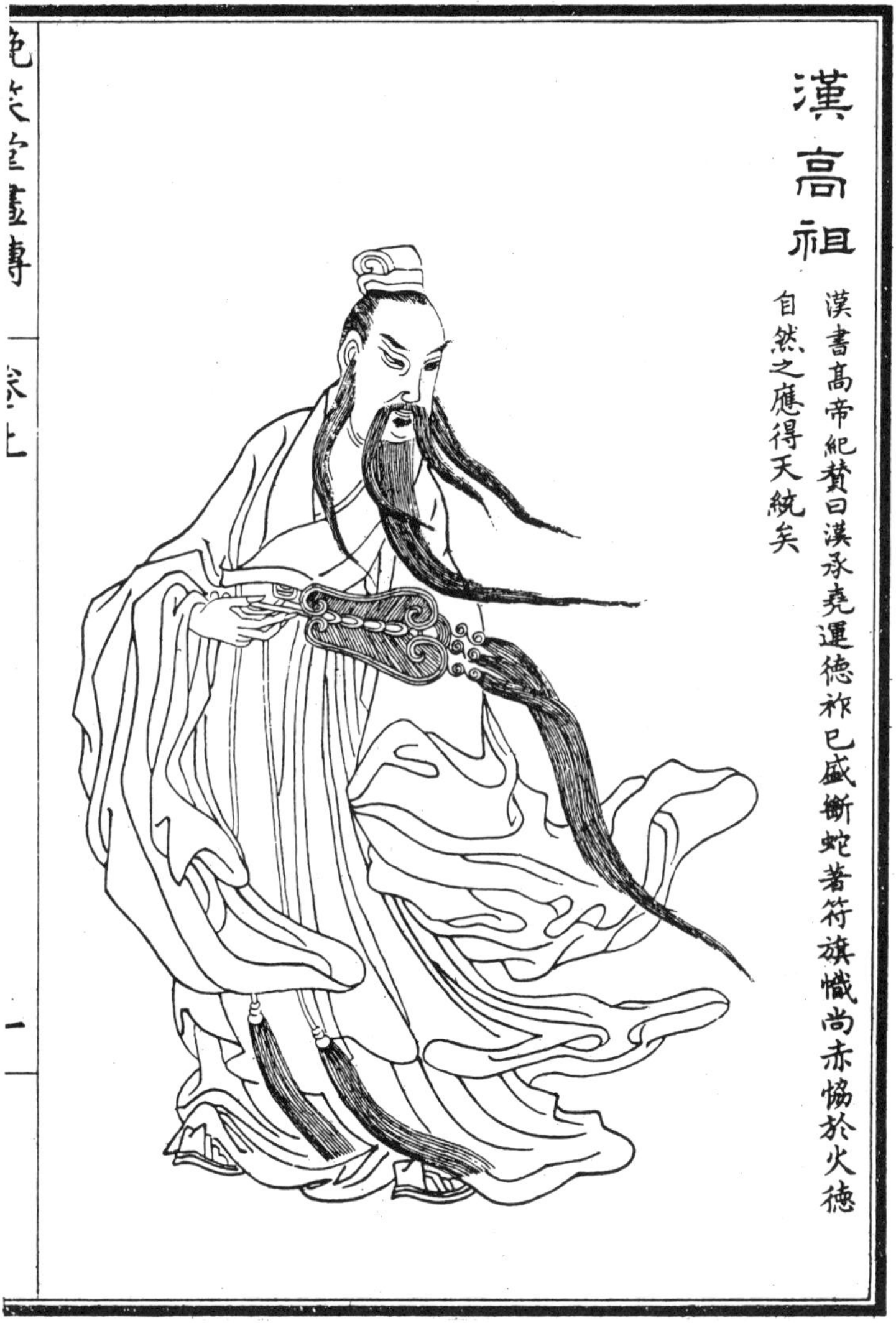
漢高祖
漢書高帝紀贊曰漢承堯運德祚已盛斷蛇著符旗幟尚赤協於火德
自然之應得天統矣

漢高祖（晩笑堂画傳）

留侯張子房
子房名良其先人五世相韓秦
滅韓良為韓報仇悉以家財求客狙
擊秦於博浪沙中誤中副車良與客俱
亡去大索不得後良佐漢定天下為三傑首

張良（無雙譜〈右〉）

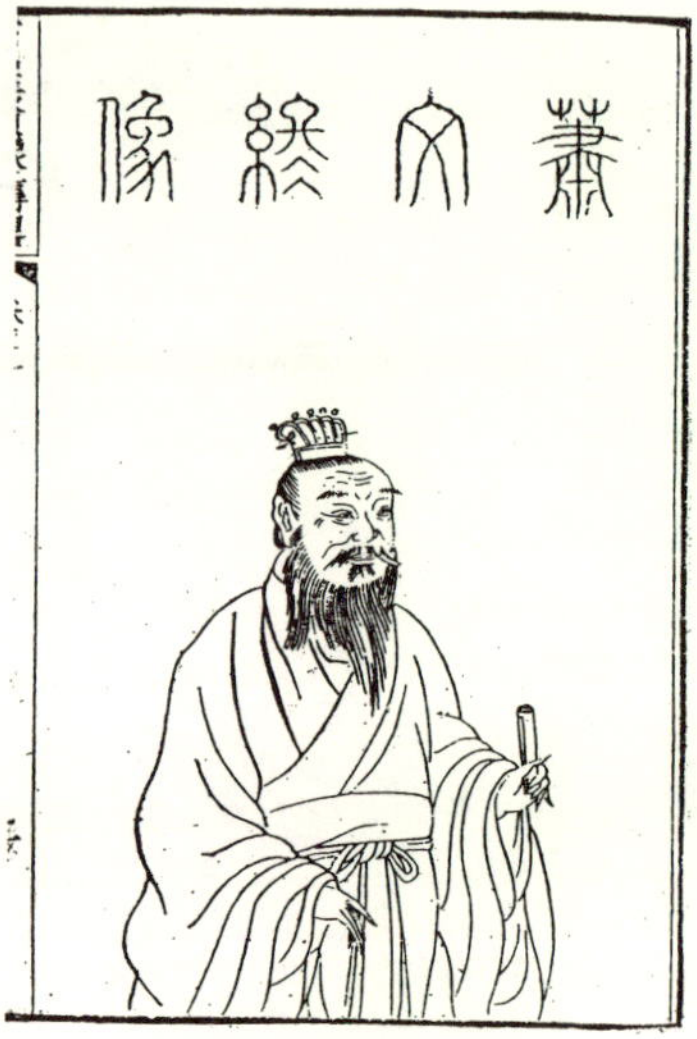
蕭文終像

蕭何（古聖賢像傳略）

【蕭何《しょうか》】（?～前一九三）前漢の高祖の功臣江蘇・沛《はい》の人。張良・韓信と並んで漢の三傑のひとり。高祖の挙兵以来、一貫して仕え、輜重《しちょう》部門を担当した。高祖が関中に入ると秦の律令・図書をいち早く接収して情報を押さえた。建国後は宰相として善政をしき、高祖に功績第一位と称揚された。死後に文終侯と謚《おくりな》された。

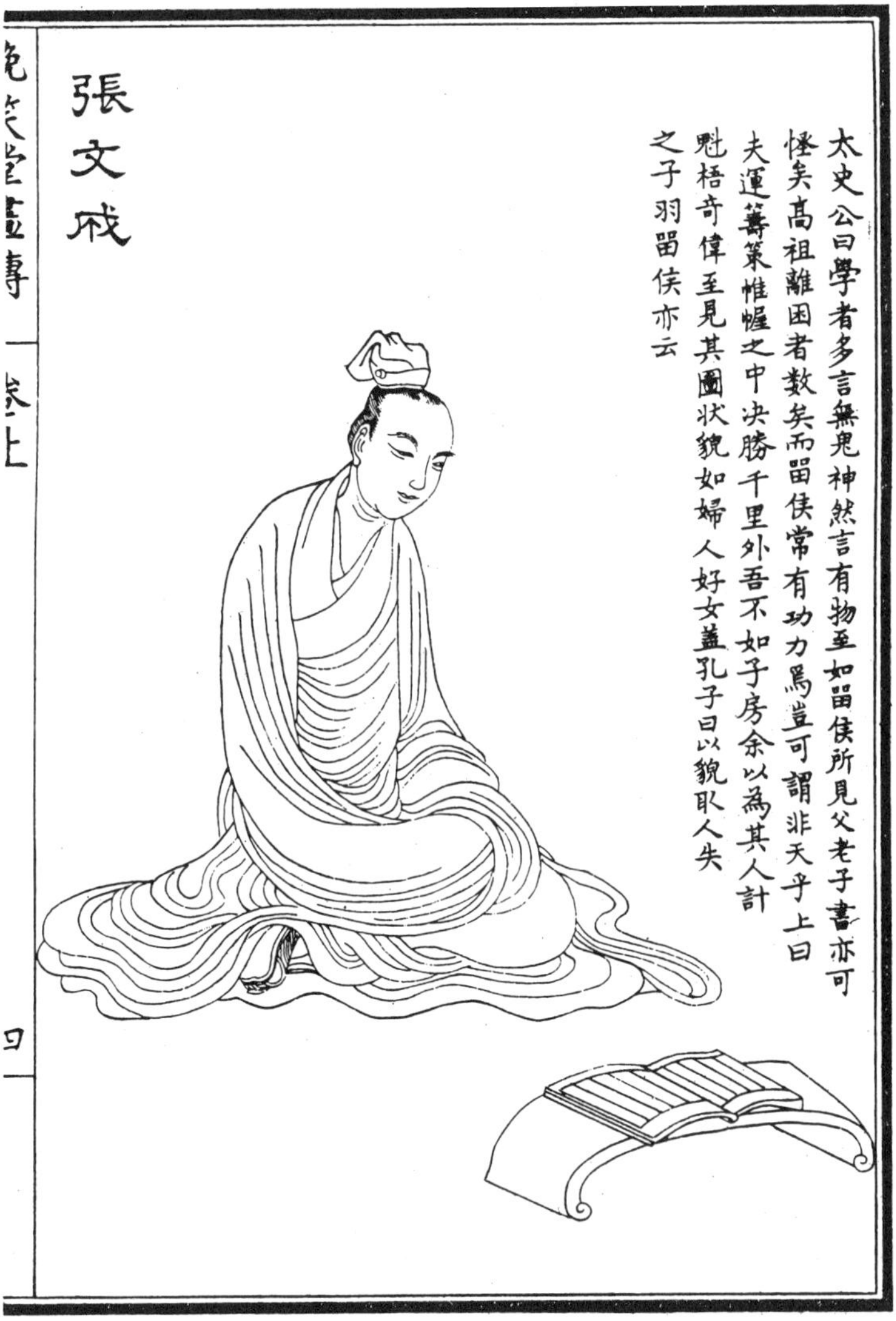
晩笑堂畫傳 卷上
張文成
太史公曰學者多言無鬼神然言有物至如留侯所見父老子書亦可怪矣高祖離困者數矣而留侯常有功力焉豈可謂非天乎上曰夫運籌策帷幄之中決勝千里外吾不如子房余以爲其人計魁梧奇偉至見其圖狀貌如婦人好女蓋孔子曰以貌取人失之子羽留侯亦云

張良（晩笑堂画傳）

【張良《ちょうりょう》】（?～前一八九）前漢、高祖の謀臣。字《あざな》は子房《しぼう》。家柄は代々韓の宰相であった。

韓が秦に滅ぼされると、その仇を報じようとして怪力の男を雇い、巡幸中の始皇帝を博浪沙《はくろうさ》(河南省陽武県南)で襲撃するが、失敗した。のち、蕭何《しょうか》・韓信とともに漢の高祖をたすけて天下を統一させた（漢の三傑）。死後、文成侯と諡《おくりな》された。その容貌は婦人のようであった、と司馬遷は書いている。

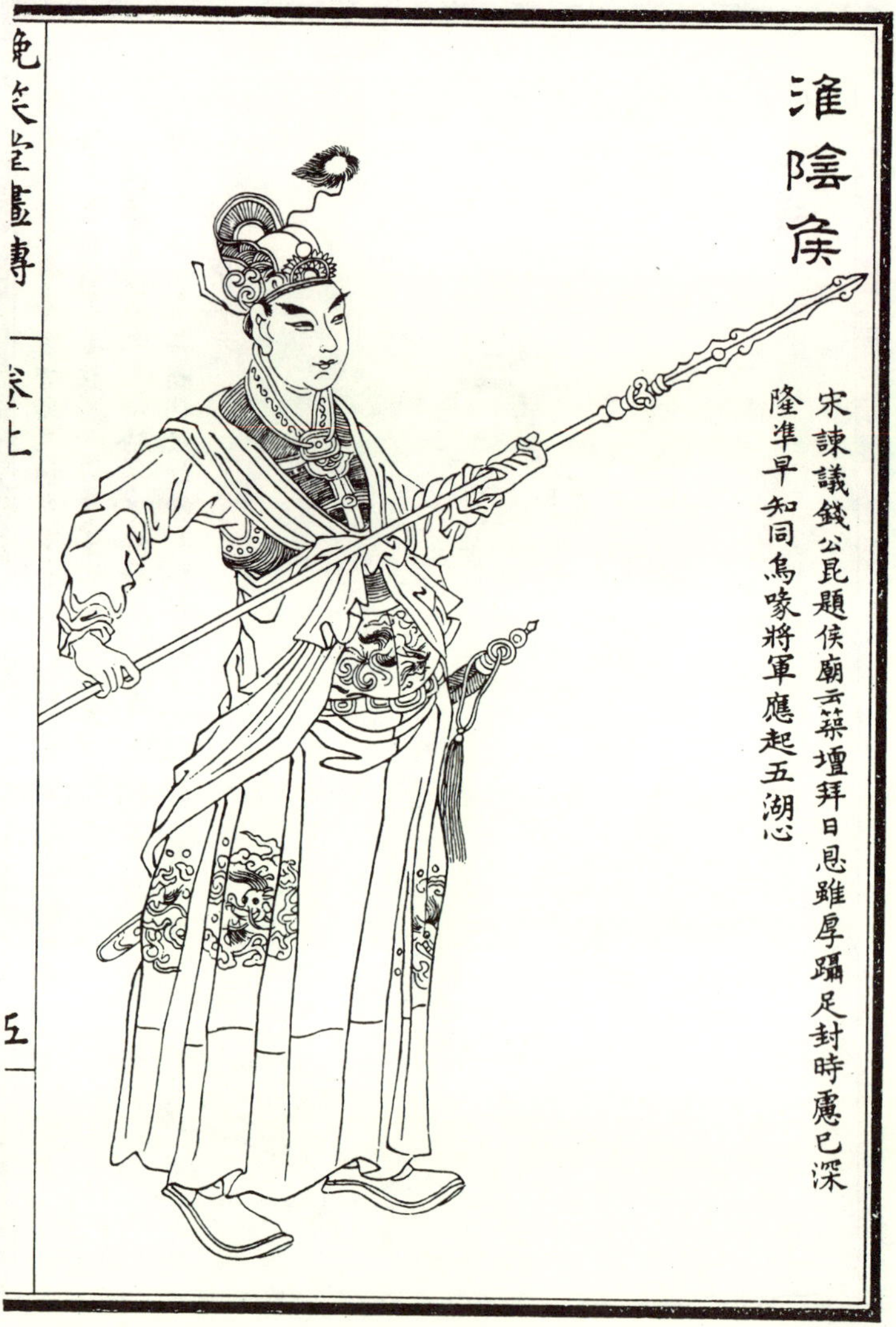
淮陰侯
宋諫議銭公昆題侯廟云築壇拜日恩雖厚躡足封時慮已深
隆準早知同鳥喙将軍應起五湖心
晩笑堂畫傳
卷上
五

韓信（晩笑堂画傳）

【韓信《かんしん》】

（？～前一九六）前漢の武将。高祖の功臣。江蘇・淮陰《わいいん》の人。はじめ楚の項羽に、のちに前漢の劉邦（高祖）に従い大将となった。張良・蕭何《しょうか》とともに漢の三傑と呼ばれた。項羽の軍が滅ぼされたあと楚王となったが、のち淮陰《わいいん》侯に格下げされ、さらには高祖の皇后、呂后《りょこう》のために殺された。高祖に捕えられて「狡兎《こうと》死して良狗《りょうく》烹《に》らる」といったのは有名である。若い頃、ならず者に喧嘩をしかけられたが、我慢して股くぐりをした挿話もある。

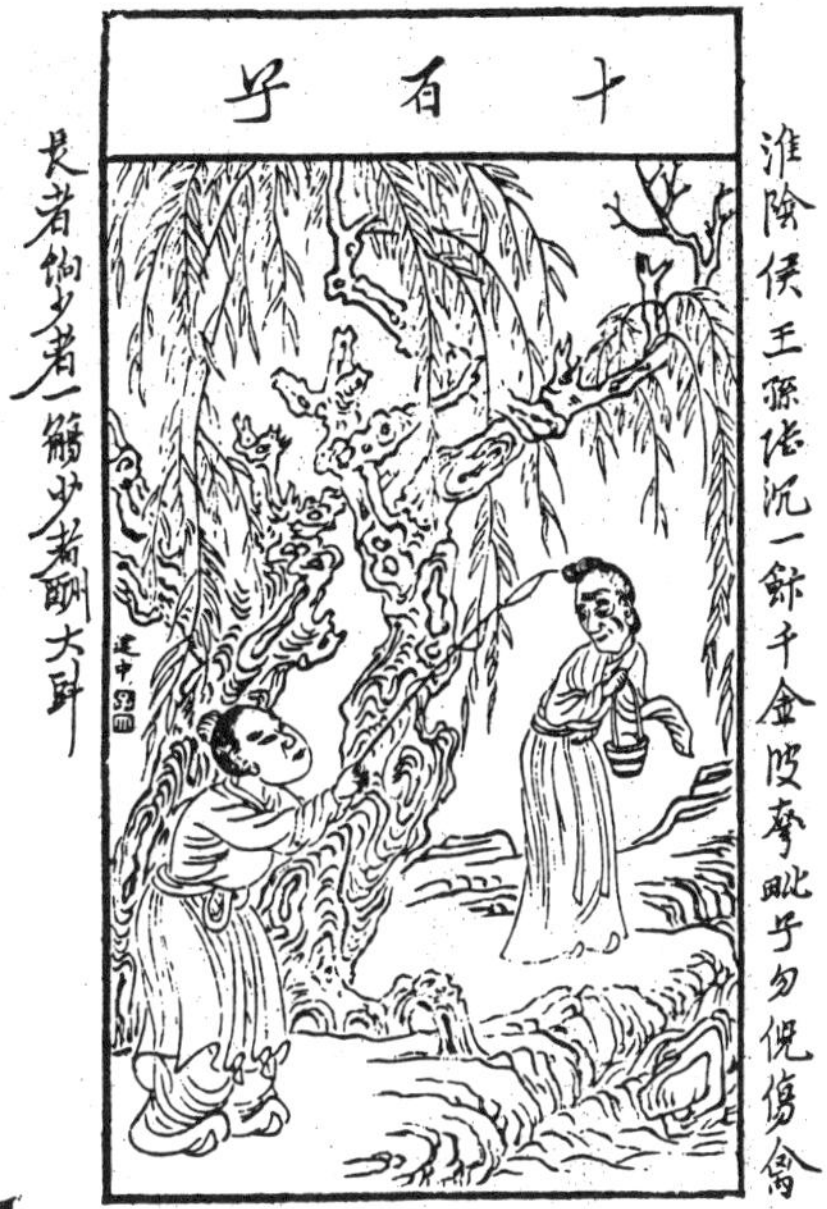
韓信（博古葉子）

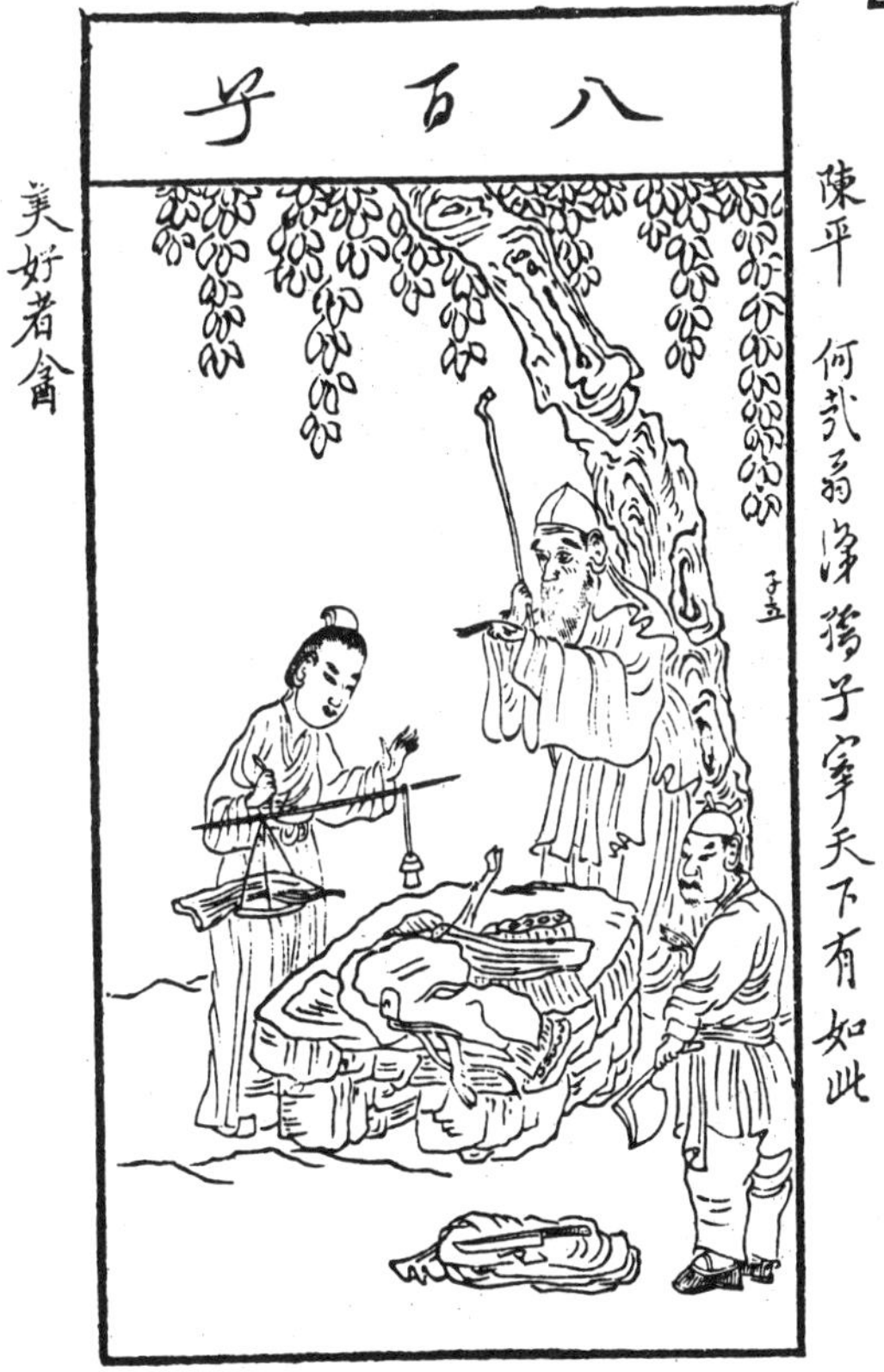
陳平（博古葉子）

【陳平《ちんぺい》】（？～前一七八）前漢初の功臣。陽武（現・河南省原陽県南）の人。高祖に謀臣として仕え、その知略で多くの戦功をたてた。呂后《りょこう》の死後、周勃《しゅうぼつ》とともに呂氏《りょし》の反乱を平定、文帝を即位させて劉氏の漢室を安定させた。郷里にいたころ、祭りの料理人になった陳平は、肉を平均に客にわけ、自分が宰相となったらこのように天下を公平におさめようといったという故事がある。

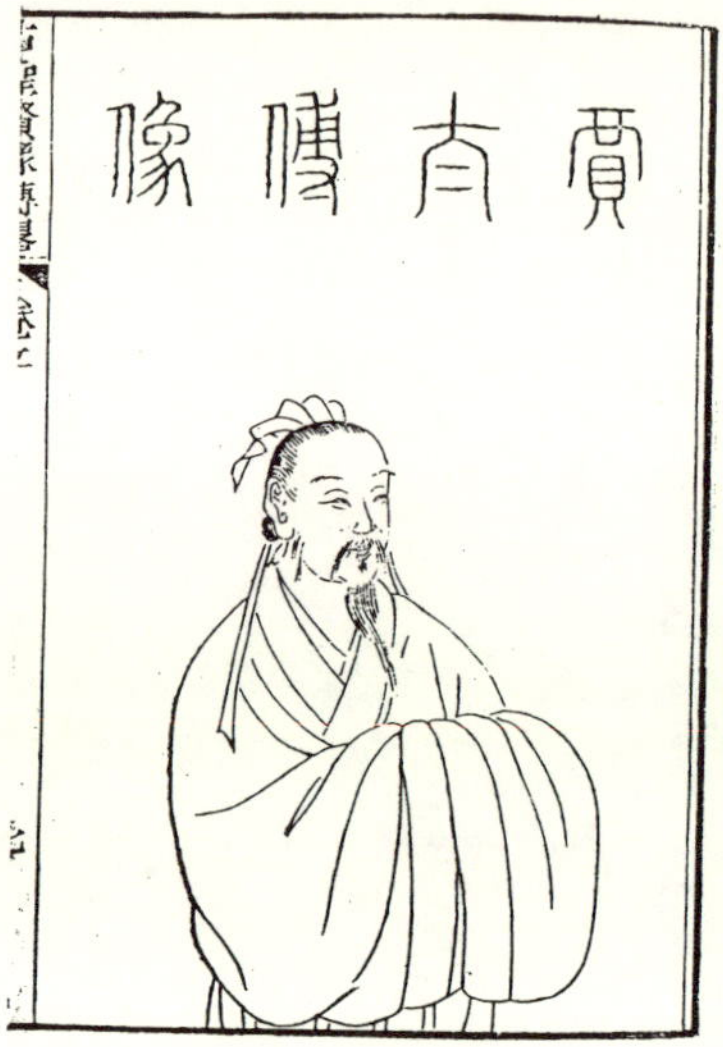

賈誼（古聖賢像傳略）

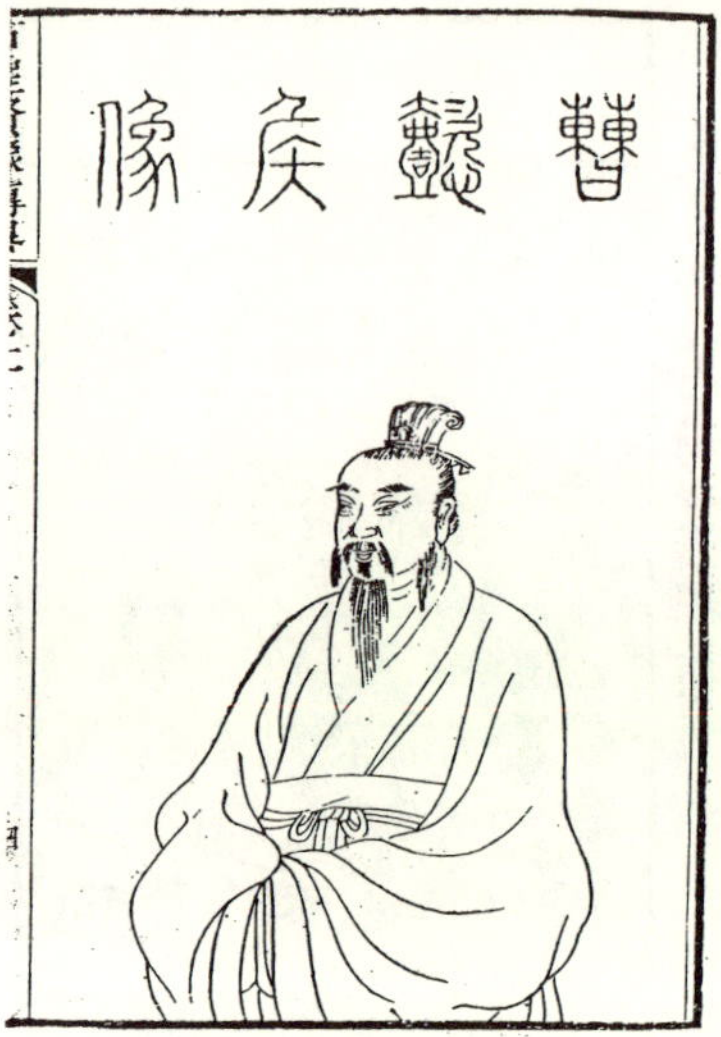

曹参（古聖賢像傳略）

周勃（古聖賢像傳略）

漢武帝（三才図会）

【賈誼《かぎ》】（前二〇一～前一六九）前漢の学者。文帝に仕えた。洛陽の人。若くして洛陽の秀才ともてはやされ、文帝の新政に抜擢されて太中大夫となった。しかし大臣にうとまれ、長沙《ちょうさ》王のおつきの学者になった。賈生・賈長沙とも呼ばれる。著に『新書』『賈長沙集』がある。

【曹参《そうさん》】（?～前一九〇）前漢の高祖の功臣。蕭何の死後、宰相となり、蕭何《しょうか》の政策をついで天下をよくおさめた。政治方針は道家《どうか》の精神によって清静無為を尊び、賢相とたたえられた。

【周勃《しゅうぼつ》】（?～前一六九）前漢の将軍・宰相。江蘇・沛《はい》の人。陳平とともに呂《りょ》氏の乱を平定して右丞相《うじょうしょう》となった。のち絳侯《こうこう》に封ぜられた。陳平の死後、左丞相にうつり、一時は謀反の嫌疑をかけられて獄につながれたが放免された。剛毅また純朴な人柄で知られる。

漢武帝
盛氣當陽
雄才御世
嘉樂唐虞
狹小漢制
振舉百度
征代四裔
燁燁明明
恢我王治

漢武帝（集古像賛）

【漢武帝《かんぶてい》】（前一五七～前八七、在位前一四一～前八七）前漢の第七代皇帝、孝武帝。名は徹。即位して、まず中央集権制を確立、匈奴を征伐し、西域・安南・朝鮮を攻略し領土を拡張した。また儒者の董仲舒《とうちゅうじょ》を起用して、儒教を国家のおおもととし、漢帝国の黄金時代を築いた。

李夫人

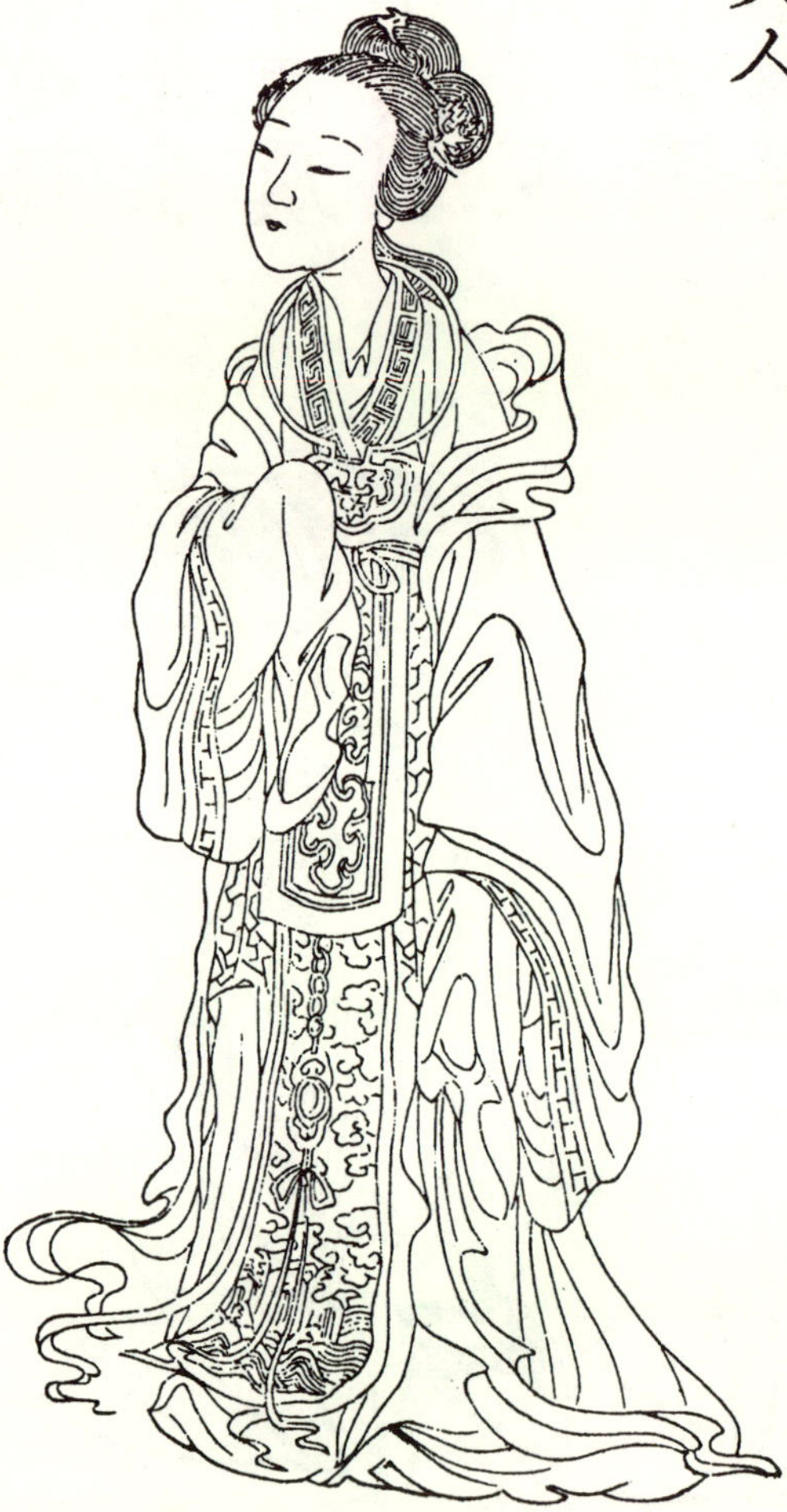

李夫人（百美新詠）

【李夫人《りふじん》】

前漢の武帝夫人。李延年・李広利の妹。中山《ちゅうざん》（現・河北省定県）の人。宮廷の楽人の家に生まれ、武帝の寵愛をうける。絶世の美女として知られたが、若くして亡くなった。武帝はその面影を慕って、道士に霊を呼び出させたほどであった。

陳后

陳后（百美新詠）

【陳后《ちんこう》】

武帝の皇后。幼名は阿嬌《あきょう》。武帝の幼なじみで、武帝が太子のときに結婚し、即位するとそのまま皇后となった。しかし子を産まなかったため、寵愛を失なった。

邢夫人

邢夫人（百美新詠）

鈎弋夫人

鈎弋夫人（百美新詠）

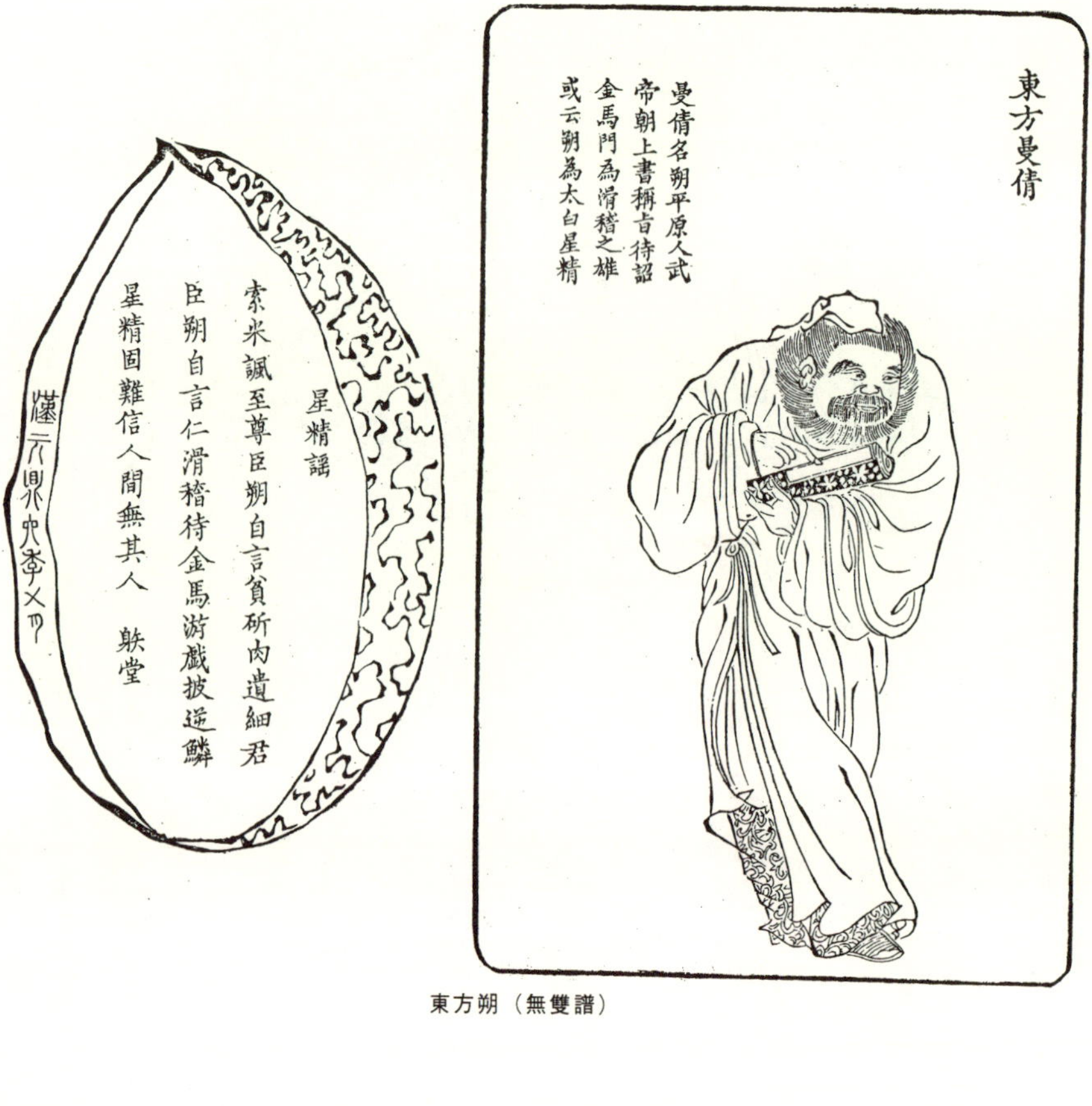
東方曼倩
曼倩名朔平原人武帝朝上書稱旨待詔金馬門為滑稽之雄或云朔為太白星精
星精謡
索米諷至尊臣朔自言貧斫肉遺細君
臣朔自言仁滑稽待金馬游戲披逆鱗
星精固難信人間無其人

東方朔（無雙譜）

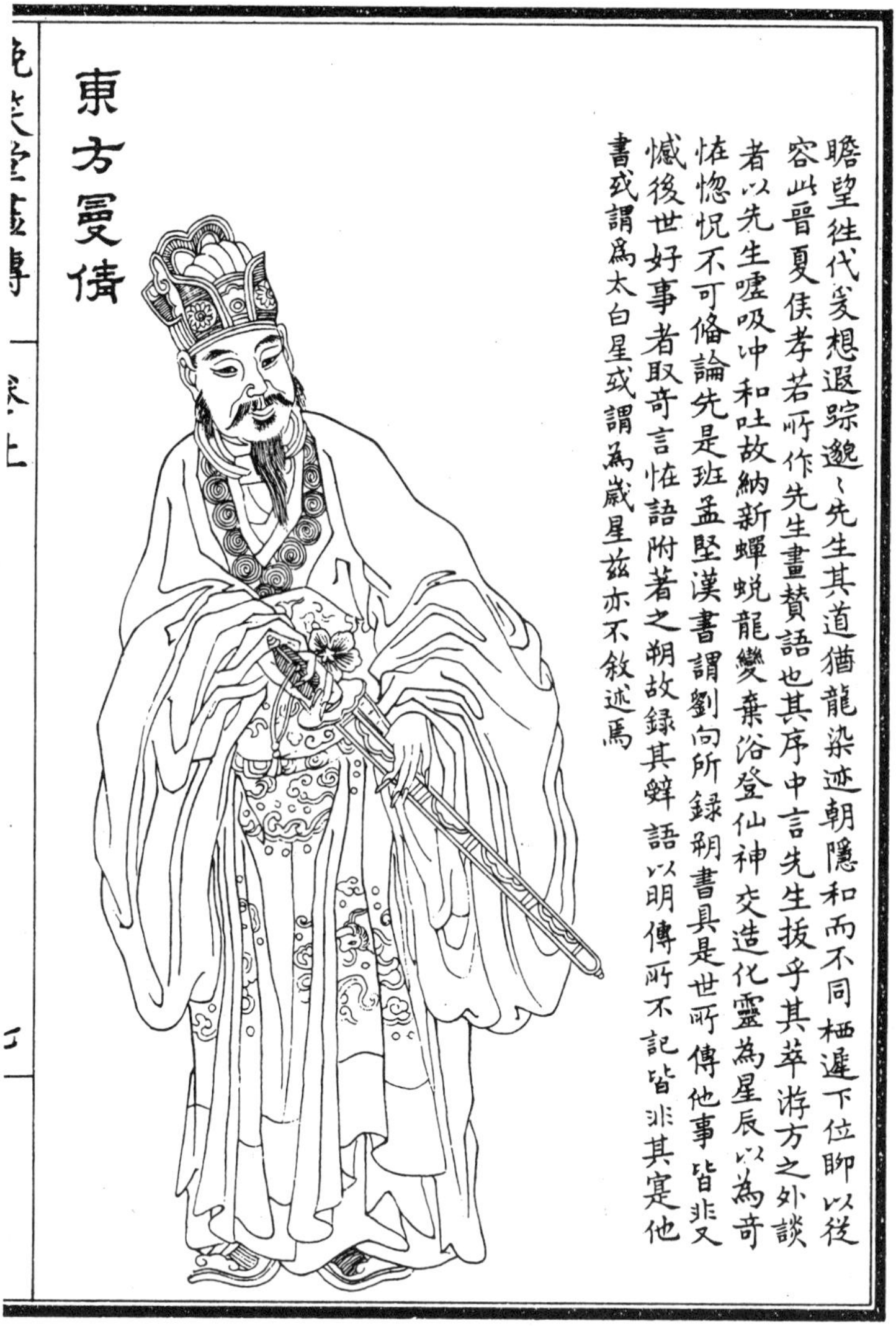
東方曼倩
瞻望往代爰想遐蹤邈邈先生其道猶龍染迹朝隱和而不同棲遲下位聊以從
容此晋夏侯孝若所作先生畫贊語也其序中言先生拔乎其萃游方之外談
者以先生噓吸冲和吐故納新蟬蛻龍變棄俗登仙神交造化靈為星辰以為奇
怪恍惚不可備論先是班孟堅漢書謂劉向所録朔書具是世所傳他事皆非又
憾後世好事者取奇言怪語附著之朔故録其辭語以明傳所不記皆非其寔他
書或謂為太白星或謂為歳星茲亦不敘述焉

東方朔（晩笑堂画傳）

【鈎弋《こうよく》夫人】（？～前八八）趙婕妤《ちょうしょうよ》のこと。河間《かかん》（現・河北省献県）の人。武帝が河間に巡幸したとき入宮し、鈎弋宮に居たためこう呼ばれた。太始三年、子の弗陵《ふつりょう》を生んだ。武帝はこの子を太子に立てようとしたが、その母の将来の専横を恐れ、死を賜った。後に弗陵は昭帝となったので、趙婕妤は皇太后を追贈された。

【邢《けい》夫人】前漢時代、武帝の夫人。美貌で名高い。武帝のもう一人の后《きさき》の尹《いん》夫人が武帝にせがんで邢夫人を盗み見たが、果して邢《けい》夫人は大変美しく、尹《いん》夫人は自らの容貌が彼女に遠く及ばないことで悔しがったという。

【東方朔《とうぼうさく》】（前一五四―前九三）前漢の文人。平原厭次《えんじ》（現・山東省恵民）の人。字《あざな》は曼倩《まんせん》。武帝のときに太中大夫となった。滑稽・諧謔《かいぎゃく》を好み、巧みに武帝のあやまちを戒めた。その言行は、後に多くの伝説を生んだ。

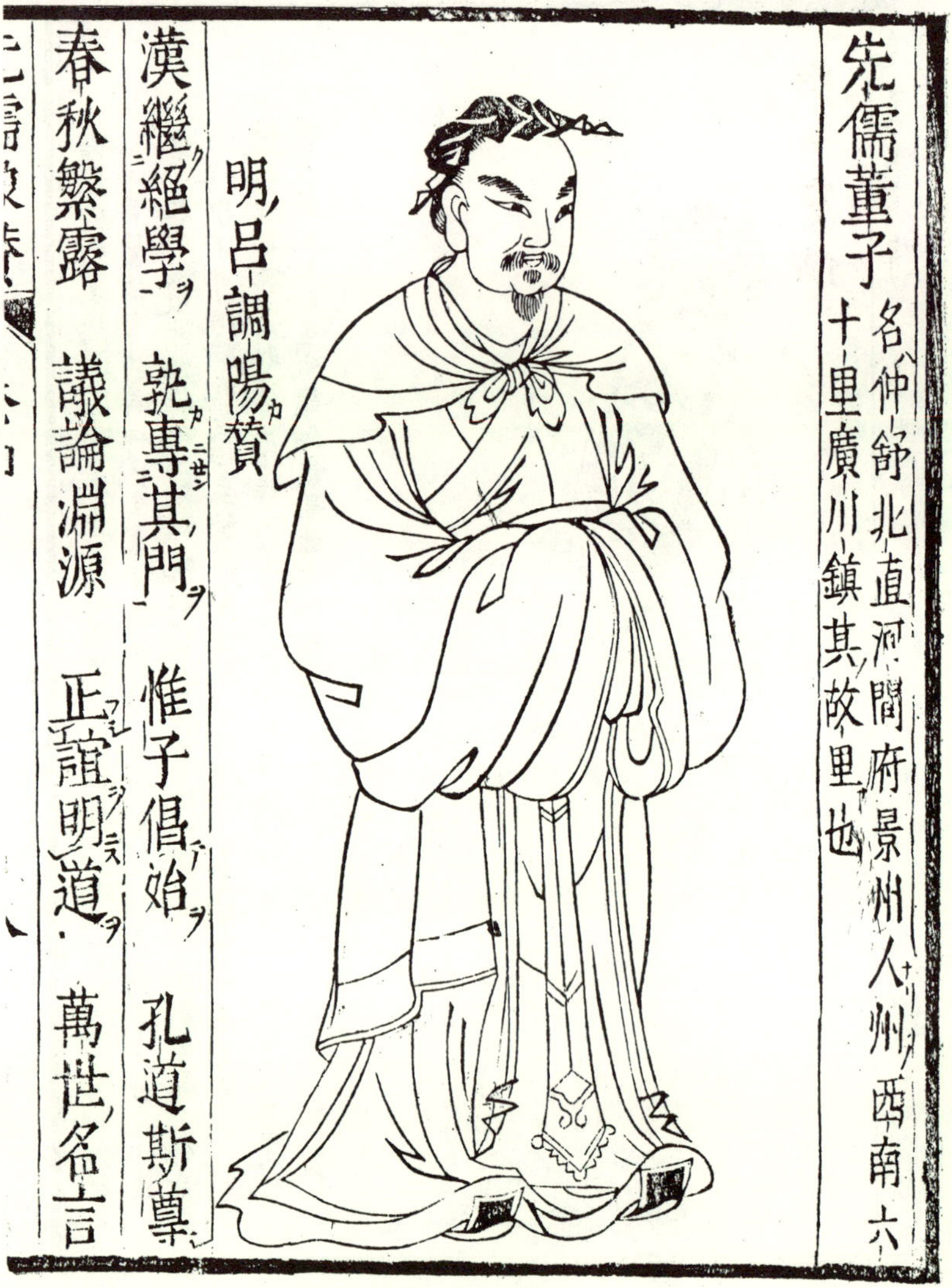
先儒董子 名仲舒北直河間府景州人州西南六十里廣川鎮其故里也
明呂調陽贊
漢繼絕學 孰專其門 惟子倡始 孔道斯尊
春秋繁露 議論淵源 正誼明道 萬世名言

董仲舒（聖賢像贊）

【董仲舒《とうちゅうじょ》】（前一七六～？）前漢の学者。広川《こうせん》（河北省棗強県《そうきょうけん》）の人。武帝に進言して、儒教を国教にすることに努めたという。春秋公羊学に通じ、『春秋繁露』を著した。

【蘇武《そぶ》】（前一四〇～前六〇）前漢の武将。字《あざな》は子卿。武帝のとき、匈奴に使者として使いするが捕らえられた。しかし羊の番をしながら節を守り、生き長らえて十九年もののちに無事帰国したという。

【衛青《えいせい》】（？～前一〇六）前漢の武帝に仕えた将軍。平陽（山西省臨汾《りんぷん》市付近）の人。姉は武帝の衛皇后にあたる。本姓は鄭、字《あざな》は仲卿、諡号《しごう》は烈。甥の霍去病《かくきょへい》とともに、西方・北方の匈奴を攻撃しててがらをたてた。

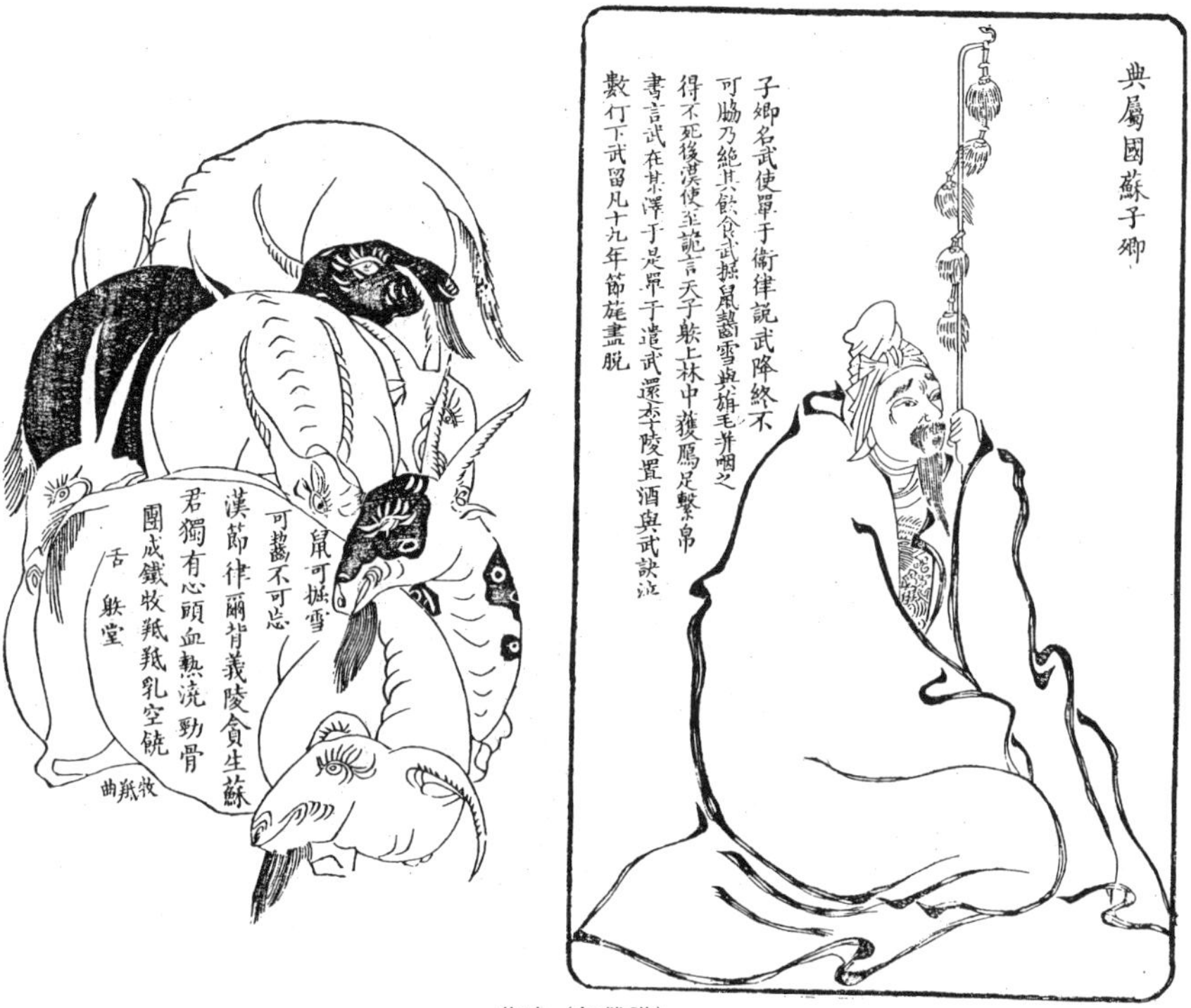
漢節律爾背義陵貪生蘇
君獨有心頭血熱澆勁骨
團成鐵牧羝羝乳空饒
舌
典屬國蘇子卿
子卿名武使單于衛律說武降終不可脅乃絕其飲食武掘鼠齧雪與旃毛并咽之得不死後漢使至詭言天子射上林中獲鴈足繫帛書言武在某澤于是單于遣武還李陵置酒與武訣泣數行下武留凡十九年節旄盡脫

蘇武（無雙譜）

衛青（博古葉子）

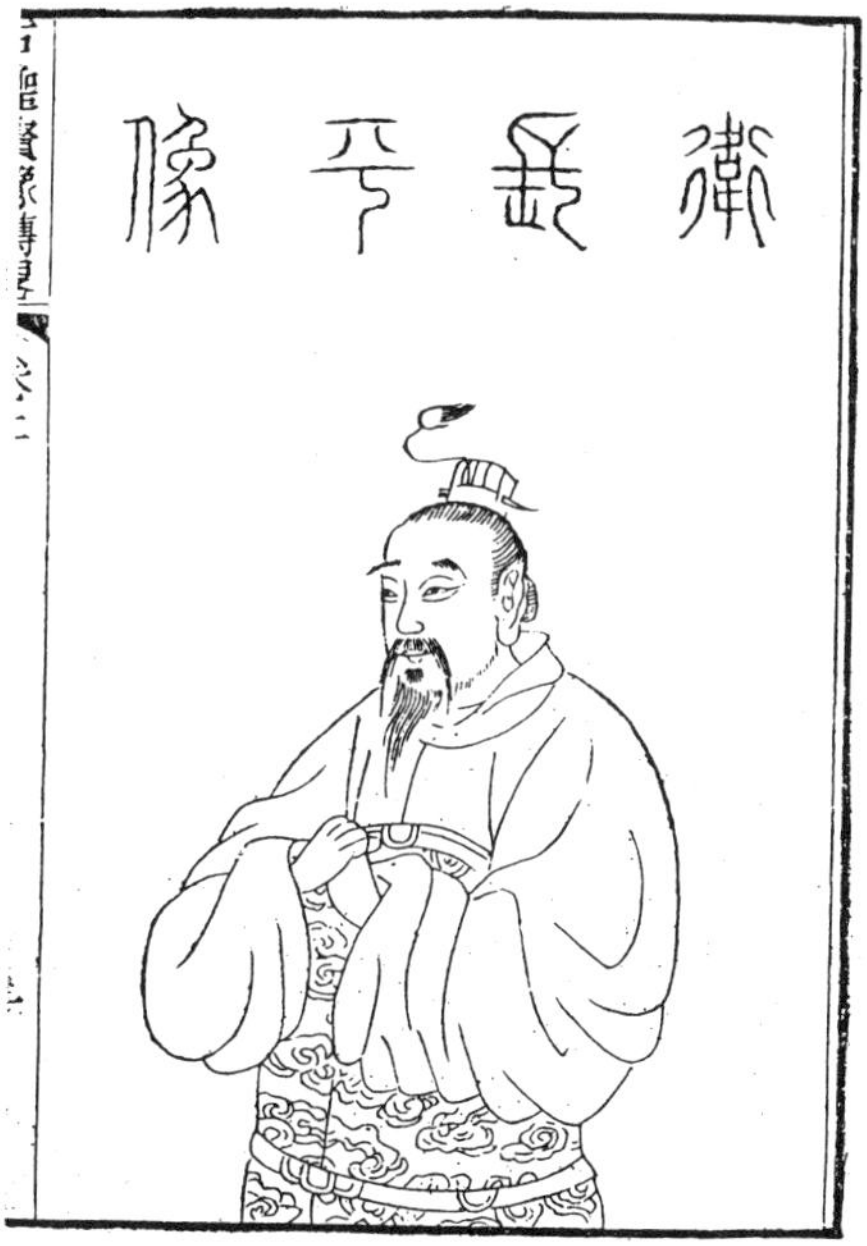

衛青（古聖賢像傳略）

霍去病（百将図傳）

【霍去病《かくきょへい》】（前一四五～前一一七）前漢の武帝のときの将軍。武帝の衛皇后と衛青の甥にあたる。衛青と共に、匈奴を討伐して大功をたてた。驃騎将軍。しかし、華やかな活躍にもかかわらず、二十四歳で急逝した。

呉王濞（博古葉子）

【呉王濞《ごおうひ》】（前二一五～前一五四）前漢の王、劉濞。江蘇・沛の人。劉邦の甥にあたる。呉王に封じられた。奢侈で知られる。国内で多量の鋳銭を行ない、塩生産に励み、賦役・税を軽減して経済力を強化した。そのいっぽうで他国から大勢の仁侠の勇士を集め呉の勢力を拡張した。後には、楚の七国と連合して叛乱を起こしたが、平定された（呉楚七国の乱）。

張騫
騫漢中人建元中為郎應募
使大宛尋河源乘槎至一處遇
織女以石支機見騫取石與之

張騫（無雙譜）

【張騫《ちょうけん》】（?～前一一四）前漢の旅行家。武帝の命令で、中央アジアの大月氏《だいげっし》に使いをした。途中匈奴に捕らえられたりして、十数年にわたる大冒険と旅行ののち帰国した。これによって西域に関する知識を中国にもたらして、東西貿易の道を開いた。

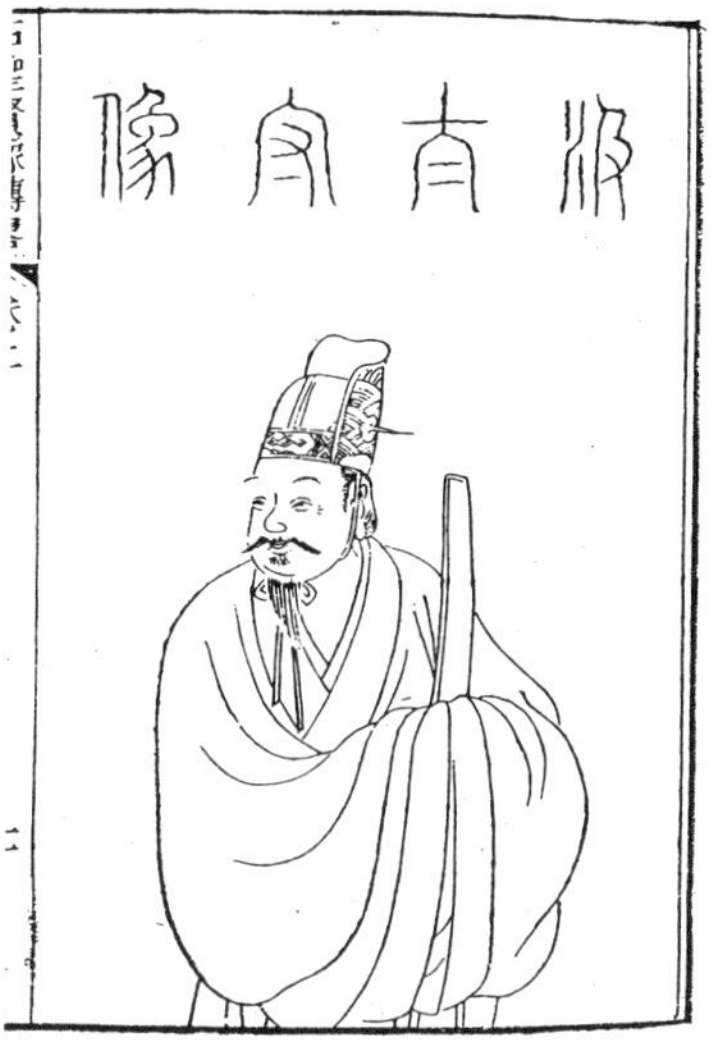

汲黯（古聖賢像傳略）

霍光（古聖賢像傳略）

主父偃（博古葉子）

【汲黯《きゅうあん》】

（?～前一一二）前漢時代、濮陽《ぼくよう》（現・河南省濮陽西南）の人。字《あざな》は長孺。武帝のとき、東海太守に任じ、継いで主爵都尉《しゅじゃくとい》となった。老荘の術を好み、常に直言を行った。武帝が匈奴と戦うのに反対した。

【霍光《かくこう》】

（?～前六八）前漢の政治家。霍去病《かくきょへい》の異母弟。字《あざな》は子孟、諡号《しごう》は宣成。官は大司馬、大将軍に至り、帝政を助けて二十年にわたり権力を誇ったが、彼の死後、反逆の計画があったとして一族が滅ぼされた。

【主父偃《しゅほえん》】

（?～前一二六）前漢の大臣。山東臨淄《りんし》の人。中大夫に任じた。武帝のとき、「推恩令」を建議し、割拠《かっきょ》勢力の弱体化を図った。後に斉の宰相となるが、誅された。

司馬相如・卓文君（博古葉子）

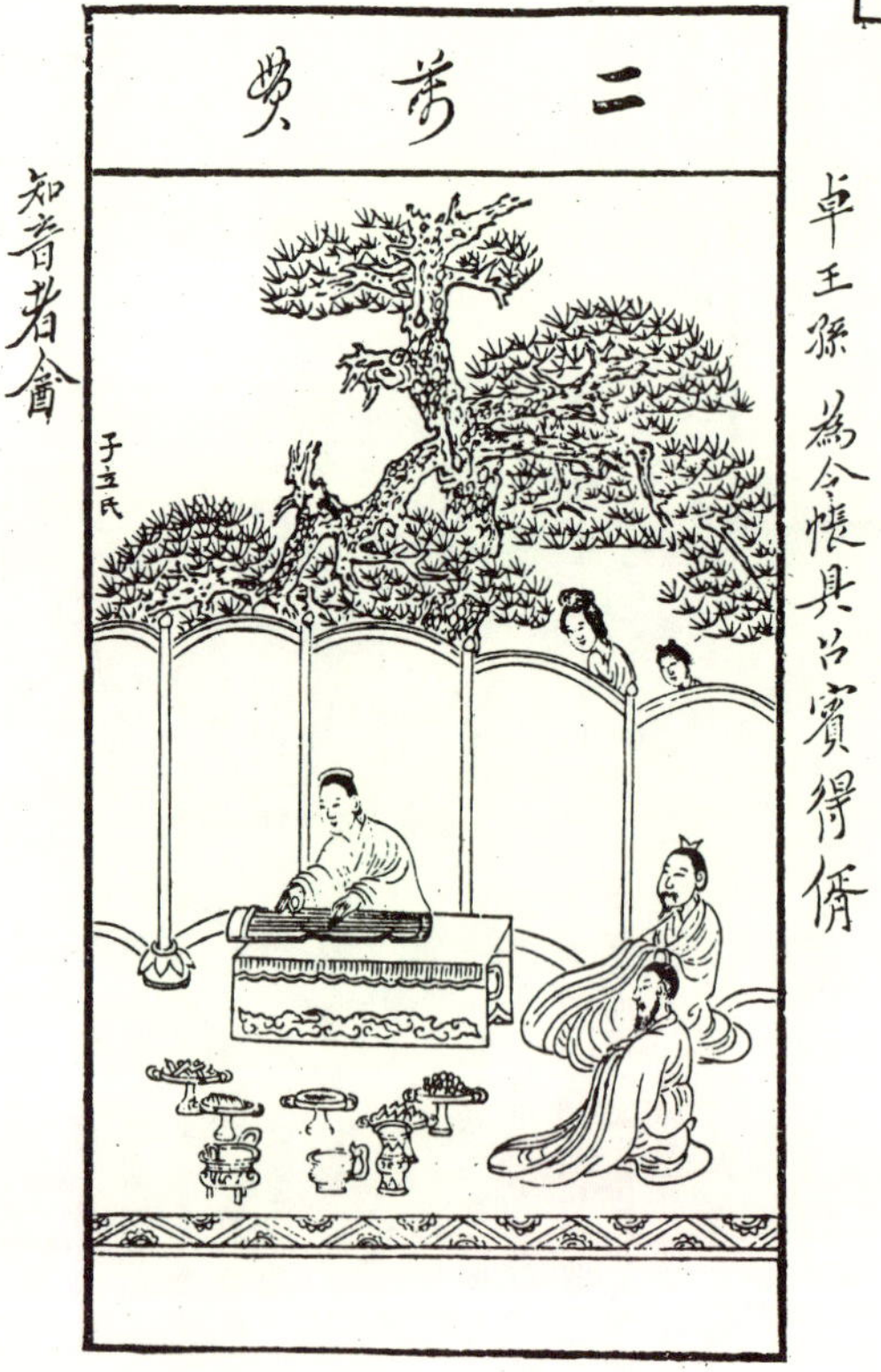

卓王孫・司馬相如・卓文君（博古葉子）

【司馬相如《しばしょうじょ》】（前一七九〜前一一七）前漢の文人。四川成都の人。字《あざな》は長卿《ちょうけい》。文学、特に辞賦の創作にすぐれ、武帝に召されて『上林賦《じょうりんふ》』などをつくった。その華麗な賦《ふ》は、漢・魏・六朝時代の文人の模範となった。夫人は卓文君。

卓文君

卓文君（百美新詠）

【卓文君《たくぶんくん》】

前漢、蜀（四川）の富豪卓王孫《たくおうそん》の娘。若くして未亡人となるが、父の客人となった司馬相如と駆け落ちした。父が認めないため、貧しい相如と共に酒屋を開き、夫を支えたという。これを知った父が二人の駆け落ちをゆるし、晴れて正式な結婚を認められた。また、卓文君には『白頭吟《はくとうぎん》』の詩が知られている。


【卓王孫《たくおうそん》】

前漢時代、蜀の富豪。娘の卓文君と客人の司馬相如が、示し合わせて成都に駆け落ちしたのに怒り、一銭も援助しなかった。困った二人が酒肆を始め、卓文君が店に出たのを知り、また親戚などの諫めもあって、怒りを解いた。

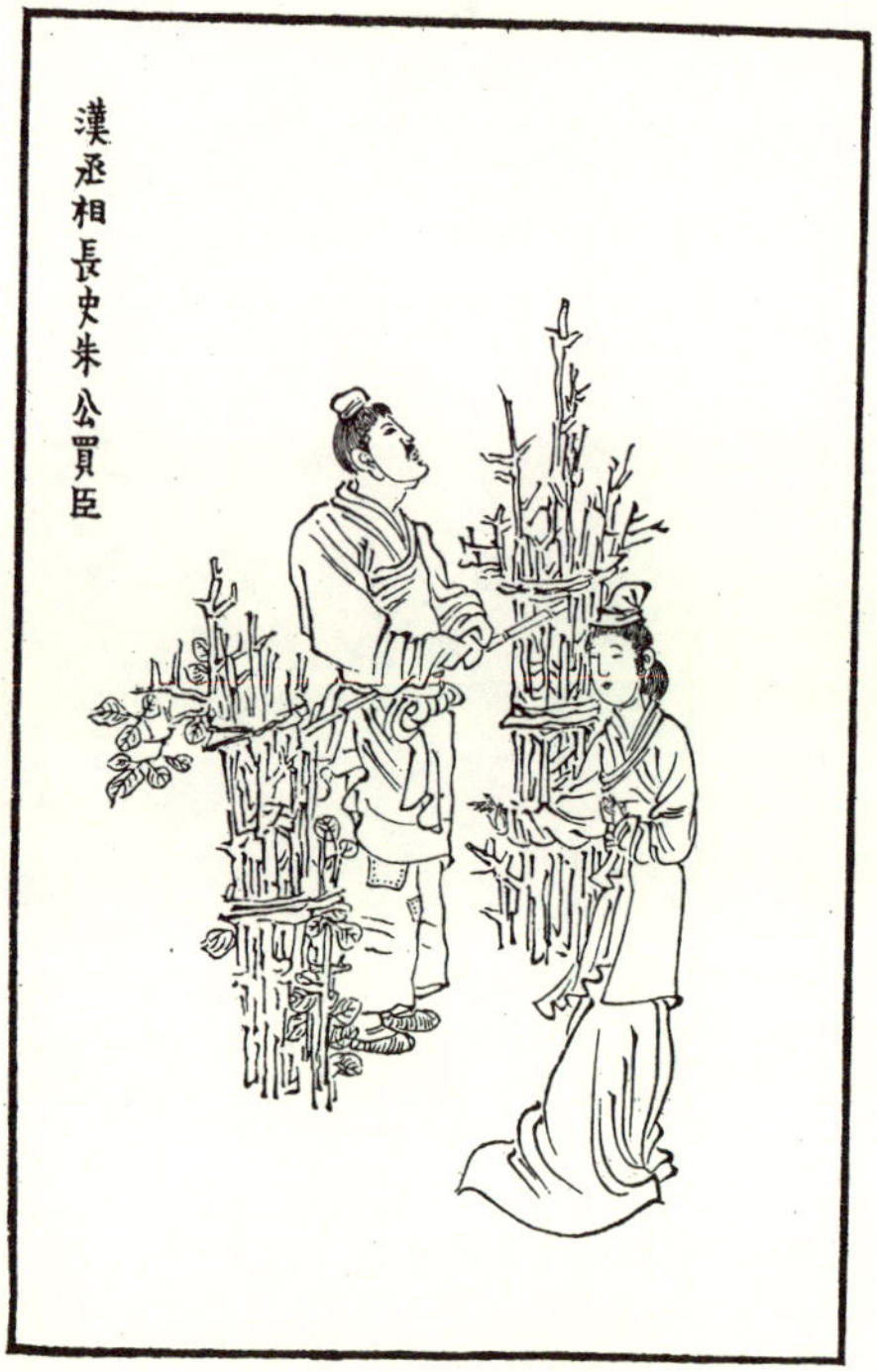

朱買臣（於越先賢像傳贊）

周亜夫（古聖賢像傳略）

【朱買臣《しゅばいしん》】（？〜前一〇九）前漢の官僚。字《あざな》は翁子。若い頃は柴を売って貧しい暮らしをしていた。『春秋』の論誦などで武帝に認められ丞相長史となるが、張湯《ちょうとう》を讒言したかどで誅せられた。出世した後、離縁した妻から復縁を迫られ、「覆水《ふくすい》盆にかえらず」と答えた故事で知られる。

【周亜夫《しゅうあふ》】前漢、沛の人。周勃《しゅうぼつ》の子。将軍となり、匈奴の防衛にあたった。後に呉楚《ごそ》七国の乱にさいして大将軍を拝命しこれを鎮圧した、功績によって丞相となった。晩年は罪を得て餓死した。

王昭君（百美新詠）

【王昭君《おうしょうくん》】

前漢の元帝に仕えた女官。名は嬙《しょう》、または檣《しょう》。昭君は字《あざな》。のち明妃ともよばれる。漢と匈奴との親和政策（和親政策）のため、漢室の王女の身がわりに匈奴に嫁入りさせられ、その地で死んだ。その悲惨な境涯は、のちに多くの詩人にうたわれている。元曲の『漢宮秋《かんきゅうしゅう》』はとくに有名。文学作品では、身代わり選定のための似顔絵を描く画工（毛延壽《もうえんじゅ》）に賄賂《わいろ》を贈らなかったため、不美人に描かれ、そのため身代わりとなったとされる。

張飛燕（百美新詠）

趙合徳（百美新詠）

班婕妤（百美新詠）

【趙飛燕《ちょうひえん》】前漢、成帝の皇后。舞がうまく軽やかでつばめに似ているとされ、飛燕と呼ばれた。妖艶な絶世の美女で、妹と共に成帝に召された。小説『飛燕外伝』の主人公。

【趙合徳《ちょうごうとく》】趙飛燕の妹。姉妹そろって妖艶な肉体によって成帝の寵愛を競った。

【班婕妤《はんしょうよ》】前漢の女流詩人。楼煩《ろうはん》（現・山西省朔県）の人。婕妤《しょうよ》は官名。班況の娘。成帝に愛されて女官となったが、のち趙飛燕姉妹ににくまれて退き、王太后に仕えた。その悲しみを歌った『怨歌行《えんかこう》』は有名（一説に仮托《かたく》ともいう）。班女ともよぶ。

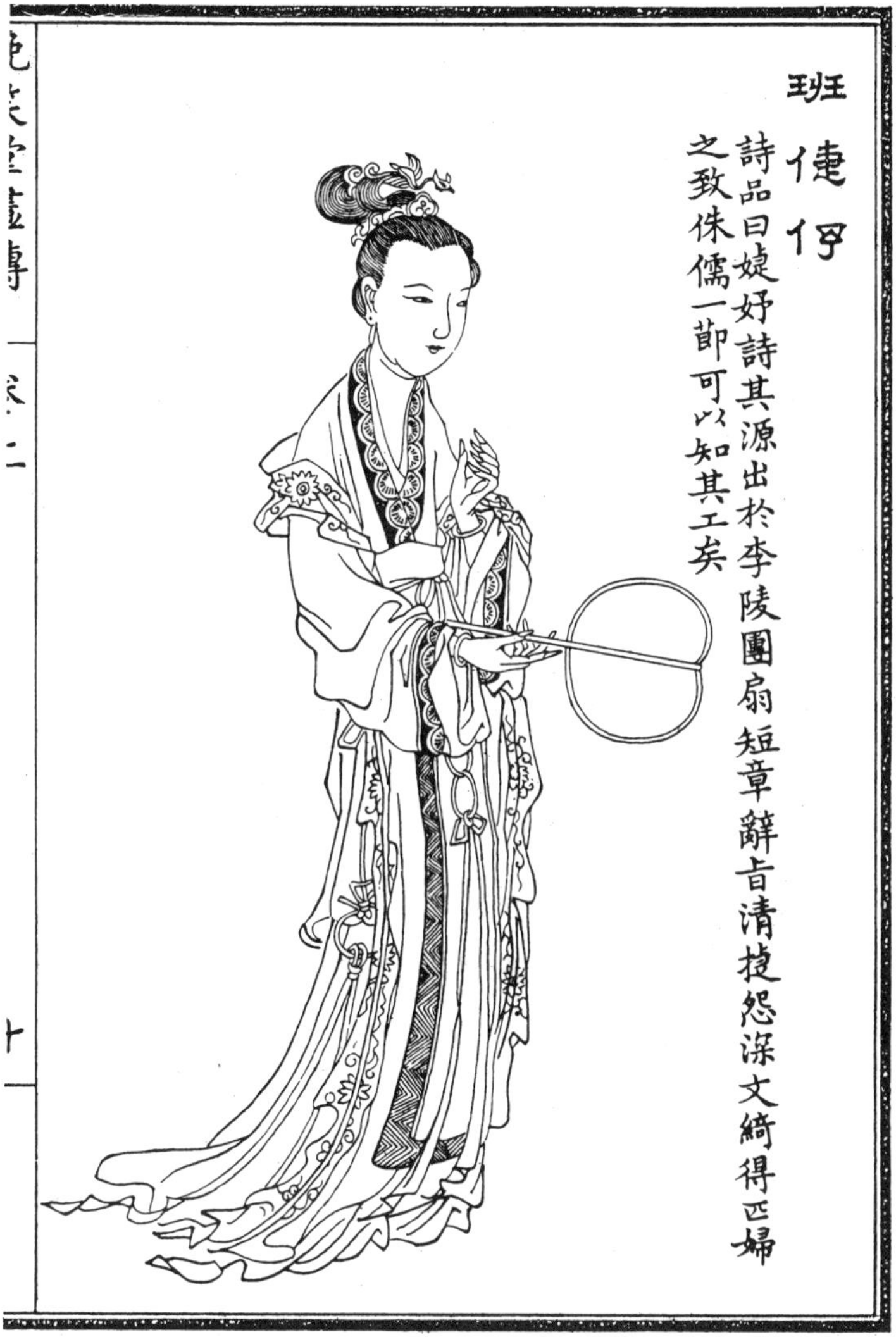
班倢伃
詩品曰婕妤詩其源出於李陵團扇短章辭旨清捷怨深文綺得匹婦
之致侏儒一節可以知其工矣

班婕妤（晚笑堂画傳）

漢文帝
恭儉允蹈玄默化成
懷強弭叛國富刑清

漢文帝（歴代古人像賛）

【漢文帝《かんぶんてい》】

（前二〇二～前一五七）前漢の皇帝、劉恒。高祖劉邦の皇后、呂后《りょこう》が死んだ後、周勃《しゅうぼつ》らが呂氏の乱を平定したすると、彼が皇帝となった。文帝は「与民休息《たみにきゅうそくをあたう》」の政策を実施し、国力を回復させた。

文帝は生母の薄太后《はくたいこう》に大変従順だった。母が病に臥して三年、文帝は日夜看病に努め、病室を離れず、薬は自ら毒味した後に母に飲ませ孝養を尽くした。三年間一日たりとも休まぬ、立派な看病振りだったという（親嘗湯薬《しんしんしょうとうやく》＝二十四孝のひとつ）。

李廣（百将図傳）

李廣（古聖賢像傳略）

【李廣《りこう》】（？～前一一九）前漢の武将。隴西成紀（現・甘粛省安北）の人。李陵《りりょう》の祖父。弓の名人として名高い。文帝のとき匈奴を討って功を立て、武帝のとき北平太守となる。匈奴から飛将軍といって恐れられた。

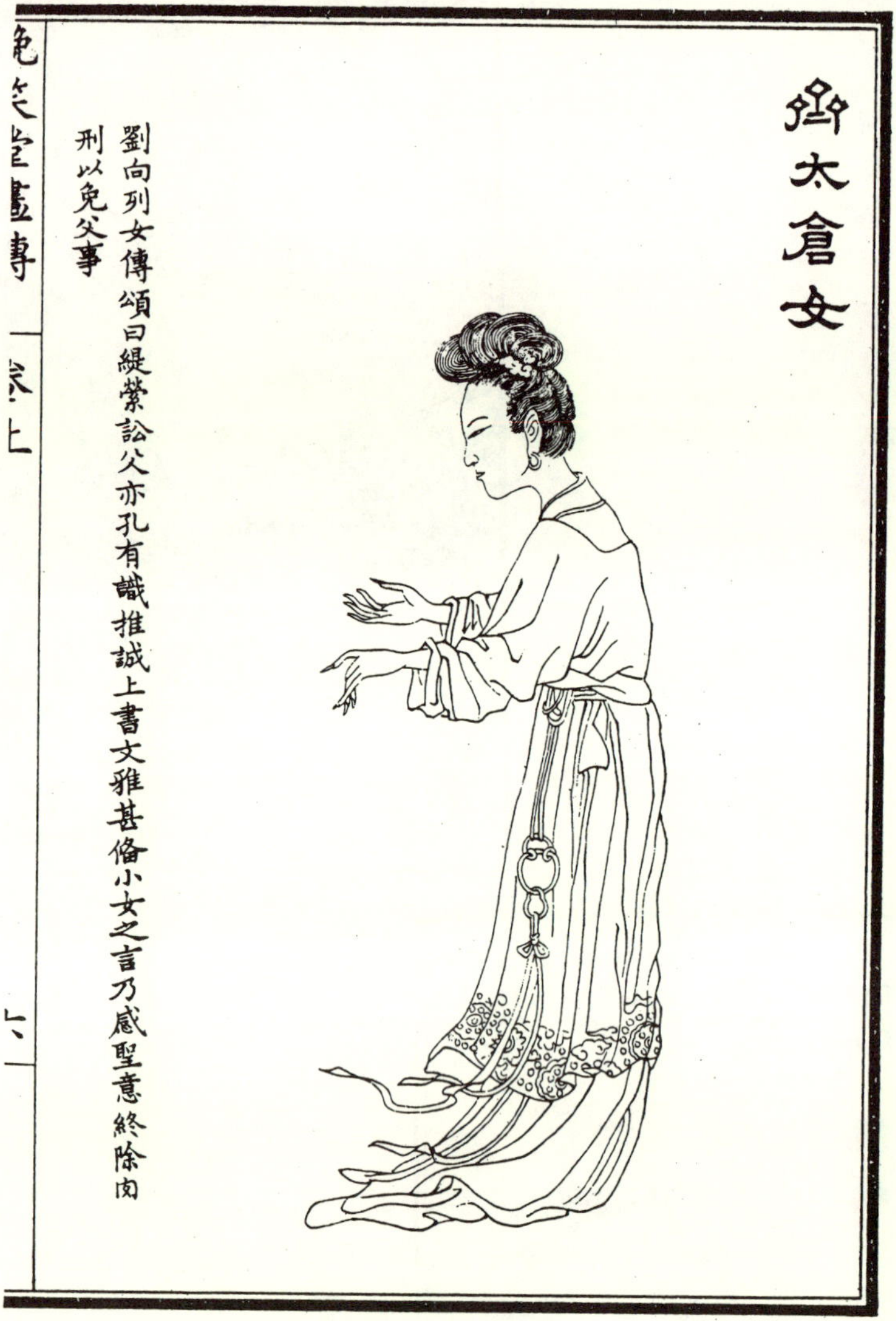
齊太倉女
劉向列女傳頌曰緹縈訟父亦孔有識推誠上書文雅甚備小女之言乃感聖意終除肉刑以免父事

斉太倉女（晩笑堂画傳）

【斉太倉女《せいたいそうのむすめ》】

前漢時代、山東臨淄《りんし》の人。淳于意《じゅんうい》・太倉（食料倉庫）長官のむすめ、淳于緹縈《じゅんうていえい》。文帝のとき、父が罪を得て下獄し、肉刑に処せられようとした。これに対して、淳于緹縈は自らを奴婢《ぬひ》（奴隷）とすることで父の罪に替わりたいと文帝に直訴した。文帝はこの孝行心に感じて、父の刑を軽減したという。

漢景帝（歴代古人像賛）

【漢景帝《かんけいてい》】（前一八八～前一四一）前漢の皇帝、劉啓。文帝の政策を継承し、「文景の治」と呼ばれる時代を現出させた。また呉楚《ごそ》七国の乱を平定し、中央集権制を強化した。

漢宣帝（三才図会）

鄭吉（於越先賢像傳贊）

【漢宣帝《かんせんてい》】（前九一～前四九）前漢の皇帝、劉詢《りゅうじゅん》。戻太子《れいたいし》の孫。昭帝の死後に霍光《かくこう》によって擁立された。「王道」「覇道」を重視、西域都護を設置し、東西交渉の要路を整備した。

【鄭吉《ていきつ》】（？～前四九）前漢時代、会稽《かいけい》（現・浙江省紹興）の人。宣帝のとき侍郎に任じ、のち新疆《しんきょう》で車師《しゃし》（国名）を破った功績で衛司馬《えいしば》となった。後に西域都護《とご》となり、新疆烏塁《うるい》を統治した。西域都護の始まりである。安遠侯となった。

楊雄（歴代古人像賛）

楊雄（三才図会）

【楊雄《ようゆう》】（前五三～後一八）前漢の学者・文人。四川成都の人。字《あざな》は子雲。すぐれた辞賦《じふ》をつくり、著に『太玄経《たいげん》』『法言《ほうげん》』『方言』などがある。揚雄ともかかれる。

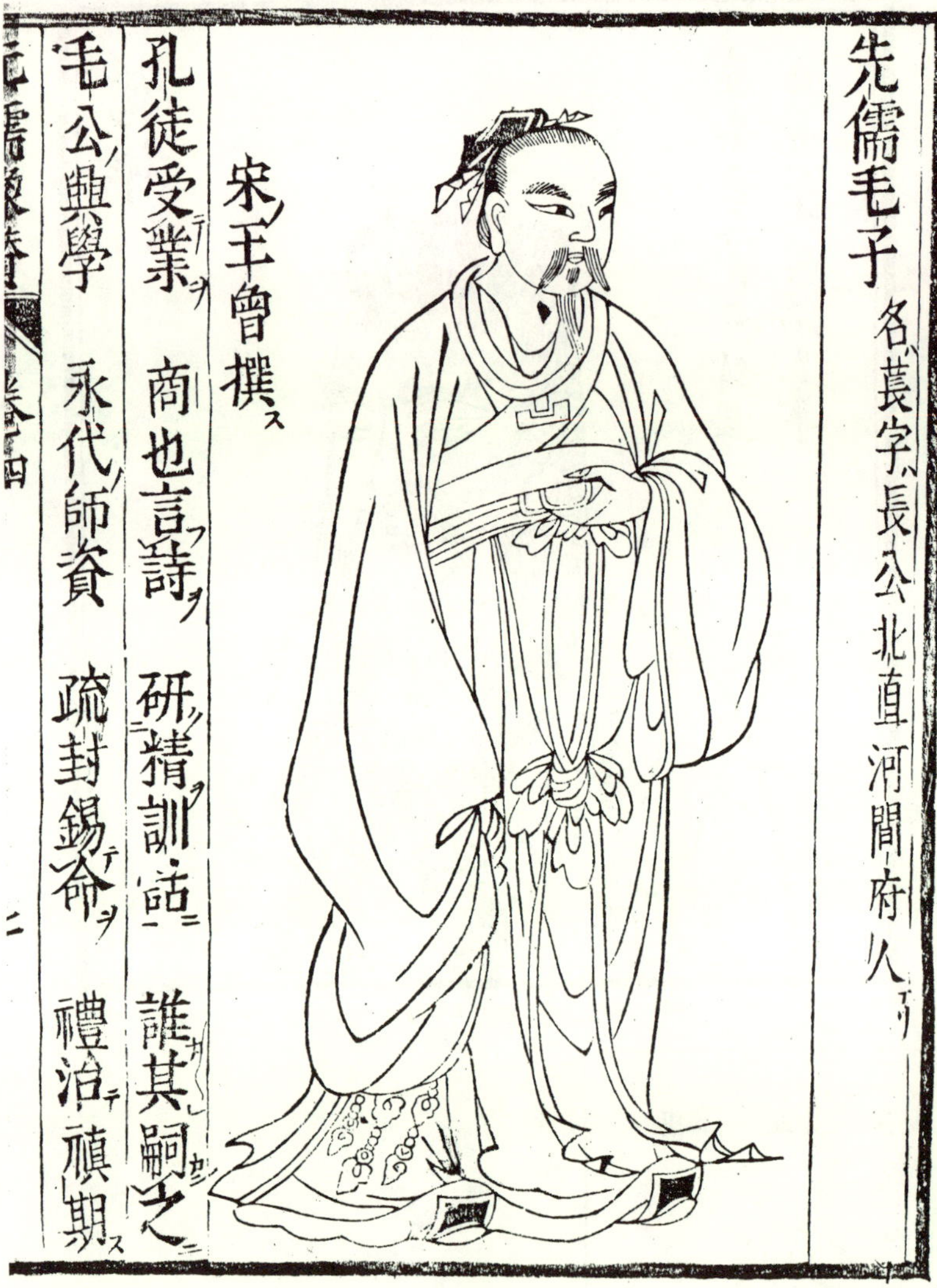
先儒毛子
名萇字長公北直河間府人
宋王曾撰
孔徒受業　商也言詩　研精訓詁　誰其嗣之
毛公與學　永代師資　疏封錫命　禮治禎期

毛萇（聖賢像賛）

【毛萇《もうちょう》】前漢の儒者。古文詩経「毛詩学」の伝授者として知られる。趙（現・河北省邯鄲《かんたん》）の人。「小毛公《しょうもうこう》」と呼ばれた。

高堂生（聖廟祀典図考）

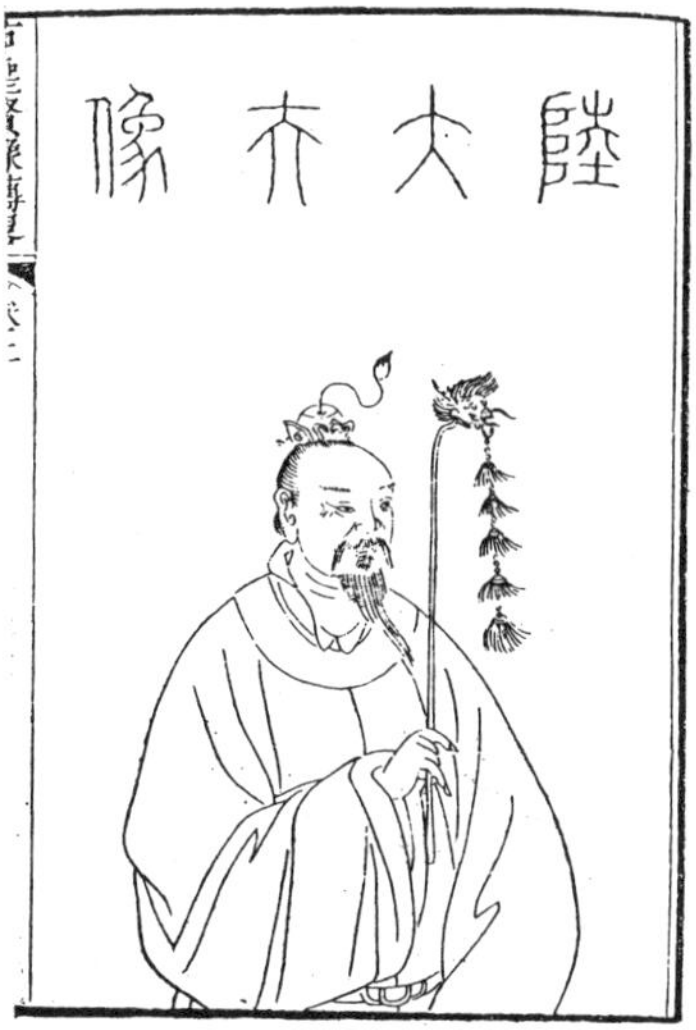

陸賈（古聖賢像傳略）

孔安国（聖廟祀典図考）

【高堂生《こうどうせい》】

前漢の儒者。今文『礼学』の最も早期の伝授者として知られる。山東曲阜《きょくふ》の人。古代の礼制に詳しかった。今本『儀礼《ぎらい》』は彼の伝授したものという。


【陸賈《りくか》】

前漢初めの政治家。弁論にすぐれ、秦・漢興亡のいわれを論じて『新語』を著した。


【孔安国《こうあんこく》】

前漢の儒者。字《あざな》は子国。孔子十二世の孫。武帝の初年、孔子の旧宅から得た蝌蚪《かと》文字（筆墨のなかったころ、木や竹の棒の先に漆をつけて書いた文字）で記された古文を、当時通用の文字と校合《きょうごう》して解読、『古文尚書』の注釈を書いたといわれる。

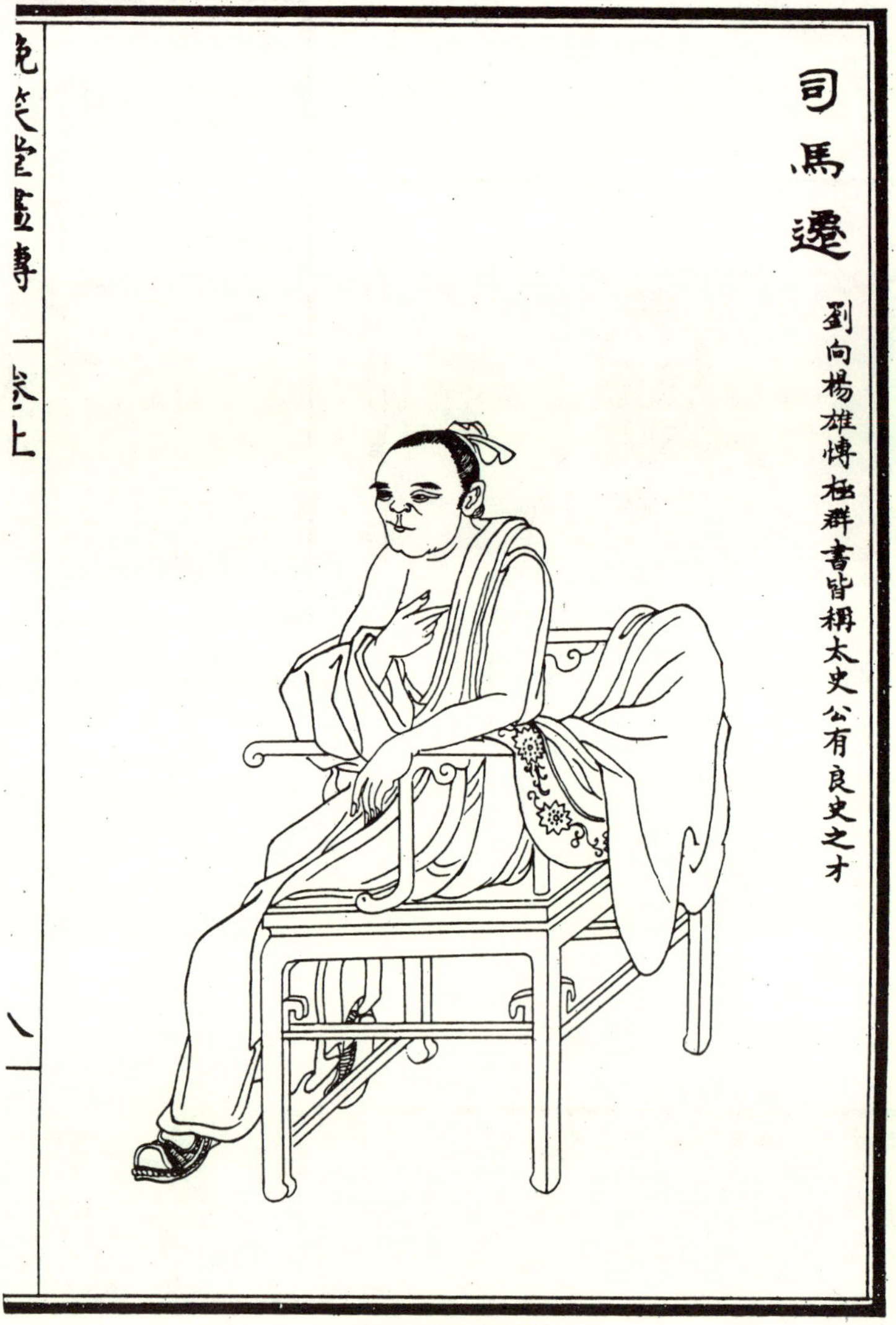
司馬遷
劉向揚雄博極群書皆稱太史公有良史之才

司馬遷（晩笑堂画譜）

【司馬遷《しばせん》】（前一四五～前八六）前漢の歴史家。字《あざな》は子長。『史記《しき》』の著者。父の司馬談《たん》のあとを継いで太史令《たいしれい》となった。友人の将軍・李陵が匈奴に降服したことを弁護したため、武帝の怒りをかって宮刑《きゅうけい》に処せられた。のち、大赦によって出獄、中書令となったが、その間『史記』完成に全力を注いた。

司馬遷（三才図会）

厳君平（博古葉子）

【厳君平《げんくんぺい》】前漢の隠者。名を遵《じゅん》といい蜀《しょく》の人。成帝のとき、成都で占いをしていた。一日に百銭を得ると店を閉めて老子を読んでいたという。その著書は十万言に及んだ。一生を通じて仕官しなかったが、彼は当時の著名な文学者である揚雄《ようゆう》に尊敬された。

児寛（古聖賢像傳略）

卜式（古聖賢像傳略）

鄧通（博古葉子）

【鄧通《とうつう》】前漢、蜀《しょく》の南安（現・四川省楽山）の人。文帝のとき寵愛を得て、上大夫となる。銅山を下賜《かし》され銅銭を鋳造し、その流通によって莫大な富を得た。景帝が即位すると家財を没収され、困窮して死んだ。

【児寛《げいかん》】（?～前一〇三）前漢千乗《せんじょう》（現・山東省高青北）の人。孔安国の弟子。左内史に任じた。農業を勧め、刑罰を軽減し、灌漑事業を行った。後に御史大夫となり、「太初暦《たいしょれき》」を制定した。

【卜式《ぼくしき》】前漢河南の富豪。牧畜業の出身で、朝廷をたびたび経済的に援助した。その功績によって武帝のとき中郎に任ぜられ、後に関内侯《かんないこう》に封ぜられ、御史大夫にまでなった。

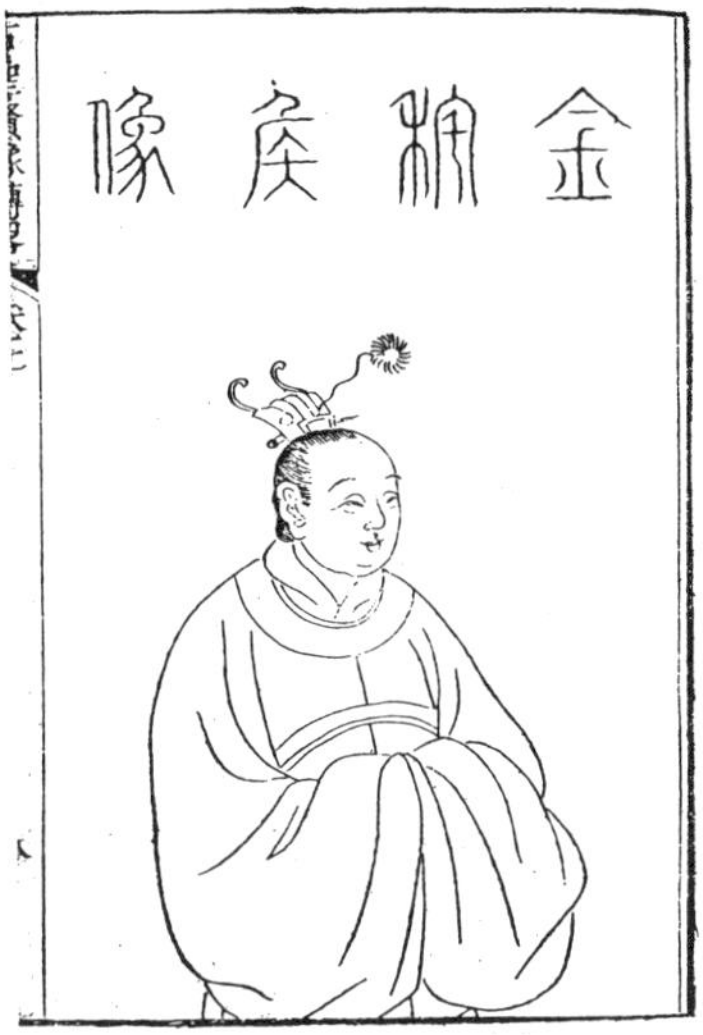

金日磾（古聖賢像傳略）

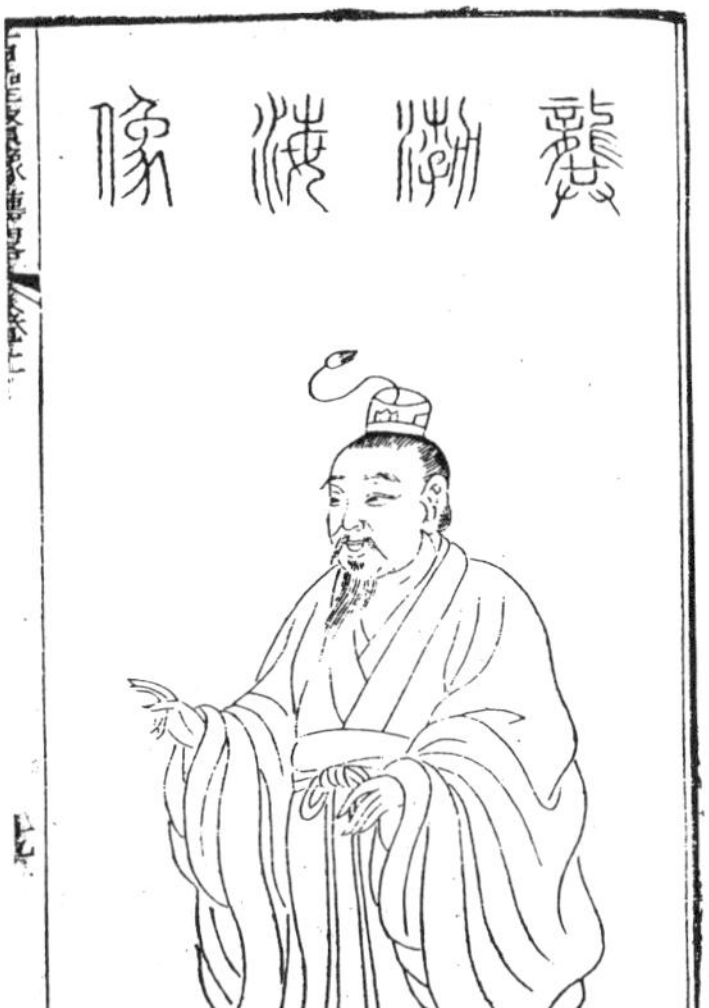

龔遂（古聖賢像傳略）

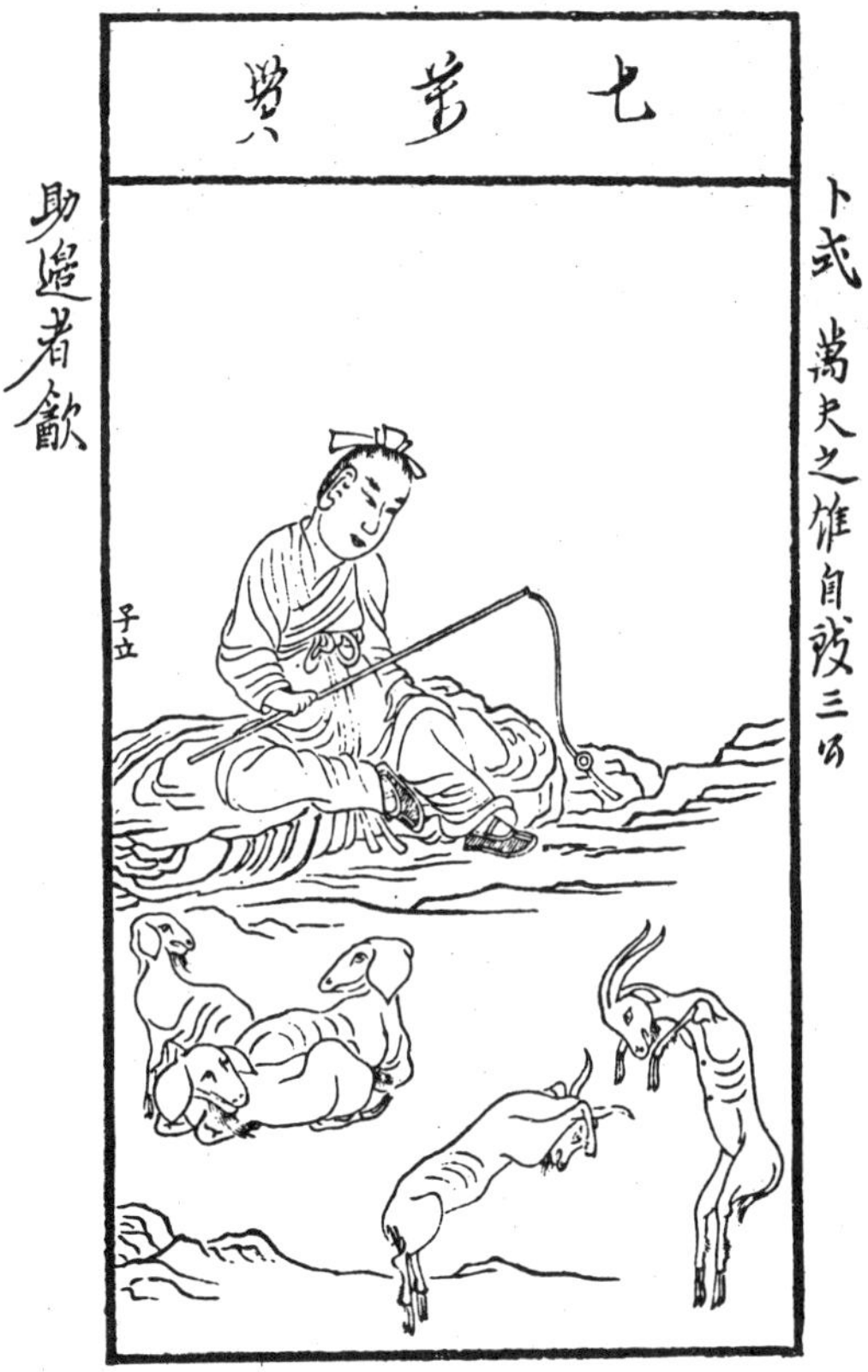

卜式（博古葉子）

【金日磾《きんにってい》】（前一三四～前八六）前漢の大臣。字《あざな》は翁叔、もと匈奴の休屠《きゅうしょ》王の太子で武帝のとき、昆邪《こんじゃ》王が漢に帰順すると、馬監《ばかん》に任じ、侍中となった。厳粛な風貌で武帝に数十年仕え、間違いがなかった。昭帝が即位すると、謀反の平定に功績があり秺《と》侯に封ぜられた。

【龔遂《きょうすい》】前漢時代、山陽南平陽（現・山東省鄒《すう》県）の人。字《あざな》は少卿。初め昌邑《しょうゆう》王劉賀の郎中令で、諫言をもって知られた。宣帝のとき、農民叛乱の多発する渤海《ぼっかい》で太守になり、農民の帰田を奨励し、民生の安定を図った。

黄覇（古聖賢像傳略）

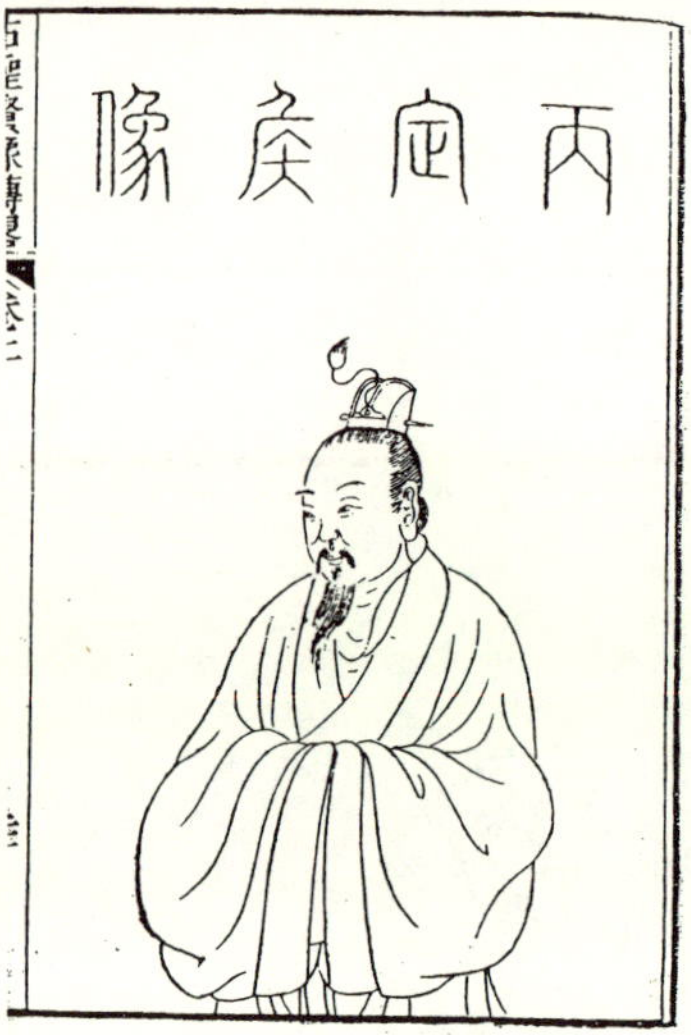
丙吉（古聖賢像傳略）

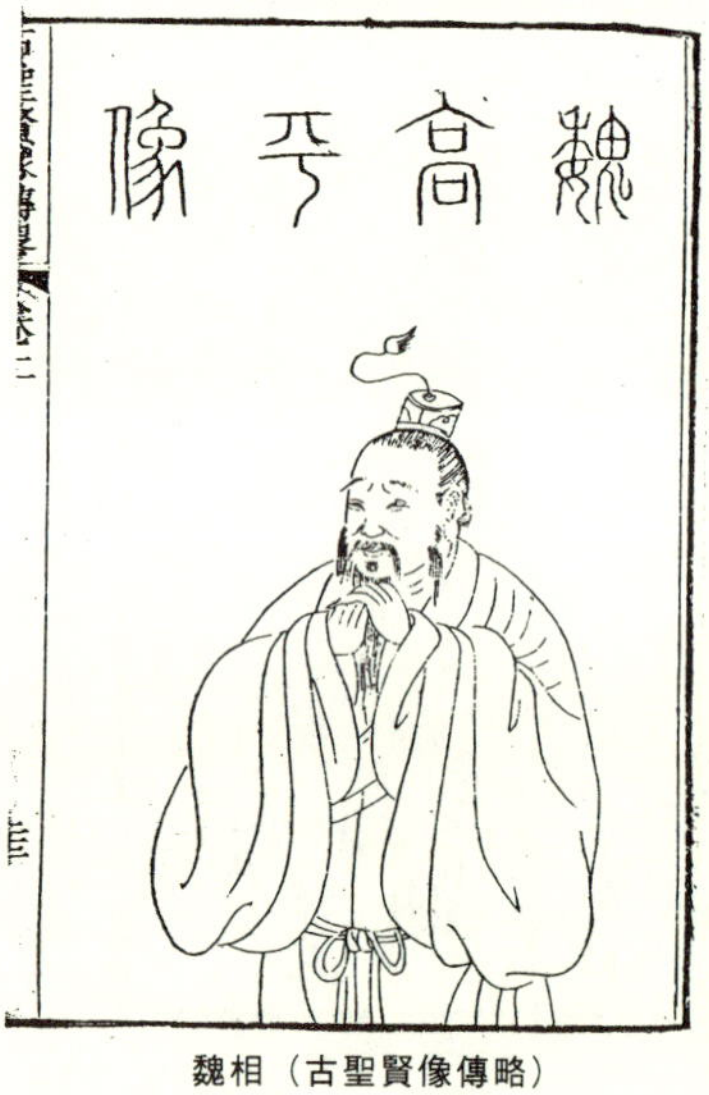
魏相（古聖賢像傳略）

趙充国（古聖賢像傳略）

【黄覇《こうは》】

（?～前五一）前漢時代の大臣。字《あざな》は次公。淮陽《わいよう》陽夏（現・河南省太康）の人。揚州刺史《しし》になり、のち潁川《えいせん》太守となった。その後御史大夫、丞相にのぼりつめ、建成侯に封ぜられた。英明な大臣として知られる。

【丙吉《へいきつ》】

（?～前五五）前漢の大臣。字《あざな》は少卿。魯（山東省曲阜《きょくふ》）の人。もと獄吏《ごくり》であった。宣帝となった病己《へいき》を獄中から救出し、その擁立に尽力したため、博陽《はくよう》侯に封ぜられ、丞相に任じた。卓越した丞相として誉れ高い。

【魏相《ぎそう》】

（?～前五九）前漢の大臣、字《あざな》は弱翁《じゃくおう》。済陰定陶《ていとう》（現・山東省定陶）の人。賢良によって推薦され、茂陵《もりょう》（漢武帝の陵墓）の令となった。後、河南太守となり豪族の勢力を抑制した。宣帝が即位すると大司農《だいしのう》に任じ、御史大夫となり、丞相《じょうしょう》に出世した。高平侯《こうへいこう》に封ぜられた。

伏生
濟南人故為秦博士能治尚書漢文欲召之生年九十餘
老不能行乃使鼂錯往受焉秦時禁書生藏諸夾壁
亡數十篇獨得二十九篇以教於齊魯

伏生（無雙譜）

【趙充国《ちょうじゅうこく》】（前一三七～前五二）前漢の武人。字《あざな》は翁孫、甘粛天水《てんすい》の人。匈奴や羌族《きょうぞく》について知悉していた。武帝や昭帝のときこれらと善戦して後に将軍となった。のち、営平《えいへい》侯に封《ほう》ぜられた。

【伏生《ふくせい》】（伏勝）前漢の学者。山東済南の人。秦の「焚書坑儒」のときに壁に封印された『書経』の残り二十八篇（孔子のとき百編）を伝えたとされる。文帝は伏生を召喚しようとしたが、既に齢《よわい》九十を超えていて、歩くことができなかったため、家令の鼂錯《ちょうそ》を遣わした。『今文尚書《きんぶんしょうしょ》』二十八篇の伝承者として功を謳われる。

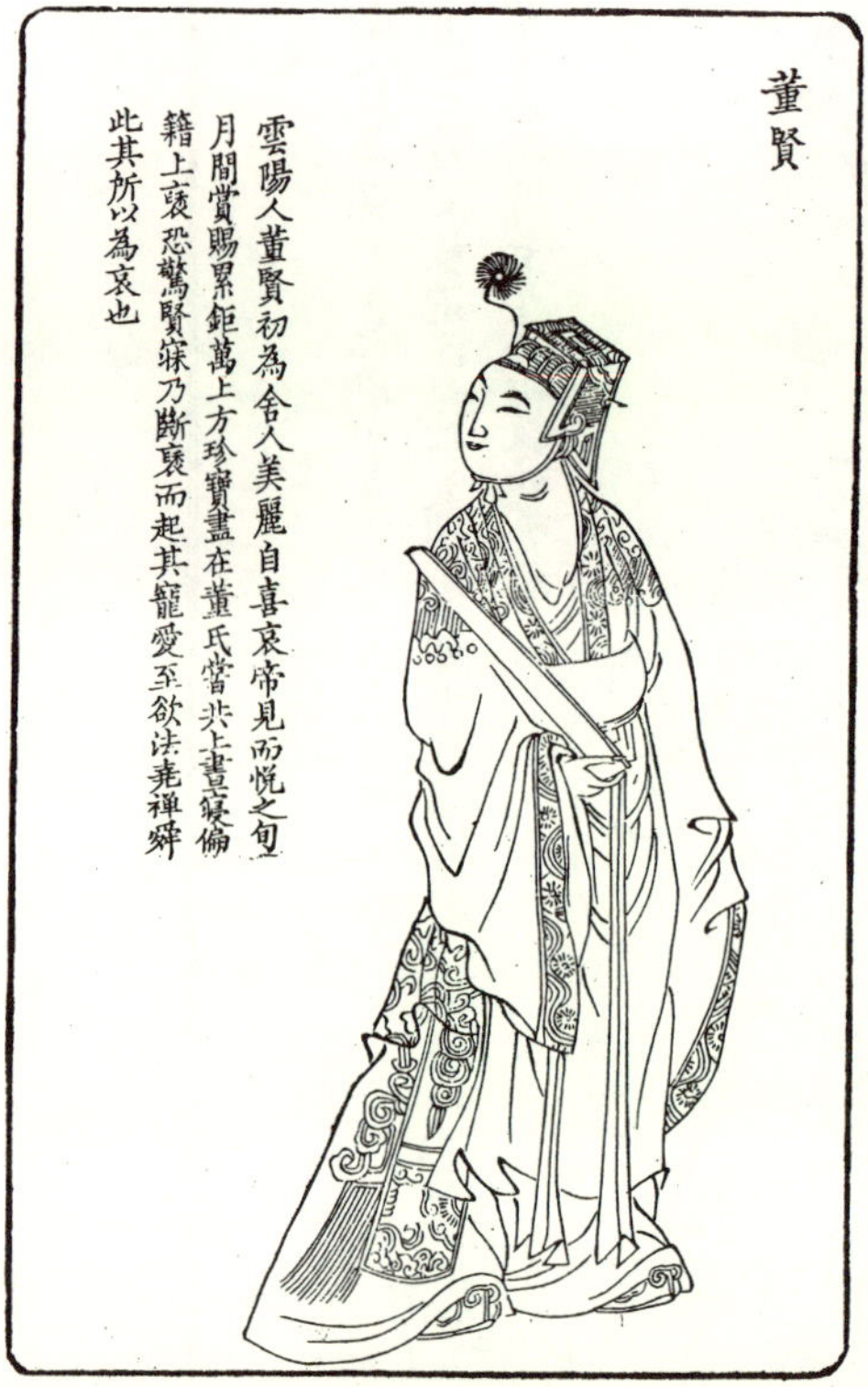
董賢
雲陽人董賢初為舍人美麗自喜哀帝見而悦之旬
月間賞賜累鉅萬上方珍寶盡在董氏嘗共晝寝偏
籍上褎恐驚賢寐乃斷褎而起其寵愛至欲法堯禪舜
此其所以為哀也

董賢（無雙譜）

王尊（古聖賢像傳略）

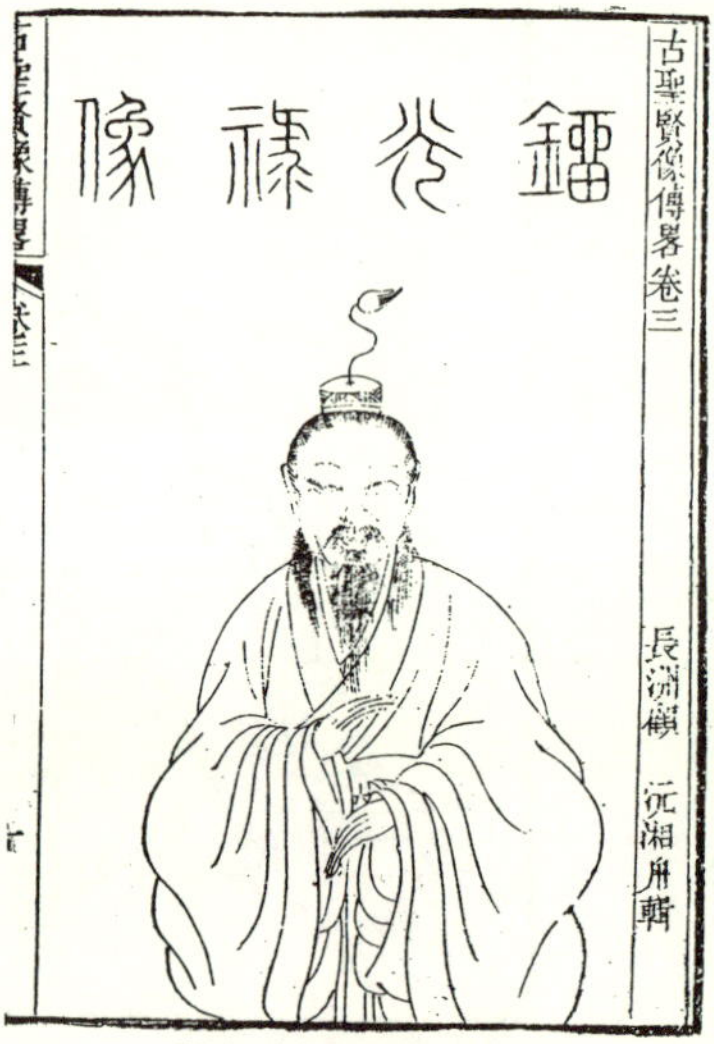
古聖賢像傳畧卷三
長洲顧沅湘舟輯

劉向（古聖賢像傳略）

【王尊《おうそん》】前漢涿《たく》郡高陽（現・河北省高陽東）の人。字《あざな》は子贛《しかん》。孤児であったが『書経』『論語』を学び、元帝のとき安定大夫となった。のち免職となるが、成帝のときに護羌《ごきょう》将軍から転じて校尉《こうい》（宮城の守備をする武官）となり、羌《きょう》族の叛乱を鎮圧した。剛直な官吏として諫言直行は名高い。

【劉向《りゅうきょう》】（前七七～前六）前漢末の学者。江蘇・沛の人。漢皇族の末裔。本名は更生《こうせい》、字《あざな》は子政。成帝のとき、光禄大夫《たいふ》に任じた。広く学問に通じ、宮中の蔵書の校訂、目録の作製などを行い、目録学の始祖といわれる。著に『列女傳』『新序』『説苑《ぜいえん》』などがある。

【董賢《とうけん》】前漢時代、雲陽（現・陝西省淳化西北）の人。字《あざな》は聖卿《せいけい》、非常に美男子であった。そのため特に哀帝の寵愛を受け、高安侯に封ぜられた。親族もみな高官に列せられ、富貴を誇った。二十二歳で大司馬衛将軍となり政治を牛耳るが、帝が亡くなると王莽《おうもう》の弾劾によって免官となり、自殺した。莫大な財宝が遺されていたという。

王章（博古葉子）

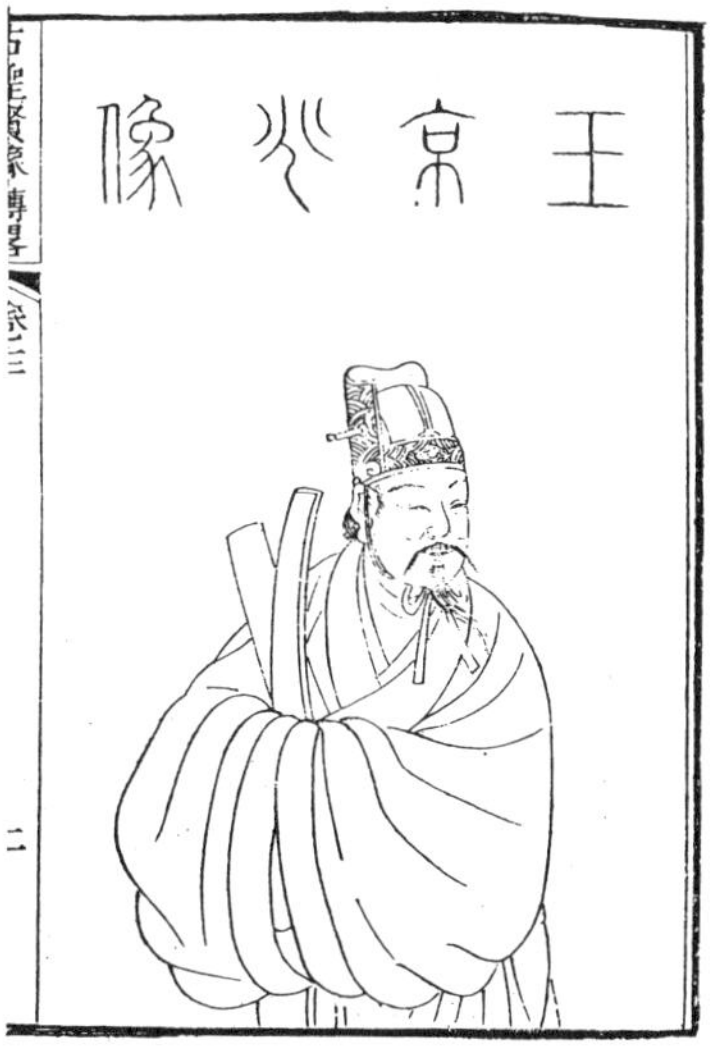

王章（古聖賢像傳略）

【王章《おうしょう》】

前漢の大臣。泰山鉅平《きょへい》（現・山東省泰山西南）の人。字《あざな》は仲卿《ちゅうけい》。成帝のとき京兆尹《けいちょうのいん》となり、剛直諫言をもって知られた。

若いころ病に倒れ、貧しいため掛け布団がなく牛のわら掛けの下で泣きながら臥していた。しかし妻に叱咤激励《しったげきれい》され、それから一念発起し出世したという。

河平三年、右将軍を拝命、平安《へいあん》侯に封ぜられた。のち讒言《ざんげん》によって、獄死した。

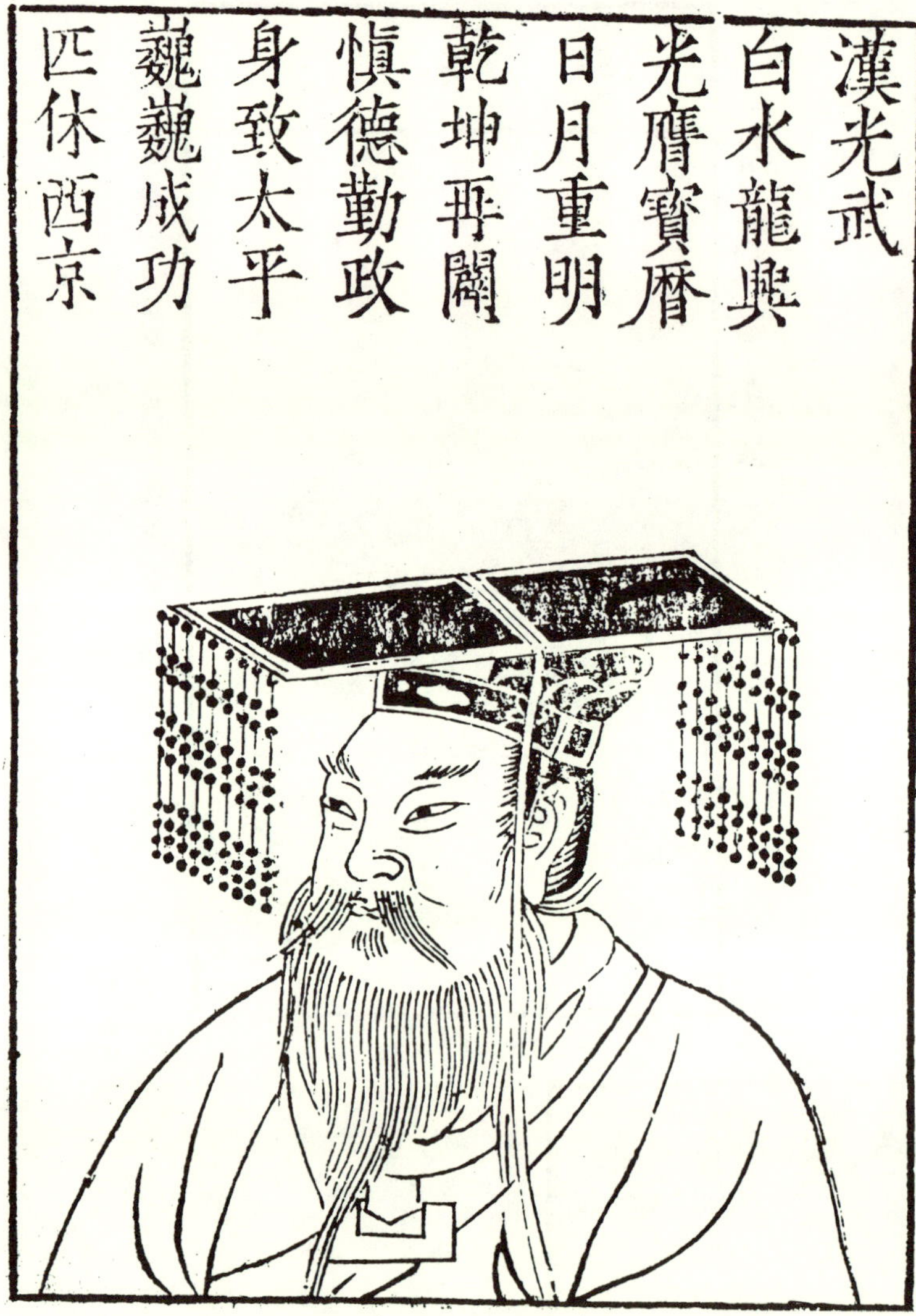
漢光武
白水龍興
光膺寶曆
日月重明
乾坤再闢
愼德勤政
身致太平
巍巍成功
匹休西京

漢光武帝（集古像贊）

【漢光武帝《かんこうぶてい》】（前六～五七　在位二五～五七）

後漢の初代皇帝。南陽蔡陽（現・湖北省棗陽《そうよう》西南）の人。姓は劉、名は秀、字《あざな》は文叔《ぶんしゅく》。高祖の九代目の孫。王莽《おうもう》が建国した新の末年に兵をおこして、王莽の軍を破り、同族の劉玄を更始《こうし》帝とした。帝が赤眉《せきび》の賊に殺されたため、劉秀は諸将におされて即位し、後漢をおこし洛陽に都を開いた。建国後は、民力の休息を心がけ、減税を実施、また学問、節操を重んじたため、生産力が拡大し帝国の基礎が固められた。

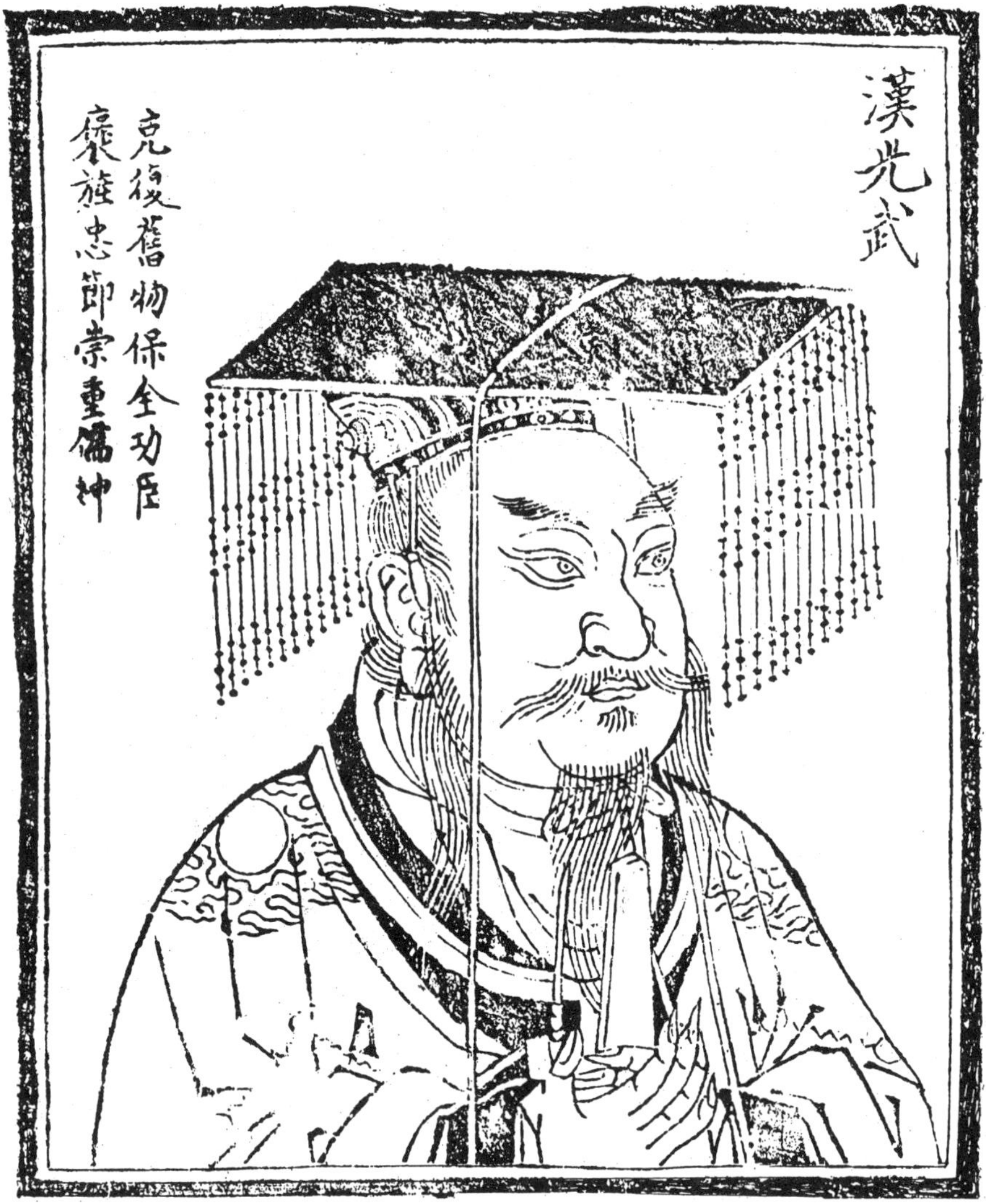

漢光武帝（歷代古人像贊）

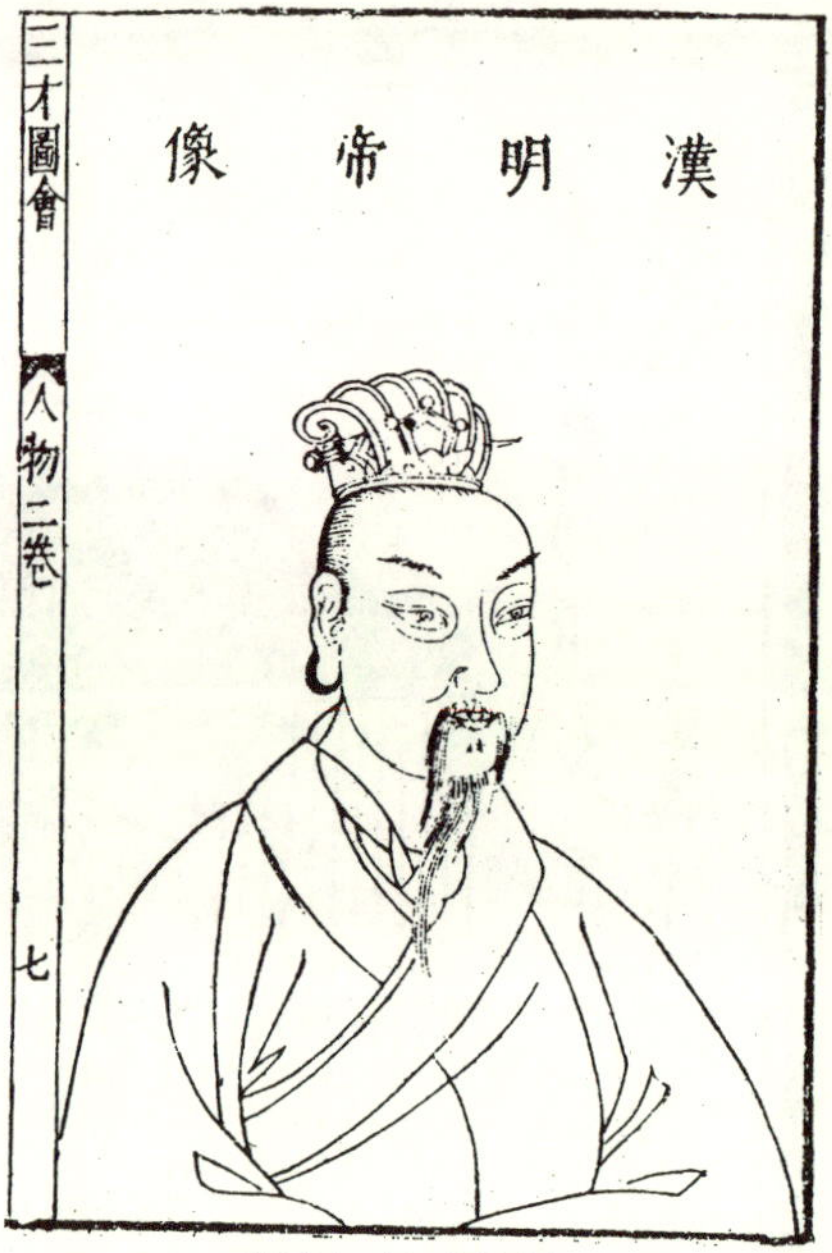

漢明帝（三才図会）

漢章帝（三才図会）

【漢明帝《かんめいてい》】

（二八〜七五　在位五七〜七五）

後漢の第二代皇帝。姓は劉、名は荘。字《あざな》は子麗。光武帝の第四子。明堂《めいどう》（執政の殿堂）・辟雍《へきよう》（天子の建てた大学）の完成とともに、大射礼・養老礼（三老五更の儀礼）を執行し、また、外戚の子弟に五経を教える学校を建てるなど儒教の普及につとめた。対外的には、竇固《とうこ》や班超《はんちょう》を西域に派遣、北匈奴および車師《しゃし》など西域諸国を討たせ、亀茲《クチャ》に西域都護をしばらく設置した。仏教は、明帝の治世のときに初めて中国に伝来し、洛陽の西郊に白馬寺を建立したとされる。

【漢章帝《かんしょうてい》】

（五六〜八八　在位七五〜八八年）

後漢第三代の皇帝。姓は劉、名は炟《けん》。儒教を重んじ、寛厚の長者といわれる。惨酷な刑罰を廃止して文治の温厚な政治を行った。亀茲や北匈奴の侵攻には消極策を取り、西域都護などの辺境の守りを中止した。しかし、班超が疏勒《そろく》にとどまり、莎車を撃ち亀茲を退散させ、西域経略に功を収めた。三十一歳で死去すると和帝が十歳で即位し、竇皇太后（章帝の皇后）が権力を揮い、これが外戚専横の発端となった。

馬援（三才図会）

馬援（百将図傳）

【馬援《ばえん》】

（前一四～四九）後漢の将軍。陝西茂陵の人。字《あざな》は文淵《ぶんえん》、諡号《しごう》は忠成。光武帝に仕えて蜀《しょく》を破り、伏波将軍となり、ついで交趾（ベトナム）を討った。のち、武陵（湖南省）の五渓蛮を討伐中に熱病にかかって死んだ。馬援は、光武帝に情勢を説明するのに、米を積んで模型を造ったという。

年老いてからも乗馬して遠征軍を指揮したため、光武帝は「矍鑠哉是翁也（かくしゃくたるかなこのおきなや）」と感歎した。馬伏波ともいう。

王充（於越先賢像傳賛）

【王充《おうじゅう》】（二七～九七頃）後漢の学者。浙江上虞《せっこうじょうぐ》（現・浙江省）の人。字《あざな》は仲任。細門の出身。若い頃班彪に師事した。儒学の伝統的な学説を批判して『論衡《ろんこう》』を著した。経籍《けいせき》（儒教の古典）を至上とする主義の漢代から、批判精神を重んじる魏晋時期への橋渡しをした人物といわれる。

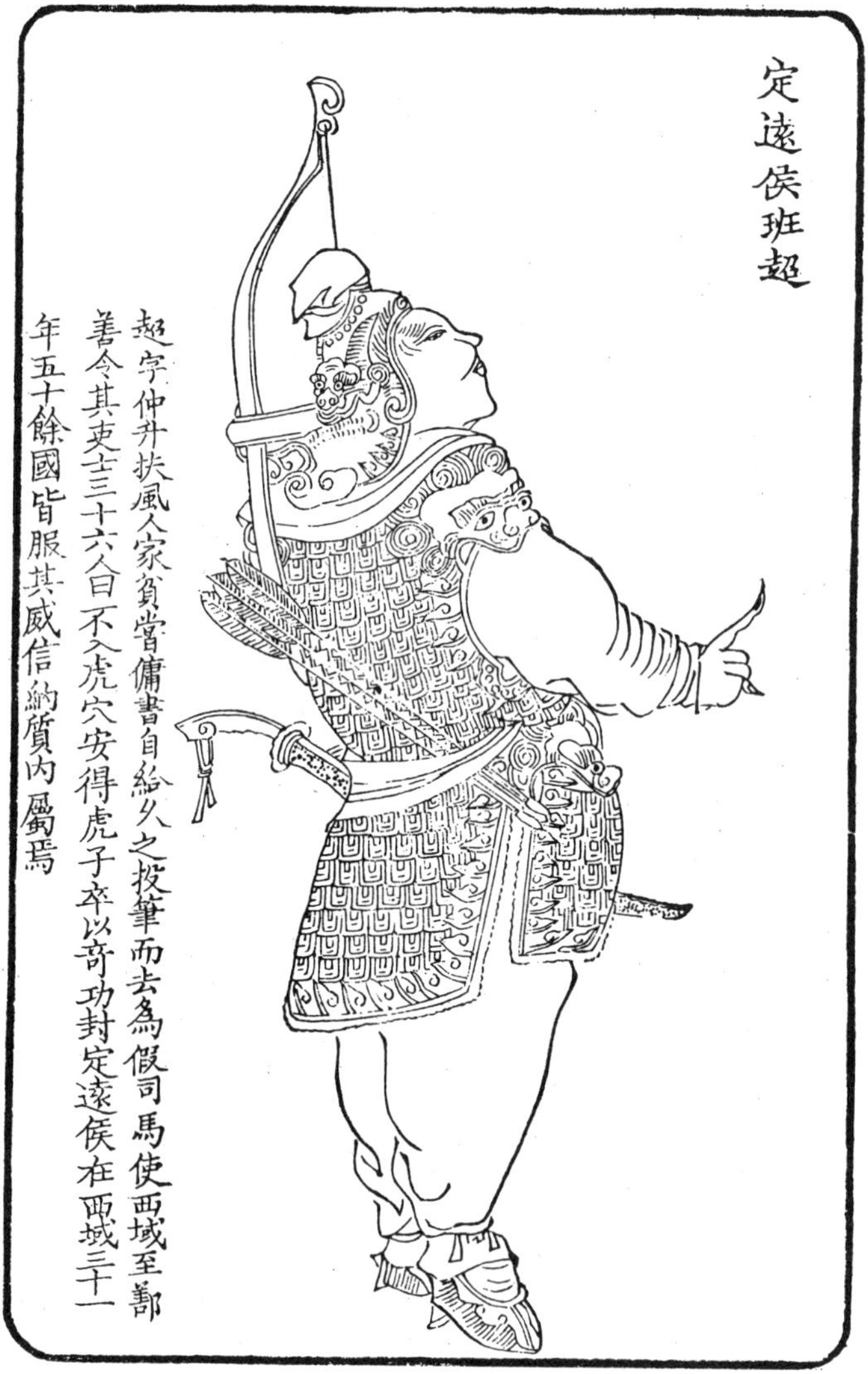
定遠侯班超
超字仲升扶風人家貧當傭書自給久之投筆而去為假司馬使西域至鄯
善令其吏士三十六人曰不入虎穴安得虎子卒以奇功封定遠侯在西域三十一
年五十餘國皆服其威信納質內屬焉

班超（無雙譜）

【班超《はんちょう》】（三二〜一〇二）後漢の名将。歴史家、班彪《はんぴょう》の子。班固の弟。扶風安陵（現・陝西省咸陽東北）の人。字《あざな》は仲升。役所の書記を勤めていたが、あるとき筆を投げ捨て「男子たるもの遠く国外に出かけていき名をあげるのが本望だ」と嘆いた。はたして明帝・章帝のとき、西域の国々を服属させ、西域都護《とご》となり漢の威勢を高めた。三十余年を西域で過ごした。「虎穴《こけつ》に入らずんば虎子を得ず」の故事で知られる。

班超（百将図傳）

班固（古聖賢像傳略）

【班超《はんちょう》】解説前頁

【班固《はんこ・はんご》】

（三二〜九二）後漢の歴史家。扶風安陵（現・陝西省咸陽東北）の人。字《あざな》は孟堅。父班彪の没後『漢書《かんじょ》』の編述完成につとめたが、国史を勝手に書き換えていると讒言され、下獄した。しかし、弟の班超の釈明で赦された。『漢書』の一部未完成の部分は、妹の班昭《はんしょう》によって補なわれ完成した。編著に『白虎通《びゃっこつう》』が知られる。のち、外戚竇《とう》氏の没落に巻き込まれて六十歳で獄死した。

曹大家班恵班
恵班名昭一名姫躍學高才適曹世叔兄固著漢書
未及竟而卒和帝詔躍而成之數召入宮令皇后
諸貴人師事焉號曰大家

班昭（無雙譜）

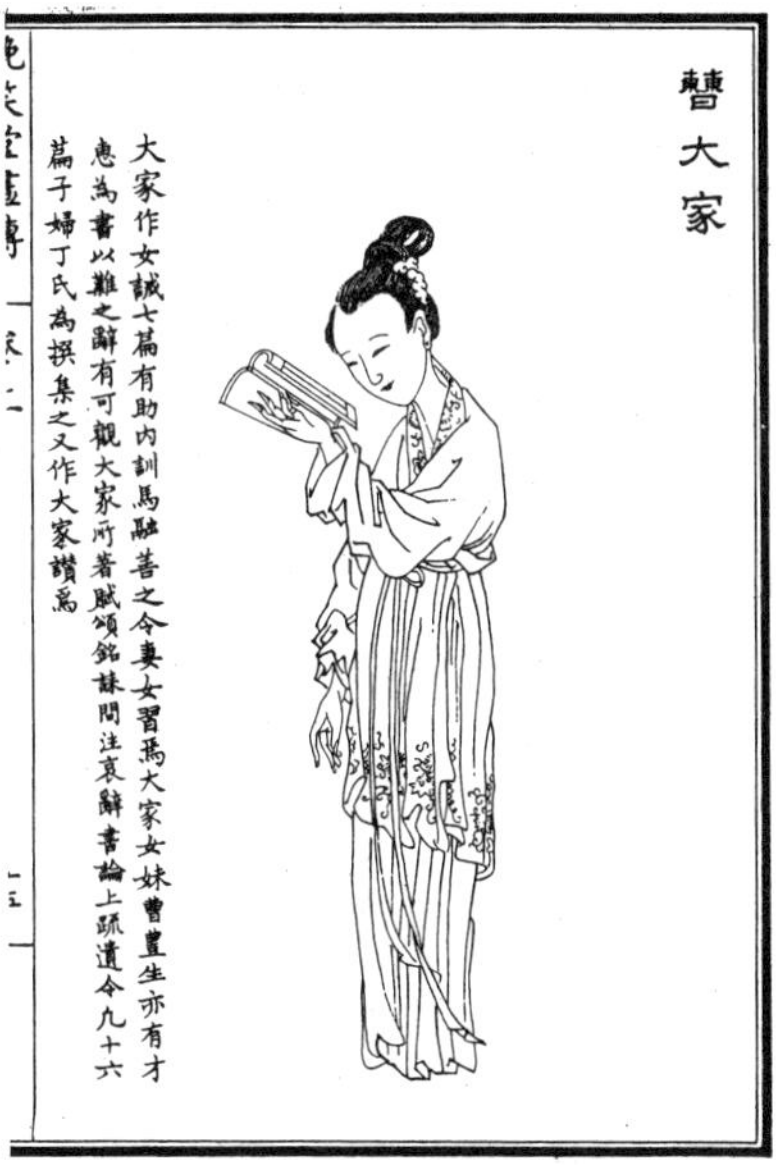
曹大家
大家作女誡七篇有助内訓馬融善之令妻女習焉大家女妹曹豊生亦有才
恵為書以難之辭有可觀大家所著賦頌銘誄問注哀辭書論上疏遺令九十六
篇子婦丁氏為撰集之又作大家讃焉

班昭（晩笑堂画傳）

【班昭《はんしょう》】（四五～一一七）後漢の女流文学者。字は恵班。班固の妹。扶風安陵（現・陝西省咸陽東北）の人。曹世叔《そうせいしょく》の妻。和帝に招かれて皇后・貴女の師となり、曹大姑・曹大家《たいこ》（大家は尊称）と称された。兄班固の志を継いで『漢書』の「八表」「天文志」を完成させた。また『女誡《じょかい》』七編を著した。

李膺（三才図会）

徐穉（三才図会）

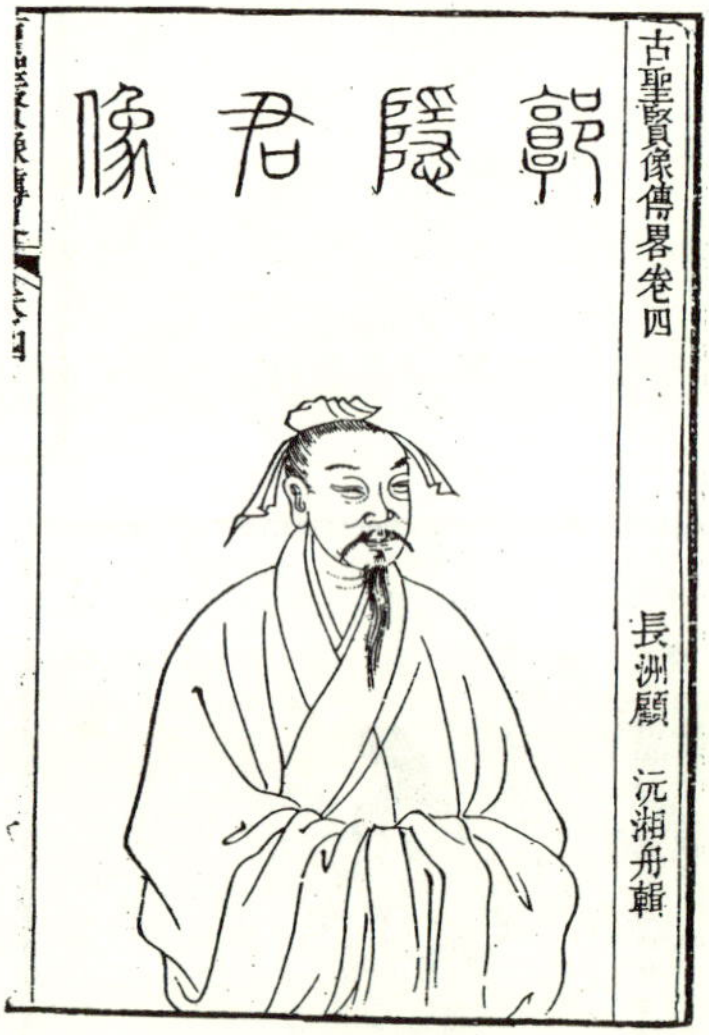

郭泰（古聖賢像傳略）

范滂（三才図会）

【李膺《りよう》】

（一一〇～一六九）後漢の高士。潁川襄城《えいせんじょうじょう》（現・河南省）の人。字《あざな》は元礼。後漢の清流士人の代表とされる。士人は李膺と交わることを光栄として「登龍門」といい、太学生に「天下の楷模《かいも》、李元礼」といわれた。のちに党錮《とうこ》の禁にあって殺された。

【徐穉《じょち》】

（九七～一六八）後漢の高士。字《あざな》は孺子《じゅし》。豫章《よしょう》（現・江西省南昌）の人。貧しく自ら耕す生活を送った。桓帝《かんてい》のとき、宦官《かんがん》の専政に不満で、しばしば仕官を促されたが遂に仕えず「南州高士」といわれた。

【郭泰《かくたい》】

（一二八～一六九）後漢の学者。太原介休（現・山東省介休東南）の人。字《あざな》は林宗。貧しい育ちであったが、李膺《りよう》らと交友し、古典にひろく通じ、弟子は数千人に至った。郭太とも書く。

【范滂《はんぼう》】

（一三七～一六九）後漢の高士。汝南征羌《せいきょう》（現・河南省郾城《えいじょう》）の人。字《あざな》は孟博。宦官の横行に反対して清節を押し通し、党錮《とうこ》の禁にあって殺された。

蔡中郎邕
孝行純備
經學邃深
曠世逸才
博物洽聞
箴規時政
忠讜懇惻
晩節依違
賢者之惜

蔡邕（集古像賛）

蔡伯喈像
三才圖會　人物五卷
十三

蔡邕（三才図会）

【蔡邕《さいよう》】（一三三～一九二）後漢の学者・書家。陳留圉《ぎょ》県（現・河南省杞《き》県）の人。字《あざな》は伯喈《はくかい》。博学で数学・天文・音楽に通じ、経書《けいしょ》の文字の誤りを正すため太学門中に石経をたてた。世に「熹平石経《きへいせきけい》」という。著に『独断《どくだん》』『蔡中郎集』などがある。娘に蔡文姫《さいぶんき》がいる。

蔡文姬（百美新詠）

【蔡文姬《さいぶんき》】後漢の蔡邕《さいよう》の娘。名は琰《えん》、文姫は字《あざな》。博学で音律に詳しかった。二世紀末に匈奴に連れ去られ十二年を過ごし、その地で二人の子供を生んだ。後にその才を惜しんだ曹操の助けで中国に戻る。その作とされる『胡笳《こか》十八拍』には、異民族の地で辛酸を嘗めた悲痛な体験がうたわれる（近年は後世の仮托《かたく》ともいう）。

江諫議像
江革（古聖賢像傳略）

嚴先生
先生名光字子陵餘姚人少與光武
同游學及即位隱身不見帝思其賢
令物色訪之後齊國上言有一男子
披羊裘釣澤中帝疑是光遣使聘之
三反而後至帝曰咄咄子陵不可相助
為理邪光不應良久乃熟視曰昔唐
堯著德巢父洗耳士故有志何至相
迫乎因共臥以足加帝腹上明日太
史奏客星犯御座甚急帝笑曰朕故
人嚴子陵共臥耳歸而釣於富春江
厳光（無雙譜）

嚴子陵像
三才圖會
人物五卷
八
厳光（三才図会）

【江革《こうかく》】

後漢時代、山東臨・《りんし》の人。字《あざな》は次翁。母に仕えて孝行をし評判のため、「孝廉《こうれん》」によって挙げられ官吏となった。その品行を慕って大勢が贈礼をしたがすべて辞退した。

「二十四孝」によると、江革は匪賊の乱に遭い母を背負って逃げる途中、捕えられたが泣いて命乞いをした。老母を理由に賊に許され、下邳《かひ》にまで落ち延び、ここで力仕事をして金を儲け母を養ったという（行傭供母）。

【厳光《げんこう》】

後漢の隠者。会稽余姚《よよう》の人。字《あざな》は子陵。光武帝・劉秀のおさな友達で、光武帝の即位とともに姿を隠した。

探し出され、招かれて朝廷に泊まったが、劉秀と同じ布団に寝たという。しかし富貴を嫌い、皇帝となった光武帝からの仕官の誘いも断って、故郷の富春山に隠棲し魚釣りの毎日を送った。

楊震（三才図会）

黄香（古聖賢像傳略）

【楊震《ようしん》】

（？〜一二四）後漢の政治家。陝西華陰の人。字《あざな》は伯起。群書を読み博覧強記で、「関西（函谷関以西）の孔子」とよばれた。荊州刺史、涿《たく》郡太守などを歴任したが、清廉潔白な人として知られる。あるとき密かに賄賂を送ろうとした人に対して、楊震は「天、地、我、汝が知っている（四知）ので、受けとることができない」と断った。

【黄香《こうこう》】

後漢の安陸（現・湖北省）の人。字《あざな》は文彊《ぶんきょう》。和帝のとき尚書令に任じた。九歳で母を亡くし、日夜母を思っていた。村人からは孝行ものと呼ばれた。父にもよく孝養を尽くした。夏の暑いときには、父のために扇で床をあおいだ。冬の寒いときには、体で床を暖めた。太守の劉護はこの孝行に感心して、表彰した（扇枕温衾）。二十四孝の一つである。

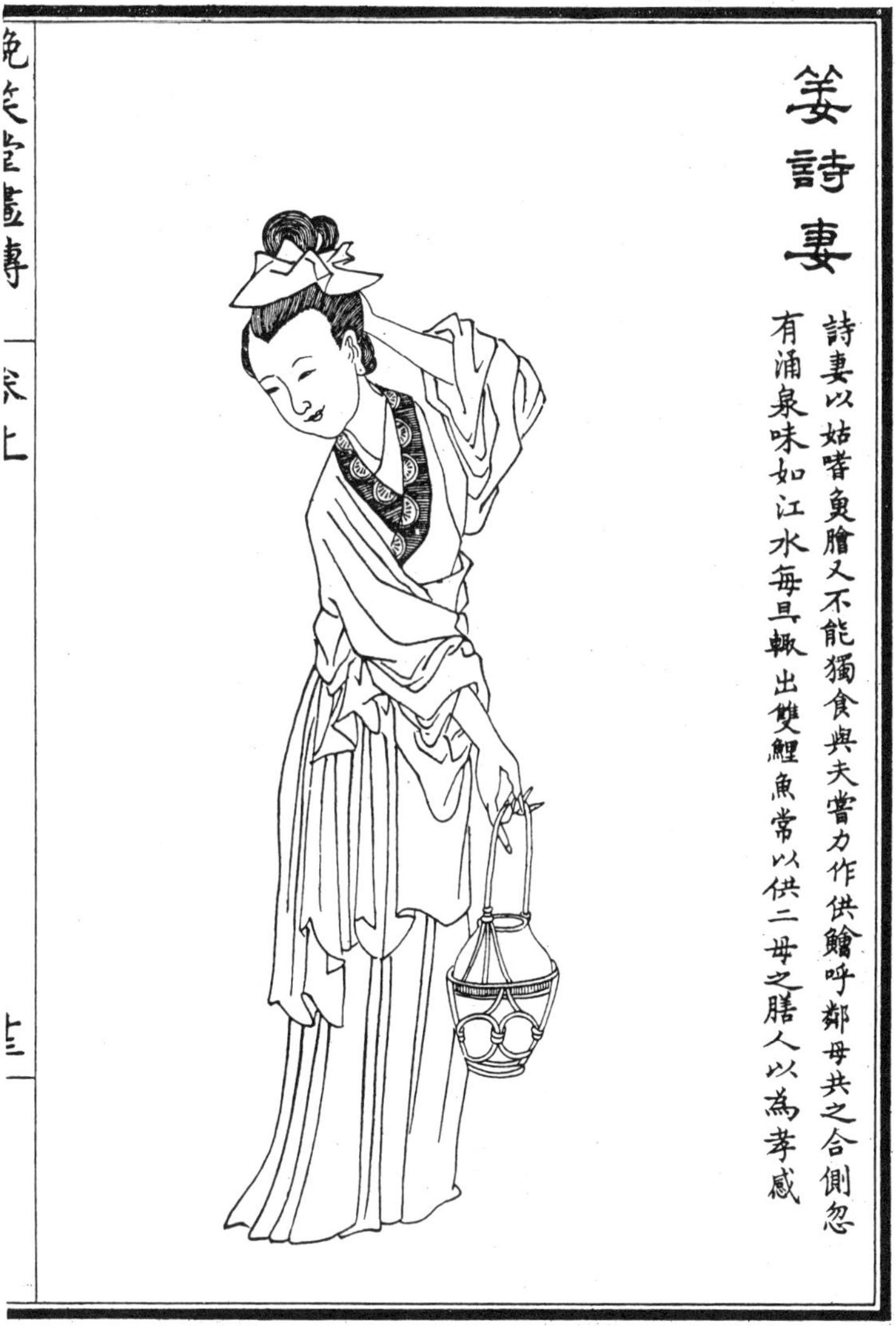
晩笑堂畫傳
卷上
姜詩妻
詩妻以姑嗜魚膾又不能獨食與夫嘗力作供膾呼鄰母共之舍側忽
有涌泉味如江水每旦輙出雙鯉魚常以供二母之膳人以為孝感

姜詩妻（晩笑堂画傳）

【姜詩妻《きょうしのつま》】

漢の姜詩は孝行者で、妻の龐氏も姑によく仕えた。姜詩が妻と共によく母に仕えたため、赤眉《せきび》の乱のとき、賊の残党も「孝行者を驚かしては鬼神のたたりがあろう」と避けておったという。姜詩の妻は、四川廣漢郡の龐盛のむすめで姑に良く仕えた。姑が魚の刺身が好きだが、一人で食べるのは嫌いという。そのため妻は精出して働き二人分の刺身をあがない、隣の老婆を呼んで姑と共に食べさせた。ある日家の脇に泉が湧き、そこから毎朝二匹の鯉が出たという（涌泉躍魚）。二十四孝の一つである。

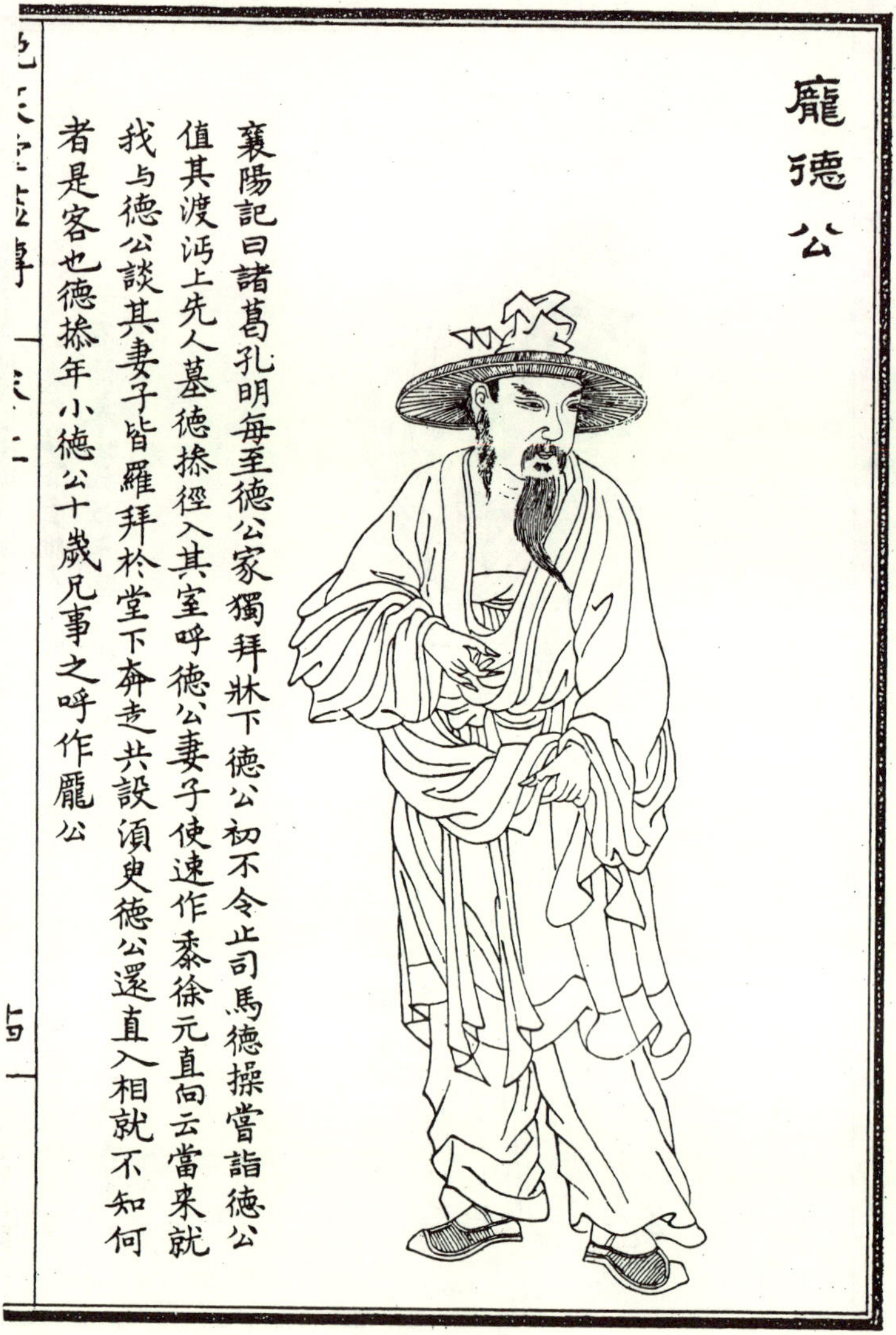
龐徳公
襄陽記曰諸葛孔明毎至徳公家獨拜牀下徳公初不令止司馬徳操嘗詣徳公
值其渡沔上先人墓徳操徑入其室呼徳公妻子使速作黍徐元直向云當来就
我与徳公談其妻子皆羅拜扵堂下奔走共設須臾徳公還直入相就不知何
者是客也徳操年小徳公十歳兄事之呼作龐公

龐徳公（晩笑堂画傳）

【龐徳公《ほうとくこう》】 後漢末期、湖北襄陽《じょうよう》の隠士。劉表がたびたび召そうとしたが応ぜず、妻子を伴って鹿門山に登り、薬草を採取して一生を送った。

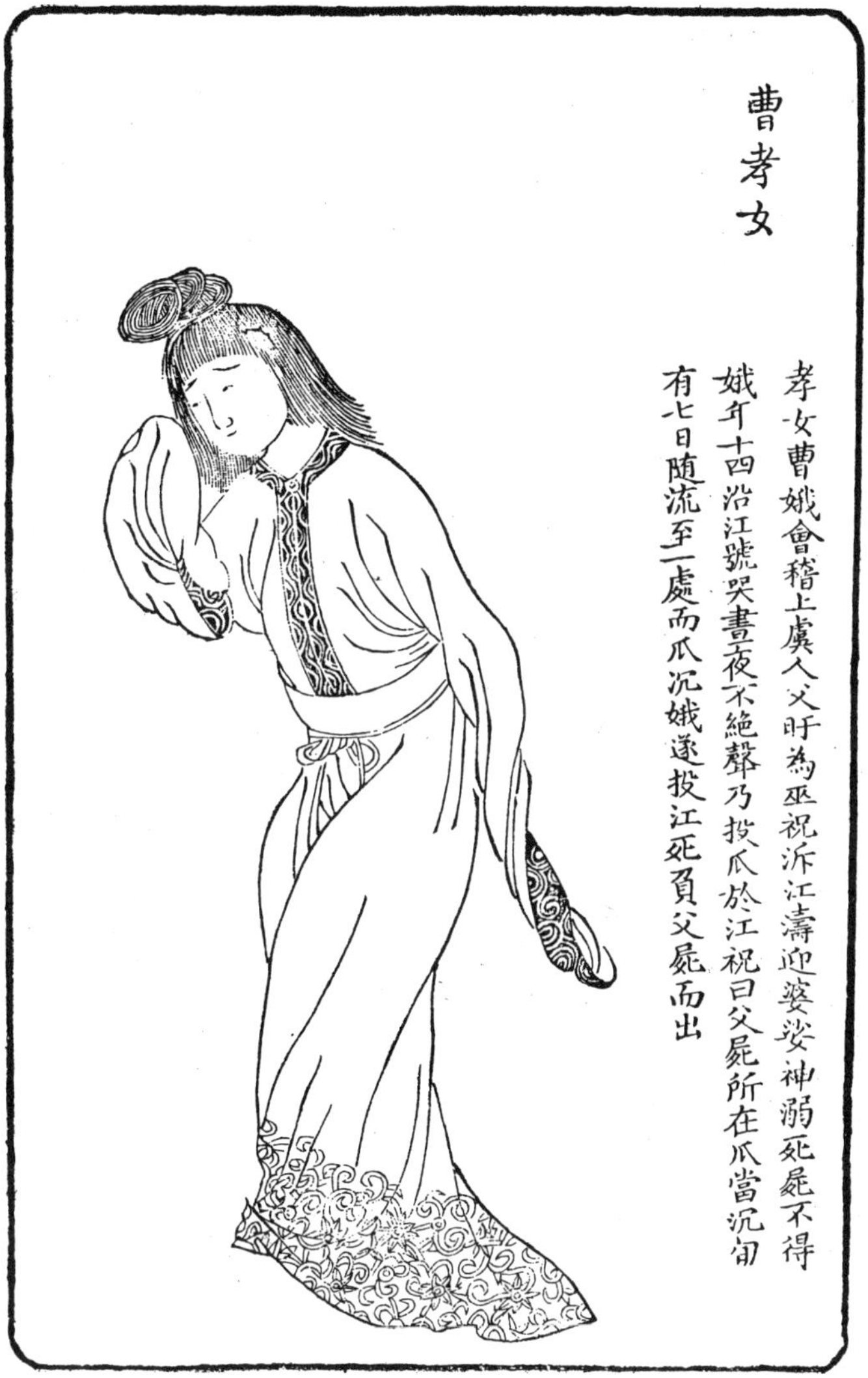
曹孝女
孝女曹娥會稽上虞人父盱為巫祝泝江濤迎婆娑神溺死屍不得
娥年十四沿江號哭晝夜不絶聲乃投瓜於江祝曰父屍所在瓜當沉旬
有七日隨流至一處而瓜沉娥遂投江死負父屍而出

曹娥（無雙譜）

【曹娥《そうが》】（一二九〜一四三）後漢の官吏・曹盱《そうかん》の娘。浙江上虞《じょうぐ》（現・浙江省）の人。親に孝を尽くすので知られた。あるとき父が洪水の川を竹の筏に乗って渡ろうとするので止めたが聞かず、父は川に溺れた。曹娥は自らが泳げないままに、身をおどらして川に飛び込んだ。三日後に父の遺体を抱えた曹娥の遺体が上がった。里人はこれを憐れんで廟を建てて弔った。二十四孝の一つである。

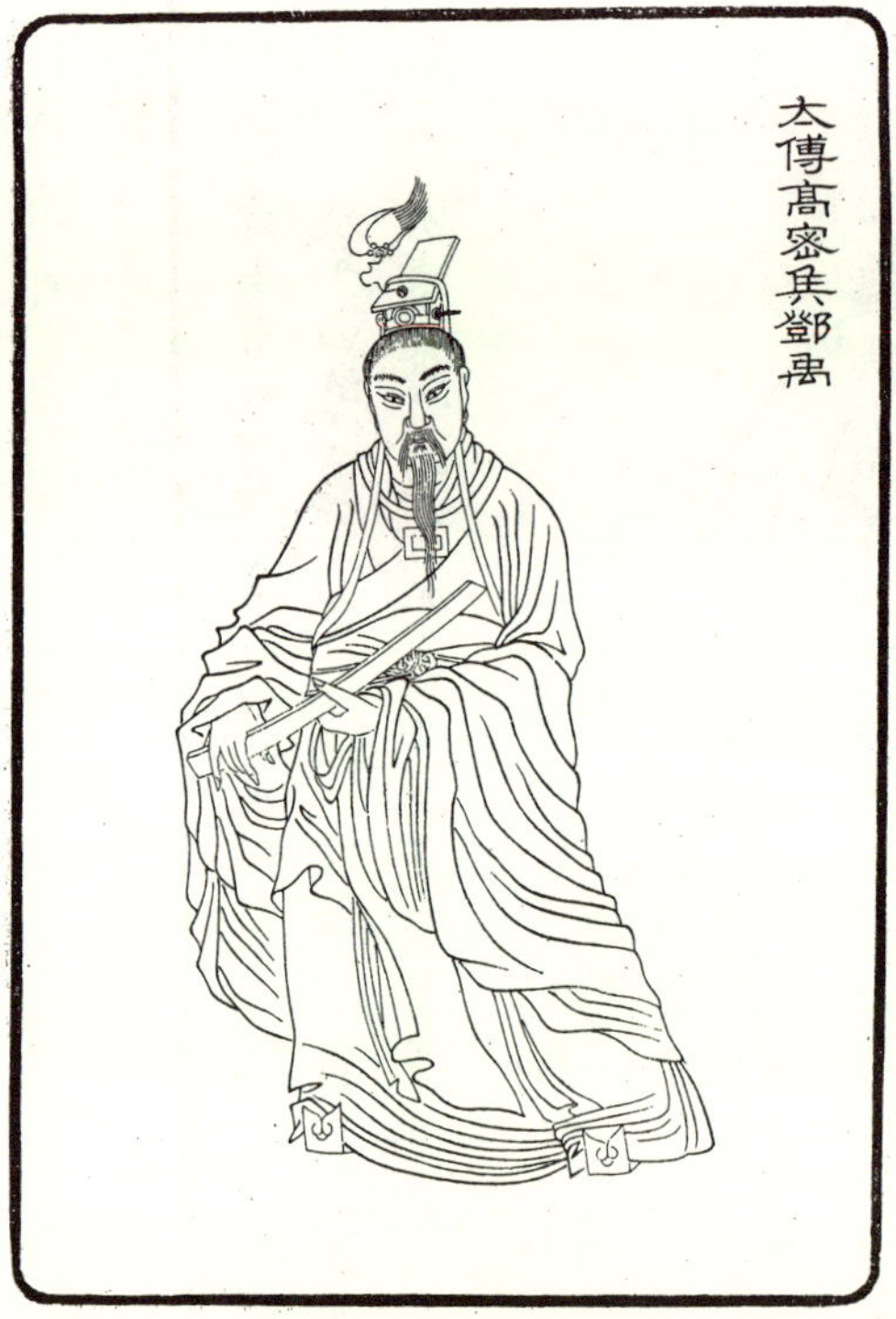
太傅高密侯鄧禹

鄧禹（雲台二十八将図）

孔融（古聖賢像傳略）

鄧仲華像
三才圖會　人物五卷
二

鄧禹（三才図会）

【孔融《こうゆう》】

（一五三〜二〇八）後漢末の文人。山東曲阜《きょくふ》の人。字《あざな》は文挙。建安七子のひとり。孔子の二十世の孫といわれる。子どものとき李膺《りよう》を訪ねて、「あなたと私は昔から親戚づきあいしている」といった話は有名（李は、老子の姓。老子と孔子は会見したことがあると言われていた）。太中大夫に在職していたが、最後は曹操に憎まれて、下獄し一族共々処刑された。

【鄧禹《とうう》】

（二〜五八）後漢初めの武将。南陽新野（現・河南省新野南）の人。字《あざな》は仲華、諡《おくりな》は元。初め劉秀に従い、河北の叛乱を鎮圧する。のち前将軍になり河東に入り、緑林軍を撃破した。劉秀が即位してから、大司徒に任じ、酇《さん》侯に封じられる。明帝が洛陽南宮雲台に描かせた「雲台二十八将図」の一人。

馬成（雲台二十八将図）

【馬成《ばせい》】（？～五六）後漢初め南陽棘陽（現・河南省南陽南）の人。字《あざな》は君遷。若いときは県吏だった。王莽の新が滅亡すると、劉秀に従い、護軍都尉となった。江淮《こうわい》地域の平定に功績があり、平舒《へいじょ》侯となる。建武二十七年に全椒侯《ぜんしょうこう》となった。明帝が洛陽南宮雲台に描かせた「雲台二十八将図」の一人。

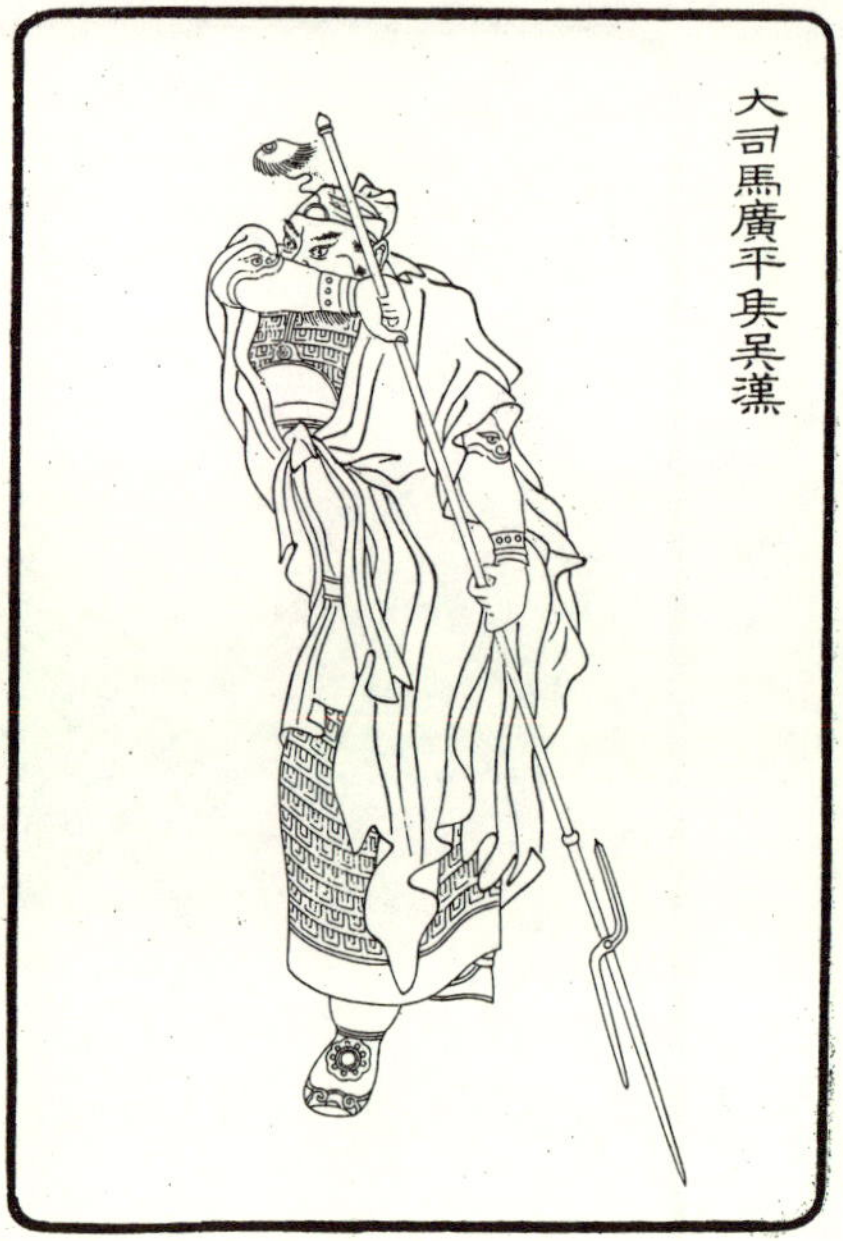

呉漢（雲台二十八将図）

王梁（雲台二十八将図）

【呉漢《ごかん》】

（？～四四）後漢初め、南陽宛県（現・河南省）の人。字《あざな》は子顔。馬の販売を生業としていた。後に劉秀に帰順し、王郎らの割拠《かっきょ》勢力の鎮圧に功があった。劉秀が即位すると大司馬となり、広平侯に封ぜられた。明帝が洛陽南宮雲台に描かせた「雲台二十八将図」の一人。


【王梁《おうりょう》】

後漢の初めの人。光武帝の建国に功があった。阜成《ふせい》侯に封ぜられた。明帝が洛陽南宮雲台に描かせた「雲台二十八将図」の一人。

賈復（雲台二十八将図）

陳俊（雲台二十八将図）

【賈復《かふく》】

（?～五五）後漢初め、南陽冠軍（現・河南省鄧県西北）の人。かつて県掾《けんじょう》をつとめた。緑林軍が起義すると自ら起兵し、将軍となった。のちに劉秀に従い、赤眉《せきび》軍などを撃破、膠東《こうとう》侯に封じられた。光武帝の建国に功があった。明帝が洛陽南宮雲台に描かせた「雲台二十八将図」の一人。

【陳俊《ちんしゅん》】

（?～四七）後漢初め、南陽西鄂《せいがく》（現・河南省南陽北）の人。字《あざな》は子昭。郡吏であったが、王莽《おうもう》の新が滅亡した後に、劉秀に従い河北を転戦し、光武帝の建国に功があった。祝阿《しゅくあ》侯に封ぜられた。明帝が洛陽南宮雲台に描かせた「雲台二十八将図」の一人。

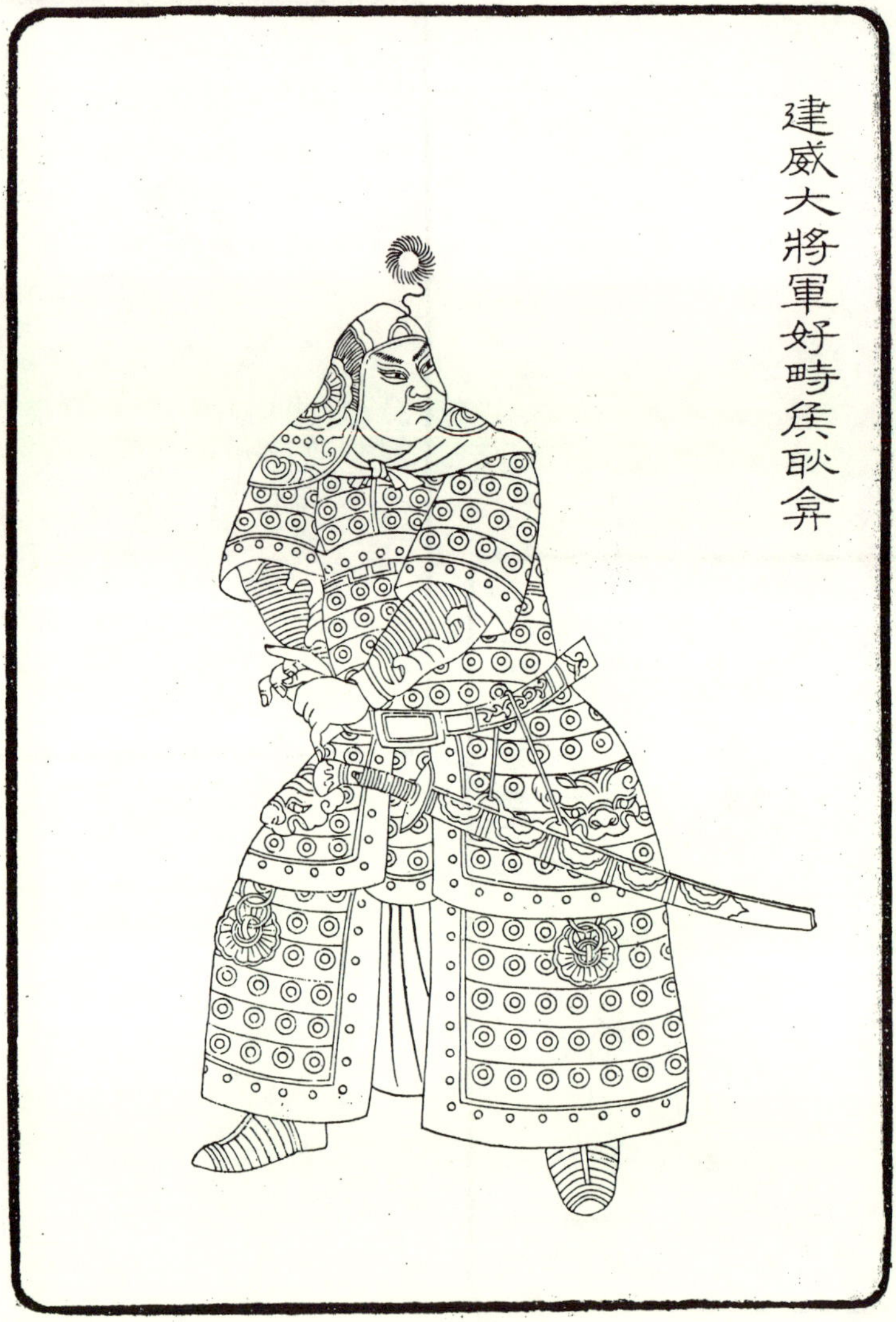

耿弇（雲台二十八将図）

【耿弇《こうえん》】（三〜五八）後漢の武将。扶風茂陵（現・陝西省興平東北）の人。字《あざな》は伯昭。新の滅亡後、父の勧めで劉秀に帰順し、軍功を挙げる。劉秀が帝となってからは、建威大将軍に任じ、好時《こうし》侯に封じられる。城陽、瑯邪等十二郡を占領し平定した。明帝が洛陽南宮雲台に描かせた「雲台二十八将図」の一人。

杜茂（雲台二十八将図）

【杜茂《とも》】

（?～四三）後漢初めの武将。南陽冠軍（現・河南省鄧県西北）の人。字《あざな》は諸公。劉秀が帝を名乗ると大将軍となり、農民起義軍を鎮圧した。建武十三年、脩侯に封ぜられるが、罪を得て免官となった。明帝が洛陽南宮雲台に描かせた「雲台二十八将図」の一人。

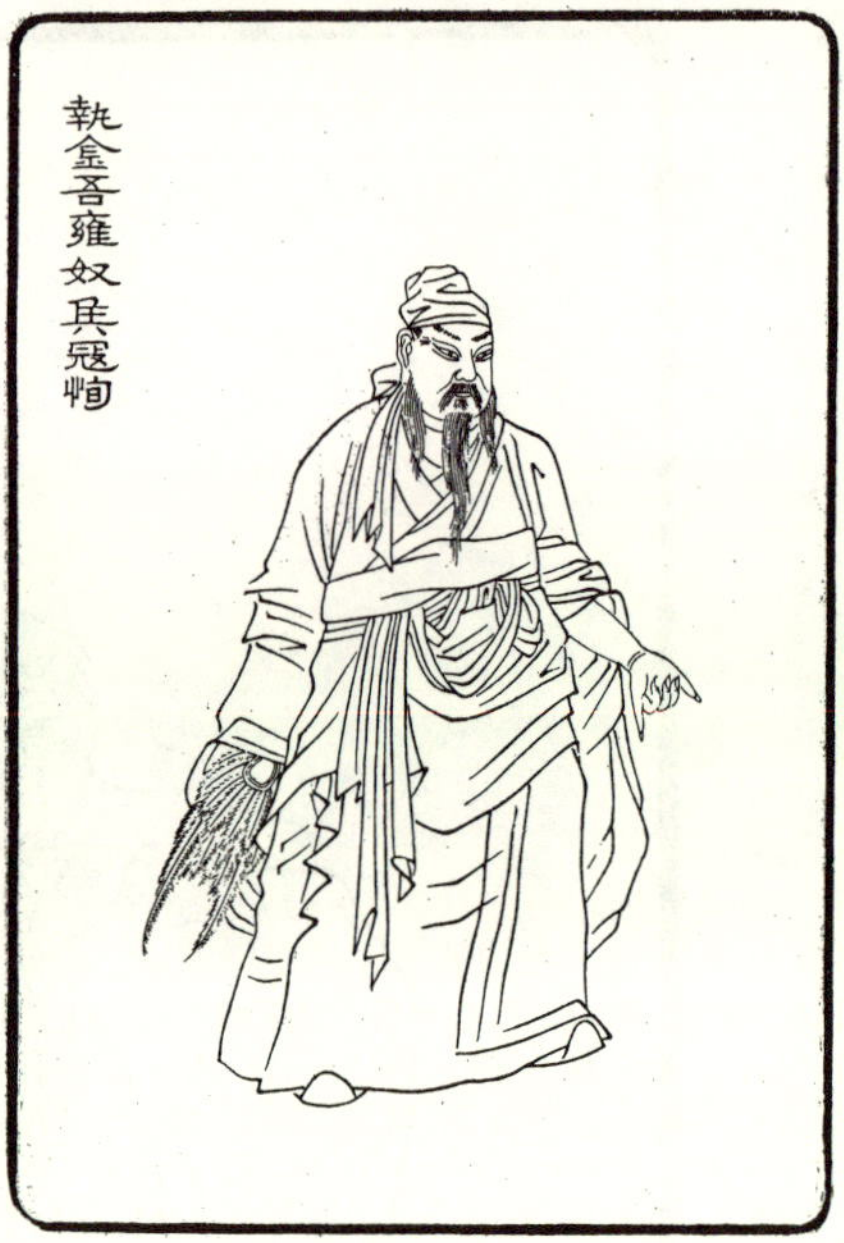

寇恂（雲台二十八将図）

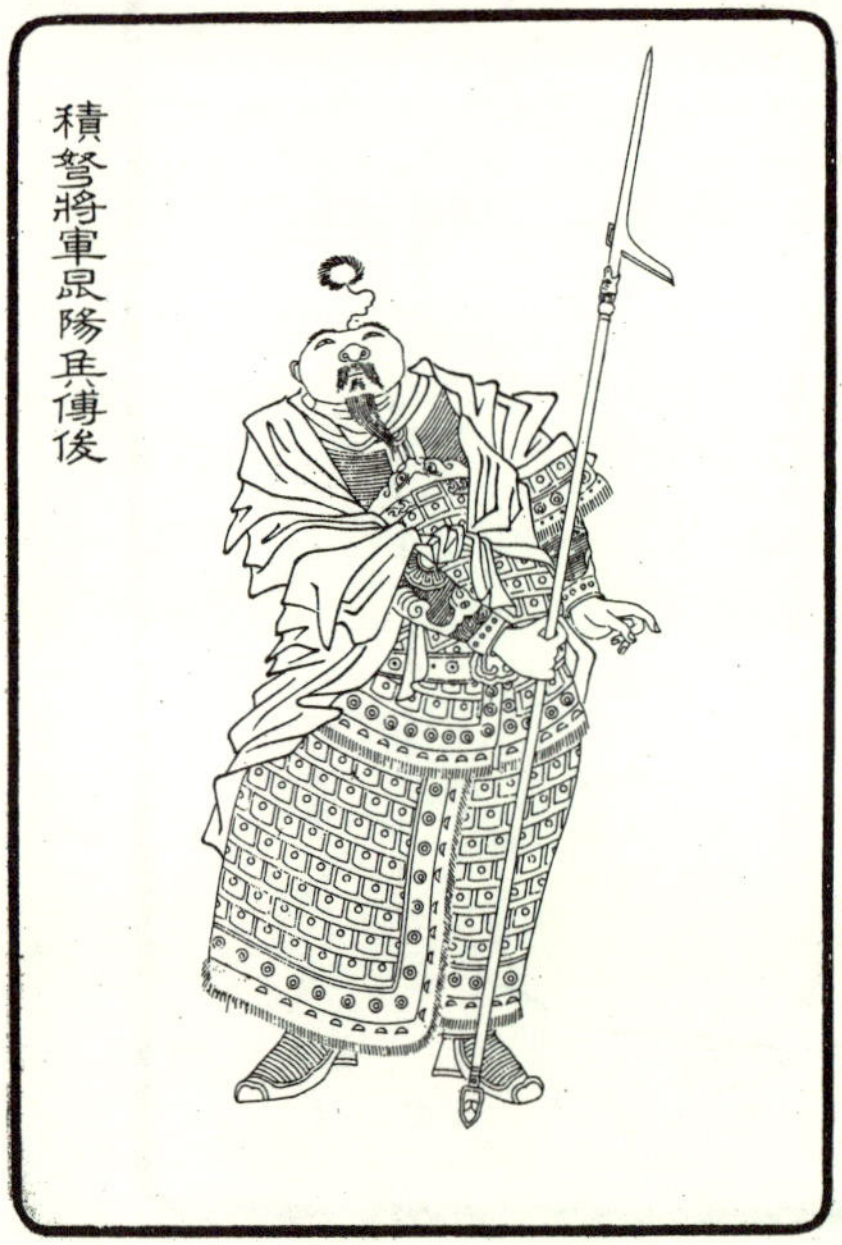

傅俊（雲台二十八将図）

【寇恂《こうじゅん》】

（?～三六）後漢初め、上谷昌平（現・北京市）の人。字《あざな》は子翼、劉秀が河内を占領すると太守に任ぜられ、輜重に任にあたった。馮異《ふうい》らと緑林軍を鎮圧し、後に雍奴《ようど》侯に封ぜられた。明帝が洛陽南宮雲台に描かせた「雲台二十八将図」の一人。


【傅俊《ふしゅん》】

後漢の初めの人。光武帝の建国に功があった。昆陽侯に封ぜられた。明帝が洛陽南宮雲台に描かせた「雲台二十八将図」の一人。

岑彭（雲台二十八将図）

堅鐔（雲台二十八将図）

【岑彭《しんほう》】（？～三五）後漢初め、南陽新野（現・河南省新野南）の人。字《あざな》は君然。王莽《おうもう》の新の時代に県長であった。のち劉秀に帰順し、河北を転戦した。劉秀が即位すると、舞陰《ぶいん》侯に封ぜられた。

【堅鐔《けんたん》】後漢の初めの人。光武帝の建国に功があった。合肥侯に封ぜられた。明帝が洛陽南宮雲台に描かせた「雲台二十八将図」の一人。

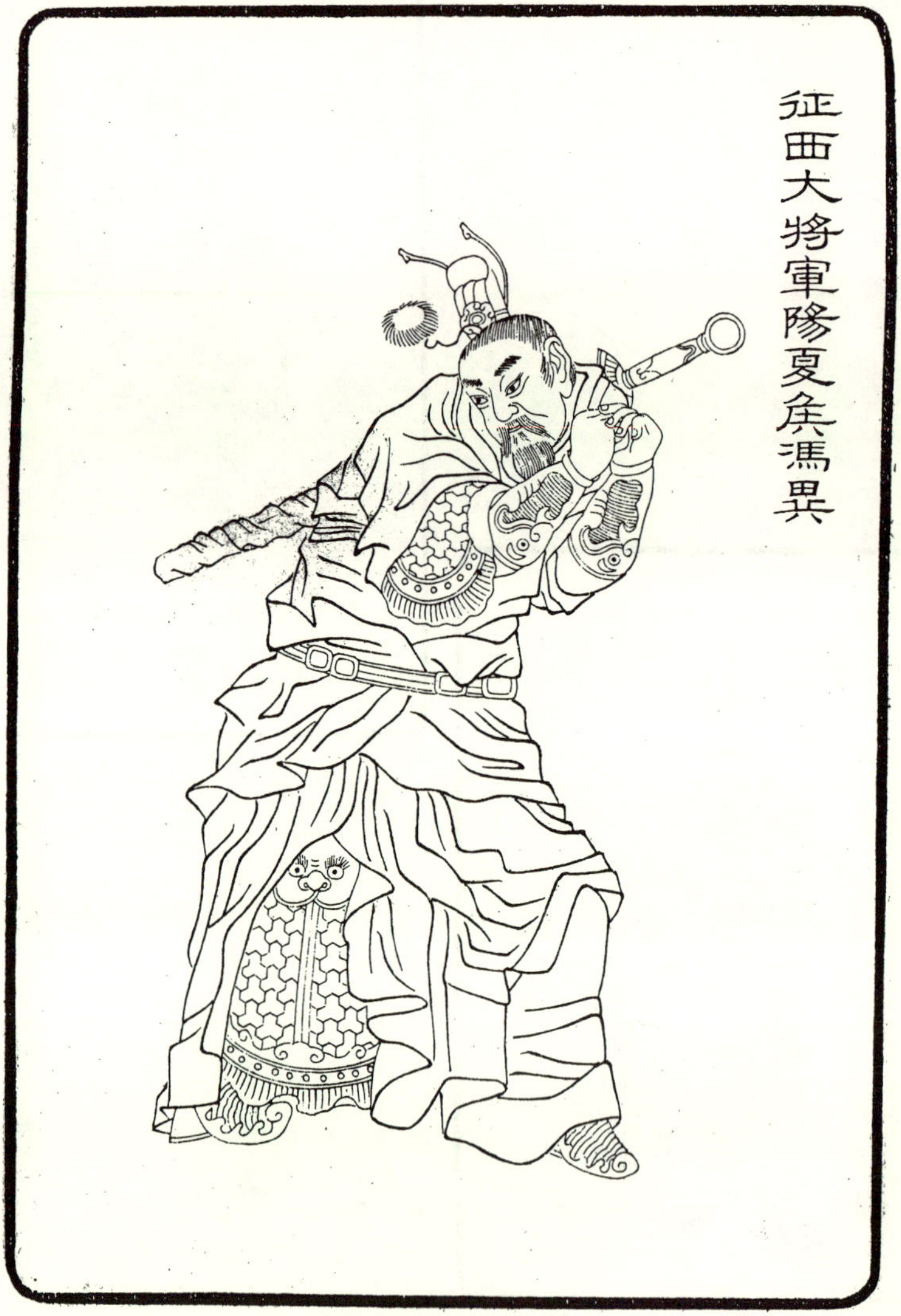

馮異（雲台二十八将図）

【馮異《ふうい・ひょうい》】

（?～三四）後漢初め、潁川父城《えいせんほじょう》（現・河南省）の人。字《あざな》は公孫。王莽の新時代、郡掾《ぐんじょう》となる。後に劉秀に帰順し、王郎らの討伐に力を揮った。劉秀が即位すると、陽夏侯となった。

上谷太守淮陽侯王霸

王覇（雲台二十八将図）

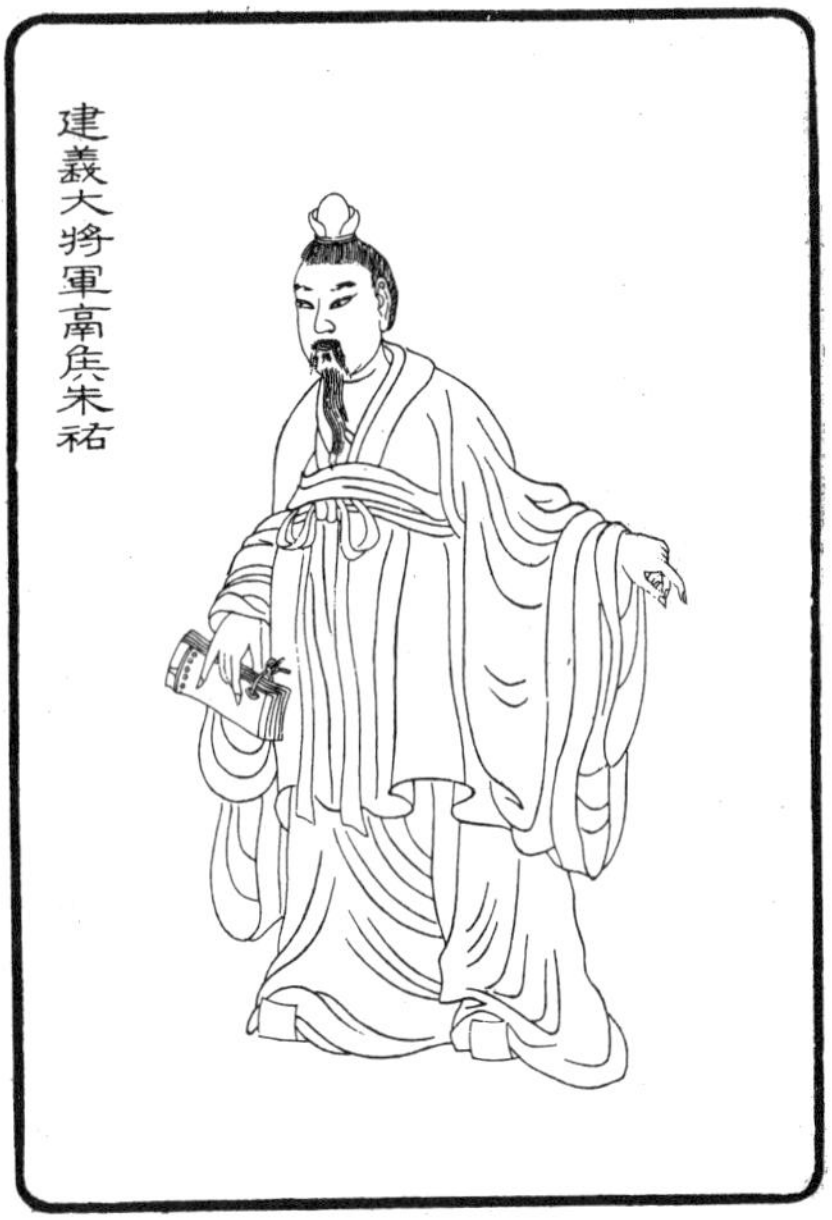
建義大將軍鬲侯朱祐

朱祐（雲台二十八将図）

【王覇《おうは》】

（?～五九）後漢の初め、潁川《えいせん》潁陽（現・河南省許昌西）の人。字《あざな》は元伯。劉秀に従い、王莽軍を討伐し、劉秀が即位したのちは、富波侯に封ぜられた。のちに匈奴と戦い、北辺の安定に貢献した。淮陵侯《わいりょうこう》に封ぜられた。明帝が洛陽南宮雲台に描かせた「雲台二十八将図」の一人。

【朱祐《しゅゆう》】

（?～四八）後漢初め南陽宛（現・河南省南陽）の人。字《あざな》は仲先。王莽《おうもう》の新の末年、劉秀について兵を起こし、安陽侯に封ぜられた。建武十三年には、鬲《れき》侯に封ぜられた。明帝が洛陽南宮雲台に描かせた「雲台二十八将図」の一人。

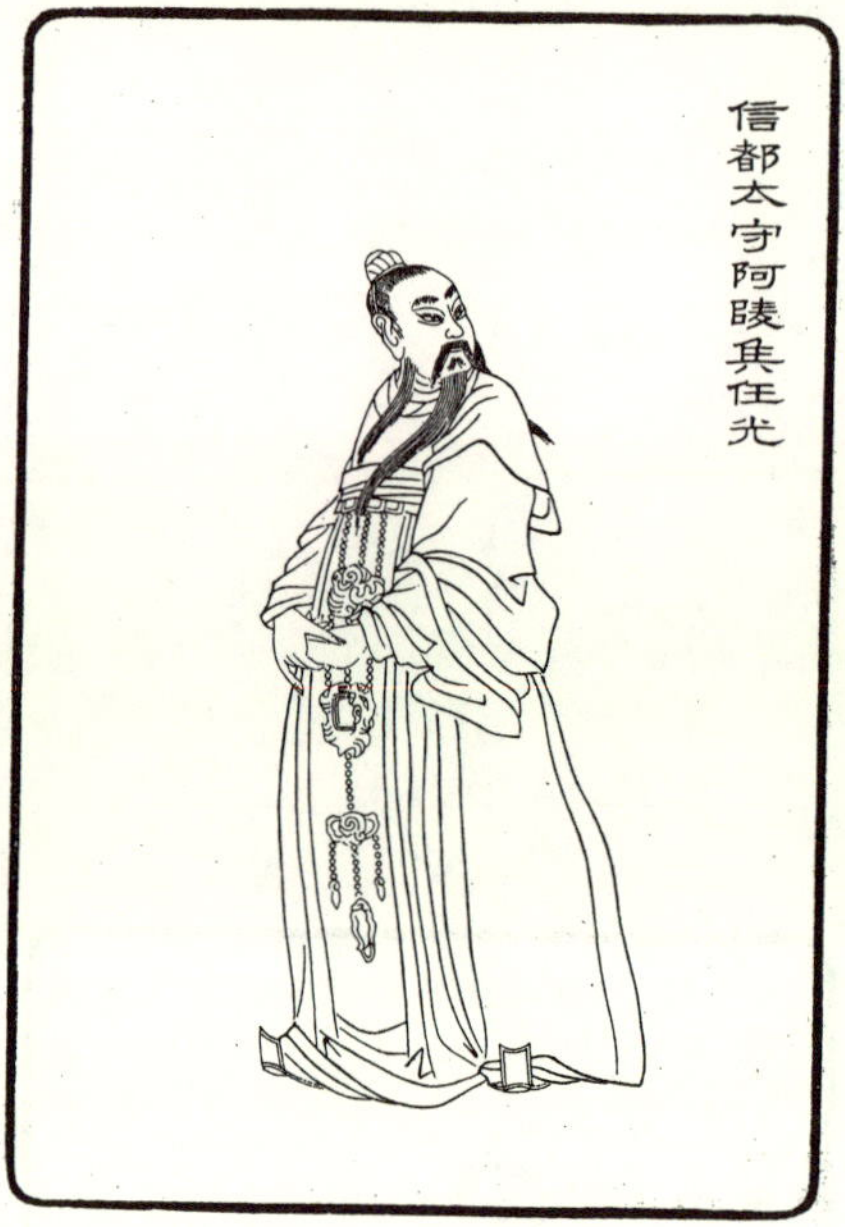
信都太守阿陵侯任光
任光（雲台二十八将図）

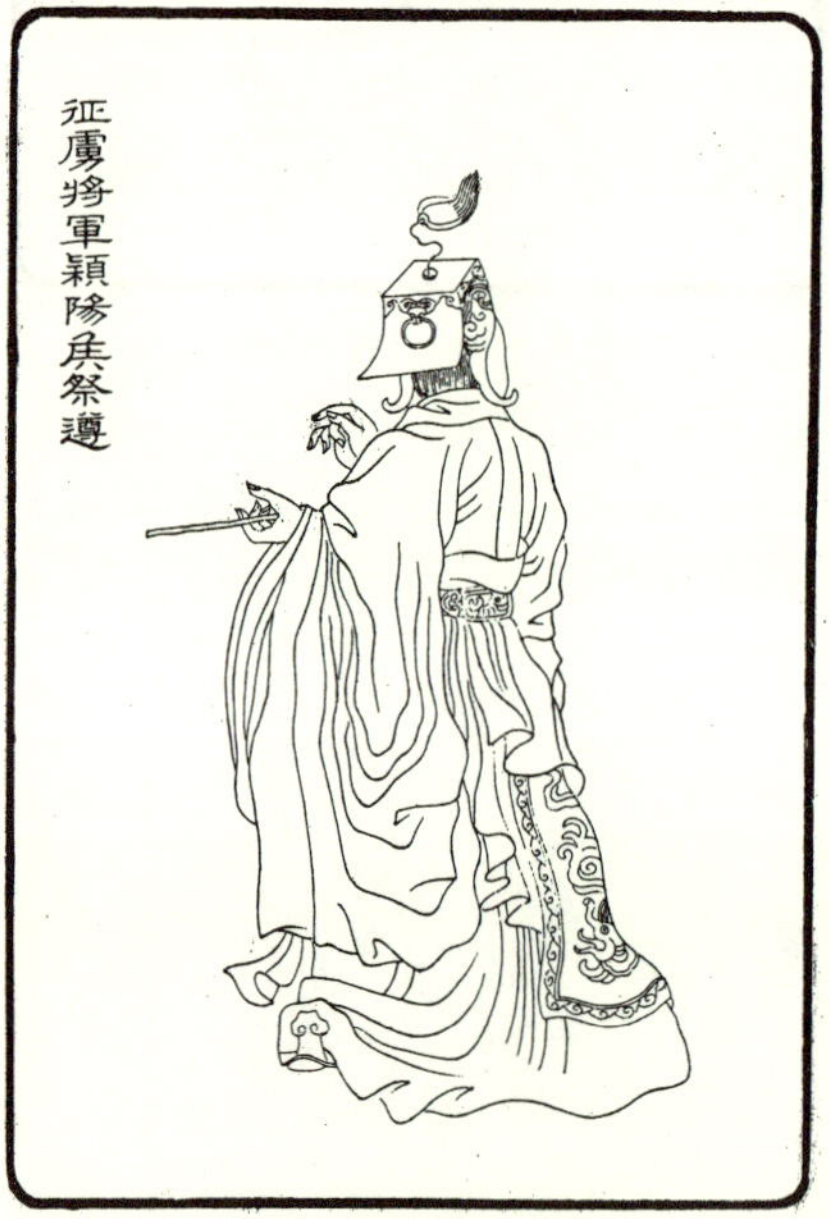
征虜将軍潁陽侯祭遵
祭遵（雲台二十八将図）

【任光《にんこう》】

（？〜二九）新莽末期、南陽宛（現・河南省南陽）の人。字《あざな》は伯卿。郡県吏をしていたが、のち緑林軍に加わり、更に劉秀に従った。阿陵《ありよう》侯に封ぜられた。明帝が洛陽南宮雲台に描かせた「雲台二十八将図」の一人。


【祭遵《さいじゅん》】

（？〜三三）後漢初め、潁川潁陽（現・河南省許昌西）の人。字は弟孫。劉秀にしたがって転戦し、軍市令として働いた。後、征虜《せいりょ》将軍となり、潁陽侯に封ぜられた。明帝が洛陽南宮雲台に描かせた「雲台二十八将図」の一人。

李忠（雲台二十八将図）

【李忠《りちゅう》】

後漢初めの人。光武帝の建国に功があった。中水侯に封ぜられた。明帝が洛陽南宮雲台に描かせた「雲台二十八将図」の一人。

景丹（雲台二十八将図）

【景丹《けいたん》】（?～二六）後漢初め、陝西臨潼《りんどう》の人。字は孫卿。劉秀に帰順し、河北の平定に功があった。明帝が洛陽南宮雲台に描かせた「雲台二十八将図」の一人。

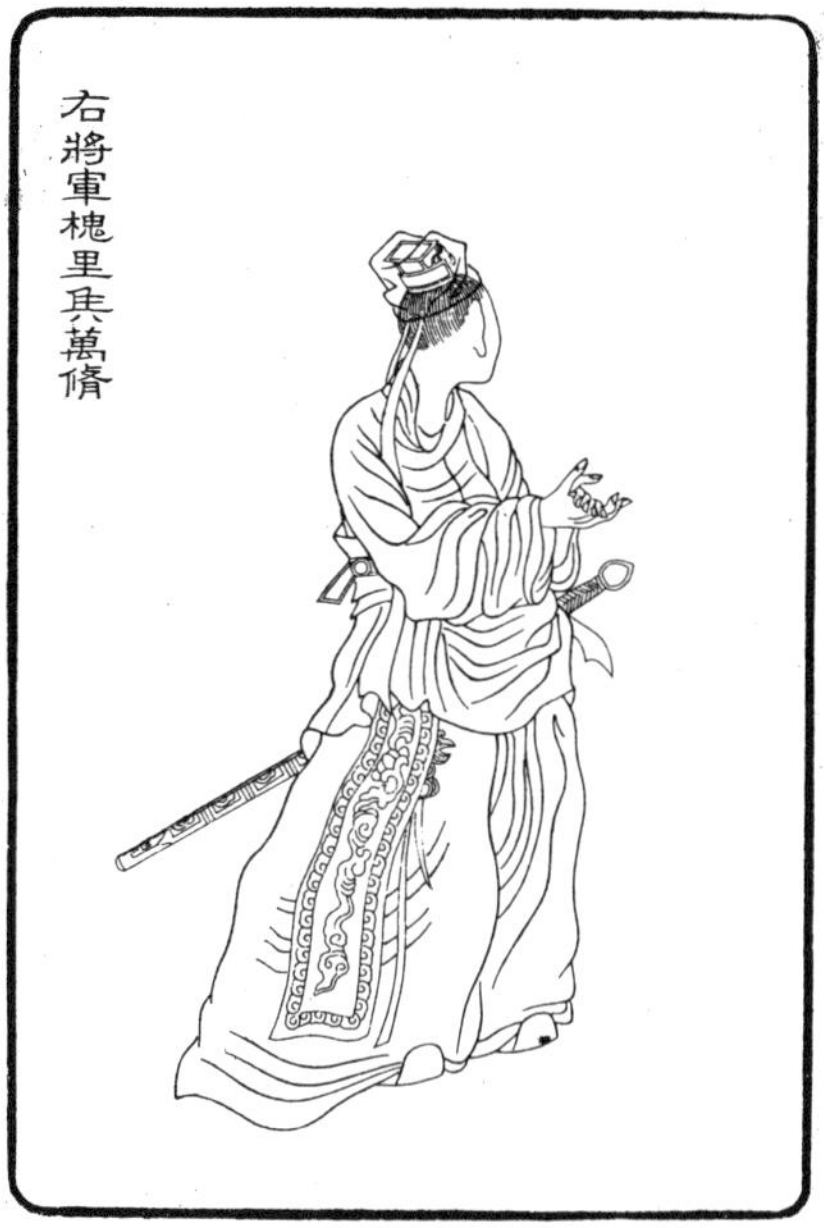
右將軍槐里侯萬脩

萬修（雲台二十八将図）

虎牙大將軍安平侯蓋延

蓋延（雲台二十八将図）

【萬修《ばんしゅう》】

（？〜二六）　扶風茂陵（現・陝西省興平東北）の人。字《あざな》は君游。更始（新末の農民起義軍の政権）では信都令に任じた。後、劉秀に帰順して、将軍となり造義侯に封じられる。邯鄲《かんたん》を破って右将軍になり、河北を平定した。建武二年（二六）里槐侯《りかいこう》となるが軍中に病没する。明帝が洛陽南宮雲台に描かせた「雲台二十八将図」の一人。

【蓋延《がいえん》】

（？〜三九）　後漢初め、漁陽要陽（河北省灤平《らんぺい》西北）の人。字《あざな》は巨卿《きょけい》。王莽《おうもう》の新の滅亡後、劉秀に従う。帝を称して後は、虎牙《こが》将軍に任じ、安平侯に封じられる。割拠勢力をしばしば打ち破り軍功があった。

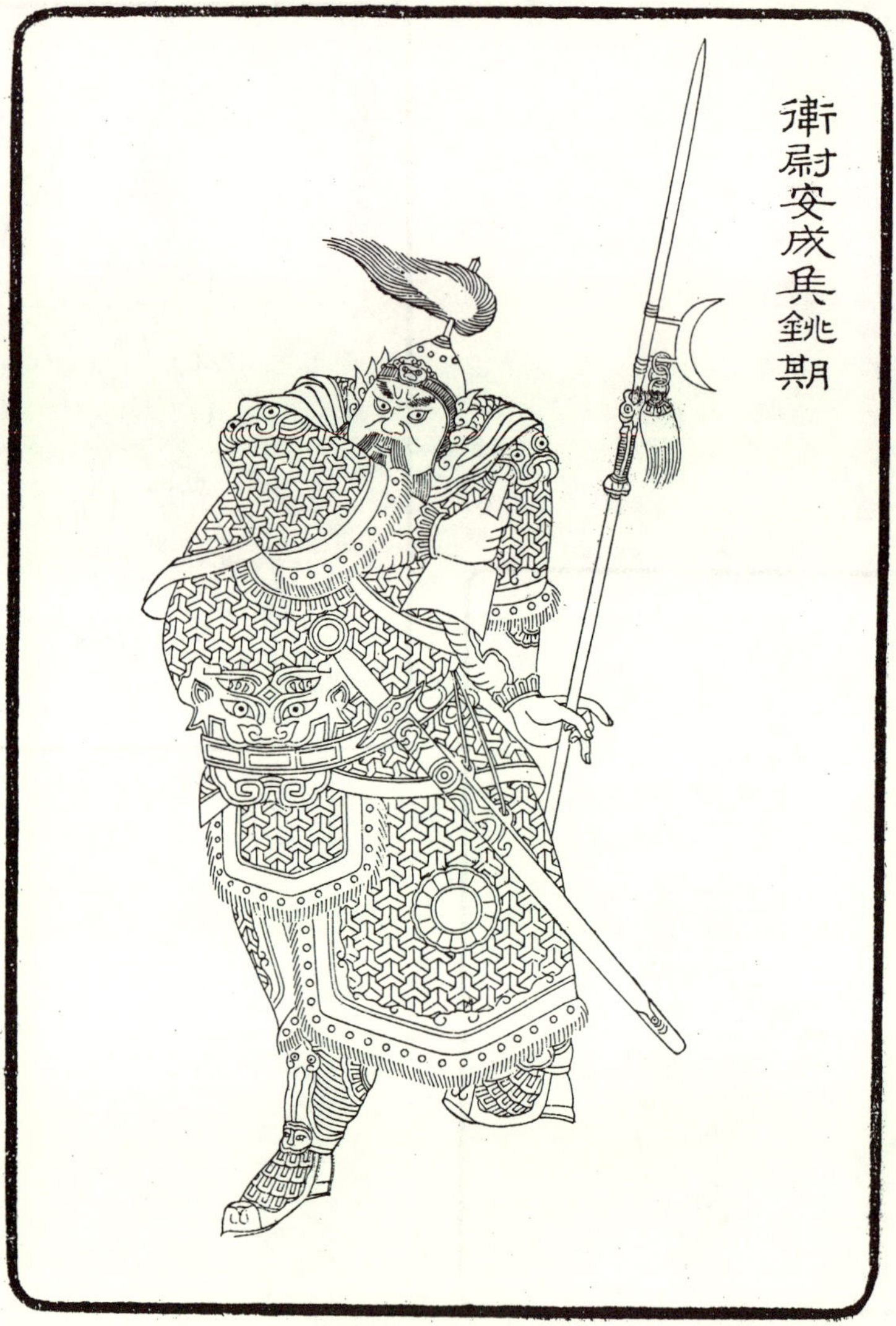

銚期（雲台二十八将図）

【銚期《ようき》】（?～三四）後漢初め、潁川《えいせん》郟《きょう》県（現・河南省）の人。字は次況。劉秀に従い、河北で王郎を破り、虎牙大将軍に任じた。劉秀が即位すると、安成侯に封ぜられた。明帝が洛陽南宮雲台に描かせた「雲台二十八将図」の一人。

邳彤（雲台二十八将図）

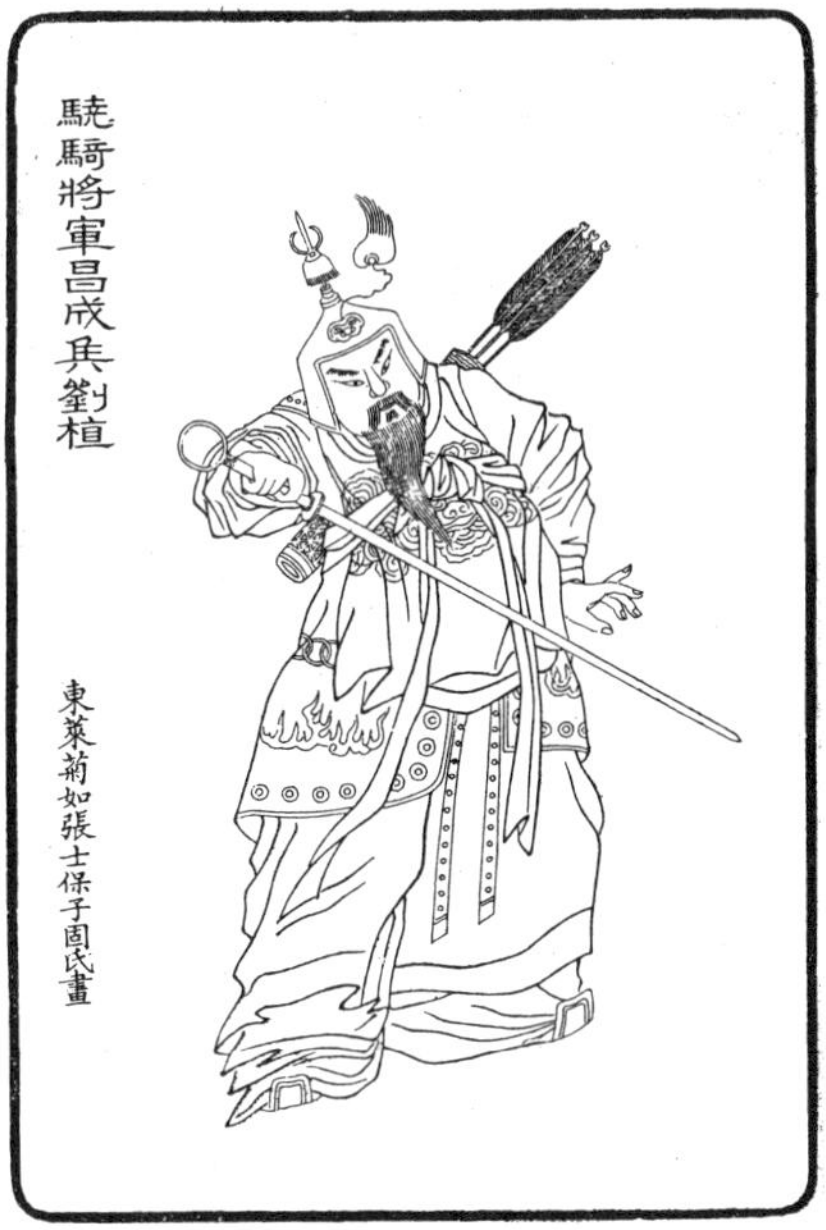

劉植（雲台二十八将図）

【邳彤《ひとう》】

（?～三〇）後漢初めの武将。信都（現・河北省冀県）の人。字《あざな》は偉君。王莽《おうもう》の新の官吏であったが、劉秀に帰順し、その建国を助けた。武義侯に封ぜられた。明帝が洛陽南宮雲台に描かせた「雲台二十八将図」の一人。

【劉植《りゅうしょく》】

（?～二六）　新莽末期、巨鹿昌城（現・河北省東鹿南）の人。王莽《おうもう》の新の滅亡後、王郎が河北に拠って帝を自称すると、劉植は宗族を率いて昌城に依拠した。のちに劉秀に従い、将軍となり、真定王の劉秀への帰順を勧めた。建武二年、昌城侯に封ぜられた。明帝が洛陽南宮雲台に描かせた「雲台二十八将図」の一人。

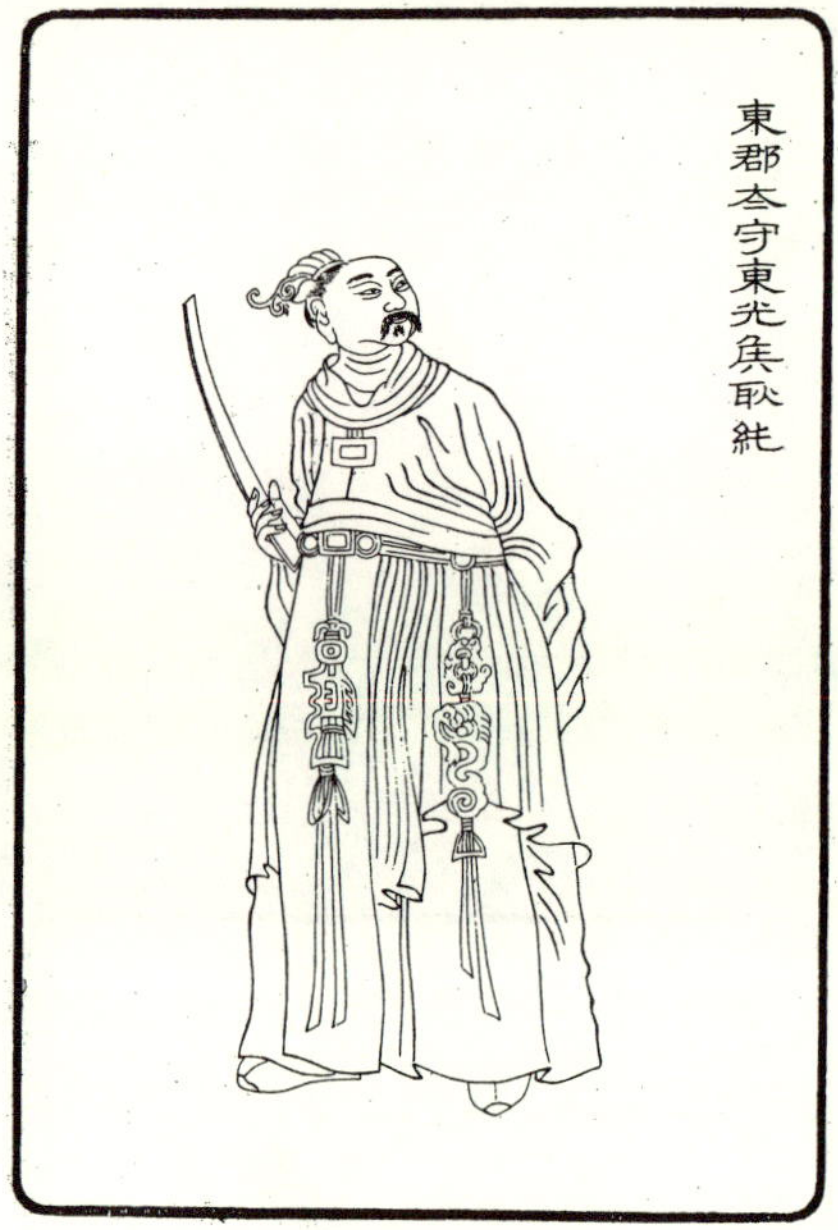
東郡太守東光侯耿純

耿純（雲台二十八将図）

捕虜将軍揚虚侯馬武

馬武（雲台二十八将図）

【耿純《こうじゅん》】（?～三七）後漢初め、鉅鹿《きょろく》宋子（現・河南省）の人。字《あざな》は伯山。更始年間、騎都尉となる。後に宗族賓客を大勢引き連れ、劉秀に帰順、河北を転戦した。後漢が成立すると、東光侯に封ぜられた。明帝が洛陽南宮雲台に描かせた「雲台二十八将図」の一人。

【馬武《ばぶ》】（?～六一）後漢時代、南陽湖陽（現・河南省唐河西南）の人。字《あざな》は子張。緑林農民起義軍に参加、後、更始（劉玄）の将軍になる。後に劉秀に帰順し、山都侯に封じられる。建武十三年（三七）武陵蛮《ぶりょうばん》を鎮圧、明帝の初年、破虜将軍となり、西羌《せいきょう》を大破した。明帝が洛陽南宮雲台に描かせた「雲台二十八将図」の一人。

臧宮（雲台二十八将図）

【臧宮《ぞうきゅう》】

（?～五八）後漢初、潁川《えいせん》（現・河南省）の人。字《あざな》は君翁。王莽《おうもう》の新の滅亡後、緑林農民起義軍に参加。後、劉秀に従い、偏将軍に任じる。帝を称するに及んで、騎都尉等となり、成安侯に封じられる。後に広漢太守となり蜀を鎮撫し、朗陵侯に封じられた。明帝が洛陽南宮雲台に描かせた「雲台二十八将図」の一人。

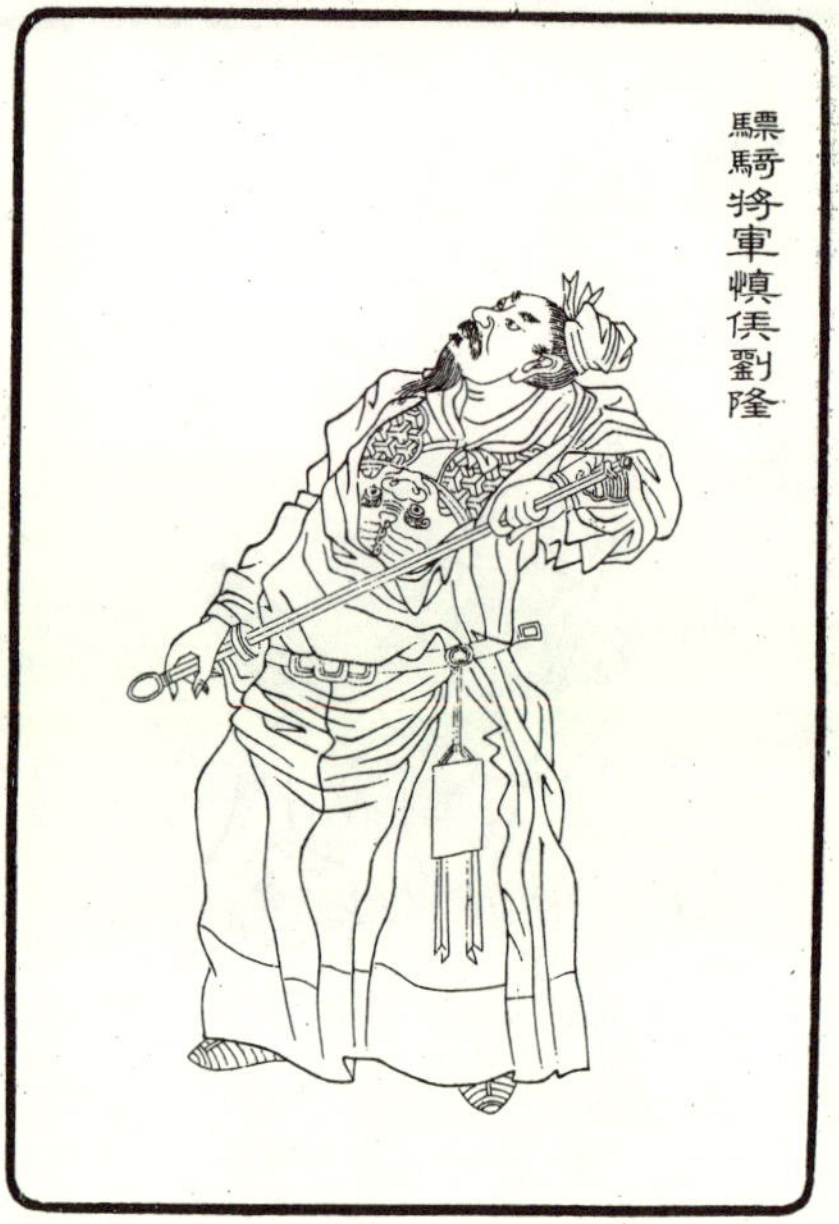

劉隆（雲台二十八将図）

梁鴻・孟光（古列女傳）

【劉隆《りゅうりゅう》】

（?～五七）後漢時代、南陽（現・河南省南陽）の人。字《あざな》は元伯。王莽《おうもう》の新の末年、更始政権に投奔する。後に劉秀に帰順し亢父《こうほ》侯に任ずる。建武十一年（三五）、南郡太守となる。後に竟陵《けいりょう》侯に封じられる。三十年には慎侯に封じられる。明帝が洛陽南宮雲台に描かせた「雲台二十八将図」の一人。


【梁鴻《りょうこう》】

後漢の初め、扶風平陵（現・陝西省咸陽西北）の人。字《あざな》は伯鸞《はくらん》。貧しいが博学で、妻の孟光と覇陵《はりょう》山中に自給自足で隠居していた。後に支配者を諷刺した歌を作り、魯（山東）に移り住み、更には蘇州に移り住んだ。著書十数編があったというが伝わらない。

魏伯陽（於越先賢像傳賛）

【孟光《もうこう》】

梁鴻の妻。扶風《ふふう》郡（現・陝西省）の孟氏のむすめで名を光といった。字は徳曜。醜女だったが、性行が非常に優れていた。大勢が求婚したが、三十まで嫁がずにいた。両親が質すと、梁鴻のような節の高い人に嫁ぎたいといったので許した。嫁いだ後に、梁鴻は、孟光に七日間も言葉を掛けなかった。そのわけを聞くと、自分は粗衣粗食に甘んじる人を得て、隠棲するのが望みであったのに、おまえは奇麗な盛装で嫁いで来たという。そこで孟光は、用意の粗服に着替え、二人で覇陵《はりょう》の山中に隠遁した。孟光は夫に食事を捧げるときに、眉の高さに膳を持ち上げ尊敬をあらわした。


【魏伯陽《ぎはくよう》】

後漢の煉丹術《れんたんじゅつ》家。煉丹術とは不死の薬を作る秘術のこと。会稽上虞《かいけいじょうぐ》（現・浙江省）の人。また、名を翺《こう》といい、字《あざな》を伯陽、自号を雲才子というともされる。後漢の成帝、桓帝の間に最も早期の煉丹術書とされる『周易参同契《しゅうえきさんどうかい》』を著した。歴代にわたって注され、引用されている。

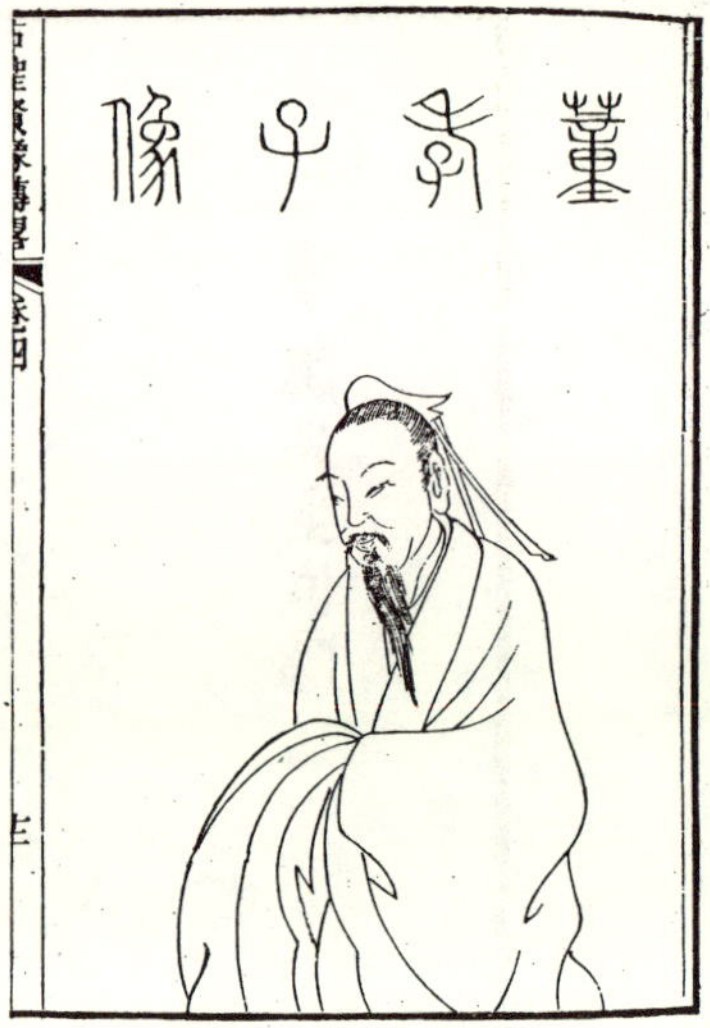

董永（古聖賢像傳略）

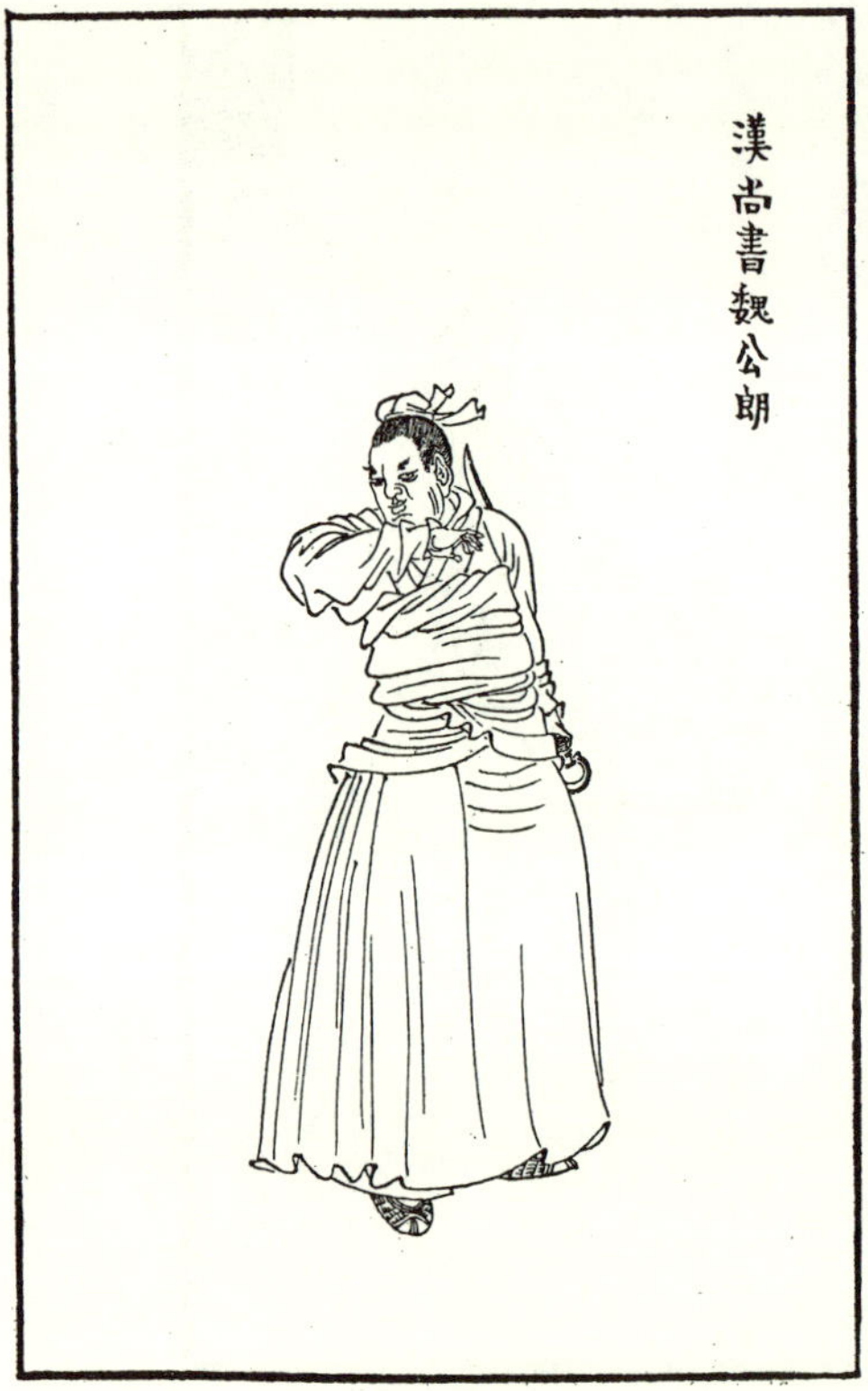

魏朗（於越先賢像傳贊）

【董永《とうえい》】 後漢の人。貧しくて父の葬式費用がないため、自ら奴隷となってそれを工面した。その孝に応えて天女が妻となり、絹を織って借金を返して去ったという。二十四孝の一挿話に登場する孝行者である。戯曲などにも「天仙配」などとして知られる。

【魏朗《ぎろう》】（？～一六八）後漢の人。会稽上虞《かいけいじょうぐ》（現・浙江省）の人。字《あざな》は少英。若いときは県吏をつとめ、のち彭城令となった。尚書令の推薦によって尚書となるが、党錮《とうこ》の変に連座して免官となり、帰郷した。著に『魏子』などがあったが亡佚《ぼういつ》した。

朱儁（於越先賢像傳贊）

丁蘭（古聖賢像傳略）

【朱儁《しゅしゅん》】

（？～一九五）後漢の人。会稽上虞《かいけいじょうぐ》（現・浙江省）の人。字《あざな》は公偉。右中郎将に任じ、黄巾軍の鎮圧に功があった。後に右車騎将軍、太尉となり、銭塘侯《せんとうこう》に封ぜられた。

【丁蘭《ていらん》】

後漢の人。河内（現・河南省黄河以北）の人。孝行で名高い。幼くして父母を失い、十分に孝行を尽くせなかった。遂に木でその肖像をこしらえ、それを父母と思って敬った。妻は、この肖像をただの木の人形として、粗末にし、果ては針でその指に傷をつけた。するとそこから血が出たという。丁蘭はこれを知って妻を家から出した。「二十四孝」のひとつ「丁蘭刻木」で名高い。

魏晋南北朝時期

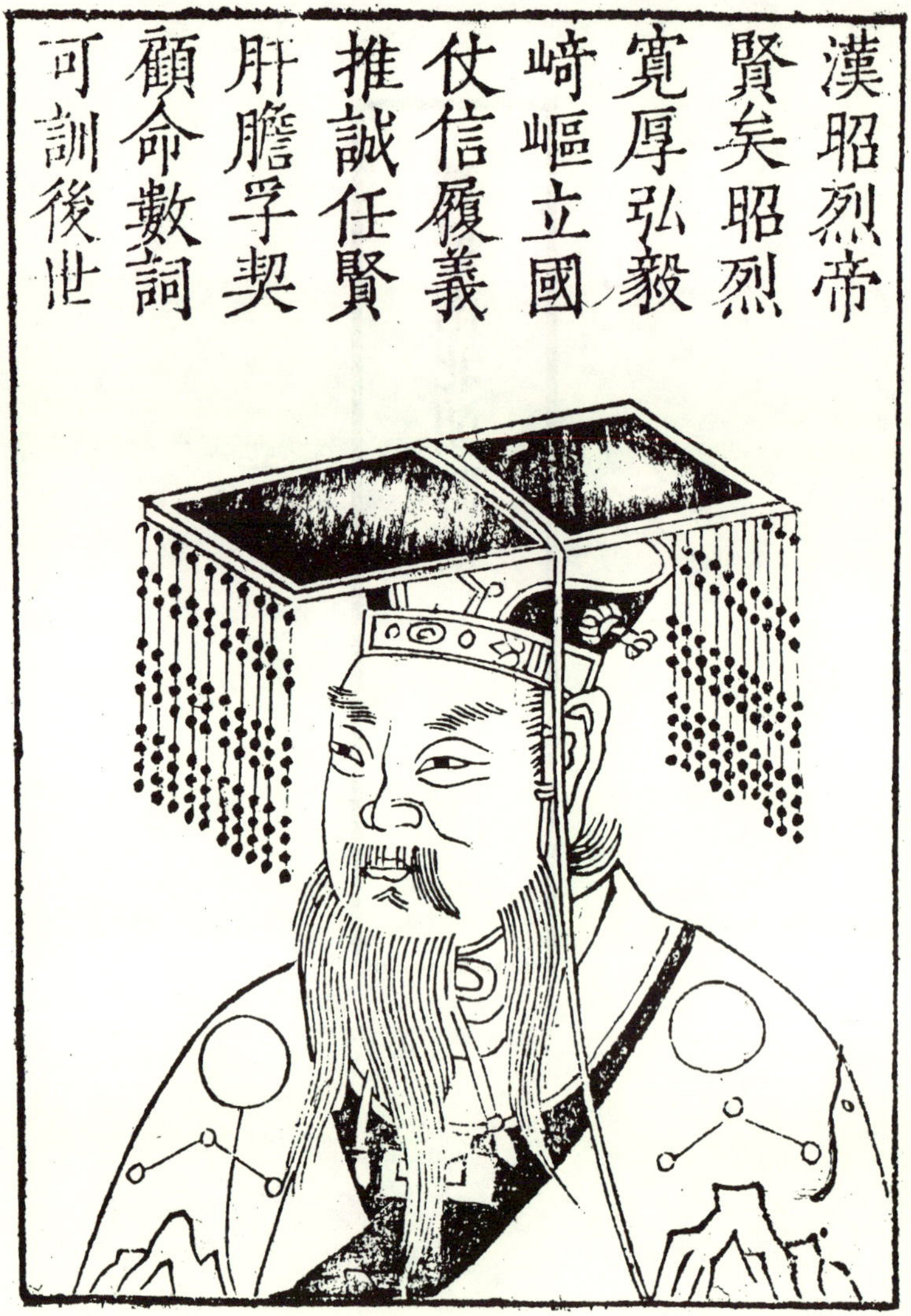
漢昭烈帝
賢矣昭烈
寬厚弘毅
崎嶇立國
仗信履義
推誠任賢
肝膽孚契
顧命數詞
可訓後世

劉備（集古像賛）

【劉備《りゅうび》】（一六一～二二三）三国時代、蜀《しょく》の初代皇帝。昭烈帝《しょうれつてい》。字《あざな》は玄徳。前漢の景帝の子孫と称し、後漢末の黄巾の乱に乗じて起兵した。漢室の再興を自分の任務とし、関羽や張飛、諸葛亮らの力によって蜀を建てた。諸葛亮の補佐によって、天下を魏・呉と三分し、二二一年成都で帝位についたが、志半ばで没した。

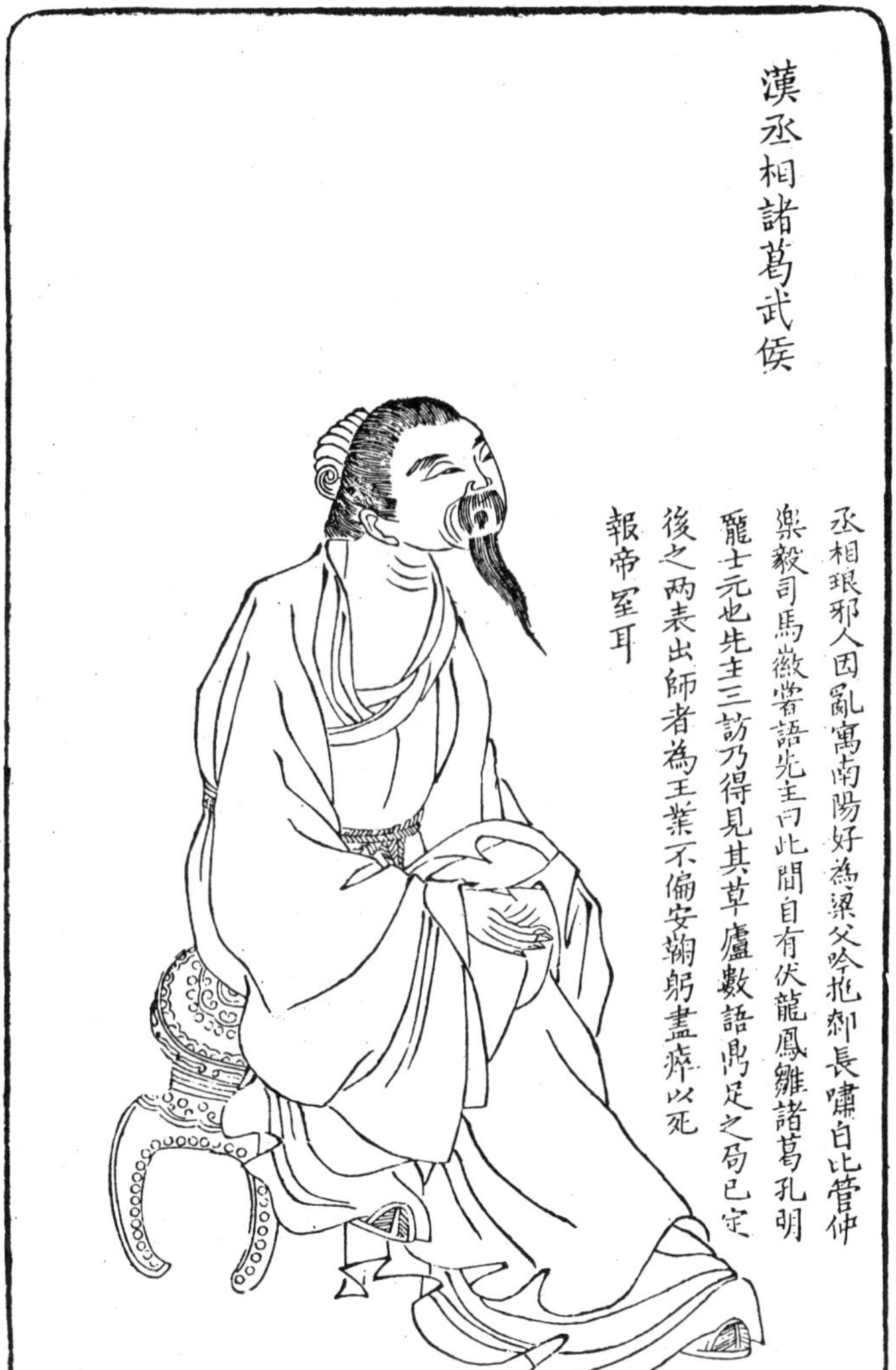
漢丞相諸葛武侯
丞相琅邪人因亂寓南陽好為梁父吟抱膝長嘯自比管仲
樂毅司馬徽嘗語先主曰此間自有伏龍鳳雛諸葛孔明
龐士元也先主三訪乃得見其草廬數語鼎足之局已定
後之兩表出師者為王業不偏安鞠躬盡瘁以死
報帝室耳

諸葛亮（無雙譜）

【諸葛亮《しょかつりょう》】（一八一〜二三四）三国時代、蜀の忠臣。瑯邪《ろうや》陽都（現・山東省沂南《きなん》県）の人。姓は諸葛、字《あざな》は孔明。はじめ襄陽の隆中に寓居し、皆から臥龍といわれていた。のちに劉備より三顧の招きを受けて蜀に仕えた。「天下三分の計」を提起、劉備が魏・呉とともに中国を三分して支配するのを助けた。優れた戦略家であり、信義にも厚い人物として尊敬される。詩文に『出師表《すいしひょう》』『梁父吟《りょうほぎん》』などがある。

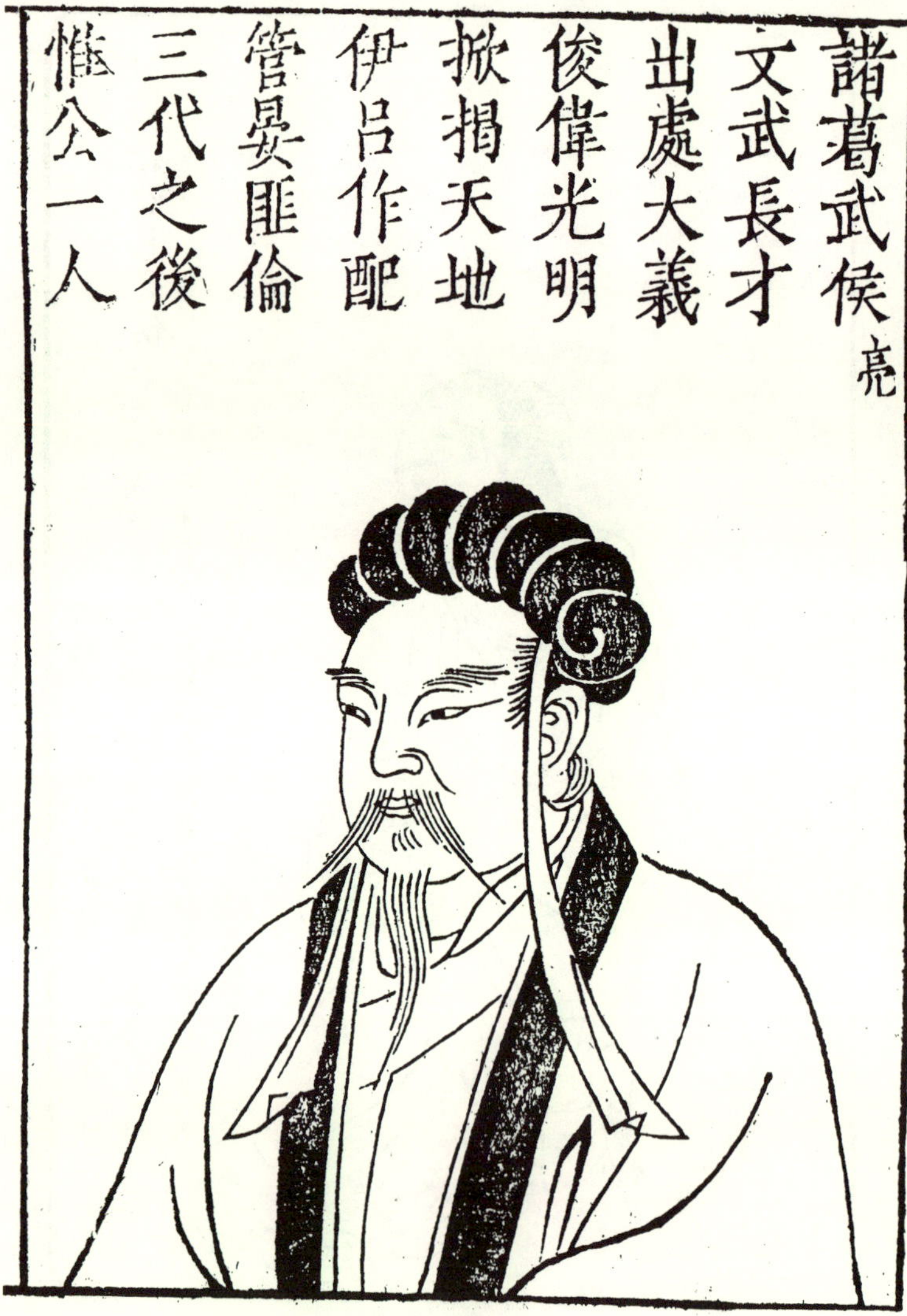
諸葛武侯亮
文武長才
出處大義
俊偉光明
掀揭天地
伊呂作配
管晏匪倫
三代之後
惟公一人

諸葛亮（集古像賛）

【諸葛亮《しょかつりょう》】解説前頁

関羽（三才図会）

【関羽《かんう》】（?〜二一九）三国時代、蜀の名将。字《あざな》は長生、また雲長《うんちょう》。関帝ともよばれる。蜀の劉備に仕えているとき、魏の曹操に捕らえられ厚遇を受けた。しかし忠節を曲げず、のち、逃げ出して再び劉備のもとで将軍となり、名将として敵に恐れられた。最後は、呉の孫権に殺されたが死後次第に神格化され、歴代王朝によって官位を贈られ、武神また発財の神などとして尊敬を集めた。各地で関帝廟が建てられ祀られている。

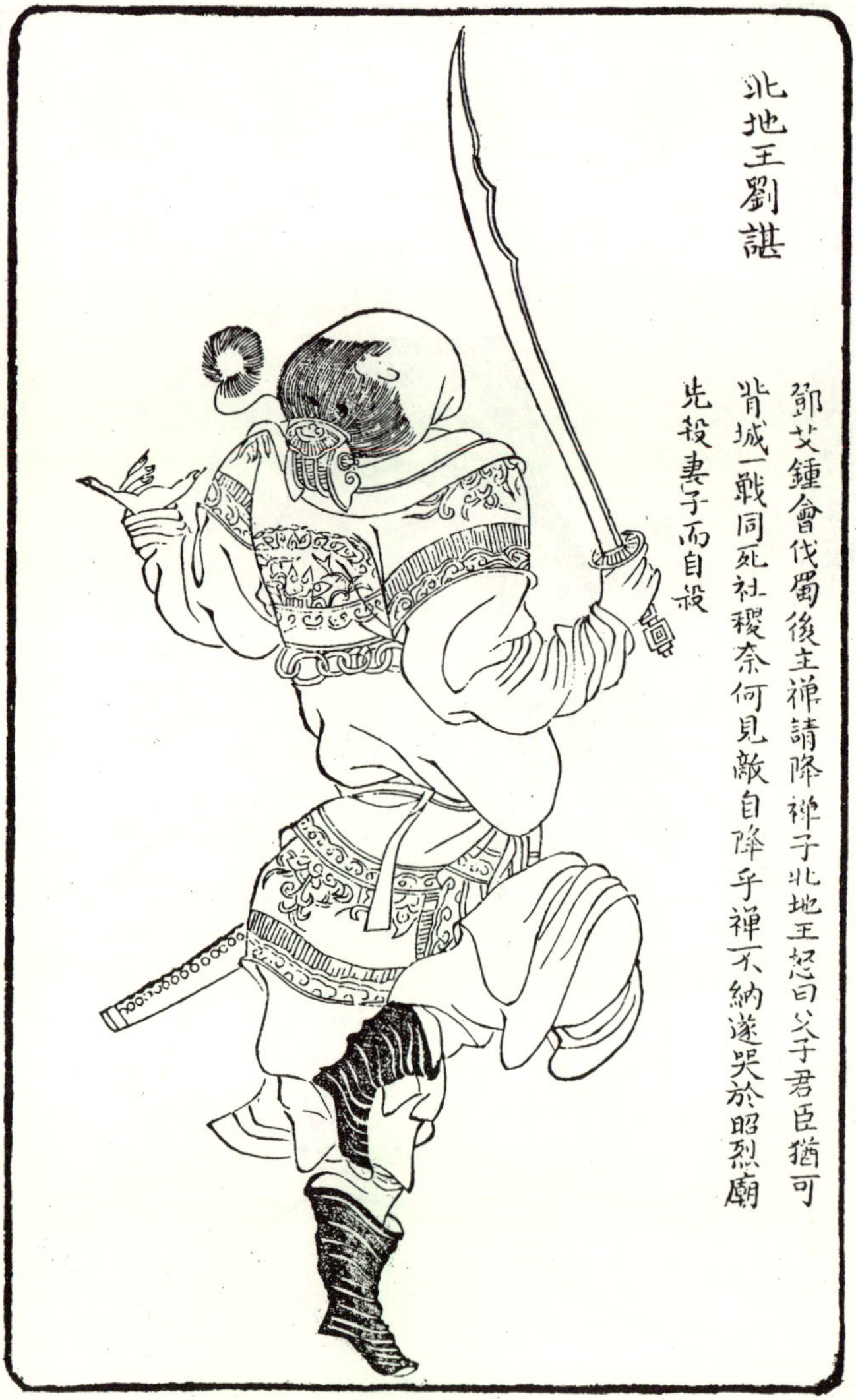
北地王劉諶
鄧艾鍾會伐蜀後主禅請降禅子北地王怒曰父子君臣猶可
背城一戰同死社稷奈何見敵自降乎禅不納遂哭於昭烈廟
先殺妻子而自殺

劉諶（無雙譜）

【劉諶《りゅうじん》】劉禅《りゅうぜん》（劉備の子）の第五子。北地王。魏の鄧艾《とうがい》に降伏しようとする劉禅に反対し、節を守って自殺した。劉備を祭った昭烈廟に妻子の首を供え、そこで自刃したという。

姜維（古聖賢像傳略）

鍾繇（三才図会）

【姜維《きょうい》】

（二〇二～二六四）三国時代、蜀の将軍。天水冀《き》県（現・甘粛省甘谷東）の人。字《あざな》は伯約。もと魏に仕えたが後に蜀に帰順、諸葛亮を助け、亮の死後はよく魏と戦ったが、最後は魏将の鍾会《しょうかい》に降伏した。


【鍾繇《しょうよう》】

（一五一～二三〇）三国時代の政治家・書家。字《あざな》は元常。潁川長社（現・河南省長葛東）の人。魏の文帝に仕え、定陵侯に封ぜられた。明帝のとき太傅《たいふ》となった。書は巧みで、とくに隷書・楷書に優れ、東晋の王羲之とともに「鍾王」と併称された。

衛夫人（百美新詠）

【衛夫人《えいふじん》】（二七二〜三四九）晋河東安邑（現・山西省夏県西北）の人。名は鑠《しゃく》、字は茂漪《ぼうい》。江州刺史《しし》李矩《りく》の妻。衛恒従《こうじゅう》の妹で、衛夫人と呼ばれた。書に巧みで、隷書に特に秀でた。若いとき鍾繇《しょうよう》に師事し、楷書を学んだ。書聖・王羲之の書の先生としても知られている。

司馬懿（歴代古人像賛）

【司馬懿《しばい》】（一七九～二五一） 三国時代、魏の権臣。河内温県（現・河南温県西南）の人。字《あざな》は仲達。出身は士族。謀略に長じ、魏の曹操に仕えた。蜀の諸葛亮の好敵手として知られる。孫の司馬炎が魏の元帝に迫って位を譲らせ、晋（西晋）をたてたとき、祖父であるため、宣帝の尊号を贈られた。

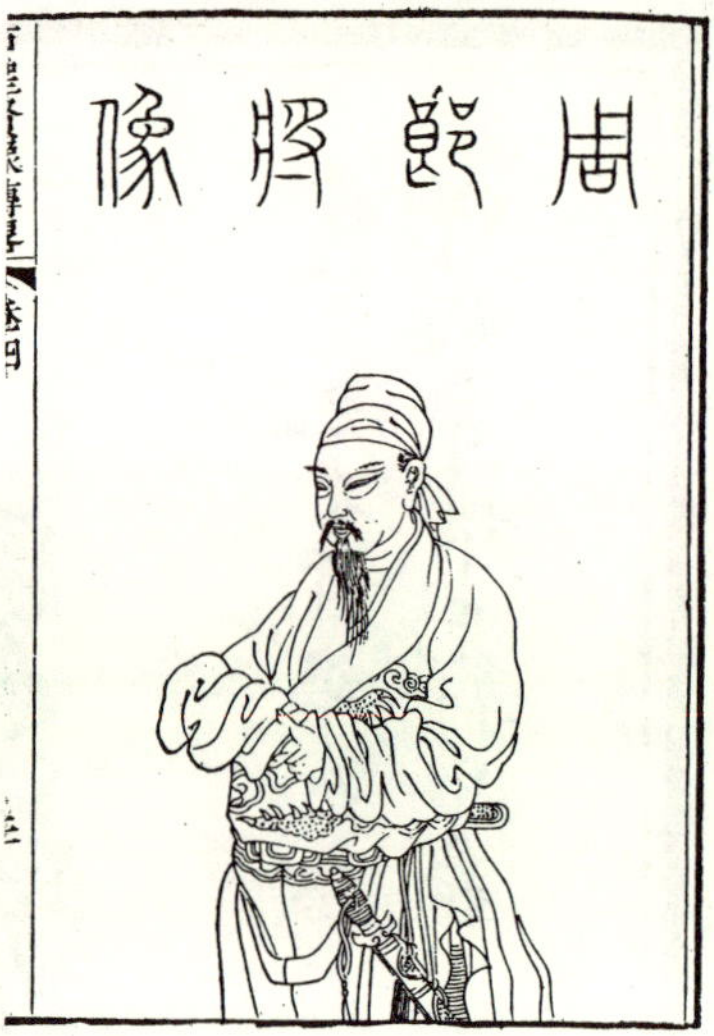

周瑜（古聖賢像傳略）

周瑜（百将図傳）

【周瑜《しゅうゆ》】

（一七五〜二一〇）三国時代、呉の名将。字《あざな》は公瑾。盧江舒県《ろこうじょ》（現・安徽省舒城）の人。孫策の親友である。建威中郎将に任ぜられ、孫策を助けて江東に孫氏政権を成立させた。孫策が死ぬと、子の孫権を補佐した。魯粛《ろしゅく》とともに孫権を助けて、魏の曹操の軍を赤壁《せきへき》でやぶった（赤壁の戦い）。のちに病死した。美男子で音楽にも精しく、周郎と呼ばれた。

曹操（歴代古人像賛）

【曹操《そうそう》】（魏太祖）（一五五～二二〇）三国時代、魏の創設者。字《あざな》は孟徳《もうとく》、幼名は阿瞞《あまん》。知略に富み、軍事にも秀で、また詩人としても知られる。後漢に仕えててがらをたて、献帝のときに丞相《じょうしょう》となり、魏王に封ぜられた。孫権・劉備の連合軍と赤壁《せきへき》に戦うが敗れる。のちに長男の曹丕《そうひ》が後漢を倒して魏の君主となったとき、父を追尊して武帝と諡《おくりな》した。

孫権（歴代古人像賛）

【孫権《そんけん》】（呉大帝）

（一八二～二五二）三国時代、呉の創設者。字《あざな》は仲謀、諡《おくりな》は大皇帝。孫堅の子。孫策の弟。父と兄の業をついで江東を領土とする。二二二年、自ら呉王と称した。蜀の劉備と協力し、名将・周瑜、魯粛らの助けで、魏の曹操の軍を赤壁《せきへき》に破り、三国鼎《てい》立《りつ》の時代をつくりあげた。

孫夫人

孫夫人（百美新詠）

【孫夫人《そんふじん》】孫権の妹。政略結婚によって、蜀の劉備に嫁いだ。才気煥発、また男勝りで武勇にも秀でていたという。

大喬 小喬

二喬（百美新詠）

【二喬《にきょう》】

三国時代の橋玄公の二人のむすめで、絶世の美女とされる。一人は呉の孫策に嫁ぎ（大喬）、もう一人は周瑜に嫁いだ（小喬）。二人そろって「二喬」と呼ばれた。『三国志演義』には、曹操が彼らを自らのものにして銅雀台《どうじゃくだい》に住まわせることを夢にしていたと書かれる。

江東孫郎
策年十七將父堅餘兵渡江轉鬭
所向皆破人聞孫郎至盡失䰟魄
旬月之間威震江東後
遇讐家奴射中頰而卒

孫策（無雙譜）

【孫策《そんさく》】（一七五～二〇〇）後漢末の人。呉郡富春《ふしゅん》（現・浙江省富陽）の人。字《あざな》は伯符《はくふ》。孫堅の長子、孫権の兄。父の孫堅が亡くなると、おじ呉景のもとに身を寄せていた。のち袁術を頼るが、やがて呉の地（江東）の平定を志して地盤を築き、江東孫郎《こうとうそんろう》と呼ばれた。美貌と巧みな人材起用で人望があったが、二十六歳で夭折した。

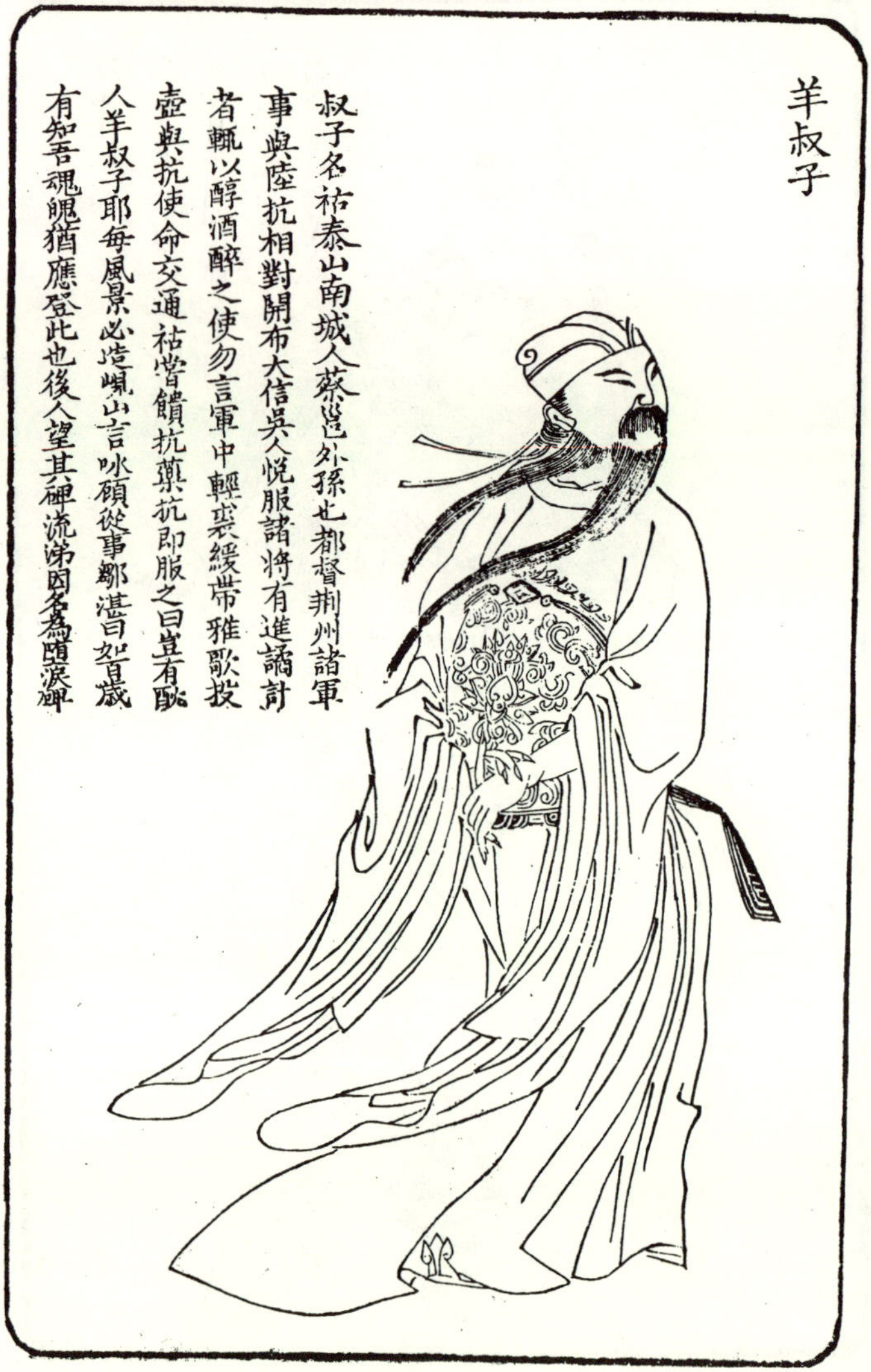
羊叔子
叔子名祜泰山南城人蔡邕外孫也都督荊州諸軍
事與陸抗相對開布大信吳人悅服諸將有進譎詐
者輒以醇酒醉之使勿言軍中輕裘緩帶雅歌投
壺與抗使命交通祜嘗餽抗藥抗即服之曰豈有酖
人羊叔子耶每風景必造峴山言咏頹從事鄒湛曰智歲
有知吾魂魄猶應登此也後人望其碑流涕因名為墮淚碑

羊祜（無雙譜）

【羊祜《ようこ》】（二二一～二七八）西晋の大臣。字《あざな》は叔子。泰山南城（現・山東費県西南）の人。司馬炎の建国後、尚書右僕射《うぼくや》となり荊州《けいしゅう》を治めた。その間、屯田を開き軍糧を蓄え、呉を討つための準備に力を注いだ。しかし、生前に呉を討つことはなく、後を杜預に托してなくなった。

杜預（絵図三国演義）

陸抗（古聖賢像傳略）

【杜預《とよ・どよ》】

（二二二〜二八四）西晋の軍人、学者。字《あざな》は元凱《げんがい》、京兆杜陵（現・陝西省西安東南）の人。咸寧四年（二七八）、羊祜《ようこ》を継いで鎮南大将軍・都督荊州諸軍事に任じた。呉を討って、その功により、当陽県侯に封ぜられた。謀略に勝れ、「杜武庫」といわれた。また経書の学問にも造詣が深く、『春秋左氏経傳集解《けいでんしっかい》』などの著書がある。「どよ」とも読む。

【陸抗《りくこう》】

（二二六〜二七四）三国時期、呉の名将。字《あざな》は幼節、呉郡呉県華亭《かてい》（現・上海市松江）の人。陸遜の子。晋の名将、羊祜《ようこ》の好敵手であった。

晋武帝（三才図会）

晋元帝（三才図会）

晋元帝（歴代古人像賛）

【晋武帝《しんぶてい》】

（二三六～九〇　在位二六五～九〇）西晋の初代皇帝。司馬炎、字《あざな》は安世。河内温県（現・河南省温県西南）の人。司馬昭の子、司馬懿《い》の孫。魏に仕えていたが、元帝に迫って位を譲らせ、洛陽に都を置いた。のち呉を滅ぼして天下を統一した。

【晋元帝《しんげんてい》】

（二七七～三二二　在位三一七～三二二）東晋の初代皇帝、司馬睿《しばえい》。司馬懿《しばい》の曾孫。初め瑯邪《ろうや》王に封ぜられた。愍帝《びんてい》が、長安で匈奴の劉曜（前趙）に降り西晋が滅びたとき、建康（南京）で即位した。後に王敦《おうとん》の専横ぶりに憤死した。

王司徒導
江左夷吾
忠實體國
雲雷方屯
急賢輔翊
建學明教
宏議遠識
約已夷淡
人服清德
王導（集古像賛）

王文獻像
王導（古聖賢像傳略）

【王導《おうどう》】（二七六〜三三九）東晋の宰相。元帝・明帝・成帝に仕えた。字《あざな》は茂弘。瑯邪《ろうや》王であった司馬睿《しばえい》(元帝)を補佐して建康(南京)に入り、江南豪族の協力のもと、華北から流亡してくる人士を結集し東晋王朝の基盤を固めた。内外の難局を冷静に処理し、元・明・成の三帝の宰相として活躍した。

南朝宋武帝
晉室再興王風漸熾
胡乃無君遙傳天位
宋武帝（歴代古人像賛）

【宋武帝《そうぶてい》】（三五六～四二二　在位四二〇～四二二）　南北朝時代、宋の初代皇帝。姓名は劉裕、字《あざな》は徳輿《とくよ》。彭城《ほうじょう》（現・江蘇省徐州）の人。鎮江に住んだ。東晋の将軍として南燕・後秦を滅ぼしたのち、恭帝から禅譲《ぜんじょう》を受けて宋をたてた。

李勢女（百美新詠）

【李勢女《りせいのむすめ》】

蜀漢の李勢《りせい》のむすめ。蜀は桓温《かんおん》（東晋の武将）に平定され、彼女は桓温の妾とされた。桓温の正妻・南康長公主は、東晋・明帝のむすめであった。桓温は李勢女を寵愛するあまり常にそばにおいていた。これを知った正妻の南康長公主が嫉妬して、白刃を抜いて襲いかかった。折しも李勢女は髪を梳いていたが、その美しさは輝くばかり。曰く「国破れ家滅び、ゆくりもなくこの有り様、今日もし殺していただけるなら、本望です」と、落ち着き払っていた。この堂々とした態度に、正妻の公主は恥じて引き下がったという。

樂昌公主

楽昌公主（百美新詠）

【楽昌公主《がくしょうこうしゅ》】

南朝・陳の滅亡時、美貌の楽昌公主（陳の後主の妹）と相愛の夫の徐徳言は、一枚の鏡を二つに割り、もし別れても、上元の日にこれを市に売りに出て必ず逢おうと約束した。公主は楊素の妾となっていたが、この破鏡のいきさつを知った楊素のとりはからいによって、再び二人が添うことが出来たという。

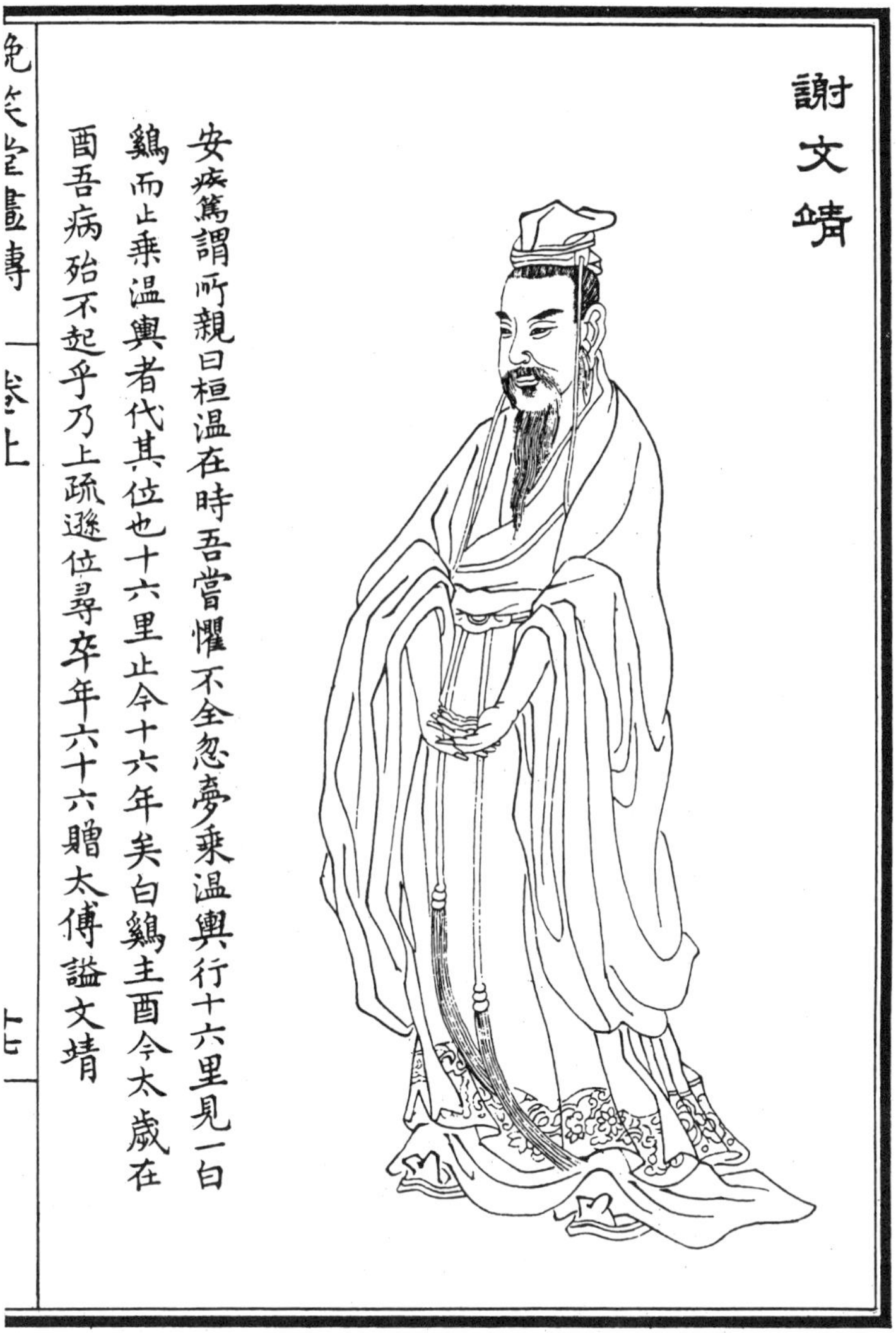
謝文靖
安疾篤謂所親曰桓温在時吾嘗懼不全忽夢乘温輿行十六里見一白
鷄而止乘温輿者代其位也十六里止今十六年矣白鷄主酉今太歳在
酉吾病殆不起乎乃上疏遜位尋卒年六十六贈太傅謚文靖

謝安（晩笑堂画傳）

【謝安《しゃあん》】（三二〇～三八五）　東晋の名臣。陽夏（現・河南省太康県）の人。字《あざな》は安石。会稽の東山《とうざん》に隠居して音楽に勤しみ、たびたびの招聘《しょうへい》にも応じないでいたが（東山絲竹）、征西大将軍の桓温《かんおん》に招かれて司馬となり、尚書僕射《ぼくや》・中書監などを歴任した。のち、苻堅《ふけん》（前秦の第三代皇帝）の軍を破って功績をあげ、太保にのぼり、建昌県公に封ぜられた。

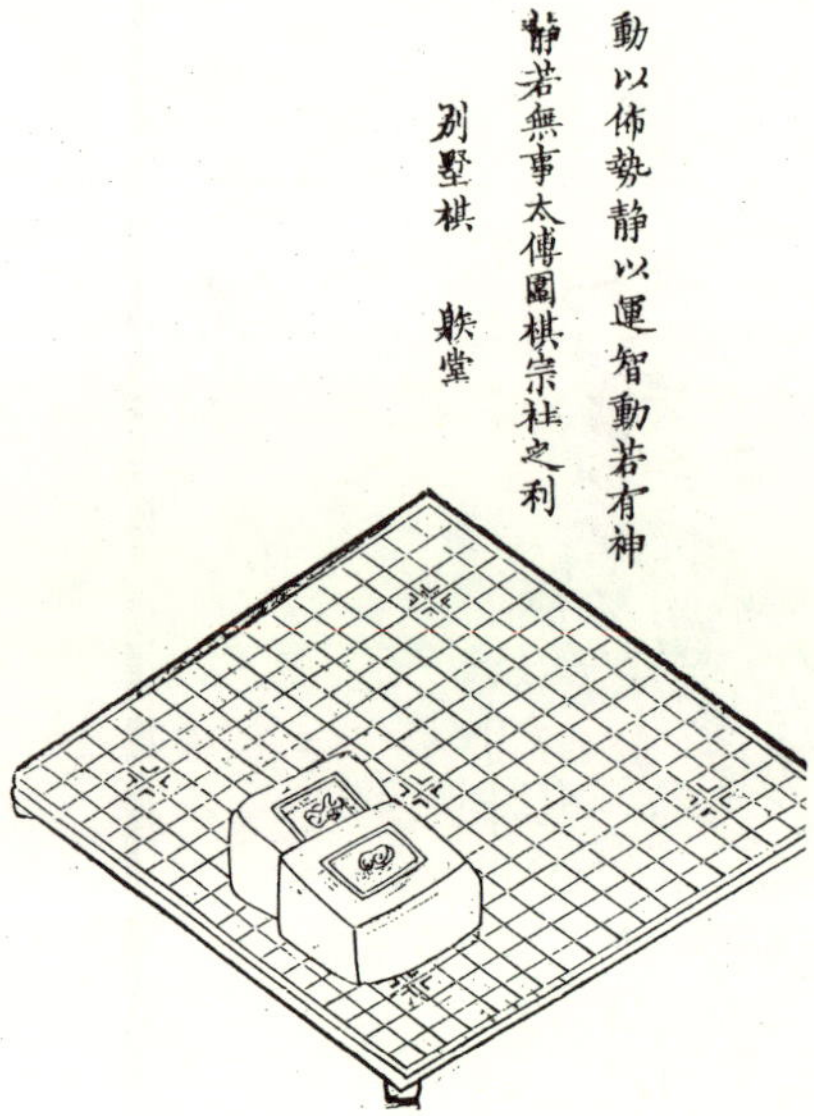
動以佈勢静以運智動若有神
静若無事太傅圍棋宗社之利
別墅棋　眹堂

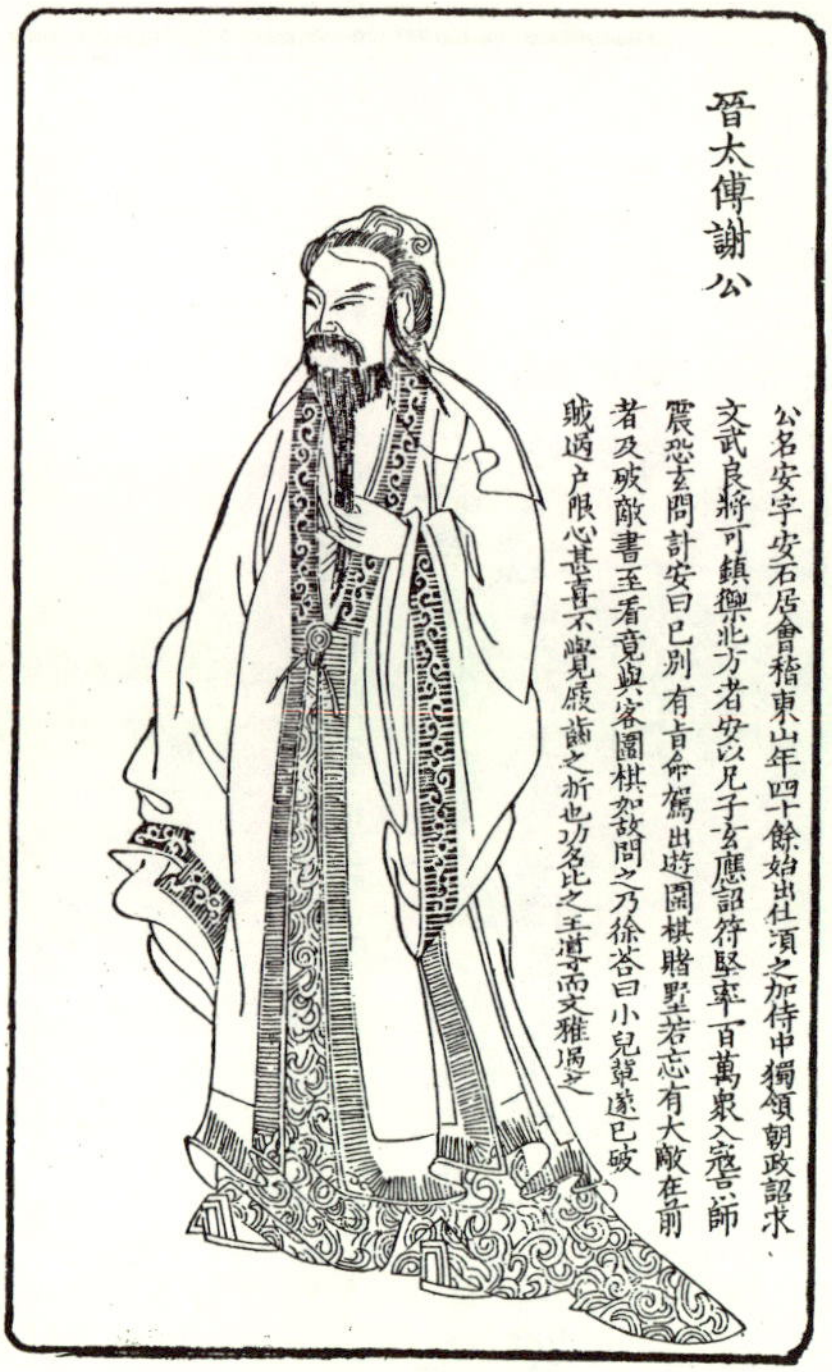
晉太傅謝公
公名安字安石居會稽東山年四十餘始出仕須之加侍中獨領朝政詔求
文武良將可鎮禦北方者安以兄子玄應詔符堅率百萬衆入寇京師
震恐玄問計安曰已別有旨命駕出遊圍棋賭墅若忘有大敵在前
者及破敵書至看竟與客圍棋如故問之乃徐答曰小兒輩遂已破
賊過户限心甚喜不覺屐齒之折也功名比之王導而文雅過之

謝安（無雙譜）

晉太傅文靖謝公安

謝安（於越先賢像傳贊）

【謝安《しゃあん》】解説前頁

佛図澄（仙佛奇踪）

【佛図澄《ぶっとちょう》】（二三二～三四八）西晋末期、亀茲出身の高僧。鳩摩羅什《くまらじゅう》以前の中国で、仏教布教に尽くした最大の人物とされる。呪術にも通じて神異の僧といわれ、後趙の石勒・石虎二王の帰依《きえ》を受けた。三十余年の布教で、弟子は一万人に及んだ。竺道安《じくどうあん》はその第一である。

薛夜来（百美新詠）

莫瓊樹（百美新詠）

【薛夜来《せつやらい》】

魏の文帝の宮妃。元の名は霊芸《れいうん》。常山王が文帝に献上した絶世の美人。薛夜来が宮廷に入ったとき、夜で灯かりを煌煌と連ねてきたので、「夜来」の名がついた。手先が器用で、針仕事は灯かりがなくてもできたという。

【莫瓊樹《ばくけいじゅ》】

魏の文帝の宮妃。薛夜来、田尚衣、段巧笑と並んで宮廷の美人といわれた。特に、莫瓊樹は髪の形の作り方がうまく、緑の黒髪が蝉の羽のように巧みにセットされていたという。

遠公
遠公在廬山中雖老講論不輟弟子中或有墮者遠公曰桑榆之光理無遠照但朝陽
之暉與時並明耳執經登坐諷誦朗暢詞色甚苦高足之徒肅然增敬

慧遠（晩笑堂画傳）

【慧遠《えおん》】（三三四～四一六）東晋時代の禅僧。姓は賈、雁門《がんもん》（現・山西省代県）の人。幼少から六経《りくけい》、老荘に通じ、後に道安に従い出家した。十八高賢と白蓮《びゃくれん》社を作った。『法性《ほっしょう》論』等があり、浄土宗の始祖とされる。「虎渓三笑図」などによく描かれる。

竺道生（仙佛奇踪）

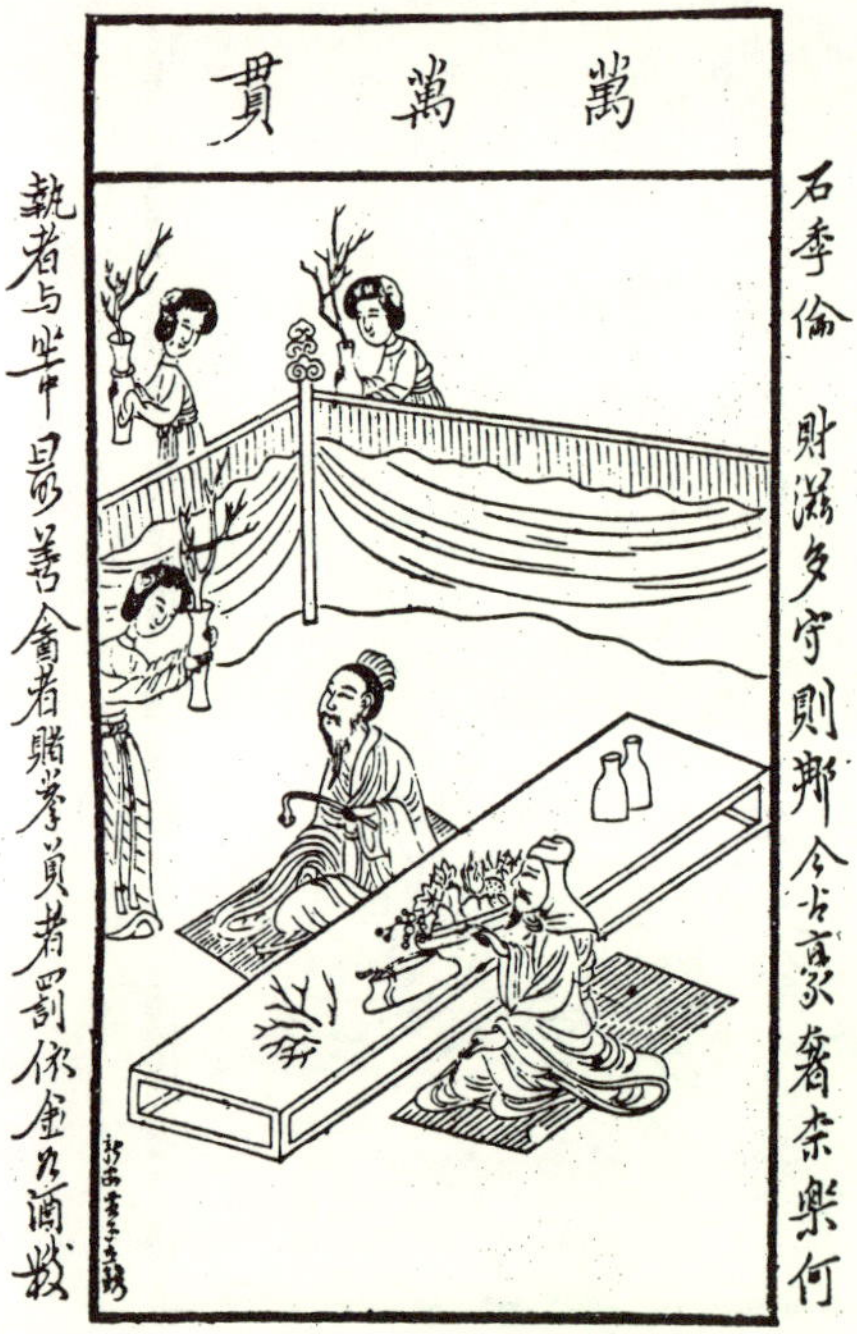

石崇（博古葉子）

【竺道生《じくどうしょう》】

（三五五～四三四）東晋の名僧。本姓は魏、巨鹿（現・河北省平郷）の人。鳩摩羅什《くまらじゅう》の第一弟子で、その訳経に協力した。竺の「頓悟成仏《とんごじょうぶつ》」の説は、後の南北朝におおいに流行した。

【石崇《せきすう》】

（二四九～三〇〇）西晋時代、渤海南皮（現・河北省南皮東北）の人。字《あざな》は季倫《きりん》。永熙《えいき》元年（二九〇）、荊州刺史《しし》となり、莫大な財宝を略奪によって手にした。洛陽郊外に金谷園《きんこくえん》を築き、愛妾《あいしょう》緑珠を侍らせて、豪奢な生活をライバルの王愷《おうがい》らと競った。のち八王の乱で殺された。

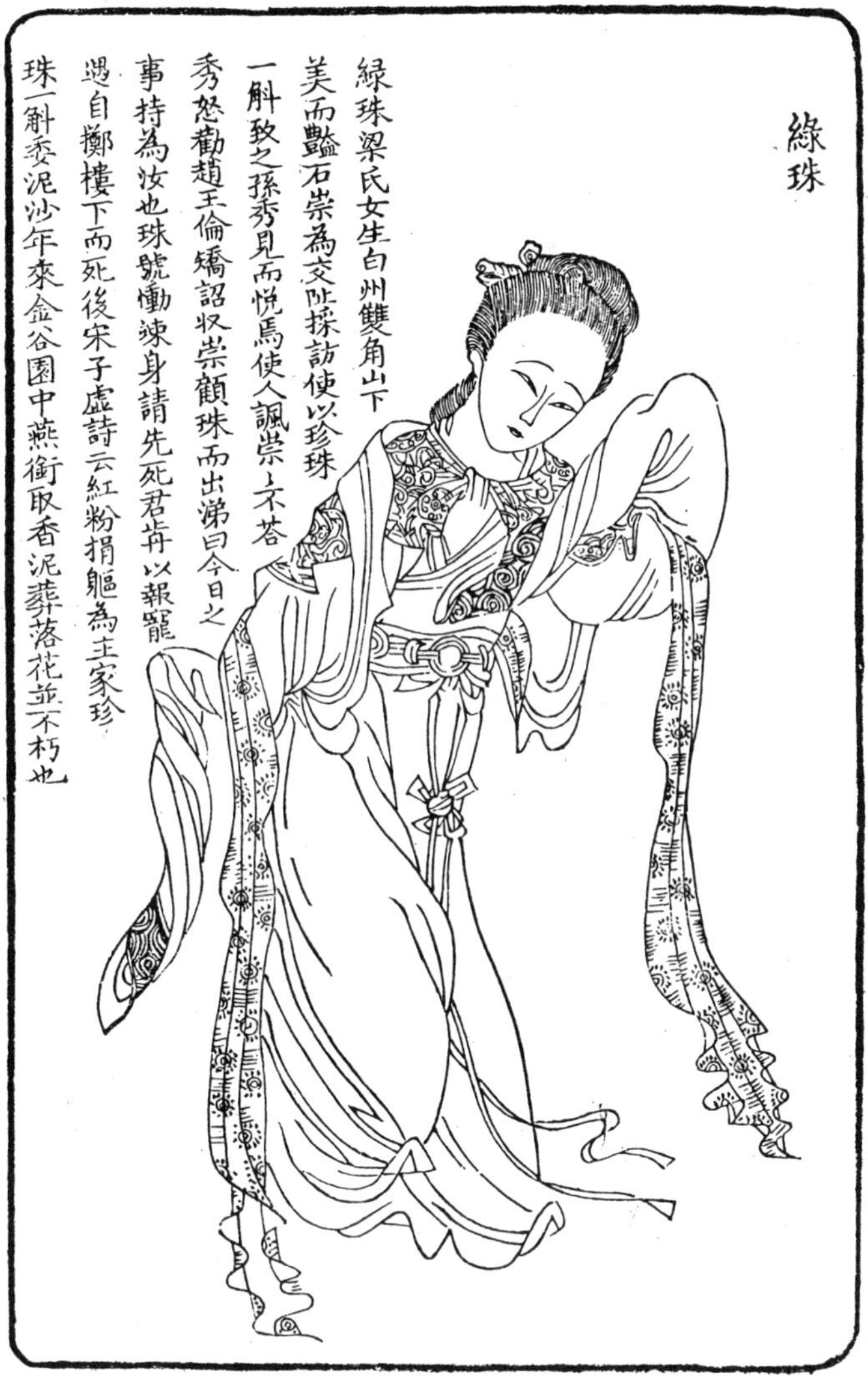
綠珠
綠珠梁氏女生白州雙角山下
美而豔石崇為交阯採訪使以珍珠
一斛致之孫秀見而悦焉使人諷崇崇不荅
秀怒勸趙王倫矯詔收崇顧珠而出涕曰今日之
事持為汝也珠號慟涑身請先死君前以報寵
遇自擲樓下而死後宋子虛詩云紅粉捐軀為主家珍
珠一斛委泥沙年來金谷園中燕銜取香泥葬落花並不朽也

緑珠（無雙譜）

【緑珠《りょくじゅ》】（?～三〇〇）西晋、石崇《せきすう》の愛妾。美人で名高い。姓は梁、白州（現・広西省）の人と伝える。笛の演奏に長じた。趙王の司馬倫の専制時代、倫党の孫秀が石崇の寵姫の緑珠を求めた、石崇は拒んだ。そのため石崇は孫秀の捉えるところとなり、緑珠は石崇に殉じて金谷園の楼閣から飛び降りて自殺した。

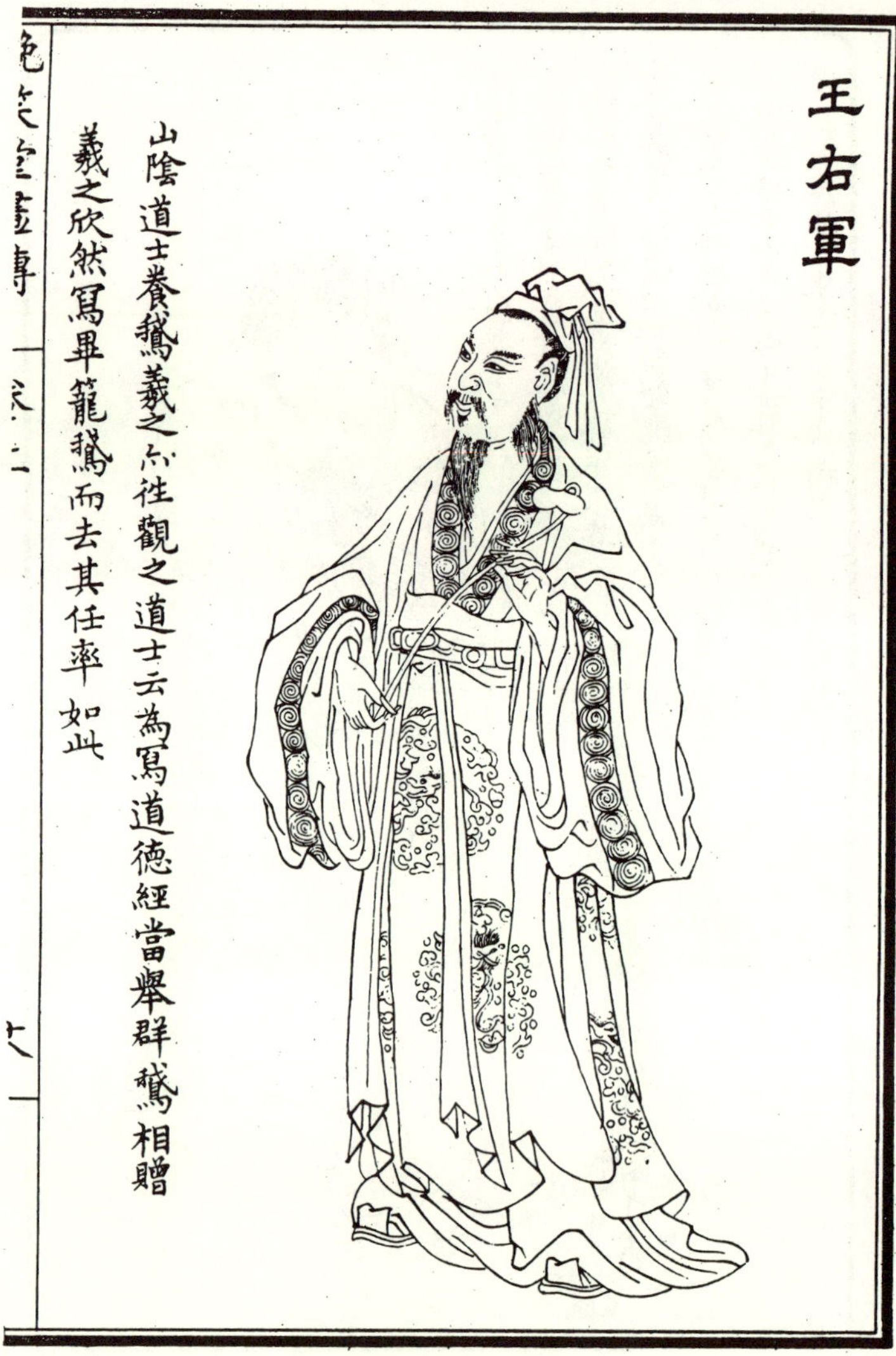
王右軍
山陰道士養鵞羲之亦往觀之道士云為寫道德經當舉群鵞相贈
羲之欣然寫畢籠鵞而去其任率如此
晩笑堂畫傳
十八

王羲之（晩笑堂画傳）

【王羲之《おうぎし》】

（?～三七九）東晋の書家。山東瑯邪《ろうや》臨沂《りんぎ》（山東省）の人。字《あざな》は逸少。元帝のとき、右軍将軍であったので王右軍ともいわれる。書風は、典雅で力強く、草書・隷書はことに古今第一と評され、羲之は書聖といわれる。その「蘭亭序」は有名。子の王献之とともに「二王」とよばれる。


【蘭亭修禊図《らんていしゅうけいず》】

王羲之が、会稽内史に在任中の永和九年（三五三）三月上巳の日に、会稽（現・浙江省紹興）の名勝・蘭亭に謝安らの名士四十一人が集合して禊ぎの酒宴を催した。これはそのありさまを描いたもの。

王右軍 羲之
風節雅尚
清貞自如
超出風氣
規切浮虗
憂國忠誠
識治通達
翰墨風流
祇見其末

王羲之（集古像賛）

蘭亭修禊図（程氏墨苑）

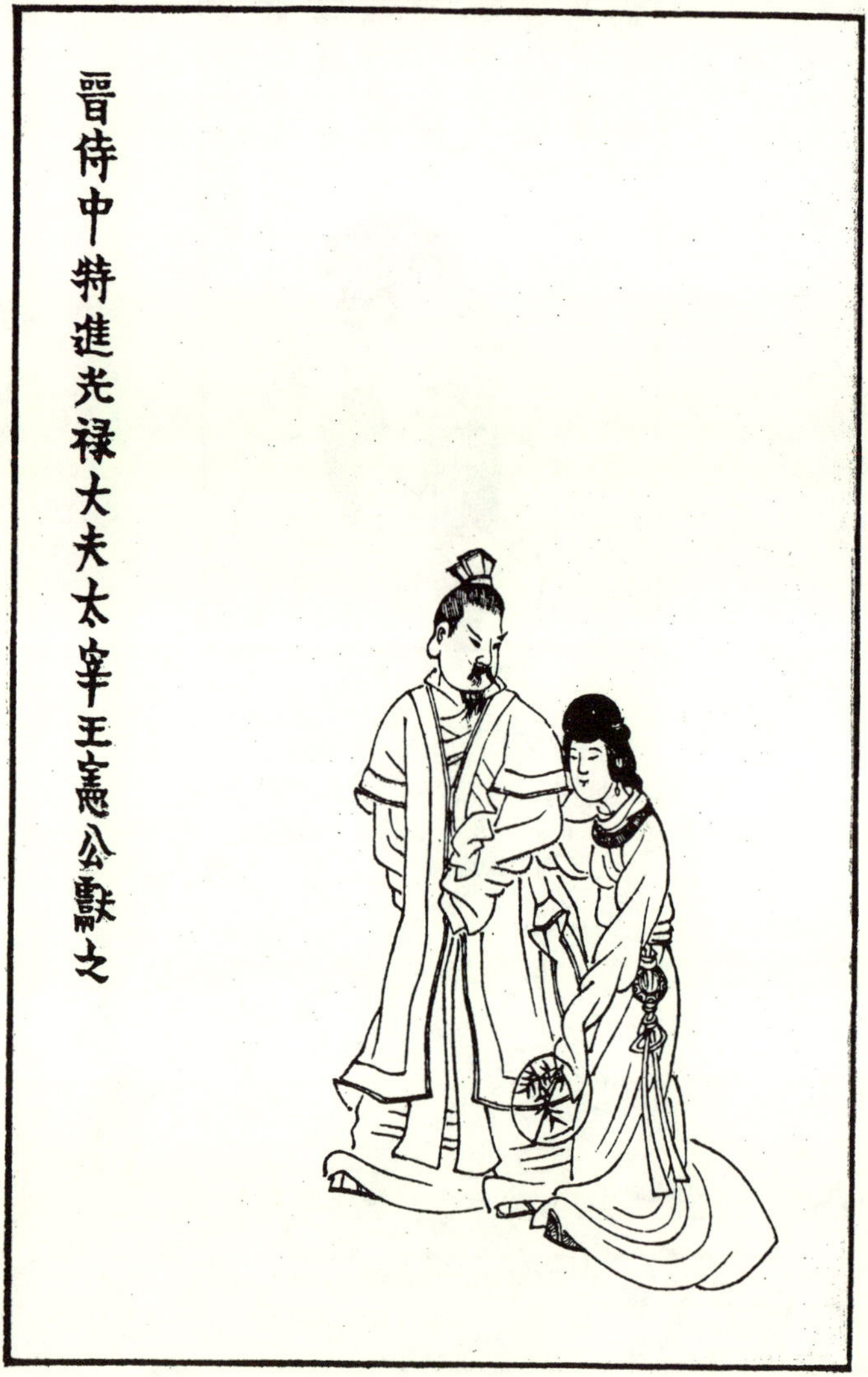

王献之（於越先賢像傳贊）

【王献之《おうけんし》】（三四四〜三八八）東晋の書家。字《あざな》は子敬。王羲之の第七子。呉興太守・拝中書令などを務めた。筆墨、特に書にすぐれ、楷・行・草・隷いずれも能筆であった。父の王羲之と並んで「二王」といわれる。

桃葉（百美新詠）

王徽之（於越先賢像傳贊）

【桃葉《とうよう》】

王献之の愛妾。妹は桃根といった。
王献之がその名を「桃葉歌」に詠んだことから、秦淮河に桃葉渡という渡り場所ができた。曰く「桃葉復桃葉、渡江不用楫。但渡無所苦、我自迎接汝。」（桃葉よまた桃葉、江を渡るに楫はいらぬ。ただ渡れ、苦しむなし。我自ら汝を迎えん）

【王徽之《おうきし》】

（？〜三八八）東晋の人。王羲之の息子。字《あざな》は子猷《しゆう》。竹を愛し、「此の君なくして一日も過ごせない」といった。また会稽に住んだとき雪の降る夜に友人の戴逵《たいき》を訪ね、門のところで引き返したが、その訳を問われて「興に任せてきただけ、興が尽きたから帰るまで、彼に会う必要はない」といった。画題に「雪夜訪戴図」がある。

晋廷尉著作郎孫公綽
孫綽（於越先賢像傳賛）

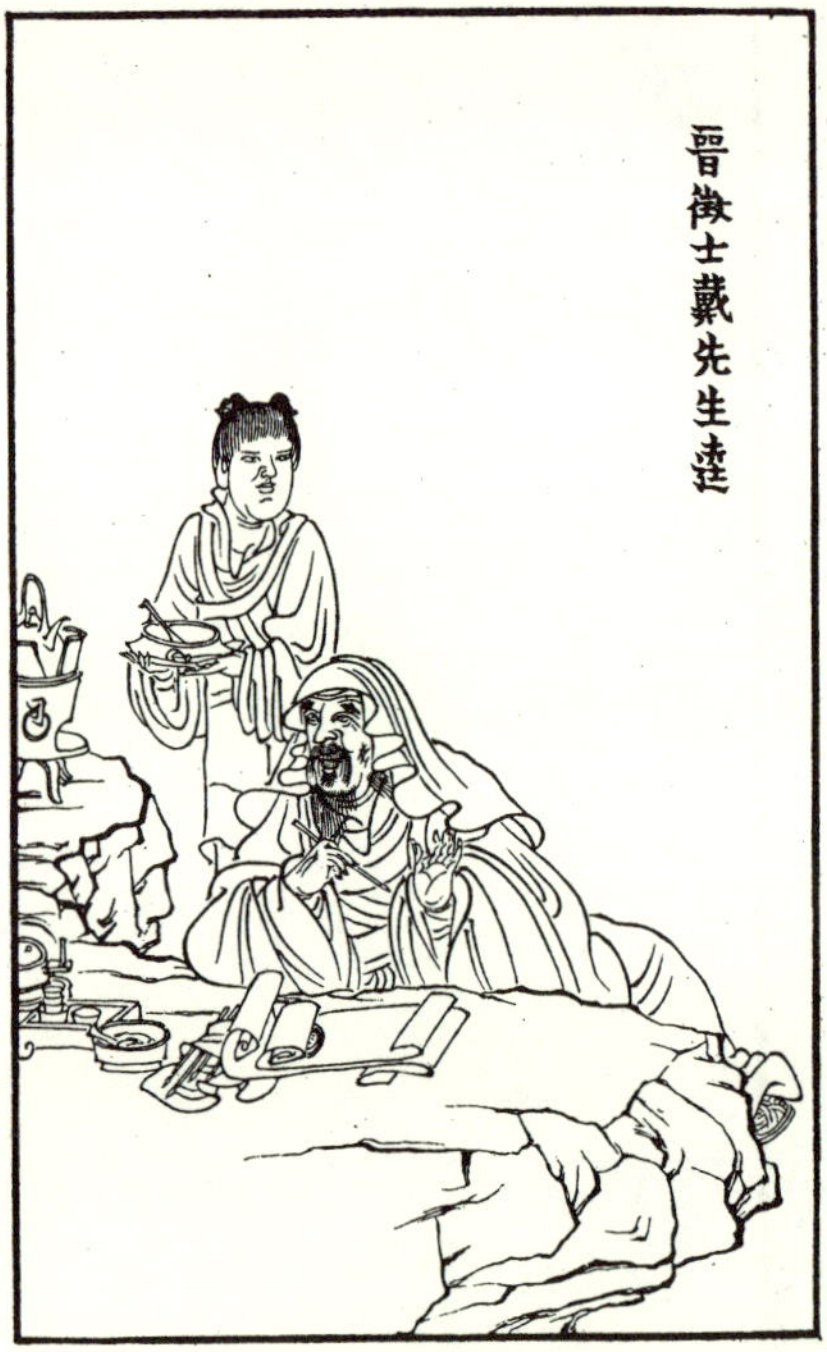
晋徴士戴先生逵
戴逵（於越先賢像傳賛）

【孫綽《そんしゃく》】

（三一四〜三七一）東晋時代、太原中都（現・山西平遥《へいよう》西南）の人。字《あざな》は興公。西晋末、南下して浙江会稽《かいけい》に住み、謝安、王羲之らの文人と交友した。博学で文章を良くし、『天台賦』がある。のちに著作郎となり、長楽侯ともなった。


【戴逵《たいき》】

（三二六？〜三九六）東晋の人。字《あざな》は安道。若くして博学で清談を好み、文章に長じた。また琴の演奏、書画、篆刻《てんこく》にも秀でた。著に『釈疑論』、絵に『南都図』などがあった。その作になる「五世仏」は、顧愷之《こがいし》の壁画、師子国《ししこく》（国名。現・スリランカ）の玉仏と並んで、建康（南京）の瓦官寺《がかんじ》の「三絶」とされた。

陶淵明（歴代古人像賛）

【陶淵明《とうえんめい》】（三六五？～四二七） 東晋末の詩人。潯陽《じんよう》(現・江西省九江)の人。曾祖父は陶侃《とうかん》。名は潜、字《あざな》は淵明、一説では元亮ともいわれる。人から靖節先生・陶靖節と呼ばれ、五柳先生とも称した。江州祭酒《さいしゅ》、鎮軍参軍、彭沢の県知事となったが辞職、「帰去来辞」をつくって帰郷した。自然と酒を愛し田園生活をおくった。散文で『桃花源記』が良く知られる。詩風は質朴・枯淡で、唐代の多くの詩人に大きな影響を与えた。

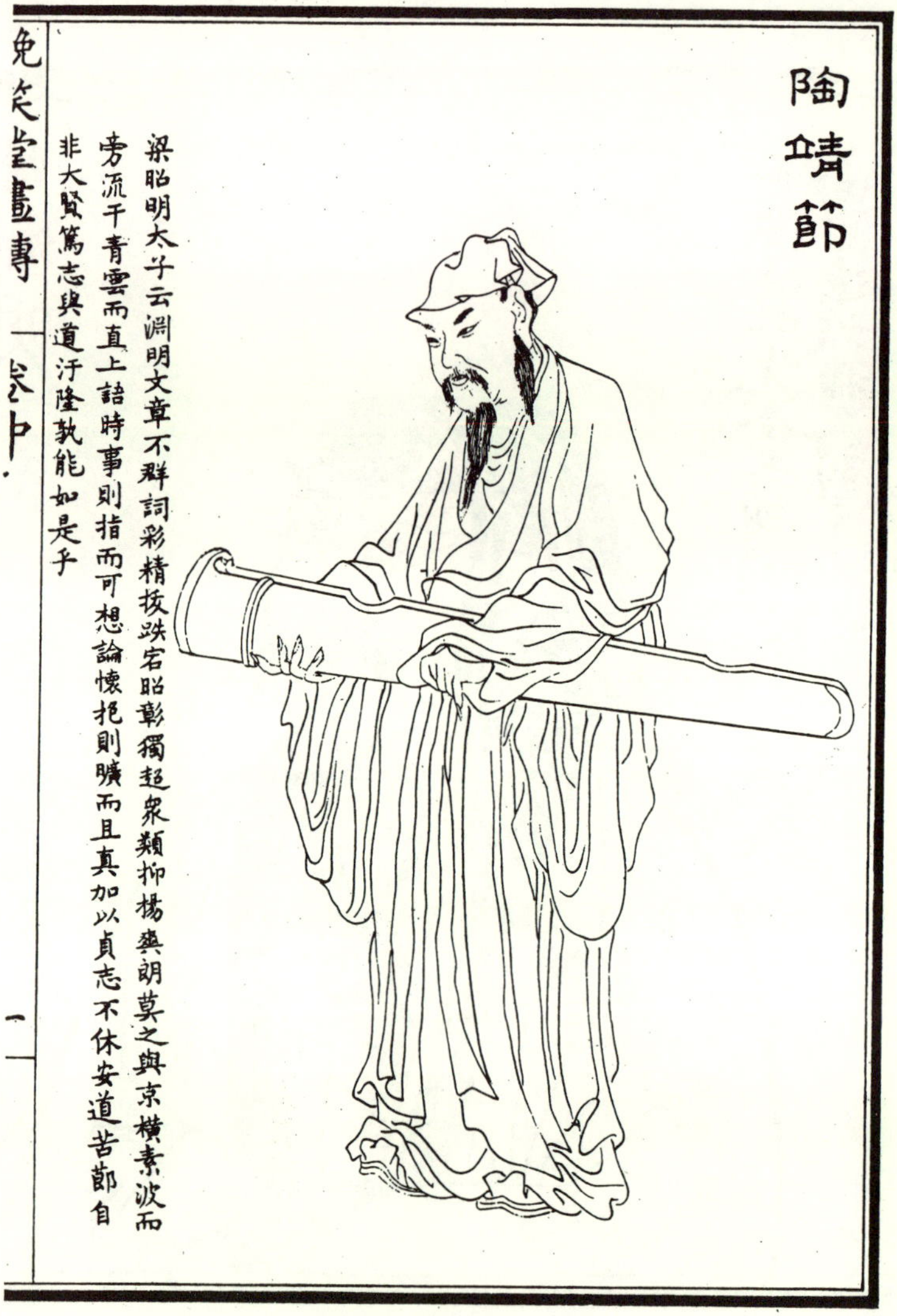
陶靖節
梁昭明太子云淵明文章不群詞彩精拔跌宕昭彰獨超衆類抑揚爽朗莫之與京横素波而
旁流干青雲而直上語時事則指而可想論懷抱則曠而且真加以貞志不休安道苦節自
非大賢篤志與道汙隆孰能如是乎
晩笑堂畫傳

陶淵明（晩笑堂画傳）

【陶淵明《とうえんめい》】解説前頁

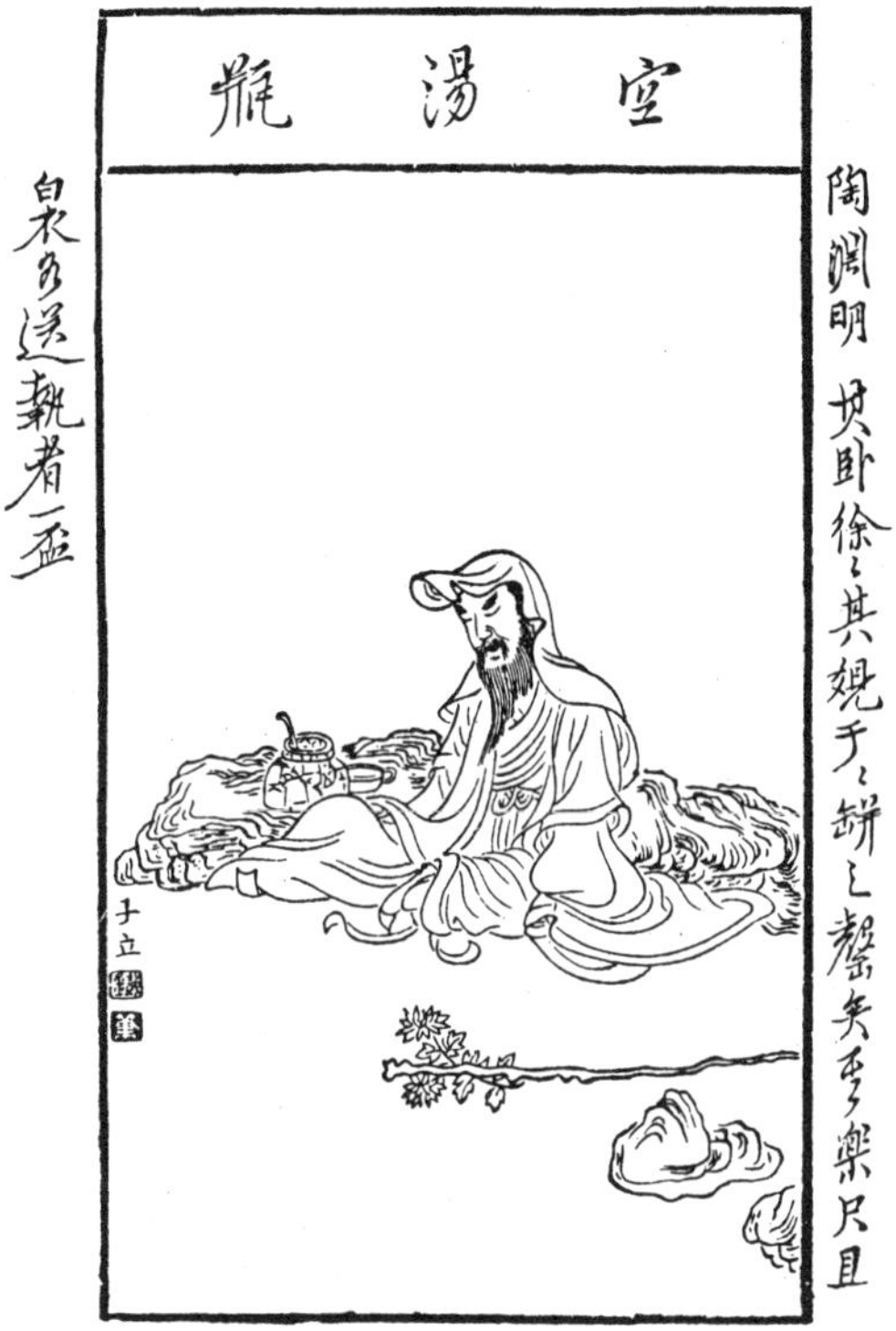

陶淵明（博古葉子）

【謝霊運《しゃれいうん》】（三八五～四三三） 南北朝時代、宋の詩人。陳郡陽夏（現・河南省太康）の人。会稽《かいけい》に移った。永嘉太守・侍中・臨川《りんせん》内史などに任じた。浙江各地や廬山《ろざん》の山野を跋渉《ばっしょう》し、山水を詩にうたった。康楽侯に封ぜられたので、謝康楽とも。族弟の恵連が小謝といわれるのに対して、大謝といわれる。三謝のひとり。

謝霊運（集古像賛）

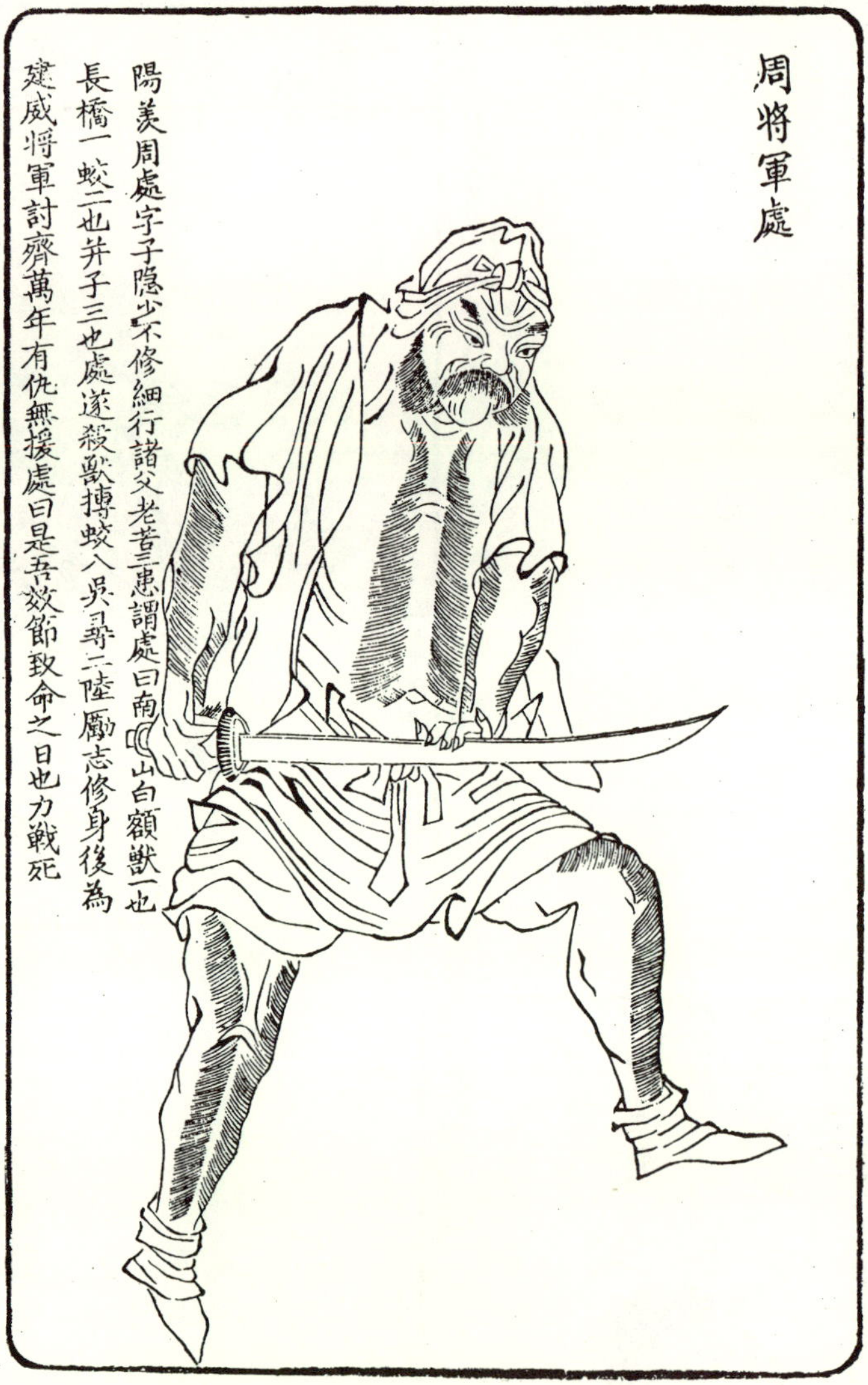
周将軍處
陽羨周處字子隠少不修細行諸父老苦患謂處曰南山白額獣一也
長橋下蛟二也并子三也處遂殺獣搏蛟入呉尋二陸勵志修身後為
建威将軍討齊萬年有仇無援處曰是吾效節致命之日也力戰死

周処（無雙譜）

【周処《しゅうしょ》】（二三六？〜二九七）西晋時代、呉興陽羨《ようせん》（現・江蘇省宜興《ぎこう》）の人。字《あざな》は子隠。幼いときに孤児となるが、腕力絶大で狩りを好み放蕩を尽くした。しかしのちに悟るところあって勉学に励んだ。呉の滅亡後に洛陽に行き、西晋の楚内史となった。著に『黙語』『風土記』などがあったという。

京劇「除三害」の主人公として知られる。「三害」とは、周処自身の放埒《ほうらつ》ぶり、南山の虎、長橋下の蛟を言った。

周処（百将図傳）

檀道濟像
三才圖會 人物五卷

檀道済（三才図会）

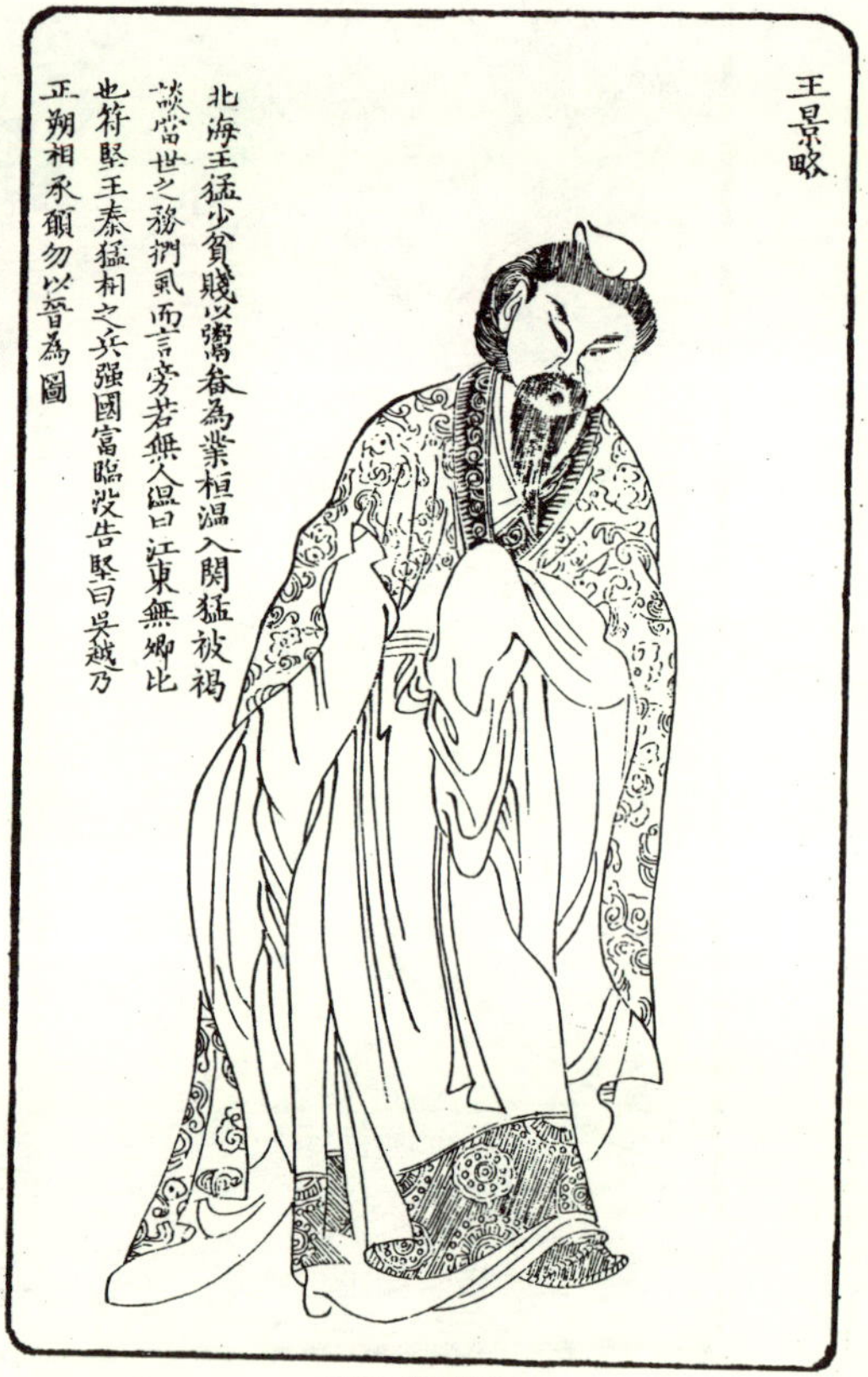
王景略
北海王猛少貧賤以鬻畚為業桓温入関猛被褐談當世之務捫虱而言旁若無人温曰江東無卿比也苻堅王秦猛相之兵強國富臨没告堅曰吴越乃正朔相承願勿以晉為圖

王猛（無雙譜）

【王猛《おうもう》】

（三二五～三七五）十六国時期、北海劇県（現・山東省寿光南）の人。寒門の出身で貧しく、もっこを売って生活していたという。博学で努力家、兵書を好んだ。前秦の苻堅《ふけん》に仕え、吏部尚書《りぶしょうしょ》などに任じた。臨終のとき、苻堅に南進を戒めたが、これを無視した前秦は淝水《ひすい》の戦いで東晋に敗れた。

【檀道済《だんどうさい》】

（？～四三六）南朝宋の武将。高平金郷（現・山東省金郷北）の人。鎮江に住んだ。東晋末期、劉裕が後秦を攻めたとき従って、洛陽に入った。後にその子の文帝に嫌われ、殺されることになったが、そのときに「汝は万里の長城を壊すのか」と叫んだという。

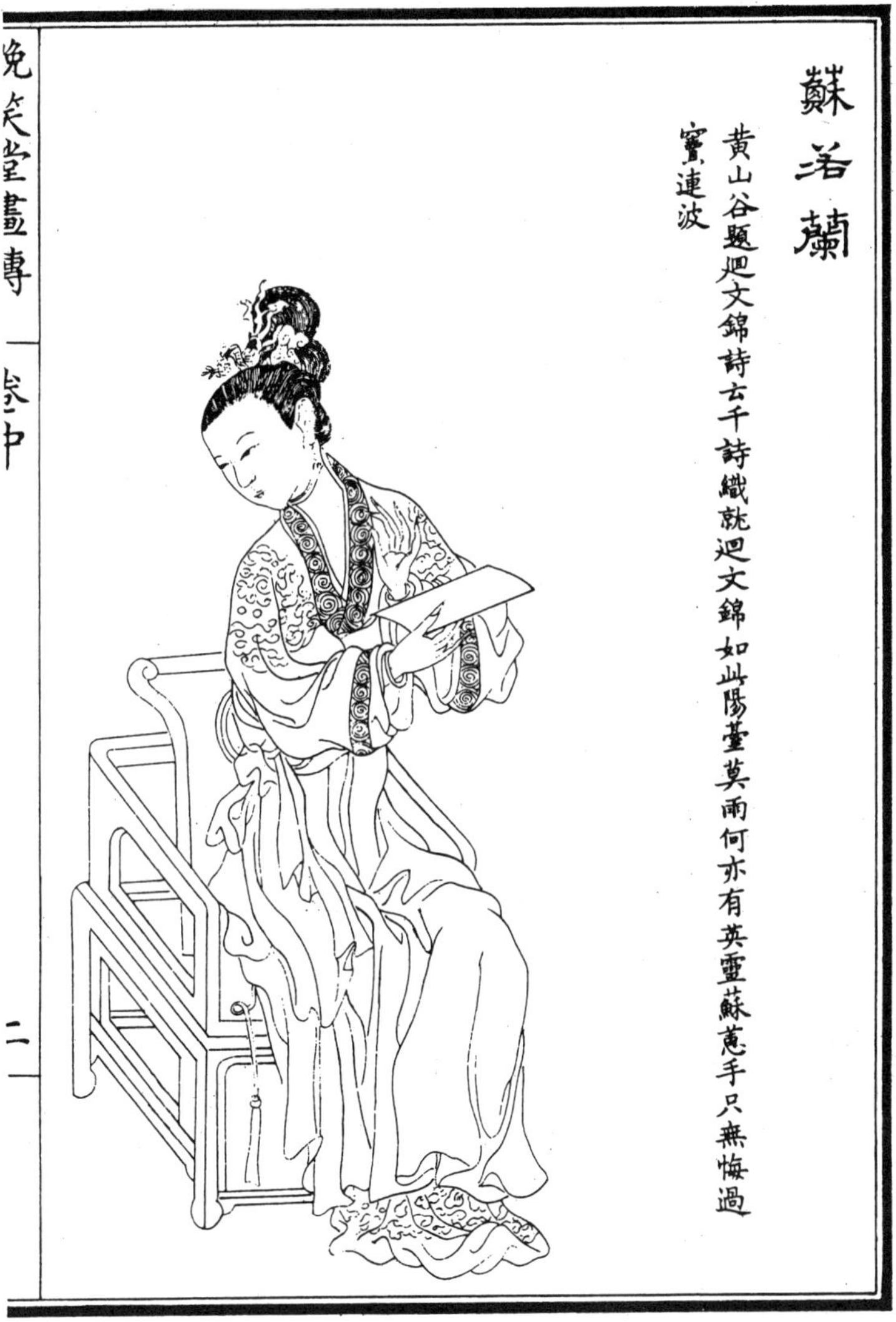
晩笑堂畫傳
卷中
二
蘇若蘭
黃山谷題廻文錦詩云千詩織就廻文錦如此陽臺莫雨何亦有英靈蘇蕙手只無悔過
竇連波

蘇蕙（晩笑堂画傳）

【蘇蕙《そけい》】

十六国時期、晋の竇滔《とうとう》の妻。武功（現・陝西省扶風東南）の人。字《あざな》は若蘭《じゃくらん》。回文詩で知られる。「晋書」によると、徒刑になった夫を思って、錦を織り回文を送ったという。また一説に、後秦の寵姫を伴なって赴任した夫に、妻を忘れないようにと五彩の錦で縦横に読める回文の詩を織って送ったとされる。字は八百四十あり、そのなかに詩が二百余首も読めたとされる。

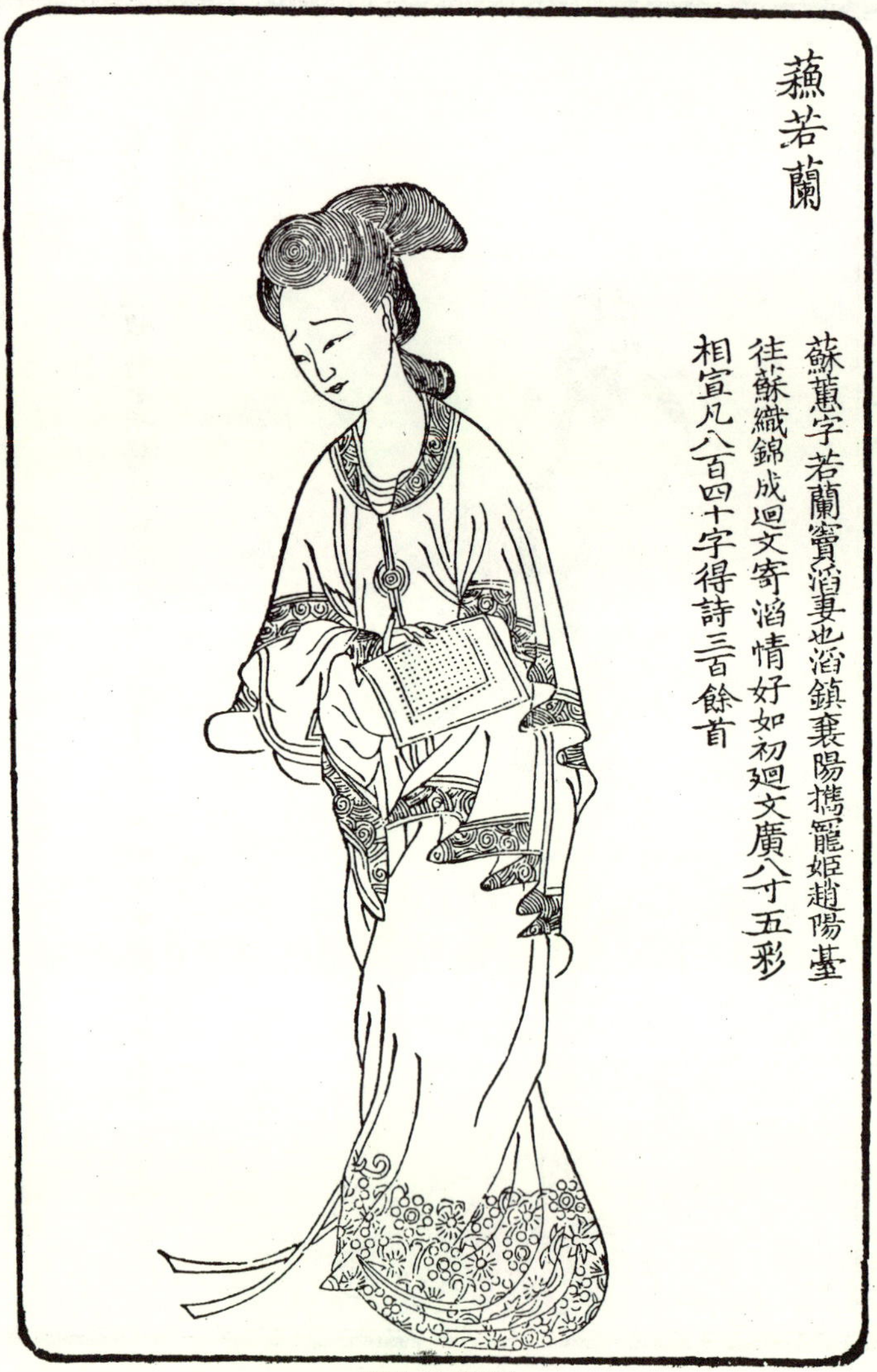
蘓若蘭
蘓蕙字若蘭竇滔妻也滔鎮襄陽攜寵姫趙陽臺
往蘇織錦成迴文寄滔情好如初迴文廣八寸五彩
相宜凡八百四十字得詩三百餘首

蘇蕙（無雙譜）

【蘇蕙《そけい》】解説前頁

竹林七賢（程氏墨苑）

嵇康（古聖賢像傳略）

【嵇康《けいこう》】

（二二三〜二六二）　魏晋時期の思想家。竹林《ちくりん》の七賢のひとり。銍《ちつ》(現・安徽省宿州市西)の人。字《あざな》は叔夜。魏の宗室と通婚し官職にも就いた。博学多才で、老荘の学を好み、清談に耽り、養生の道を実践した。琴・書画にも巧みであった。のち、鍾会《しょうかい》に憎まれ司馬昭に殺された。著に『養生論』などがある。

【竹林《ちくりん（の）》七賢《しちけん》】

晋代、世俗を避けて嵇康の郷里の山陽(江蘇省淮安県)の竹林に集まって酒をくみかわし、音楽と談論にふけった七人の隠者のこと。

阮籍・嵇康・山濤・向秀《しょうしゅう》・劉伶・王戎・阮咸《げんかん》をいう。

阮籍（古聖賢像傳略）

山濤（古聖賢像傳略）

【阮籍《げんせき》】（二一〇～二六三）　魏の文人。字《あざな》は嗣宗《しそう》、陳留尉氏（現・河南省開封）の人。阮瑀《げんう》の子。竹林七賢のリーダー格であった。老荘の学問を好み、形式的な世俗のきまりや習慣をきらった。酒と琴を愛し、散騎常侍《さんきじょうし》を経て大将軍になった。人間の好き嫌いが激しく、気に入った人間は「青眼視《せいがんし》」したが、嫌いな人間は「白眼視《はくがんし》」したという。著に『詠懐詩』『大人先生伝』『達荘論』などがある。

【山濤《さんとう》】（二〇五～二八三）　西晋の大臣、学者。字《あざな》は巨源、河内懐県（現・河南省武陟西）の人。竹林七賢のひとり。字は巨源、諡は康。山公ともいう。若くして老荘思想を好み、阮籍らと親しく交友した。西晋の武帝に仕え、太子少傅となった。司馬懿とは遠戚にあたる。

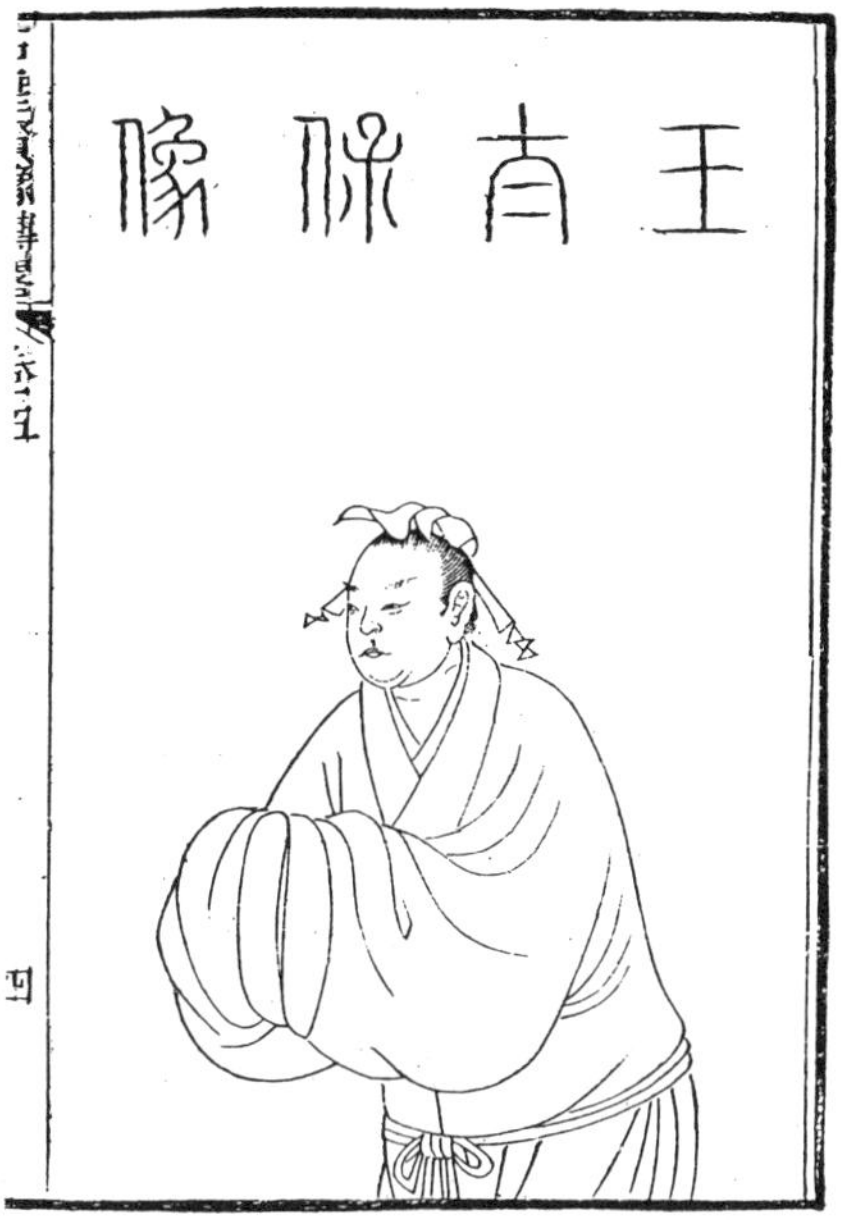
王祥（古聖賢像傳略）

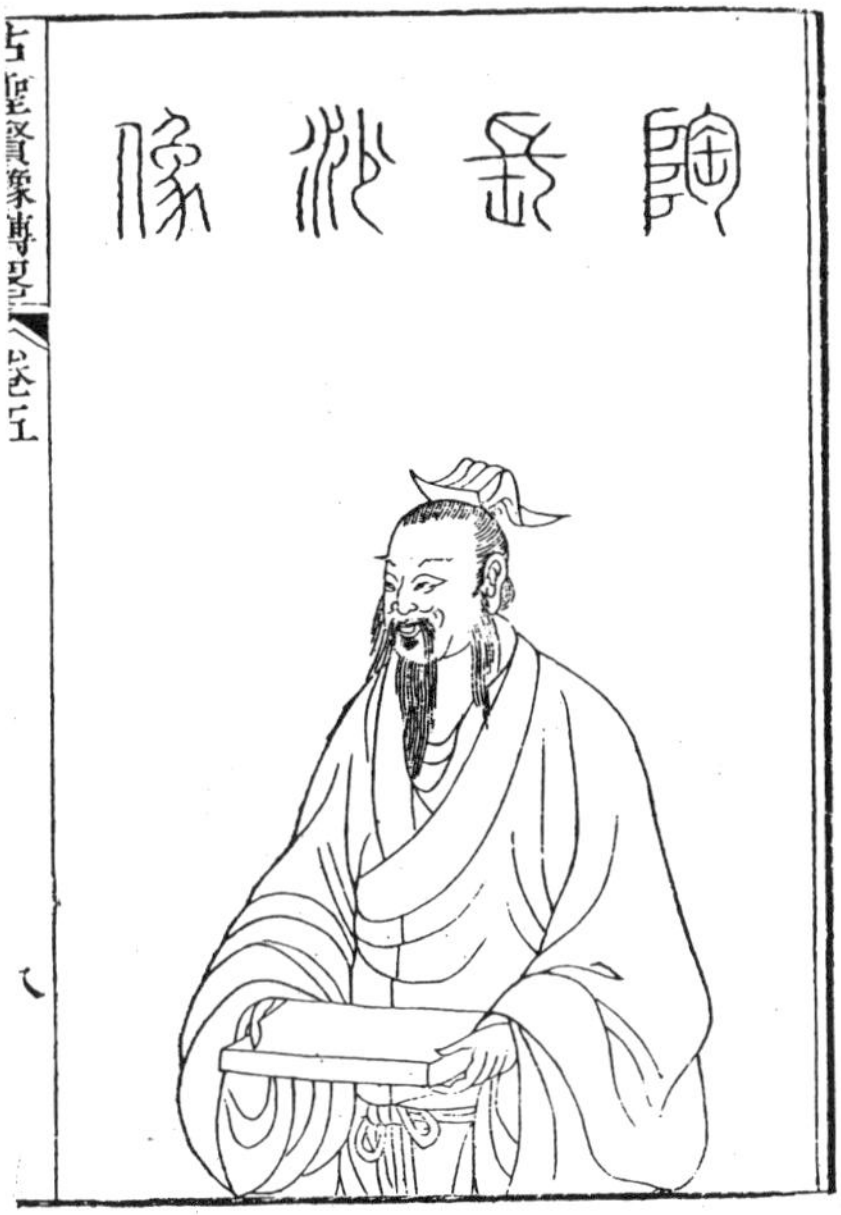
陶侃（古聖賢像傳略）

【王祥《おうしょう》】

（一八四〜二六八）西晋時代、山東瑯邪臨沂（現・山東省）の人。字《あざな》は休徴。継母に孝行をもって仕えた。真冬に鯉が食べたいといわれ、凍った池に臥したといわれる。二十四孝の一人物である。

【陶侃《とうかん》】

（二五九〜三三四）西晋末から東晋初の武人・政治家。字《あざな》は士行、諡《おくりな》は桓。陶潜の曾祖父にあたる。清廉潔白な人で大将軍となり、常に有時に備えて節度ある生活をおくったという。陶侃が竹のきれはしや木の切りくずを保存しておいて、有事に役だてた故事を「竹頭木屑」という。

卞壼（古聖賢像傳略）

温嶠（古聖賢像傳略）

【卞壼《べんこん》】（二八一～三二八）東晋の尚書令。済陰冤句《せいいんえんく》（現・山東省曹県西北）の人。字《あざな》は望之。明帝の顧命を受けて、王導とともに成帝を補佐した。蘇峻《そしゅん》の叛乱にさいして、軍を統率したが戦死した。

【温嶠《おんきょう》】（二八八～三二九）東晋時代、太原祁《き》県（現・山西省）の人。字《あざな》は太真。明帝が即位すると中書令に任じた。のち江州刺史《しし》となり、武昌に依拠、蘇峻・祖約が叛乱を起こすと、陶侃らと出兵して討伐した。平定後まもなく病没した。

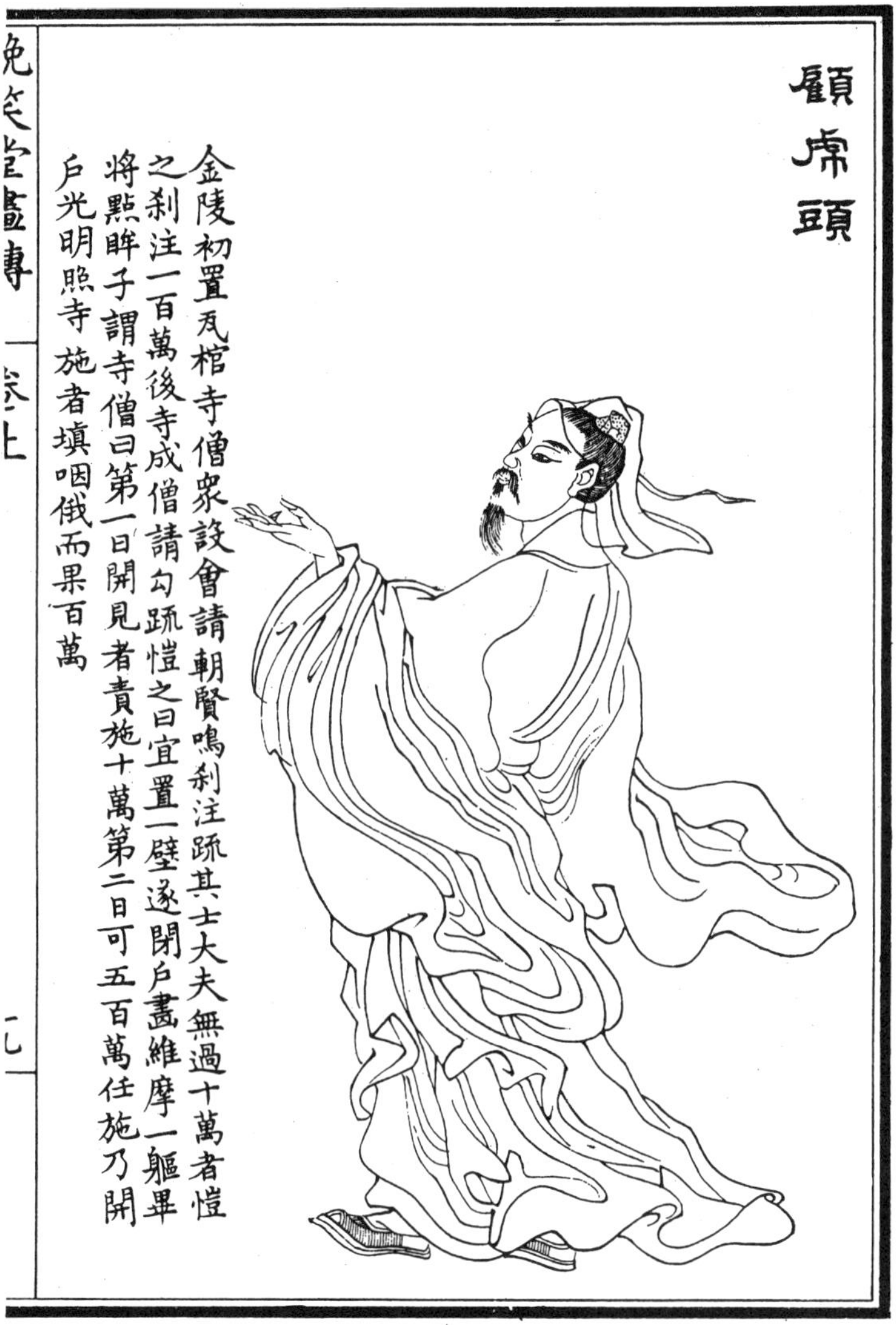
顧虎頭
金陵初置瓦棺寺僧衆設會請朝賢鳴刹注疏其士大夫無過十萬者愷
之刹注一百萬後寺成僧請勾疏愷之曰宜置一壁遂閉戸畫維摩一軀畢
将點眸子謂寺僧曰第一日開見者責施十萬第二日可五百萬任施乃開
戸光明照寺施者填咽俄而果百萬

顧愷之（晩笑堂画傳）

【顧愷之《こがいし》】

東晋の画家。字《あざな》は長康、幼時の字《あざな》を虎頭《ことう》といい顧虎頭とも呼ばれる。江蘇無錫《むしゃく》の人。人物画にすぐれ「女史箴図」が知られる。また博学で才気があり著に『啓蒙記』『文集』などがある。甘蔗を食うとき末の方から甘い根元へ食い進むので、人がそのわけをたずねたときに「漸入佳境」（ようやく佳境に入る）と答えた。

羊后

羊皇后（百美新詠）

【羊皇后《ようこうごう》】

東晋時代、泰山南城（現・山東省平邑南）の人。名は献容。晋の恵帝の后。美貌であったため、戦乱の時代のため、度々后や妃に廃立を繰り返す数奇な運命に見舞われた。洛陽が劉聡により陥落すると妃とされ、劉聡が死ぬと、前趙の劉曜の皇后となり、二子をもうけた。

宋文帝（三才図会）

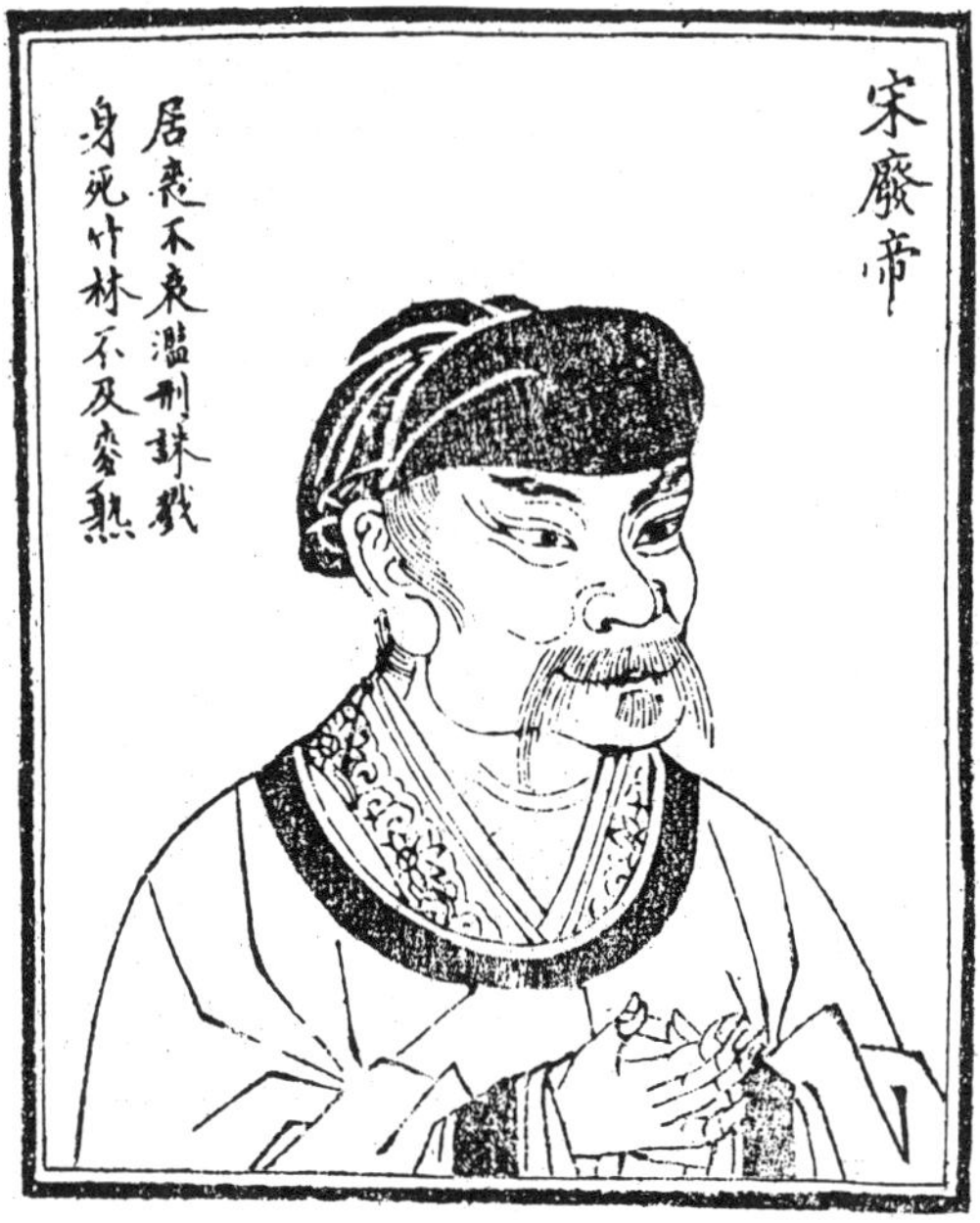

宋前廃帝（歴代古人像賛）

【宋文帝《そうぶんてい》】（四〇七～四五三　在位四二四～四五三）南朝、宋の第三代皇帝。姓名は劉義隆。武帝の第三子。文治を旨とし安定政権を築く（元嘉の治）。しかし、北魏の南下に抗しきれず、檀道済を殺したことを後悔したという。太子劭らに暗殺される。

【宋前廃帝《そうぜんはいてい》】（四四九～四六六　在位四六四）孝武帝の長子、劉子業。大明八年（四六四）に即位。文才はあったが、荒淫で倫理観に欠け、また臣下を無差別に殺戮した。

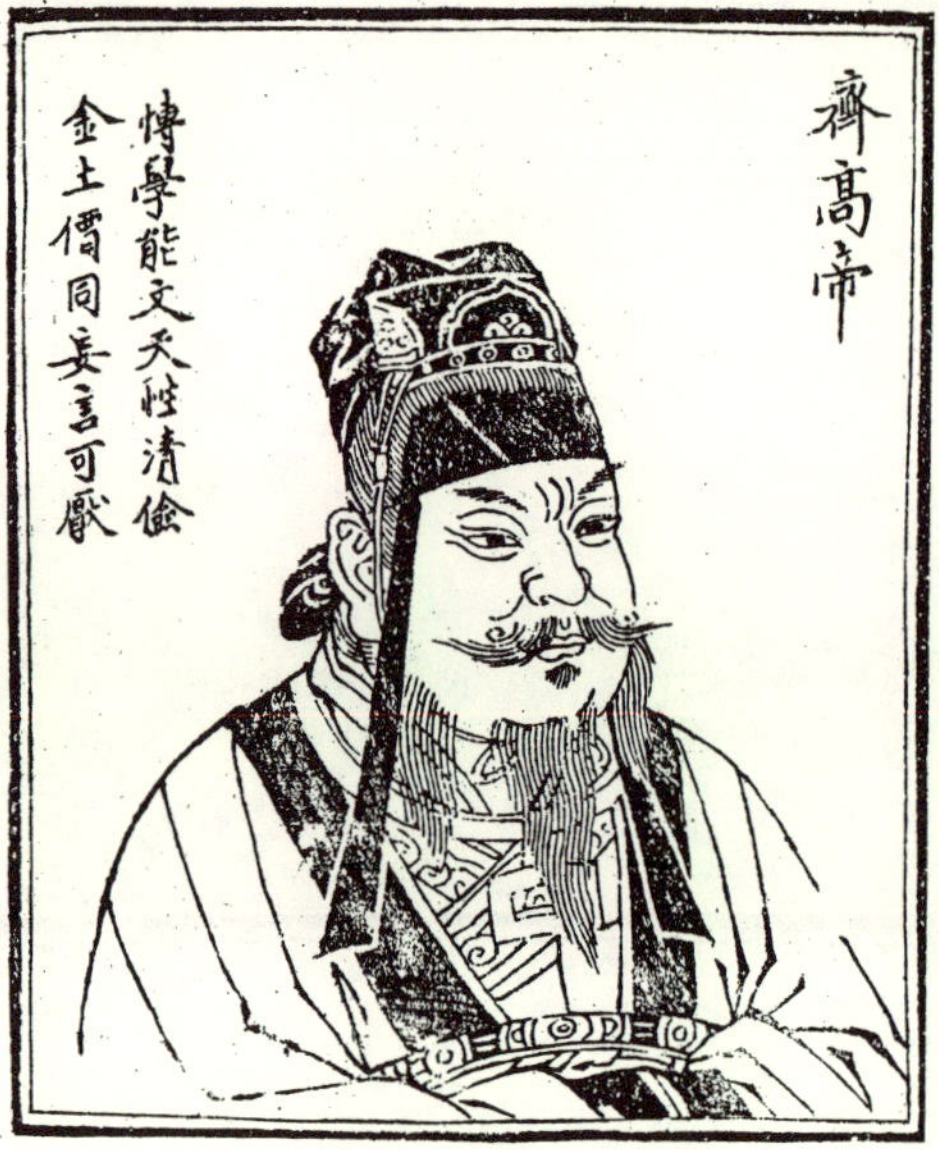
齊高帝
博學能文天性清儉
金土價同妄言可厭
斉高祖（歴代古人像賛）

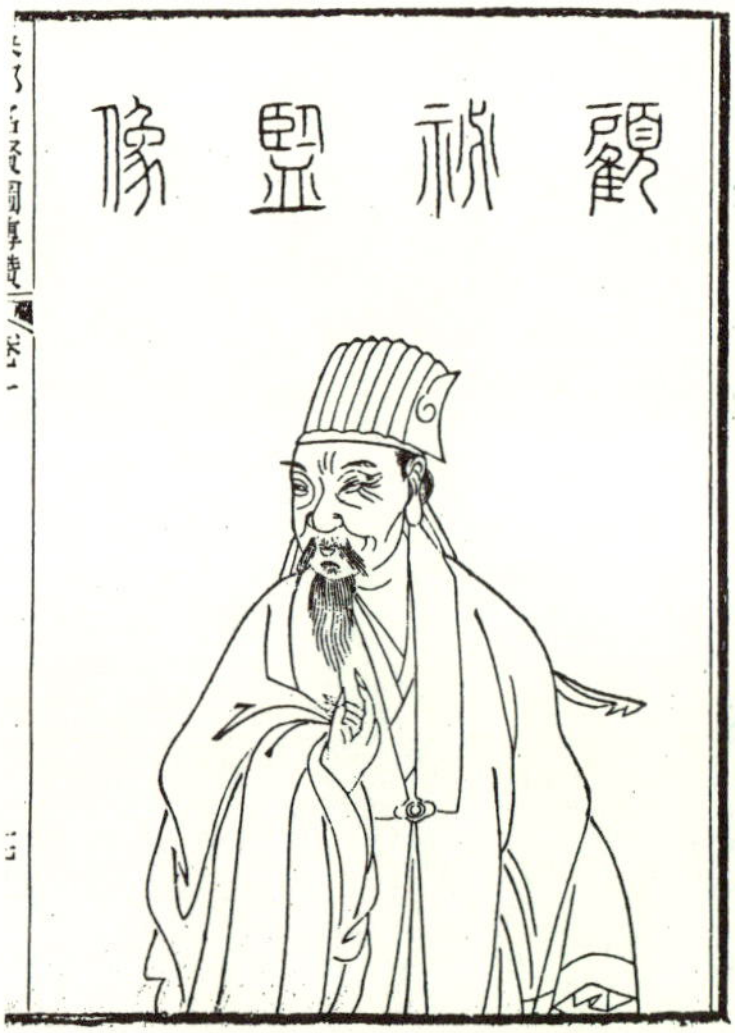
顧野王（呉郡名賢図傳賛）

【斉高祖《せいこうそ》】（斉高帝）

（四二七〜四八二　在位四七九〜四八二）南朝斉の建国者。蕭道成《しょうどうせい》、字は紹伯。祖先は東海蘭陵（現・山東省棗荘《そうそう》東南）の人。南蘭陵（現・江蘇省常州西北）に移居した。もと、宋の禁軍の首領で、宋の皇族の内戦に乗じて軍権を掌握し、昇明三年（四七九）に自立した。

【顧野王《こやおう》】

（五一九〜五八一）南朝陳の訓詁学者。字《あざな》は希馮《きひょう》。呉郡呉（現・蘇州）の人。初め梁に仕え、のち陳に入る。『玉編』三十巻の著がある。絵画にも長じ、古賢の肖像で名高い。

梁武帝
受齊禪位綱紀頽傾
信姦寵叛餓死臺城

梁武帝（歴代古人像賛）

【梁武帝《りょうぶてい》】

（四六四～五四九　在位五〇二～五四九）南北朝時代、南朝の梁の創設者。蕭衍《しょうえん》、字《あざな》は叔達。南蘭陵（現・江蘇省常州西北）の人。斉の雍州刺史《ようしゅうしし》だったが、内乱に乗じて起兵して建国した。熱心な仏教信者で、寺院を建築し、また三度にわたり捨身した。文学・音楽にも素養があり、また書にも長じていたという。

昭明太子
寛和孝謹貭粋神清
梁祚不永天奪昭明

昭明太子（歴代古人像賛）

【昭明太子《しょうめいたいし》】（五〇一～五三一）　南北朝時代、梁武帝の長子、蕭統、字《あざな》は徳施。『文選《もんぜん》』の編者。『文選』は周代から梁代までの約一千年間に出た作者およそ百三十人の作品を選び集めた中国最初の詩文選集で、我が国の平安時代の文学にも大きな影響を与えた。

陶弘景（仙佛奇踪）

【陶弘景《とうこうけい》】（四六五〜五三六）南北朝時代、梁の学者。秣陵《まつりょう》（現・江蘇省南京）の人。字《あざな》は通明。若くして葛洪《かっこう》の『神仙傳』を学び、神仙・陰陽・五行・医術などに詳しく、茅山《ぼうざん》の山中に隠棲し万巻の書を読んだ。後に梁武帝に信任されて常にその諮問《しもん》をうけていたので「山中宰相」ともいわれた。

晉會稽太守王凝之妻謝夫人道韞

謝道韞（於越先賢像傳賛）

【謝道韞《しゃどううん》】東晋の女性詩人。陳郡陽夏（現・河南省太康）の人。謝安の姪で、王凝之の妻。聡明で才覚があった。雪が降ったとき、謝安が「何に似るか」と聞いたら「風に吹かれて飛ぶ柳絮《りゅうじょ》のよう」と答えておおいに褒められたという。

木蘭
商丘人父病不能從軍爲有
司所苦木蘭代父戍邊十二年人
不知其爲女也或云姓花
父名弧北魏時人有姊
曰木難弟曰咬兒

木蘭（無雙譜）

【木蘭《もくらん》】

南北朝時代、南朝・梁のとき、商邱の人。姓は花《か》ともいう。父に代わって従軍し、女性であることを気づかれなかった。十二年して帰国したという。楽府に『木蘭辞』があり、木蘭という少女が男装し父にかわって従軍し無事帰還したことを歌う。

陳武帝
獨運英謨臨危制勝
受梁之禪寬簡為政

陳武帝（歴代古人像賛）

【陳武帝《ちんぶてい》】（五〇三～五五九　在位五五七～五五九）南朝陳の創建者、陳覇先《ちんはせん》。呉興長城（現・浙江省長興東）の人。時は興国。微賤の出だが、南方の反乱鎮圧によって頭角をあらわし、侯景の乱の混乱に乗じて、建康（南京）の実権を握って敬帝を立て、のちに禅譲を受けて陳を開いた。しかし在位一年半で病没した。

張麗華

張麗華（百美新詠）

【張麗華《ちょうれいか》】（?～五八九）南朝陳の後主、陳叔宝の妃。絶世の美貌を誇り、髪は漆黒で七尺に及んだという。隋が攻めてきたとき、後主とともに井戸に隠れたが発見され殺された。

袁大捨

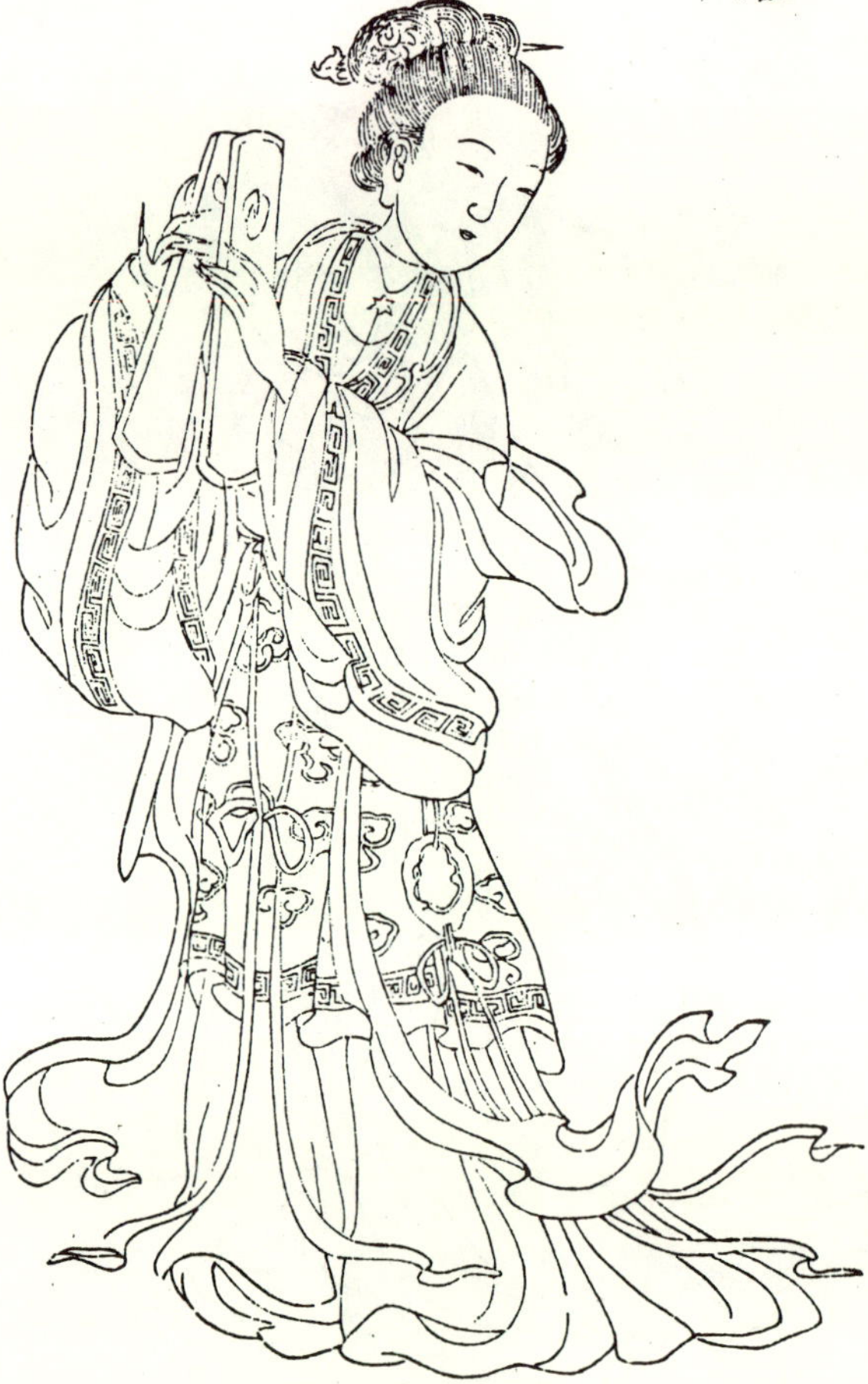

袁大捨（百美新詠）

【袁大捨《えんだいしゃ》】

南朝の陳の人。後に張貴妃の推薦で宮中に入り、女学士と呼ばれた。文才があり、後主（陳叔宝）が宴遊する際には付き添い、貴賓と詩の応酬をしたりした。

寿陽公主（百美新韻）

【寿陽公主《じゅようこうしゅ》】

南朝・宋武帝（劉裕）のむすめ。

ある春の日、殿中でうたたね寝をしていると、おりしも梅の花が散って額に貼りついた。美貌に加えて、花びらが美しく調和してみえたので、それを払わずにのこしたが、これが新しい装いとなって流行したという。

寿陽公主（百美新詠）

【寿陽公主《じゅようこうしゅ》】解説前頁

隋唐五代時期

隋文帝
挾智任術徼幸得位
明敏儉約精勤政治

隋文帝（歴代古人像賛）

【隋文帝《ずいぶんてい》】（五四一～六〇四　在位五八一～六〇四）　隋の初代皇帝。姓名は楊堅。北周開国の功臣となり、十二大将軍の一人に数えられ、のちに隋をたてて長安に都を定めた。南朝の陳を滅ぼし南北朝を統一し、有能な官僚を用いて内政につとめた。文帝の定めた官制・均田制などは唐の律令制の基礎となった。

楊素（百将図傳）

宣華夫人（百美新詠）

【楊素《ようそ》】（？～六〇六）隋の大臣。字は処道、弘農華陰（現・陝西省）の人。隋の武帝が南朝の陳を滅ぼしたとき、水軍を率いて三峡から東に下り奇襲をかけて大勝した。この功績によって越国公に封ぜられた。のちに尚書左僕射《ぼくや》に任ぜられ、朝政を掌った。太子の勇を廃して、隋の煬帝《ようだい》を擁立する陰謀に加担し、のちに楚国公となった。

【宣華夫人《せんかふじん》】陳の宣帝のむすめで、聡明で美貌を誇った。陳が滅びると隋の文帝の後宮に入り、寵愛をうけた。文帝が病に倒れると、太子（後の煬帝）に迫られ、やがて已む無くその意に従ったという。

譙國夫人洗氏
洗夫人高涼人適高涼太守馮寶佐寶行軍李遷仕反
設計擊敗之寶卒夫人裒集百越子僕以夫人功封信都侯僕卒夫
人率其孫撫循諸部而嶺南悉定後狸獠叛夫人又載詔書稱使者
宣述上意所至皆降自梁大同初至隋仁壽時卒謚為誠敬夫人

洗夫人（無雙譜）

【洗夫人《せんふじん》】（五一二頃～六〇二頃） 梁・隋の時期、高涼（現・広東省陽江西）の人。一説に名は阿莫《あばく》という。少数民族の首領で武勇に秀で、陳末期に嶺南の混乱を平定、隋に帰順させるのに力があった。功によって譙国《しょうこく》夫人に封ぜられた。

袁宝児（百美新詠）

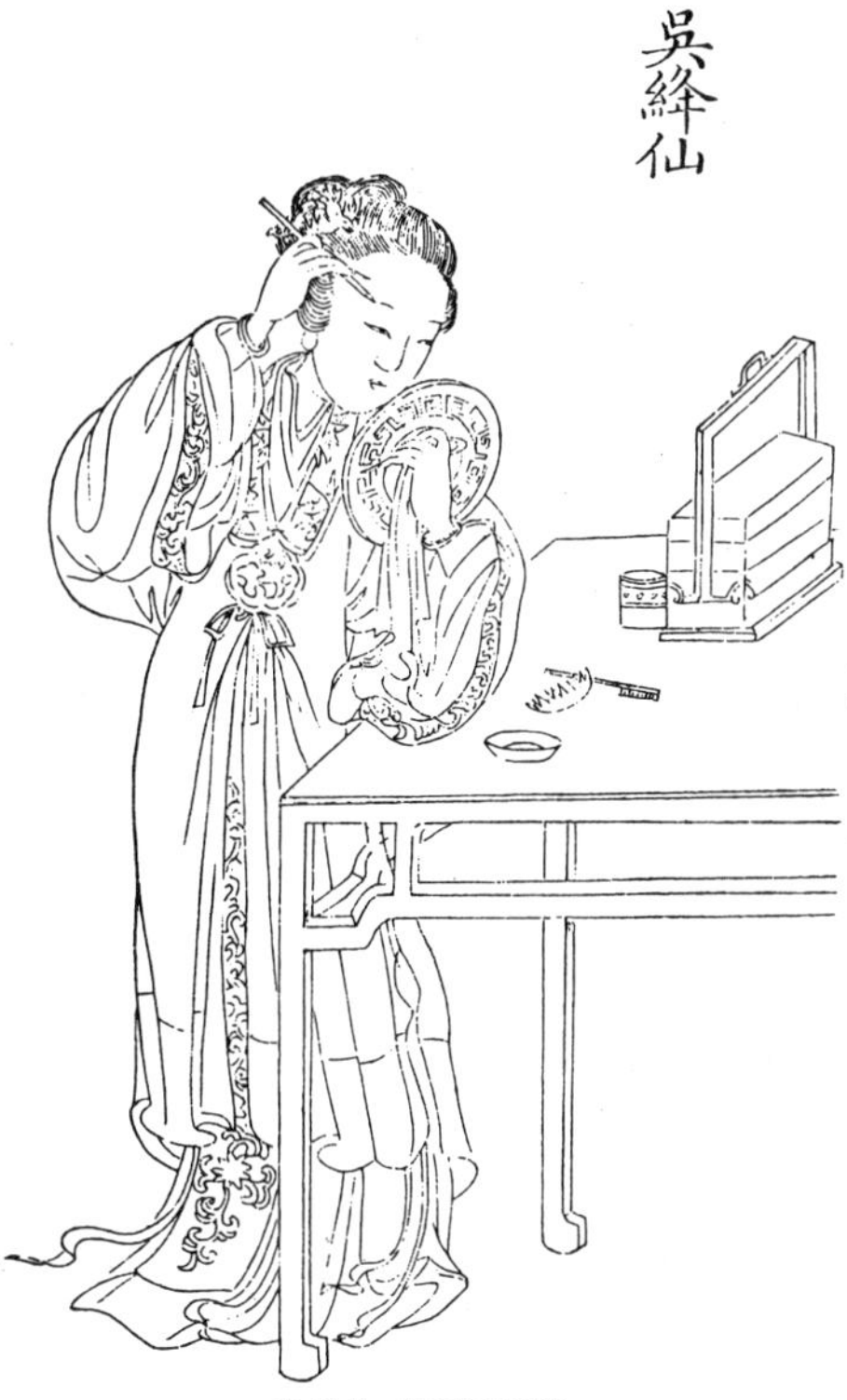

呉絳仙（百美新詠）

【袁宝児《えんぽうじ》】

隋の煬帝が寵愛した妓女。煬帝は嵩山から献上された迎輦花《げいれんか》という薫りの良い花を袁宝児に持たせて、これを虞世南《ぐせいなん》に詩に読ませたという。この花の香りを嗅ぐと、眠気がうせたという。


【呉絳仙《ごこうせん》】

隋の煬帝《ようだい》の宮妃。煬帝の江南行にも伴なわれた。彼女は眉を美しく描くのがうまく、呉絳仙の蛾眉は宮廷の女性たちからみな真似された。ペルシャ産の高価な「螺子黛《らしたい》」を自由に使えるのは、呉絳仙にだけ許されたという。

劉孝孫（古聖賢像傳略）

孔穎達（三才図会）

【劉孝孫《りゅうこうそん》】

（?～五九四）隋、広平（現・河北省永年東）の人。隋の司天監、開皇四年（五八四）、道士張賓《ちょうひん》による開皇暦が施行されたが、その誤りを指摘したため左遷された。後に開皇暦の誤りが認められたので、新たに暦を作ったが受け入れられず、悲嘆の中に亡くなった。死後にその暦が実施された。

【孔穎達《くようだつ》】

（五七四～六四八）隋末唐初の学者。字は仲達、冀《き》州衡水（現・河北省）の人。魏徴《ぎちょう》とともに『隋書』の編集をし、顔師古らとともに『五経《ごきょう》正義』を著した。『五経正義』は以後、科挙の標準とされ今日でも経書解釈の基本文献である。

先儒王子
名通字仲淹山西平陽府河津縣人漢徵君霸之後也世以儒顯父隆隋文帝開皇初國子博士
明呂元善贊
綺靡之後誰復知儒普天不醒獨立大呼
手續六經世孰傳諸自呈而韓脈遞程朱
王通（聖賢像贊）

文中子
重做三代再續六經
程朱許論河汾準繩
王通（歴代古人像贊）

【王　通《おうとう・おうつう》】（五八四～六一八）隋の学者。龍門（現・山西省河津県）の人。字は仲淹、号は文中子。王勃の祖父。房玄齢・魏徴らを教えた。著に『中説』（一名『文中子』）がある。

韓擒虎（百将図傳）

韓擒虎（三才図会）

【韓擒虎《かんきんこ》】

（五三八〜五九二）隋の軍人。河南新安（現・河南新安東）の人。原名は豹、字は子通。豪胆かつ戦略にたけた。北周に仕え、新安太守などを歴任した。隋の開皇九年（五八九）陳を攻めたとき、五百人を率いて采石磯《さいせきき》をわたり建康（南京）を陥れ、陳の後主を虜にした。のち辺境の守りにつき、病で亡くなった。

唐高祖（新刻歴代聖賢像賛）

竇后（百美新詠）

【唐高祖《とうこうそ》】（五六五～六三五　在位六一八～六二六）唐の初代皇帝。姓名は李淵。字は叔徳。祖父李虎のとき宇文泰らと西魏を創建した。楊広（隋煬帝）とは従兄弟関係にあった。隋の太原留守のとき起兵、突厥の力を借りて長安に入り唐朝を建てた。玄武門の変ののち、次子の李世民に譲位、太上皇となった。

【竇后《とうこう》】高祖・李淵の后。竇毅《とうき》のむすめ。父の竇毅は、衝立に描いた孔雀の二つの目を、二本の矢で見事に射たものに美貌のむすめを嫁がせることにした。ただ一人、武勇に秀でた李淵がこの条件を満たしたという。

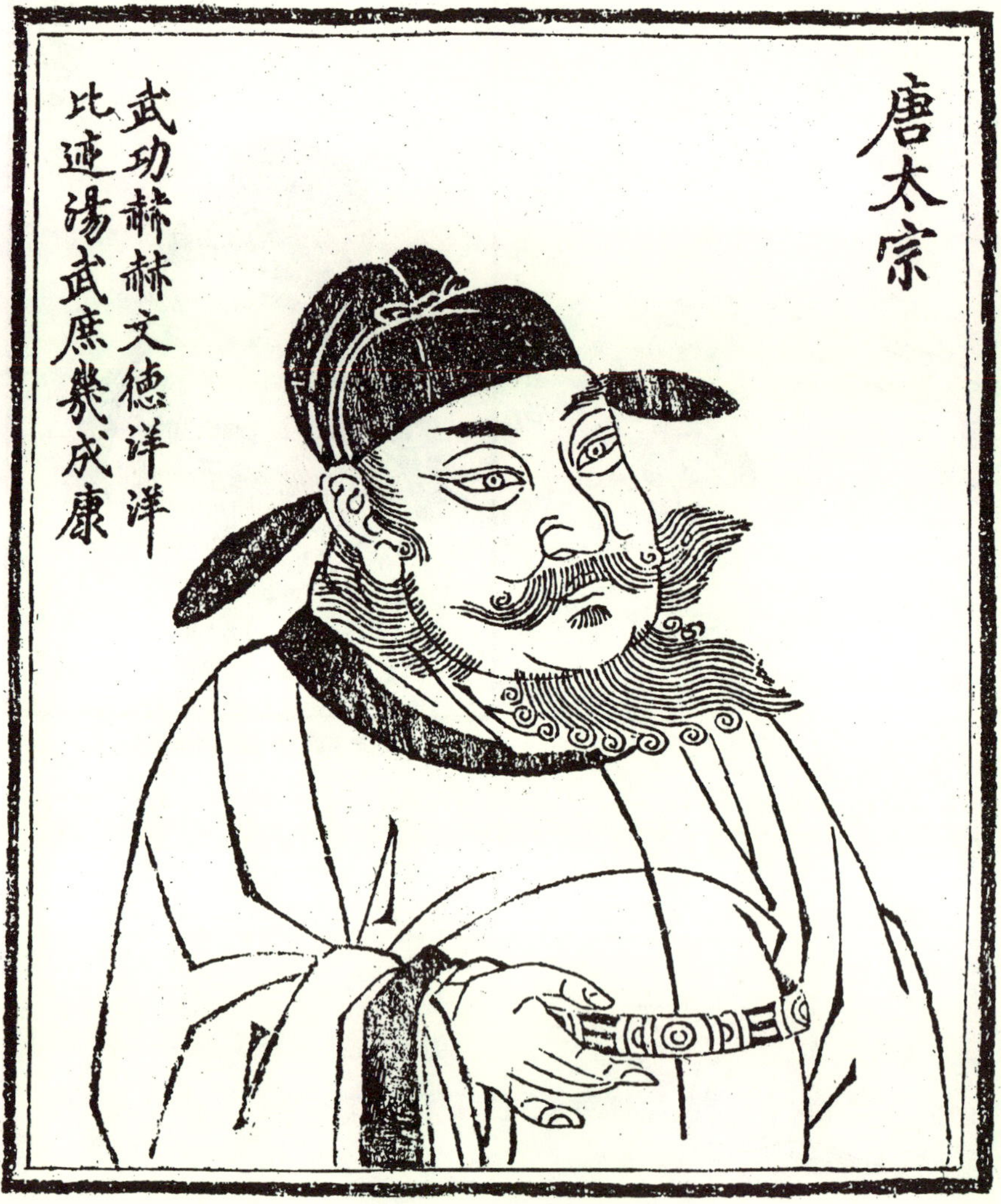

唐太宗（歴代古人像賛）

【唐太宗《とうたいそう》】（五九九～六四九　在位六二六～六四九）　唐の第二代皇帝、李世民、太宗は廟号。高祖・李淵の次子。父の天下統一を補佐し完成させた。玄武門の変でライバルの兄たちを誅し、権力を確立した。人材を登用し善政をしき、学問・文学を奨励し、「貞観の治」を現出させた。古来、この時代は優れた政治の模範とされる。

唐太宗
顯允太宗
聰明英武
龍奮晉陽
雨澤九土
安夏攘夷
雪恥酬古
文德武功
卓冠無伍

唐太宗（集古像贊）

唐太宗像

唐太宗（新刻歷代聖賢像贊）

褚遂良（新刻歴代聖賢像賛）

【褚遂良《ちょすいりょう》】（五九六～六五八）　唐の大臣。銭塘《せんとう》（現・浙江省杭州）の人。字は登善。太宗のとき起居郎、諫議大夫を歴任、のち中書令となる。高宗が即位すると、河南郡公に封ぜられた。のちに高宗が則天武后を后とするのに反対し、辞職して亡くなった。書に優れ、太宗が王羲之の書を収集するのに功があった。また、書家としても新生面を開いた。

顔師古（古聖賢像傳略）

顔師古（三才図会）

【顔師古《がんしこ》】（五八一〜六四五）唐の学者。京兆万年（現・陝西省西安）の人。字は籀《ちゅう》。六朝末期を代表する学者で『顔氏家訓』で知られる顔之推《がんしすい》の孫。訓詁の学にすぐれ、『漢書』の注釈を書いた。その正確さゆえに「班固の忠臣」といわれる。

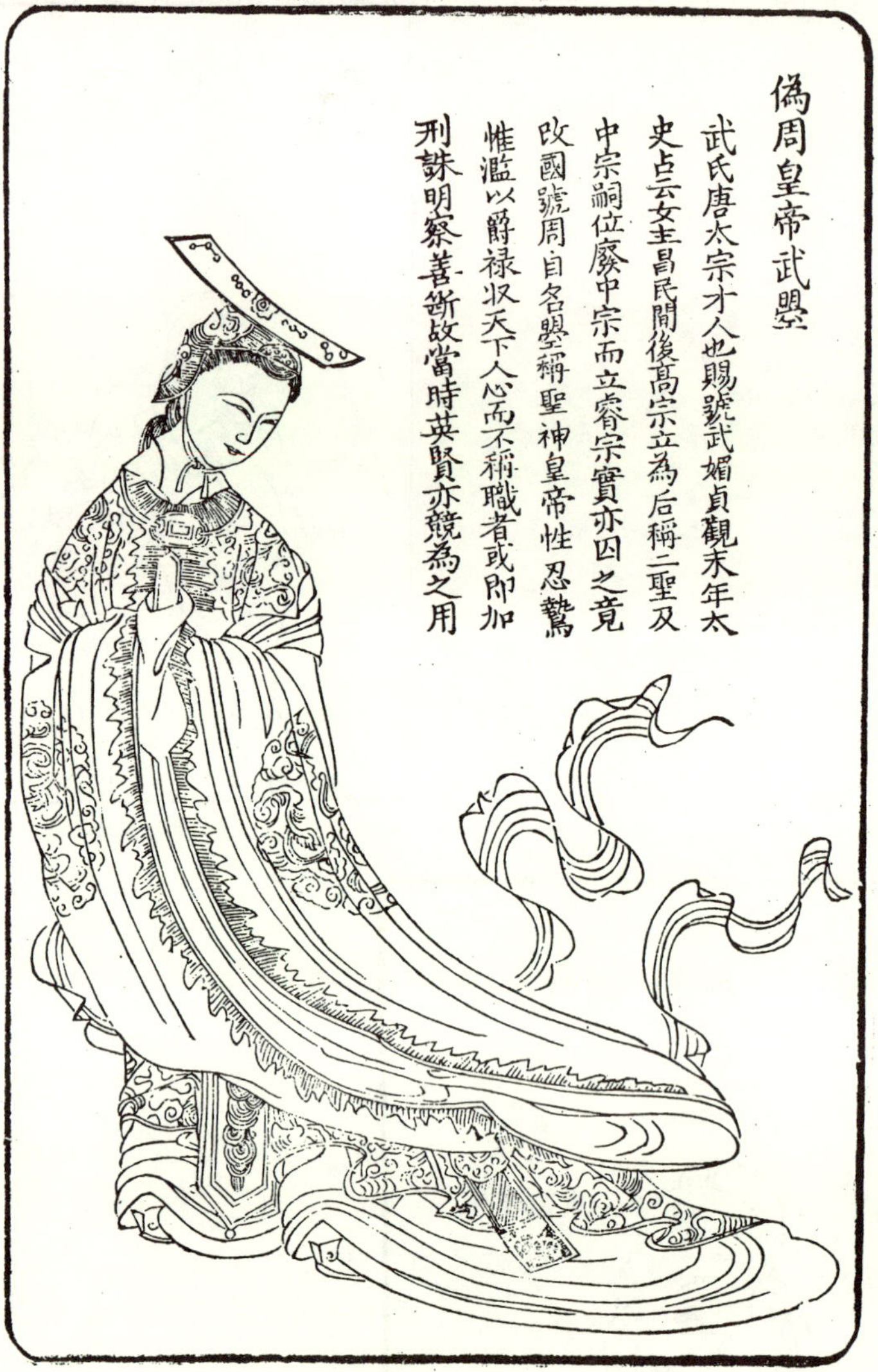
偽周皇帝武曌
武氏唐太宗才人也賜號武媚貞觀末年太
史占云女主昌民間後高宗立為后稱二聖及
中宗嗣位廢中宗而立睿宗實亦囚之竟
改國號周自名曌稱聖神皇帝性忍鷙
惟濫以爵祿收天下人心而不稱職者或即加
刑誅明察善斷故當時英賢亦競為之用

則天武后（無雙譜）

【則天武后《そくてんぶこう》】（六二四～七〇五　在位六九〇～七〇五）唐の高宗の皇后。姓は武、名は照、のちに曌《しょう》と改めた。高宗の死後、皇帝になった中宗・睿宗をあいついで退位させ帝位につき聖神皇帝と自称、国号を周と称した。殿試の制度を始めたり、則天文字を作るなど独自の政策を展開した。のち、中宗が復位し、武后は病死した。

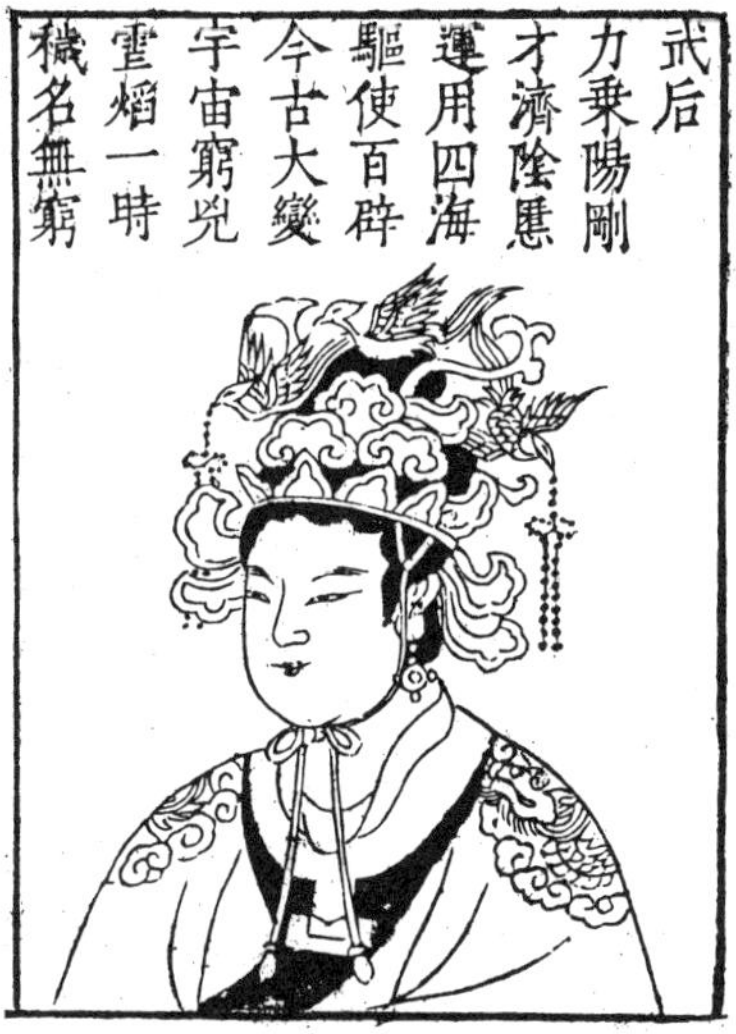
武后
力秉陽剛
才濟陰慝
運用四海
驅使百辟
今古大變
宇宙窮兇
霆熠一時
穢名無窮

則天武后（集古像贊）

武則天

則天武后（百美新詠）

司徒趙國公長孫無忌
字輔機為行軍典籤從征討有功封上黨
縣公隐巢平以功進齊國公貞觀十三年命為趙州刺史國于趙辭不就進司徒加太子
太師遙領揚州牧
中州源

長孫無忌（凌煙閣功臣図）

【長孫無忌《ちょうそんぶき》】（?～六五九）唐初の大臣。洛陽の人。字は輔機。太宗を補佐し、玄武門の変などを経て、天下の平定に力をつくし、斉国王、のち司徒になった。則天武后の入内に反対し、最後は誅された。『唐律疏義』など多くの編著がある。

長孫無忌（新刻歷代聖賢像贊）

司空河間王孝恭
西平懐王安次子也以撃朱粲蕭銑有功封趙郡王擒輔公祏平江南以功進
左僕射揚州大都督貞觀十三年命為觀州刺史王河間辭不就年五十贈
司空揚州都督及謚
又原

李孝恭（凌煙閣功臣図）

【李孝恭《りこうきょう》】（五九一～六四〇）唐初の武将。唐高祖の甥。武徳初年、巴蜀三十余州を制圧、山南道招慰大使に任ずる。のち、嶺南四十九州の平定にも力あった。更に李靖・李勣《りせき》・黄君漢らの諸将を率いて江南を攻め取った。貞観初年、礼部尚書に任じられ、のち河間郡王となった。

司空萊國公杜如晦
致君堯舜付公等早據
要路思捐軀

杜如晦（凌煙閣功臣図）

【杜如晦《とじょかい》】（五八五～六三〇）唐の創業の名臣にして、太宗に仕えた名宰相。京兆杜陵《とりょう》（現・陝西省長安県南東）の人。字は克明。李世民が即位すると尚書右僕射《ぼくや》に任ぜられ、左僕射《ぼくや》の房玄齢らと協力して、貞観の治といわれるすぐれた政治を現出させた。

魏徴・太宗（新刻出像官板大字西遊記）

【魏徴《ぎちょう》】

（五八〇～六四三）　唐初の名臣。館陶（現・河北省）の人。字は玄成、諡は文貞。隋末の瓦岡《がこう》軍に参加、のち唐に降り、太宗に仕えた。諫議大夫《かんぎたいふ》となり信任厚く、二百余回の諫言をし、鄭国公に封ぜられた。その議論は『貞観政要』にみえる。『隋書』を著した。

左図は『西遊記』で囲碁をする太宗（右）と魏徴。

魏徴に斬られることになっている龍王が、太宗に夢の中で助命を懇願する。そこで、太宗は魏徴を宮廷の外に出さぬよう……と二人で囲碁をするが、魏徴は途中で突然居眠りをして、夢のなかで龍王を斬ってしまうという場面である。

【太宗《たいそう》】〈唐太宗〉解説二二六頁参照

司空太子太師鄭國公魏徵
字玄成魏州曲城人初拜尚書右丞兼
諫議大夫以秘書監参豫朝政進左光祿大夫封鄭國公貞觀十三年
命爲宋州刺史國于梁拜太子太師贈司空相州都督謚曰文貞
辭不就
俊水源

魏徵（凌煙閣功臣図）

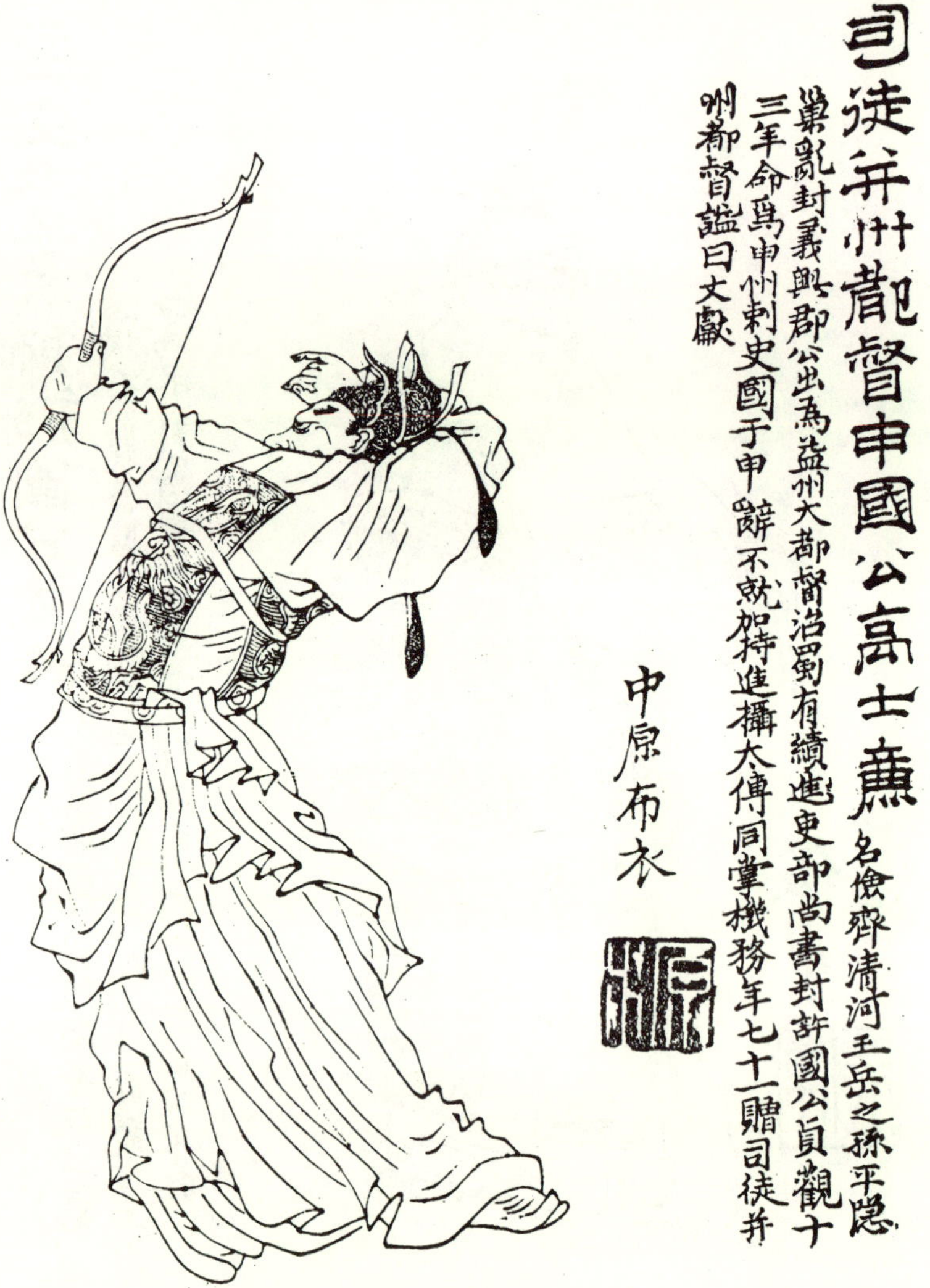
司徒并州都督申國公高士廉
名儉齊清河王岳之孫平隠巢亂封義興郡公出爲益州大都督治蜀有績進吏部尚書封許國公貞觀十三年命爲申州刺史國于申辭不就加特進攝太傅同掌機務年七十一贈司徒并州都督謚曰文獻
中原布衣

高士廉（凌煙閣功臣図）

【高士廉《こうしれん》】（五七七〜六四七）唐の人。徳州蓨《ちょう》県（現・河北省景県）の人。名は倹《けん》、字をもって通した。北斉の宗室の出。隋の任寿年間、科挙により補治礼郎となる。のちにベトナムに流されるが、唐の武徳年間、雍州治中となる。玄武門の変に加担して、貞観元年、侍中を授けられる。のちに吏部《りぶ》尚書、また許国公となった。『氏族志』を撰した。また魏徴らと『文思博要』を著したが、ほとんどが失われた。

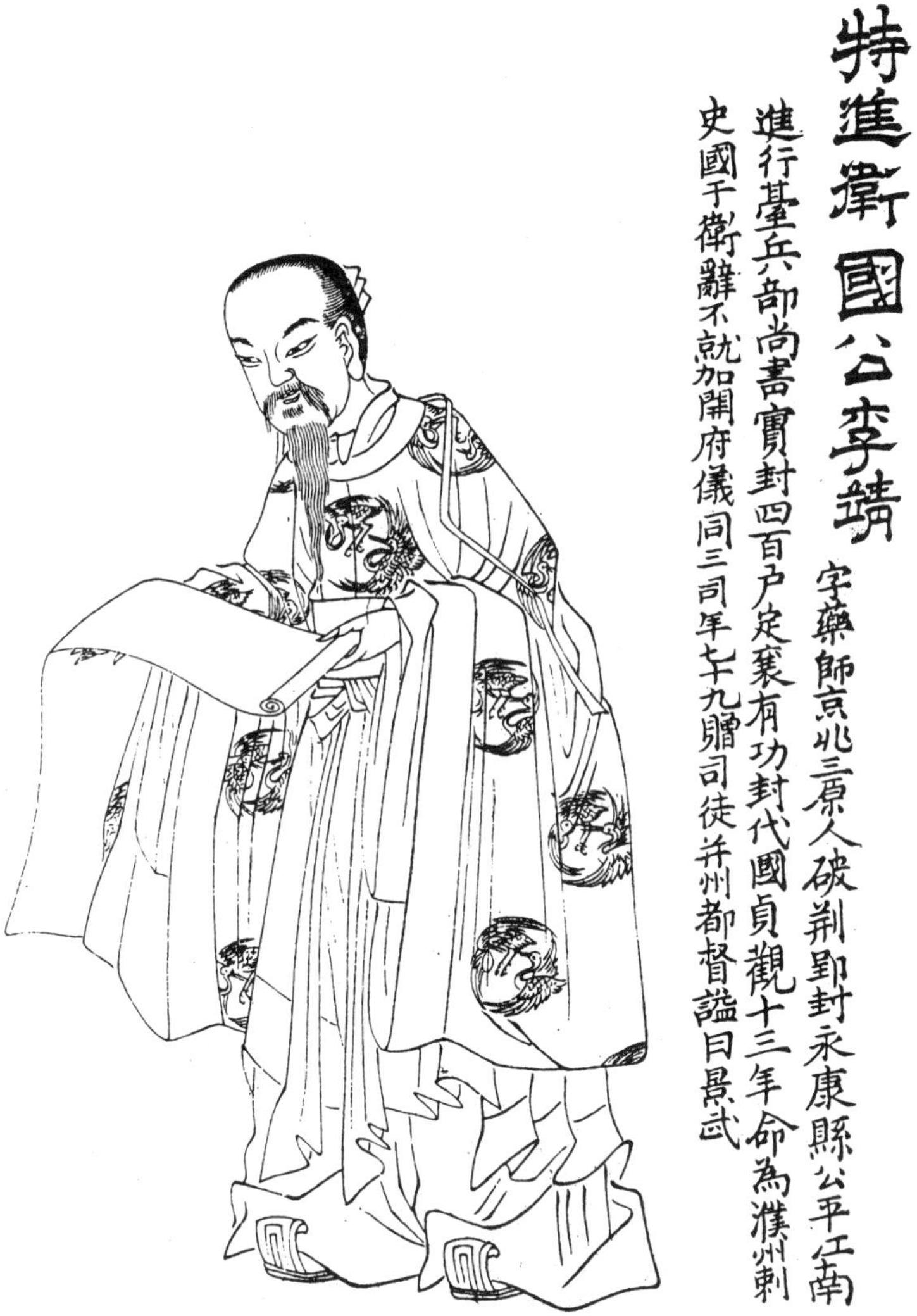
特進衛國公李靖
字藥師京兆三原人破荊郢封永康縣公平江南
進行臺兵部尚書實封四百户定襄有功封代國貞觀十三年命為濮州刺
史國于衛辭不就加開府儀同三司年七十九贈司徒并州都督謚曰景武

李靖（凌煙閣功臣図）

【李靖《りせい》】（五七一～六四九）唐初の名将。京兆三原《さんげん》（現・陝西省三原東北）の人。字は薬師。兵法に習熟し、隋末に馬邑郡丞に任じた。太宗のとき兵部尚書に任じ、突厥《とっけつ》・吐谷渾《とよくこん》等の討伐で活躍し、衛国公となった。

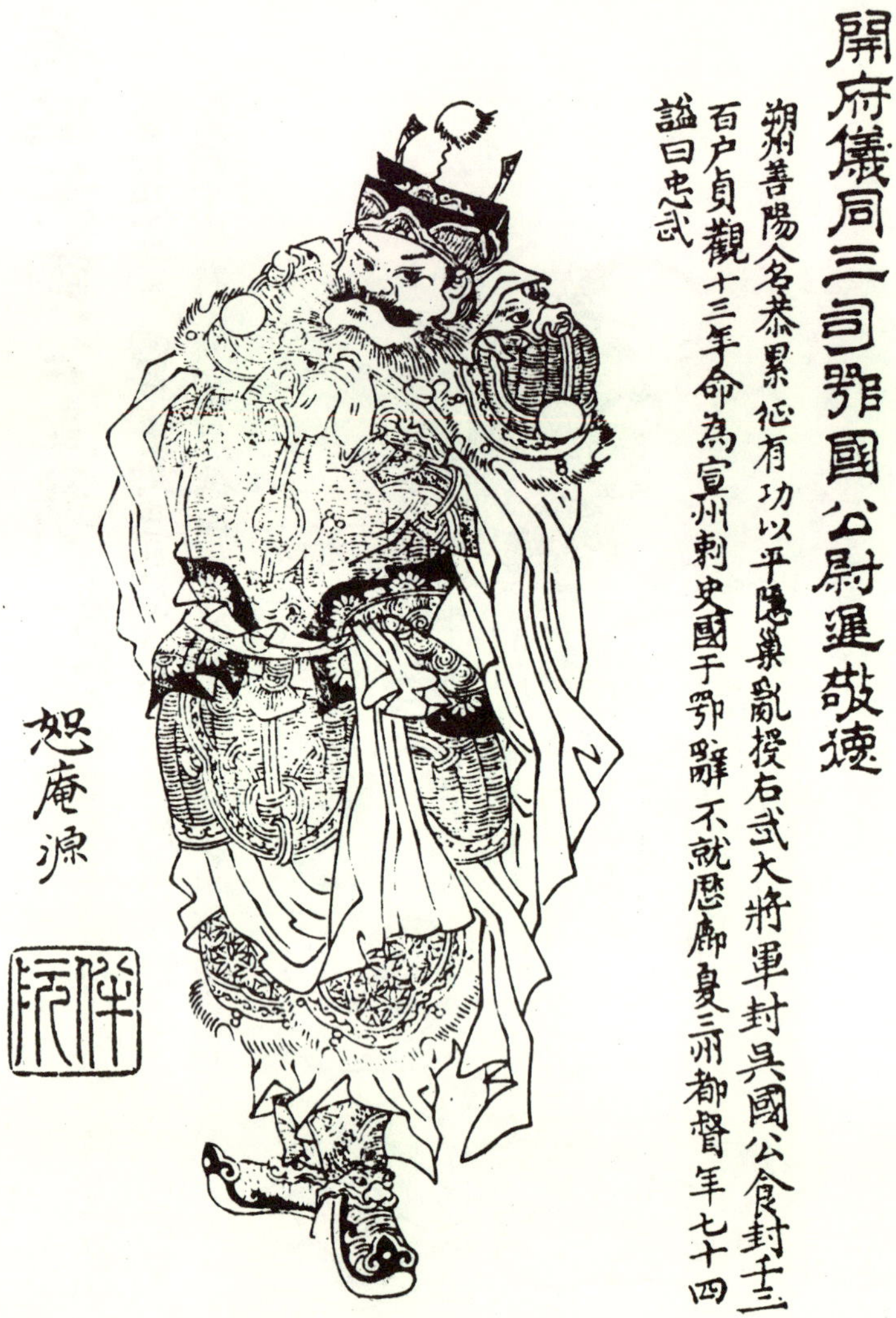
開府儀同三司鄂國公尉遅敬德
朔州善陽人名恭累征有功以平隱巢亂授右武大將軍封吳國公食封千三百戶貞觀十三年命為宣州刺史國于鄂辭不就歷鄜夏三州都督年七十四諡曰忠武
恕庵源

尉遅恭（凌煙閣功臣図）

【尉遅恭《うっちきょう》】（五八五～六五八）唐初の武将。字は敬徳、朔州善陽（現・山西省朔県）の人。隋末に劉武州に従い、のちに唐に帰順した。玄武門の変で李世民（太宗）を助け、帝位の奪取に力があった。重職を歴任したが、晩年は閉門して方術に沈潜したという。秦瓊《しんけい》とともに、門神に描かれる武将である。

尉遅恭（新刻歴代聖賢像贊）

尉遅恭（百将図傳）

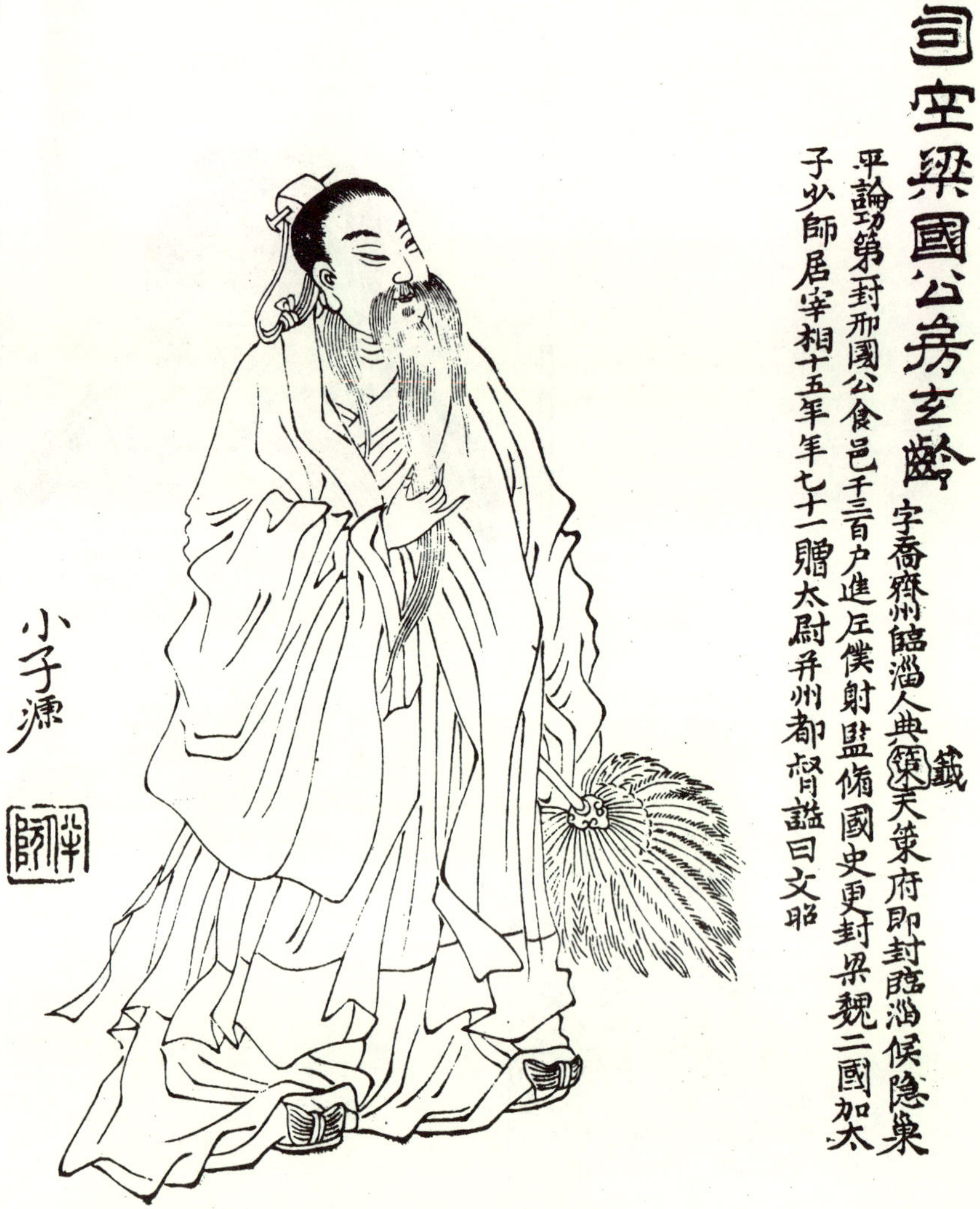
司空梁國公房玄齡
字喬齊州臨淄人典籤天策府即封臨淄侯隱巢
平論功第一封邢國公食邑千三百户進左僕射監脩國史更封梁魏二國加太
子少師居宰相十五年年七十一贈太尉并州都督謚曰文昭
小子源

房玄齢（凌煙閣功臣図）

【房玄齢《ぼうげんれい》】（五七八～六四八）唐の創業の名臣・宰相。斉州臨淄《りんし》（現・山東省淄博《しはく》東北）の人。字は喬（一説に喬が名前で玄齢が字）。隋末の進士。玄武門の変に加担、太宗を助けた。博学で、文・書にすぐれ、十五年間、杜如晦《とじょかい》とともに貞観の治といわれるすぐれた政治を行った。梁国公に封ぜられた。『晋書』を編纂した。

房玄齡（歷代古人像贊）

特進宋國公蕭瑀
字時文後梁明帝子也九歳封新安王國除後
歸唐撃薛舉有功進光祿大夫封宋國公（年廿）王世充平加右僕射特進太子
少師實封六百戸年七十四贈司空荊州都督謚曰肅以其性急故謚貞褊
源
臨石軍

蕭瑀（凌煙閣功臣図）

【蕭瑀《しょうう》】（五七五～六四八）唐の人。字は時文。祖籍は南蘭陵（現・江蘇省常州西北）。後梁・明帝の息子。仏教を好み、姉は隋煬帝《ようだい》の妃。隋に仕え、内史侍郎などを歴任した。李淵（高祖）が長安に入ると宋国公に封ぜられ、更に民部尚書に任ぜられた。太宗・李世民が即位すると、尚書左僕射となった。貞観二十年、房玄齢が結党して謀反を企てたと弾劾するが太宗に退けられ、さらには爵位を剥奪されて商州刺史に左遷された。最後は爵位を復活されるが間もなく亡くなった。

段志玄（凌煙閣功臣図）

【段志玄《だんしげん》】（五九八〜六四二）唐の武将。斉州臨淄《りんし》（現・山東省淄博《しはく》東北）の人。年少時は無頼の徒で、しばしば法を破った。十四歳で煬帝に従い、遼東を征した。大業末年に父と共に起兵し、李淵に従った。屈突通《くつとつつう》・薛挙・劉武周を破り、大いに戦功があった。玄武門の変では李世民（太宗）を助け、太宗が即位すると左驍衛大将軍となった。のち褒国公に封ぜられ、右驍衛大将軍にすすんだ。

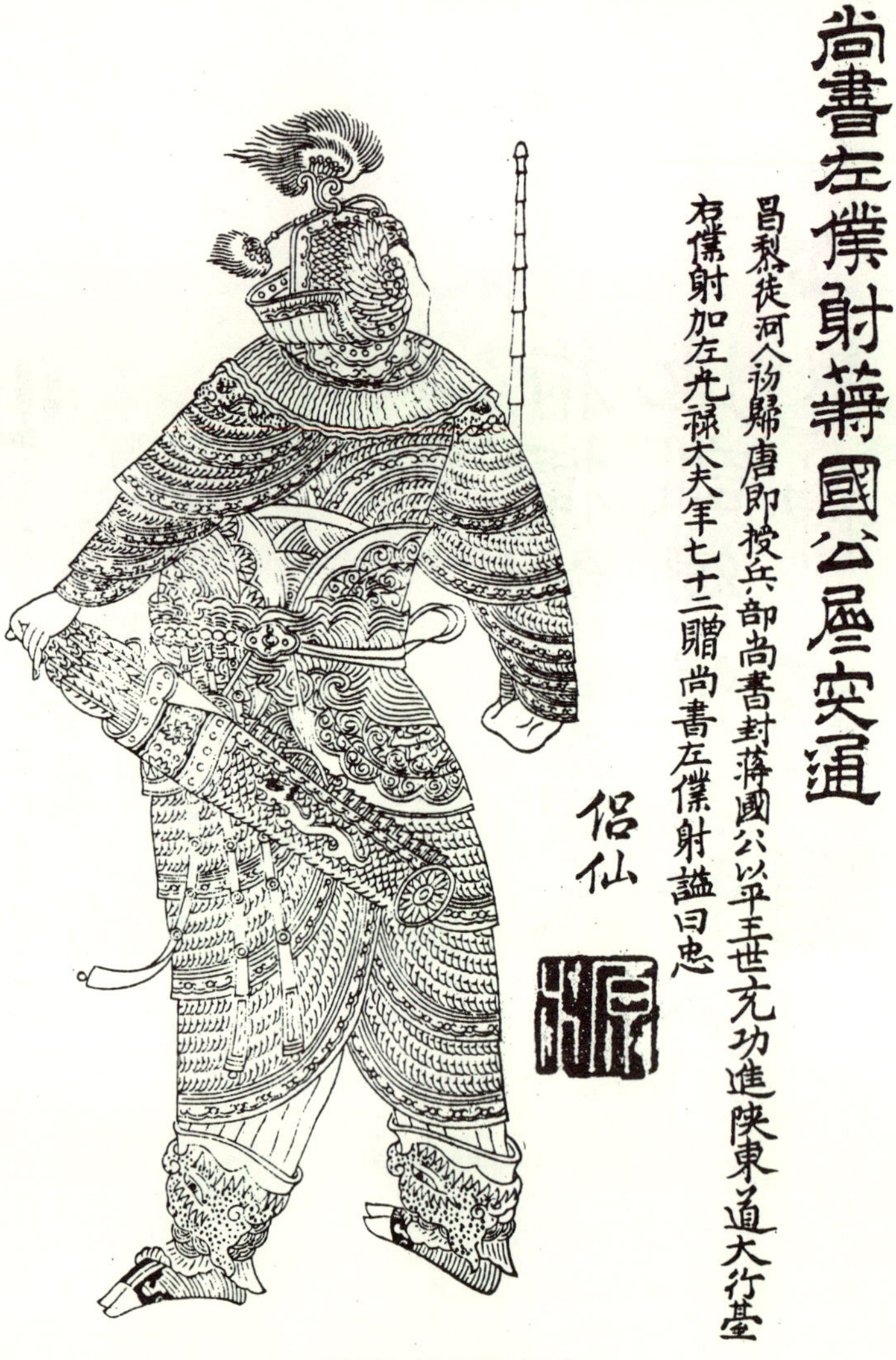
尚書左僕射蔣國公屈突通
昌黎徒河人初歸唐即授兵部尚書封蔣國公以平王世充功進陝東道大行臺
右僕射加左光祿大夫年七十二贈尚書左僕射謚曰忠
侶仙

屈突通（凌煙閣功臣図）

【屈突通《くつとつう・くつとっつう》】（五五七～六二八）唐の武将。長安の人。武略に秀で、騎射に優れた。隋に仕え、虎賁《こふん》郎将となり、さらに左武衛将軍に抜擢された。剛直な人柄で「屈突通に逢うより、寧ろ三斗の葱を食べるほうがまし」といわれた。煬帝《ようだい》が南遊する間、長安を警護、李淵が起兵すると河東を厳しく守った。のちに唐に捕らえられるが、帰順して兵部尚書を授かり、更に工部尚書にも任じた。

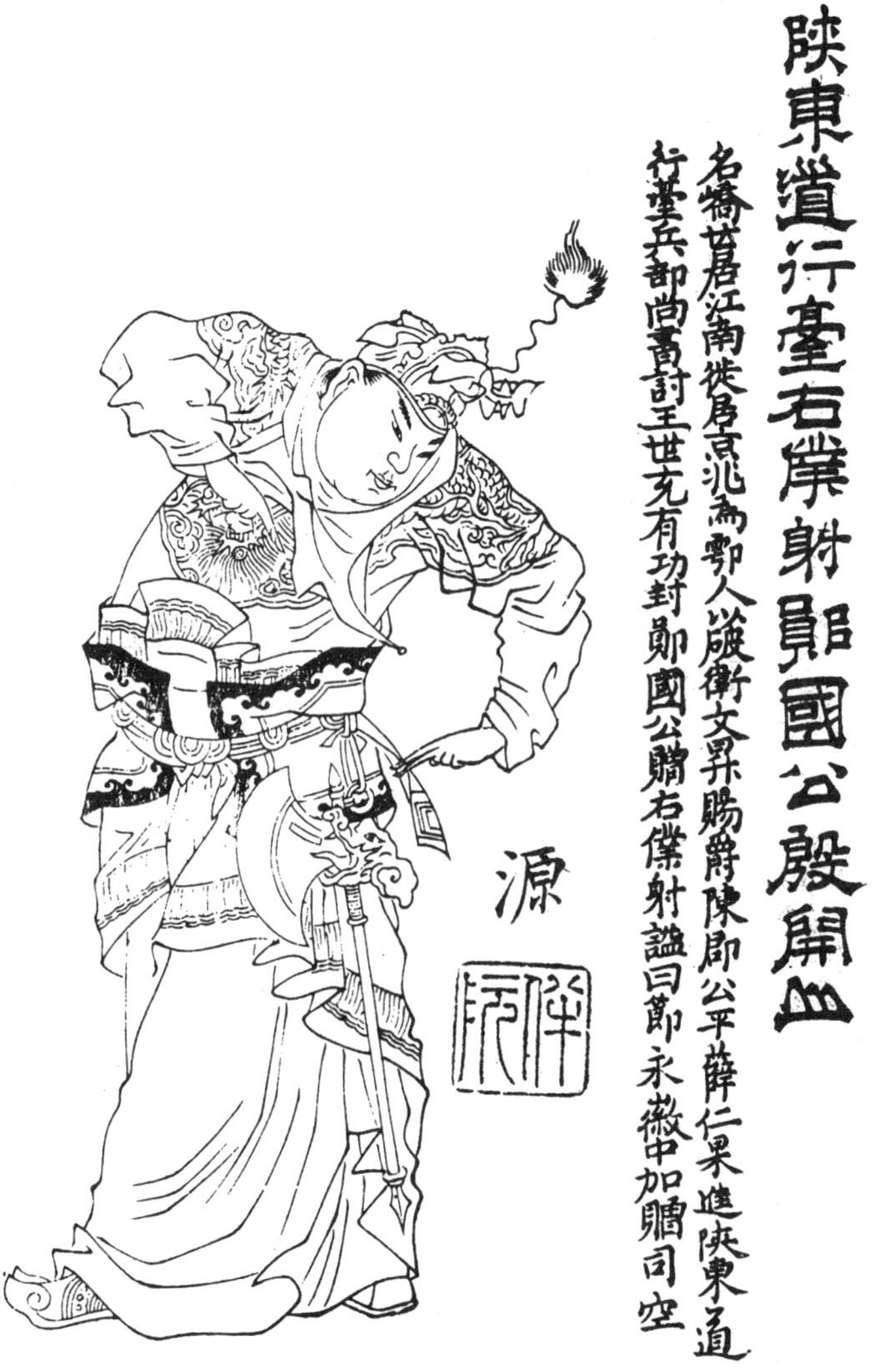
陝東道行臺右僕射鄖國公殷開山
名嶠苡居江南徙居京兆爲鄠人以從衛文昇賜爵陳郡公平薛仁果進陝東道
行臺兵部尚書討王世充有功封鄖國公贈右僕射謚曰節永徽中加贈司空
源

殷開山（淩煙閣功臣図）

【殷開山《いんかいざん》】（?～六二二）京兆鄠《こ》県（現・陝西省戸県）の人。名は嶠《きょう》、字《あざな》をもって通した。隋に仕え、太谷長に任じた。李淵が起兵すると、補大将軍府掾となり謀略を担当する。武徳元年、李世民（太宗）に従って薛挙を打つが敗れる。のち兵部尚書、吏部尚書などを務め、王世充討伐に従うが病没した。

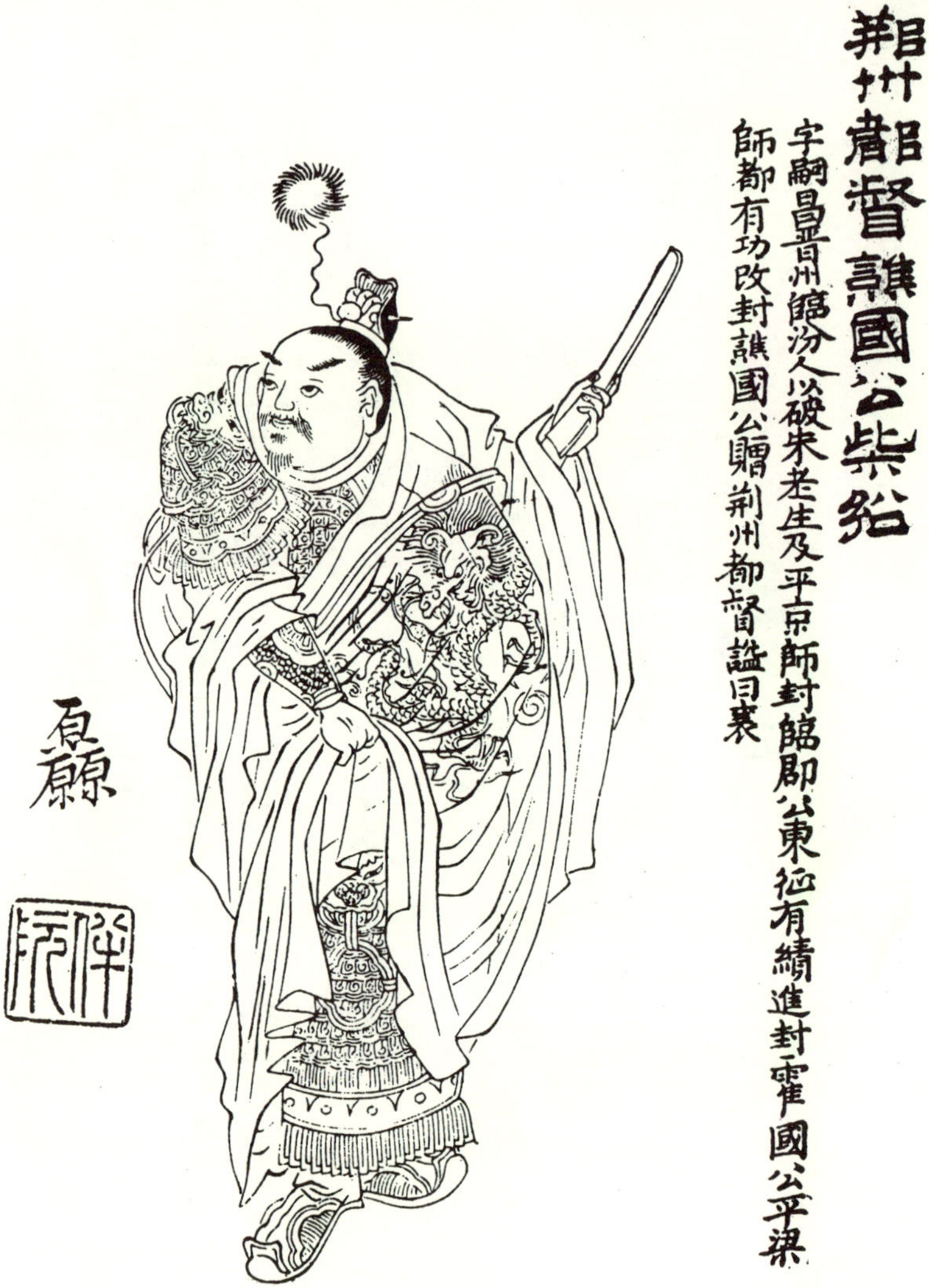
朔州都督譙國公柴紹
字嗣昌晉州臨汾人以破宋老生及平京師封臨汾公東征有績進封霍國公平梁
師都有功改封譙國公贈荊州都督謚曰襄

柴紹（凌煙閣功臣図）

【柴紹《さいしょう》】

（？〜六三八）唐晋州臨汾（現・山西省）の人。字《あざな》は嗣昌《ししょう》。祖父は北周と隋に仕えた。李淵のむすめ平陽公主を娶り、李淵に従軍、右領軍大都督府長史などをつとめた。のち太宗（李世民）の王世充らの平定に功があり、霍《かく》国公に封ぜられ、また吐《と》谷渾《よくこん》や党項《タングート》、突厥《とっくつ》の攻略に戦功を挙げた。

荊州都督邳國公長孫順德
無忌族叔也定陝功多進左驍衛大將軍
封薛國公食千二百戶貞觀十三年改封邳國公贈荊州都督謚曰襄
大梁劉源

長孫順徳（凌煙閣功臣図）

【長孫順徳《ちょうそんじゅんとく》】

唐の政治家。長孫皇后の叔父。隋に仕え、右勲衛となる。のち李淵に投じ、玄武門の変にも太宗のために活躍した。のち、澤州刺史などに任ぜられた。

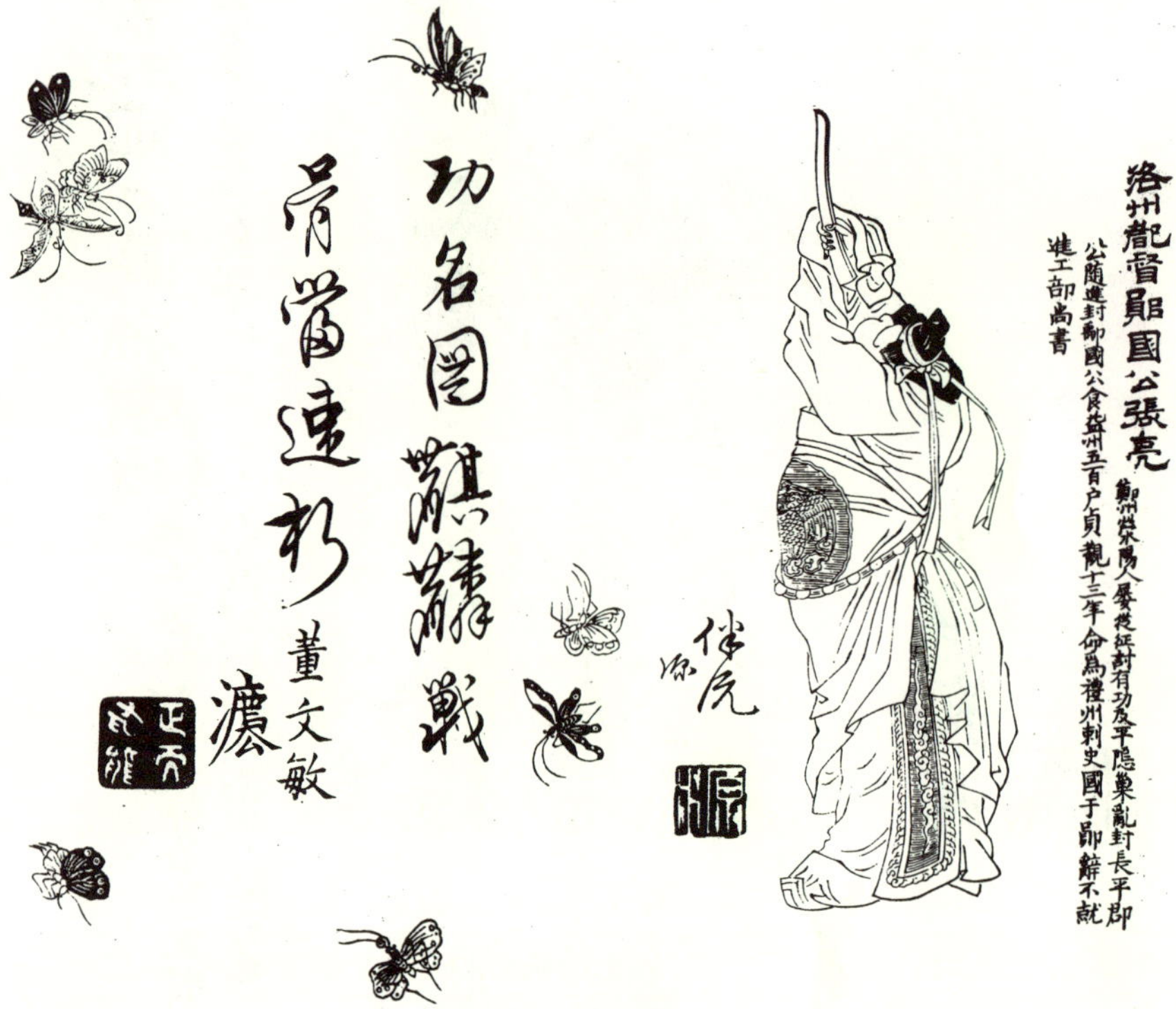
洛州都督鄖國公張亮
鄭州滎陽人屢從征討有功及平隱巢亂封長平郡公隨進封鄖國公食益州五百戶貞觀十三年命為澧州刺史國于鄖辭不就進工部尚書
董文敏

張亮（凌煙閣功臣図）

【張亮《ちょうりょう》】（？～六四六）唐の軍人。鄭州滎《けい》陽《よう》（現・河南省）の人。貧寒の出身で、隋末の瓦岡《がこう》軍に参加、李勣に従う。唐に帰順し、鄭州刺史となり、貞観中に御史大夫、相州都督などに任じた。勲国公に封ぜられたが、後には謀反によって誅された。

吏部尚書陳國公侯君集
豳州三水人從征有功封全椒縣子拜
左衛將軍平隱巢亂進封潞國公食邑千戶貞觀十三年命爲陳州刺史
國子陳辭不就進吏部尚書
仙佯

侯君集（凌煙閣功臣図）

【侯君集《こうくんしゅう》】（?～六四三）唐初の武将。豳《ひん》州三水（現・陝西省旬邑《じゅんゆう》）の人。初め李世民（太宗）とともに戦い、左虞侯、車騎将軍となった。太宗が即位すると、右衛大将軍、兵部尚書などとなり、貞観年間、李靖とともに吐《と》谷渾《よくこん》を攻めた。また高昌国を平定した。のちに太子の承乾と謀反を起こし誅殺された。

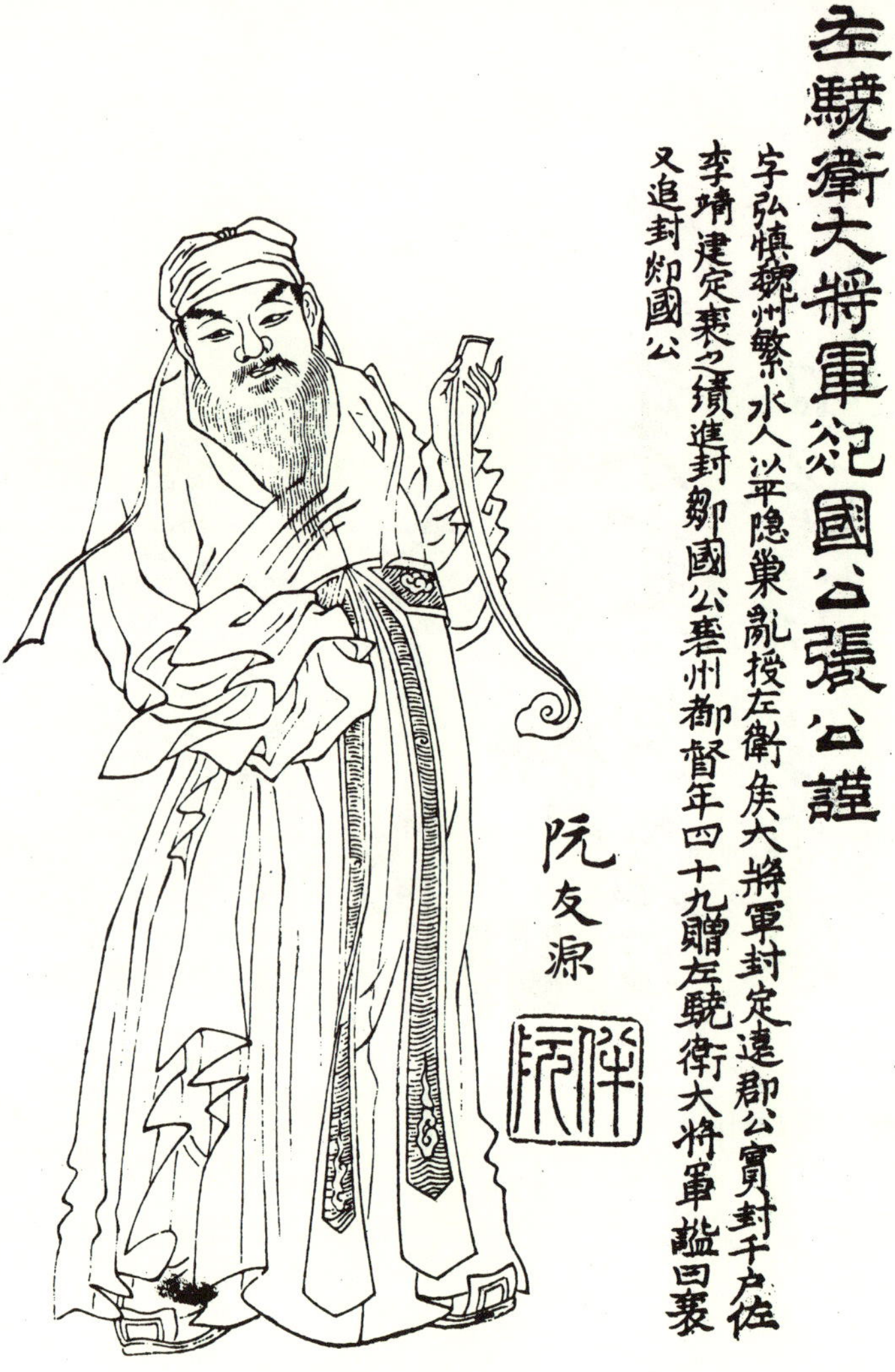
左驍衛大將軍郯國公張公謹
字弘慎魏州繁水人以平隱巢亂授左衛矦大將軍封定遠郡公實封千戶佐
李靖建定襄之績進封鄒國公襄州都督年四十九贈左驍衛大將軍謚曰襄
又追封郯國公
阮友源

張公謹（凌煙閣功臣図）

【張公謹《ちょうこうきん》】（五八四また五九四～六三二）唐の武将。魏州繁水（現・河南省南楽東北）の人。字《あざな》は弘慎。王世充に仕え、武徳の初め唐に帰順した。玄武門の変で功があり、貞観元年には、代州都督となり、のち上書して突厥を攻めることを提言。李靖の突厥攻略を助けて、鄒《すう》国公に封ぜられた。

左領軍大將軍盧國公程知節
本名齩金濟州東阿人以平
宋老生竇建德王世充有功封宿國公實封七百户貞觀十三年命為晉州刺
史國于盧贈驃騎大将軍益州大都督
猿仙

程知節（凌煙閣功臣図）

【程知節《ていちせつ》】（?～六五五）唐の人。濟州東阿（現・山東省東阿西南）の人。本名は咬《こう》金。隋末瓦岡軍に参加し、のち李密に拠るがまた王世充に帰した。更に李世民に従い、玄武門の変に功があった。

禮部尚書永興郡公虞世南
越州餘姚人初授散騎侍郎弘文館學
士故秘書監封永興縣子隨進封縣公加銀青光祿大夫年八十一贈禮部尚書
謚曰文懿
天台子

虞世南（凌煙閣功臣図）

【虞世南《ぐせいなん》】（五五八〜六三八）唐初の名臣。字《あざな》は伯施、諡《おくりな》は文懿《い》。越州余姚《よよう》（現・浙江省）の人。南朝の陳、ついで隋に仕えたのち唐に帰した。太宗は深く信頼して顧問とし、官は秘書監、弘文館学士を兼ね永興県公に封ぜられた。書を王羲之の子孫の僧智永《ちえい》に学び、温和で含蓄のある書風は特に楷書に優れた。「孔子廟堂碑」が有名。欧陽詢・褚遂良《ちょすいりょう》とともに、初唐三大家とよばれる。著に『北堂書鈔』がある。

虞世南（新刻歷代聖賢像贊）

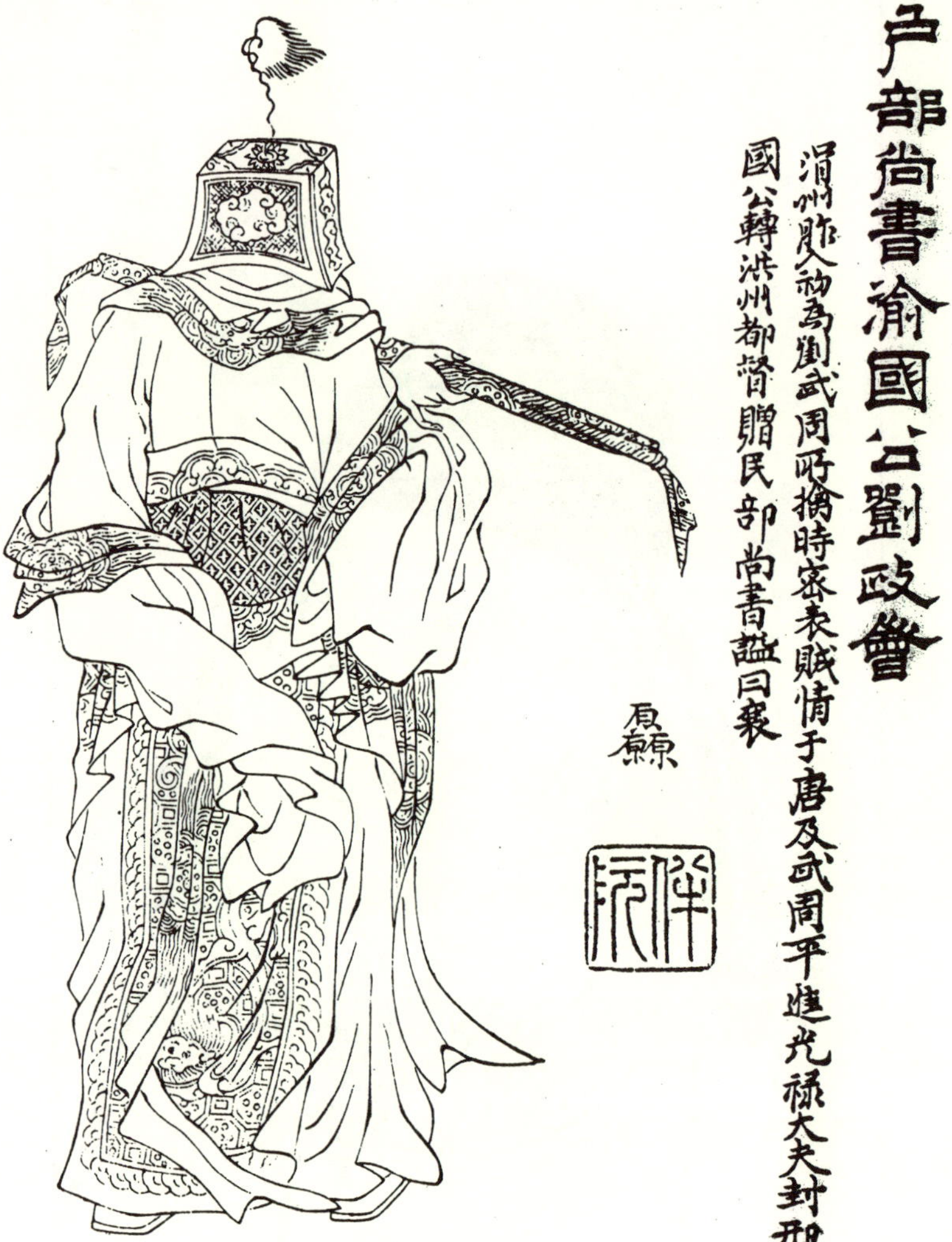
戶部尚書渝國公劉政會
滑州胙人初為劉武周所擒時密表賊情于唐及武周平進光祿大夫封邢
國公轉洪州都督贈民部尚書謚曰襄

劉政会（凌煙閣功臣図）

【劉政会《りゅうせいかい》】（?～六三五）唐の武将。滑州胙《そ》城（現・河南省延津東北）の人。隋末太原開陽府の司馬。兵を挙げて、李淵に従った。功により大将軍府戸曹参軍となる。武徳の初め、衛尉少卿となり太原を留守する。劉武周に捕らえられるが、情勢を密かに通報して、平定後に復官した。刑部尚書、光禄卿を歴任、邢国公に封ぜられた。

戸部尚書莒國公唐儉
字茂約并州晋陽人初定京師封晋昌郡公
劉武周平進禮部尚書封莒國公仍為益州都督食綿州六百戸遷民部尚書加特
進年七十八贈開府儀同三司并州都督謚曰襄
泉

唐倹（凌煙閣功臣図）

【唐倹《とうけん》】（五七九～六五六）唐の軍人。并州晋陽（現・山西省太原西南）の人。字《あざな》は茂約。隋のとき李淵に従いともに起兵、李世民に従った。武徳年間に礼部尚書、営国公となる。貞観年間、民部尚書となり、太宗の狩猟を諌めた。

兵部尚書英國公李世勣
字懋功曹州離狐人本姓徐李其賜姓也
以積石山戰功封英國公平劉黑闥進封濟陰王勣固辭改封舒國公實封九百
戶貞觀十三年命為蘄州刺史仍國子英辭不就永徽中論高麗建太子太師
贈食邑千二百戶年八十六贈太尉揚州大都督謚曰貞武
劉源

李勣（凌煙閣功臣図）

【李勣《りせき》】（五九四～六六九）唐初の武将。字は懋《ぼう》功。曹州離《り》狐《こ》（現・山東省単《ぜん》県）の人。もとの姓名は徐世勣。李密の部下で、唐に帰順して李姓を賜り、太宗の諱《いみな》を避けて李勣とした。国内の武力統一に活躍、また、太宗の高句麗《こうくり》親征に従軍して功があった。

李勣（新刻歷代聖賢像贊）

左武衛大將軍胡國公秦叔寶
名瓊齊州歷城人征王世充竇建
德劉黑闥瓊俱有功封翼國公以平隠巢亂進左武衛大将軍實封七百
戸贈徐州都督改封胡國公

秦瓊（淩煙閣功臣図）

【秦瓊《しんけい》】（？～六三八）唐初の武将。字《あざな》は叔宝、斉州歴城（現・山東省済南）の人。隋末、張須陀に従い盧明月・李密らの起義軍を鎮圧、のち李密につき、李密が敗れると王世充についた。のちに唐に帰順し、李世民（太宗）とともに竇《とう》建徳・劉黒闥《たつ》の起義軍を平定し、左武衛将軍に任ぜられた。尉遅恭《うっちきょう》とともに、門神に描かれる武将である。

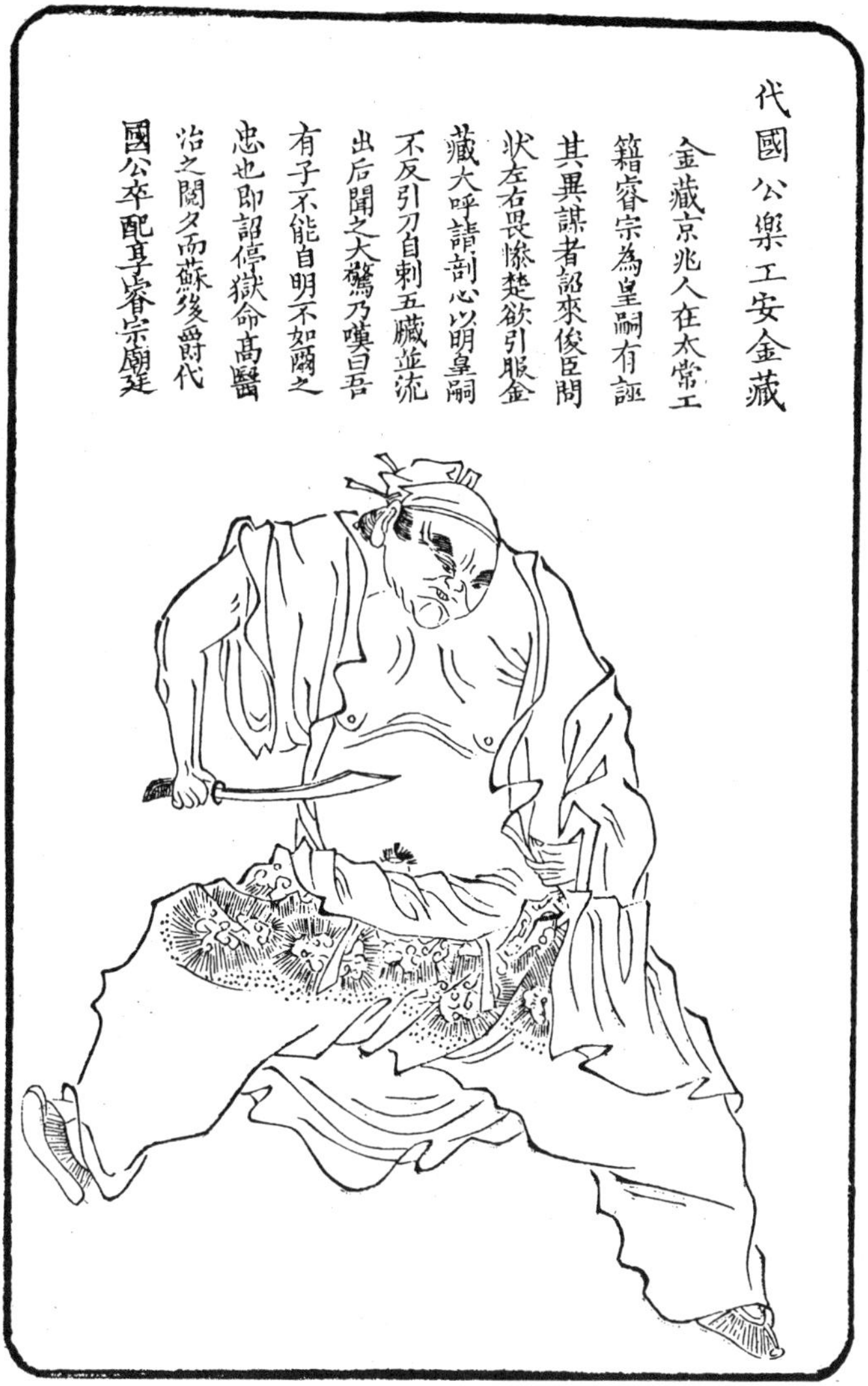
代國公樂工安金藏
金藏京兆人在太常工
籍睿宗為皇嗣有誣
其異謀者詔來俊臣問
狀左右畏慘楚欲引服金
藏大呼請剖心以明皇嗣
不反引刀自刺五藏並流
出后聞之大驚乃嘆曰吾
有子不能自明不如爾之
忠也即詔停獄命高醫
治之閲夕而蘇後爵代
國公卒配享睿宗廟廷

安金蔵（無雙譜）

【安金蔵《あんきんぞう》】 唐の功臣。京兆長安（現・西安市）の人。初め太常工人となる。直言の忠臣。則天武后のとき、世継ぎの睿《えい》宗が罪の疑いをきせられて、取り巻きの家来に拷問を加えたとき、無罪を証明しようと自ら胸を切り開いた。これに驚いた武后は、疑いを解いたため睿宗は罪を逃れた。命を取りとめて、景雲年間に右武衛中郎将、玄宗のとき、右驍衛将軍となり、開元二十年には代国公に封ぜられた。

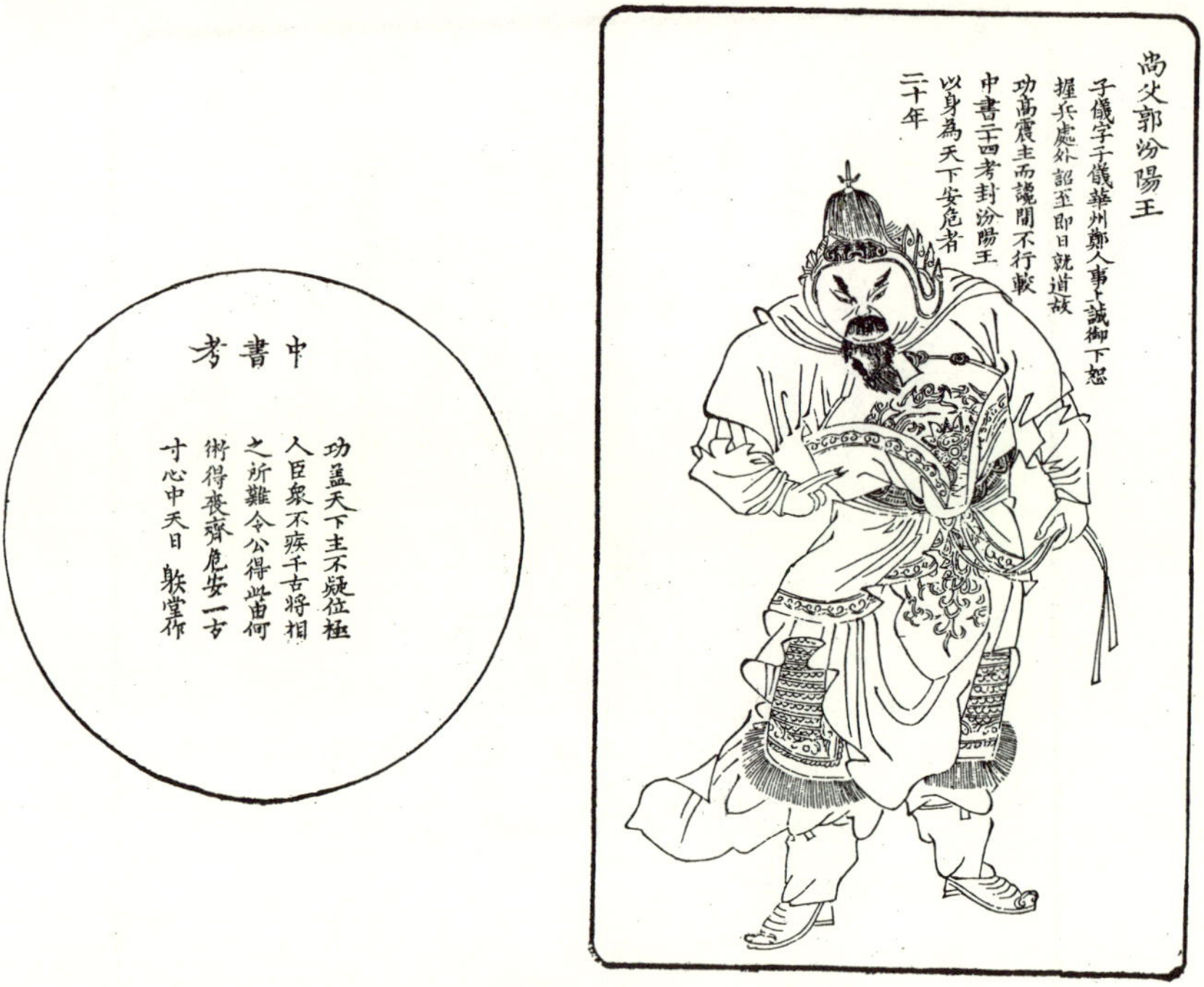
尚父郭汾陽王
子儀字子儀華州鄭人事上誠御下恕
握兵處外詔至即日就道故
功高震主而讒間不行較
中書二十四考封汾陽王
以身為天下安危者
二十年
中書考
功蓋天下主不疑位極
人臣衆不疾千古将相
之所難令公得此由何
術得喪齊危安一古
寸心中天日

郭子儀（無雙譜）

郭忠武
王諱子儀華州鄭縣人自武舉補左衛長史累遷同平章事平安史之亂
功居第一加司徒封代國公徳宗賜號尚父封汾陽王謚忠武

郭子儀（晩笑堂画傳）

【郭子儀《かくしぎ》】（六九七～七八一）唐の名将。華州鄭県（現・陝西省華県）の人。諡《おくりな》は忠武。粛宗のとき、安史の乱を平らげ、汾陽王に封ぜられた。西方の異民族の侵入を防ぎ、徳宗より尚父《しょうほ》の号を賜った。

契丹族出身の名将・李光弼《りこうひつ》と並び称される。

國老狄梁公
狄仁傑（無雙譜）

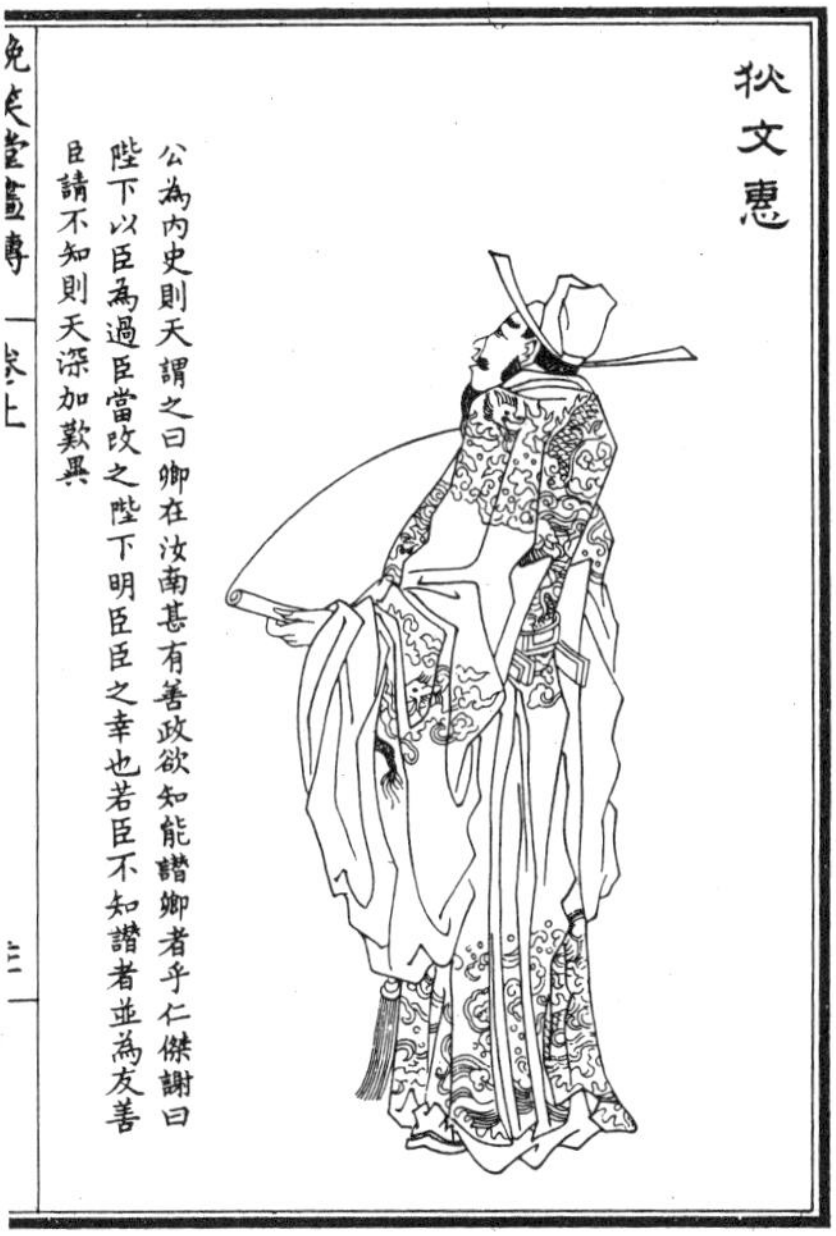
狄文惠
公為內史則天謂之曰卿在汝南甚有善政欲知譖卿者乎仁傑謝曰
陛下以臣為過臣當改之陛下明臣臣之幸也若臣不知譖者並為友善
臣請不知則天深加歎異
晚笑堂畫傳
卷上
狄仁傑（晚笑堂画傳）

【狄仁傑《てきじんけつ》】（六三〇～七〇〇）唐の名臣。太原（現・山西省）の人。字《あざな》は懐英。明経《めいけい》科に及第して中央・地方の官職を歴任、天授二年（六九一）宰相となった。則天武后に仕え、その言動は士大夫の模範とされた。

姚崇（新刻歴代聖賢像贊）

宋璟（新刻歴代聖賢像贊）

【姚崇《ようすう》】

（六五一～七二一）唐の名相。陝州硤《こう》石（現・河南省）の人。則天武后に認められ侍郎となり、のち玄宗に重用され宰相となった。政治改革を行い、宋璟《そうえい・そうけい》とともに開元の治の基礎をつくった。

【宋璟《そうえい・そうけい》】

（六六三～七三七）唐代の名相。邢州南和（現・河北省）の人。若くして進士となり、則天武后に認められた。玄宗の下で武后・韋氏らによって混乱していた政治を収拾し、姚崇とともに開元の治の基を開いた。

張睢陽巡像

張巡（新刻歴代聖賢像賛）

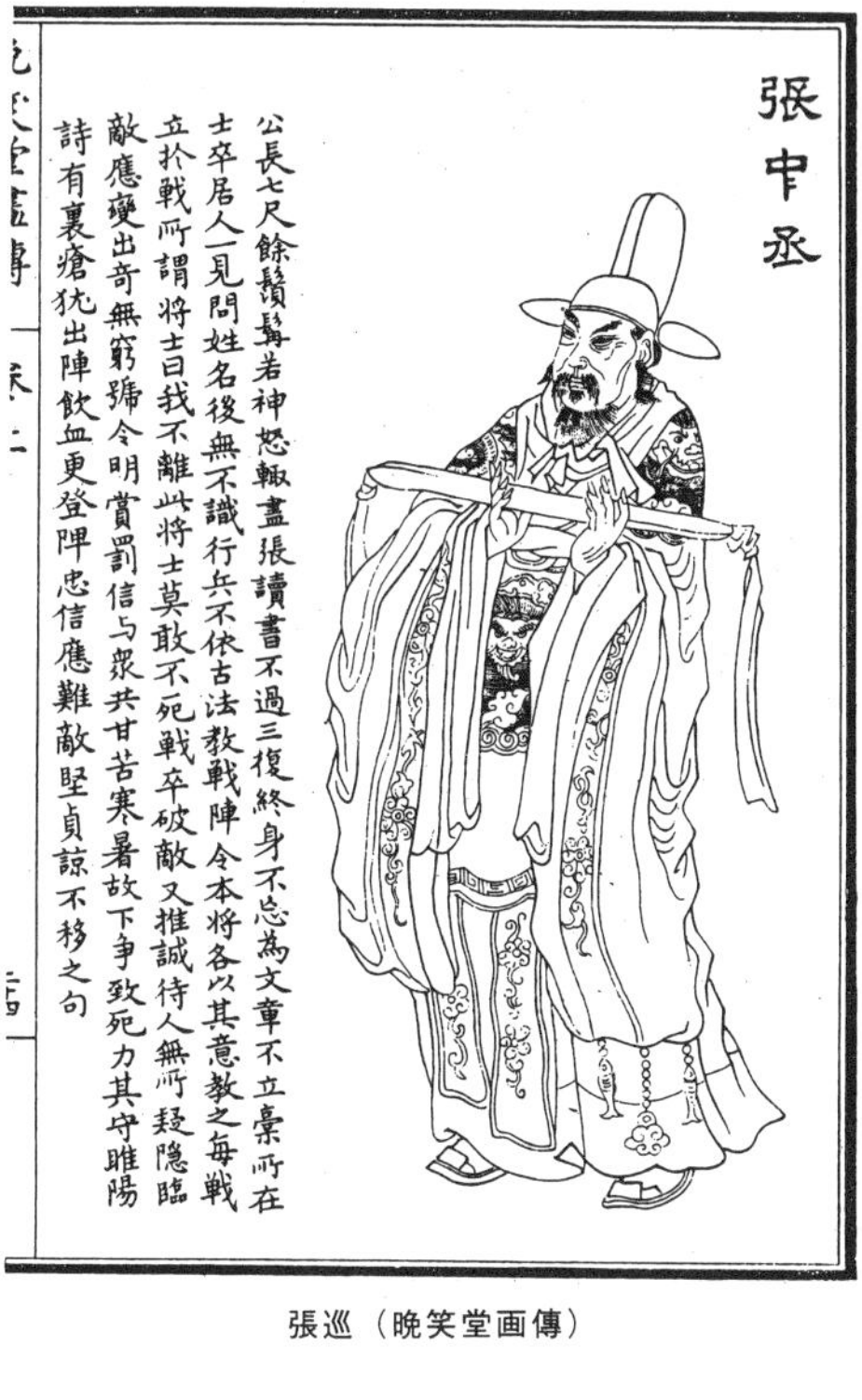
張中丞
公長七尺餘鬚髯若神怒輙盡張讀書不過三復終身不忘為文章不立稾所在
士卒居人一見問姓名後無不識行兵不依古法教戰陣令本将各以其意教之每戰
立於戰所謂将士曰我不離此将士莫敢不死戰卒破敵又推誠待人無所疑隱臨
敵應變出奇無窮號令明賞罰信与衆共甘苦寒暑故下争致死力其守睢陽
詩有裹瘡犹出陣飲血更登陴忠信應難敵堅貞諒不移之句

張巡（晩笑堂画傳）

【張巡《ちょうじゅん》】

（七〇九〜七五七）唐の鄧州南陽（現・河南省）の人。一説に、蒲州河東（現・河南省）の人。開元の進士。群書に博通し、軍事に明るかった。清河令から真源令に転じた。安禄山の乱のとき、真源で起兵、更に雍丘《ようきゅう》（現・河南省杞《き》県）を堅守した。至徳二載（七五七）、睢陽《すいよう》（現・河南省商丘南）に移り、叛乱軍の南下を防いだ。しかし援護の兵がなく、四百回に及ぶ戦闘の後、捕らわれて殺された。

薛仁貴（百将図傳）

【薛仁貴《せつじんき》】（六一四～六八三）唐の武将。名は礼、絳州《こうしゅう》龍門（現・山西省河津）の人。騎馬と弓の名手で、太宗の義軍に参加して功があり、右領軍中郎将になった。また軍を率いて天山に突厥をやぶった。高句麗との戦いにも従軍し、平陽郡侯に封ぜられた。

唐玄宗
廓清内難
光踐天位
推誠任賢
勵精圖治
四海寧謐
兆民阜成
開元之政
百世猶稱

唐玄宗（集古像贊）

【唐玄宗《とうげんそう》】（六八五～七六二　在位七一二～七五六）　唐の第六代皇帝。姓名は李隆基、幼名は阿瞞《あまん》、玄宗は廟号。則天武后のあと混乱した朝廷にあって、ひそかに兵力を集め韋后《いこう》親子とその一党を除き父の睿《えい》宗を復位させると、みずからは皇太子となった。年号を開元と改め姚崇、宋　璟《そうけい・そうえい》ら有能な人材を任用し改革を行った。天宝年間にはいると楊貴妃を寵愛して政治を顧みず、安禄山の乱をまねいた。乱後には、位を子の粛宗にゆずり、太上皇帝と呼ばれた。

楊貴妃

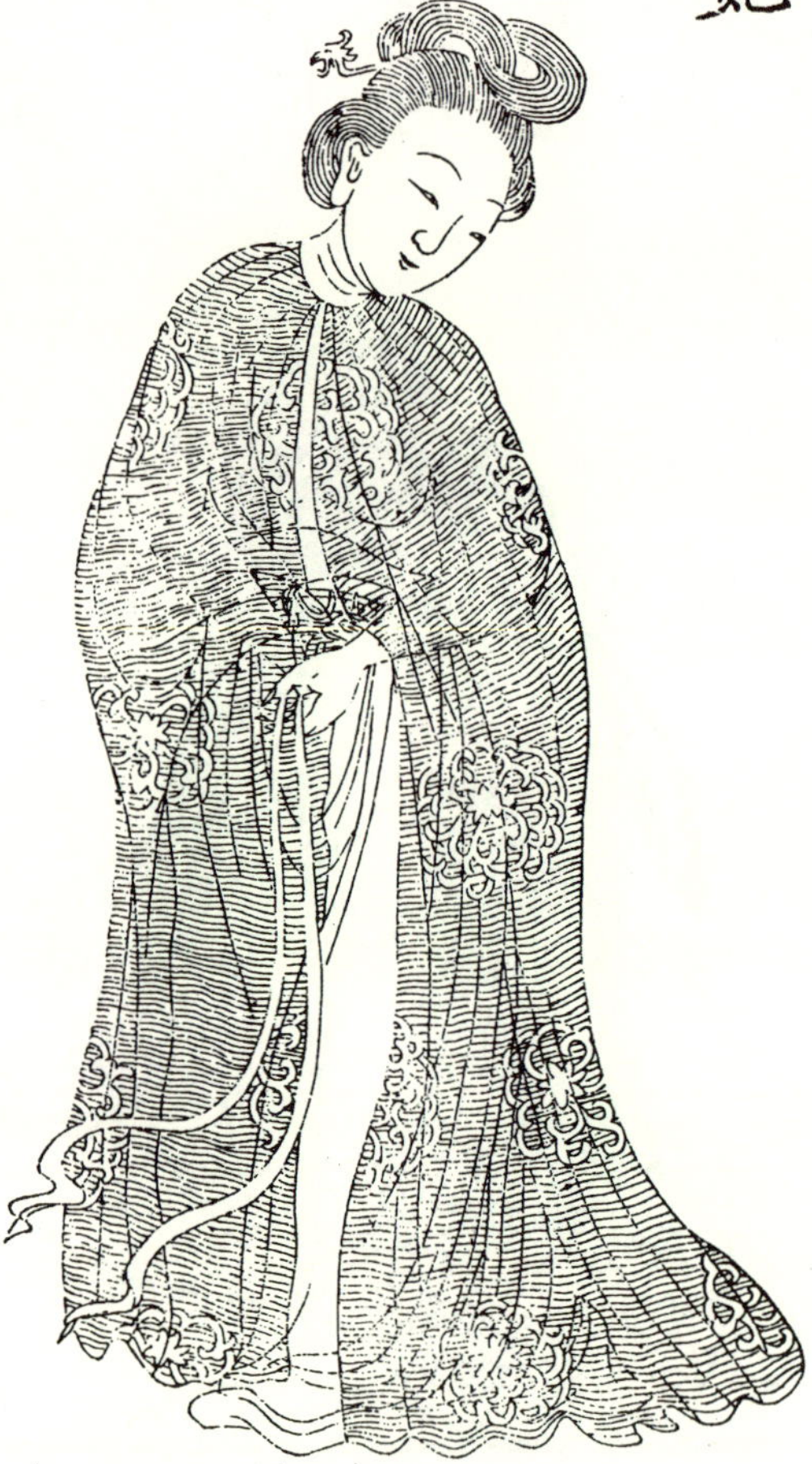

楊貴妃（百美新詠）

【楊貴妃《ようきひ》】（七一九～七五六）　唐の玄宗の愛妃。幼名は玉環、号は太真。はじめ、玄宗の皇子寿王の妃であったが、道観に入ったのち玄宗の貴妃となった。一族はすべて出世し栄華を誇った。玄宗は寵愛のあまり、楊貴妃を「解語の花」と呼んだという。安禄山の乱に玄宗と蜀（四川）へ逃げる途中、馬嵬坡《ばかいは》で殺された。

楊貴妃・唐玄宗（古雜劇）

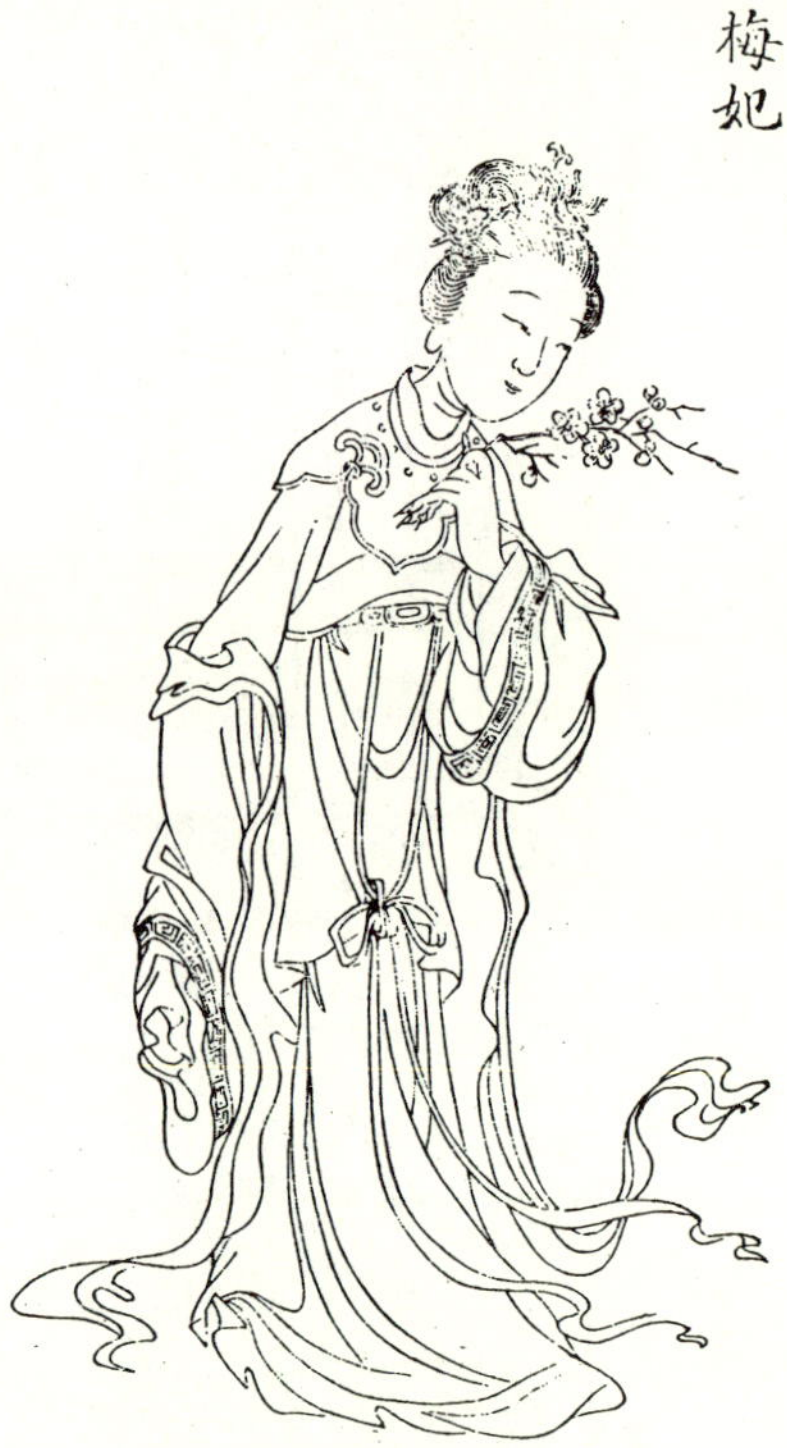

梅妃（百美新詠）

虢国夫人（百美新詠）

【梅妃《ばいひ》】

唐玄宗の愛妃。姓は江、九歳にして「詩経」を詠じた。開元年間に入宮し、玄宗の寵愛めでたかった。美貌の上、文章が書け、書画にも長じていた。しかし後に楊貴妃が玄宗の寵愛を欲しいままにして、梅妃と玄宗を遠ざけた。


【虢国夫人《かくこくふじん》】

虢国夫人は楊貴妃の姉で、その上の姉は韓国夫人に封ぜられた。また第八番目の姉妹は、秦国夫人となった。いずれも美貌を誇ったが、特に虢国夫人は、肌の美しいのが自慢で、そのため、常に薄く眉を引いた白粉を用いない素顔で天子にまみえていたという。

秦國夫人

秦国夫人（百美新詠）

【秦国夫人《しんこくふじん》】

秦国夫人は楊貴妃の姉妹中の八番目であった。端正な顔立ちで、楊貴妃の推薦で入宮した。あるとき楊貴妃と玄宗皇帝らが夫人のいるところで楽器を演奏したところ、夫人は威儀を正して聞き入っていた。玄宗皇帝が冗談に「楽人にご祝儀を」というと、夫人は笑いながら三百万を取り出して供したという。

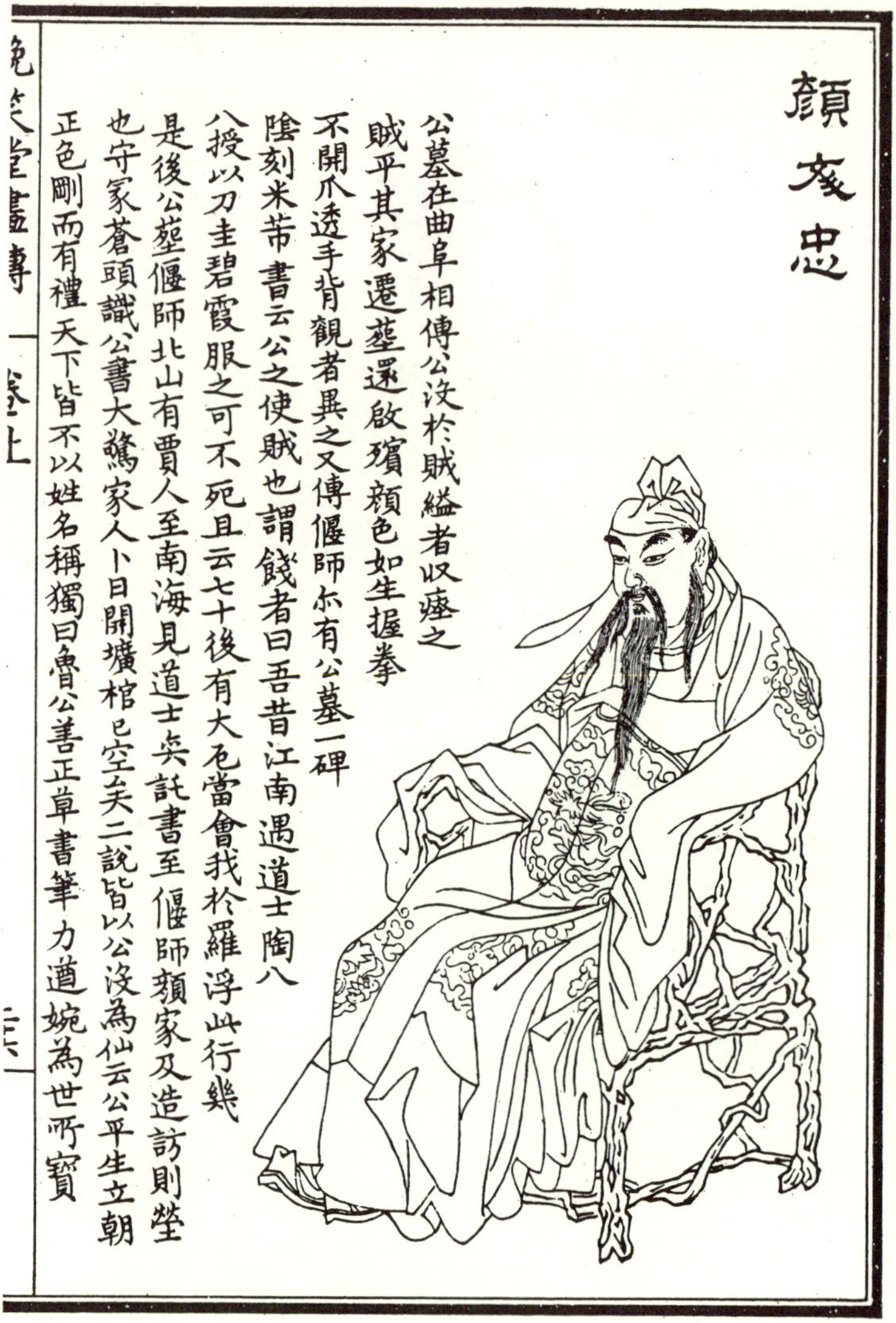
顔文忠
公墓在曲阜相傳公沒於賊縊者收瘞之
賊平其家遷葬還啟殯顏色如生握拳
不開爪透手背觀者異之又傳偃師亦有公墓一碑
陰刻米芾書云公之使賊也謂餞者曰吾昔江南遇道士陶八
八授以刀圭碧霞服之可不死且云七十後有大厄當會我於羅浮山行幾
是後公葬偃師北山有賈人至南海見道士寄託書至偃師顏家及造訪則塋
也守冢蒼頭識公書大驚家人卜日開壙棺已空矣二說皆以公沒為仙云公平生立朝
正色剛而有禮天下皆不以姓名稱獨曰魯公善正草書筆力遒婉為世所寶
晩笑堂畫傳　卷上　二六

顔真卿（晩笑堂画傳）

【顔真卿《がんしんけい》】（七〇九〜七八五）唐の玄宗の忠臣。京兆万年（現・陝西省西安）の人。字は清臣、諡《おくりな》は文忠。顔魯公とも呼ばれる。北斉の学者顔之推《がんしすい》五世の孫。安禄山の乱にあたり、平原太守として功をたてた。徳宗のとき反乱をおこした李希烈に殺された。書道にすぐれ、唐四大家のひとりに数えられる。主な楷書作品には「千福寺多宝塔碑」「東方朔画賛碑」「麻姑仙壇記」「顔氏家妓碑」などがある。

顏魯公真卿像

顔真卿（新刻歴代聖賢像賛）

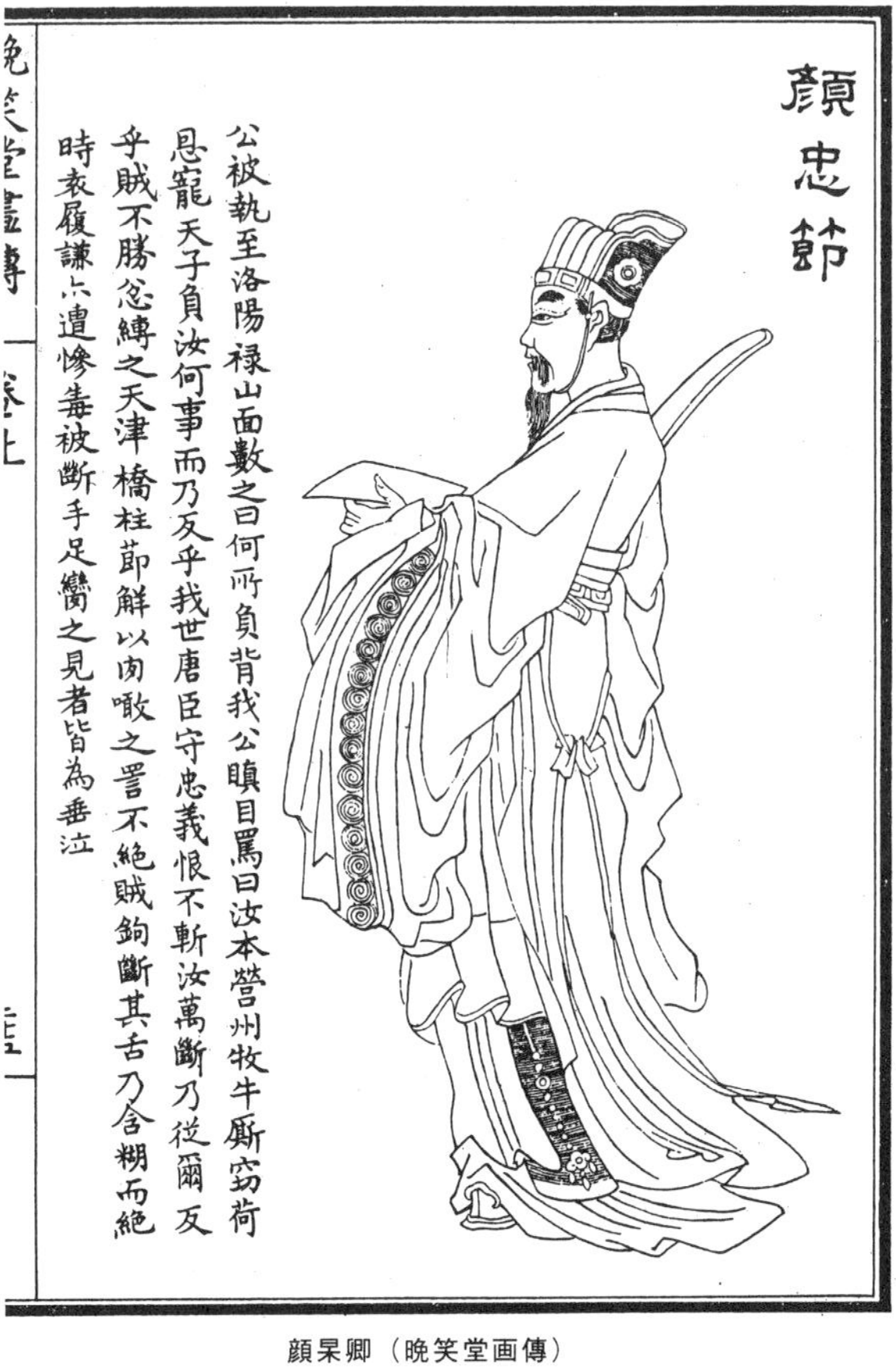
顏忠節
公被執至洛陽禄山面數之曰何所負背我公瞋目罵曰汝本營州牧牛廝窃荷
恩寵天子負汝何事而乃反乎我世唐臣守忠義恨不斬汝萬斷乃從爾反
乎賊不勝忿縛之天津橋柱節解以肉啗之詈不絶賊鉤斷其舌乃含糊而絶
時袁履謙亦遭慘毒被斷手足嚮之見者皆為垂泣

顔杲卿（晩笑堂画傳）

【顔杲卿《がんこうけい》】（六九二～七五六）唐の玄宗に仕えた忠臣。臨沂《りんぎ》（現・山東省）の人。常山の太守であったので、顔常山ともいわれる。顔真卿の従兄。安禄山の乱で捕らえられ、安禄山をののしったため殺された。

李晟（新刻歴代聖賢像賛）

李光弼（新刻歴代聖賢像賛）

【李晟《りせい》】（七二七〜七九三）唐の武将。字《あざな》は良器、洮《とう》州臨潭《たん》（現・甘粛省）の人。初め西北の辺地を守りしばしば戦功があった。徳宗のとき藩鎮の叛乱を平定し、節度使に任じられた。また西平郡王となった。

【李光弼《りこうひつ》】（七〇八〜七六四）唐の武将。営州柳城（現・遼寧省）の人。契丹族。安史の乱に際し、郭子儀とともに官軍を率いて反乱軍と戦った。抜群の統率力で、四十万の反乱軍が太原に迫ったとき、一万に満たぬ兵力で大破したという。宝応元年（七六二）、徐州を攻略し、臨淮王《りんわいおう》に封ぜられた。

関盼盼（百美新詠）

開元宮人（百美新詠）

【関盼盼《かんはんはん》】

徐州の名妓。武寧を鎮守した張建の愛妾で、歌舞音曲に秀でていたという。張建の没後も嫁がず、徐州の燕子楼に十余年にわたり独居した。白居易は、関盼盼《かんはんはん》が殉死しなかったことを詩によんだ。これを読んで関盼盼は、「私が殉死しなかっのたは死を恐れるのではなく、公が色を重んじたと言われるのを恐れているのだ」といい、「舎人は深意を理解しない」と詩によって答えた。そして絶食して死んだという。一説に白居易とは無関係とも言う。


【開元宮人《かいげんきゅうじん》】

唐の開元年間、辺境の守りについている兵士のところに、朝廷から冬に向けて慰問の衣服が届いた。ある兵士が開けたところ、中に詩が綴ってあった。それには、「これを受け取った兵士に嫁ぎたい」との意味の言葉が書かれてあった。その意気に感じた玄宗皇帝は、この宮女を探し出し、兵士と娶わせてやったという。

陸贄（新刻歴代聖賢像賛）

裴度（新刻歴代聖賢像賛）

【陸贄《りくし》】（七五四〜八〇五）唐徳宗時期の政治家・文人。字は敬輿《けいよ》、諡《おくりな》は宣。蘇州嘉興県（現・浙江省嘉興県）の人。十八歳で進士に及第、徳宗のとき大臣となった。つねに帝の左右にあって詔勅《しょうちょく》の起草や政策の立案を行い、実質上の宰相となって内相と称された。奏議の文章を集めた書である『陸宣公奏議』は、後世、政治についての必読書とされた。

【裴度《はいたく》】（七六五〜八三九）唐憲宗時の宰相。字《あざな》は中立、河東聞喜《ぶんき》（現・山西省）の人。貞元の進士。藩鎮の力を削減するのに功があり、宰相となった。やがて藩鎮の叛乱局面が、一時沈静化するが、晩年は宦官の専横のなかで官を辞して洛陽に隠居した。

柳公権（新刻歴代聖賢像賛）

【柳公権《りゅうこうけん》】（七七八～八六五）唐の政治家・書家。京兆華原（現・陝西省）の人。字《あざな》は誠懸。元和《げんな》の進士。穆《ぼく》宗、敬宗、文宗に仕え、諫議《かんぎ》大夫・工部侍郎などに任じた。武宗のとき工部尚書となった。書は初め王羲之から入り、のち欧陽詢《おうようじゅん》・顔真卿を学んだ。顔真卿に比べると細く骨ばって勁媚と評される。代表作に「金剛経」「玄秘塔碑」「神策軍紀聖徳碑」などがある。

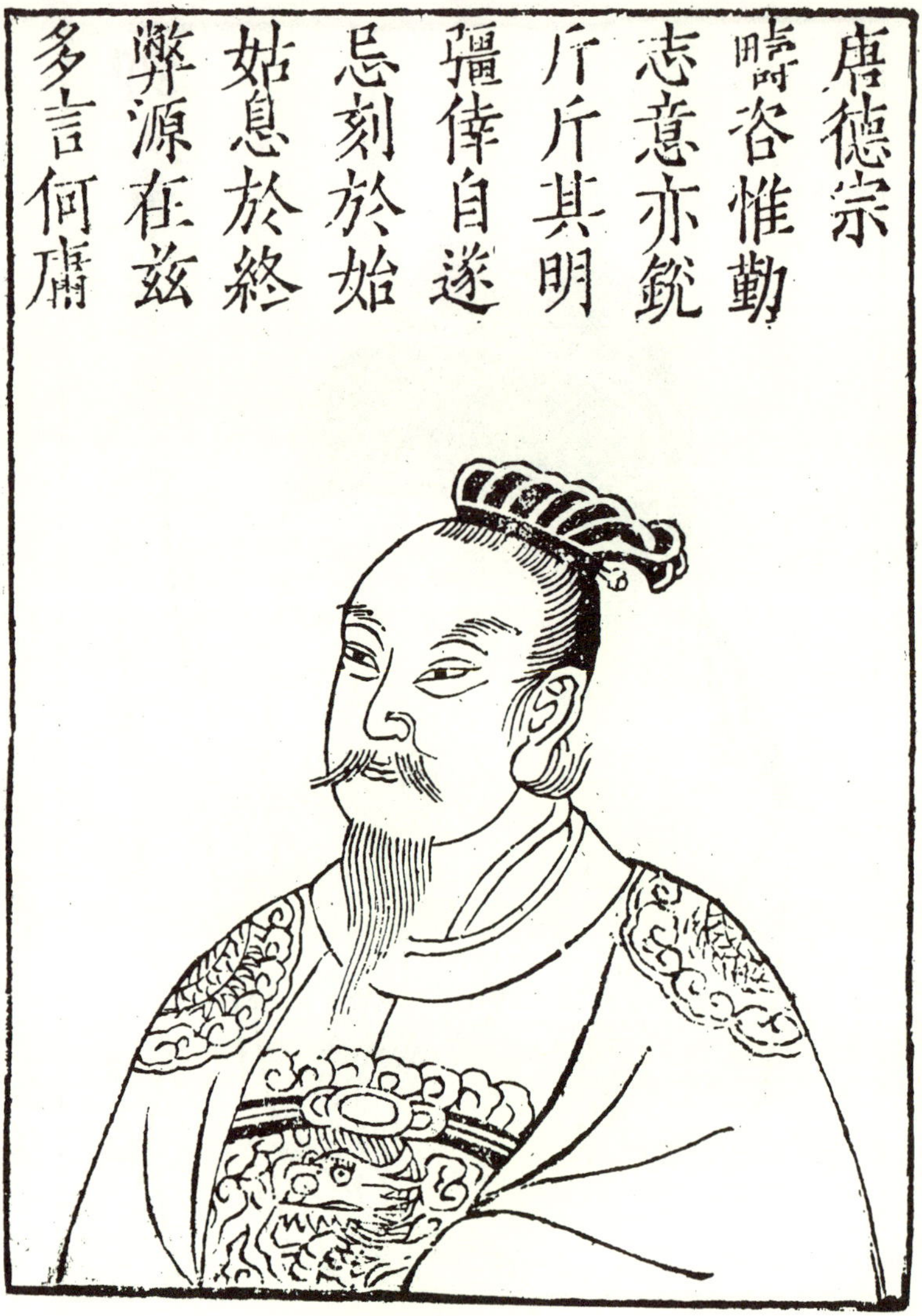
唐德宗
疇咨惟勤
志意亦銳
斤斤其明
彊倖自遂
忌刻於始
姑息於終
弊源在茲
多言何庸

唐徳宗（集古像贊）

【唐徳宗《とうとくそう》】（七四二～八〇五　在位七七九～八〇五）唐の皇帝。代宗の子。李適。在位中に租庸調や両税法を定め、財政の充実に努めた。藩鎮にたいしては抑制政策を取り、中央集権を心がけたが効果はなかった。建中四年に兵変があり、長安が占領されると蒙塵して乾県に逃げた。やがて宦官精力の跋扈《ばっこ》をまねいた。

駱賓王
賓王亡命後人傳其爲僧宋之問嘗游霊隠寺月夜行吟見一老僧問曰何不寐
之問曰偶欲題此寺詩思未屬僧請吟上聯即曰何不云樓觀滄海日門對浙江潮
之問愕然有知者曰賓王也
晩笑堂畫傳

駱賓王（晩笑堂画傳）

【駱賓王《らくひんのう》】（六四〇？〜六八四）初唐の詩人。義烏《ぎう》（現・浙江省）の人。則天武后に反対する徐敬業の起兵に従ったが、乱が平定されたのち殺されたとも僧侶となったともいわれる。王勃・楊炯・盧照鄰らとともに詩名が高く、初唐四傑と呼ばれた。詩には悲憤慷慨のものがおおい。五言詩・七言古詩にすぐれていた。『駱賓王文集』がある。

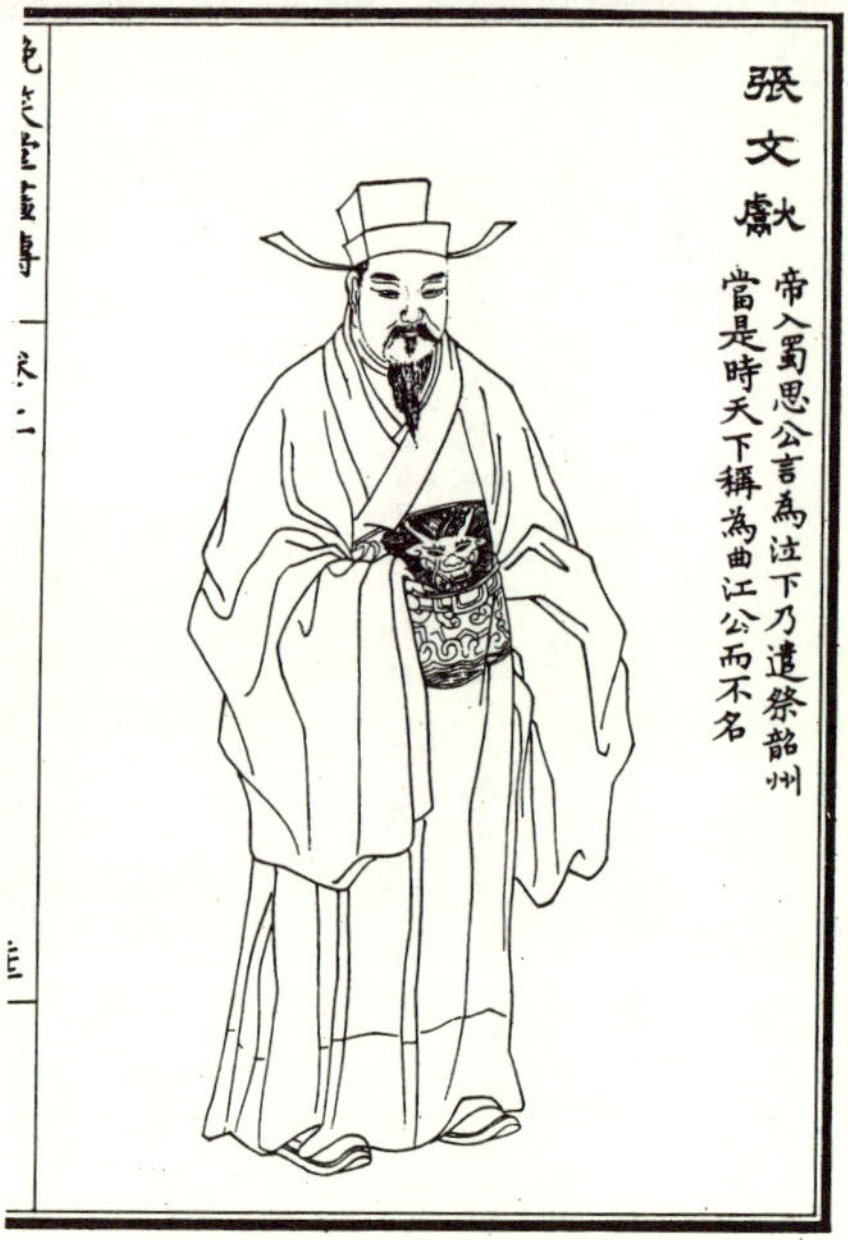
張文獻
帝入蜀思公言為泣下乃遣祭韶州
當是時天下稱為曲江公而不名

張九齢（晩笑堂画傳）

張曲江公九齡像

張九齢（新刻歴代聖賢像贊）

【張九齢《ちょうきゅうれい》】（六七三〜七四〇） 初唐の詩人・宰相。字《あざな》は子寿。曲江（現・広東省韶関《しょうかん》市）の人。文人宰相の張説《ちょうえつ》に認められ玄宗に仕えたが、李林甫と意見があわず荊州大都督府長史へ左遷され、のち故郷へ帰り病没した。著に『曲江集』がある。

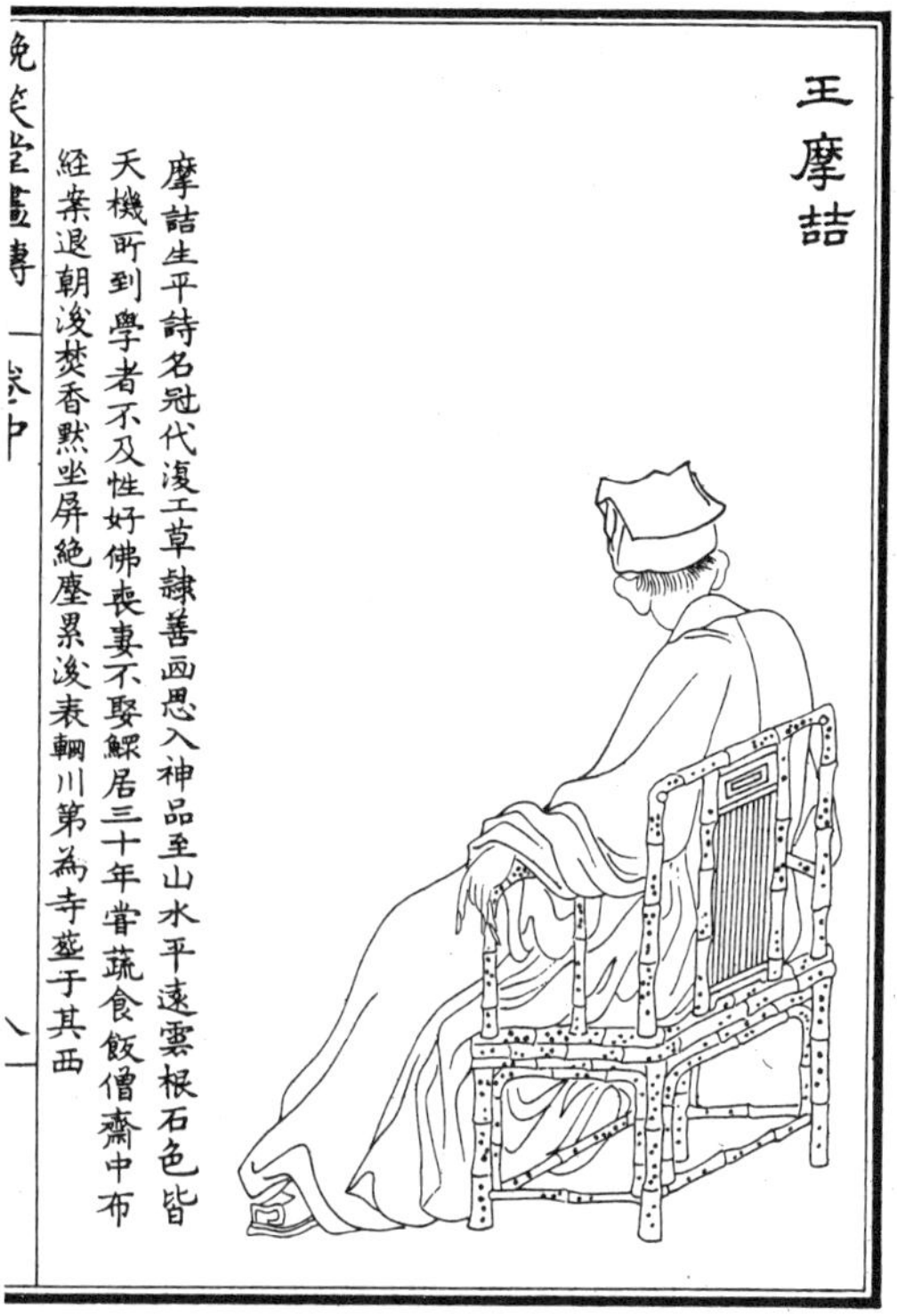
王摩詰
摩詰生平詩名冠代復工草隷善畫思入神品至山水平遠雲根石色皆
天機所到學者不及性好佛喪妻不娶鰥居三十年嘗蔬食飯僧齋中布
経案退朝後焚香默坐屏絶塵累後表輞川第為寺瘞于其西
王維（晩笑堂画傳）

王右丞像
王維（古聖賢像傳略）

【王維《おうい》】（六九九?〜七六一）盛唐の詩人・画家。太原祁《き》（現・山西省祁県）の人。字《あざな》は摩詰。九歳で詩を作り、開元七年（七一九）進士に及第した。玄宗に仕えたが、安禄山の乱で捕らえられ、乱後、粛宗に用いられ尚書右丞となった。王右丞とも呼ばれる。晩年は長安郊外の輞川《もうせん》の別荘で、自然と仏教に没頭した。

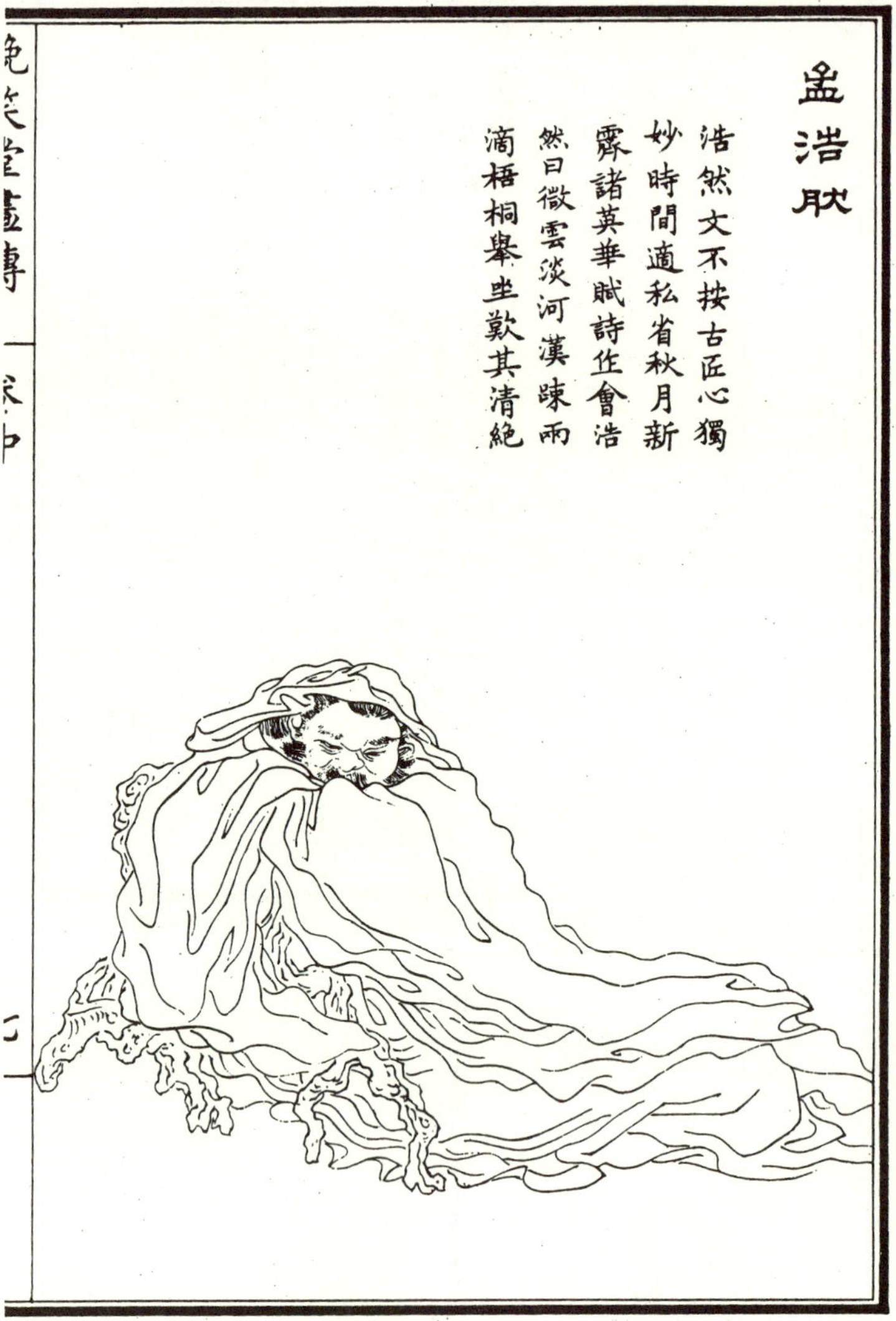
孟浩然
浩然文不按古匠心獨
妙時間適私省秋月新
霽諸英華賦詩作會浩
然曰微雲淡河漢疎雨
滴梧桐舉坐歎其清絕

孟浩然（晩笑堂画傳）

【孟浩然《もうこうねん》】（六八九～七四〇）盛唐の詩人。襄陽（現・湖北省襄樊《じょうはん》市）の人。名は浩、浩然は字《あざな》、孟襄陽とも呼ばれた。青年時代は郷里の鹿門《ろくもん》山（湖北省）に隠棲し、四十歳のとき科挙を受験したが落第した。王維と親交を結び、李白とも交友があった。田園山林詩人として王維と並び称される。『孟浩然集』がある。

【張旭《ちょうきょく》】唐の書家。蘇州の人。字《あざな》は伯高。張長史とも呼ばれる。玄宗の開元・天宝時代に活躍した。草書にすぐれ、書聖といわれた。楷書また特に懐素はかれの書法を発展させたとされる。飲中八仙のひとり。

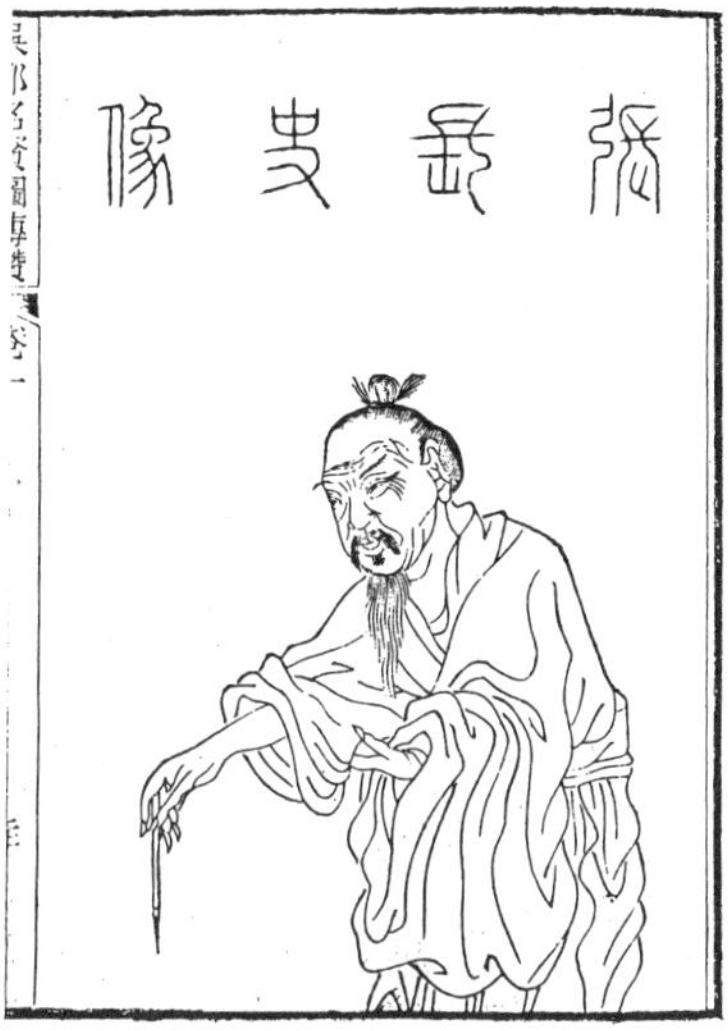

張旭（呉郡名賢図傳贊）

飲中八仙（程氏墨苑）

【飲中八仙《いんちゅうはっせん》】 唐の大詩人・杜甫がつくった七言古詩「飲中八仙歌」にうたわれた当時の八人の酒豪のこと。賀知章・汝陽王李黙・李適之・崔宗之・蘇晋・李白・張旭・焦遂をいう。

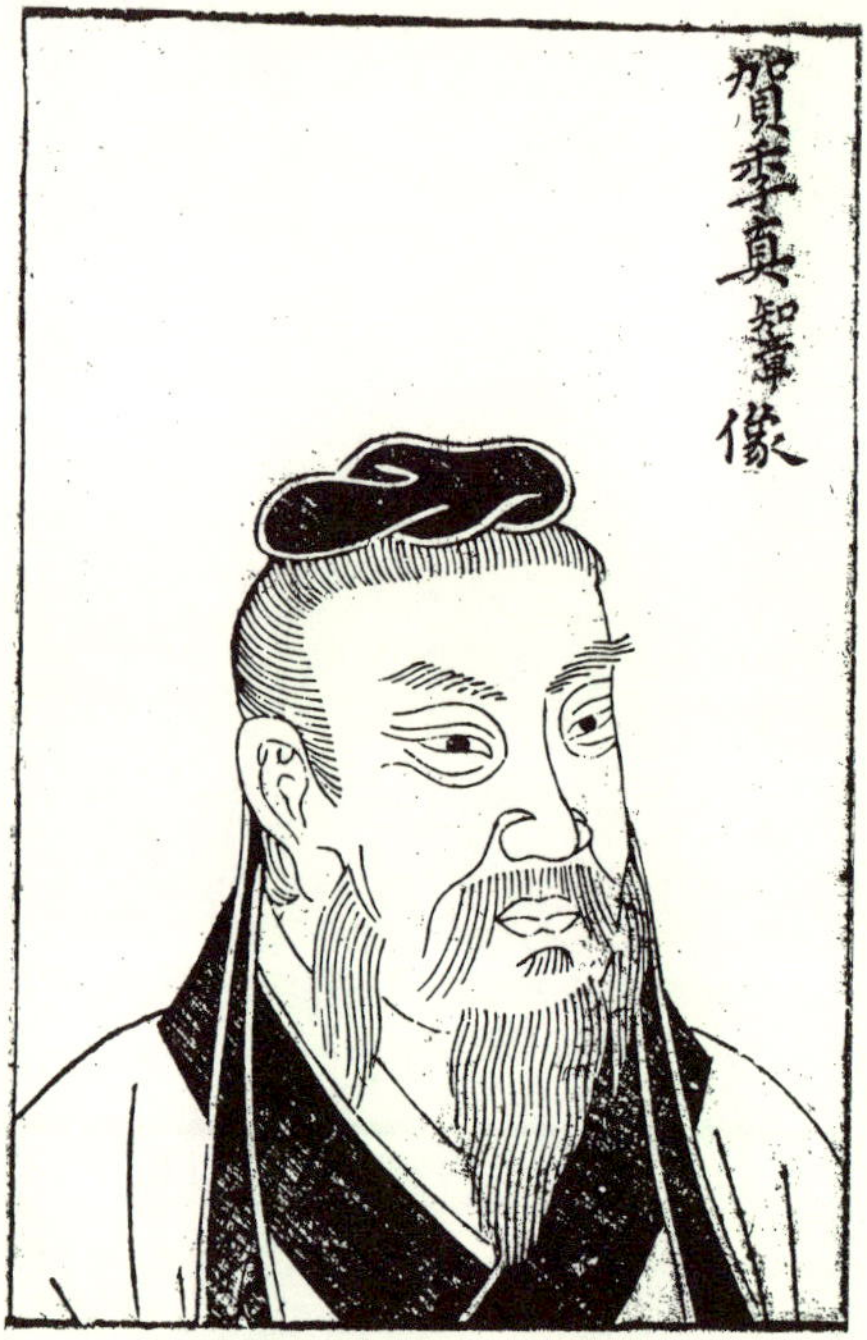

賀知章（新刻歴代聖賢像賛）

賀知章（於越先賢像傳賛）

【賀知章《がちしょう》】

（六五九～七四四） 初唐の詩人。会稽（現・浙江省紹興）の人。字《あざな》は季真、号は四明狂客。礼部侍郎兼集賢学士、秘書監を歴任、玄宗に認められ李白らを玄宗に紹介した。天宝の初め引退して道士となった。『賀秘監集』がある。飲中八仙のひとり。

柳氏

柳氏（百美新詠）

上官昭容

上官昭容（百美新詠）

【柳氏《りゅうし》】

詩人の韓翃《かんこう》は、天宝の進士で、大歴年間の十才子のひとりである。李生と友人で、その妾妓であった柳氏と結ばれた。のちに安史の乱の混乱の際、柳氏は蕃将に帰したが、のちに友人らの援助などの曲折を経て、めでたく韓翃と再会、その胸中に戻ることが出来た。手にしている柳の枝は、「回帰」をあらわしている。

【上官昭容《じょうかんしょうよう》】

（六四四〜七一〇）唐の女性詩人。陝《せん》州陝県（現・河南省陝県）の人。上官儀の孫女。詩をよくした。名を婉児という。母は鄭氏。母が妊娠していたとき夢に秤《はかり》をもった神人が現れ、「汝のむすめはこれをもって天下を秤るべし」といった。聡明鋭敏で十四歳にして後宮に入った。中宗が正月に昆明池で群臣と詩を賦したとき、上官昭容は百余編の詩すべてを公平に評定したという。玄宗が起兵したとき、韋后とともに殺された。詩は三十余種が遺される。

韓翠蘋（百美新詠）

【韓翠蘋《かんすいひん》】

唐の僖《き》宗の後宮の妓女。于祐という書生が宮城の周囲を散歩していると、紅葉に詩を書いたものが流れてきた。「流水何ぞ太《はなは》だ急ぐ、深宮尽日閑なり……」。大切に保管し、返事の詩を紅葉に書いて流した。「人只に志有らば、天必ず人願の如くならしめん……」。のちに宮女三十人が宮外に出嫁したとき、于祐は韓翠蘋と結ばれたが、彼女が偶然にもその詩を書いて流した本人であった。二人は奇縁に感嘆し、ますます愛情を深めたという。

韓翠蘋（題紅記）

魚玄機（歴朝名媛詩詞）

【魚玄機《ぎょげんき》】（八四四？～八七一？）晩唐の女流詩人。長安（現・陝西省西安）の人。字は幼微、また蕙蘭。補闕《ほけつ》（諫官）を務めた李億の妾であったが、咸通年間に道観に入って出家、女道士となった。温庭筠《おんていいん》らと往来があり、詩文の才で盛名を馳せたが、侍女を殺して処刑された。『魚玄機詩』がある。

杜工部
元稹論云山東人李白亦以文奇取稱時人謂之李杜予觀其壯浪縱恣擺去拘束模寫物象及樂府歌詩誠亦差肩於子美矣至若鋪陳終始排比聲韻大或千言次猶數百詞氣豪邁而風調清深屬對律切而脫棄凡近則李尚不能歷其藩翰況堂奥乎自後屬文者以稹論為是甫有文集六十卷

杜甫（晩笑堂画傳）

【杜甫《とほ》】（七一二〜七七〇）盛唐の詩人。襄陽（現・湖北省襄樊《じょうはん》市）の人。字《あざな》は子美。長安南郊の杜陵にいたので杜陵布衣・少陵野老と自称、また検校工部員外郎になったことから杜工部《とこうぶ》ともいう。西晋の将軍杜預の子孫、祖父杜審言《としんげん》は初唐の詩人として知られる。青年時代各地を漫遊し、洛陽で李白と出会った。杜甫も玄宗に知られ集賢院待制となったが、安禄山の乱に遭い、四川などに流浪を続けた。李白を詩仙というのに対して詩聖といわれ、また晩唐の杜牧に対して大杜、あるいは老杜といわれる。社会の現実を厳しく描写した作品に傑作が多く知られる。『杜工部集』がある。

杜甫（新刻歷代聖賢像贊）

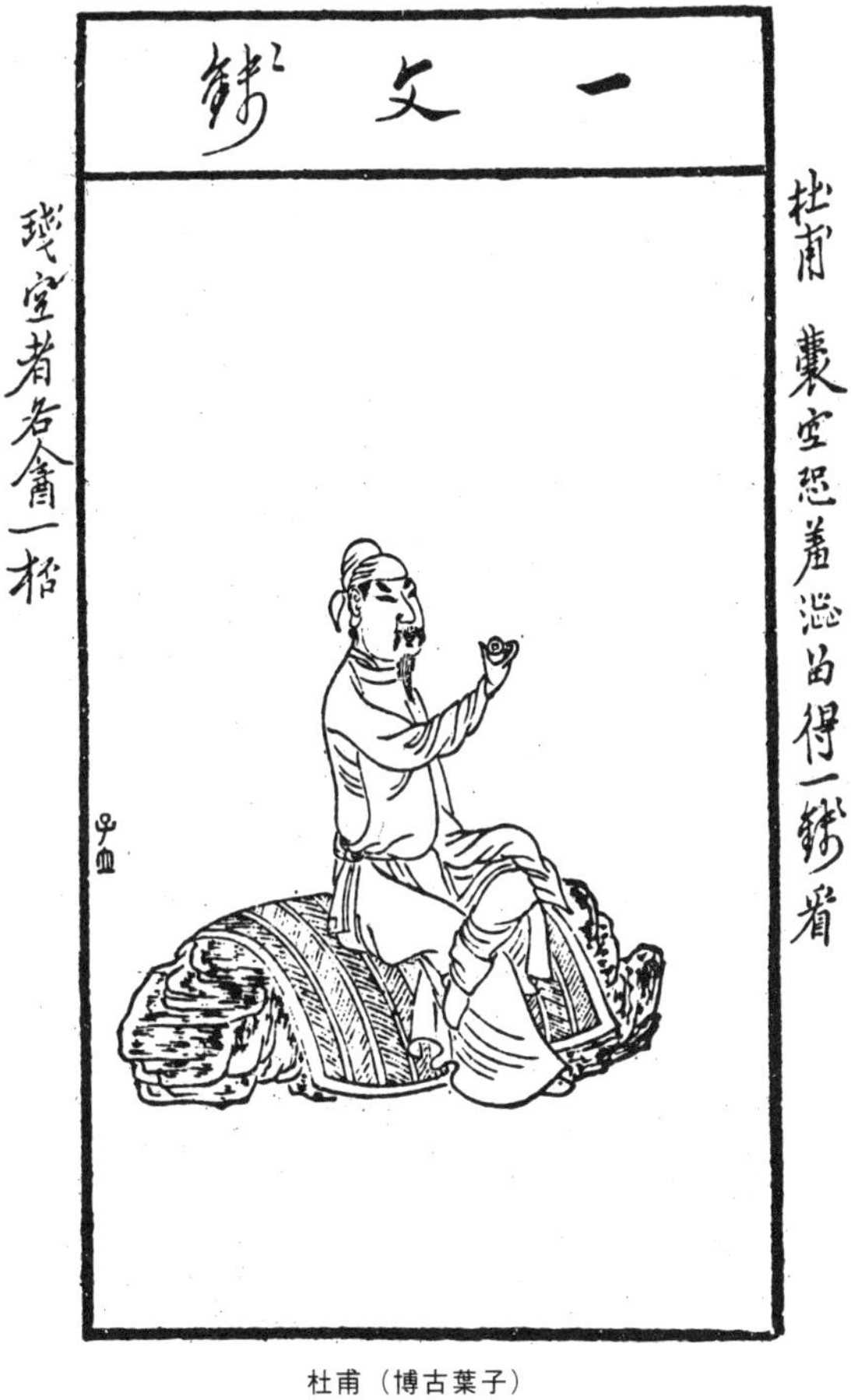

杜甫（博古葉子）

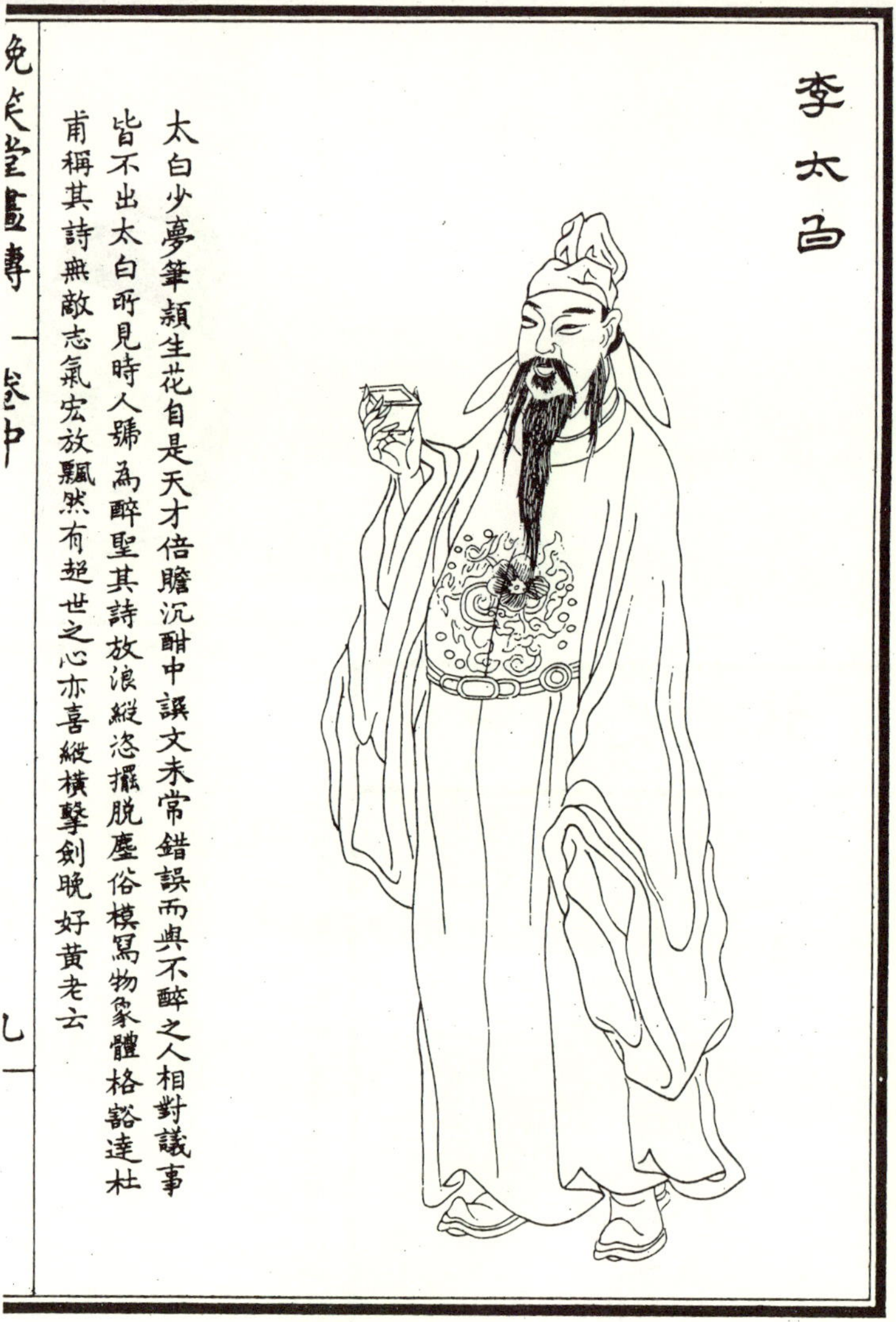
李太白
太白少夢筆頭生花自是天才倍贍沉酣中譔文未常錯誤而與不醉之人相對議事
皆不出太白所見時人號為醉聖其詩放浪縱恣擺脫塵俗模寫物象體格豁達杜
甫稱其詩無敵志氣宏放飄然有超世之心亦喜縱横擊劍晩好黄老云
晩笑堂畫傳　卷中

李白（晩笑堂画傳）

【李白《りはく》】（七〇一～七六二）　盛唐の詩人。字《あざな》は太白。母が太白星（金星）を夢みてうまれたという。名を白、字を太白。青蓮居士と号し、李翰林ともよばれた。出生は、隴西《ろうせい》成紀（現・甘粛省秦安県）の出と自称する。奔放・磊落《らいらく》な性格で、酒を好み酒仙と呼ばれた。賀知章の推挙によって四十二歳のとき玄宗に召し出され翰林供奉《かんりんぐぶ》を授かるが、堅苦しい宮仕えを三年で終えた。そして放浪生活に戻り、杜甫や高適《こうせき・こうてき》らとまじわった。詩聖とよばれた杜甫とともに、唐代の詩壇を代表し、詩仙といわれた。多くの詩が今日でもたくさんの人々に愛唱されている。詩集の『李太白集』がある。

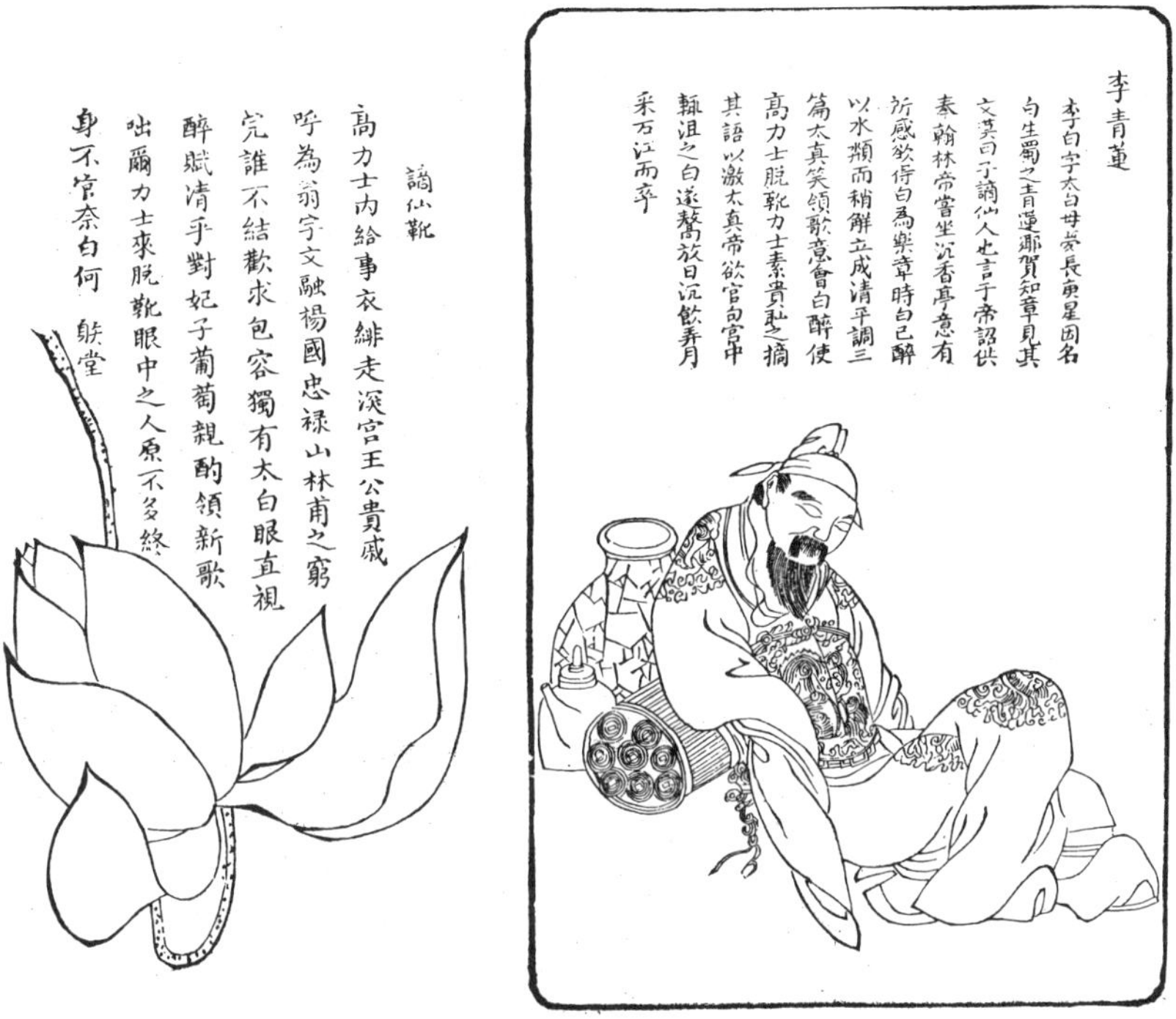
李青蓮
李白字太白母夢長庚星因名白生蜀之青蓮鄉賀知章見其文歎曰子謫仙人也言于帝詔供奉翰林帝嘗坐沉香亭意有所感欲得白為樂章時白已醉以水頮面稍解立成清平調三篇太真笑領歌意會白醉使高力士脫靴力士素貴恥之摘其語以激太真帝欲官白宮中輒沮之白遂驁放日沉飲弄月采石江而卒
謫仙靴
高力士內給事衣緋走深宮王公貴戚呼為翁宇文融楊國忠祿山林甫之窮完誰不結歡求包容獨有太白眼直視醉賦清平對妃子葡萄親酌領新歌咄爾力士來脫靴眼中之人原不多終身不肯奈白何
鈇堂
李白（無雙譜）

李白
酒中之仙詩中之聖
經濟有才秉鈞無命
李白（歷代古人像贊）

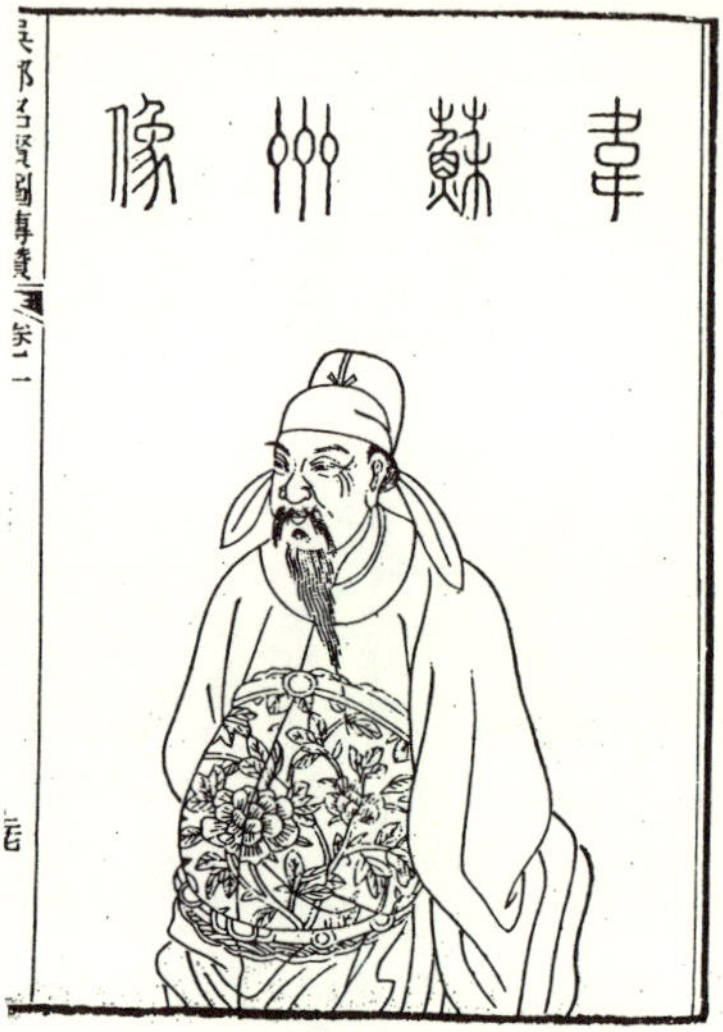

韋応物（呉郡名賢図傳賛）

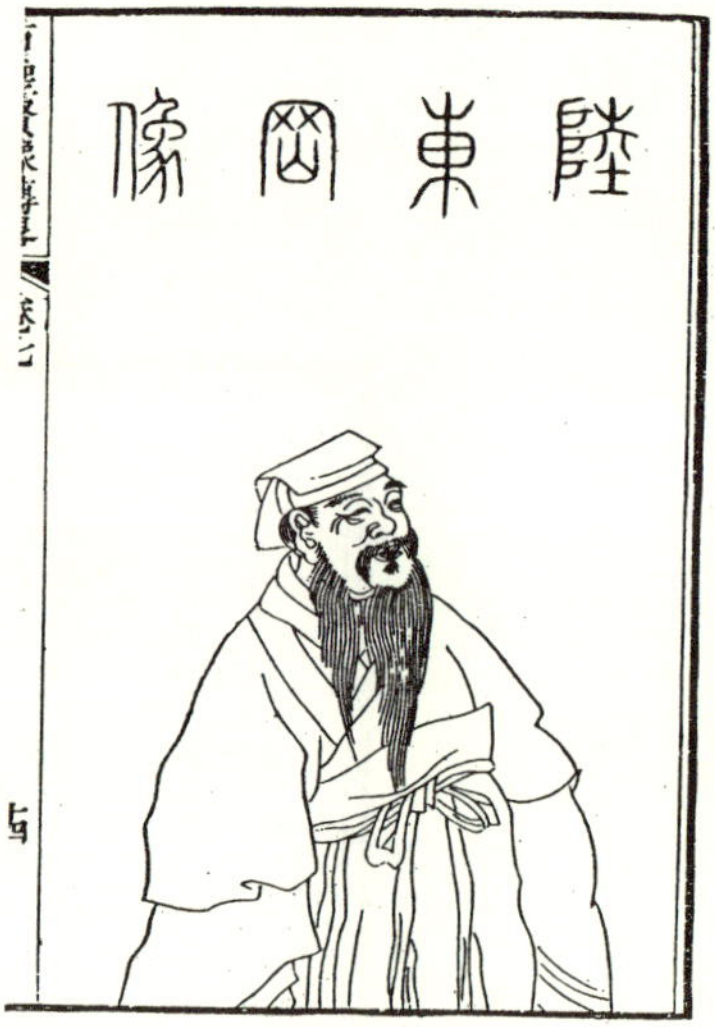

陸羽（呉郡名賢図傳賛）

孟郊（歴代古人像賛）

【韋応物《いおうぶつ》】（七三六～七八五後）中唐の詩人。京兆長安（現・陝西省西安）の人。近衛士官として若いときから玄宗に仕えた。安禄山の乱のあとは、放浪生活のなかで読書に励んだ。蘇州の刺史となったので、韋蘇州と号した。自然をうたった閑適の詩で本領を発揮し、王維・孟浩然を継承した田園詩人とされる。『韋蘇州集』がある。

【陸羽《りくう》】（七三三～八〇四）唐の文人。復州竟陵《きょうりょう》（現・湖北省天門）の人。字《あざな》は鴻漸《こうぜん》、桑苧翁《そうちょおう》と自称、また東門子と号した。女性詩人の李季蘭、僧侶の皓然と親しく往来した。官につかず読書に励み、茶を嗜むことで名高かった。茶の研究に精力を注ぎ『茶経』を著した。『茶経』（七六〇年頃）には、団茶《だんちゃ》や餅茶《へいちゃ》の法を述べている。詩を作ったがほとんど遺されていない。

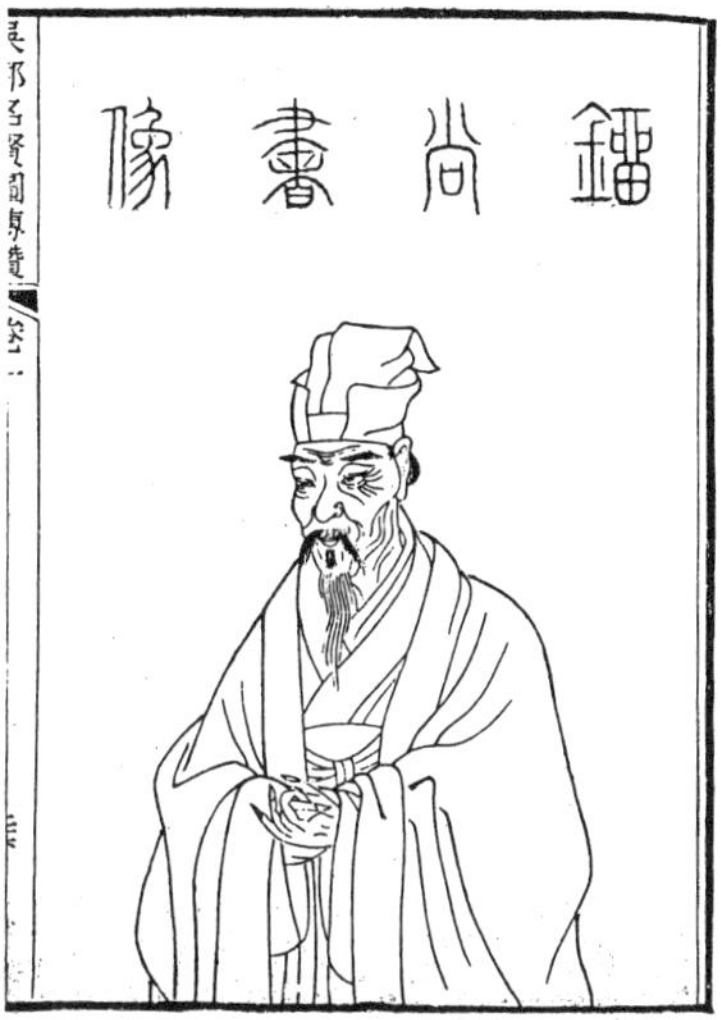
劉尚書像

劉禹錫（呉郡名賢図傳贊）

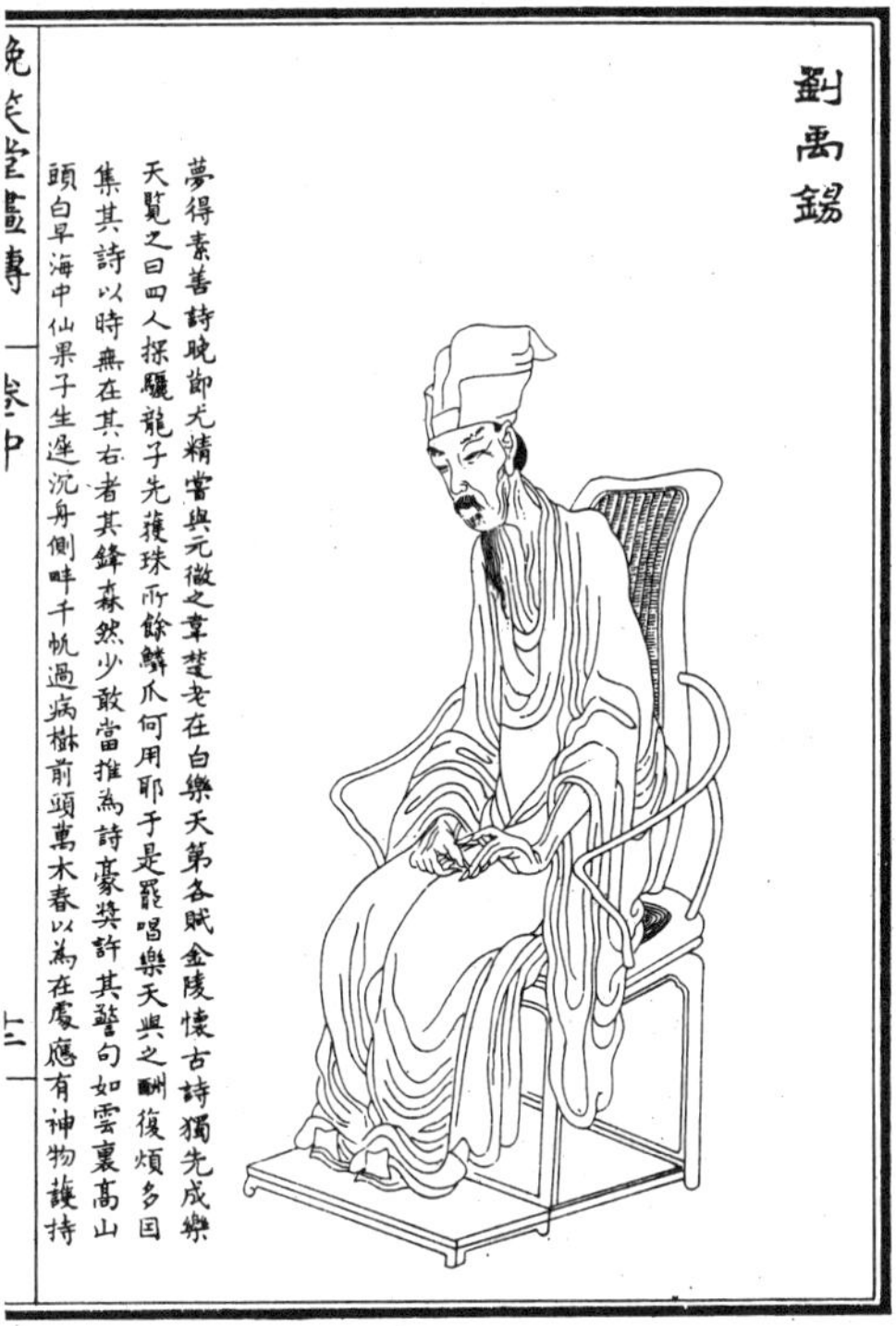
劉禹錫
夢得素善詩晩節尤精嘗與元微之韋楚老在白樂天第各賦金陵懐古詩獨先成樂
天覽之曰四人探驪龍子先獲珠所餘鱗爪何用耶于是罷唱樂天與之酬復煩多因
集其詩以時無在其右者其鋒森然少敢當推為詩豪奬許其警句如雲裏高山
頭白早海中仙果子生遲沉舟側畔千帆過病樹前頭萬木春以為在處應有神物護持
晩笑堂畫傳

劉禹錫（晩笑堂画傳）

【孟郊《もうこう》】

（七五一～八一四）　中唐の詩人。字《あざな》は東野。青年時代は嵩山《すうざん》に隠棲、五十歳ちかくなってから科挙に及第し地方官となった。韓愈と親しく往来した。賈島と並んで「郊寒賈痩《こうかんかそう》」と詩才を評された。『孟東野集』がある。

【劉禹錫《りゅううしゃく》】

（七七二～八四二）　中唐の詩人。字《あざな》は夢得。洛陽（現・河南省）の人。はじめ淮南《わいなん》節度使（安徽・江蘇の地方長官）の幕僚となったが，のちに監察御史となり、将来の宰相と目された。しかし派閥の争いにまきこまれ、失脚した人物に連座して朗州（湖南省）の司馬に左遷された。晩年は、白居易と親交を結び詩を唱和した。白居易は彼を「詩豪」と称し高く評価した。『劉賓客集』がある。

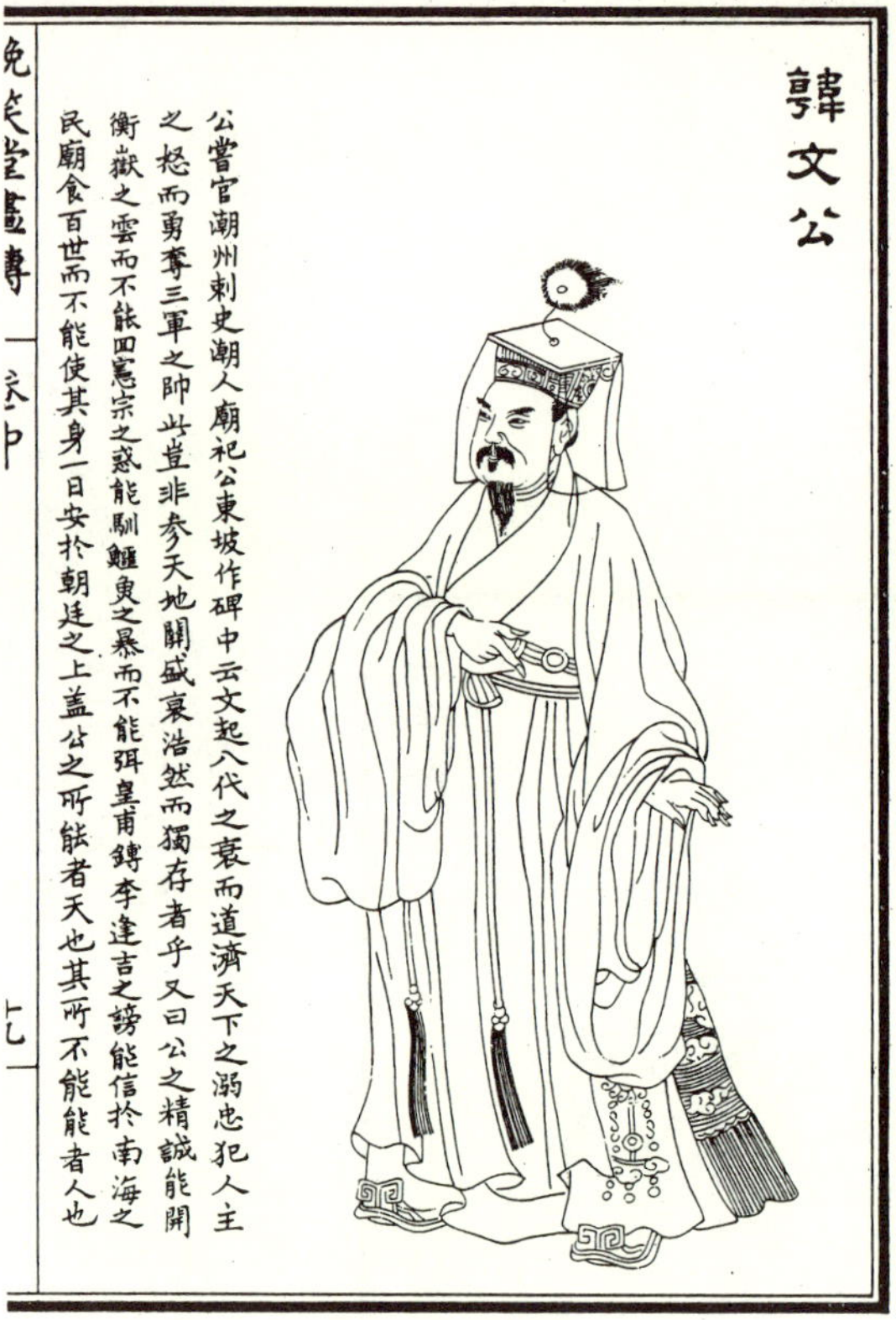
韓文公
公嘗官潮州刺史潮人廟祀公東坡作碑中云文起八代之衰而道濟天下之溺忠犯人主之怒而勇奪三軍之帥此豈非參天地關盛衰浩然而獨存者乎又曰公之精誠能開衡嶽之雲而不能回憲宗之惑能馴鱷魚之暴而不能弭皇甫鎛李逢吉之謗能信於南海之民廟食百世而不能使其身一日安於朝廷之上蓋公之所能者天也其所不能者人也
晩笑堂畫傳

韓愈（晩笑堂画傳）

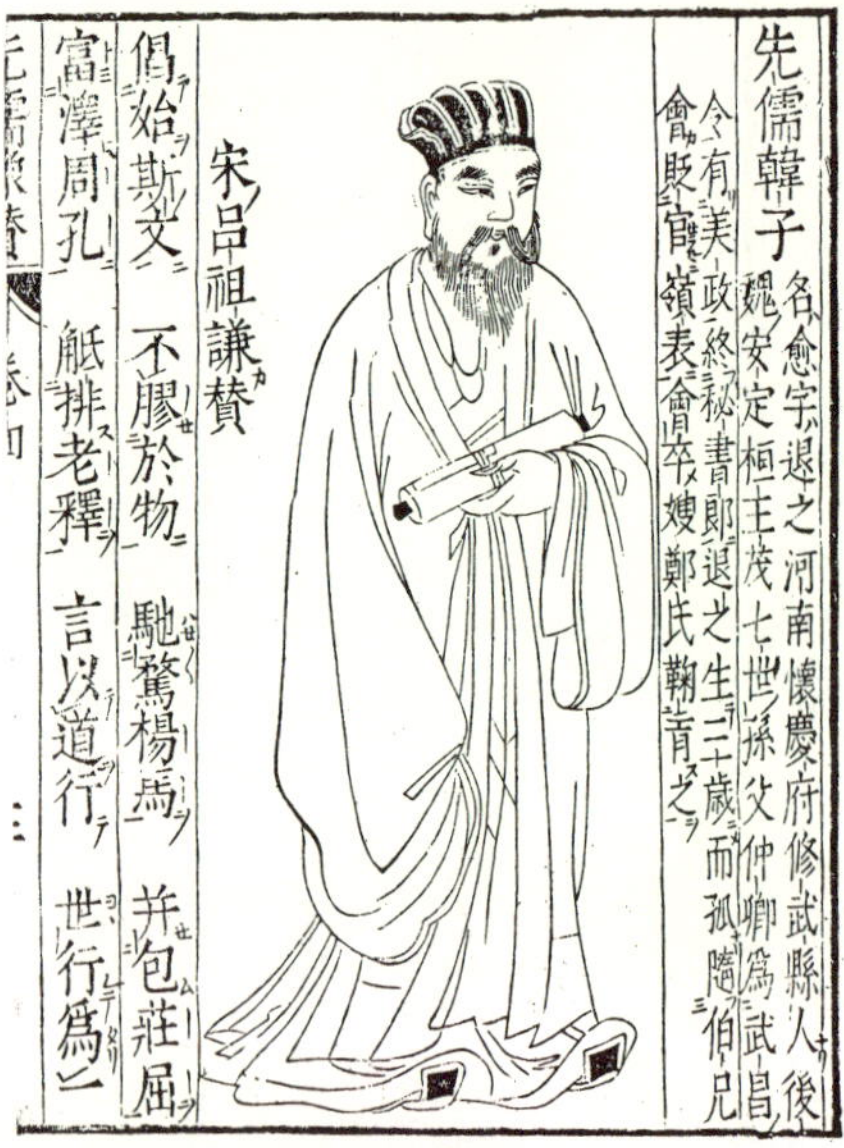
先儒韓子
名愈字退之河南懷慶府修武縣人後魏安定桓王茂七世孫父仲卿爲武昌令有美政終秘書郎退之生三歲而孤隨伯兄會貶官嶺表會卒嫂鄭氏鞠育之
宋呂祖謙贊
倡始斯文　不膠於物　馳騖揚焉　并包莊屈
周孔　觝排老釋　言以道行

韓愈（聖賢像賛）

【韓愈《かんゆ》】（七六八～八二四）中唐の文人・政治家。河陽（現・河南省孟県）の人。字《あざな》は退之、諡《おくりな》は文。韓昌黎《かんしょうれい》ともよぶ。貞元の進士。国子博士・刑部侍郎などを歴任、のち憲宗の怒りに触れて潮州刺史に左遷された。柳宗元らとともに、秦漢時代の達意を主とする古文の復興を提唱した。作詩にもすぐれ、また思想家としては宋代儒教の先駆者といわれる。唐宋八大家のひとり。

柳二州
韓文公評公文云雄深雅健似司馬子長崔蔡不足多也葬時為銘其墓又稱其儁
傑廉悍柳州羅池建廟祀公文公復作碑辭頌其死而為神云

柳宗元（晩笑堂画傳）

柳柳州宗元
才氣穎敏
莫邪干將
制作彪炳
凌躒班揚
銳進速成
爰致玷缺
文場擅宗
令名不沒

柳宗元（集古像贊）

【柳宗元《りゅうそうげん》】（七七三～八一九）中唐の文人・政治家。河東（現・山西省永済県西）の人。字《あざな》は子厚。貞元の進士。順宗皇帝の側近・王叔文のもとで礼部員外郎となり活躍するが、王の罪に連座して柳州に左遷され、刺史として亡くなった。韓愈とともに古文復興につとめ、自然詩に秀でた。原籍により柳河東とも呼ばれる。唐宋八大家のひとり。

白少傅居易
早登王朝
忠讜屢聞
再逐江州
輿時浮沉
雞林聲價
香山蹤跡
寵利淡然
可謂達識

白居易（集古像賛）

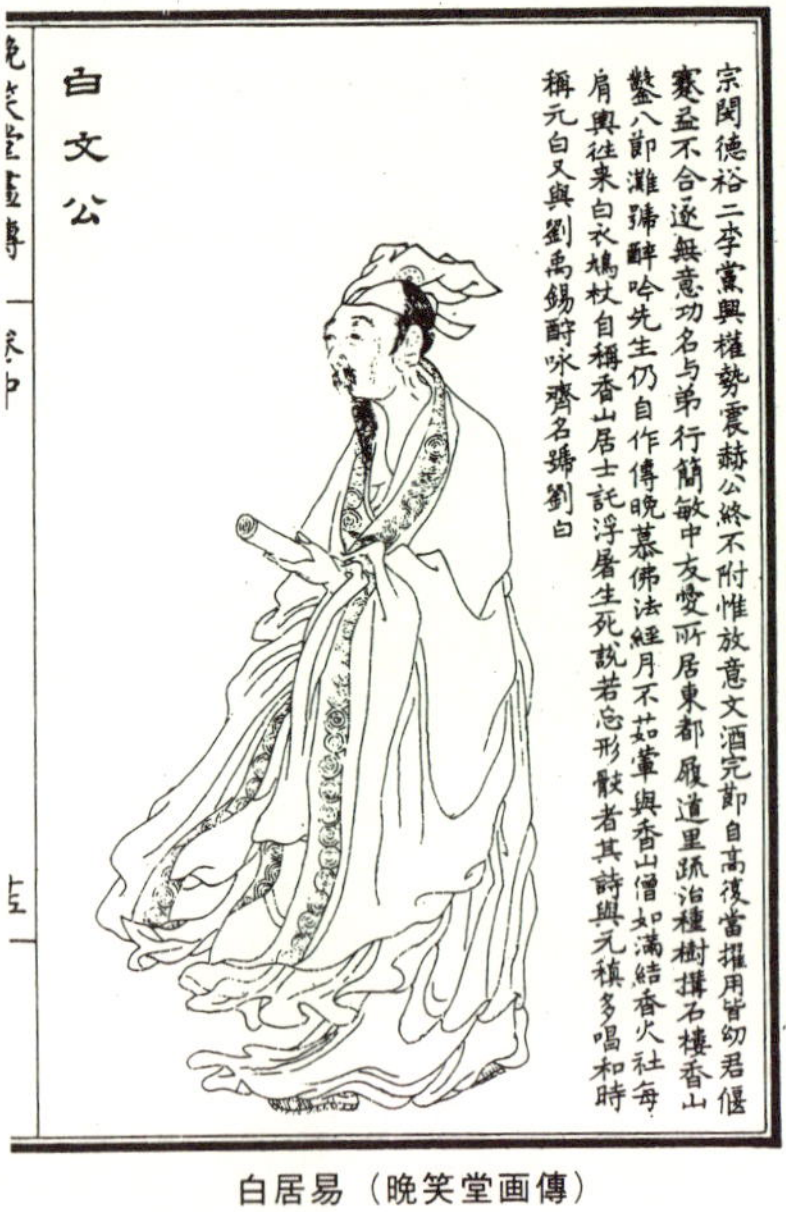
白文公
宗閔德裕二李黨興權勢震赫公終不附惟放意文酒完節自高復當擢用晉劭君偃
蹇益不合遂無意功名与弟行簡敏中友愛所居東都履道里疏沼種樹搆石樓香山
鑿八節灘號醉吟先生仍自作傳晩慕佛法經月不茹葷與香山僧如滿結香火社每
肩輿往來白衣鳩杖自稱香山居士託浮屠生死説若忘形骸者其詩與元稹多唱和時
稱元白又與劉禹錫酧咏齊名號劉白

白居易（晩笑堂画傳）

【白居易《はくきょい》】（七七二～八四六）　中唐の詩人。字《あざな》は楽天、号は香山居士。河南新鄭の生まれ。元和年間、陝西省の県吏のとき「長恨歌《ちょうごんか》」を書いて詩人としての名声を得た。憲宗に気に入られたが、上奏文が原因で江州司馬に左遷された。その後中央に戻り、杭州刺史となり、刑部侍郎にまで昇った。俗語を大胆に用いた平易な詩風で、社会批判の詩に傑作が多く、また『長恨歌』『琵琶行』なども良く知られる。『白氏文集』は日本に伝えられ平安文学に大きな影響を与えた。

白居易・潯陽妓（古雑劇）

【潯陽妓《じんようぎ》】解説次頁

潯陽妓（百美新詠）

小蛮（百美新詠）

【潯陽妓《じんようぎ》】

元和十年（八一五）、白居易は長安から江州司馬（江西省九江、知事の下僚）に左遷され、挫折の中にあった。その翌年の秋、友人を潯陽江の波止場に送るとき、たまたま琵琶を弾く零落した妓女に出会う。これが潯陽妓である。彼女はもと長安の歌妓で、以前は名家から琵琶を学んだこともあったが、年を取ってからは商人の妻となり、今は零落してここに流れてきているという。その哀れな身の上話と、自らの流謫《るたく》の悲しみを重ね合わせて、白居易は「琵琶行」を作った。

【小蛮《しょうばん》】

白居易の愛妾で、その詩に樊素《はんそ》とともに「桜桃《おうとう》樊素口、楊柳小蛮腰」（桜桃のような樊素の口、楊柳のような小蛮の腰）とうたわれた。小蛮は、舞に秀でていたという。

樊素（百美新詠）

楚蓮香（百美新詠）

【樊素《はんそ》】

白居易の愛妾で、その詩に小蛮とともに「桜桃樊素口、楊柳小蛮腰」とうたわれた。樊素は、歌がうまかったという。


【楚蓮香《それんこう》】

唐代の名妓。美貌で名高く、国色無双といわれた。その身体は好い香りがするため、蝶や蜂が周りに飛び交ったという。

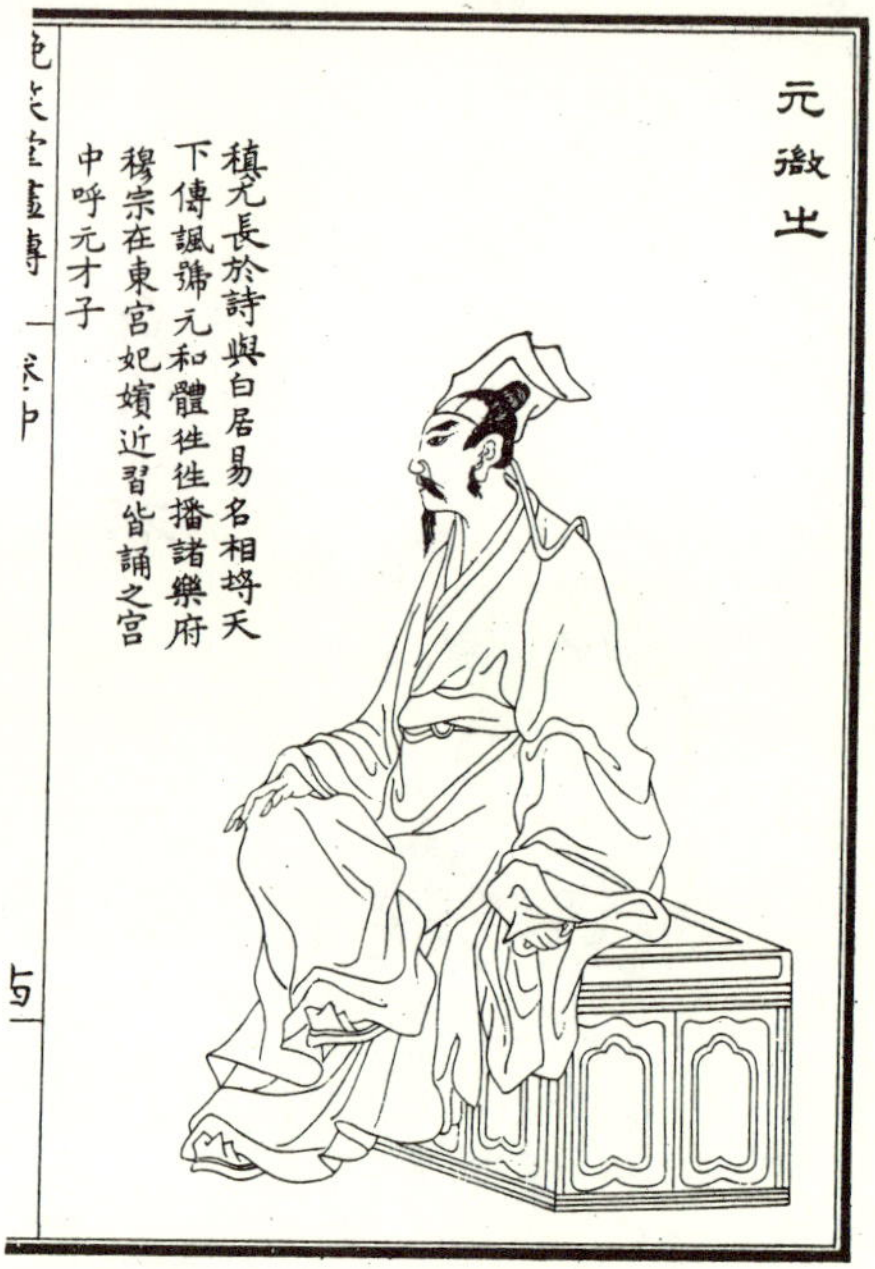
元微之
稹元長於詩與白居易名相埒天
下傳諷號元和體往往播諸樂府
穆宗在東宮妃嬪近習皆誦之宮
中呼元才子
元稹（晩笑堂画傳）

劉采春
劉采春（百美新詠）

【元稹《げんしん》】（七七九〜八三一）中唐の詩人・政治家。河南（現・河南省洛陽市）の人。字《あざな》は微之《びし》。十五歳で明経科に抜擢され、宰相にまで出世した。しかし政争に絡んで罷免され、武昌節度使として卒した。親友の白居易とともに、平明な詩風をつくって元和体といわれた。伝奇小説の作家としても知られ、自伝的な内容の『鶯鶯伝《おうおうでん》』は、戯曲「西廂記《せいしょうき》」の原作となった。詩集『元氏長慶集』がある。

【劉采春《りゅうさいしゅん》】劉采春は浙江の人。詩才に恵まれた美女であった。元稹《げんしん》が浙東を視察に来たとき、采春のつくった詩作を読んで感心し、自らも彼女に詩を贈ったという。

賈島（新刻歴代聖賢像賛）

【賈島《かとう》】

（七七九～八四三）中唐の詩人。范陽（現・河北省）の人。字《あざな》は浪仙、号は碣石《けっせき》山人。貧困のため僧となったが、詩才を認められ、韓愈の厚遇を受けて還俗した。科挙には合格できなかったが、長江県（四川省）の主簿に任官したので、賈長江ともいわれた。作詩で「僧推《そうはおす》月下門《げっかのもん》」の「推《おす》」を「敲《たたく》」とすべきか否かに苦吟した「推敲《すいこう》」の故事は有名である。『長江集』がある。

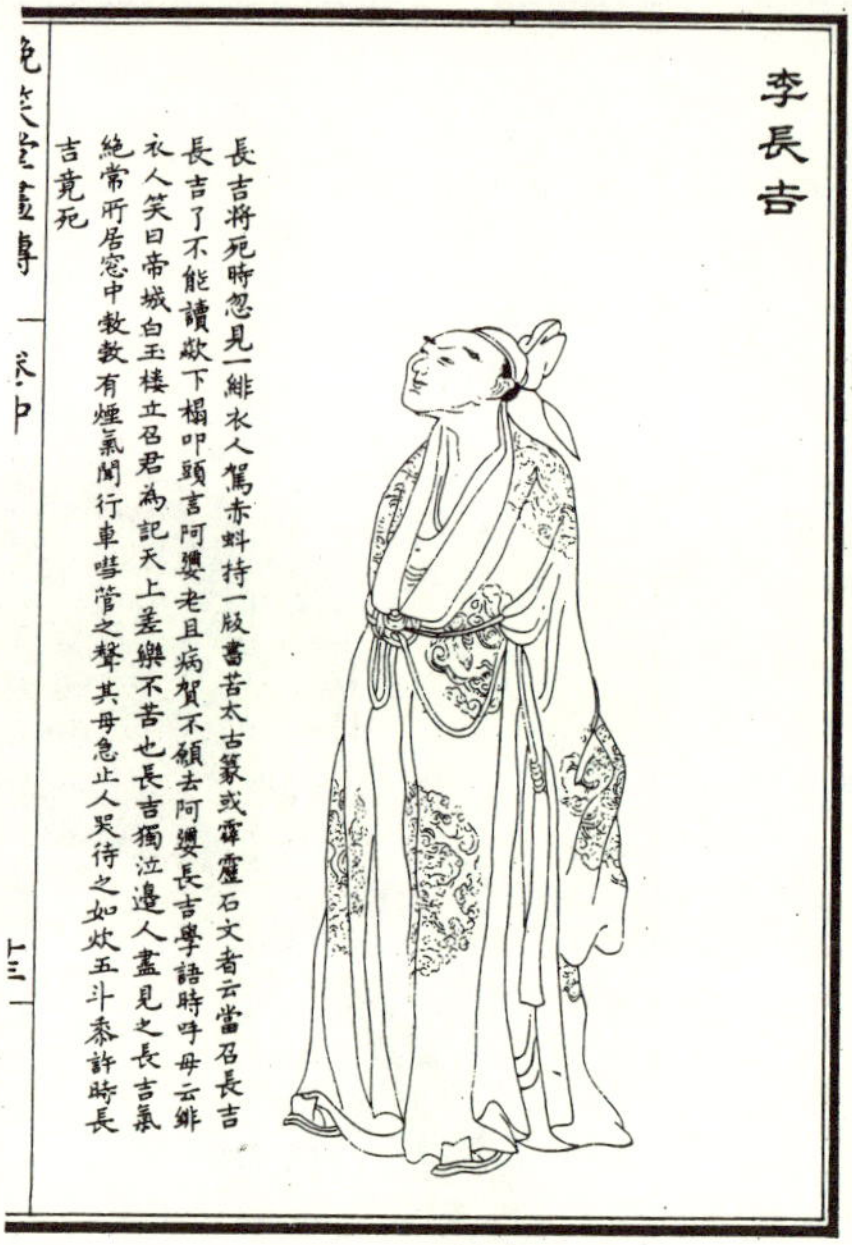
李長吉
長吉将死時忽見一緋衣人駕赤虬持一版書若太古篆或霹靂石文者云當召長吉
長吉了不能讀欻下榻叩頭言阿㜷老且病賀不願去阿㜷長吉學語時呼母云緋
衣人笑曰帝城白玉楼立召君為記天上差樂不苦也長吉獨泣邊人盡見之長吉氣
絶常所居窓中㪺㪺有煙氣聞行車嘒管之聲其母急止人哭待之如炊五斗黍許時長
吉竟死

李賀（晩笑堂画傳）

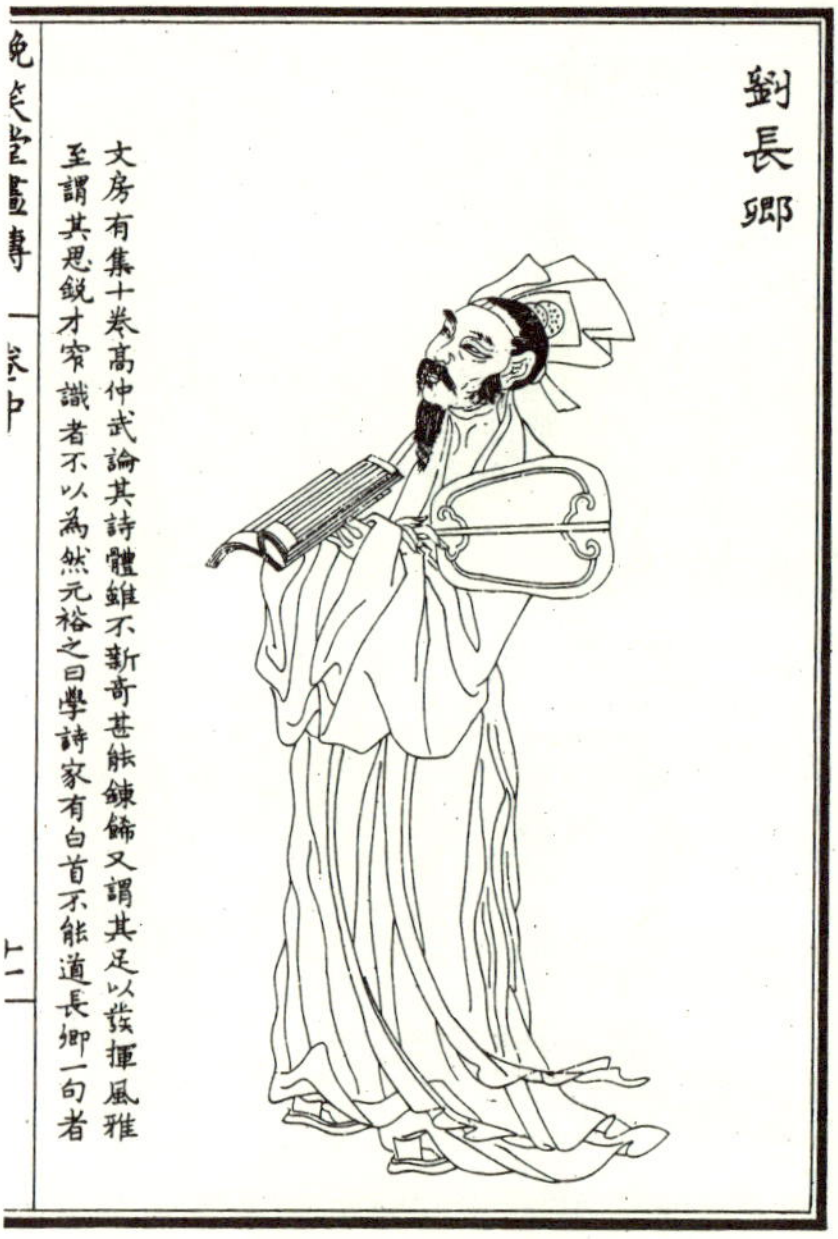
劉長卿
文房有集十巻高仲武論其詩體雖不新奇甚能鍊飾又謂其足以發揮風雅
至謂其思鋭才窄識者不以為然元裕之曰學詩家有白首不能道長卿一句者

劉長卿（晩笑堂画傳）

【李賀《りが》】（七九〇～八一六）中唐の詩人。福昌（現・河南省宜陽県）の人。字《あざな》は長吉《ちょうきつ》。十九世紀のフランス象徴詩にも比較される、奇抜で特異な比喩を駆使する作風であったが、惜しくも二十七歳で夭折した。『昌谷集』がある。臨終のとき迎えに来た天使が、天帝の白玉楼が完成したので李賀を召してその記を書かせるといった夢を見た故事は有名である。

【劉長卿《りゅうちょうけい》】（七〇九～七八五？）盛唐の詩人。字《あざな》は文房。河間（現・河北省）の人。開元の進士。監察御史などの官職を歴任するが、剛直なため左遷されたりした。最後に随州の刺史となったので、劉随州ともいわれた。詩は政治における失意を描き、王維の影響から五言詩が多い。そのため「五言長城」といわれた。『劉随州文集』がある。

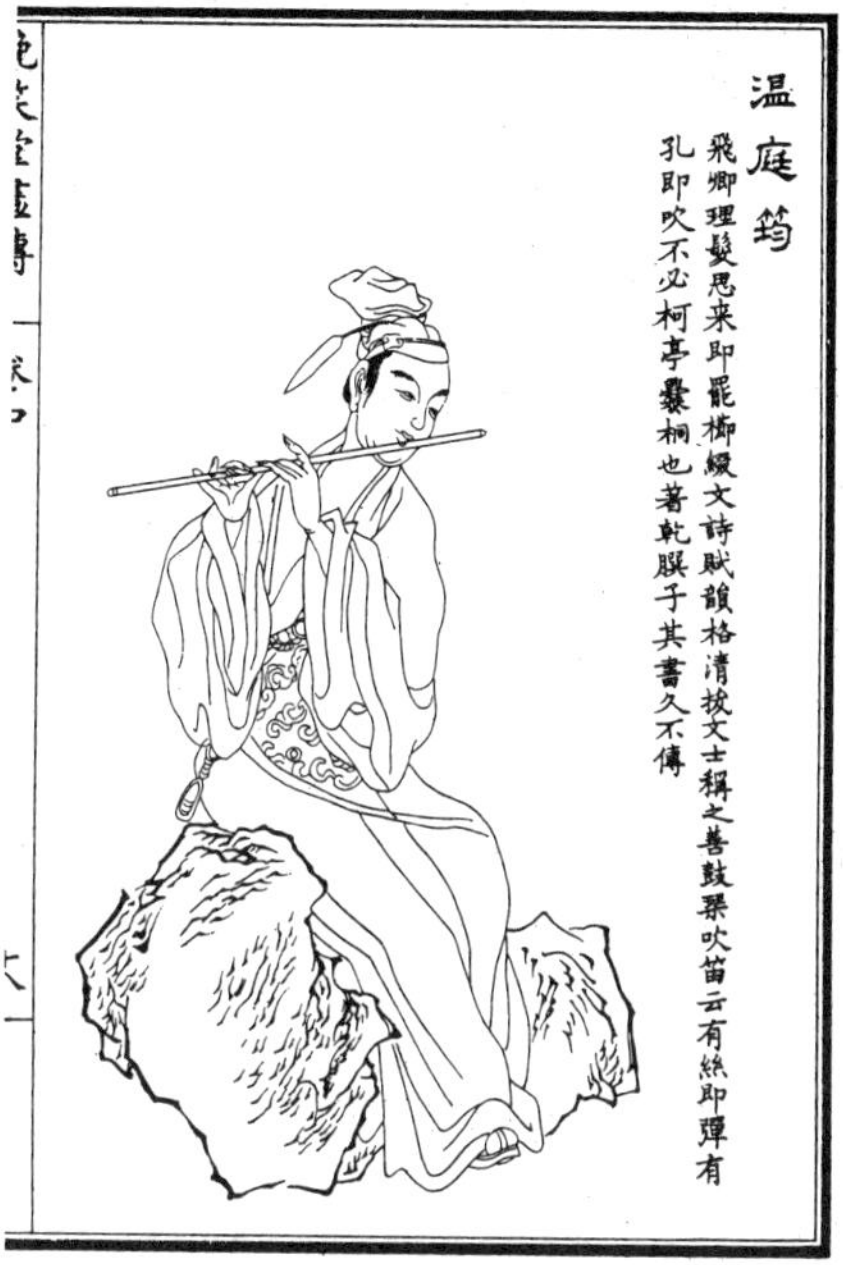
温庭筠
飛卿理髮思来即罷櫛綴文詩賦韻格清拔文士稱之善鼓琹吹笛云有絲即彈有孔即吹不必柯亭爨桐也著乾䐑子其書久不傳
温庭筠（晩笑堂画傳）

薛濤
薛濤（百美新詠）

【温庭筠《おんていいん》】（八一二～八七二）晩唐の詩人。太原（現・山西省）の人。本名は岐《き》。字《あざな》は飛卿《ひけい》。仕官の道には失敗を繰り返した。官は国子助教にとどまったが、李商隠とならべて温李と称される。詞に巧みであり、詞の文学的地位を確立する功績があった。

【薛濤《せっとう》】（七六八～八三一）中唐の女流詩人。長安の人。字《あざな》は洪度。長安の良家の娘にうまれたが、父が赴任した蜀で落ちぶれて妓女となった。詩詞に巧みであったため、白居易・元稹《げんしん》・劉禹錫らの文人と交際があった。紅色の小型詩箋の薛濤箋《せっとうせん》をつくったことで名高い。

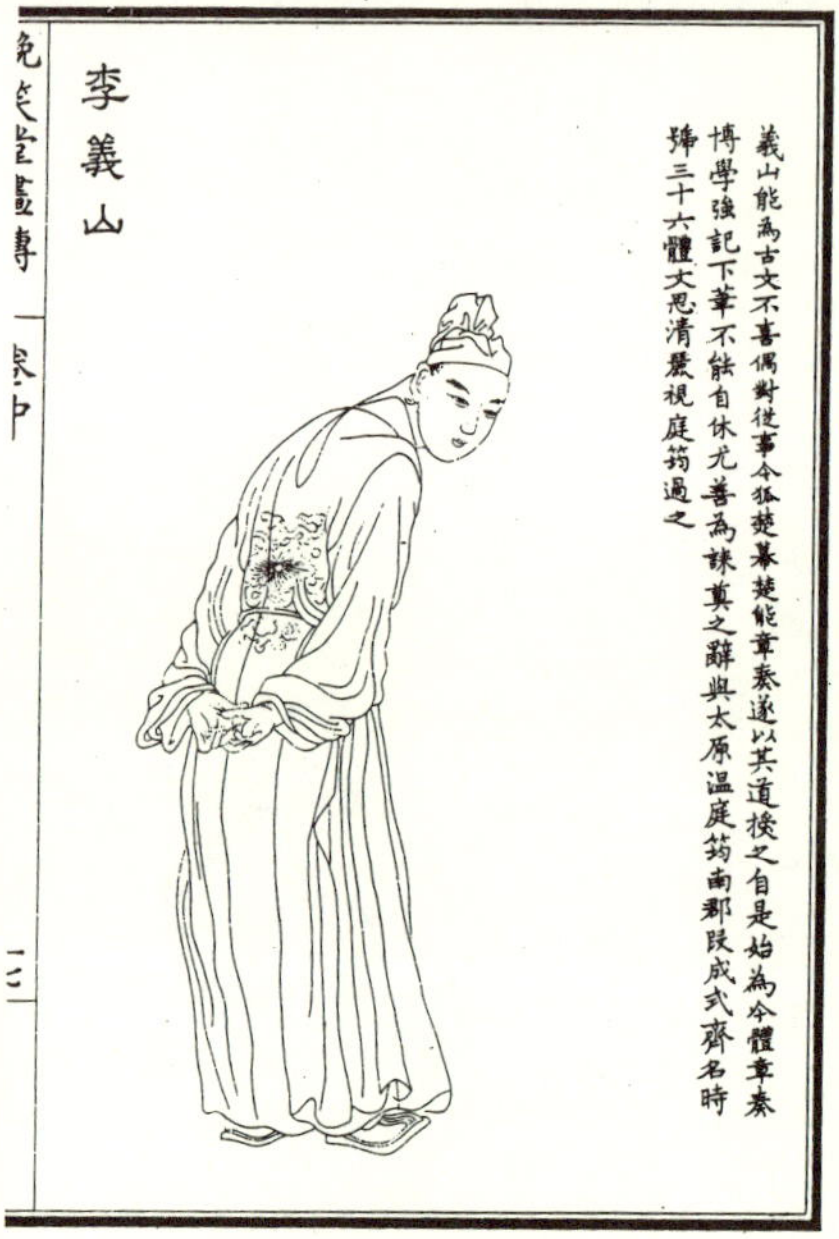
晩笑堂畫傳
李義山
義山能為古文不喜偶對從事令狐楚幕楚能章奏遂以其道授之自是始為今體章奏
博學強記下筆不能自休尤善為誄奠之辭與太原温庭筠南郡段成式齊名時
號三十六體文思清麗視庭筠過之
李商隠（晩笑堂画傳）

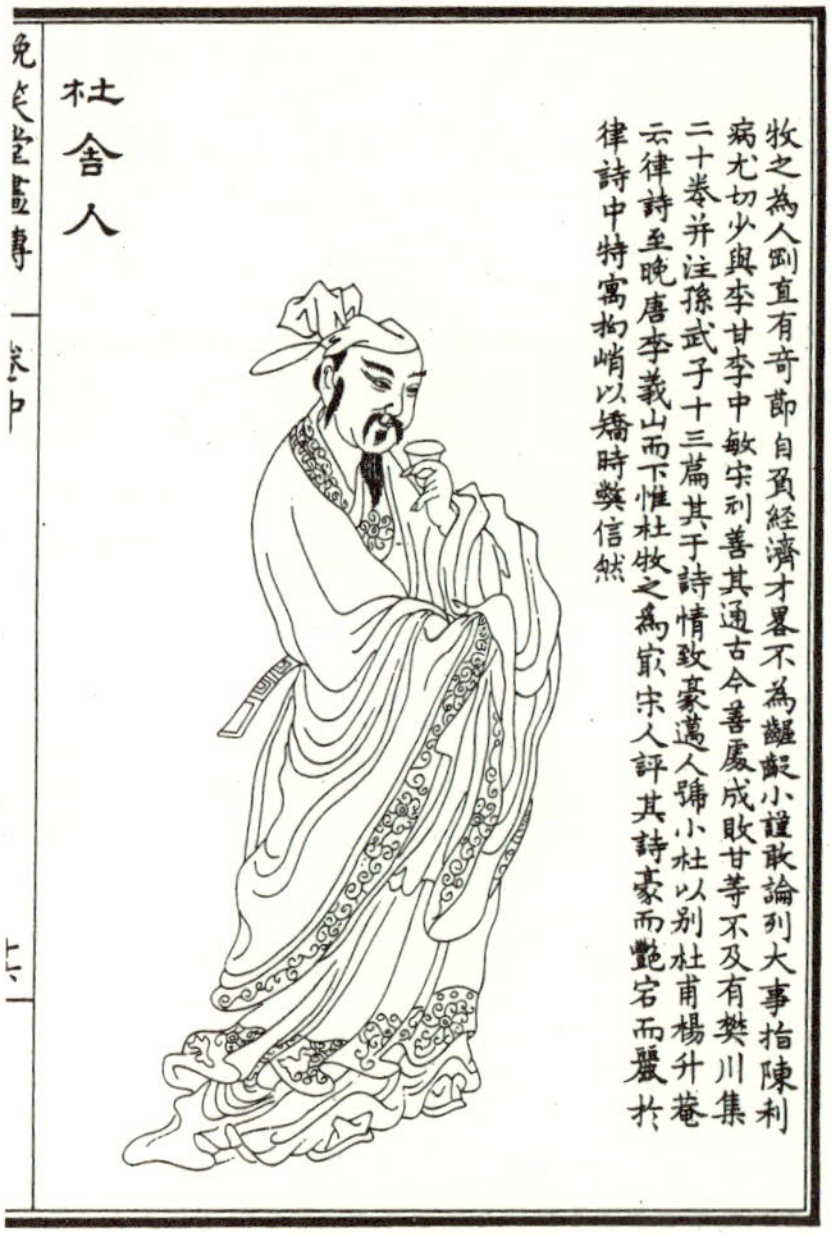
晩笑堂畫傳
杜舍人
牧之為人剛直有奇節自負經濟才畧不為齷齪小謹敢論列大事指陳利
病尤切少與李甘李中敏宋邧善其通古今善處成敗甘等不及有樊川集
二十卷并注孫武子十三篇其于詩情致豪邁人號小杜以別杜甫楊升菴
云律詩至晩唐李義山而下惟杜牧之為最宋人評其詩豪而艷宕而麗於
律詩中特寓拗峭以矯時弊信然
杜牧（晩笑堂画傳）

【李商隠《りしょういん》】（八一二～八五八）晩唐の詩人。河内（現・河南省沁陽《しんよう》県）の人。字《あざな》は義山。令狐楚《れいこそ》の知遇を得て科挙に及第したが、のちには反対派の援助を受けて両派から疎んじられたという。そのため中央にいた期間は短く、節度使の幕下を転々とした。作風は、修辞につとめ故事を多く用い、しばしば難解に陥る。西昆体と称された。宋初に多数の模倣者を生んだ。

【杜牧《とぼく》】（八〇三～八五二）晩唐の詩人。京兆万年（現・陝西省長安県）の人。字《あざな》は牧之。号は樊川《はんせん》。著名な学者・政治家である杜佑《とゆう》の孫。太和の進士で、各州の刺史を歴任、宣宗のとき中書舎人となった。特に七言絶句にすぐれ、「江南春」「山行」「清明」「泊秦淮《しんわいにはくす》」などは多くの人に親しまれる。杜甫を大杜というのに対し、小杜と称される。『樊川文集』がある。

杜牧・張好好（柳枝集）

紫雲（百美新詠）

【張好好《ちょうこうこう》】

喬吉撰『揚州夢』に登場する杜牧の恋人。杜牧が豫章《よしょう》（現・江西省南昌）に赴任しているとき知り合い、のちに宰相・牛僧孺《ぎゅうそうじゅ》の義女となる。牛僧孺は、杜牧の意を知りつつ、これを妨害するが、最後は曲折を経て二人は結ばれる。

【紫雲《しうん》】

唐の名妓。杜牧が御史に任じて洛陽にきたとき、李願も洛陽に閑居していた。李願の権勢は並ぶものなく、おおぜいの妾を伴ない宴会を開いていた。杜牧は、宴会によばれても行かなかったが、後で李願の家に行き、紫雲とはどの妓か実見した。三杯の酒を飲み干し「なるほど噂に違わぬ美人だ、素晴らしい」と詩を詠んだ。

寒山（仙佛奇踪）

【寒山《かんざん》】唐の詩僧。大歴年間（七六六〜七七九）、または貞観年間（六二七〜六四九）の人とされる。拾得とともに天台山（浙江省）国清寺の豊干《ぶかん》禅師の弟子。文殊のうまれかわりといわれる。『寒山子詩集』がある。

拾得（仙佛奇踪）

【拾得《じっとく》】

唐の詩僧。大歴年間（七六六～七七九）、または貞観年間（六二七～六四九）の人とされる。寒山とともに天台山（浙江省）国清寺の豊干《ぶかん》禅師の弟子。普賢菩薩のうまれかわりといわれる。一説には、豊干に拾われ、国清寺で僧侶となった孤児のため、拾得の名があるという。寒山が経巻を開き、拾得が箒《ほうき》をもつ姿は、禅画の画題として良く知られている。

豊干（仙佛奇踪）

玄奘三蔵（三教源流捜神大全）

【豊干《ぶかん》】

唐の禅僧。浙江天台山の国清寺に住み、寒山・拾得と交わる。伝説上の人物ともいい、寒山・拾得とともに、伝記は謎の部分が多い。阿弥陀仏の化身と称され、『豊干拾得詩』を撰した。


【玄奘三蔵《げんじょうさんぞう》】

（六〇二～六六四） 唐の名僧。姓は陳、玄奘は字。十三歳のときに出家、各地で修業を積んで長安に戻った。太宗のとき禁を犯して出国。苦難の末にインドに到着し十年滞在、帰国後は将来した経典の漢訳に従事した。その旅行記『大唐西域記』及び伝記である『大唐大慈恩寺三蔵法師伝』の正確な記述は七世紀の西域やインドの貴重な文献である。また小説『西遊記』の素材ともなった。三蔵法師ともよばれる。

慧能（仙佛奇踪）

【慧能《えのう》】（六三八～七一三）唐代の禅僧。惠能とも。南海新州（現・広東省）の人、姓は盧《ろ》。禅宗南宗の開始者で、禅宗の六祖。伝記には伝説が混ざっていて不明な点が多い。『金剛般若経』を聞いて五祖・弘仁の門を叩き、神秀の推挙で則天武后に招かれたがこれを辞し、韶州《しょうしゅう》曹渓（広東）の宝林寺を拠点として活動した。『六祖壇経』はその言行を記録したものである。

布袋和尚
布袋和尚

布袋（仙佛奇踪）

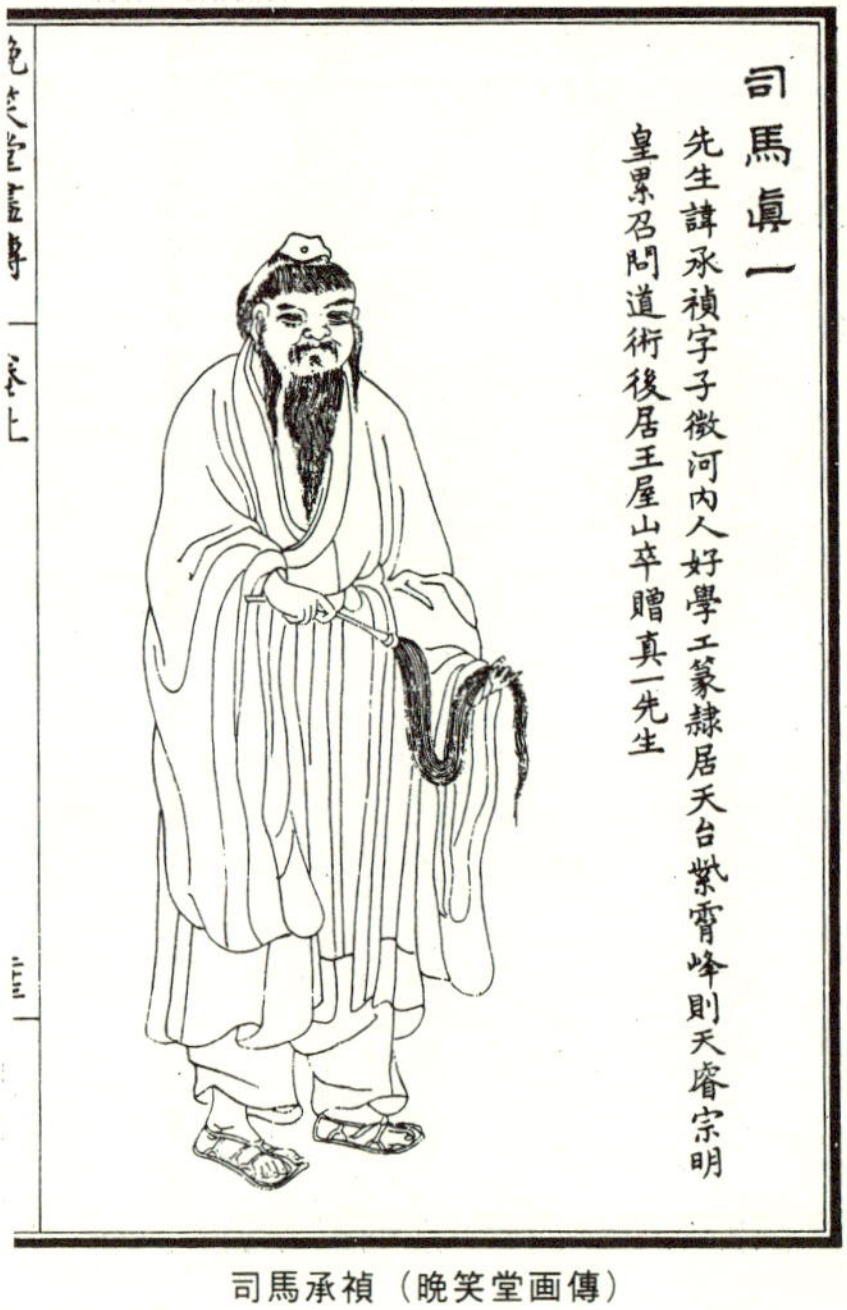
司馬眞一
先生諱承禎字子微河内人好學工篆隷居天台紫霄峰則天睿宗明皇累召問道術後居王屋山卒贈真一先生

司馬承禎（晩笑堂画傳）

【布袋《ほてい》】

（？〜九一七）唐末五代の仏僧。名は契此、また定応大師、長汀子ともよぶ。明州奉化《ほうか》（現・浙江省）に住んだ。生活道具を入れた大きな袋をかつぎ、杖を背負い各地に乞食した。もらったものは何でもその袋に放り込んだことから、布袋の名を得た。生前すでに弥勒《みろく》の化身とされたが、没後は俗信も加わり、水墨画に描かれ信仰された。

【司馬承禎《しばしょうてい》】

（六四七〜七三五）唐玄宗朝の道士。河南温県（現・河南省）の人。字《あざな》は子微、また子益。号は道隠。嵩山《すうざん》の潘師正《はんしせい》に師事し、導引や服餌、方術を学んだ。のちには天台山の玉霄峰《ぎょくしょうほう》に居を定め、天台白雲子と号した。則天武后や玄宗の宮廷にも招かれ、厚遇された。書に優れ、玄宗の求めで『老子』の三体写本を作った。著作に『坐忘論』『天隠子』『修真秘旨』などがある。

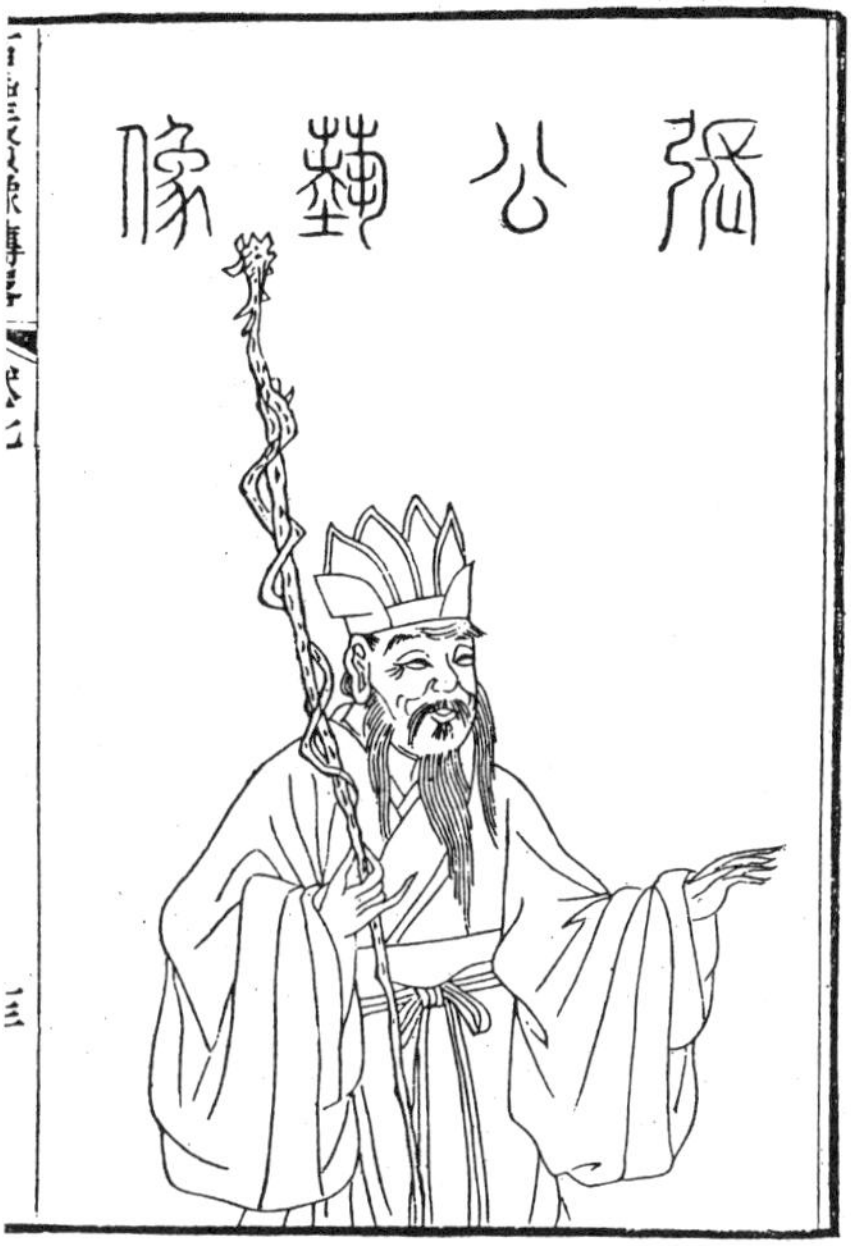

張公藝（古聖賢像傳略）

牛僧孺（博古葉子）

【張公藝《ちょうこうげい》】

唐の人。寿張（現・山東省陽穀《ようこく》及び河南省范《はん》県付近）の人。九世が同居していることで知られた一族の長。唐の高宗が泰山で封禅《ほうぜん》の儀を執り行なったとき、わざわざ張の家を訪問した。張公藝は、一家円満・九世同居の秘訣を尋ねられたときに、「忍」の字を百余り書いて進呈した。これに感じた皇帝は、縑帛《けんぱく》を下賜したという。

【牛僧孺《ぎゅうそうじゅ》】

（七七九〜八四七）唐の宰相。安定（現・甘粛省霊台）の人。字《あざな》は思黯《あん》。牛李《ぎゅうり》の党争の一方の代表者。貞元時代、進士に及第したが、時政を批判して宰相の李吉甫《りきっぽ》にうらまれた。のちに李吉甫の子・李徳裕の一派と吐蕃や藩鎮に対する政策をめぐって争った。これを牛李の党争といった。伝奇小説『幽怪録』の著が知られる。

李徳裕（新刻歴代聖賢像賛）

【李徳裕《りとくゆう》】（七八七〜八五〇）唐の文人・宰相。字《あざな》は文饒《ぶんじょう》。趙郡（現・河北省寧晋県）の人。憲宗朝の宰相・李吉甫の子。名門の出で、科挙によらず浙西観察使・西川節度使などを歴任した。会昌年間には宰相をつとめ、牛僧孺・李宗閔《びん》らの一派と吐蕃《とばん》や藩鎮に対する政策をめぐって対立を繰返した。これを牛李の党争といった。後に牛派によって嶺南《れいなん》に流され、ここで死んだ。著に『次柳氏旧聞』『会昌一品集』などがある。

【後梁太祖《こうりょうたいそ》】（八五二〜九一二 在位九〇七〜九一二）五代・後梁王朝の建国者。姓名は朱温、また朱全忠。廟号は太祖。宋州碭《とう》山（現・安徽省）の人。唐末黄巣《こうそう》の叛乱に起兵して、のちに唐に帰順、全忠の名を下賜される。混戦に乗じて、天祐四年（九〇七）に帝を称し、汴梁《べんりょう》を都として国号を梁と称した。後にその息子に殺された。

後梁太祖（三才図会）

後唐荘宗（三才図会）

後漢高祖（三才図会）

後晋高祖（三才図会）

【後唐荘宗《こうとうそうそう》】

（八八五～九二六　在位九二三～九二六）五代・後唐王朝の建国者。突厥《とっけつ》系の出身。姓名は李存勗《りそんきょく》。李克用の子。初め太原に拠点を置き、のち河北軍閥を併合して後梁を滅ぼし、洛陽に都して国号を唐としていわゆる後唐を建国した。

【後晋高祖《こうしんこうそ》】

（八九二～九四二）五代後晋の建国者。姓名は石敬瑭《せきけいとう》。高祖は廟号。突厥《とっけつ》系の出身で、後唐のとき各地の節度使に任じて、契丹《きったん》などの防衛に当たった。のちに契丹と結んで帝位につき、後唐を滅ぼした。このとき「燕雲《えんうん》十六州」を契丹に割譲したが、ここは長年にわたって係争の地となった。

【後漢高祖《こうかんこうそ》】

（八九五～九四八）五代後漢の建国者。姓名は劉知遠《りゅうちえん》。突厥系の出身で、後晋のとき河東節度使になり、のち北平王を称した。開運四年（九四七）契丹が後晋を滅ぼすと太原で帝位に就き、汴梁《べんりょう》を都とした。

後周高祖（三才図会）

後周世宗（新刻歴代聖賢像贊）

【後周高祖《こうしゅうこうそ》】

（九〇四～九五四　在位九五四）五代・後周の建国者。姓名は郭威《かくい》。邢州尭山（現・河北省隆尭《りゅうぎょう》）の人。後漢のとき、鄴都《ぎょうと》の留守《りゅうしゅ》となる。乾祐四年（九五一）後漢に代わり周の帝を称して、汴梁《べんりょう》に都した。

【後周世宗《こうしゅうせいそう》】

（九二一～九五九　在位九五四～九五九）五代・後周の皇帝。姓名は柴栄《さいえい》。郭威の養子。邢州龍岡（現・河北邢台西南）の人。軍事に力を入れ、生産を奨励し、政治改革につとめた。のちには江淮《こうわい》地域を平定し、契丹を破り、北宋統一の基礎を固めた。

李後主（歴代古人像賛）

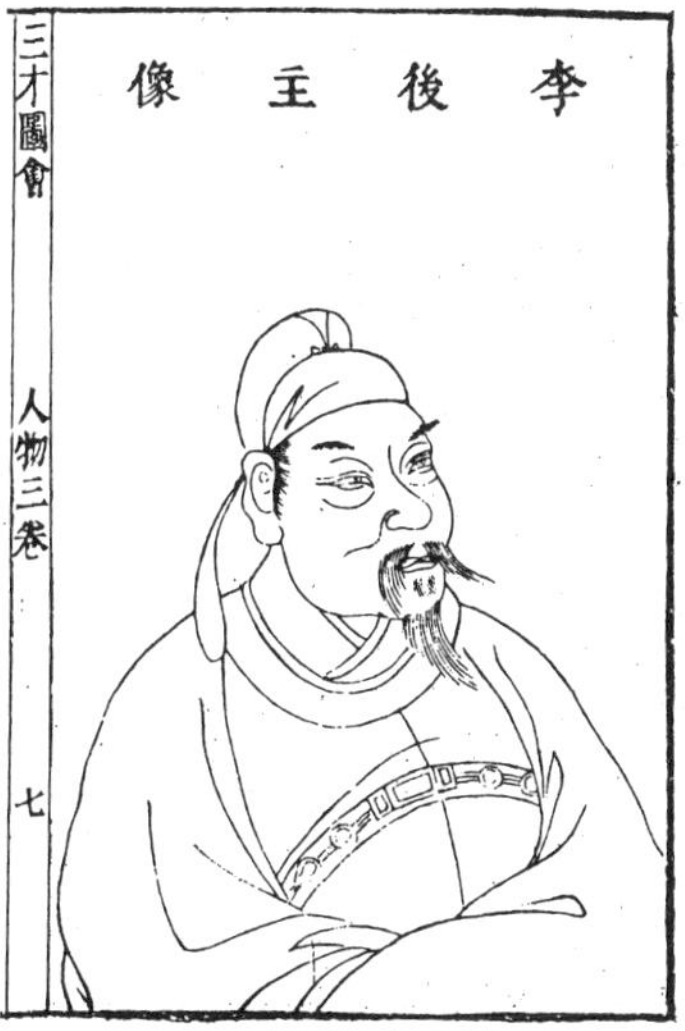

李後主（三才図会）

【李後主《りこうしゅ》】（李煜《りいく》）
（九三七～九七八　在位九六一～九七五）五代・南唐の最後の君主。南唐後主となど呼ばれる。南唐は南京に都し、長江下流一帯に富強を誇ったが宋に滅ぼされた。李煜は詩文書画を愛し、特に詞に巧みで風流君主として名高い。宋に囚われ、若き日のはなやかな宮廷生活と亡国後の悲しみとをうたったが、のちに毒殺された。

閩王審知像
三才圖會
人物三卷
七
閩王審知（三才図会）

閩王
天性儉約公私富實
寛刑薄賦境内安佚
閩王審知（歴代古人像賛）

【閩王審知《びんおうしんち》】（八六二〜九二五　在位九〇九〜九二五）五代・閩《びん》国の建国者。姓は王、字は信通。光州固始《こし》（現・河南省）の人。唐末、兄の王潮に従って起兵し福建に入った。兄を継いで威武軍節度使となり、福建で閩国の国王となった。

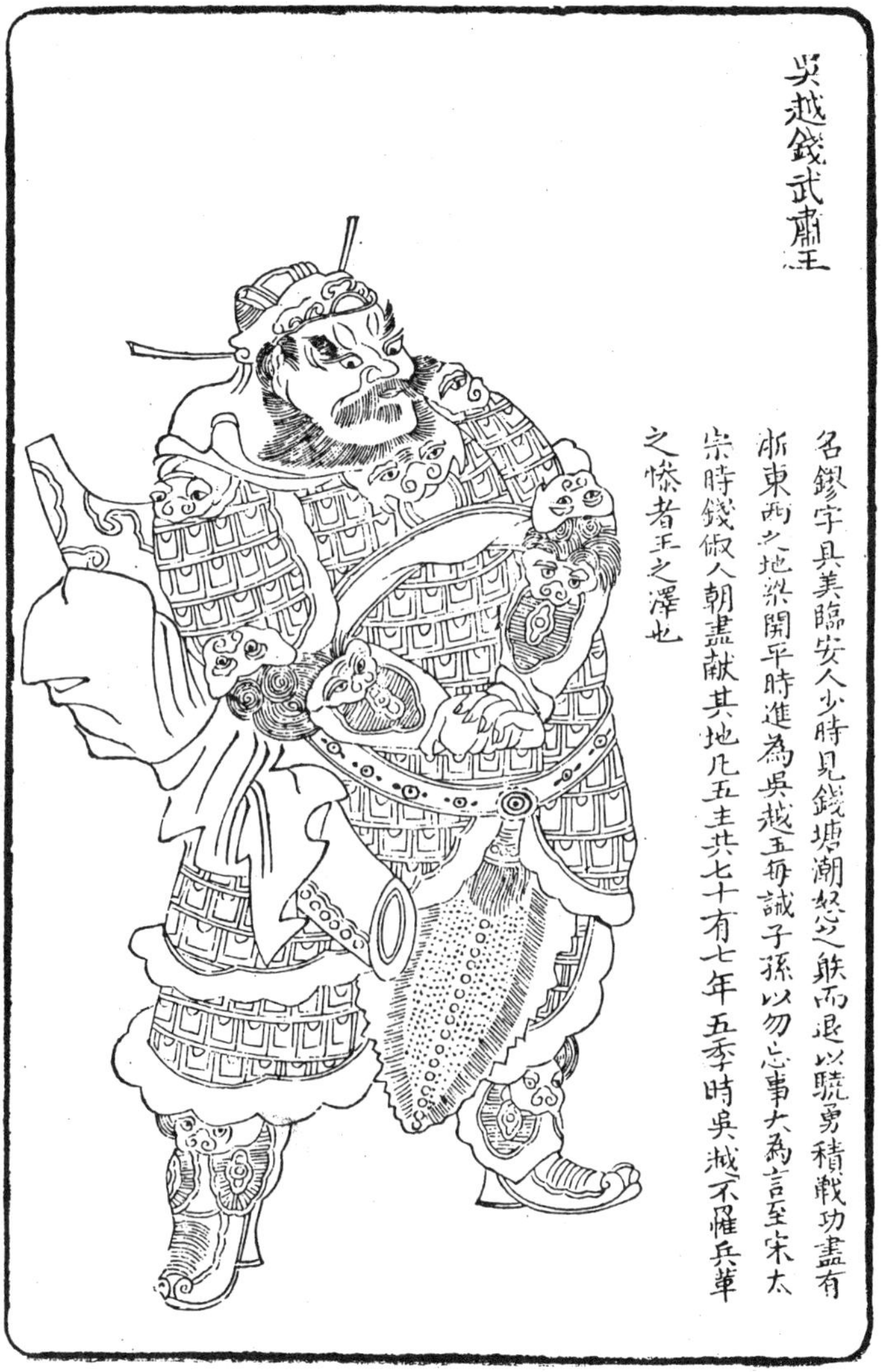
吳越錢武肅王
名鏐字具美臨安人少時見錢塘潮怒之射而退以驍勇積戰功盡有浙東西之地梁開平時進為吳越王每誡子孫以勿忘事大為言至宋太宗時錢俶入朝盡献其地凡五主共七十有七年五季時吳越不罹兵革之慘者王之澤也

銭鏐（無雙譜）

【銭鏐《せんりゅう》】（八五二〜九三二　在位九〇七〜九三二）五代呉越《ごえつ》国の建国者。字《あざな》は具美、また巨美。杭州臨安（現・浙江省）の人。唐末の動乱期に黄巣《こうそう》の叛乱を鎮圧するのに力があった。鎮海節度使となり、のち呉越王となった。在位期間は、銭塘《せんとう》江や太湖流域の治水に尽力し、農業生産を高め、小国ながら高い経済・文化水準を誇った。

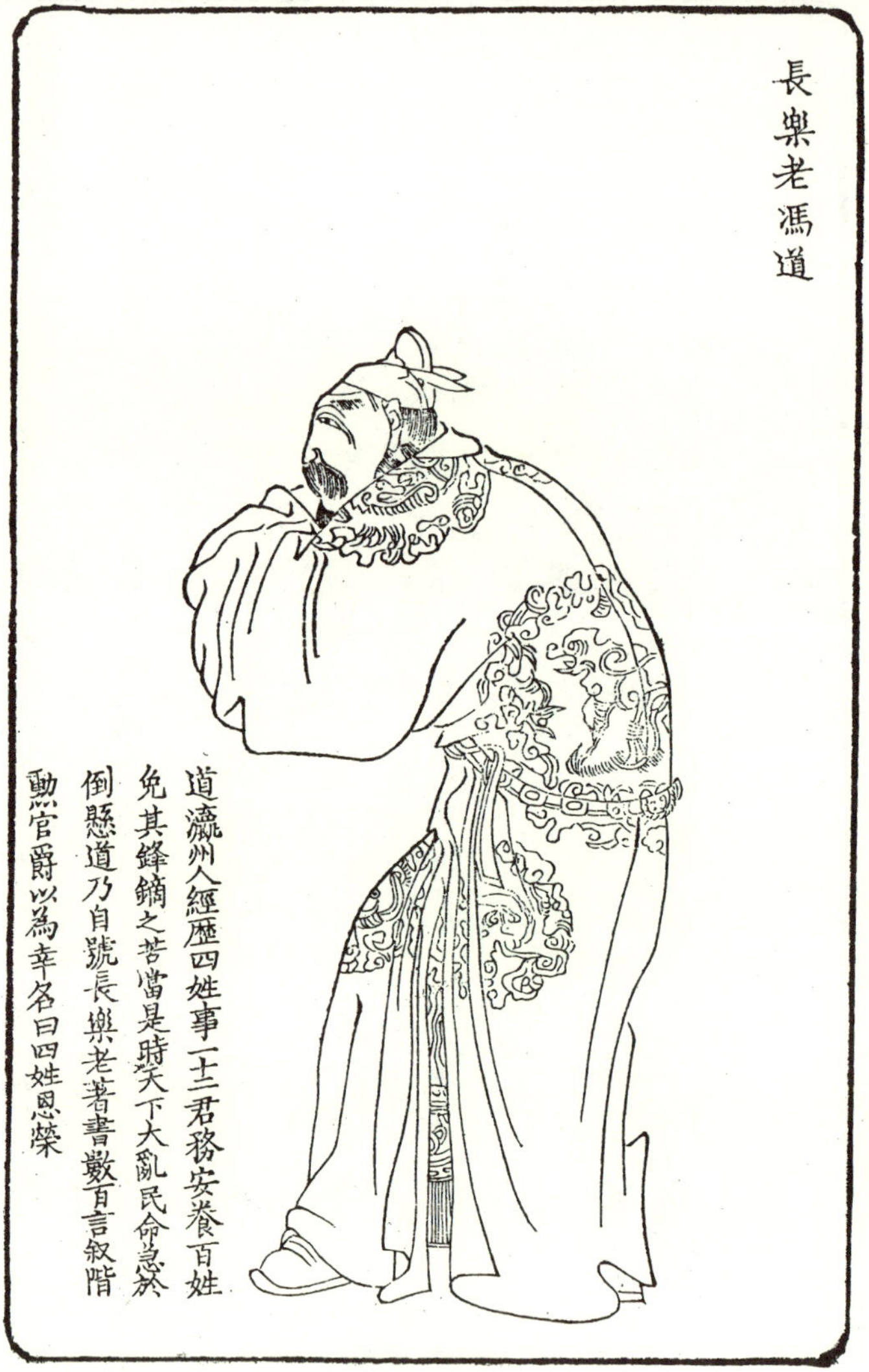
長樂老馮道
道瀛州人經歷四姓事一十二君務安養百姓免其鋒鏑之苦當是時天下大亂民命急於倒懸道乃自號長樂老著書數百言叙階勳官爵以為幸名曰四姓恩榮

馮道（無雙譜）

【馮道《ふうどう》】（八八二〜九五四）五代の宰相。字《あざな》は可道。瀛州《えいしゅう》景城（現・河北交通河東北）の人。後梁のとき、太原の監軍使であった張承業に認められて晋王李存勗《りそんきょく》に仕え、のちに後唐王朝で翰林学士となった。明宗が即位すると宰相に抜擢されて、以後動乱の続く時代三十年にわたって、五王朝十一人もの天子に仕えた。彼が提唱し完成させた九経《きゅうけい》の木版印刷は「五代監本」とよばれ、文化史上大きな意義を持っている。

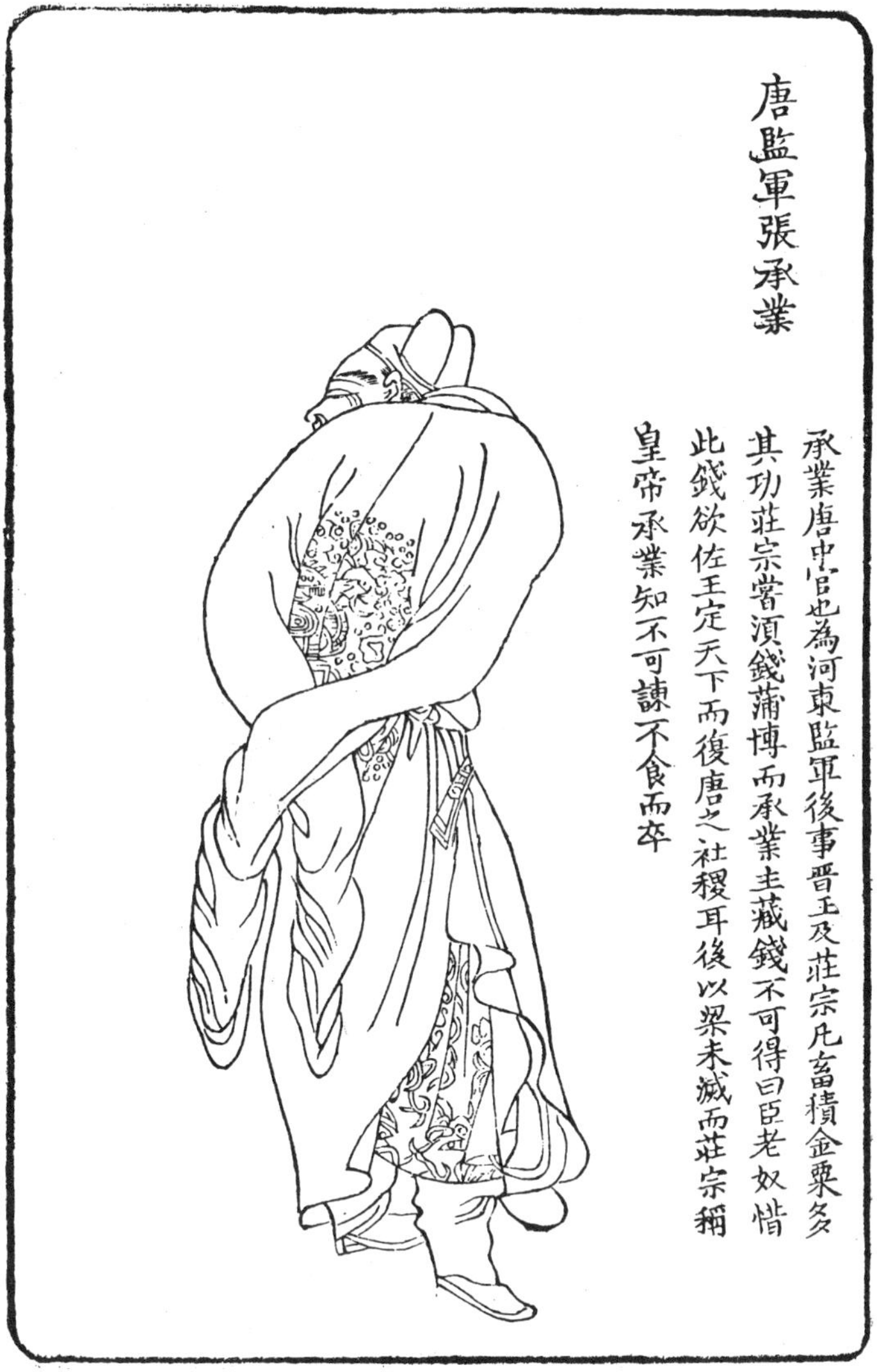
唐監軍張承業
承業唐中官也為河東監軍後事晉王及莊宗凡畜積金粟多
其功莊宗嘗須錢蒲博而承業主藏錢不可得曰臣老奴惜
此錢欲佐王定天下而復唐之社稷耳後以梁未滅而莊宗稱
皇帝承業知不可諫不食而卒

張承業（無雙譜）

【張承業《ちょうしょうぎょう》】（八四五～九二二）五代の政治家。宦官。河東監軍ののち、李克用に仕え、その子の晋王・李存勗《りそんきょく》を盛りたてた。馮道の才能を見出して取りたてた。しかし、晋王が帝を自称しようとしたときは唐室への忠誠を説き、自立を諌めて亡くなった。

窅娘（百美新詠）

花蕊夫人（百美新詠）

【窅娘《ようじょう》】

五代南唐の宮妓。美しいばかりか、舞踊にも秀でていた。その優雅な舞に感心した李煜《りいく》は、特別に高い金銀宝石をちりばめたくつを設えて与え、これを履かせて舞わせたという。

纏足《てんそく》のはじまりは、窅娘とも言われている。

【花蕊夫人《かずいふじん》】

五代・前蜀の王建の妃。姓は徐、小徐妃ともいい、花蕊夫人と号した。宮詞百首をつくり『花蕊夫人宮詞』がある。また一説に、後蜀の孟昶《もうちょう》の妃ともいう。姓は徐、一説に費。彼女は宋の後宮に入り太祖・趙匡胤の寵愛を受けたとされる。最近の説では『花蕊夫人宮詞』の作者ではないとされる。

花蕊夫人（歷朝名媛詩詞）

花蕊夫人（列女傳）

秦若蘭（百美新詠）

懿徳后（百美新詠）

【秦若蘭《しんじゃくらん》】

五代南唐の名妓。宋からの使者陶穀が、南唐にたいして驕り昂ぶっているのを、南唐の権臣の韓熙載《かんきさい》が懲らしめようと「美人計」をめぐらした。家姫の秦若蘭に女僕の着物と箒を与え、陶穀の滞在している旅舎の庭をはかせた。果たして陶穀はその色香に迷い、これと戯れて別れに臨み詩まで贈った。後に南唐の宮廷で後主・李煜《りいく》が歓迎の宴を開いたとき、突然秦若蘭に命じて酌をさせて陶穀に恥をかかせたという。

【懿徳后《いとくこう》】

遼の懿徳后を単登《ぜんとう》という宮婢が陥れようと考え、伶官《れいかん》の趙惟一と私通して陰謀をめぐらした。「十香詞」なるものを偽造し、宋の皇后の書いたものといい、また皇帝の御書を手に入れ、「二絶」として渡した。これを読んだ懿徳后は、自ら筆写し最後に自らの詩をも付け加えた。その詩の中に「趙・惟・一」の文字が読みこまれており、これを私通の証拠とされ皇帝から死を賜ったという。

宋元時期

宋太祖（古雑劇）

【宋太祖《そうたいそ》】（趙匡胤《ちょうきょういん》）
（九二七～九七六　在位九六〇～九七六）北宋の初代皇帝。姓名は趙匡胤。涿《たく》郡（現・河北省涿県）の人。五代・後周に仕え、しばしば戦功をたてた。節度使となり、契丹《きったん》と北漢《ほくかん》の侵攻を防ぐため出兵するが、途中部下によって擁立され（陳橋の変）、後周の恭帝の禅譲を受け帝位についた。国を宋と号し、実弟の太宗のとき中国の統一を成し遂げた。

宋太祖（新刻歴代聖賢像賛）

宋太宗（新刻歴代聖賢像賛）

【宋太宗《そうたいそう》】（九三九～九九七　在位九七六～九九七）北宋の第二代皇帝。姓名は趙匡義《ちょうきょうぎ》。兄の太祖が即位すると名を光義、自らが帝位につくと炅《けい》と名を改めた。太祖・趙匡胤の弟。太祖が急死すると、年少であった太祖の諸子をさしおいて即位。中国の統一を成し遂げ、賢明な天子として知られる。

宋真宗（三才図会）

宋仁宗（新刻歴代聖賢像贊）

【宋真宗《そうしんそう》】（九六八～一〇二二　在位九九七～一〇二二）北宋の皇帝。姓名は趙恒。太宗の第三子。治世には遼の侵入がしばしばあり、宰相の寇準《こうじゅん》に支えられて親征し澶淵《せんえん》の盟を結んだ。泰山を祭ったり、天書の偽造事件などを起こし、道教に深く帰依した。

【宋仁宗《そうじんそう》】（一〇一〇～一〇六三　在位一〇二二～一〇六三）北宋の皇帝。姓名は趙禎《ちょうてい》。真宗の第六子。一三歳で即位したため、劉太后が摂政となる。范仲淹《はんちゅうえん》、韓琦《かんき》、歐陽修らの新興科挙官僚が活躍する「慶暦の治」を現出した。しかし、西夏《せいか》との戦争で莫大な軍事費を消費した。

宋徽宗・李師師・燕青（李卓吾先生批評忠義水滸傳）

【宋徽宗《そうきそう》】（一〇八二～一一三五　在位一一〇〇～一一二五）北宋の第八代皇帝。神宗の子。姓名は趙佶《ちょうきつ》。政治に無関心で、書画・音楽や道教信仰に溺れた。花石綱《かせきこう》とよばれた怪石・巨石の蒐集にうつつを抜かす間に、北からの金の侵入（靖康《せいこう》の変）をうけて捕虜となり、黒龍江の地で死んだ。書画には秀でていたため画院を設けて、多くの画家を養成し、自らも絵筆を持った。

【李師師《りしし》】北宋末、汴京《べんけい》（開封）の妓女。本姓は王、染め物屋のむすめで、四歳で父を喪い娼家に入り李姓を名乗った。美貌を誇り、多くの名士と往来があった。『水滸伝』では、徽宗の愛妾として登場する。その行跡は多くの巷間伝説によって伝わるが、無名氏の『李師師外伝』では、金に囚われたのち金の簪《かんざし》を飲んで自殺したという。

【燕青《えんせい》】解説五三四頁参照

竇儀（三才図会）

石守信（古聖賢像傳略）

趙普（新刻歴代聖賢像贊）

【竇儀《とうぎ》】（九一四～九六六）五代・宋初の政治家。薊《けい》州漁陽（現・天津市薊県）の人。字は可象。五代後晋の進士。宋太祖のとき、後漢・後周の官職を歴任した。工部尚書に任じた。命によって『建隆重定刑統』三十巻などを撰した。

【趙普《ちょうふ》】（九二二～九九二）北宋の宰相。字は則平。後周のとき趙匡胤《ちょうきょういん》の幕僚となり、太祖の即位を実現させた中心人物である。初め枢密使、のち宰相となる。性は剛毅果断で、石守信らの兵権を解除し、文治主義の基礎を固めた。

【石守信《せきしゅしん》】（九二八～九八四）北宋初年の名将。開封浚儀《しゅんぎ》（現・河南省開封）の人。後周のとき節度使となり、趙匡胤と親しくする。宋初、潞州・揚州などの平定に参加した。のち兵権を放棄し、衛国公に封ぜられた。

曹彬（新刻歴代聖賢像賛）

寇準（古聖賢像傳略）

呂蒙正（新刻歴代聖賢像賛）

【曹彬《そうひん》】（九三一〜九九九）北宋初年の名将。字は国華、真定霊壽《れいじゅ》（現・河北省）の人。太祖が乾徳二年（九六四）に都監に任じたとき後蜀の平定に参加した。開宝七年（九七四）、南唐攻略を指揮した。真宗初年には枢密使となった。

【寇準《こうじゅん》】（九六一〜一〇二三）北宋の政治家。字は平仲。華州下邽《かけい》（現・陝西省渭南《いなん》）の人。太平興国の進士。景徳元年（一〇〇四）遼が侵攻してきたとき、宰相として王欽若《おうきんじゃく》らの南遷策に断固反対した。その結果、真宗は親征して澶淵《せんえん》の盟を結んだ。晩年、南方に流されて亡くなった。

【呂蒙正《りょもうせい》】（九四四〜一〇一一）北宋の政治家。河南（現・河南省洛陽市）の人。字は聖功。太平興国の進士。太宗・真宗のとき、三たび宰相となり賢相とたたえられた。太宗が都の繁華を誇ったとき、城外には多くの餓死者がいると指摘したという。

范仲淹（聖廟祀典図考）

范仲淹（新刻歴代聖賢像賛）

【范仲淹《はんちゅうえん》】（九八九～一〇五二）北宋の政治家・文学者。蘇州呉県（現・江蘇省）の人。字は希文、諡《おくりな》は文正。大中祥符の進士。貧困の出身で苦学し、官についてからも直言・憂国の士として知られた。古文にすぐれ、『岳陽楼《がくようろう》記』は古今の絶唱とされる。『范文正公集』がある。

韓琦（新刻歴代聖賢像賛）

富弼（新刻歴代聖賢像賛）

文彦博（集古像賛）

文彦博（新刻歴代聖賢像賛）

【富弼《ふひつ》】（一〇〇四～一〇八三）北宋の政治家。河南洛陽の人。字は彦国。仁宗のとき、契丹への使者として派遣され、増幣・割地などの条件を毅然と拒絶した。英宗の時代、宰相となり鄭国公に封ぜられた。

【韓琦《かんき》】（一〇〇八～一〇七五）北宋の大臣。字は稚圭《ちけい》。相州安陽（現・河南省）の人。仁宗のときの進士。范仲淹《はんちゅうえん》と共同で西夏の防衛政策を担当し、その鎮撫に功績があった。英宗のとき、魏国公に封ぜられた。

【文彦博《ぶんげんはく》】（一〇〇六～一〇九七）北宋の政治家。字は寛夫、諡《おくりな》は忠烈。汾州《ふんしゅう》介休（現・山西省）の人。仁宗時の進士。仁宗・英宗・神宗・哲宗の四朝に五十年にわたって仕え、たびたび宰相になった。潞《ろ》国公に封ぜられた。

包拯（新刻歴代聖賢像賛）

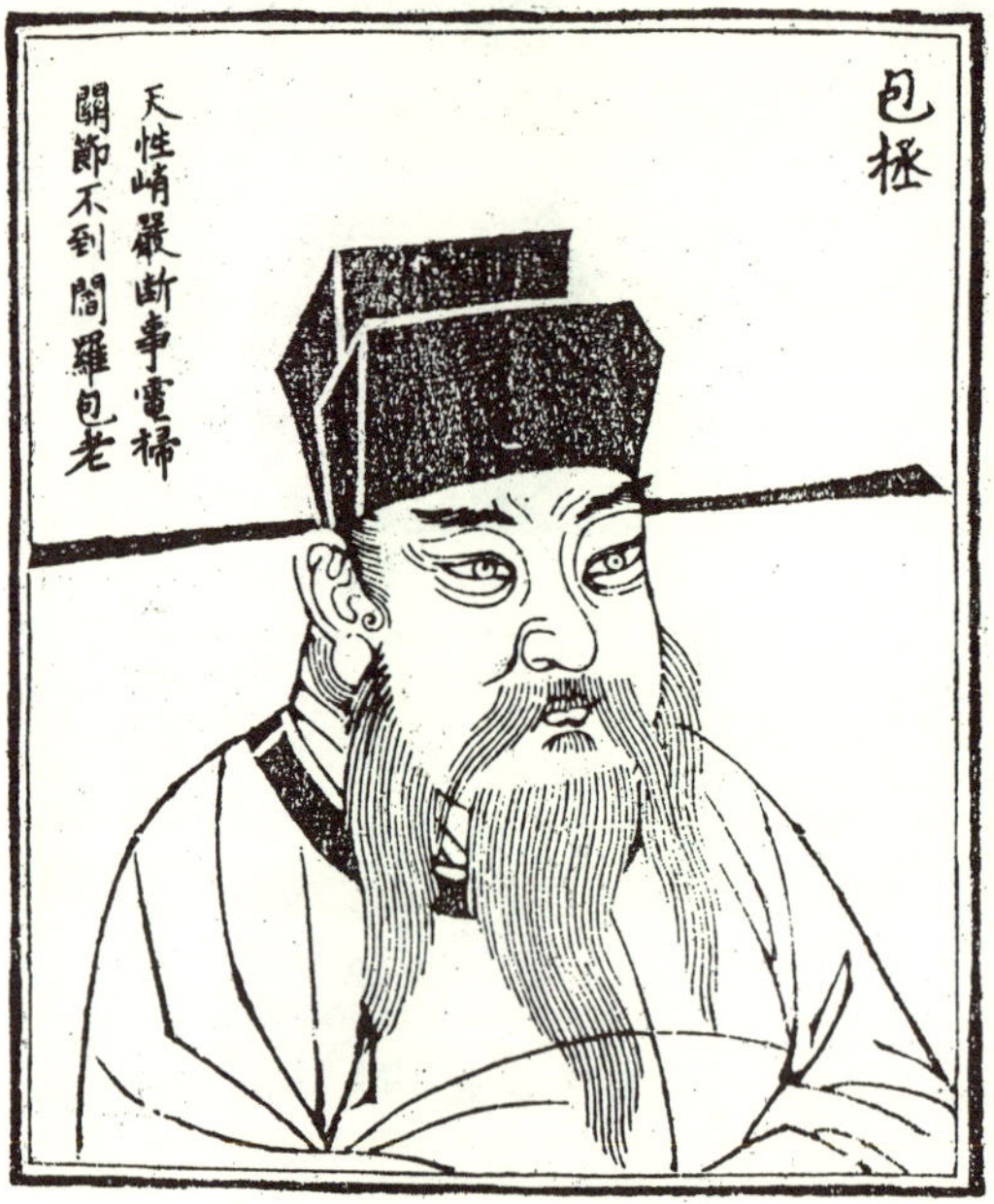

包拯（歴代古人像賛）

李沆（新刻歴代聖賢像賛）

【包拯《ほうじょう》】

（九九九～一〇六二）北宋の名臣。盧州合肥（現・安徽省）の人。字は希仁。天聖の進士。仁宗のとき監察御史となり、契丹《きったん》に対抗して兵士を鍛錬することを建議した。のち龍図《りゅうと》閣《かく》直学士となる。開封府の知府のとき、廉潔厳正な法の適用で名を挙げた。のちにその裁きは伝説され、多くの「包公劇」が生まれた。

【李沆《りこう》】

（九四七～一〇〇四）洺州《めいしゅう》肥郷（現・河北省）の人。字は太初。太平興国の進士。雍熙《ようき》年間に翰林学士、のち河南府の知府・参知政事などを経て、咸平元年尚書右僕射《ぼくや》となった。祖宗の遵守を進言し、「聖相」とよばれた。

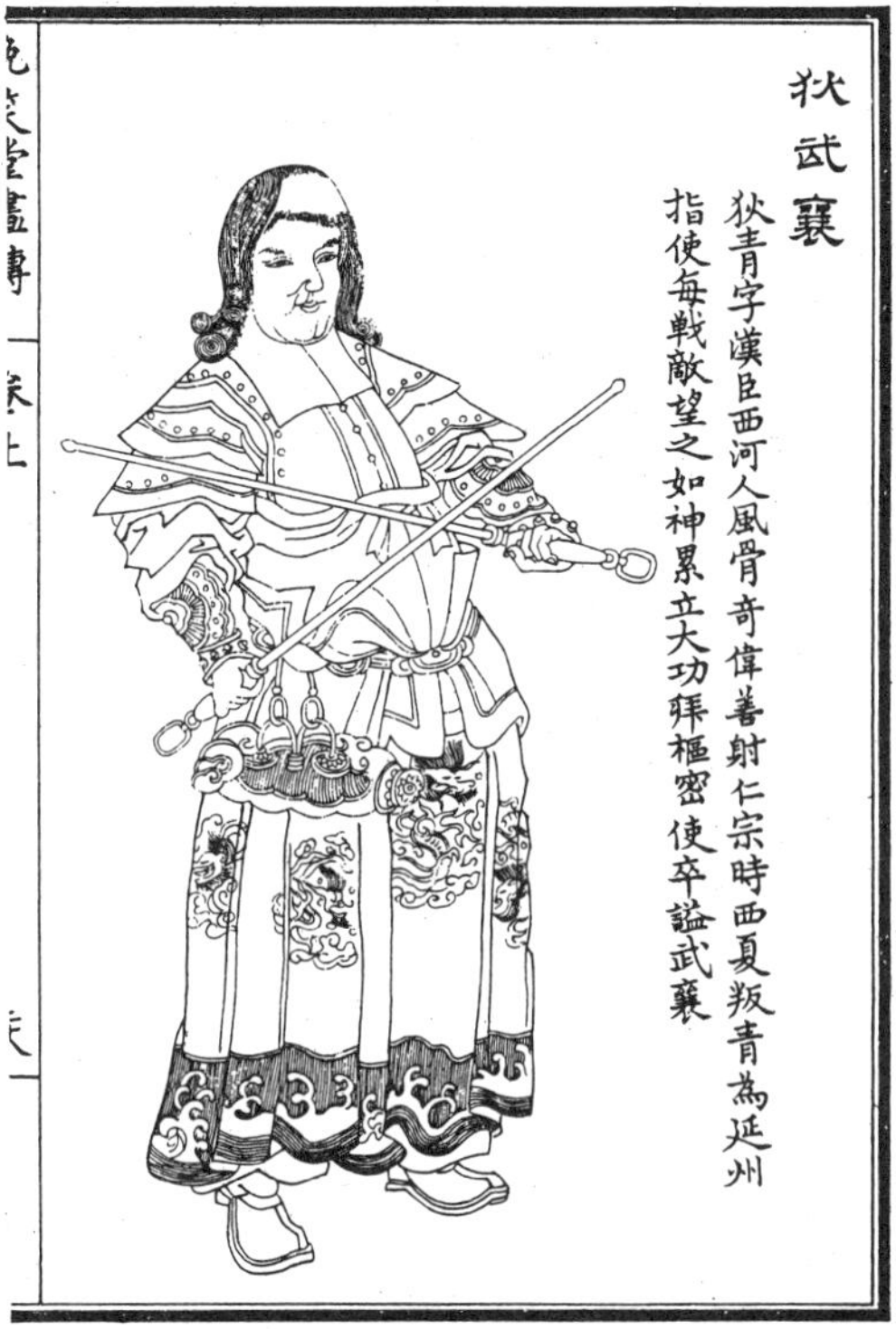
狄武襄
狄青字漢臣西河人風骨奇偉善射仁宗時西夏叛青為延州指使毎戦敵望之如神累立大功拜樞密使卒謚武襄

狄青（晩笑堂画傳）

狄青（百将図傳）

【狄青《てきせい》】（一〇〇八～一〇五七）北宋の名将。字は漢臣。汾州《ふんしゅう》西河（現・山西省）の人。兵士出身で、西夏《せいか》との戦争で度重なる功績を挙げ、范仲淹に抜擢されて大将となった。顔に刺青があったが、薬で除去せよとの仁宗の勧めに反してこれを消さず、銅製の面をつけて戦ったという。皇祐《こうゆう》五年（一〇五三）枢密使になり、軍政を司った。

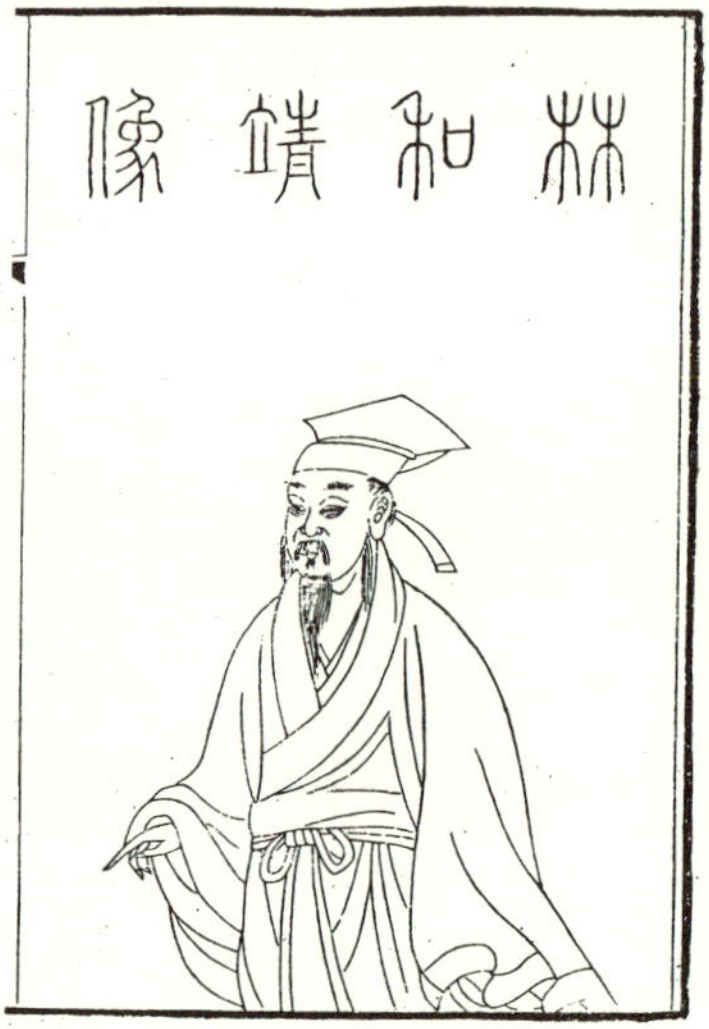

林逋（古聖賢像傳略）

林逋（列仙酒牌）

【林逋《りんぽ》】（九六七～一〇二八）北宋の詩人・隠者。字は君復、諡《おくりな》は和靖。銭塘《せんとう》（現・浙江省杭州）の人。杭州西湖の孤山《こざん》に住んで清貧生活を送った。生涯娶らず、梅を妻、鶴を子とし（梅妻鶴子）、誘われても仕官しなかった。『林和靖《りんなせい》詩集』がある。

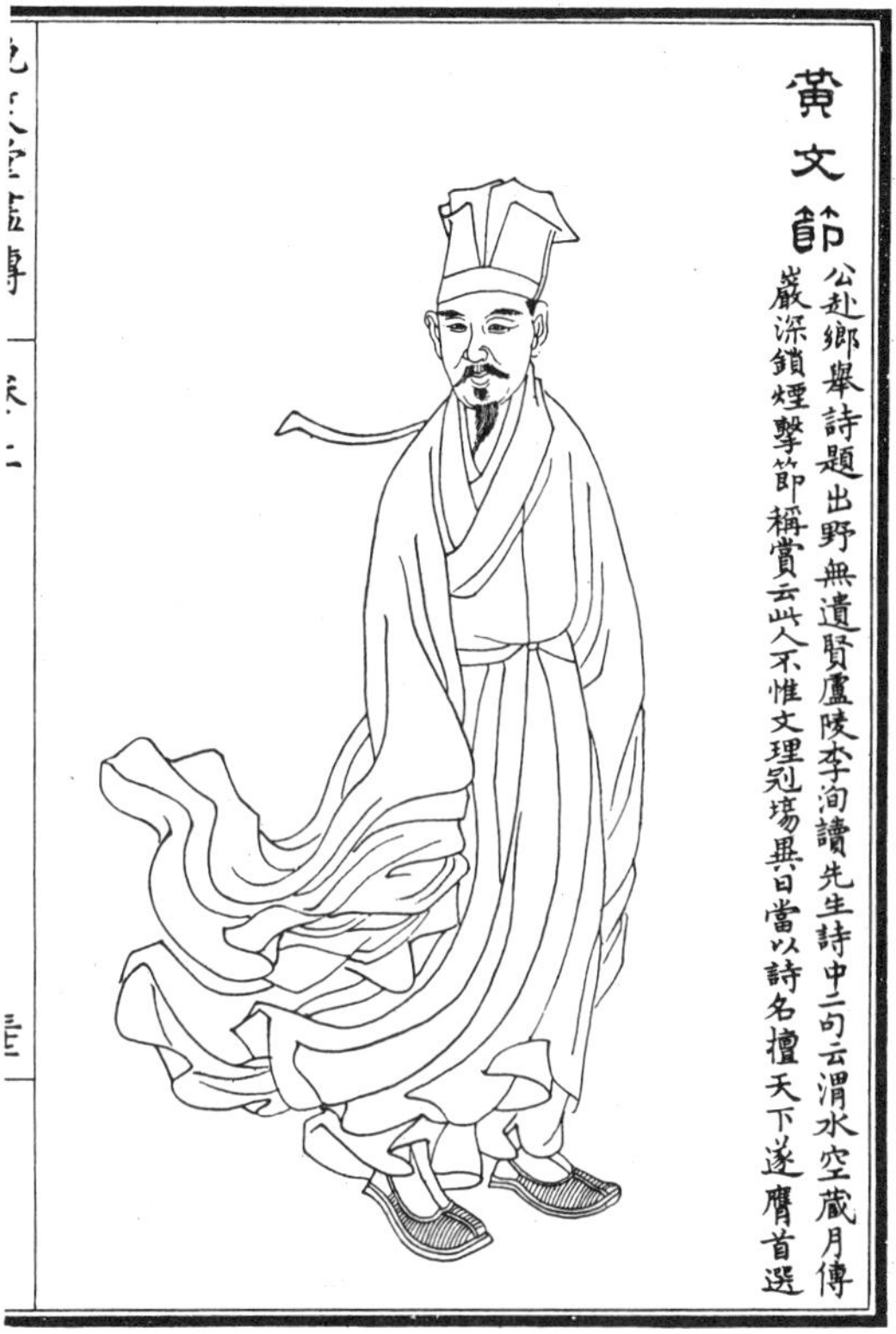

黄庭堅（晩笑堂画傳）

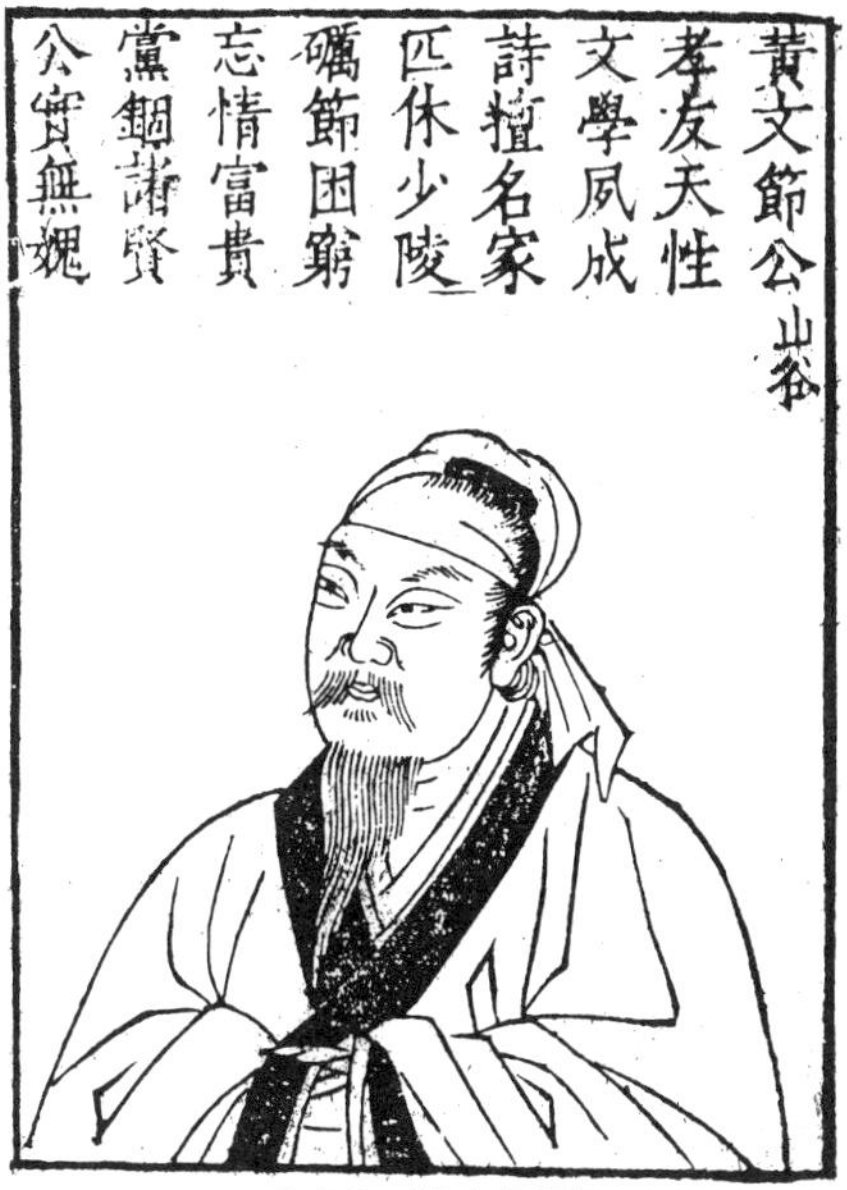

黄庭堅（集古像贊）

【黄庭堅《こうていけん》】（一〇四五〜一一〇五）北宋の詩人・書家。洪州分寧（現・江西省修水県）の人。字は魯直《ろちょく》、号は山谷。治平の進士。官は著作郎になったが、のち罪を着せられ謫された。詩を蘇軾に学び、門下四学士の第一といわれ、江西詩派の祖とされる。詞にもすぐれていた。書家としても北宋四大家のひとりに数えられる。『山谷内集』『山谷外集』などがある。

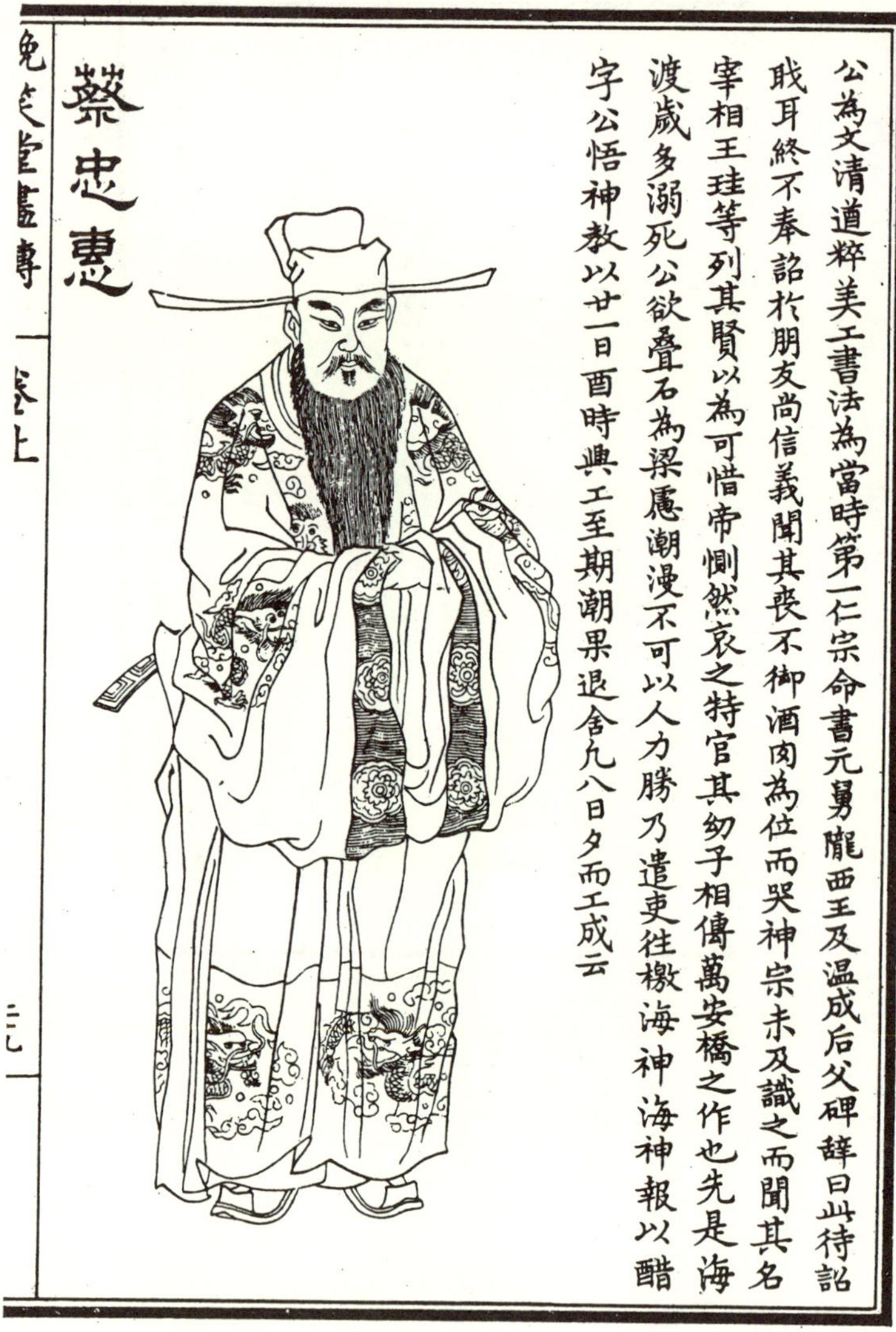
蔡忠惠
公為文清遒粹美工書法為當時第一仁宗命書元舅隴西王及温成后父碑辭曰此待詔
戢耳終不奉詔於朋友尚信義聞其喪不御酒肉為位而哭神宗未及識之而聞其名
宰相王珪等列其賢以為可惜帝惻然哀之特官其幼子相傳萬安橋之作也先是海
渡歲多溺死公欲疊石為梁慮潮漫不可以人力勝乃遣吏往檄海神海神報以醋
字公悟神教以廿一日酉時興工至期潮果退舍凡八日夕而工成云
晩笑堂畫傳
巻上
二七

蔡襄（晩笑堂画傳）

【蔡襄《さいじょう》】（一〇一二～一〇六七）北宋の書家。興化仙遊（現・福建省）の人。字は君謨、諡《おくりな》は忠恵。官は端明殿学士。福州・泉州・杭州の長官をし、書は宋代一といわれた。北宋四大家のひとり。詩文にも巧みで、著に『茶録』『蔡忠恵集』などがある。

米芾（新刻歴代聖賢像賛）

【米芾《べいふつ》】（一〇五一～一一〇七）北宋の書画家。襄陽《じょうよう》（現・湖北省襄樊《はんじょう》市）の人。字は元章、号は海岳外史。徽宗のとき、書画学博士として招かれ、礼部員外郎に任じた。米南宮、米襄陽とも呼ばれた。山水画・人物画にすぐれ、文章も巧みで、また書家としても北宋四大家のひとりに数えられる。『書史』『画史』『宝晋英光集』『海岳名言』などがある。

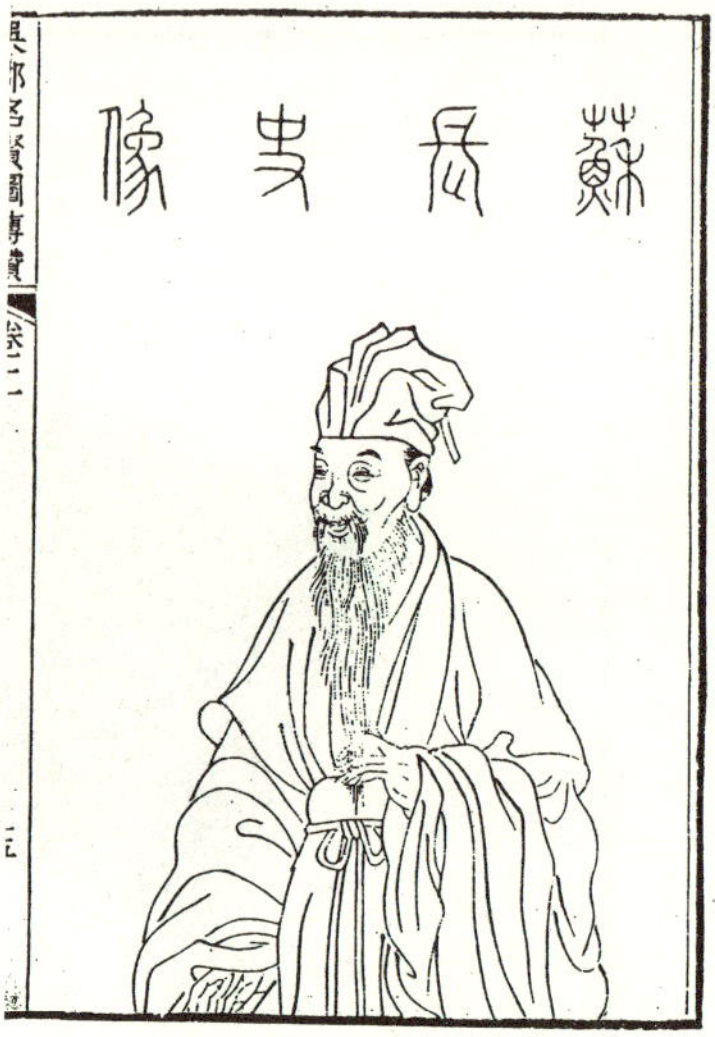

蘇舜欽（古聖賢像傳略）

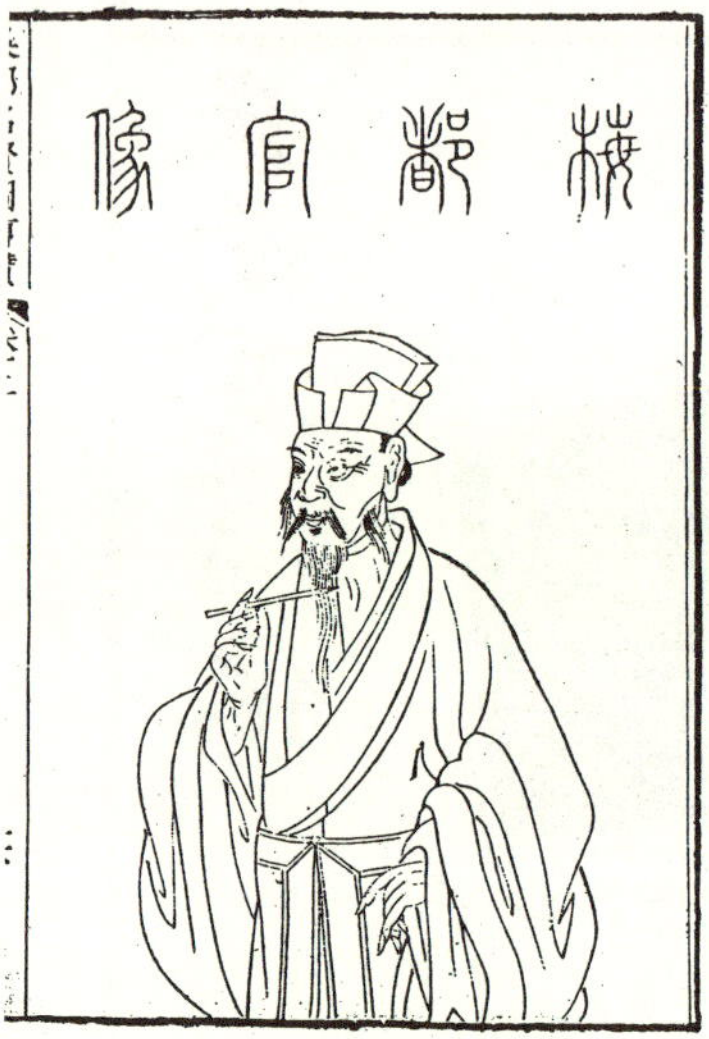

梅堯臣（古聖賢像傳略）

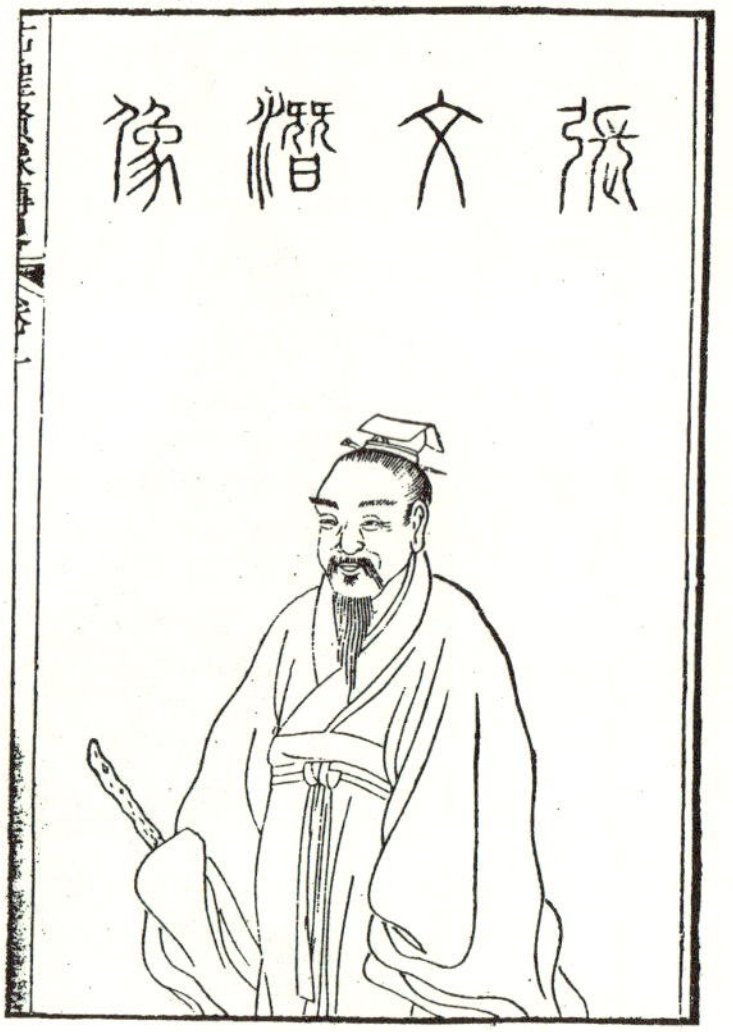

張耒（古聖賢像傳略）

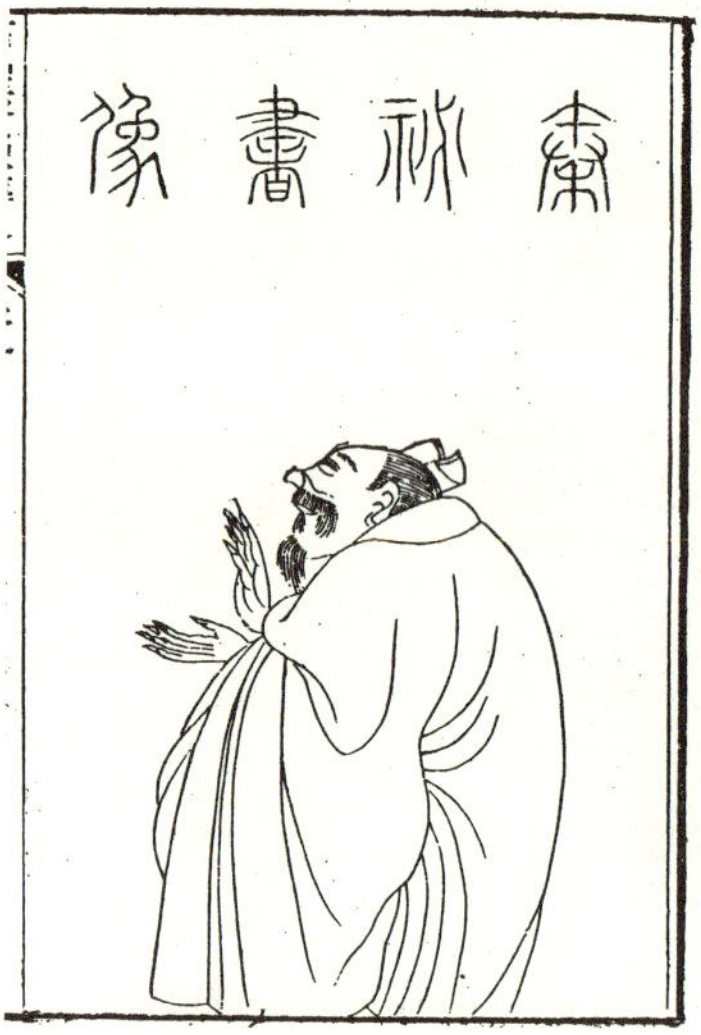

秦観（古聖賢像傳略）

【蘇舜欽《そしゅんきん》】

（一〇〇八〜一〇四八）北宋の詩人。梓州《ししゅう》銅山（現・四川省中江南）の人。字は子美、滄浪《そうろう》翁と号した。大理評事に任じた。のち蘇州・滄浪《そうろう》亭に寓居し、飲酒と読書三昧の生活に入った。力強い、豪放な詩をつくった。『蘇学士文集』がある。

【梅堯臣《ばいぎょうしん》】

（一〇〇二〜一〇六〇）北宋の詩人。字は聖兪、宣城《せんじょう》（現・安徽省）の人。宣城の古称・宛陵《えんりょう》によって梅宛陵ともいう。若年時は進士に及第せず、州県の官吏を歴任した。のち尚書都官員外郎にまでなった。平坦だが社会性に富む作風は、宋代の詩風の転変に大きな影響を与え、陸游などから甚だ重んぜられた。詩集『宛陵先生集』がある。

【張耒《ちょうらい》】

（一〇五四〜一一一四）北宋の学者・詩人。楚州淮陰《わいいん》（現・江蘇省清江）の人。字は文潜、号は柯山。熙寧《きねい》の進士。太常少卿などに任じた。蘇軾の「門下四学士」のひとり。詩は白居易や張籍の影響を受け、文にもすぐれ、著に『両漢決疑』『宛丘集』などがある。

李公麟（古聖賢像傳略）

晁補之（古聖賢像傳略）

葉夢得（古聖賢像傳略）

【葉　夢得《ようむとく・しょうぼうとく》】（一〇七七～一一四八）北宋末南宋初の学者。呉県（現・江蘇省）の人。烏程《うてい》（現・浙江呉興）に住んだ。字は少蘊《しょううん》、号は石林。徽宗のとき、翰林学士となり、のち、江東安撫大使などになる。博学にして詞にも巧みで、著に『石林春秋伝』『石林詩話』『石林燕語』などがある。

【秦観《しんかん》】（一〇四九～一一〇〇）北宋の学者・詞人。揚州高郵（現・江蘇省）の人。字は少游・太虚、号は淮海《わいかい》居士。秘書省正字、国史院編修官などに任じた。蘇軾の「門下四学士」のひとり。文・詞にすぐれ、詞は男女の情愛を謡ったものが多い。著に『淮海集』がある。

【晁補之《ちょうほし》】（一〇五三～一一一〇）北宋の文学者。字は无咎《むきゅう》、号は帰来子。済州巨野（現・山東省）の人。元豊の進士。吏部員外郎、礼部郎中、兼国史編修などを歴任した。十数歳でその詩才を蘇軾から賞賛され、蘇軾の「門下四学士」となった。散文は流暢で、政治・歴史を論じたものがある。また書画にも長じた。『鶏肋集』がある。

【李公麟《りこうりん》】（一〇四九～一一〇六）北宋の画家。字は伯時。舒州舒城（現・安徽省）の人。官は朝奉郎に至った。元符三年（一一〇〇）、老年のため辞して龍眠《りょうみん》山に閑居し、龍眠《りょうみん》居士と号した。白描に優れ、人物・鞍馬・歴史故事を得意とした。王安石から賞賛され、また、蘇軾・黄庭堅・米芾らと親交があった。

李清照

李清照（歴朝名媛詩詞）

謝疊山君直像

謝枋得（新刻歴代聖賢像賛）

【李清照《りせいしょう》】（一〇八四～一一五一頃）南宋の女流詞人。号は易安《えきあん》。済南（現・山東省）の人。夫は著名な学者・金石考証家の趙明誠。前半生は、風雅の道を楽しむ豊かな生活をしていたが、金兵の南下によって山東も兵火に包まれ、南方に避難。夫にも死別して、流浪生活の悲嘆を詠った。詩文・書画に優れ、その生活の転変が文学にも反映している。詞集に『漱玉詞』がある。

【謝枋得《しゃぼうとく》】（一二二六～一二八九）南宋末の文人。弋陽《よくよう》(現・江西省)の人。字は君直、号は畳山。宝祐四年、文天祥とともに進士に合格。元と戦って敗れ帰順の勧めを拒絶し、大都（現・北京）で絶食して死んだ。『文章軌範』の編者で畳山《じょうざん》先生といわれた。『畳山集』がある。

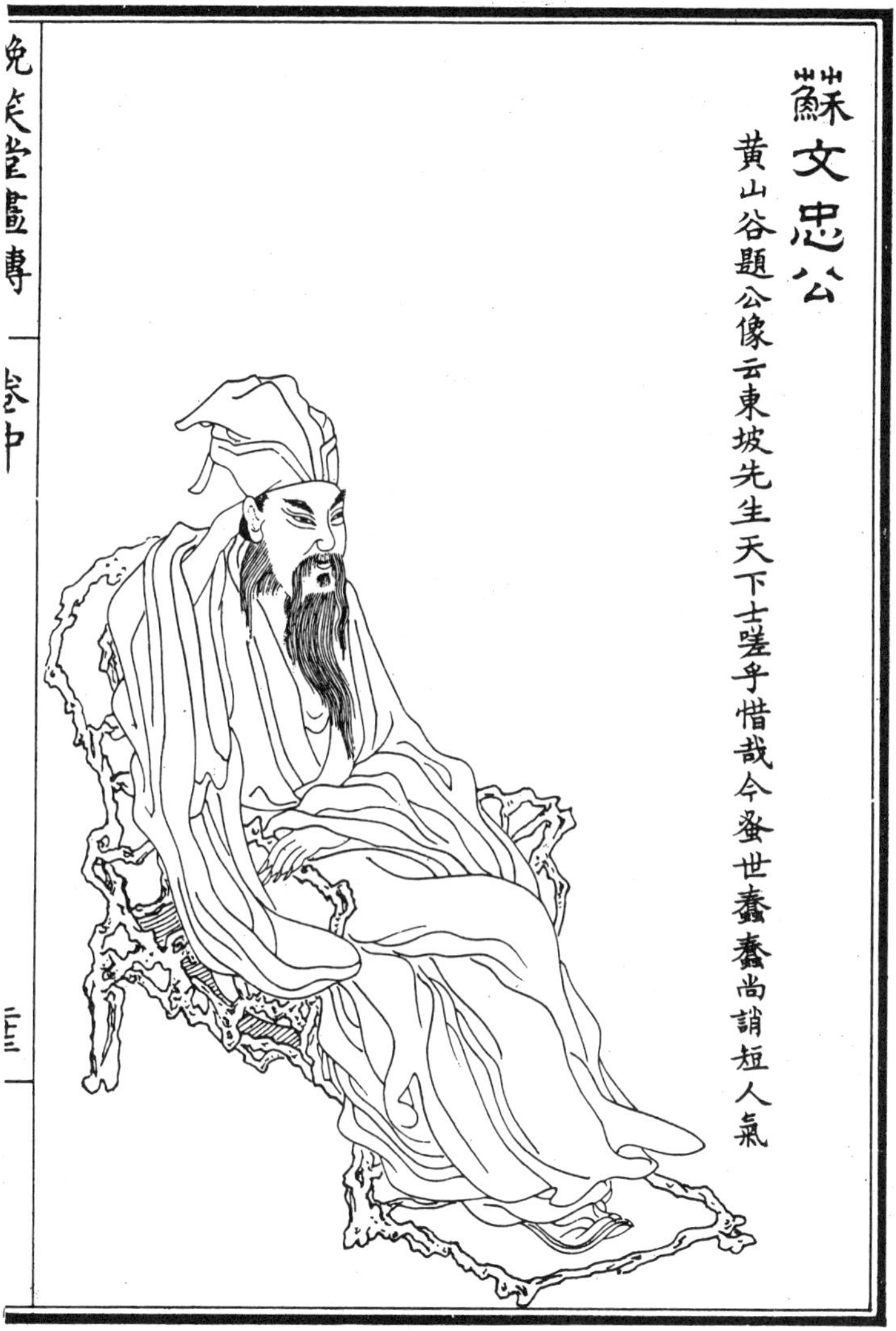
蘇文忠公
黄山谷題公像云東坡先生天下士嗟乎惜哉今蚤世蠢蠢尚誚短人氣
晩笑堂畫傳
卷中
三三

蘇軾（晩笑堂画傳）

【蘇軾《そしょく》】（一〇三六～一一〇一）北宋の文学者・詩人。眉山《びざん》(現・四川省)の人。字は子瞻《しせん》、または和仲、諡《おくりな》は文忠。東坡居士《とうばこじ》と号し、坡老・坡公とも呼ばれた。蘇洵《そじゅん》の子、蘇轍《そてつ》の兄。唐宋八大家のひとり。嘉祐の進士。王安石の新法に反対したため、黄州（湖北）に流された。哲宗のとき翰林学士となり、杭州知事のとき西湖に蘇堤を造った。官は礼部尚書にまで至ったが、のち海南島に流された。詩文は清新で剛健、『赤壁賦《せきへき》』は有名。書画にも秀で、北宋四大家のひとり。著に『東坡易伝』『東坡書伝』などがあり、『東坡全集』がある。

蘇軾（新刻歴代聖賢像賛）

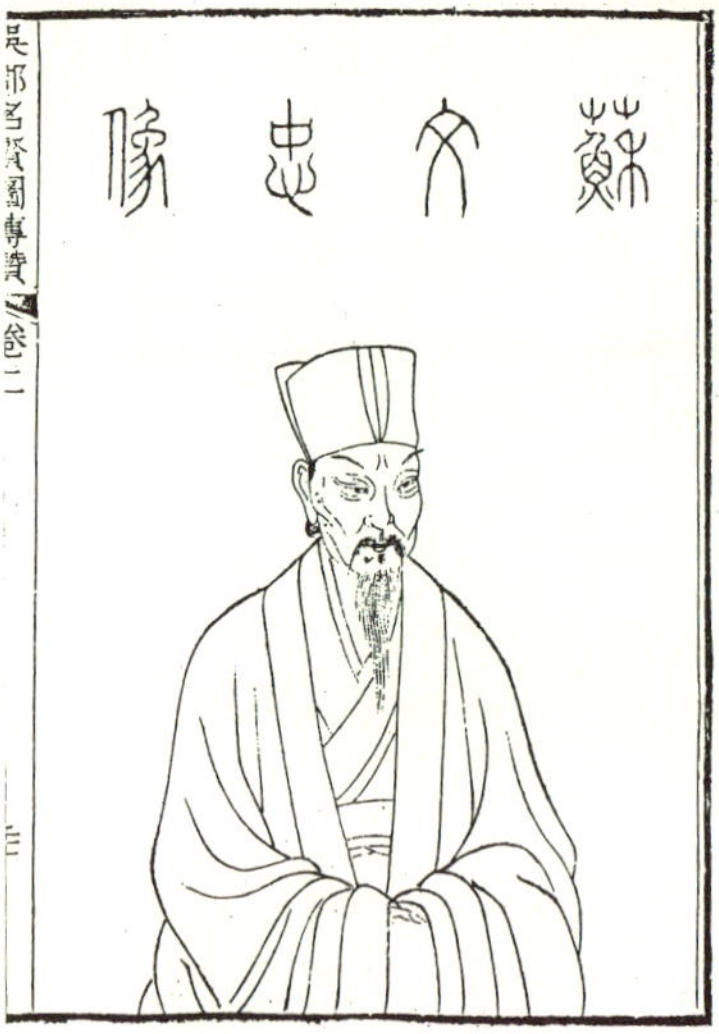

蘇軾（呉郡名賢図傳賛）

【蘇軾《そしょく》】解説前頁

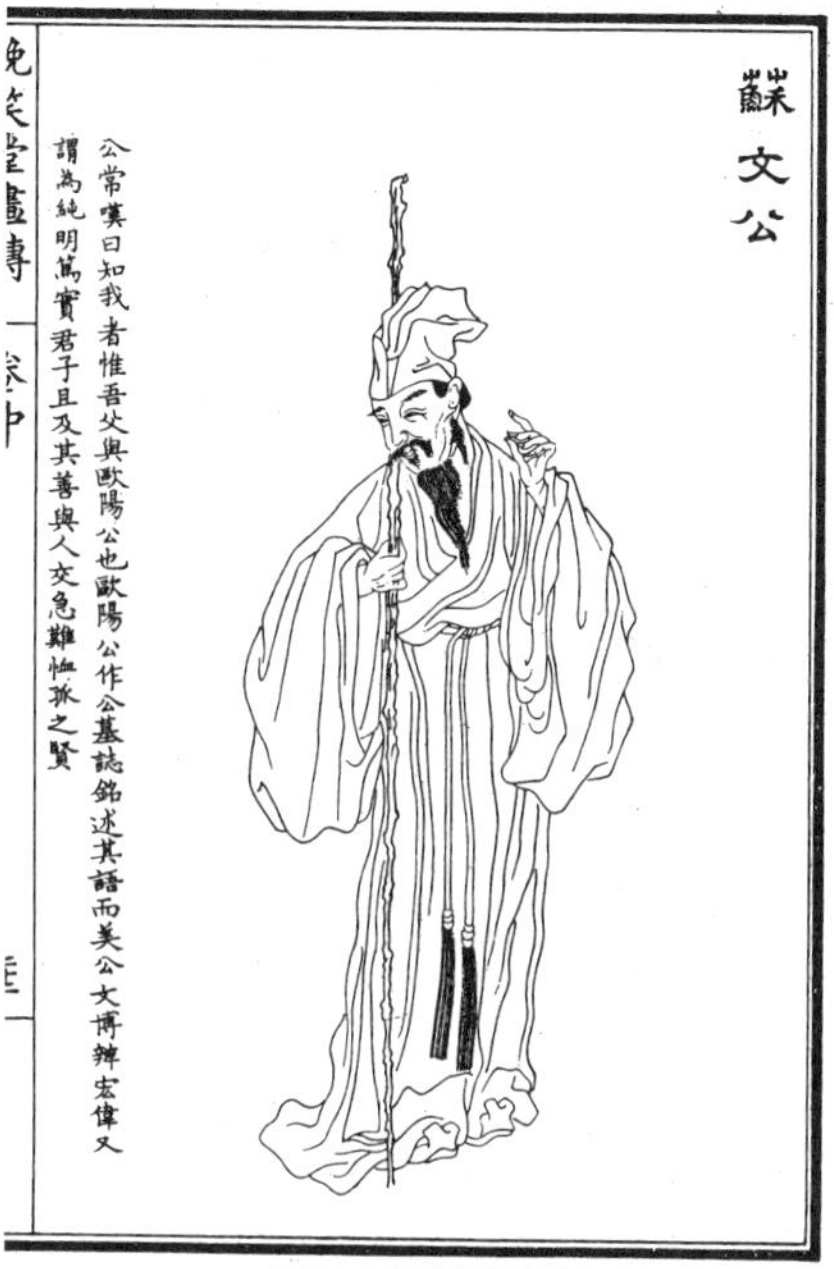
蘇文公
公常嘆曰知我者惟吾父與歐陽公也歐陽公作公墓誌銘述其語而美公文博辯宏偉又
謂為純明篤實君子且及其善與人交急難恤孤之賢
蘇洵（晩笑堂画傳）

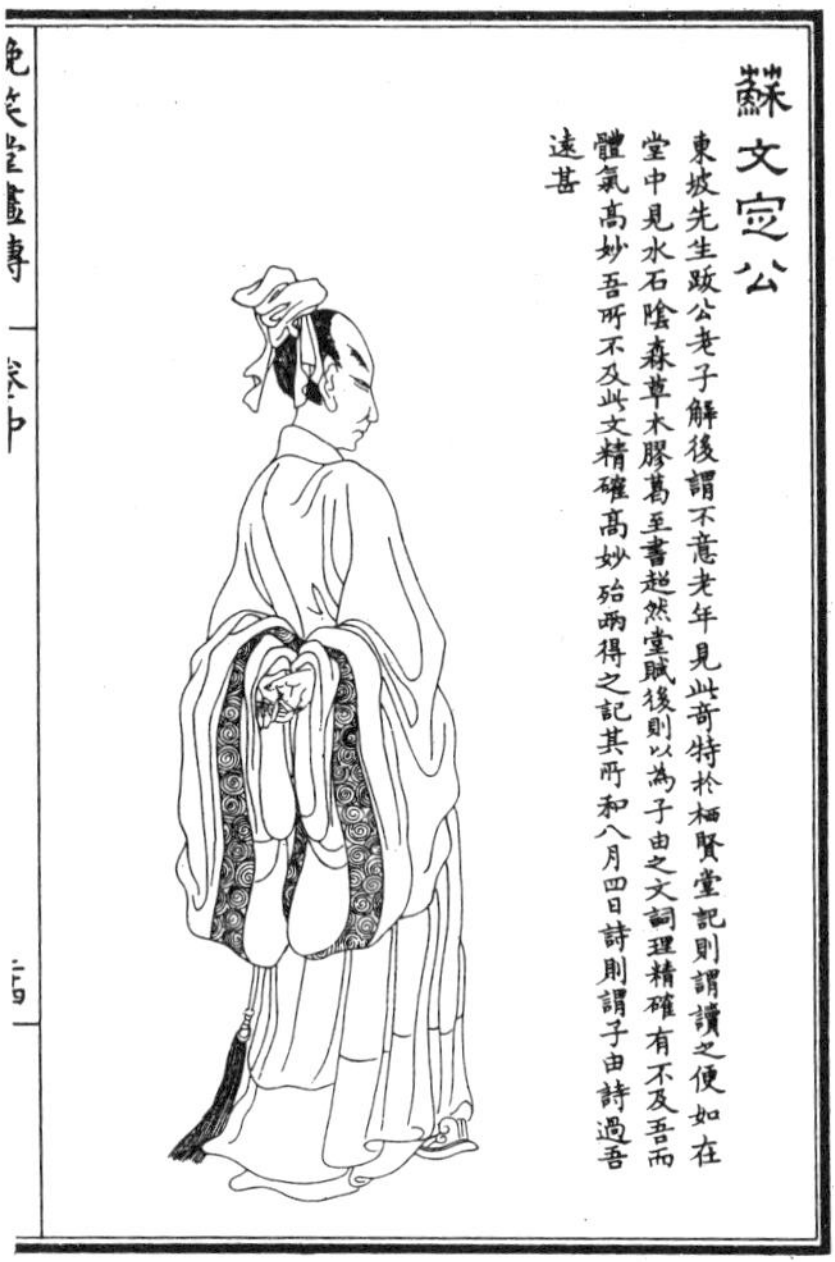
蘇文定公
東坡先生跋公老子解後謂不意老年見此奇特於栖賢堂記則謂讀之便如在
堂中見水石陰森草木膠葛至書超然堂賦後則以為子由之文詞理精確有不及吾而
體氣高妙吾所不及此文精確高妙殆兩得之記其所和八月四日詩則謂子由詩過吾
遠甚
蘇轍（晩笑堂画傳）

【蘇洵《そじゅん》】（一〇〇九～一〇六六）北宋の文章家。眉山（現・四川省）の人。字は明允、号は老泉。唐宋八大家のひとり。散文が欧陽修らに高く評価された。二子の蘇軾・蘇轍を大蘇・小蘇というのに対して、老蘇という。著に『蘇老泉文集』などがある。また、二子とともに三蘇といわれる。

【蘇轍《そてつ》】（一〇三九～一一一二）北宋の文章家。眉山（現・四川省）の人。字は子由、号は頴浜《えいひん》または欒城《らんじょう》、諡《おくりな》は文定。蘇洵の子、蘇軾の弟。官は尚書右丞にまでいたった。唐宋八大家のひとり。簡潔な古文に優れた。著に『欒城集』などがある。

朝雲

朝雲（百美新詠）

琴操

琴操（百美新詠）

【朝雲《ちょううん》】 蘇軾と親しかった歌妓。蘇軾が惠州（現・広東省）で朝雲と閑座していると、晩秋の落葉と霜が降りるのに悲愁を感じて、彼女に「花退残紅」を一曲所望した。朝雲は歌の半ばで涙にくれたのでその訳を問うと、「枝上柳綿吹又少、天涯何処無芳草」の句に涙が出て歌えないと答えた。蘇軾は私が秋を悲しんでいるのにお前は春を悲しむのかと笑った。しかし、蘇軾は、朝雲が死んでからは決してこの歌を聴こうとしなかったという。

【琴操《きんそう》】 宋・杭州の妓女。蘇軾と親しく、巧みな客との詩詞の応酬で人気を博した。あるとき戯れに蘇軾と「禅問答」をしたが、蘇軾の言葉に悟るところがあって、剃髪《ていはつ》して尼となったという。

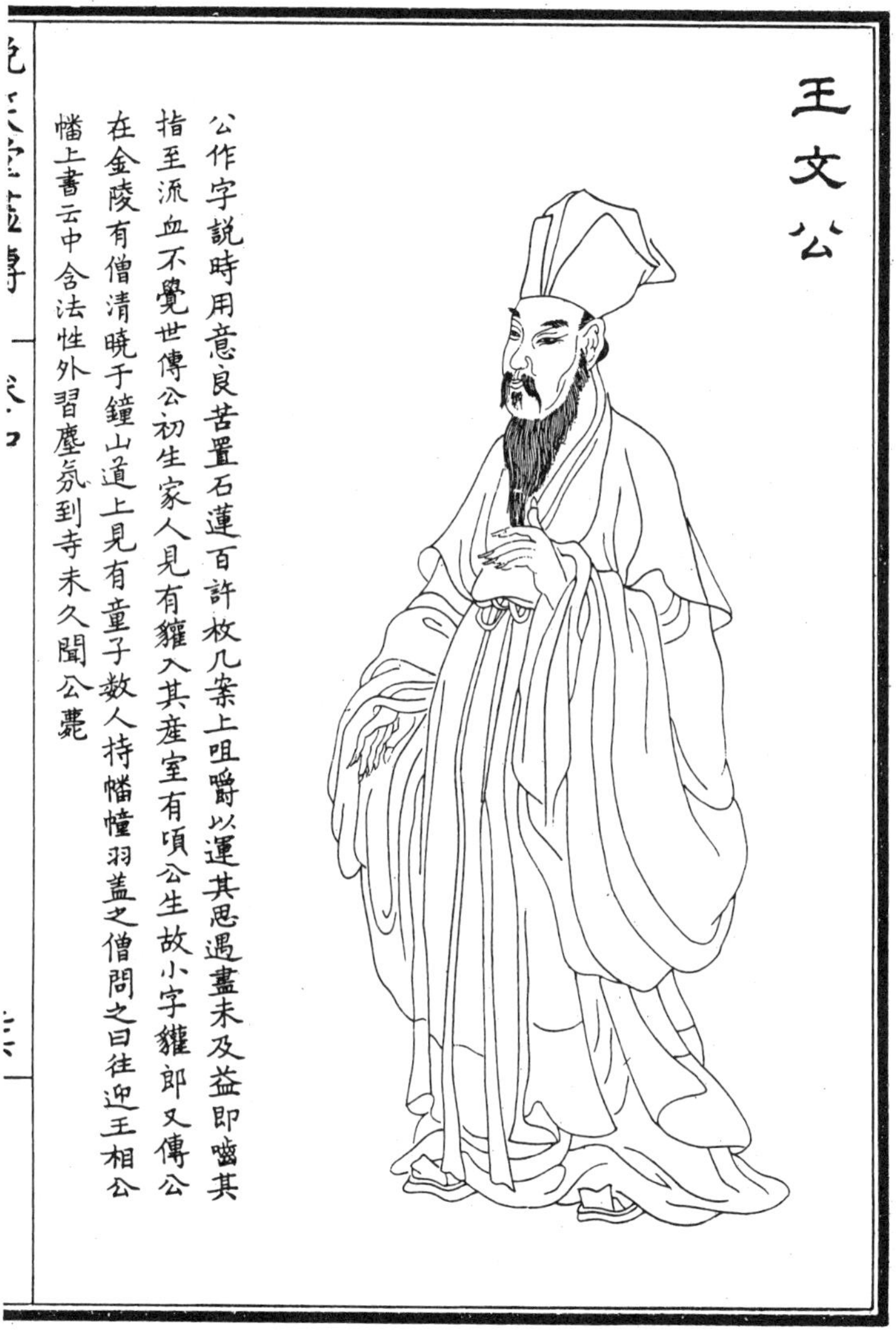
王文公
公作字説時用意良苦置石蓮百許枚几案上咀嚼以運其思遇盡未及益即嚙其
指至流血不覺世傳公初生家人見有貛入其産室有頃公生故小字貛郎又傳公
在金陵有僧清曉于鐘山道上見有童子数人持幡幢羽蓋之僧問之曰往迎王相公
幡上書云中含法性外習塵氛到寺未久聞公薨

王安石（晩笑堂画傳）

【王安石《おうあんせき》】（一〇二一〜一〇八六）北宋の政治家。字は介甫、号は半山、臨川とも。撫州臨川《りんせん》（現・江西省）の人。唐宋八大家のひとり。慶暦の進士。知県から出発し、政治改革に実を挙げた。抜擢されて、神宗のとき進歩的改革案の「新法」を実行したが、旧勢力の妨害に遭った。そのため退任と再任を繰り返し、最後は荊国公となり南京に隠居した。『臨川先生文集』がある。

歐陽文忠公 修
勛業聞望
韓范並馳
古文興學
匹休昌黎
復三代醇
黜五季陋
一代宗工
孰居其右
歐陽修（集古像贊）

歐陽修（聖廟祀典図考）

【歐陽修《おうようしゅう》】（一〇〇七～一〇七二）北宋の政治家・学者。吉州廬陵《きっしゅうろりょう》（現・江西省吉安）の人。字は永叔、号は六一《りくいつ》居士、または酔翁、諡《おくりな》は文忠。唐宋八大家のひとり。初め范仲淹を支持し改革に理解を見せたが、王安石の「青苗《せいびょう》法」などの急進的な改革には反対した。北宋の古文復興運動の主唱者である。詩風は清明で風雅、散文にも長じた。著に『新唐書』『新五代史』『六一詩話』『集古録』などがある。

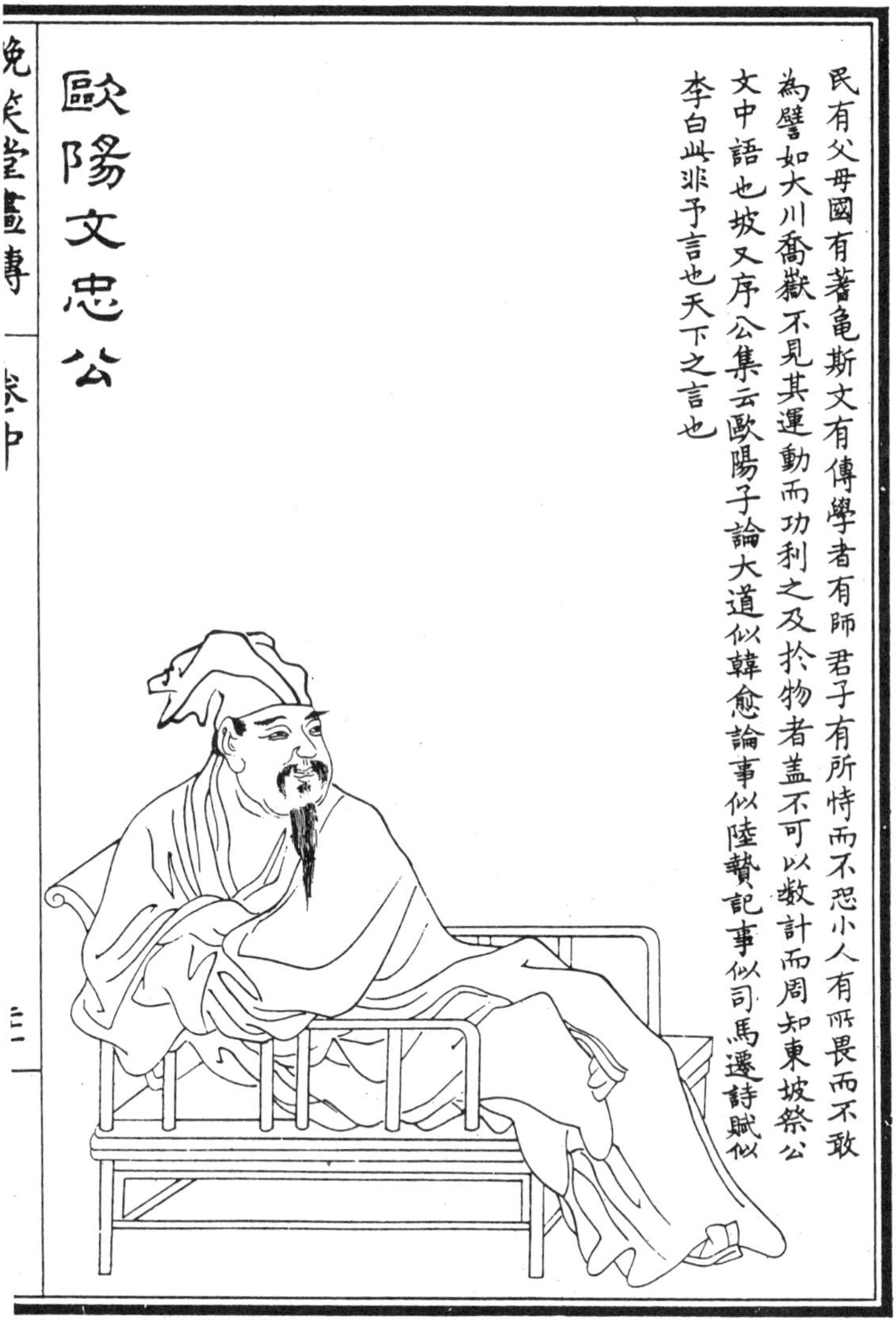
歐陽文忠公

民有父母國有蓍龜斯文有傳學者有師君子有所恃而不恐小人有所畏而不敢為譬如大川喬嶽不見其運動而功利之及於物者蓋不可以數計而周知東坡祭公文中語也坡又序公集云歐陽子論大道似韓愈論事似陸贄記事似司馬遷詩賦似李白此非予言也天下之言也

歐陽修（晚笑堂画傳）

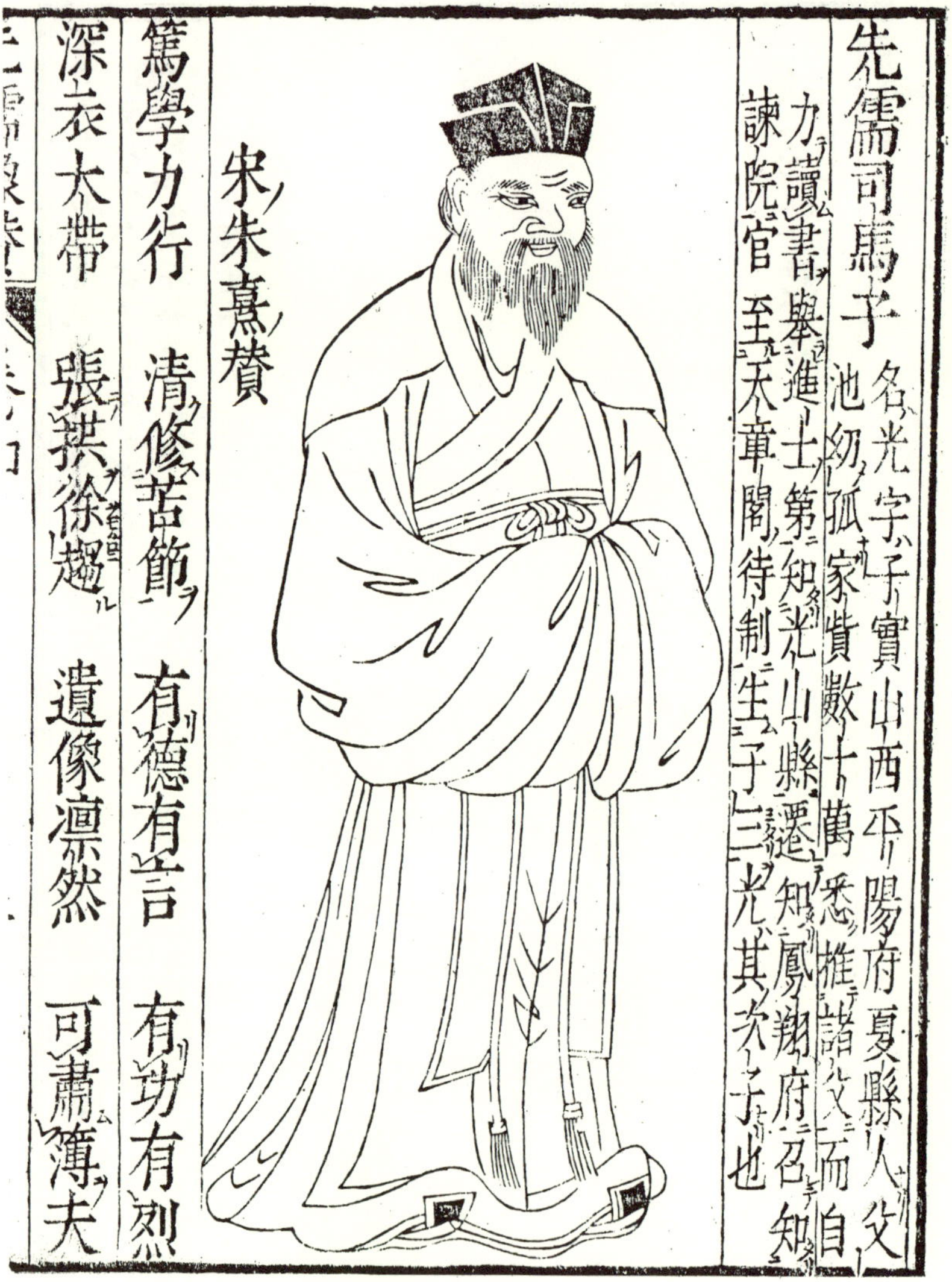
先儒司馬子 名光字君實山西平陽府夏縣人父
池幼孤家貧數十萬悉推諸父而自
力讀書舉進士第知光山縣遷知鳳翔府召知
諫院官至天章閣待制生子三光其次子也
宋朱熹贊
篤學力行 清修苦節 有德有言 有功有烈
深衣大帶 張拱徐趨 遺像凜然 可肅薄夫

司馬光（聖賢像賛）

【司馬光《しばこう》】（一〇一九～一〇八六）北宋の政治家・儒学者。字は君実、号は斉物子、諡は文正。陝州夏県涑水《そくすい》郷（現・山西省）の人。宝元の進士。神宗のとき王安石の新法に反対して官界を退き、のち哲宗のとき復帰して新法を廃した。著に十九年をかけて完成した歴史書『資治通鑑《しじつがん》』などがある。死後、太師温国公の称を贈られたので、温国公・温公ともいう。

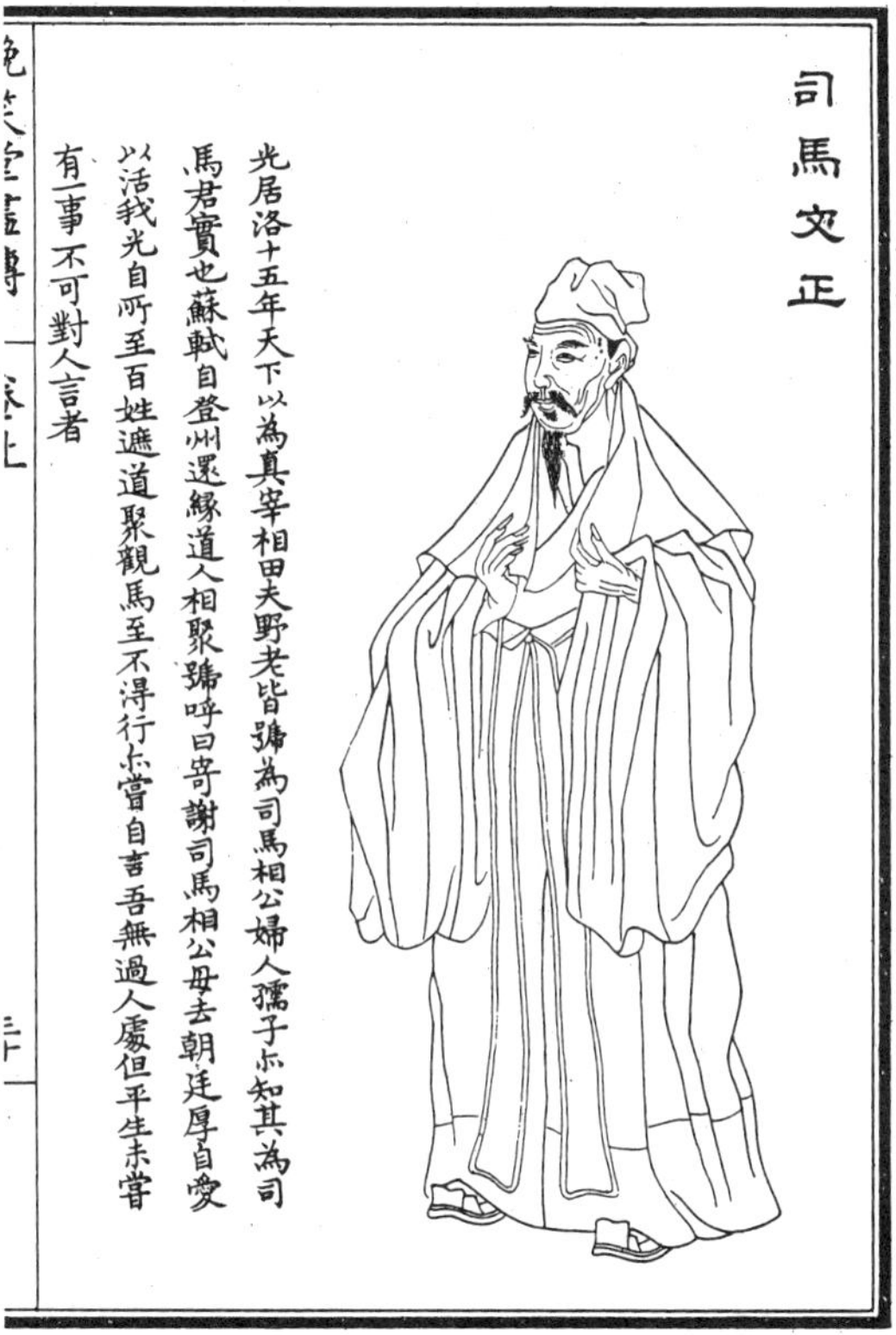
司馬文正
光居洛十五年天下以為真宰相田夫野老皆號為司馬相公婦人孺子亦知其為司
馬君實也蘇軾自登州還緣道人相聚號呼曰寄謝司馬相公毋去朝廷厚自愛
以活我光自所至百姓遮道聚觀馬至不得行亦嘗自言吾無過人處但平生未嘗
有一事不可對人言者

司馬光（晩笑堂画傳）

涑水先生司馬温公
文公贊曰
篤学力行　清修苦節　有德有言　有功有烈
深衣大帶　張拱徐趨　遺像凛然　可肅薄夫
上無所傳　下無所授
天資粹美　暗合道妙

司馬光（事林広記）

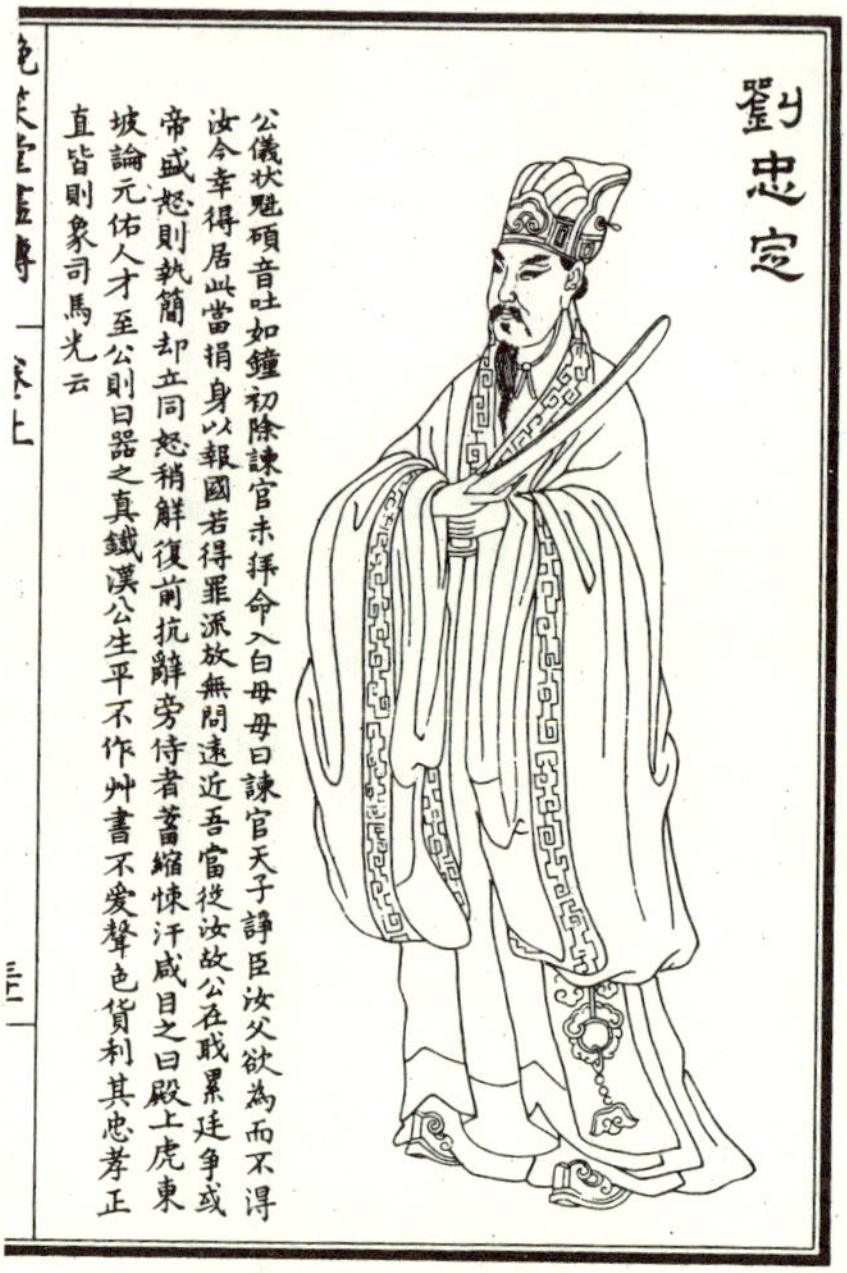
劉忠定
公儀狀魁碩音吐如鐘初除諫官未拜命入白母母曰諫官天子諍臣汝父欲為而不得
汝今幸得居此當捐身以報國若得罪流放無問遠近吾當從汝故公在職累廷爭或
帝威怒則執簡却立伺怒稍解復前抗辭旁侍者蓄縮悚汗咸目之曰殿上虎東
坡論元佑人才至公則曰器之真鐵漢公生平不作艸書不愛聲色貨利其忠孝正
直皆則象司馬光云

劉安世（晩笑堂画傳）

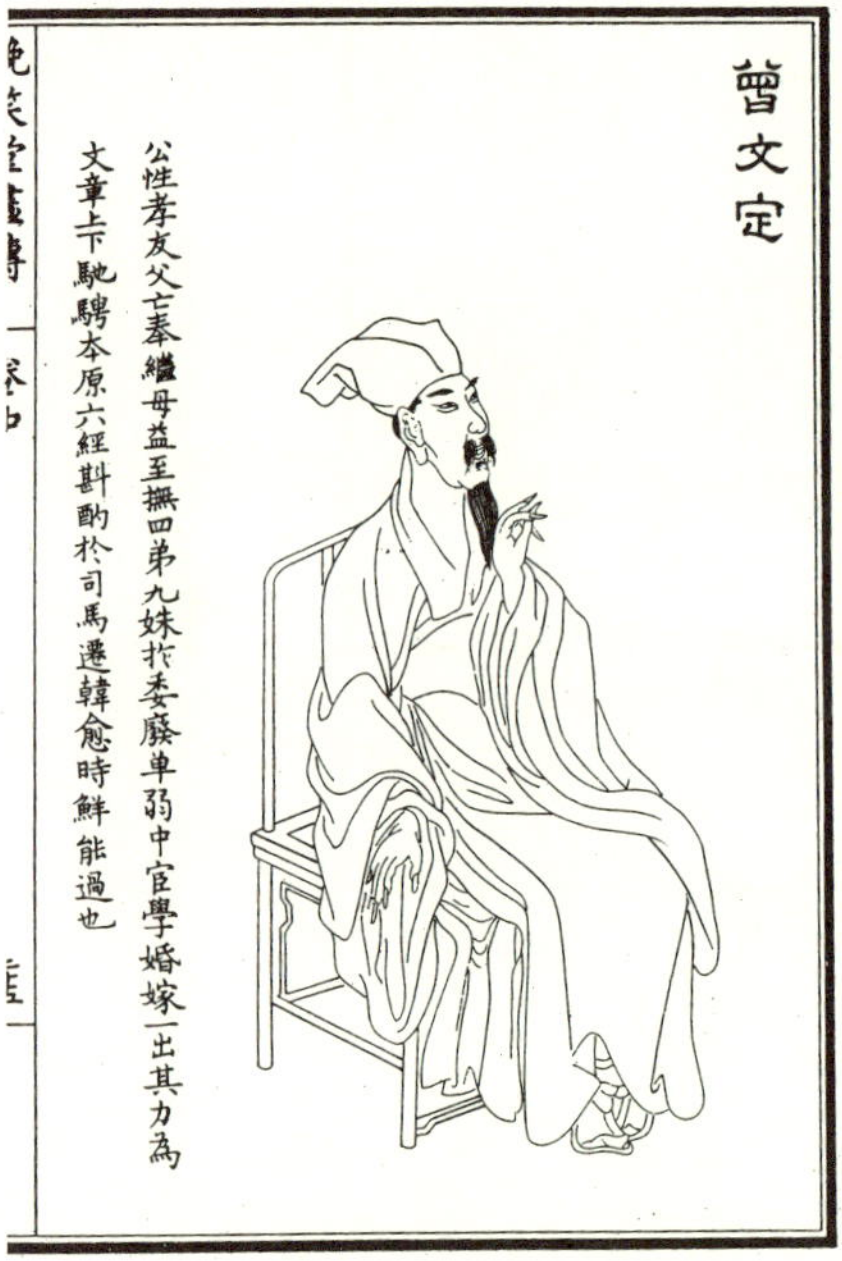
曾文定
公性孝友父亡奉繼母益至撫四弟九妹於委廢單弱中官學婚嫁一出其力為
文章上下馳騁本原六經斟酌於司馬遷韓愈時鮮能過也

曾鞏（晩笑堂画傳）

【劉安世《りゅうあんせい》】

（一〇四八～一一二五）宋の学者。字は器之。元城先生とよばれた。熙寧の進士。左諫議大夫などに任じた。のち英州に左遷され、徽宗が即位すると一時許されるが再び左遷された。『尽言集』などがある。

【曾鞏《そうきょう》】

（一〇一九～一〇八三）北宋の政治家・文人。南豊（現・江西省）の人。字は子固。唐宋八大家のひとり。南豊先生と呼ばれた。王安石と姻戚関係で、嘉祐二年（一〇五七）に進士及第した。官は中書舎人、翰林学士に至る。著に『元豊類稿』がある。

邵康節堯夫像

邵雍（新刻歴代聖賢像賛）

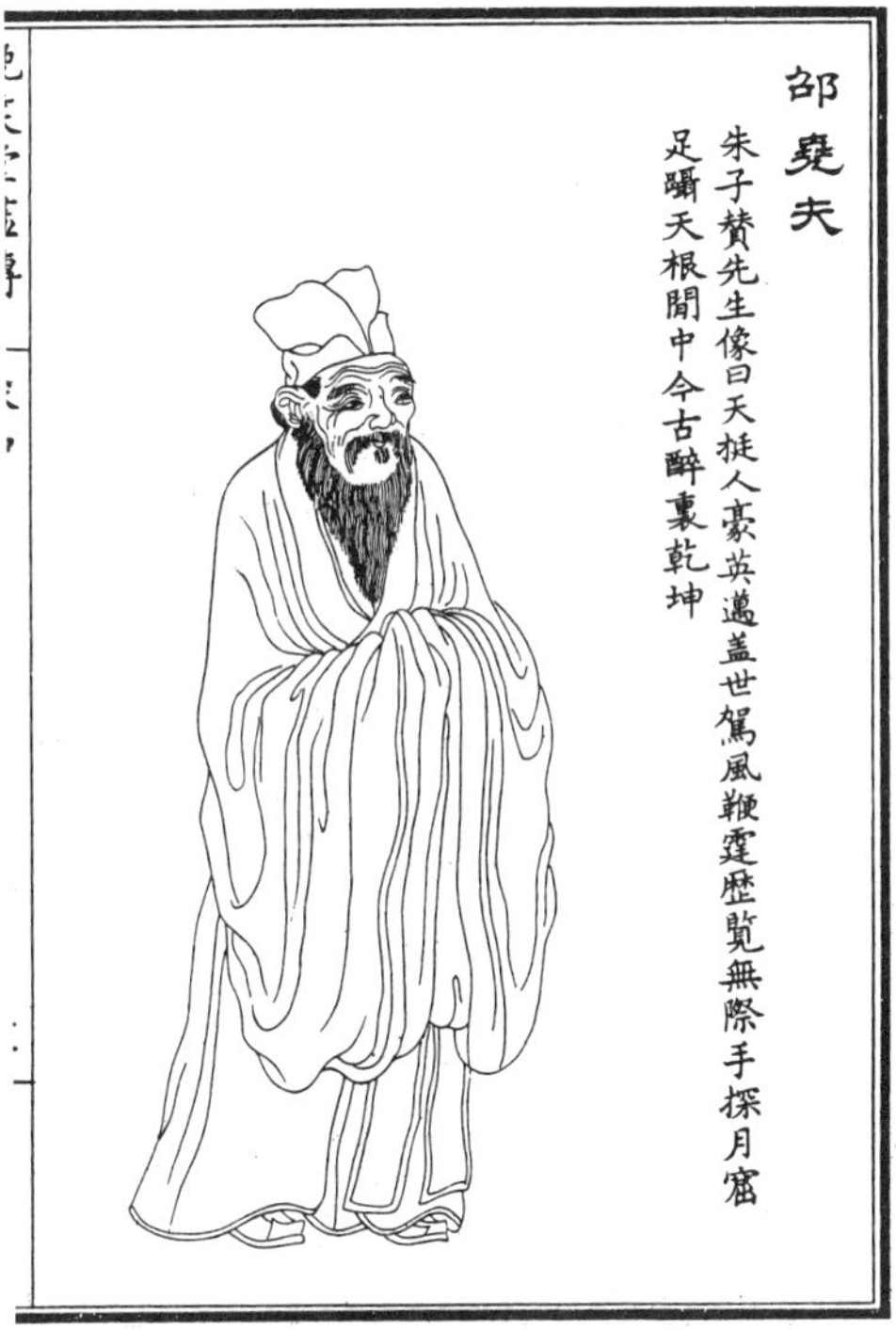
邵堯夫
朱子贊先生像曰天挺人豪英邁蓋世駕風鞭霆歷覧無際手探月窟
足躡天根閒中今古醉裏乾坤

邵雍（晩笑堂画傳）

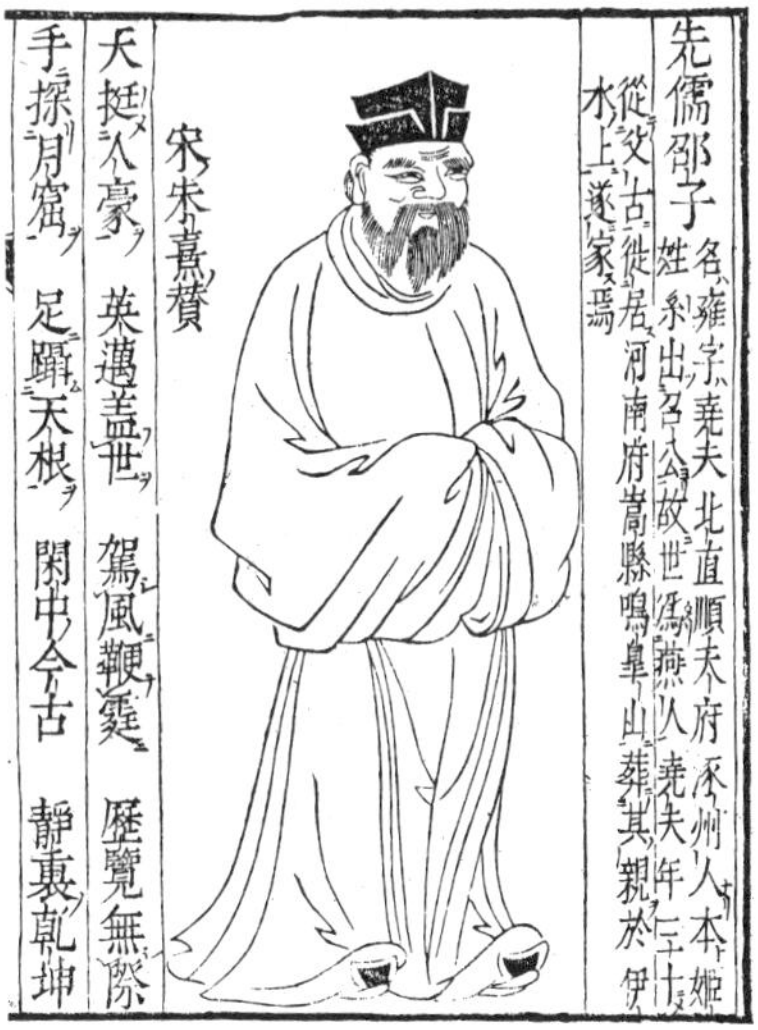
先儒邵子
名雍字堯夫北直順天府涿州人本姫姓系出召公故世爲燕人堯夫年三十
從父古徙居河南府嵩縣鳴皐山葬其親於伊水上遂家焉
宋朱熹贊
天挺人豪英邁蓋世駕風鞭霆歷覧無際
手探月窟足躡天根閑中今古靜裏乾坤

邵雍（聖賢像賛）

【邵雍《しょうよう》】（一〇一一～一〇七七）北宋の学者。范陽（現・河北省）の人。字は尭夫、諡《おくりな》は康節。易学に精通、その学派を百源学派という。一生任官せず、洛陽で市井の隠者として生きたが、司馬光・富弼《ふひつ》らの政治家や、程顥《ていこう》・程頤《ていい》兄弟などの学者と交友し、朱熹にも影響をあたえた。著に『先天図』『皇極経世書』などがある。

宋高宗（新刻歴代聖賢像賛）

宋孝宗（新刻歴代聖賢像賛）

宋孝宗（三才図会）

【宋高宗《そうこうそう》】（一一〇七～一一八七）南宋の皇帝。趙構。徽宗の第九子。徽宗、欽宗が金兵に北に連れ去られたため、南京で即位した。南に金を避け、臨安（現・浙江省杭州）に建都して遷都した。紹興三十二年（一一六二）、孝宗に譲位した。

【宋孝宗《そうこうそう》】（一一二七～一一九四）南宋の皇帝。趙昚《ちょうしん》。太祖七世の孫。高宗に子がなかったため、太子となった。隆興元年（一一六三）、北伐に失敗し、和議を結んだ。淳熙十六年（一一八九）、息子の趙惇《ちょうとん》（光宗）に譲位した。

宋理宗（新刻歴代聖賢像賛）

宋寧宗（新刻歴代聖賢像賛）

宋度宗（新刻歴代聖賢像賛）

【宋寧宗《そうねいそう》】（一一六八～一二二四）南宋の皇帝。趙拡。光宗の子。外戚の韓侂冑《かんたくちゅう》の暗躍を許し、金軍の討伐に手を染め失敗した。最後はその韓侂冑を誅殺して首を金に送の和議を請う（嘉定の和議）など無定見な皇帝として知られる。

【宋理宗《そうりそう》】（一二〇五～一二六四　在位一二二四～一二六四）南宋の皇帝。趙昀《ちょういん》。太祖十世の孫。寧宗の嗣子として権臣・史彌遠《しびえん》が選んだ。紹定六年（一二三三）、史彌遠の死後には親政を行った。その翌年、金が蒙古に滅ぼされ、以後蒙古の南進に悩まされる。晩年、賈似道に国政を任せて、国政はますます傾いた。

【宋度宗《そうたくそう》】（一二四〇～一二七四）南宋の皇帝。趙禥《ちょうき》。理宗を継いだ。酒に溺れ、権臣・賈似道《かじどう》に国政を任せたため国勢は傾き、元の南進で混乱を招いた。

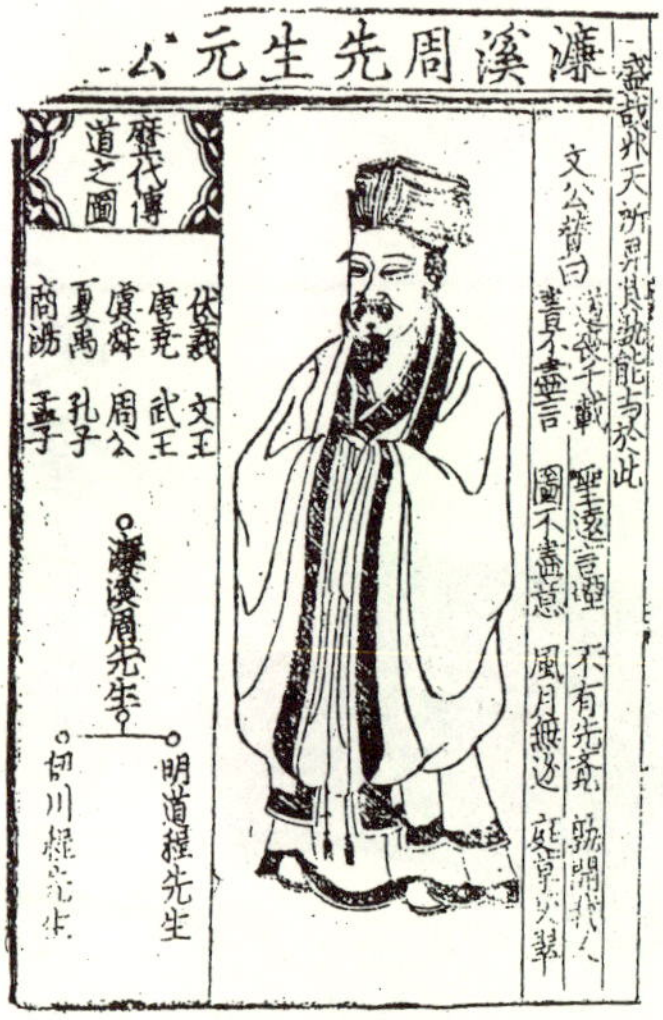

周敦頤（事林広記）

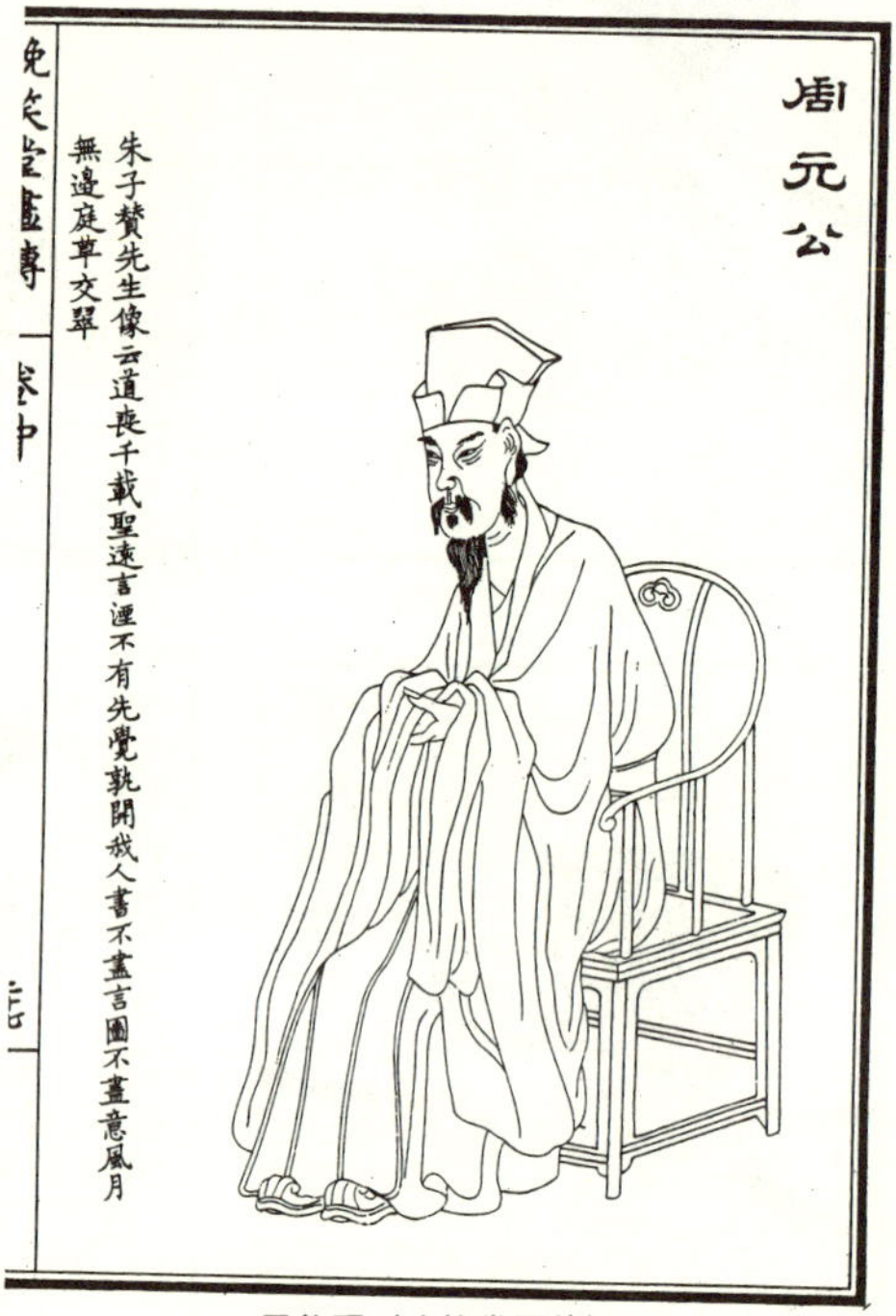

周敦頤（晩笑堂画傳）

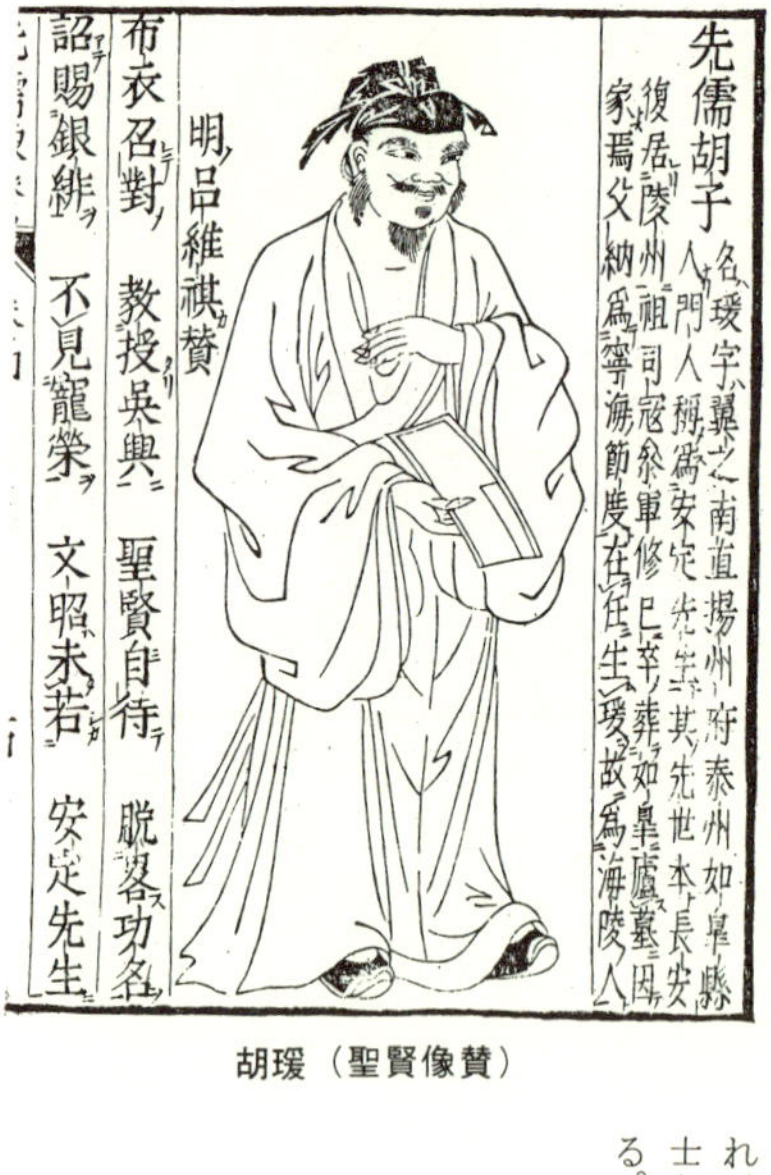

胡瑗（聖賢像賛）

【周敦頤《しゅうとんい》】（一〇一七～一〇七三）北宋の儒学者。原名は敦実。字は茂叔。宋学の開祖。道州営道濂渓《れんけい》（現・湖南省道県）に住んでいたので、濂渓先生と呼ばれた。地方官を歴任して業績をあげた。のち、朱熹の顕彰により、道学の創始者として崇敬された。著に『太極図説』『通書』などがある。

【胡瑗《こえん》】（九九三～一〇五九）宋の儒学者。秦州如皐《じょこう》（現・江蘇省）また、秦州海陵（現・江蘇省秦州）の人ともいう。世に安定先生とよんだ。湖州などで教学活動を続け、のち太学で教えた。皇祐はじめ太子中允に抜擢され、天章閣で講じた。のちに太常博士となった。『周易口義』などがある。

明道先生程純公像
濂溪先生―明道先生
文公贊曰 山立揚休 玉色金聲 元氣之會 渾然天成 瑞日祥雲 和風甘雨 龍德正中 厥施斯普

程顥（事林広記）

程淳公明道像

程顥（新刻歴代聖賢像賛）

程純公
朱子贊先生像云揚休山立玉色金聲元氣之會渾然天成瑞日祥雲和風甘雨龍德正中厥施斯普

程顥（晩笑堂画傳）

【程顥《ていこう》】（一〇三二～一〇八五）北宋の儒学者。洛陽の人。字は伯淳、諡《おくりな》は純公、号は明道。明道先生と呼ばれた。弟の程頤《ていい》とともに周敦頤について学んだ。人柄や学風は弟とは対照的で、「秋霜烈日」の程頤に対して「春風和気」と評された。性善説の立場にたつ修養論は、朱熹に大きな影響を与えた。その遺文語録を集めた『程子遺書』がある。

伊川先生程正公像
程頤（事林広記）

程正公伊川像
程頤（新刻歴代聖賢像賛）

程正公
朱子賛先生像云規圓矩方縄直準平允矣君子展也大成布帛之文菽粟之味知徳者希孰識其貴
程頤（晩笑堂画傳）

【程頤《ていい》】（一〇三三～一一〇七）北宋の儒学者。洛陽の人。字は正叔、諡は正公、号は伊川。伊川先生と呼ばれた。また、兄の程顥《ていこう》と並んで、二程子と呼ばれる。周敦頤《しゅうとんい》について、後に都開封に遊学して胡瑗《こえん》に師事した。訓詁学をのりこえた性理学の形成に努力した。著に『易伝』『春秋伝』『伊川文集』などがある。

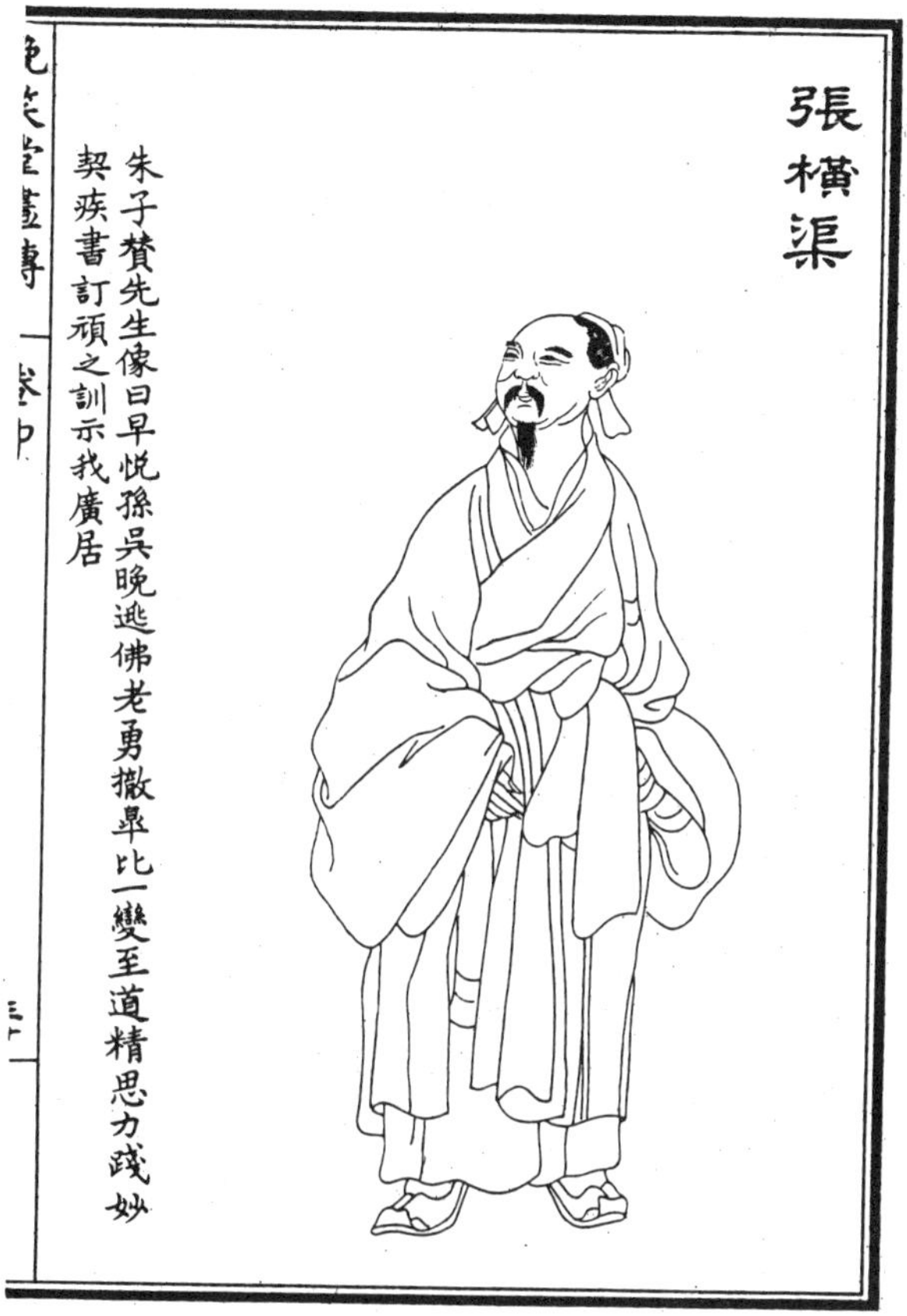
張橫渠
朱子賛先生像曰早悦孫呉晚逃佛老勇撤皐比一變至道精思力踐妙
契疾書訂頑之訓示我廣居

張載（晩笑堂画傳）

張明公橫渠像

張載（新刻歴代聖賢像贊）

【張載《ちょうさい》】（一〇二〇～一〇七八）北宋の学者。鳳翔郿県《ほうしょうびけん》（現・陝西省眉県）の人。字は子厚、横渠《おうきょ》先生と呼ばれた。嘉祐の進士。官についたが病で退き、読書講学に勤しんだ。再び仕官したが、病で辞職し亡くなった。博覧強記で、「易」を宗として「中庸」を体とし、「孔孟」を法とした。著に『正蒙』『横渠易説』などがある。

楊龜山
先生造養深遠燭理甚明混迹同塵知之者鮮行年八十志氣未衰精力少年殆不能及
晩笑堂畫傳 卷中
三

楊時（晩笑堂画傳）

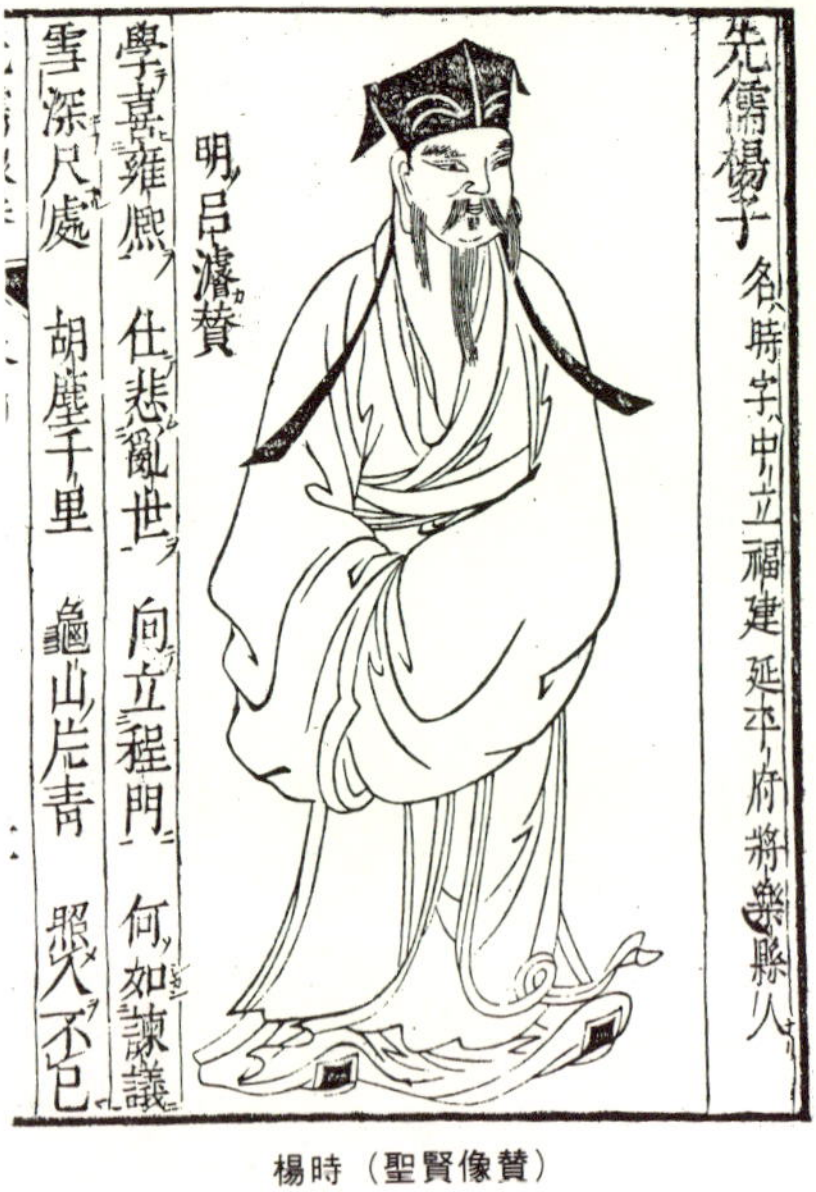
先儒楊子 名時字中立福建延平府將樂縣人
明呂濬贊
學喜雍熈仕悲亂世向立程門何如諫議
雪深尺處胡塵千里龜山片青照人不已

楊時（聖賢像贊）

【楊時《ようじ》】（一〇五三～一一三五）宋の儒学者。南剣州将楽（現・福建省）の人。字は中立、世に亀山先生とよんだ。熙寧《きねい》の進士。仕官しなかった。程顥《ていこう》・程頤《ていい》に学ぶが、故郷に帰るとき、程頤が「わが道、南せり」と言った話は有名。高宗のとき、工部侍郎となり、以後龍図閣《りゅうとかく》学士などとなった。諡《おくりな》は文靖。『楊亀山先生集』が伝わる。

羅豫章
朱子曰龜山先生倡道東南士之游其門者甚衆然語其潛思力行任重詣極如羅公蓋一人而已
羅従彦（晩笑堂画傳）

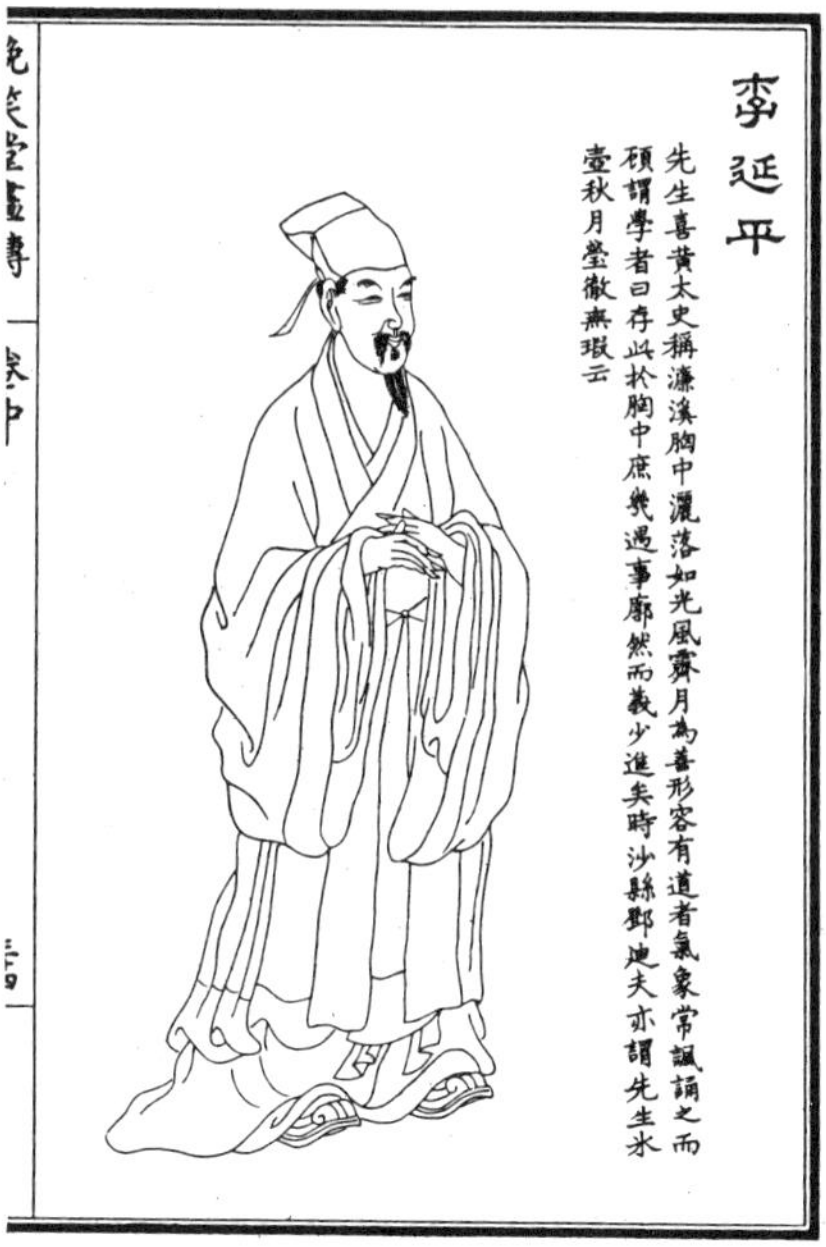
李延平
先生喜黄太史稱濂溪胸中灑落如光風霽月為善形容有道者氣象常諷誦之而頤謂學者曰存此於胸中庶幾遇事廓然而義少進矣時沙縣鄧迪夫亦謂先生氷壺秋月瑩徹無瑕云
李侗（晩笑堂画傳）

【羅従彦《らじゅうげん》】（一〇七二～一一三五）宋の儒学者。南剣州剣浦（現・福建省南平）の人。字は仲素。世に豫章先生とよんだ。建炎四年に博羅県主簿を授かる。のち羅浮山《らふざん》に入り静座し、学問を磨いた。また楊時に師事、程顥にも学び、楊時、李侗とともに「南剣三先生」とよばれた。『豫章《よしょう》文集』などがある。

【李侗《りとう》】（一〇八八～一一五八）南宋の儒学者。南剣剣浦（現・福建省南平）の人。字は愿中《げんちゅう》、号は延平。延平先生という。仕官せず、民間に清貧の一生を送った。羅従彦に学び、その説を深化させた。朱子が師の礼をとり、『延平答問』がある。

琵琶（百美新詠）

賈愛卿（百美新詠）

【琵琶《びわ》】

晋江の人・蔡確の侍女。蔡確は晩年に新州に左遷されたが、侍女の琵琶と鸚鵡《おうむ》を伴なった。鸚鵡は大変聡明な鳥で人の意思をくみとった。蔡確が響板を打つと、鸚鵡は琵琶を呼んだ。のちに侍女の琵琶は亡くなったが、蔡確が響板に触れると、鸚鵡は琵琶が死んだことを知らずに大声で呼ぶので、蔡確は傷心の余り病気になったという。


【賈愛卿《かあいけい》】

宋代、長安随一の官妓と謳われた美人。当時陝西按撫使を務めていた韓魏公が特にひいきとしていた。風流才子で詩人の李師中が通りかかったとき、これを呼び止めて宴に呼び、賈愛卿のために一句を所望した。李師中は、詩を献じたがそのなかに「……帰来用《もち》いず封侯の印、只《ただ》君王に向かって覓《もと》めん賈愛卿を」とあった。

陸文安公象山像

陸九淵（新刻歴代聖賢像賛）

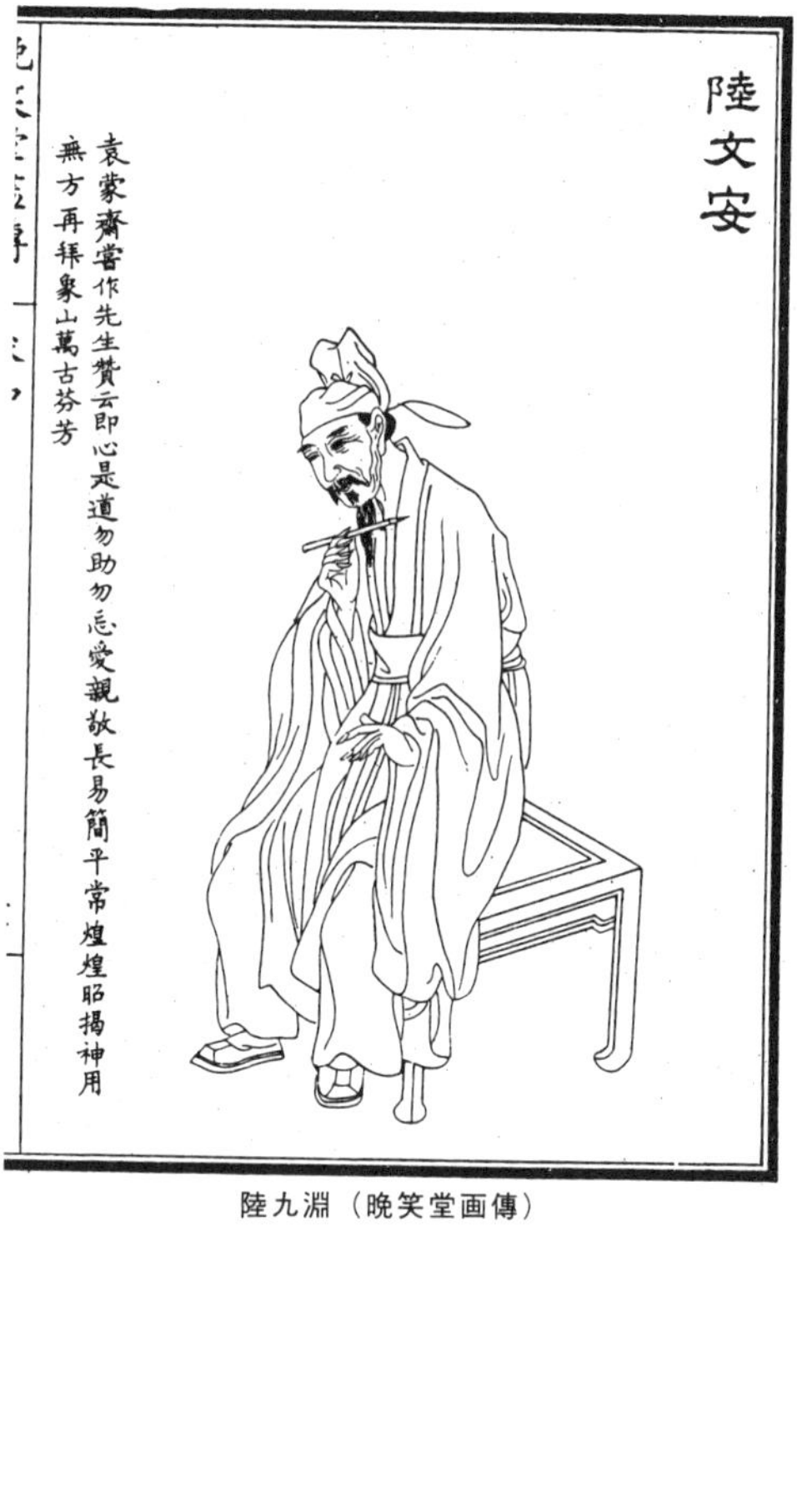
陸文安
袁蒙齋嘗作先生贊云即心是道勿助勿忘愛親敬長易簡平常煌煌昭揭神用
無方再拜象山萬古芬芳

陸九淵（晩笑堂画傳）

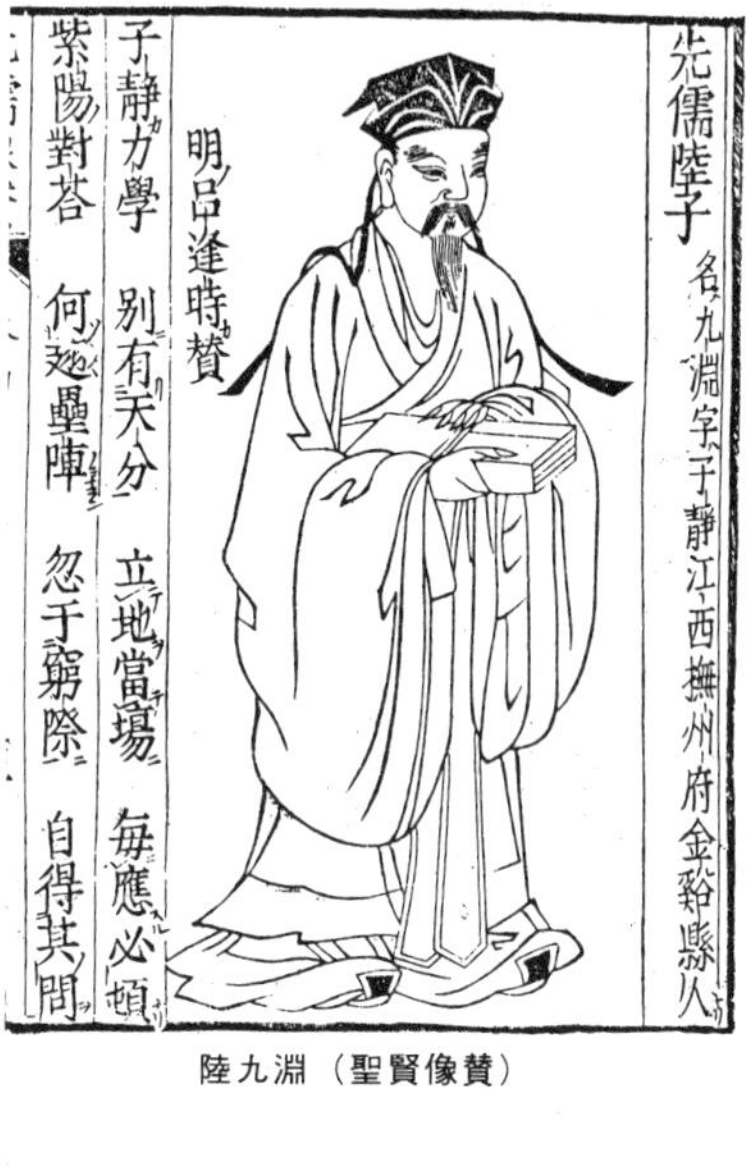
先儒陸子
名九淵字子靜江西撫州府金谿縣人
明呂逢時賛
子靜力學 別有天分 立地當場 每應必頓
紫陽對荅 何翅壘陣 忽于窮際 自得其間

陸九淵（聖賢像賛）

【陸九淵《りくきゅうえん》】（一一三九～一一九二）南宋の儒学者。金渓（現・江西省）の人。字は子静、号は象山。三十四歳で科挙に合格、地方官や中央官を歴任したのち、四十九歳のとき故郷に塾をひらき講学に励んだ。朱熹と対立して心即理説（主観的唯心論）を説き、宋代の学問を二分して、明の王陽明につながる一派をたてた。『陸象山全集』がある。

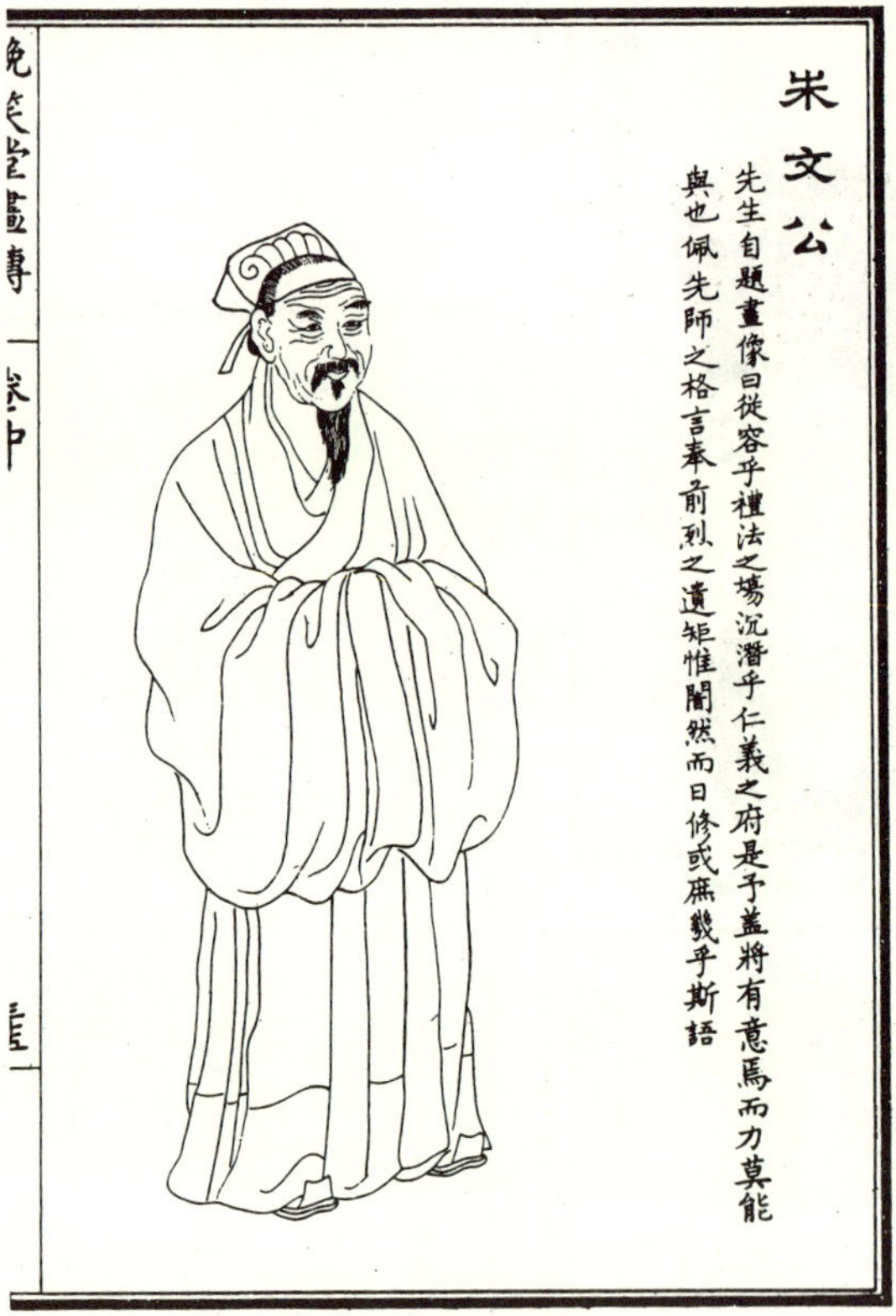
朱文公
先生自題畫像曰從容乎禮法之場沉潛乎仁義之府是予蓋將有意焉而力莫能與也佩先師之格言奉前烈之遺矩惟闇然而日修或庶幾乎斯語

朱熹（晩笑堂画傳）

朱文公晦菴像

朱熹（新刻歴代聖賢像賛）

【朱熹《しゅき》】（一一三〇～一二〇〇）南宋の儒学者。字は元晦《げんかい》、または仲晦、号は晦庵、諡《おくりな》は文。十九歳のとき進士に合格、官職につくかたわら儒学を研究した。周敦頤《しゅうとんい》・程顥《ていこう》・程頤《ていい》らの学説を総合して集大成した。一時、政治的に迫害されたが、その学説は朱子学と呼ばれて正統的地位を確立し、後世に大きな影響を及ぼした。『四書集註』『易本義』『詩集伝』『通鑑綱目』など多くの経書の注釈がある。朱子と尊称される。

朱熹（事林広記）

朱松（新刻歴代聖賢像賛）

【朱松《しゅしょう》】（一〇九七～一一四三）徽州婺源《ぶげん》（現・江西省）の人。朱熹の父。字は喬年、号は韋斎。程門の弟子、羅従彦に学ぶ。著作左郎、史館交勘などを歴任した。『韋斎集』がある。

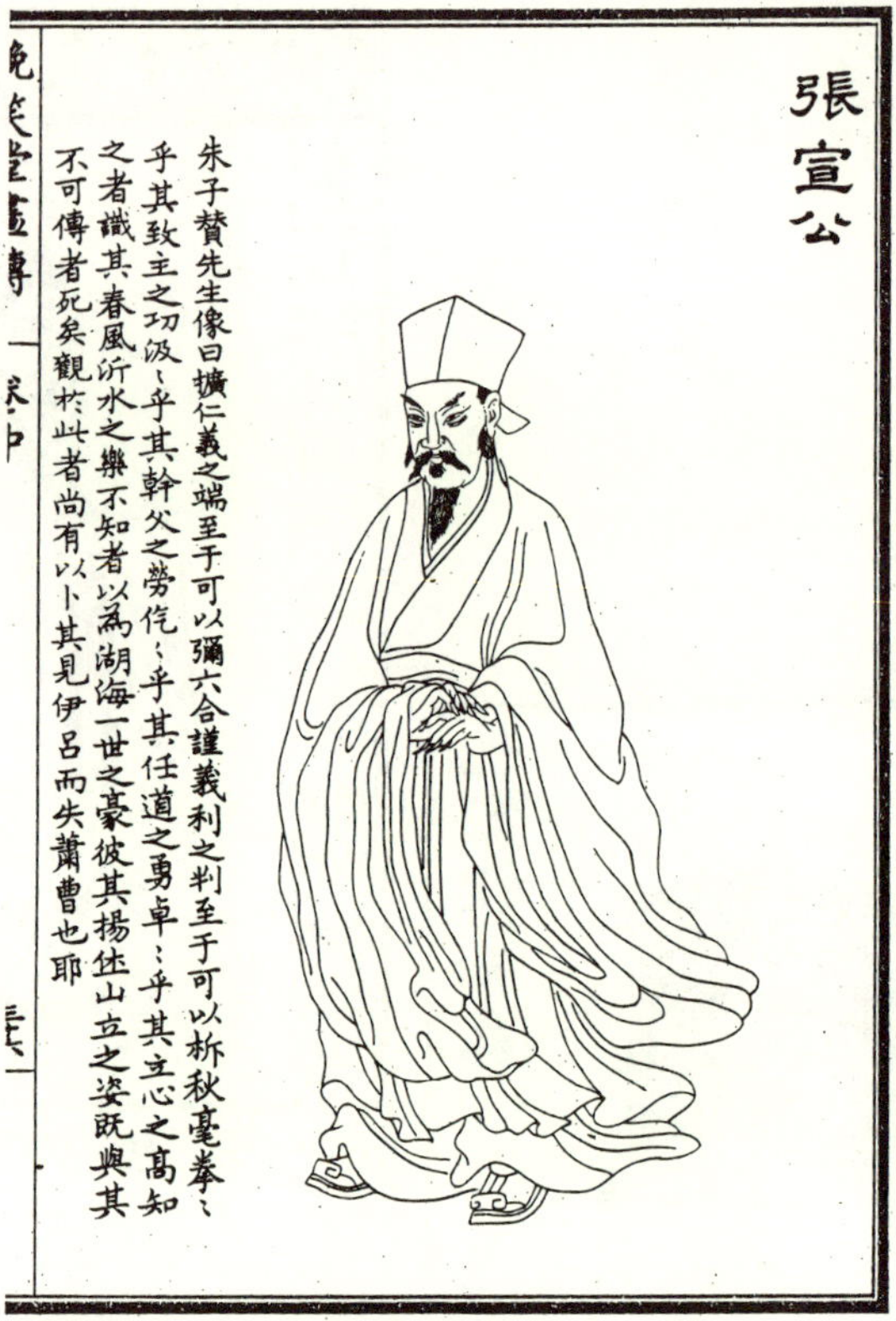
張宣公
朱子賛先生像曰擴仁義之端至于可以彌六合謹義利之判至于可以析秋毫拳〻乎其致主之切汲〻乎其幹父之勞伉〻乎其任道之勇卓〻乎其立心之高知之者識其春風沂水之樂不知者以為湖海一世之豪彼其揚休山立之姿既與其不可傳者死矣觀於此者尚有以卜其見伊呂而失蕭曹也耶
張栻（晩笑堂画傳）

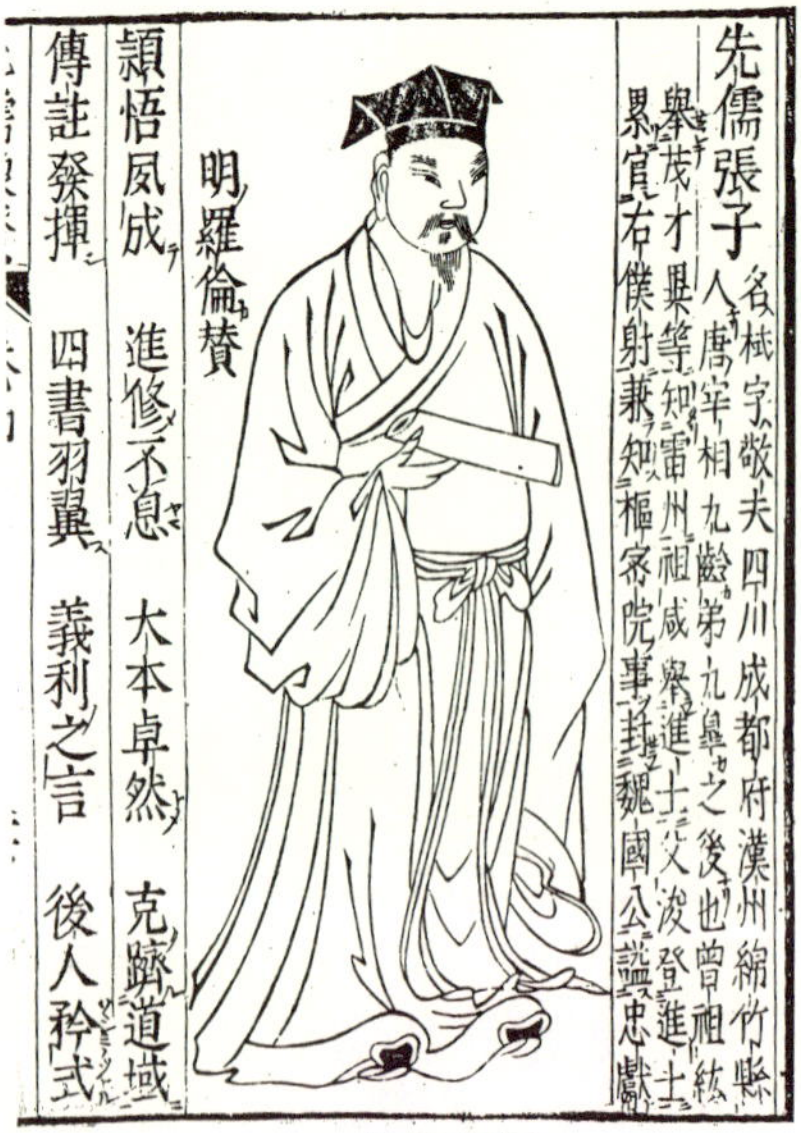
先儒張子
名栻字敬夫四川成都府漢州綿竹縣人唐宰相九齡弟九皋之後也曾祖紘舉茂才異等知雷州祖咸舉進士父浚登進士累官右僕射兼知樞密院事封魏國公謚忠獻
明羅倫賛
穎悟夙成　進修不息　大本卓然　克躋道域
傳註發揮　四書羽翼　義利之言　後人矜式
張栻（聖賢像賛）

【張栻《ちょうしょく》】（一一三三～一一八〇）宋の学者。漢州綿竹（現・四川省）の人。衡陽に移り住んだ。字は敬夫また欽夫、楽斎、号は南軒。世に南軒先生とよばれた。吏部侍郎兼侍講、江陵府兼湖北路按撫使などを歴任。徳治養民に努め、兵力の練成によって金に対抗すべきことを説いた。諡《おくりな》は宣。朱熹とも往来があり、二人して南宋の道学大師といわれた。『論語解』『南軒集』などがある。

呂祖謙（聖廟祀典図考）

先儒呂子
名祖謙字伯恭浙江金華府金華縣人
其先世山東萊州人從壽春六世祖宰
相夷簡徙開封三世好問隨高宗南渡仕至尚書
右丞卜居金華自明世祖希哲從程頤游以儒
行名於世故其家子孫有中原文獻之傳
明薛瑄贊
心平氣和　德優才博　友契閩川　學宗關洛
任道惟堅　責人從薄　景仰前賢　式欽著作

呂祖謙（聖賢像賛）

【呂祖謙《りょそけん》】

（一一三七～一一八一）宋の学者。婺《ぶ》州金華（現・浙江省）の人。祖籍は壽州（現・安徽鳳台）。字は伯恭。隆興の進士。『徽宗実録』の重修に参加。家には蔵書が多く博学で、朱熹、張栻《ちょうしょく》らと親しく交わった。『呂東莱集』などがある。

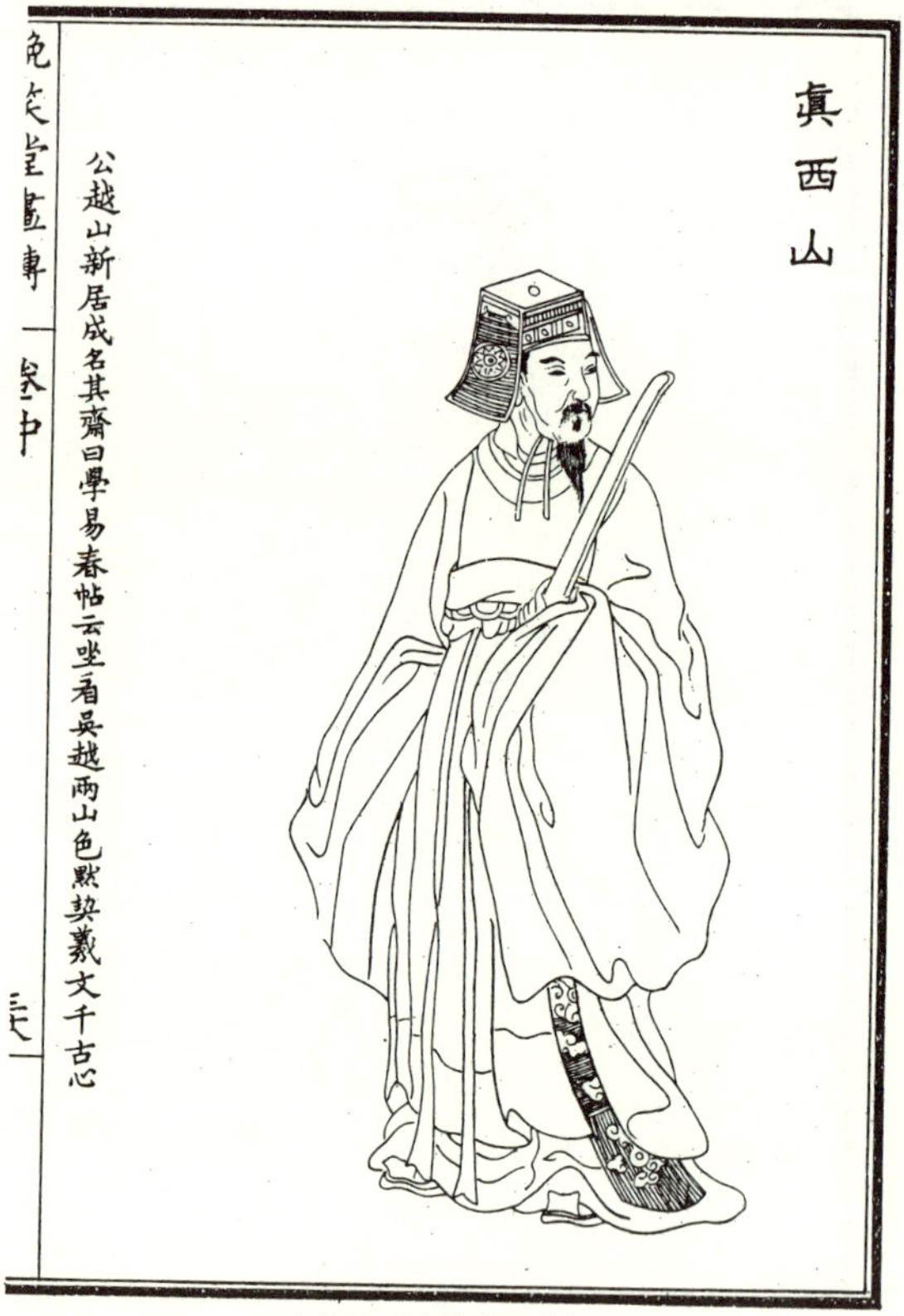
眞西山
公越山新居成名其齋曰學易春帖云坐看吳越兩山色默契羲文千古心
晩笑堂畫傳　卷中
真徳秀（晩笑堂画傳）

【真徳秀《しんとくしゅう》】（一一七八〜一二三五）南宋の大臣・学者。字は景元、のち希元に改める。世に西山先生とよばれた。朱熹の門人詹《せん》体仁の弟子。韓侂冑《かんたくちゅう》による弾圧で衰退していた朱子学を復興するのに功績があり、魏了翁《ぎりょうおう》とともに尊敬を集めた。晩年には宰相となった。『大学衍義』『心経』などがある。

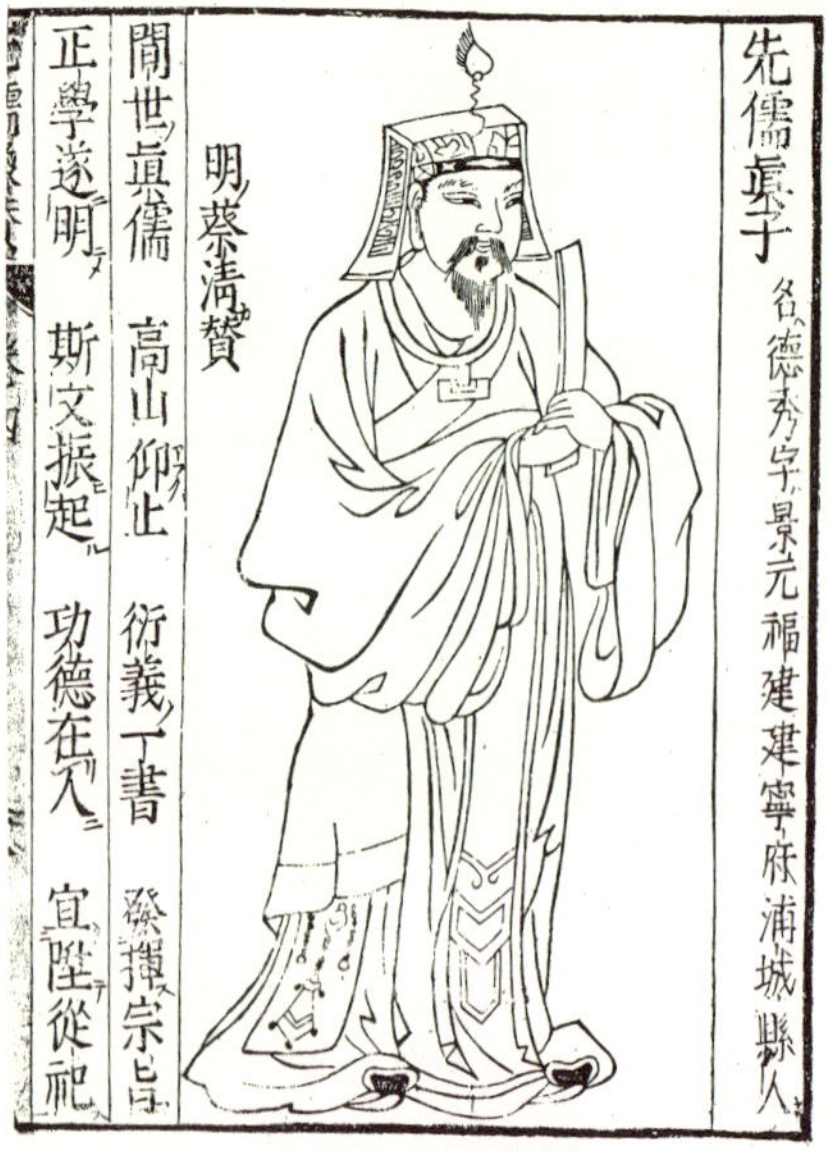
先儒眞子
名徳秀字景元福建建寧府浦城縣人
明蔡清贊
閒世眞儒　高山仰止　衍義一書　發揮宗旨
正學遂明　斯文振起　功徳在人　宜陞從祀
真徳秀（聖賢像贊）

魏了翁（聖廟祀典図考）

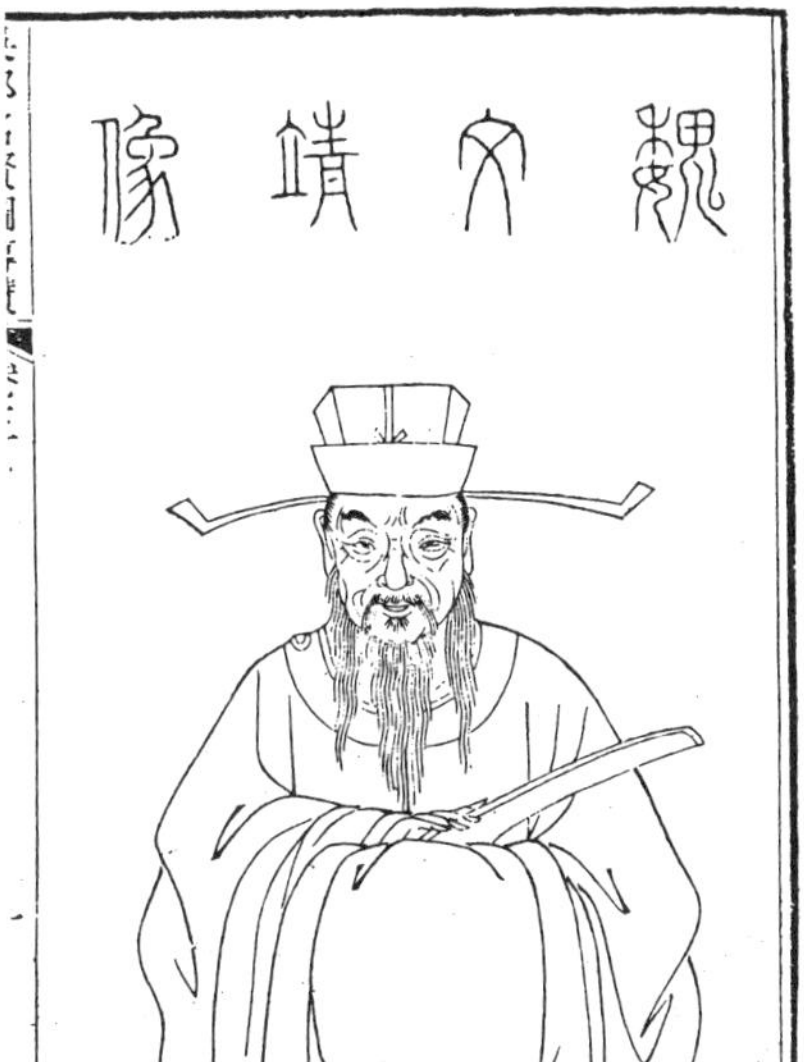

魏了翁（呉郡名賢図傳贊）

【魏了翁《ぎりょうおう》】（一一七八～一二三七）南宋の儒学者。邛《きょう》州蒲江（現・四川省）の人。字は華父、号は鶴山。慶元の進士。地方官を歴任した。のち国史院編修官などを経て、端明殿学士となった。最後は福建福州の按撫使となった。『鶴山集』などがある。

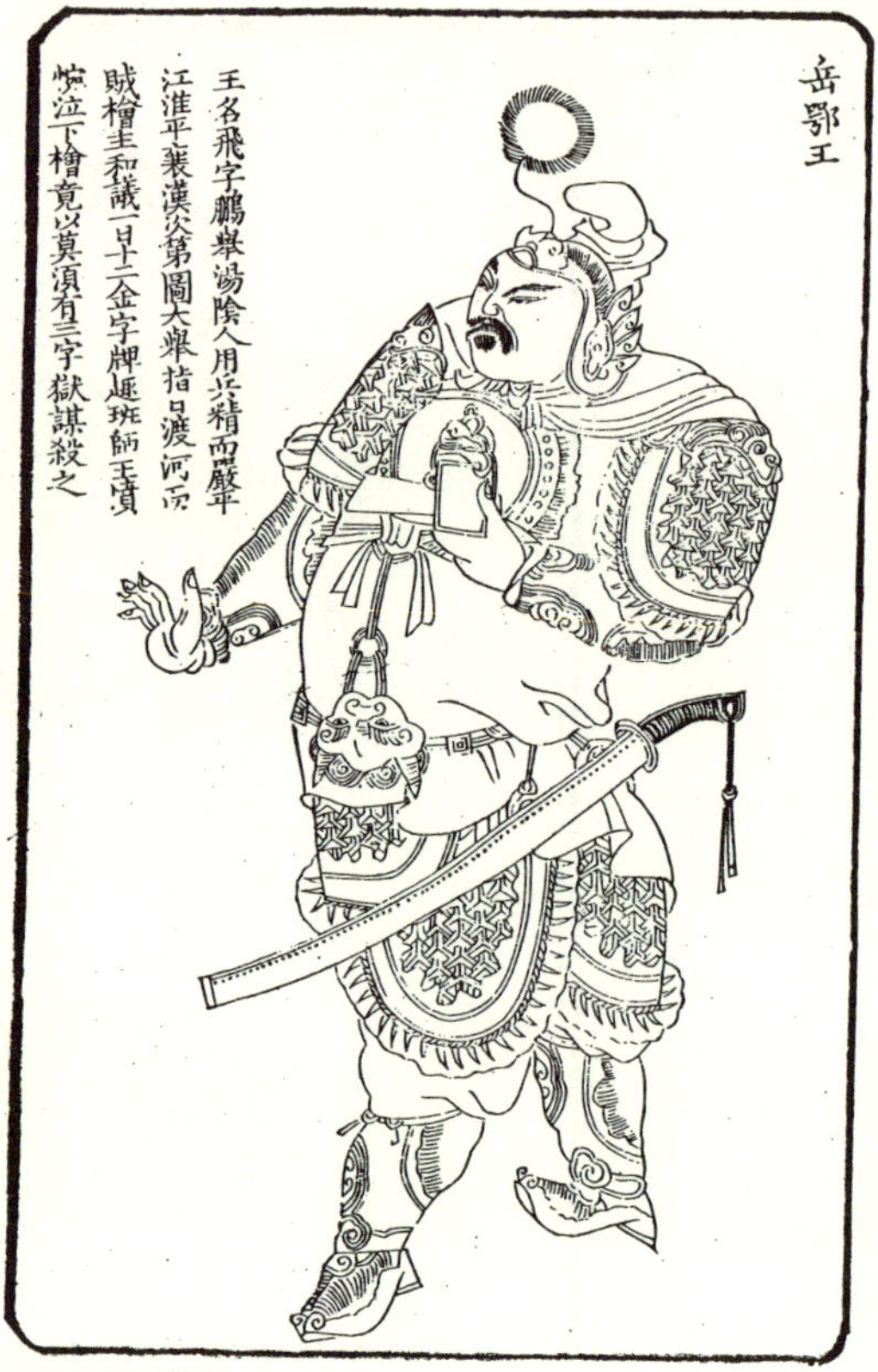
岳鄂王
王名飛字鵬舉湯陰人用兵精而嚴卒
江淮平襄漢六第圖大舉指日渡河而
賊檜主和議一日十二金字牌趣班師王憤
惋泣下檜竟以莫須有三字獄謀殺之

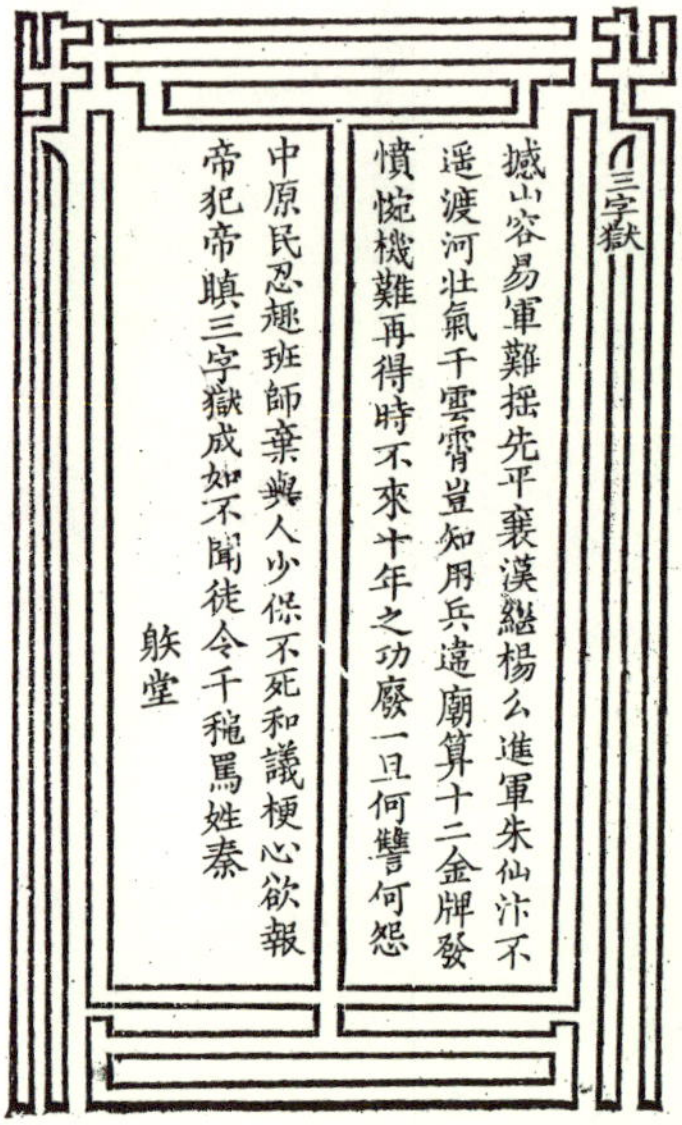
三字獄
撼山容易軍難揺先平襄漢繼楊么進軍朱仙汴不
遥渡河壮氣干雲霄豈知用兵違廟算十二金牌發
憤惋機難再得時不來十年之功廢一旦何讐何怨
中原民忍趣班師棄與人少保不死和議梗心欲報
帝犯帝瞋三字獄成如不聞徒令千秭罵姓秦
躰堂

岳飛（無雙譜）

岳武穆王飛
性成忠義
神授勇力
正氣弗阿
克勝無敵
赤手障瀾
揮戈回日
計成偃月
此恨何極

岳飛（集古像贊）

【岳飛《がくひ》】

（一一〇三～一一四二）南宋の名将・忠臣。湯陰《とういん》（現・河南省）の人。字は鵬挙《ほうきょ》、諡《おくりな》は武穆《ぶぼく》。北方の金軍を破り主戦論をとなえたが、和平論を固守する秦檜《しんかい》や高宗らと意見があわず、謀反の嫌疑で逮捕・毒殺された。死後、名誉が回復され、元代には漢人にとって救国の英雄として人気が高まった。『岳武穆集』がある。

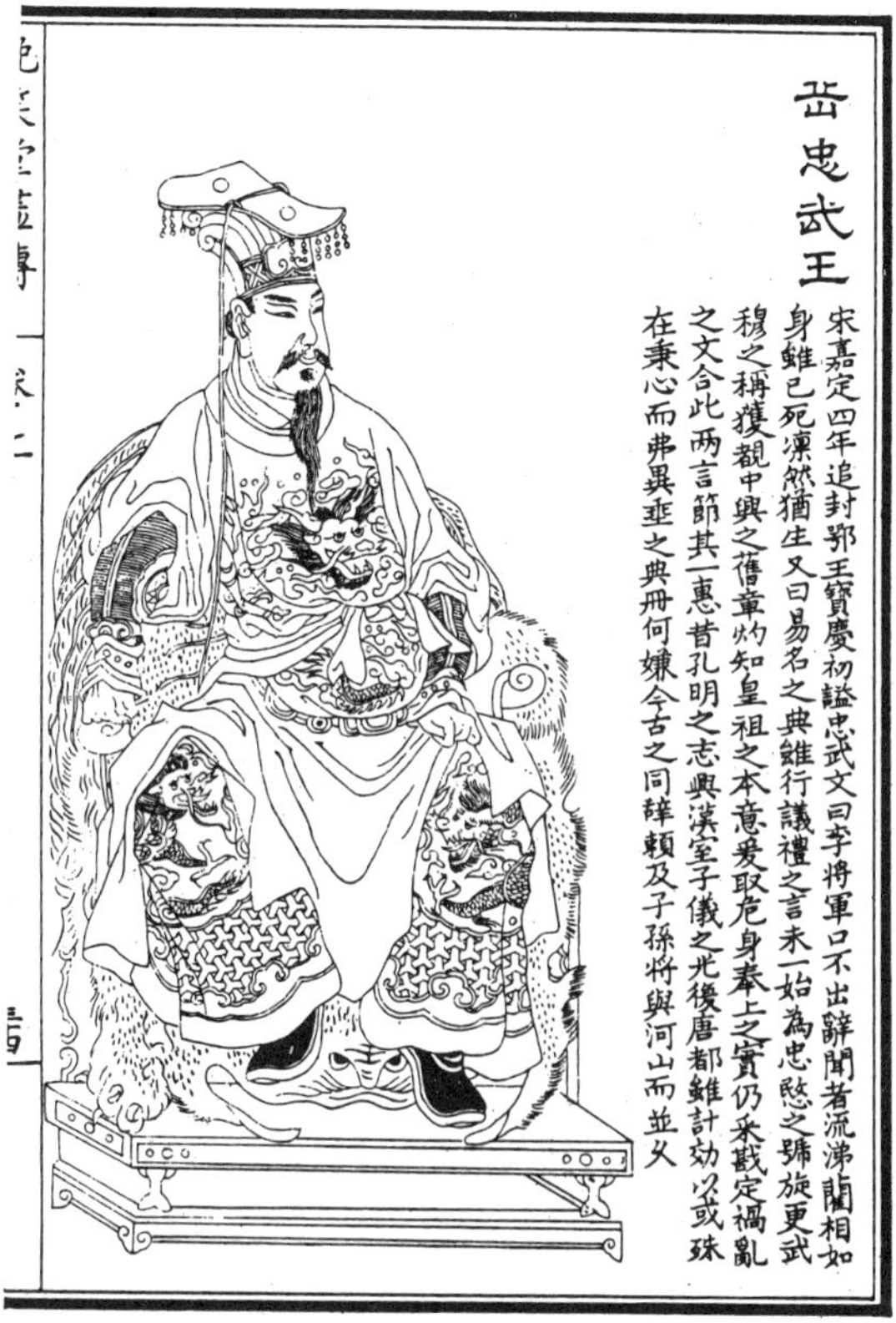
岳忠武王
宋嘉定四年追封鄂王寶慶初謚忠武文曰李將軍口不出辭聞者流涕藺相如
身雖已死凜然猶生又曰易名之典雖行議禮之言未一始為忠愍之號旋更武
穆之稱獲覩中興之舊章灼知皇祖之本意爰取危身奉上之實仍采戡定禍亂
之文合此兩言節其一惠昔孔明之志興漢室子儀之光復唐都雖計效以或殊
在秉心而弗異垂之典冊何嫌今古之同辞頓及子孫将與河山而並久
岳飛（晩笑堂画傳）

岳武穆王飛像
岳飛（新刻歴代聖賢像贊）

太學録陳東
東丹陽人蔡京等用事東
在太學率其徒伏闕上書
請誅六賊以謝天下後李綱
罷相東又上書乞留綱而罷
汪黄并請親征還二聖汪黄
激怒帝請誅之東臨刑辭別
吏有難色東笑曰我陳東也
畏死即不言矣
雲裏帝城
我陳東
六賊用事民力竭汪黄作相親
征歇有一李綱不肯留哭領生
徒來伏闕伏闕上書鳴不平廟
堂束手書生鳴父兄之讐天不
共不當議和當用兵當用兵空
費舌皆君勸君君不悦報君尚
有一腔血　躭堂

陳東（無雙譜）

【陳東《ちんとう》】（一〇八六～一一二七）南宋の人。字は少陽。潤州丹陽（現・江蘇省）の人。徽宗のとき太学に入り、欽宗が即位すると太学生を率いて上書して、蔡京《さいけい》・王黻《おうふつ》・朱勔《しゅべん》らの六《りく》賊を誅滅すべきことを願った。開封が金兵に包囲されるとしばしば上書して、徹底抗戦を主張した。高宗が即位すると南京《なんけい》（河南商丘）に呼ばれ、最後は殺された。著に『少陽集』などがある。

李綱（古聖賢像傳略）

李綱（新刻歴代聖賢像賛）

【李綱《りこう》】（一〇八三～一一四〇）宋の政治家。邵武（現・福建省）の人。字は伯紀。政和の進士。宣和年間に太常少卿となる。金軍の南下に関して徹底抗戦、講和反対を主張した。『梁渓集』がある。

宗澤（百将図傳）

宗澤（古聖賢像傳略）

【宗澤《そうたく》】（一〇六〇～一一二八）宋の政治家。婺州《ぶしゅう》義烏《ぎう》（現・浙江省）の人。字は汝霖。元祐の進士。磁州の地方官のとき義兵を募ったが、阻止された。のち東京の留守を守ったとき、糧食を蓄積し、義軍を集め、岳飛を抜擢し、しばしば金軍を打ち破った。高宗に上書して南京《なんけい》（商丘）から還都することを要請した。『宗忠簡公集』がある。

文丞相
宋文丞相名天祥字宋瑞吉水人進士對策第一江上報急詔
天下勤王公盡以家貲為軍費妻妾子女皆被執如金百鍊
而益勁如水萬折而必東宋亡居燕三年足不下樓會中山狂人
兵起請死從之衣帶中有贊末云而今而後庶幾無愧吁真無愧也
涉鯨波歷虎谷家貲散盡妻
子完萬寔丕渝仍奔逐止為趙
氏一塊肉痛絶厓山葬魚腹丞相
二日留燕疆宋祚一日存不亡君不
見漢運綿諸葛韓讐復張良
星河嶽發正氣事難逆睹天
難量 庶無愧為宋文丞相作
文天祥（無雙譜）

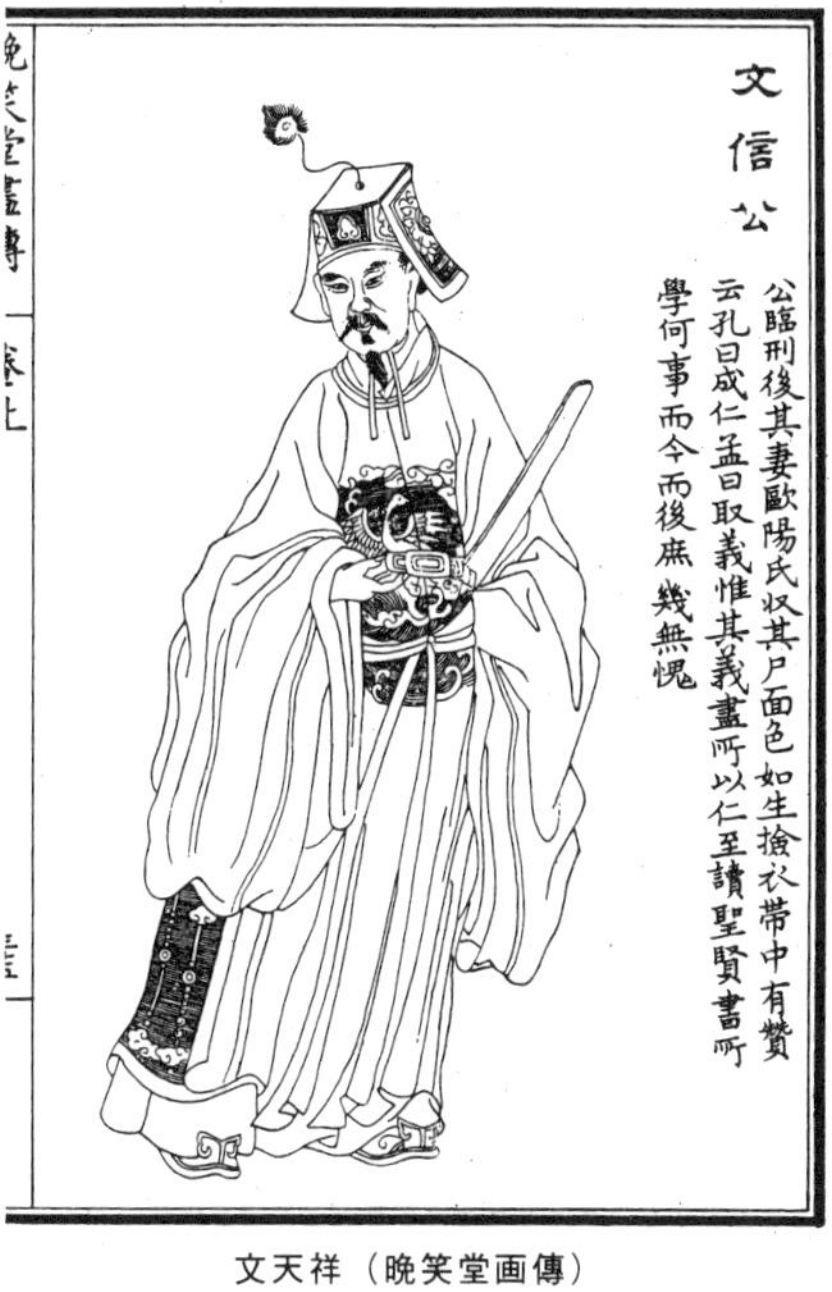
文信公
公臨刑後其妻歐陽氏收其尸面色如生撿衣帶中有贊
云孔曰成仁孟曰取義惟其義盡所以仁至讀聖賢書所
學何事而今而後庶幾無愧
文天祥（晩笑堂画傳）

【文天祥《ぶんてんしょう》】（一二三六～一二八二）南宋末の忠臣。吉州廬陵《ろりょう》（現・江西省吉安）の人。字は宋瑞・履善《りぜん》、号は文山。主席で進士に合格した。元の攻勢下、中央政府の宰相に抜擢され和平交渉にあたった。のちに元に反抗して、捕らえられた。帰順の勧めにもかかわらず、宋王朝に対する忠義を守り、在獄三年ののち至元十九年（一二八二）処刑された。獄中で『正気歌《せいきのうた》』をつくった。

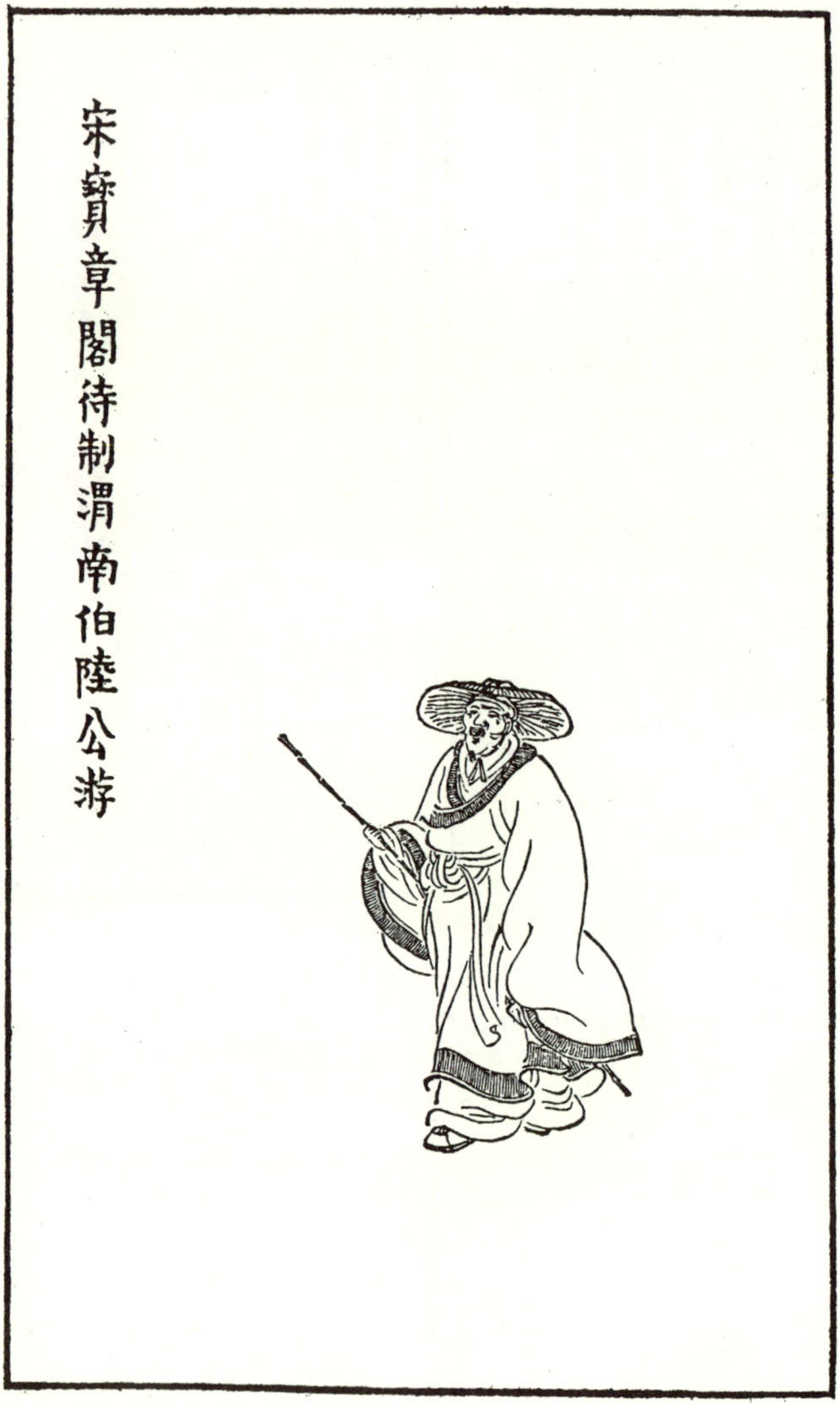

陸游（列仙酒牌）

【陸游《りくゆう》】（一一二五～一二一〇）南宋の大詩人。山陰（現・浙江省紹興）の人。字は務観、号は放翁。孝宗が即位すると鎮江・隆興通判に任じた。乾道六年（一一七〇）には、蜀の夔州《きしゅう》の通判に任じた。晩年は官界から引退して、故郷に隠居した。作風は剛健な叙情味に溢れ、若いときは憂国の詩が多く、晩年は田園の美しさをも賛美した。著に『剣南詩稿』『入蜀記』『渭南文集』などがある。

陸游（古聖賢像傳略）

朱淑真（百美新詠）

元好問（古聖賢像傳略）

【元好問《げんこうもん》】（一一九〇〜一二五七）金末の詩人。秀容（現・山西省忻《きん》県）の人。字は裕之、号は遺山。幼くして詩を作り、詩名は京師に轟いた。興定の進士。内郷令、行尚書左司員外郎などを歴任か、金滅亡後は仕官せず、華北各地を遊歴した。詩は陶潜・杜甫から蘇軾・黄庭堅と続く正統を継ぎ、楽府にも秀でた。著に『遺山先生集』『中州集』がある。

【朱淑真《しゅしゅくしん》】宋の女性作家。号は幽栖居士。銭塘（現・浙江省杭州）、一説に海寧の人。官僚の家庭に育った。結婚したが、家庭生活に満ち足らず、鬱屈した感情を詠った。音律に通じ、書画も嗜んだという。詩に『断腸集』、詞に『断腸詞』がある。

元世祖
雄武以斷
聰明而仁
胡夷間氣
篤生此人
驅策賢豪
振揚武烈
繼統中華
式欽大業

元世祖（集古像贊）

【元世祖《げんせいそ》】（一二一五～一二九四在位一二六〇～一二九四）元の皇帝、フビライ。チンギス・ハーン（成吉思汗）の孫、モンケ・ハーン（憲宗）の弟。雲南地方の平定などで実力をつけ、中国本土に勢力を広げ、漢人の間にも信頼を勝ち取った。至元八年、国号を大元として中国支配した確立した。日本にも攻め寄せた（元寇《げんこう》）が、台風などでに阻まれて失敗した。

元世祖（古先君臣図鑑）

耶律楚材（新刻歴代聖賢像賛）

【耶律楚材《やりつそざい》】（一一九〇～一二四四）元の政治家・文人。遼の太祖・耶律阿保機の子孫。諡《おくりな》は文正。金に仕えたのち元の太祖に仕えた。チンギス・ハーン死後に後継者選出が混乱したとき、オゴタイを推して即位させ、宰相としてモンゴルの漢土支配を助けた。文学・天文・地理・医学にもくわしく、著書に『湛然《たんぜん》居士集』『西遊録』がある。

耶律文正王楚材
用夏變夷
輔仁勝殺
彌縫化工
洗濯日月
創立帝制
底綏民生
仁者之功
孰能與京
耶律楚材（集古像賛）

耶律晉卿像
三才圖會
人物八卷
三
耶律楚材（三才図会）

伯顔（百将図傳）

伯顔（新刻歴代聖賢像賛）

【伯顔《はくがん》】（一二三七～一二九五）元初の勲臣。巴鄰《バリン》氏。イルハン国に育ったが、世祖のもとに使して見いだされた。至元十一年（一二七四）南宋征服軍の総司令官となり、首都臨安を無血開城させた。翌年カラコルムに派遣されて反乱軍を撃破、モンゴル高原の確保に貢献した。

劉秉忠（新刻歴代聖賢像賛）

劉因（新刻歴代聖賢像賛）

姚枢（新刻歴代聖賢像賛）

【劉秉忠《りゅうへいちゅう》】

（一二一六～一二七四）元初の政治家。邢州《けいしゅう》（現・河北省邢台）の人。字は仲晦《ちゅうかい》。初名を侃《かん》、若いとき僧侶で名を子聡といった。号は蔵春上人。世祖のとき幕府に入り、機密に参与したり学校の振興を行った。のち還俗して、至元八年（一二七一）、国号を大元とすることを建議した。

【劉因《りゅういん》】

（一二四九～一二九三）元の学者。保定容城（現・河北省）の人。字は夢吉、号は静修。朱子学を学んだ。至元十九年（一二八二）、承徳郎・右賛善大夫となった。のち母の病で辞職、弟子の養成と著作に専念した。『静修集』がある。

【姚枢《ようすう》】

（一二〇三～一二八〇）元の学者。柳城（現・河南省西華西）の人。字は公茂。太宗のとき、蒙古軍に従って宋を攻め、そのとき儒学・道学・仏教・医学などを治めた人材を募った。のちそのとき知り合った儒者によって朱子学に開眼した。世祖のとき、昭文館大学士を授けられ、官は翰林学士承旨に至った。

程鉅夫（新刻歴代聖賢像賛）

廉希憲（新刻歴代聖賢像賛）

【程鉅夫《ていきょふ》】

（一二四九～一三一八）元の政治家。建昌（現・江西省南城）の人。原名を文海といったが、鉅夫に改めた。南宋末、叔父に従って元に降った。至元二十年（一二八三）以後、翰林集賢学士、侍御史などを歴任、命によって江南に賢人を探しに行き、趙孟頫ら二十余人を得た。詩文を善くした。『雪楼集』がある。

【廉希憲《れんきけん》】

（一二三一～一二八〇）元の大臣。ウイグル人。字は善甫。儒書に習熟していた。京兆（長安）の分地をおさめる宣撫使《せんぶし》となり、許衡《きょこう》・姚枢《ようすう》らを推薦した。フビライに従って南征、憲宗没後フビライの即位を援助した。

呉澄（新刻歴代聖賢像賛）

呉澄（三才図会）

【呉澄《ごちょう》】（一二四九～一三三三）元の学者。撫州崇仁《ぶしゅうすうじん》（現・江西省）の人。字は幼清、のちに伯清。咸淳《かんじゅん》年間、進士に応ずるが採られず、民間に講学を続けた。至元二十三年（一二八六）、程鉅夫が賢人を江南に探したとき、大都に上った。至大年間に国子監丞、のち翰林学士などになったが、晩年は故郷に帰った。『呉文正公集』などがある。

趙孟頫（新刻歴代聖賢像賛）

虞集（三才図会）

趙孟頫（古聖賢像傳略）

【趙孟頫《ちょうもうふ》】（一二五四〜一三二二）元初の政治家・文人。呉興（現・浙江省）の人。字は子昂《すごう》、ほかに松雪《しょうせつ》道人・鷗波《おうは》道人など、諡《おくりな》は文敏。もと宋の皇族だったが、元の世祖フビライに召されて大都（現・北京）に行き、兵部郎中などとなった。のち川林学士承旨、兼修国史などとなり、死後には江浙行省平章事を贈られ、魏国公に封ぜられた。書画に優れ、書では王羲之の書の正統を守り、画は黄公望《こうこうぼう》・呉鎮《ごちん》・王蒙《おうもう》・倪瓚《げいさん》ら元末四大家への道をひらいた。著に『雪斎詩集』がある。

【虞集《ぐしゅう》】（一二七二〜一三四八）元の学者。字は伯生。祖籍は仁壽（現・四川省）、崇仁《すうじん》（現・江西省）に移り住んだ。大徳初年、大都（現・北京）にいたり、国士助教となった。のちに仁宗に重用され、秦定帝のとき翰林直学士兼国士祭酒となって、東沿海の開墾と海防を建議した。文宗のとき、『経世大典』などを趙世延らと編修した。

管夫人（百美新詠）

管夫人（歴朝名媛詩詞）

【管夫人《かんふじん》】（一二六二～一三一九）元の人。字は仲姫《ちゅうき》。趙孟頫《ちょうもうふ》の夫人、魏国夫人に封ぜられた。書画に秀で、特に水墨の竹梅蘭に長ずると共に、書にも才能を示した。伝世作品に「墨竹巻」などが知られる。

邱処機（玄風慶会図）

【邱処機《きゅうしょき》】

（一一四八～一二二七）元の道士。丘処機とも書く。道教全真教の創設者・王重陽《おうちょうよう》の高弟、長春真人。字は通密。登州栖霞《せいか》（現・山東省）の人。十九歳で出家し、王重陽に師事した。重陽の死後、龍門山（陝西）で修業し、龍門派を開いた。チンギス・ハーンに招かれ、アフガニスタン北部で会見して、道士に対する特権を与えられ、教団発展の基礎を確立した。

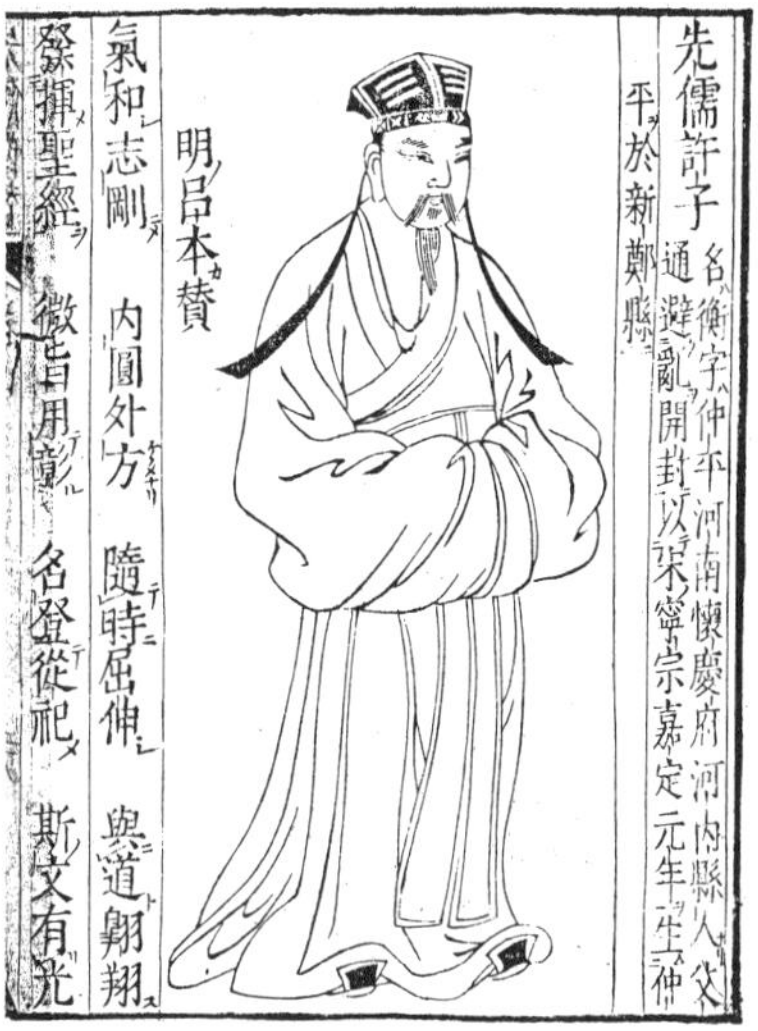
先儒許子
名衡字仲平河南懐慶府河内縣人父通避亂開封以宋寧宗嘉定元年生衡平於新鄭縣
明呂本贊
氣和志剛 内圓外方 隨時屈伸 與道翱翔
發揮聖經 徽旨用彰 名登從祀 斯文有光
許衡（聖賢像贊）

許文正公魯齋像
許衡（新刻歴代聖賢像賛）

許謙（聖廟祀典図考）

【許謙《きょけん》】（一二七〇～一三三七）元の学者。金華（現・浙江省）の人。字は益之、自号は白雲山人。世に白雲先生と呼ばれた。延祐の初め、東陽八華山に棲んで、朱熹の理学を講じた。『読書叢説』『読四書叢説』などがある。

【許衡《きょこう》】（一二〇九～一二八一）元の学者。懐孟河内《かいもうかだい》（現・河南省沁陽《しんよう》）の人。字は仲平、号は魯斎。幼いときから経書を読み、姚枢《ようすう》らに朱子の理学を学んだ。フビライに招かれて京兆提学となり、のち国子祭酒や集賢大学士などを歴任した。のち郭子敬と『授時暦』を編定した。

高克恭（古聖賢像傳略）

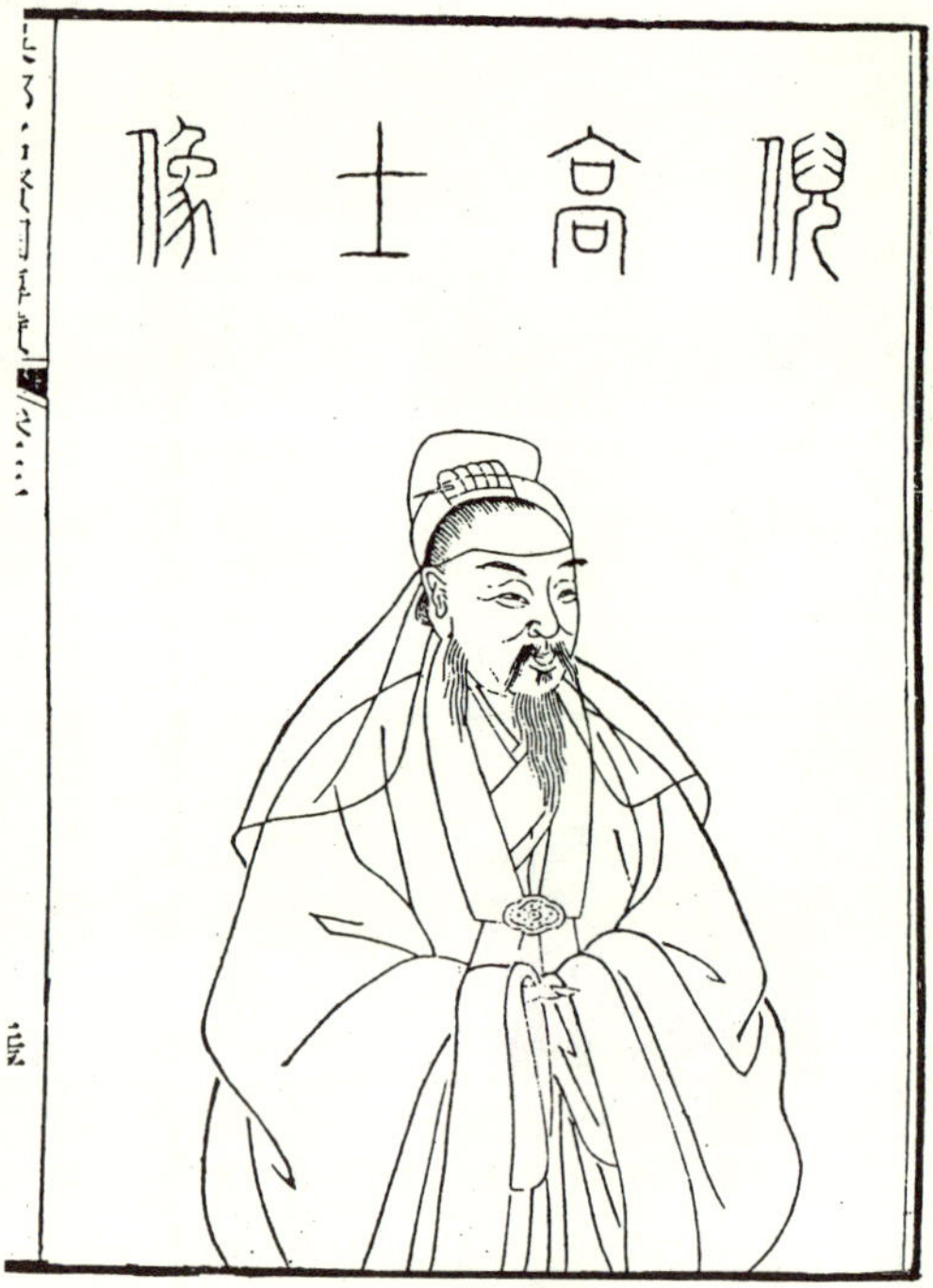

倪瓚（呉郡名賢図傳賛）

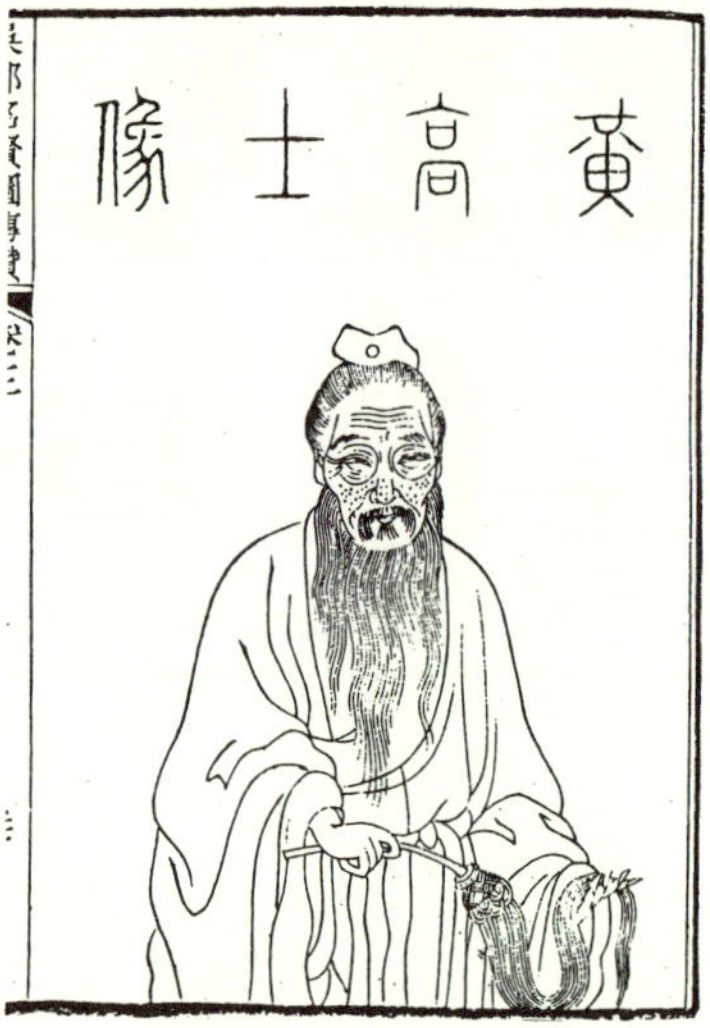

黄公望（呉郡名賢図傳賛）

【倪瓚《げいさん》】

（一三〇一～一三七四）元末の画家。元末四大家の一人。初名は珽《てい》のち瓚と改名。字は元鎮。号は雲林子、草蛮民、幻霞生など。無錫《むしゃく》（現・江蘇省）の富家に生まれた。万巻の書籍や古書画・器物に囲まれた隠逸的生活を送るが、五十歳過ぎて出郷、以後、太湖周辺を流寓した。その作品は、明清文人画に多大な影響を残した。

【高克恭《こうこくきょう》】

（一二四八～一三一〇）元の画家。字は彦敬。号は房山。ウイグルの人。籍貫は大同（現・山西省）で、燕京（現・北京）に移居、晩年は銭塘《せんとう》（現・浙江省杭州）に寓居した。世祖、成宗、武宗に仕え、官は刑部尚書に至った。山水画に長じ、米芾《べいふつ》の山水を継承した。

【黄公望《こうこうぼう》】

（一二六九～一三五四）元の画家。本姓は陸、名は堅。平江常熟《じょうじゅく》（現・江蘇省）の人。字は子久、号は一峰、大痴道人など。かつて中台察院掾吏《じょうり》となり、連座して入獄もした。五十歳過ぎて作画を始め、趙孟頫を継承し、董源・巨然《きょねん》を宗とする山水を描いた。後世の山水画家に深甚な影響を与えた。画に『富春山居図』、著に『写山水訣』などがある。

明清時期

太祖高皇帝像
三才圖會
人物三卷
二十九

明太祖（三才図会）

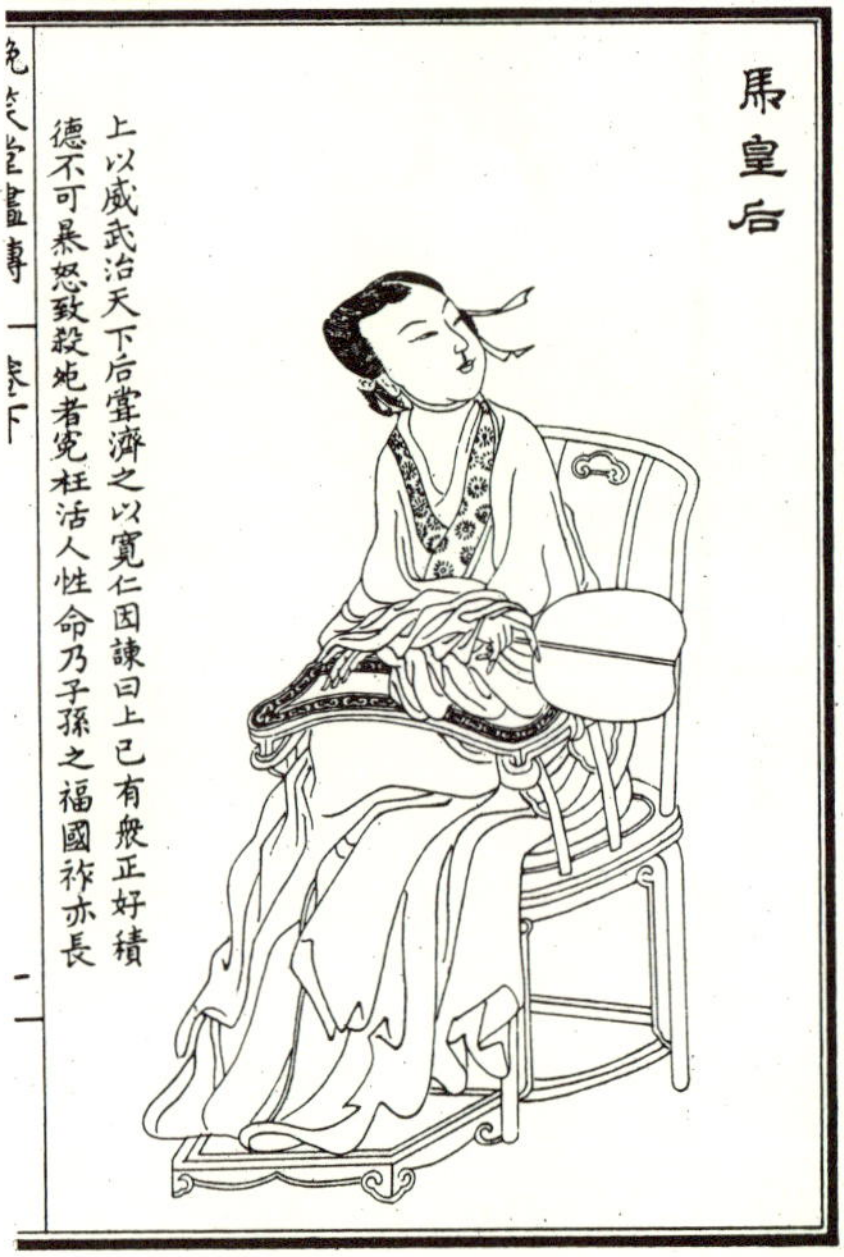
馬皇后
上以威武治天下后嘗濟之以寛仁因諫曰上已有衆正好積
德不可暴怒致殺虵者冤枉活人性命乃子孫之福國祚亦長
晩笑堂畫傳

馬皇后（晩笑堂画傳）

【明太祖《みんたいそ》】（朱元璋《しゅげんしょう》）

（一三二八～一三九八在位一三六八～一三九八）明の初代皇帝。姓名は朱元璋、廟号《びょうごう》は太祖、字《あざな》は国瑞。貧農の出身ではじめ僧侶などになったが、やがて元末の反乱に投じ、次第に勢力を伸ばし、南京に明を建立した。政治・軍事・財政を整えて皇帝独裁の支配体制を確立した。

【馬皇后《ばこうごう》】

（一三三二～一三八二）明の皇帝・朱元璋の妻・皇后。鳳陽宿県（現・安徽宿県）の人。濠州紅巾《こうきん》軍の郭子興の養女で、元至正十二年（一三五二）朱元璋に嫁いだ。賢妻の誉れ高く、殺戮を繰り返す太祖をしばしば諫め、多くの人の命を救ったという。

明成祖（三才図会）

明世宗（三才図会）

【明成祖《みんせいそ》】

（一三六〇～一四二四在位一四〇二～一四二四）明の皇帝。永楽帝。姓名は朱棣《しゅてい》。朱元璋の第四子。北京に燕王として封ぜられ、建文元年（一三九九）、起兵して、同四年に南京を奪取し、帝位に就いた。中央集権を強固にし、北京に遷都した。また『永楽大典』を編纂させた。

【明世宗《みんせそう》】

（一五〇七～一五六六在位一五二一～一五六六）明の皇帝、嘉靖《かせい》帝。即位すると武宗（正徳帝）の信任した銭寧・江彬らを殺し、大規模な改革を試みた。しかし、のちに道教に熱中、また臣下と二十年以上面会せず、政治を厳嵩《げんすう》らに任せて最後は丹薬によって亡くなった。

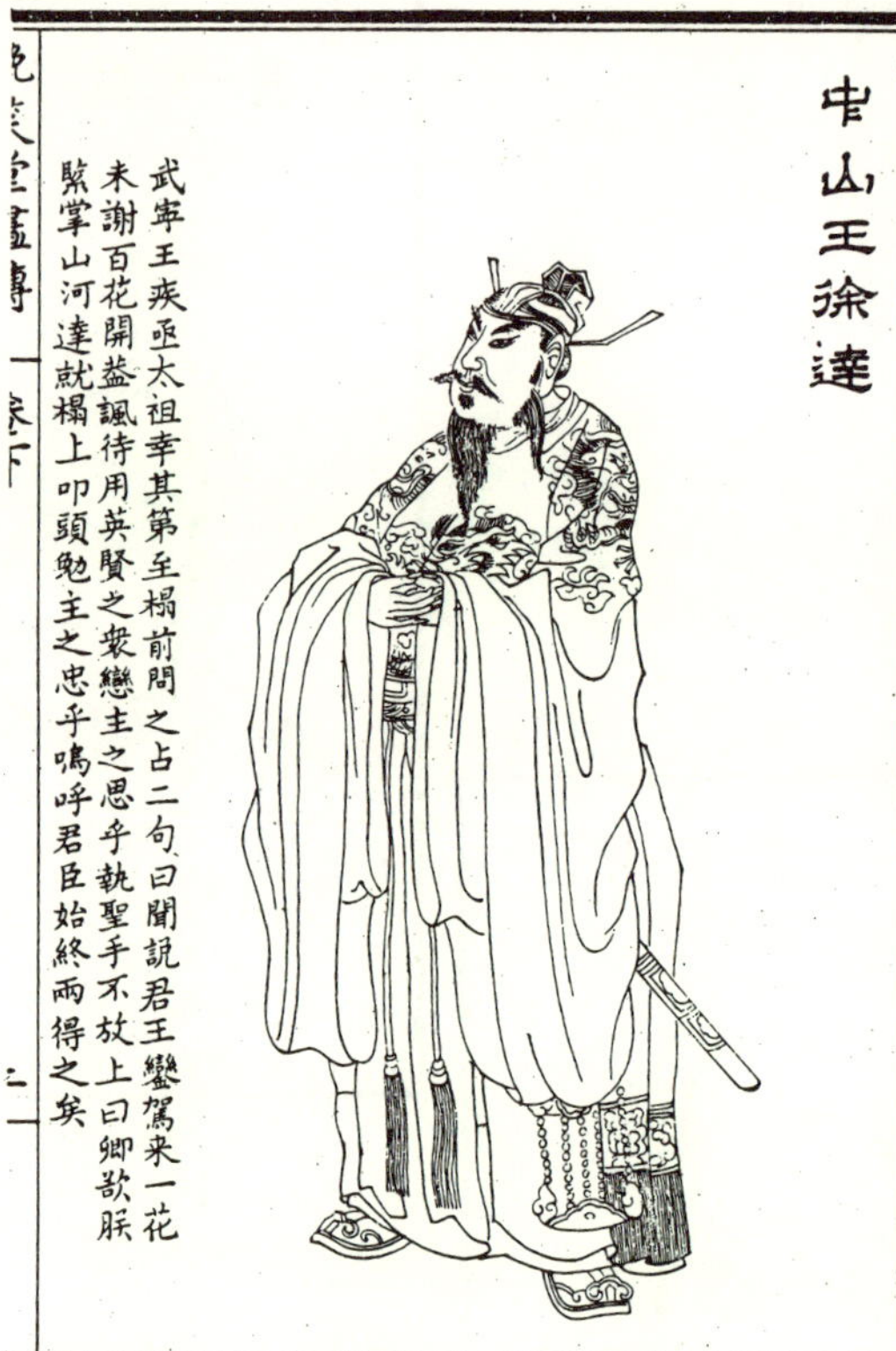
中山王徐達
武寧王疾亟太祖幸其第至榻前問之占二句曰聞説君王鑾駕来一花
未謝百花開盍諷待用英賢之衆戀主之思乎執聖手不放上曰卿歆朕
駭掌山河達就榻上叩頭勉主之忠乎嗚呼君臣始終兩得之矣

徐達（晩笑堂画傳）

皇明名臣像上
魏國公中山徐武寧王達
三才圖會
人物八巻
十三

徐達（三才図会）

【徐達《じょたつ》】（一三三二〜八五）明初の名将。字《あざな》は天徳、濠州（現・安徽省）の人。朱元璋について南京を攻略し、また陳友諒・張士誠との戦いに大功をあげた。常遇春と並んで称された。のち征虜大将軍として北征し、大都を陥落させ、元の残存勢力を駆逐した。死後、中山王に追封された。

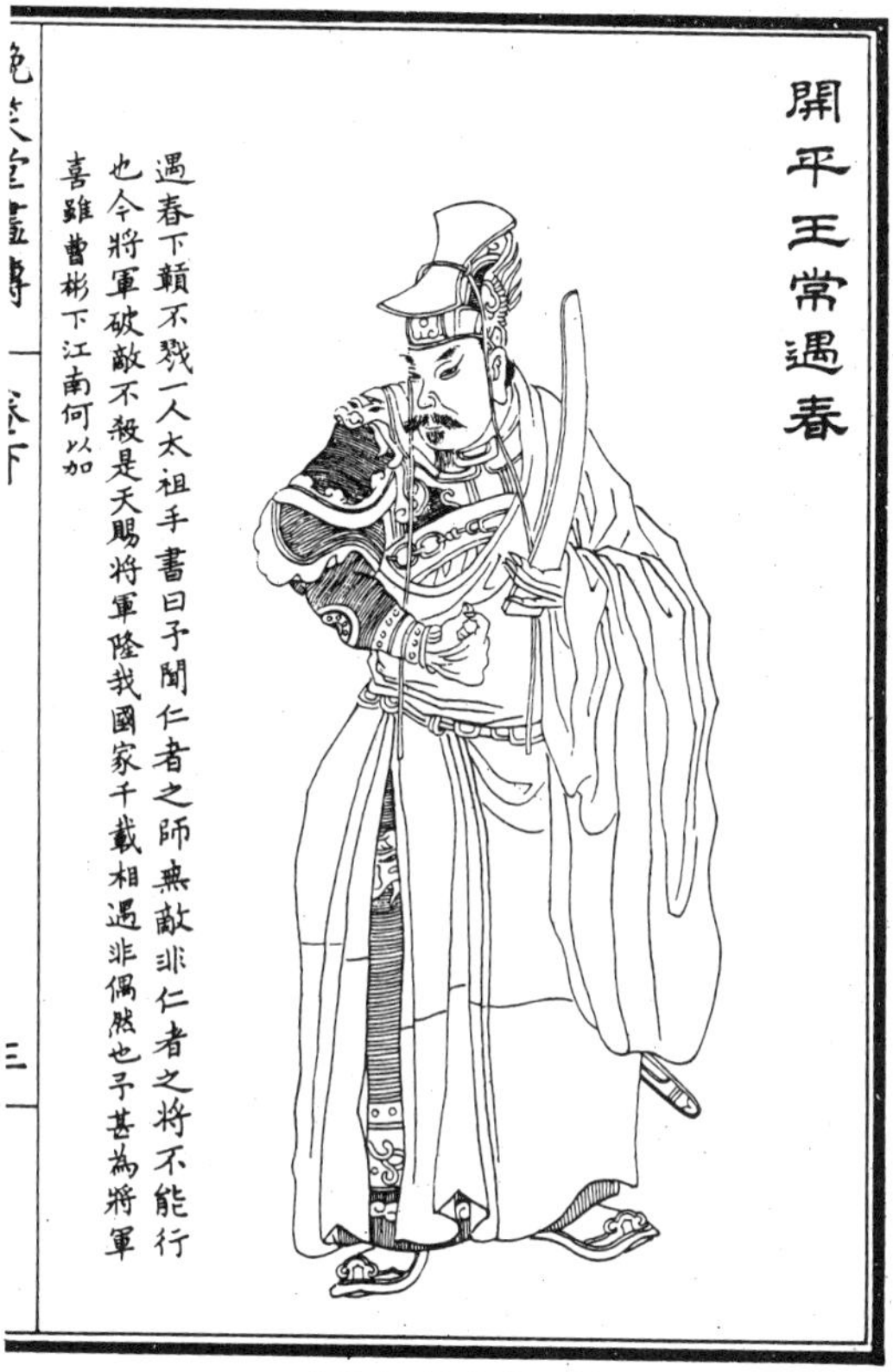
開平王常遇春
遇春下贛不戮一人太祖手書曰予聞仁者之師無敵非仁者之将不能行
也今将軍破敵不殺是天賜将軍隆我國家千載相遇非偶然也予甚為将軍
喜雖曹彬下江南何以加

常遇春（晩笑堂画傳）

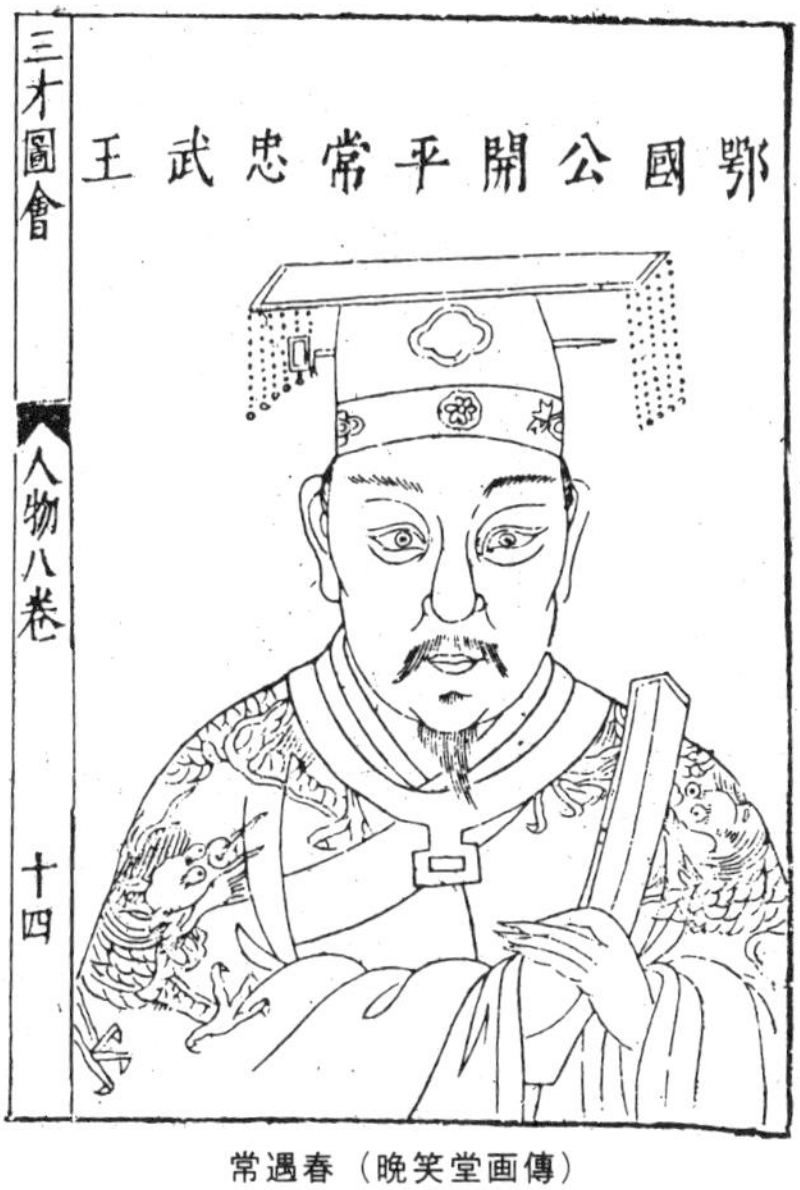
三才圖會
鄂國公開平常忠武王
人物八巻
十四

常遇春（晩笑堂画傳）

【常遇春《じょうぐうしゅん》】（一三三〇～一三六九）明初の名将。安徽省懐遠の人。字《あざな》は伯仁。朱元璋の下で長江南北に転戦し、多くの戦功をたてた。陳友諒、張士誠の討伐に大功があり、鄂国《がくこく》公に封じられた。また徐達とともに北征、元軍を各地に破ったが急死した。死後開平王に封ぜられた。

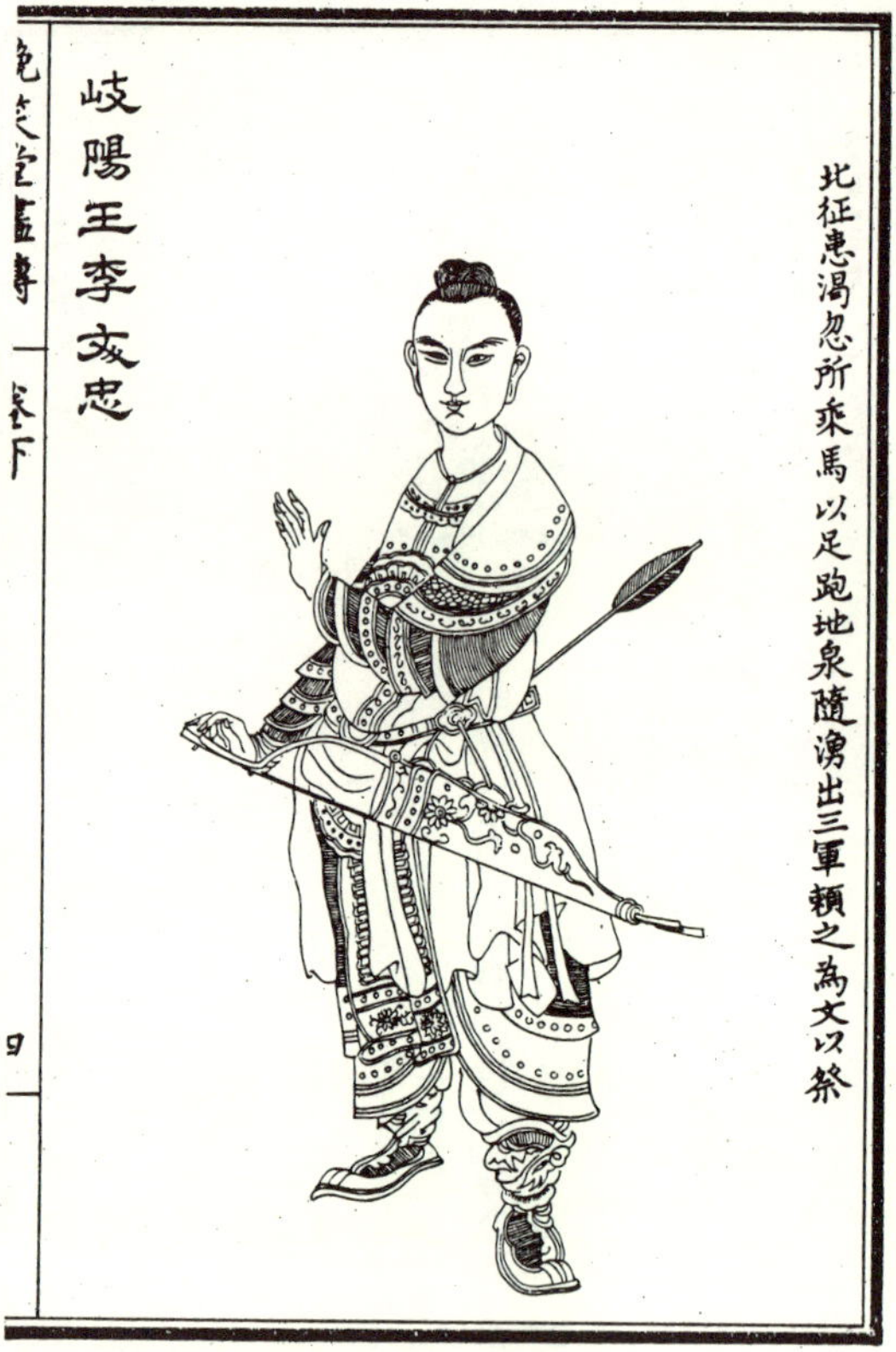
岐陽王李文忠
北征患渴忽所乘馬以足跑地泉隨湧出三軍賴之為文以祭
晩笑堂畫傳
卷下

李文忠（晩笑堂画傳）

曹國公岐陽武靖王文忠
三才圖會
人物八卷
十五

李文忠（三才図会）

【李文忠《りぶんちゅう》】（一三三九～一三八四）明初、鳳陽盱眙《くい》（現・江蘇省）の人。朱元璋の甥。字《あざな》は思本。元末、朱元璋とともに起義軍に参加、元軍をしばしば破り、枢密院僉事《せんじ》となった。洪武二年（一三六九）、常遇春が亡くなると将軍となり、功をあげた。曹国公となり蜀を平定、成都新城を築いた。

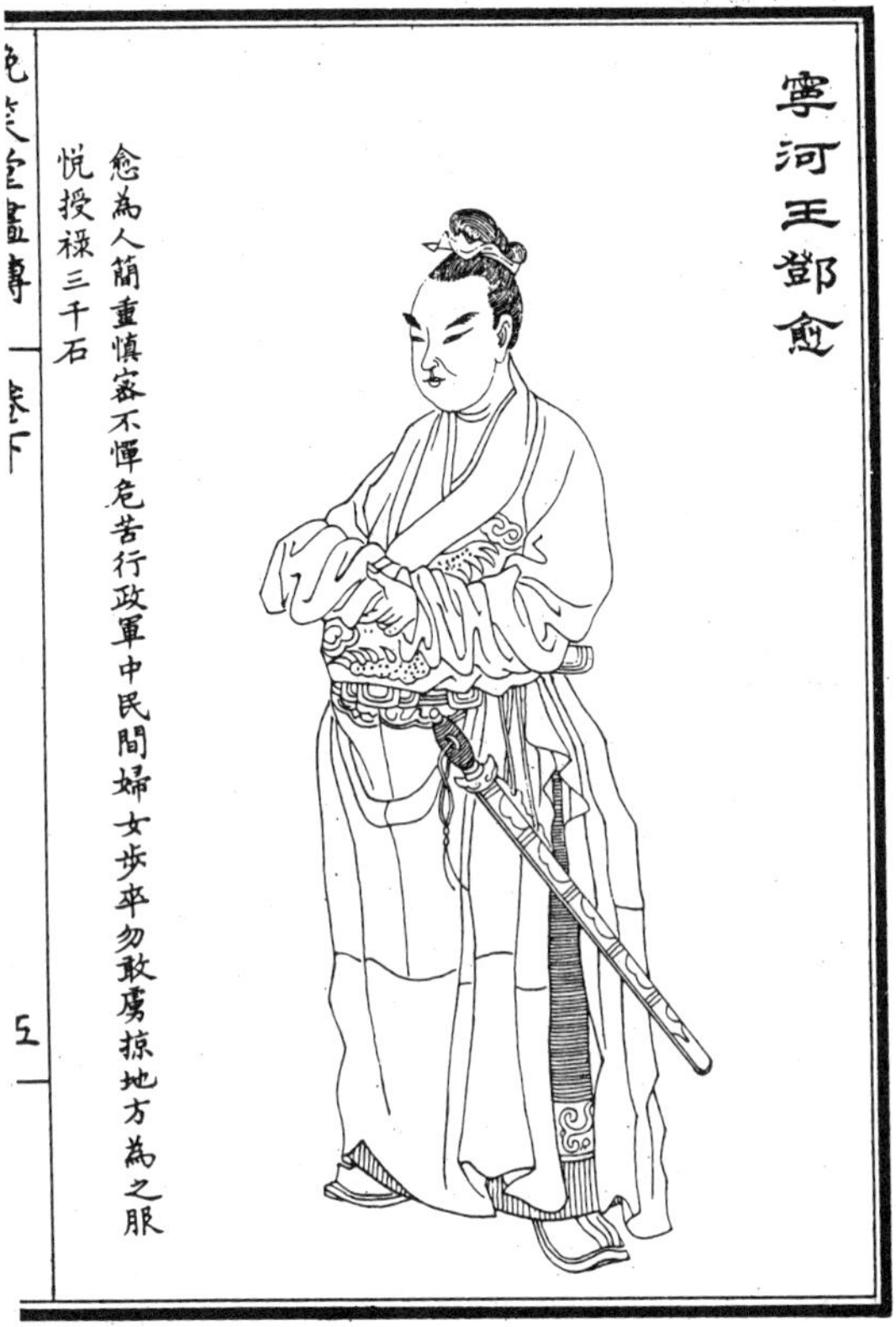
寧河王鄧愈
愈為人簡重慎密不憚危苦行政軍中民間婦女歩卒勿敢虜掠地方為之服
悦授禄三千石
鄧愈（晩笑堂画傳）

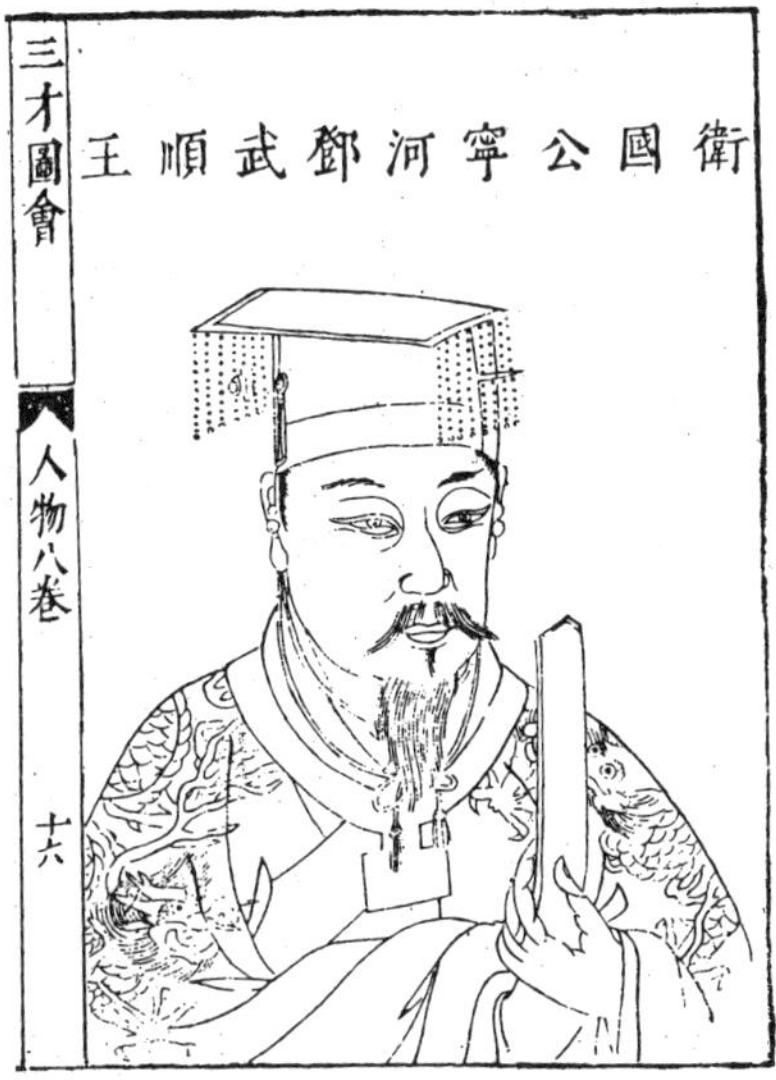
三才圖會
衛國公寧河鄧武順王
人物八巻
十六
鄧愈（三才図会）

【鄧愈《とうゆ》】（一三三七～一三七七）明の名将。鳳陽虹《こう》県（現・安徽省泗《し》県）の人。初名は友徳、字《あざな》は伯顔。元末、父・兄と朱元璋に投じて、管軍総監となった。陳友諒軍に南昌を包囲されたが、死守した。のちに御史大夫となり、衛国公に封ぜられた。

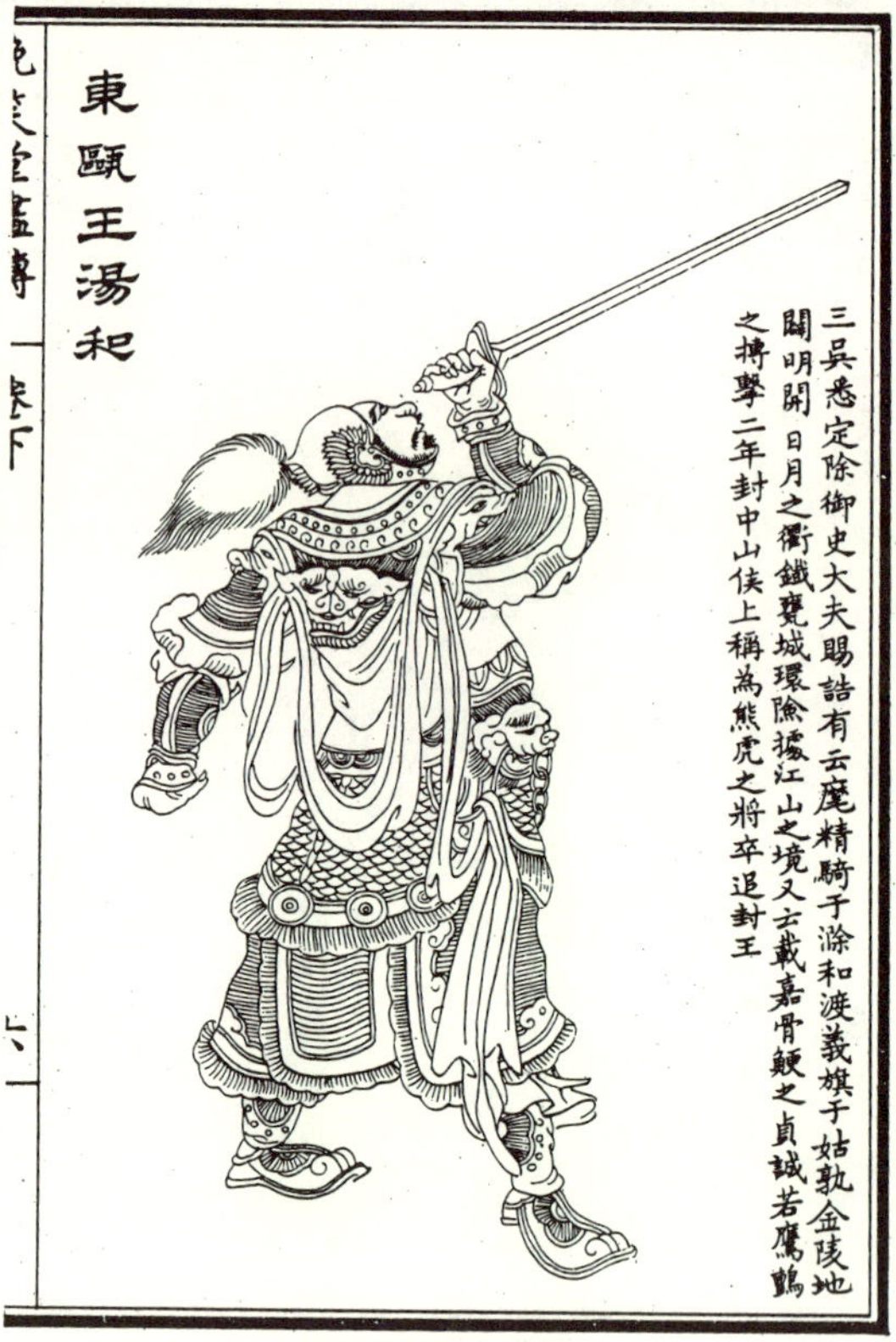
東甌王湯和
三吳悉定除御史大夫賜誥有云麾精騎于滁和渡義旗于姑孰金陵地
闢明開日月之衢鐵甕城環險據江山之境又云載嘉骨鯁之貞誠若鷹鸇
之搏擊二年封中山侯上稱為熊虎之将卒追封王
湯和（晩笑堂画傳）

三才圖會
人物八卷 十七
信國公東甌湯襄武王和
湯和（三才図会）

【湯和《とうわ》】（一三二六～一三九五）明初、濠州（現・安徽鳳陽）の人。字は鼎臣《ていしん》。朱元璋と同郷で、ともに郭子興に投じた。洪武三年（一三七〇）中山侯になった。後に倭寇の防御にあたった。

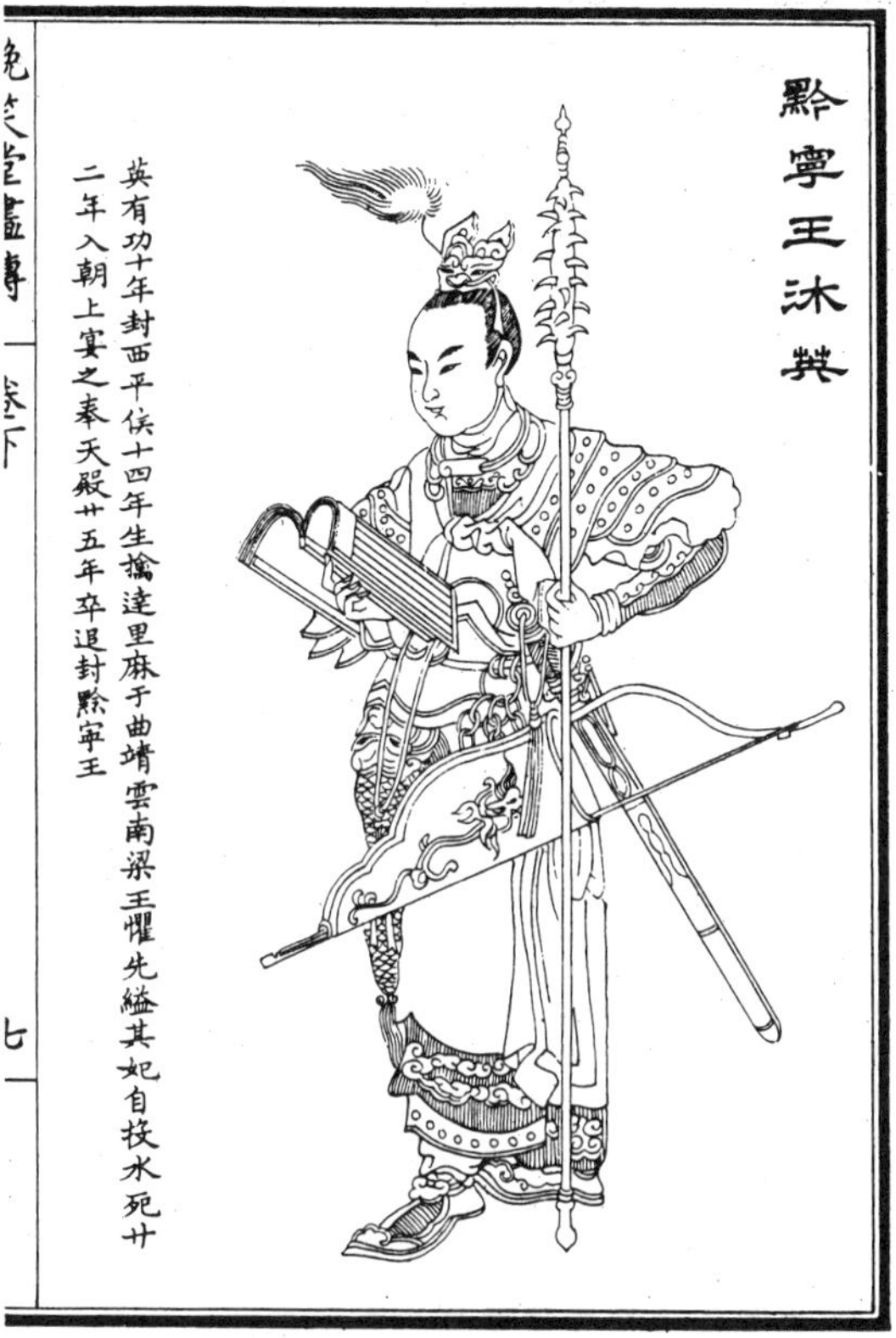
黔寧王沐英
英有功十年封西平侯十四年生擒達里麻于曲靖雲南梁王懼先縊其妃自投水死廿二年入朝上宴之奉天殿廿五年卒追封黔寧王
晩笑堂畫傳
卷下
七

沐英（晩笑堂画傳）

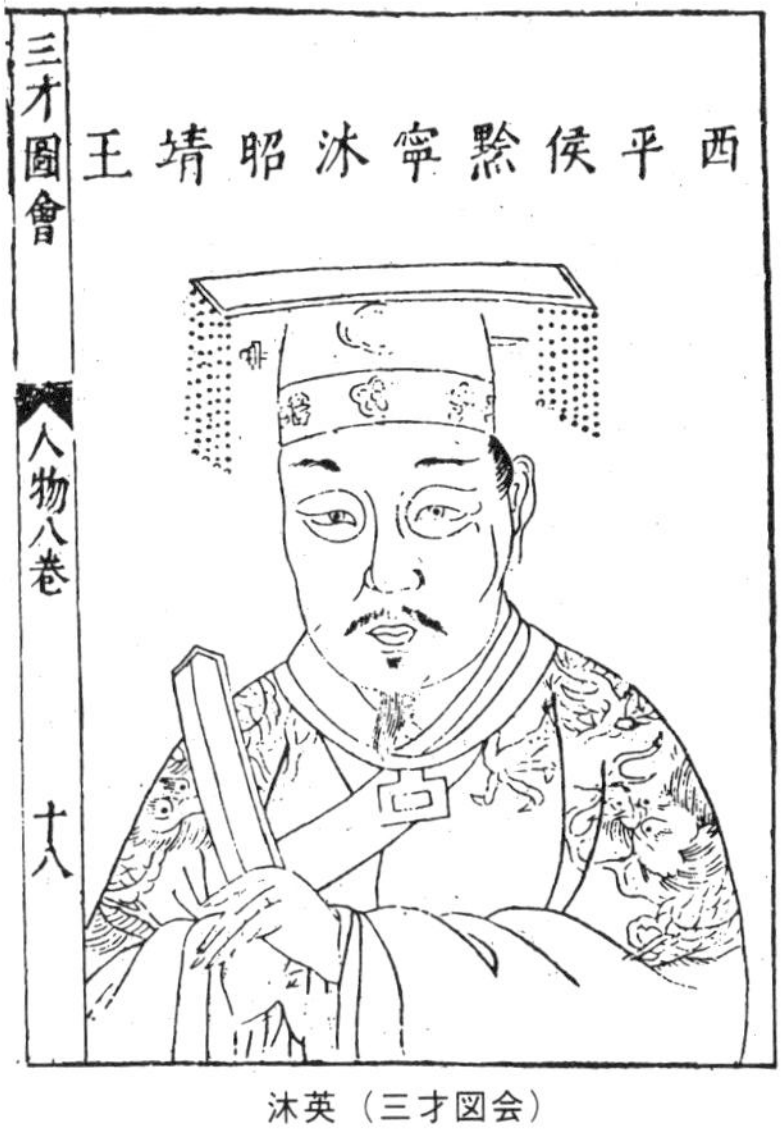
西平侯黔寧沐昭靖王
三才圖會
人物八卷
十八

沐英（三才図会）

【沐英《もくえい》】（一三四五～一三九二）明初の名将。字《あざな》は文英。定遠（現・安徽省）の人。朱元璋の養子、傅友徳とともに雲南を攻めて、そこに留まった。死後黔寧《けんねい》王を封ぜられた。

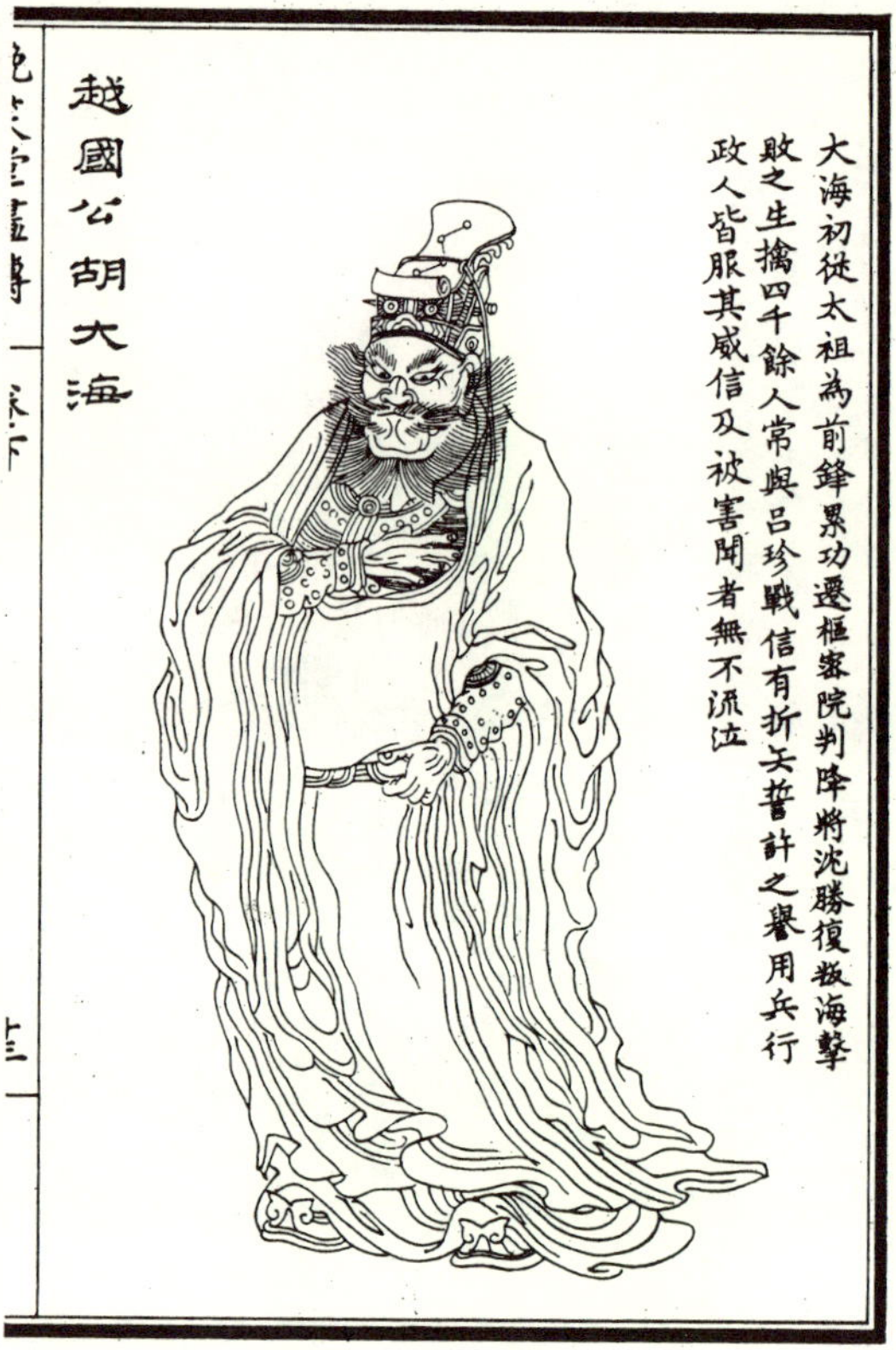
越國公胡大海
大海初従太祖為前鋒累功遷樞密院判降將沈勝復叛海擊敗之生擒四千餘人常與呂珍戰信有折矢誓許之譽用兵行政人皆服其威信及被害聞者無不流泣

胡大海（晩笑堂画傳）

三才圖會
越國胡武莊公
人物八巻
十九

胡大海（三才図会）

【胡大海《こたいかい》】（?～一三六二）元末の名将。字《あざな》は通甫、泗州虹県（現・安徽泗《し》県）の人。朱元璋にしたがって起兵し、皖南・浙江を攻めた。江南行省参知政事に任じた。金華で叛将に殺された。死後、越国公となった。

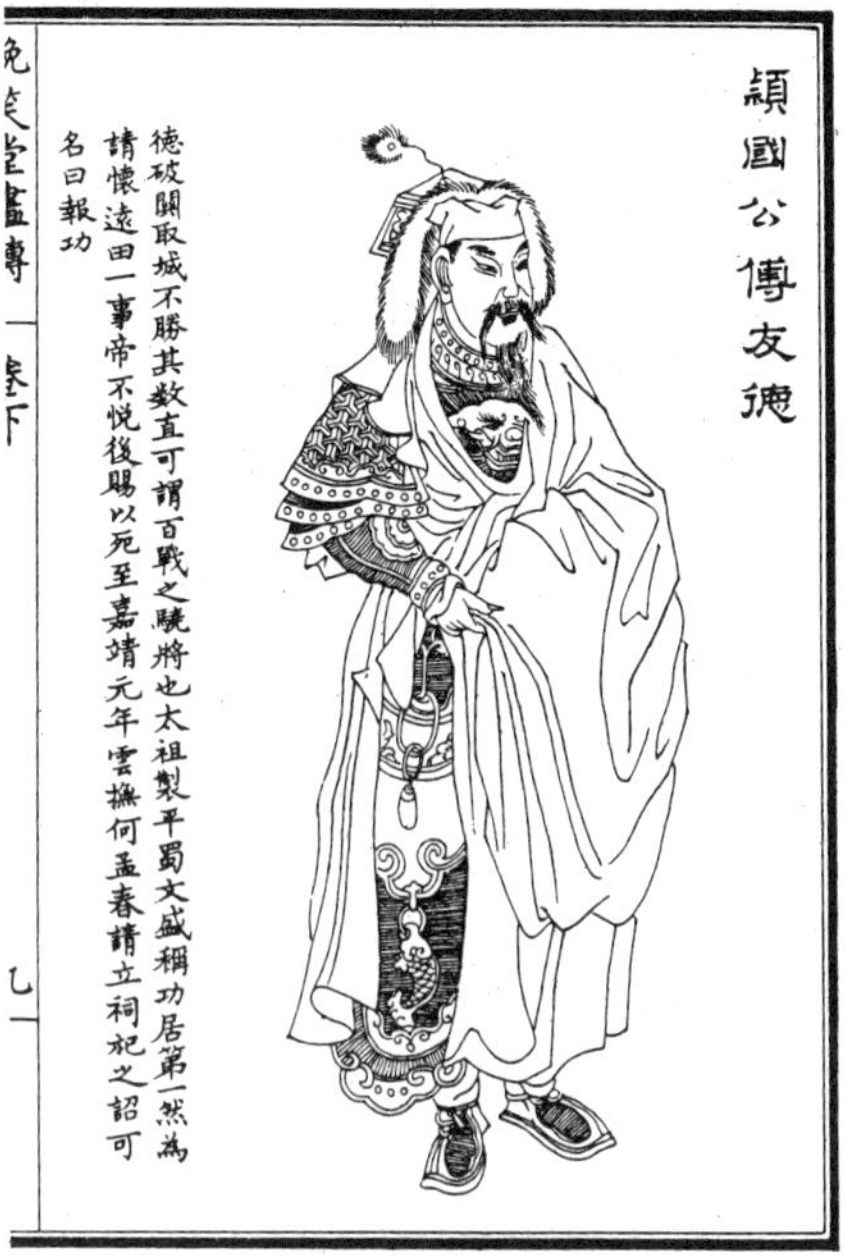
潁國公傅友德
德破關取城不勝其數直可謂百戰之驍將也太祖製平蜀文盛稱功居第一然為
請懷遠田一事帝不悦後賜以死至嘉靖元年雲撫何孟春請立祠祀之詔可
名曰報功
晚笑堂畫傳 卷下
乙

傅友徳（晩笑堂画傳）

太子
太傅
嗣魏
國公
徐輝
祖
三才圖會
人物八卷
二十

徐輝祖（三才図会）

【傅友徳《ふゆうとく》】（?～一三九四）明初の名将。宿州（現・安徽省宿県）の人。元末に劉福通の軍に参加し、のち朱元璋に帰した。徐達とともに北を攻め、元を破った。潁国《えいこく》公に封ぜられた。

【徐輝祖《じょきそ》】（一三六八～一四〇七）明の人。鳳陽臨淮（現・安徽鳳陽東北）の人。徐達の長子。初め名を允恭、のち建文帝の名を避けて改名した。洪武二十一年、父の後を襲って魏国公爵となり、のち太子太傅などになった。靖難の変ののちは、永楽帝に爵位を削られ幽閉された。

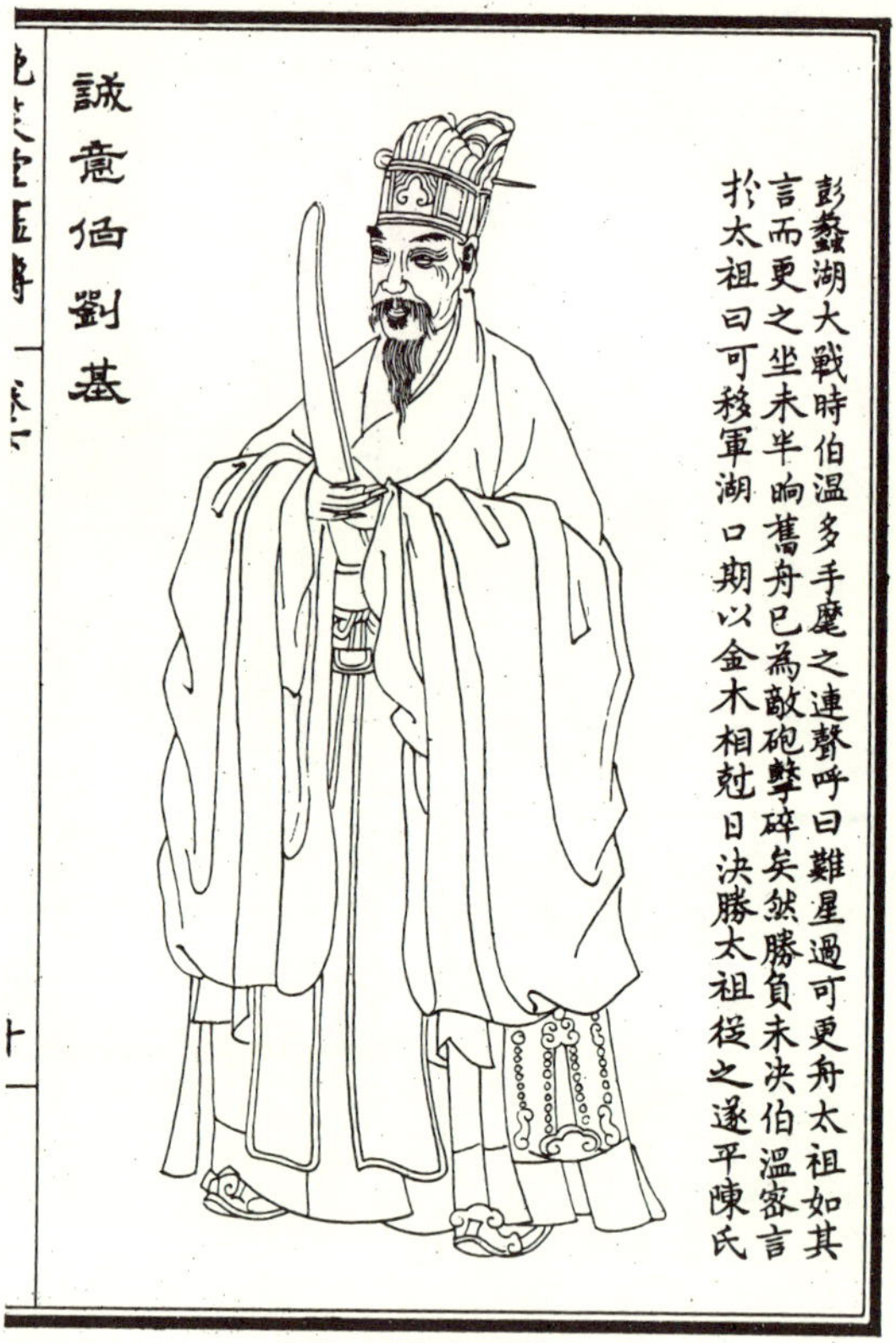
誠意伯劉基
彭蠡湖大戰時伯温多手麾之連聲呼曰難星過可更舟太祖如其
言而更之坐未半晌舊舟已為敵砲撃碎矣然勝負未決伯温密言
於太祖曰可移軍湖口期以金木相尅日決勝太祖從之遂平陳氏
劉基（晩笑堂画傳）

三才圖會
人物八巻
廿一
誠意伯劉公
劉基（三才図会）

【劉基《りゅうき》】（一三一一～一三七五）元末明初の学者・大臣。青田（現・浙江省）の人。字《あざな》は伯温。元末の進士。朱元璋の幕僚となり、戦略・用兵などを助言し、建国後は御史中丞になった。洪武四年（一三七一）退官し、数年後に病没。一説に毒殺されたという。経史に通じ、詩文に巧みであった。著に『誠意伯集』がある。

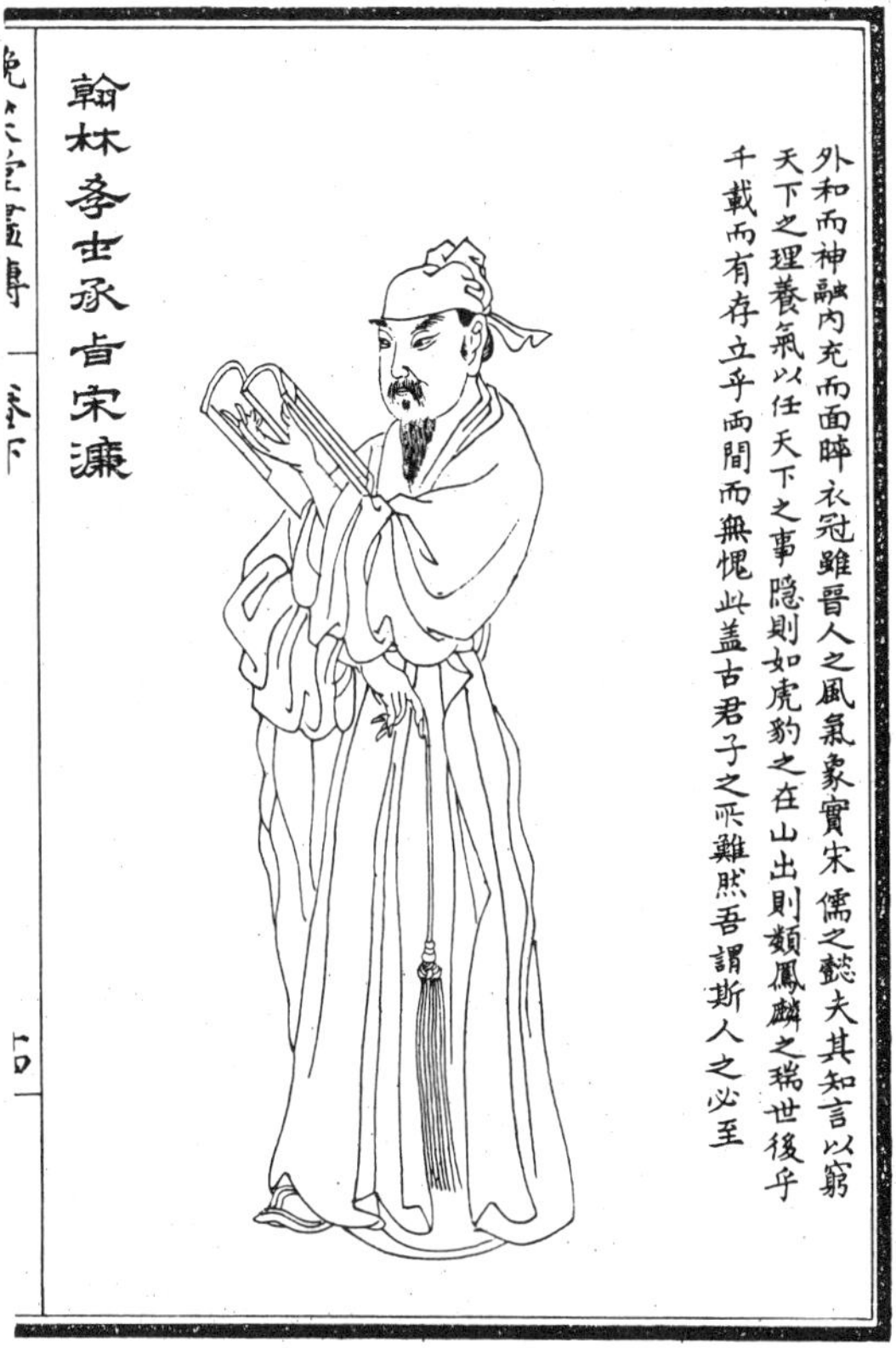
翰林學士承旨宋濂
外和而神融内充而面睟衣冠雖晉人之風氣象實宋儒之懿夫其知言以窮天下之理養氣以任天下之事隱則如虎豹之在山出則類鳳麟之瑞世後乎千載而有存立乎両間而無愧此蓋古君子之所難然吾謂斯人之必至
宋濂（晩笑堂画傳）

翰林學士承旨宋公
三才圖會
人物八巻
廿二
宋濂（三才図会）

【宋濂《そうれん》】（一三一〇～一三八一）元末明初の学者。字《あざな》は景濂、号は潜渓。浦江（現・浙江省）の人。少時より文名が高く『元史』の編纂にも従事した。洪武帝の側近にあり政治の顧問をつとめた。『宋学士全集』がある。

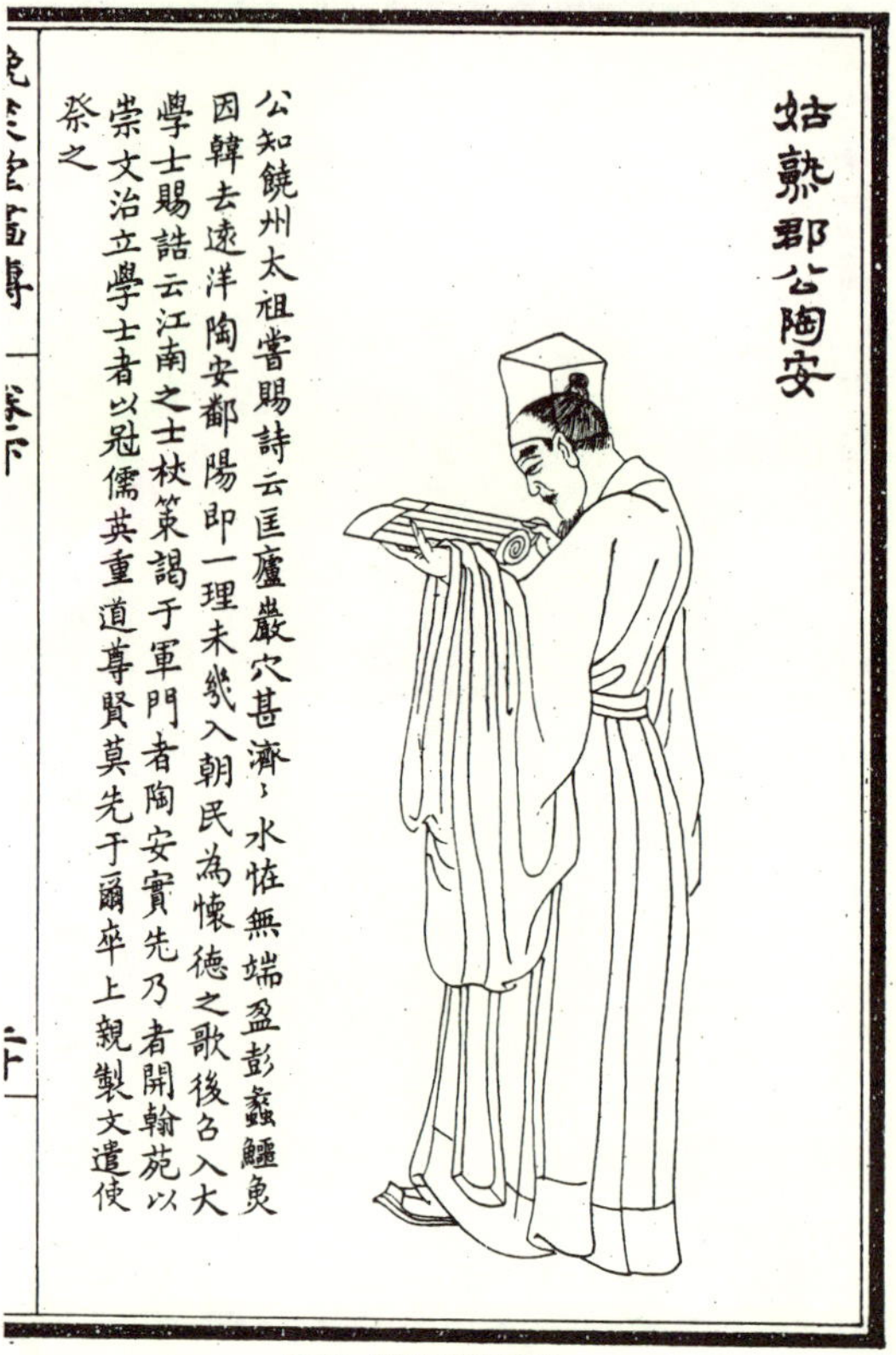
姑熟郡公陶安
公知饒州太祖嘗賜詩云匡廬巖穴甚濟〻水恠無端盈彭蠡鱷奂
因韓去遠洋陶安鄱陽即一理未幾入朝民為懷德之歌後名入大
學士賜誥云江南之士杖策謁于軍門者陶安實先乃者開翰苑以
崇文治立學士者以冠儒英重道尊賢莫先于爾卒上親製文遺使
祭之
晩笑堂畫傳
陶安（晩笑堂画傳）

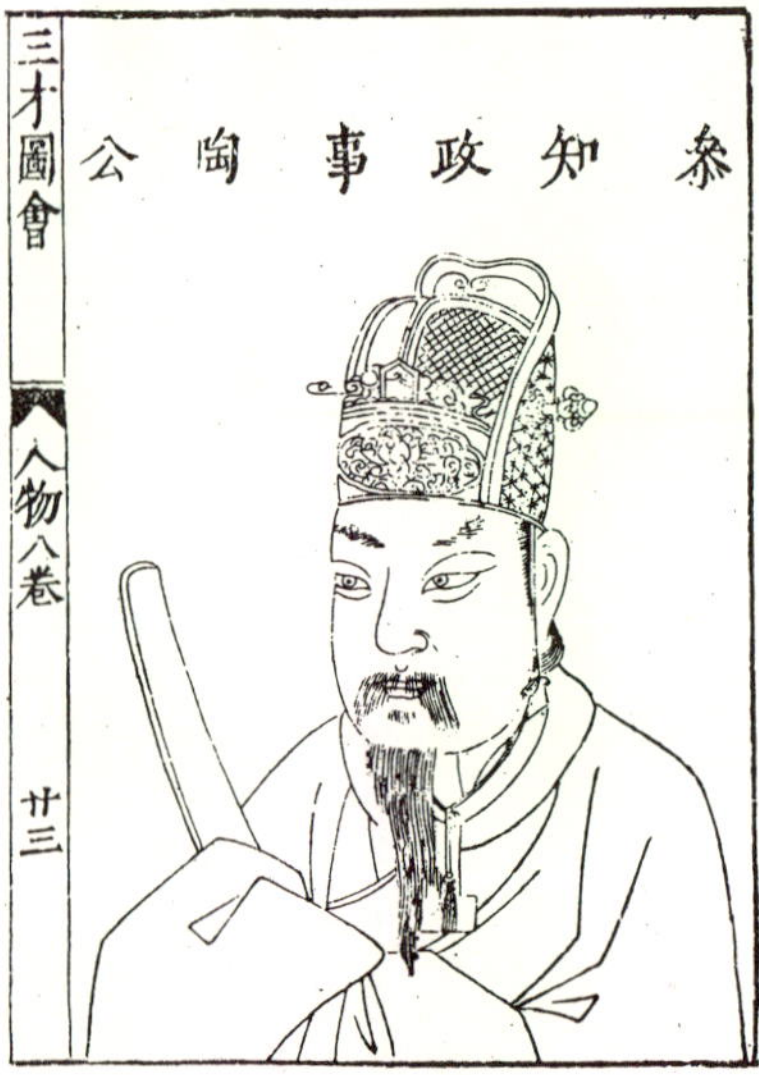
叅知政事陶公
三才圖會
人物八卷
廿三
陶安（三才図会）

【陶安《とうあん》】（一三一五～一三七一）明の政治家。太平当塗《とうと》（現・安徽省）の人。字は主敬。経史を博覧し、「易」に精通していた。至正十五年（一三五五）朱元璋に招かれ、幕僚となった。洪武元年（一三六八）、制誥修国史となる。姑蘇郡公に封ぜられた。

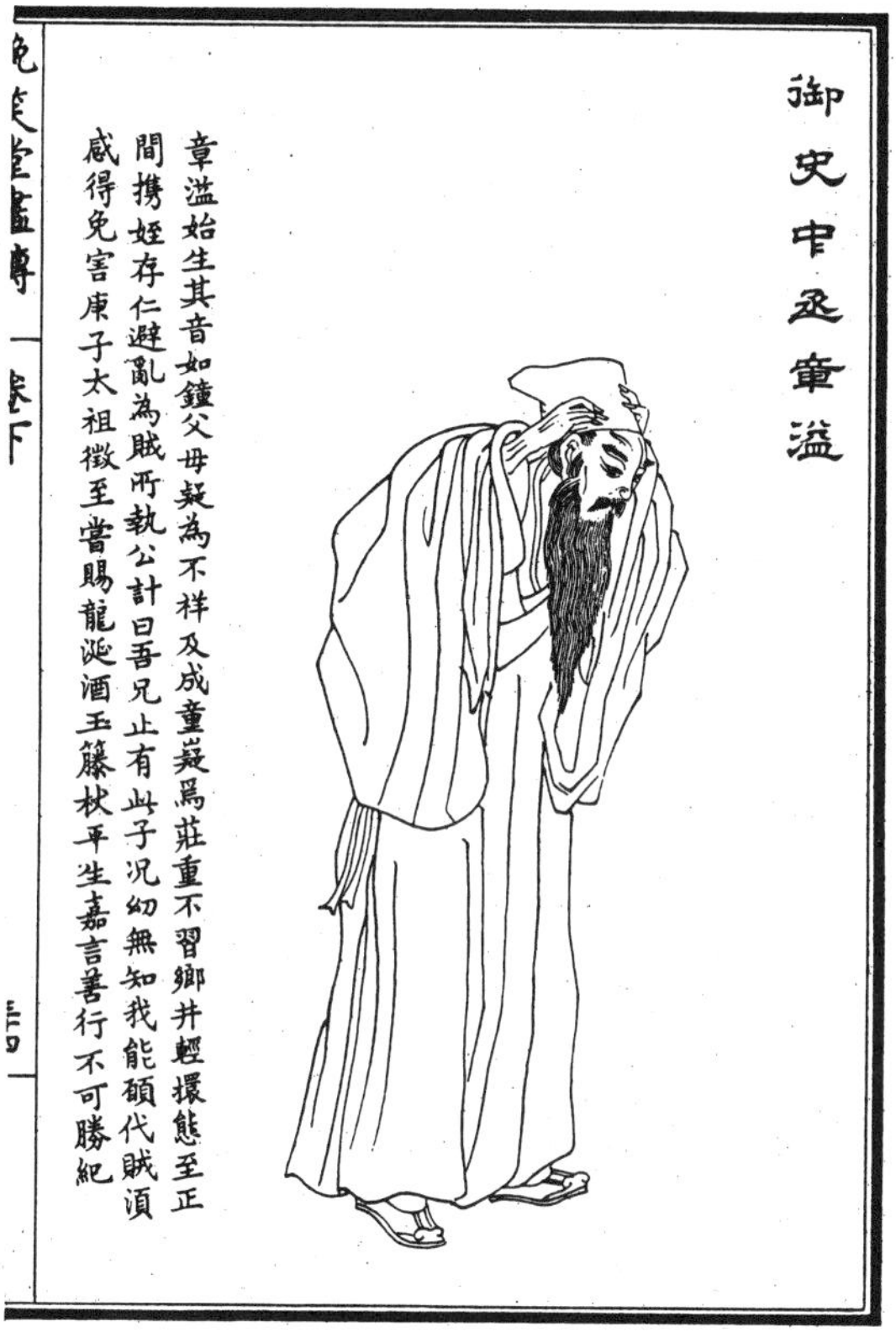
御史中丞章溢
章溢始生其音如鍾父母疑為不祥及成童嶷焉莊重不習鄉井輕擐態至正
間携姪存仁避亂為賊所執公計曰吾兄止有此子況幼無知我能傾代賊湏
感得免害庚子太祖徵至嘗賜龍涎酒玉籐杖平生嘉言善行不可勝紀
晚笑堂畫傳 卷下

章溢（晩笑堂画傳）

御史中丞章公
三才圖會
人物八卷
二十四

章溢（三才図会）

【章溢《しょういつ》】（一三一四～一三六九）明の政治家。字は三益、号は匡山居士。浙江龍泉の人。元末の農民叛乱に抵抗し、郷兵を組織した。朱元璋の招きに応じて南京に行き、劉基・宋濂《そうれん》・葉琛《ようちん》とともに「四先生」と呼ばれた。洪武元年（一三六八）御史中丞兼賛善大夫になった。

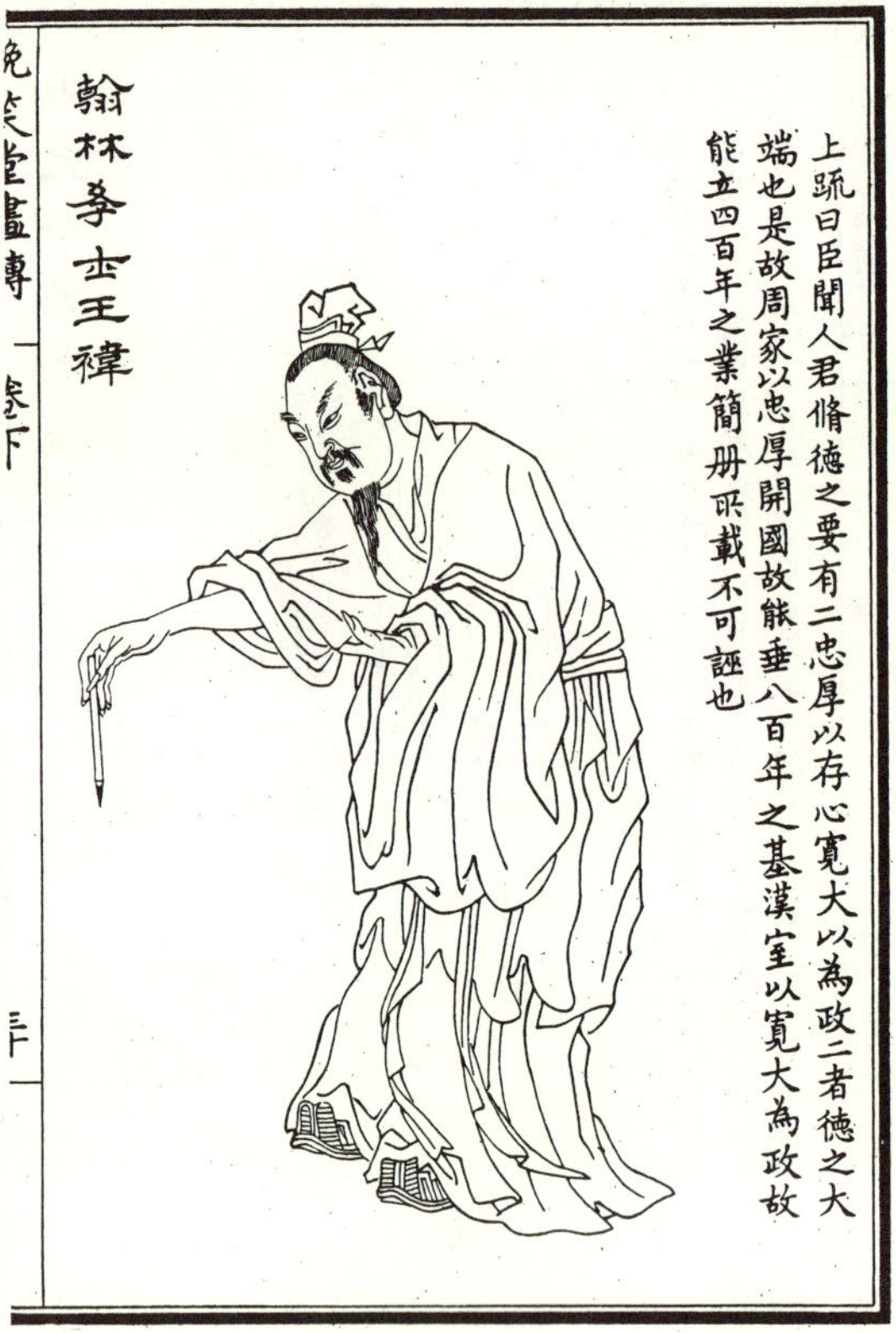
翰林学士王禕
晩笑堂畫傳
上疏曰臣聞人君脩德之要有二忠厚以存心寛大以為政二者德之大
端也是故周家以忠厚開國故能垂八百年之基漢室以寛大為政故
能立四百年之業簡册所載不可誣也

王禕（晩笑堂画傳）

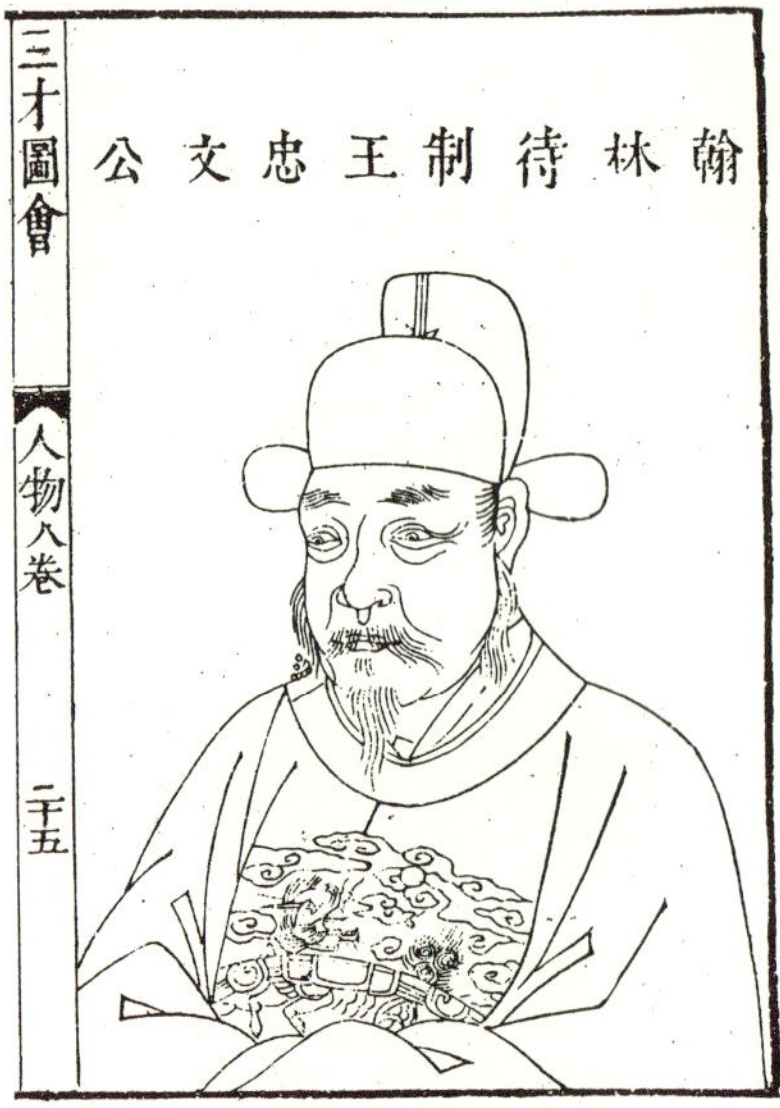
翰林待制王忠文公
三才圖會
人物八巻
二十五

王禕　（三才図会）

【王禕《おうい》】（一三二二～一三七四）明の政治家・学者。浙江義烏の人。字は子充。少時から文章をもって聞こえた。朱元璋に仕え、中書省掾史となり、洪武二年（一三六九）『元史』の編纂に携わった。著に『王忠文公集』などがある。

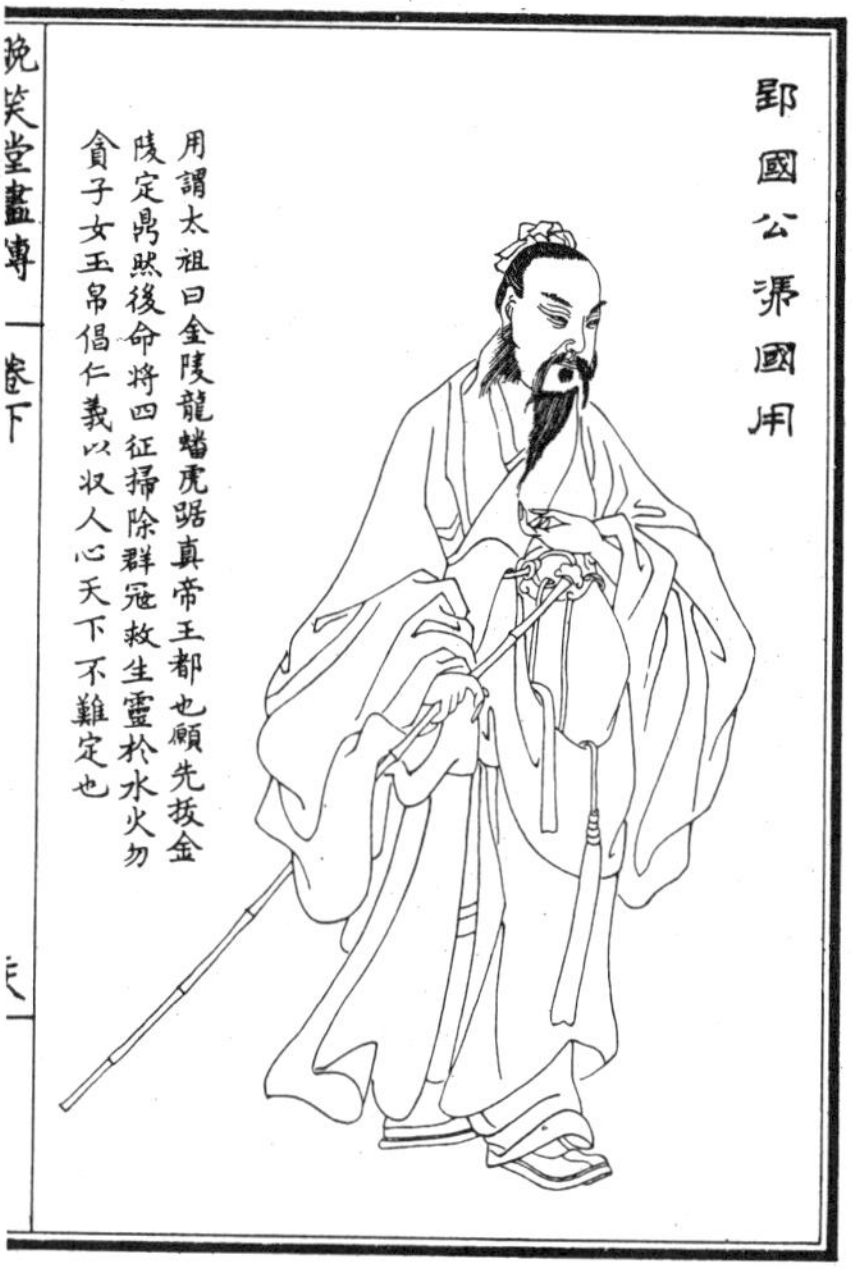
郢國公馮國用
用謂太祖曰金陵龍蟠虎踞真帝王都也願先拔金
陵定鼎然後命将四征掃除群冦救生靈於水火勿
貪子女玉帛倡仁義以収人心天下不難定也
晩笑堂畫傳　卷下
馮国用（晩笑堂画傳）

梁國公趙得勝
史稱趙得勝剛
直沉鷙不但軍
機活法合古而
平居篤孝友如
修士不過耳
晩笑堂畫傳　卷下
趙徳勝（晩笑堂画傳）

【馮国用《ふうこくよう》】（一三二三～一三五八）明初の名将。濠州定遠（現・安徽省）の人。元末、馮勝に従い、のち朱元璋につく。南京攻略に従い、のち南下して鎮江などを攻めた。親軍都指揮使になり間もなく死んだ。

【趙徳勝《ちょうとくしょう》】（一三二五～一三六三）元末明初の人。濠州（現・安徽省鳳陽）の人。魁偉にして膂力《りょりょく》抜群、人呼んで「黒趙」といった。朱元璋に従いしばしば先鋒として軍功があり、統軍元帥などになった。のち陳友諒を攻めたとき、流れ矢に当たり亡くなった。梁国公を贈られた。

泗國公耿再成
從太祖敵六合誘敵元兵大敗之守揚州取金華爲前鋒持軍嚴卒出入民間蔬果無所損後成死賜茶菓山菌地一千七百畝爲祀

耿再成（晩笑堂画傳）

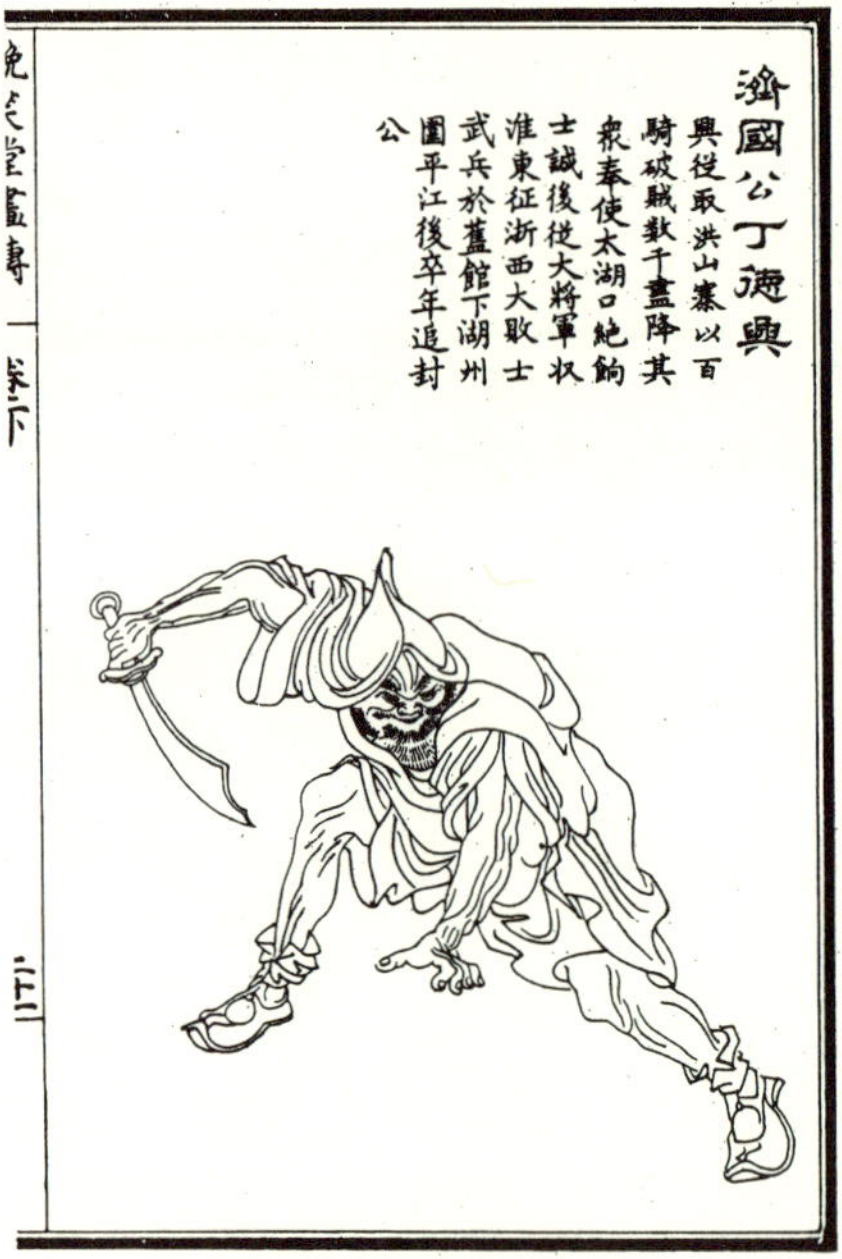
濟國公丁德興
興從取洪山寨以百騎破賊數千盡降其衆奉使太湖口絶餉士誠後從大將軍取淮東征浙西大敗士武兵於蓋館下湖州圍平江後卒年追封公

丁徳興（晩笑堂画傳）

【耿再成《こうさいせい》】

（?～一三六二）元末の知将。泗州五河（現・安徽省）の人。字は徳甫。至正三年（一三五三）、朱元璋に投じ、攻守ともに軍功高く、元帥・枢密判官を歴任した。至正二十二年、李祐之の叛乱で殺された。死後、泗《し》国公に封ぜられた。

【丁徳興《ていとくこう》】

元末明初、定遠（現・安徽省）の人。色が黒いので「黒丁」と呼ばれた。度々戦功を挙げたが、みだりに殺人はしなかった。蘇州の包囲戦でなくなった。済国公を贈られた。

虢國公俞通海
士誠兵暴至諸將欲退海曰不可彼衆我寡退則情見不如擊
之乃身先疾鬪矢下如雨中右目不能戰命帳下士被已甲
督戰敵以為通海也不敢逼徐解由是一目雖眇亦能縱火焚友諒之舟功蓋
甚大師還賜良田金帛明年拜中書省平章事後圍平江得戰疾歸金陵太祖
幸其第問曰平章知予來問疾乎海不能語太祖揮涕而出翼日死太祖親弔之
晚笑堂畫傳 卷下
兪通海（晩笑堂画傳）

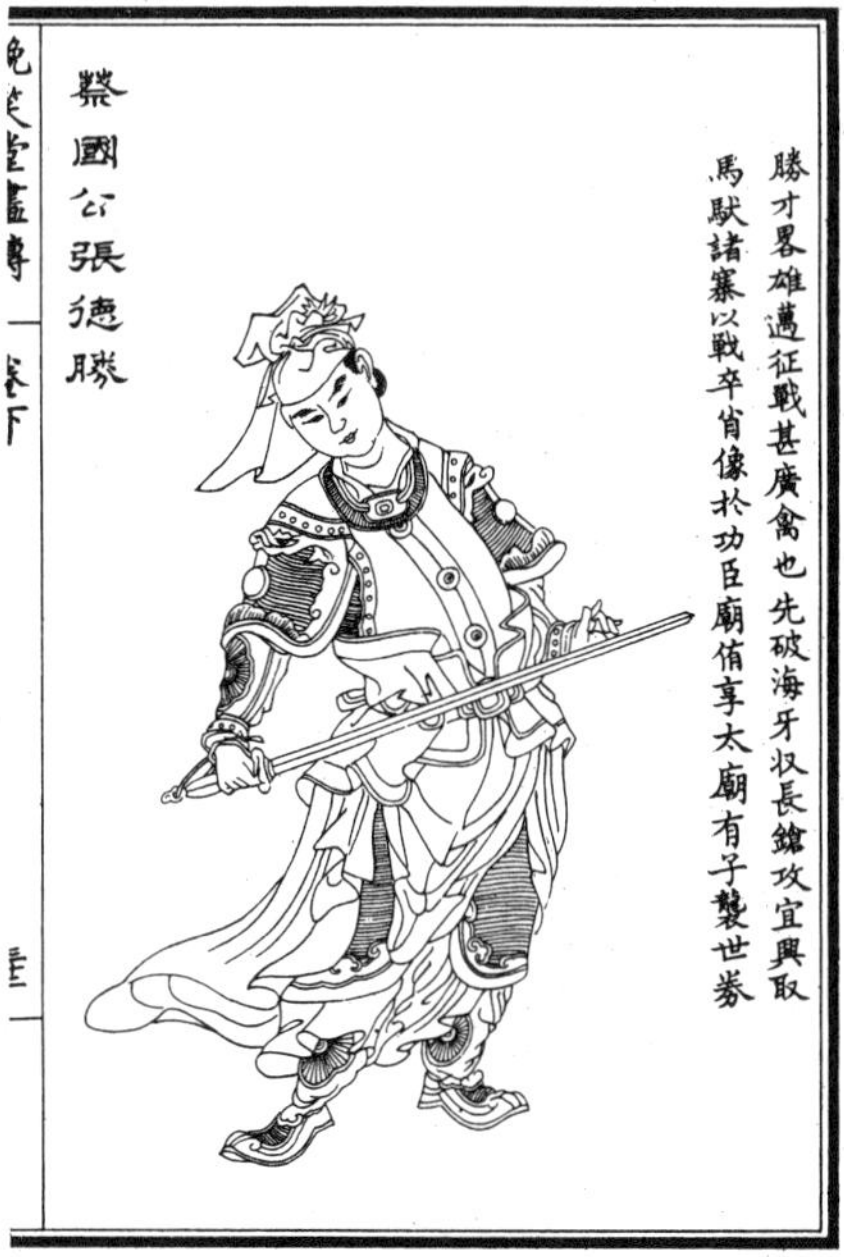
蔡國公張德勝
勝才畧雄邁征戰甚廣禽也先破海牙奴長鎗攻宜興取
馬馱諸寨以戰卒肖像於功臣廟侑享太廟有子襲世券
晚笑堂畫傳 卷下
張徳勝（晩笑堂画傳）

【兪通海《ゆつうかい》】（一三三〇～一三六七）元末、盧州巣《そう》県（現・安徽省）の人。字は碧泉。はじめ巣湖《そうこ》に塞を構えた。のち朱元璋に帰順、水戦に多くの功績を挙げ、攝《しょう》江淮行中書省事となり、盧州を治めた。至正二十七年（一三六七）、蘇州包囲戦で流れ矢に当たりなくなった。

【張徳勝《ちょうとくしょう》】（一三二八～一三六〇）元末、盧州合肥（現・安徽省）の人。字は仁輔。至正十五年（一三五五）、兪通海と船団を率いて朱元璋に帰順、総官・秦淮《しんわい》翼元帥・枢密院判事などを歴任した。陳友諒との戦いで戦死した。死後、蔡国公を贈られた。

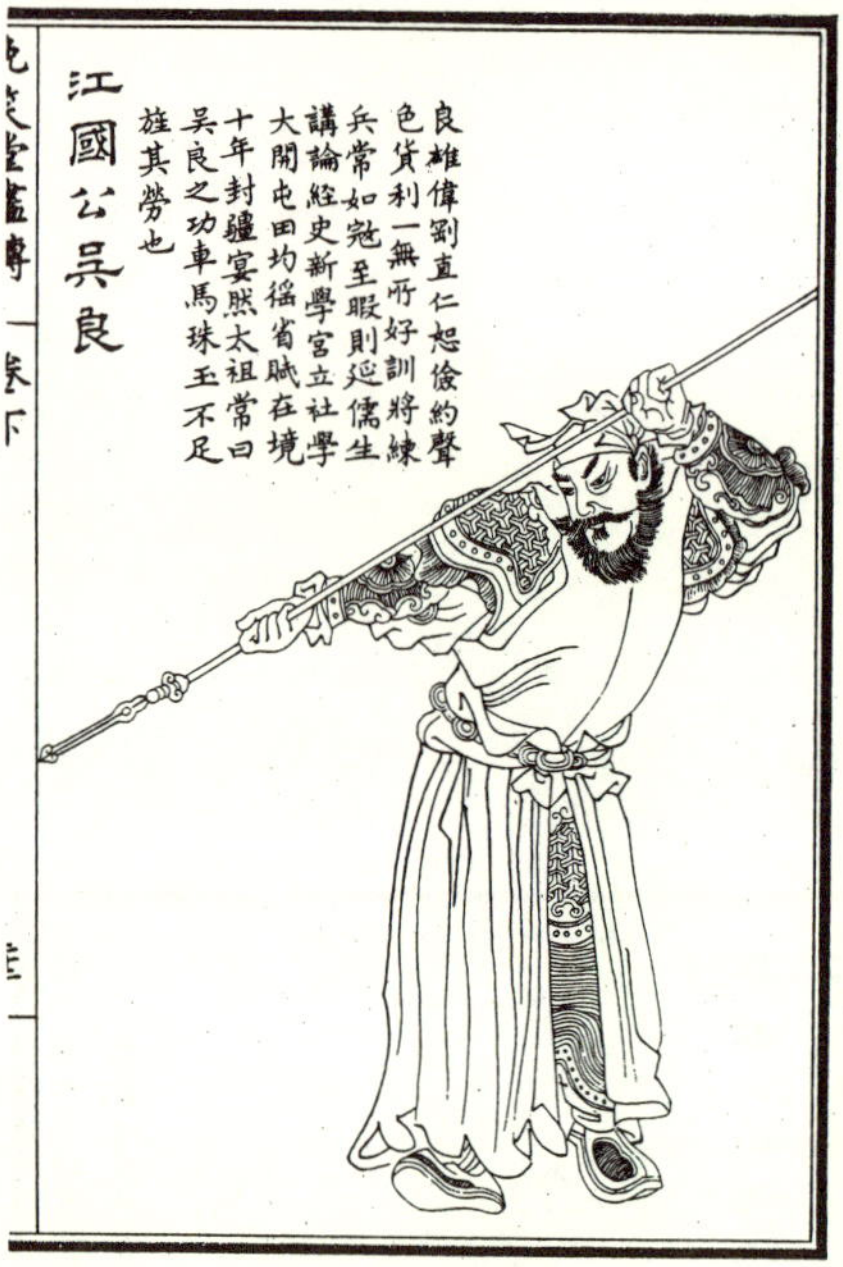
江國公呉良
良雄偉剛直仁恕儉約聲
色貨利一無所好訓將練
兵常如敵至暇則延儒生
講論經史新學宮立社學
大開屯田均徭省賦在境
十年封疆宴然太祖常曰
呉良之功車馬珠玉不足
旌其勞也
呉良（晩笑堂画傳）

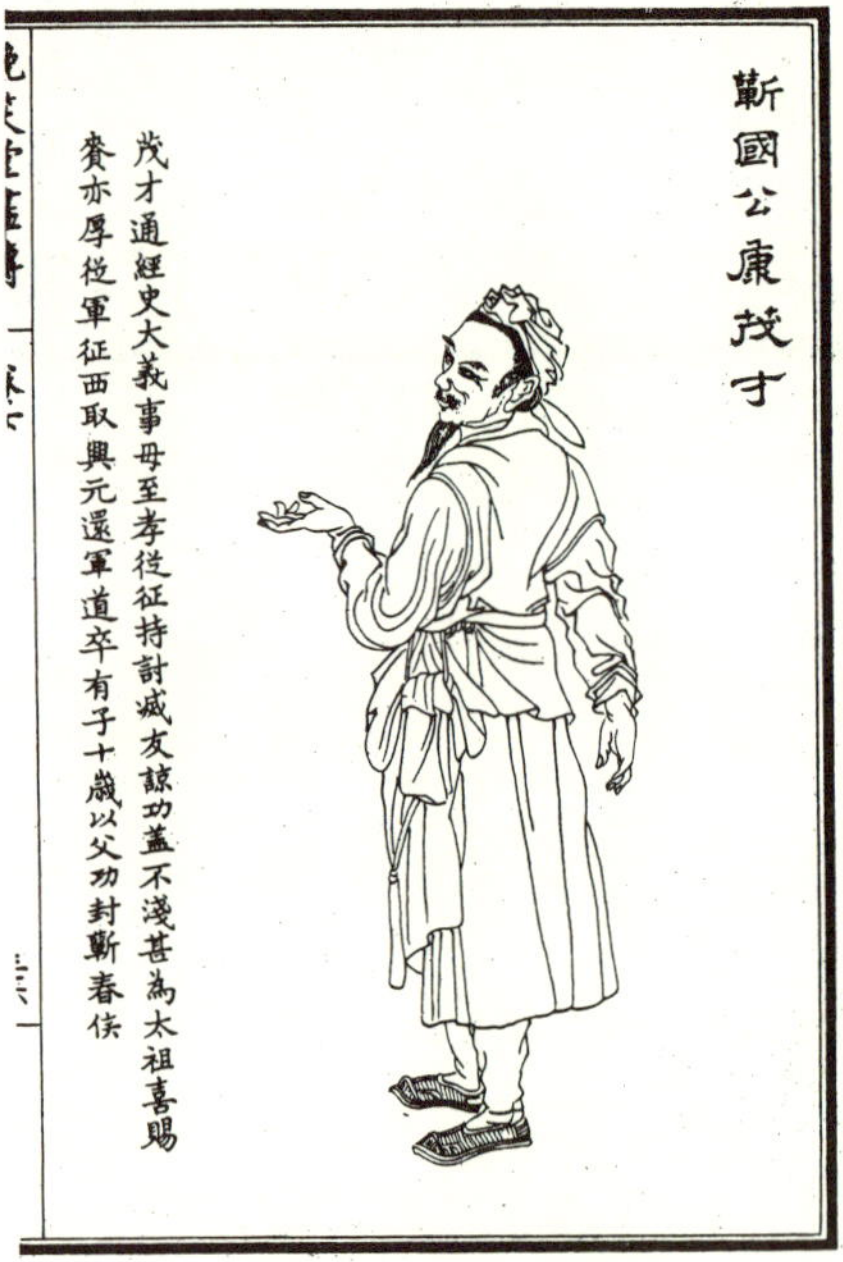
蘄國公康茂才
茂才通經史大義事母至孝從征持討滅友諒功蓋不淺甚為太祖喜賜
賚亦厚從軍征西取興元還軍道卒有子十歲以父功封蘄春侯
康茂才（晩笑堂画傳）

【呉良《ごりょう》】（一三二四～一三八一）明の知将。鳳陽定遠（現・安徽省）の人。初名は国興、のちに良の名をを賜る。朱元璋に従い起兵し、先鋒となり多くの軍功があった。江陰侯に封ぜられた。

【康茂才《こうもさい》】（一三一四～一三七〇）明の武将。湖広蘄《き》州（現・湖北蘄《き》春）の人。字は寿卿。元末、義兵を起こし、都元帥を授かる。朱元璋が南下すると、帰順した。陳友諒の部下であったため、これを謀って大敗させた。洪武元年（一三六八）、徐達にしたがって、北伐に功を挙げた。蘄《き》国公に封ぜられた。

德慶侯廖永忠
太祖親書牌賜額之曰功超群將智邁雄師
廖永忠（晩笑堂画傳）

宋國公馮勝
勝雄勇多志畧喜讀書通兵法元末亂結寨自守後歸太祖
馮勝（晩笑堂画傳）

【廖永忠《りょうえいちゅう》】

（一三二三〜一三七五）明の武将。廬州巣《そう》県（現・安徽省）の人。巣湖で寨に籠っていたが、のち朱元璋に帰順した。最も若かったが多くの戦役に功があり、枢密僉《せん》院・同知枢密院事・中書省右丞などを歴任した。洪武元年（一三六八）、同知院詹《せん》事院事となる。福建を平定、進んで両広にも進んだ。徳慶侯となり、傅友徳と並び称された。

【馮勝《ふうしょう》】

（?〜一三九五）明初、鳳陽定遠（現・安徽省）の人。初名は国勝、また宗異とも。元末朱元璋の軍に投じ、陳友諒を破り、親軍都護となる。洪武元年（一三六八）、汴梁《べんりょう》を攻めてこれを落し、宋国公に封ぜられた。

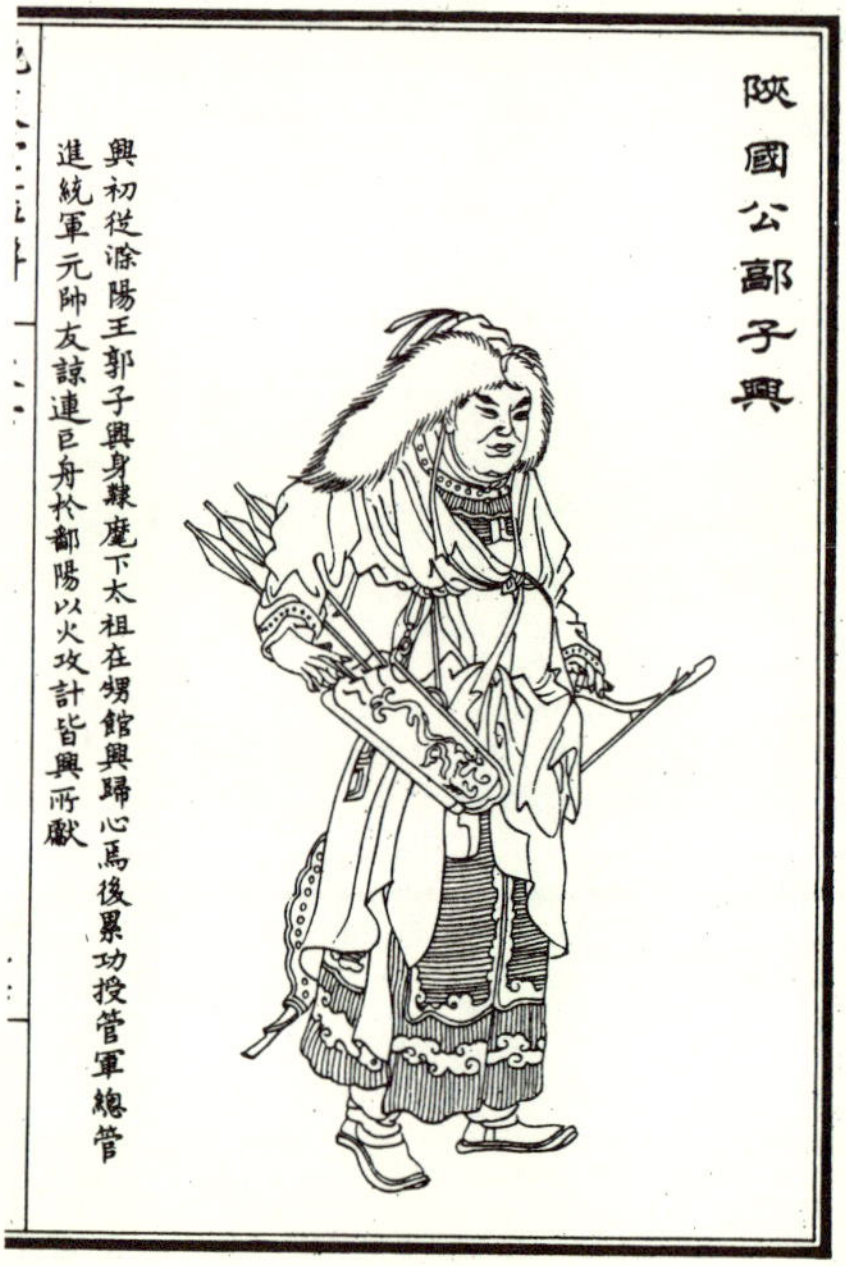
陝國公郭子興
興初從滁陽王郭子興身隸麾下太祖在甥館興歸心焉後累功授管軍總管
進統軍元帥友諒連巨舟於鄱陽以火攻計皆興所獻
郭子興（晩笑堂画傳）

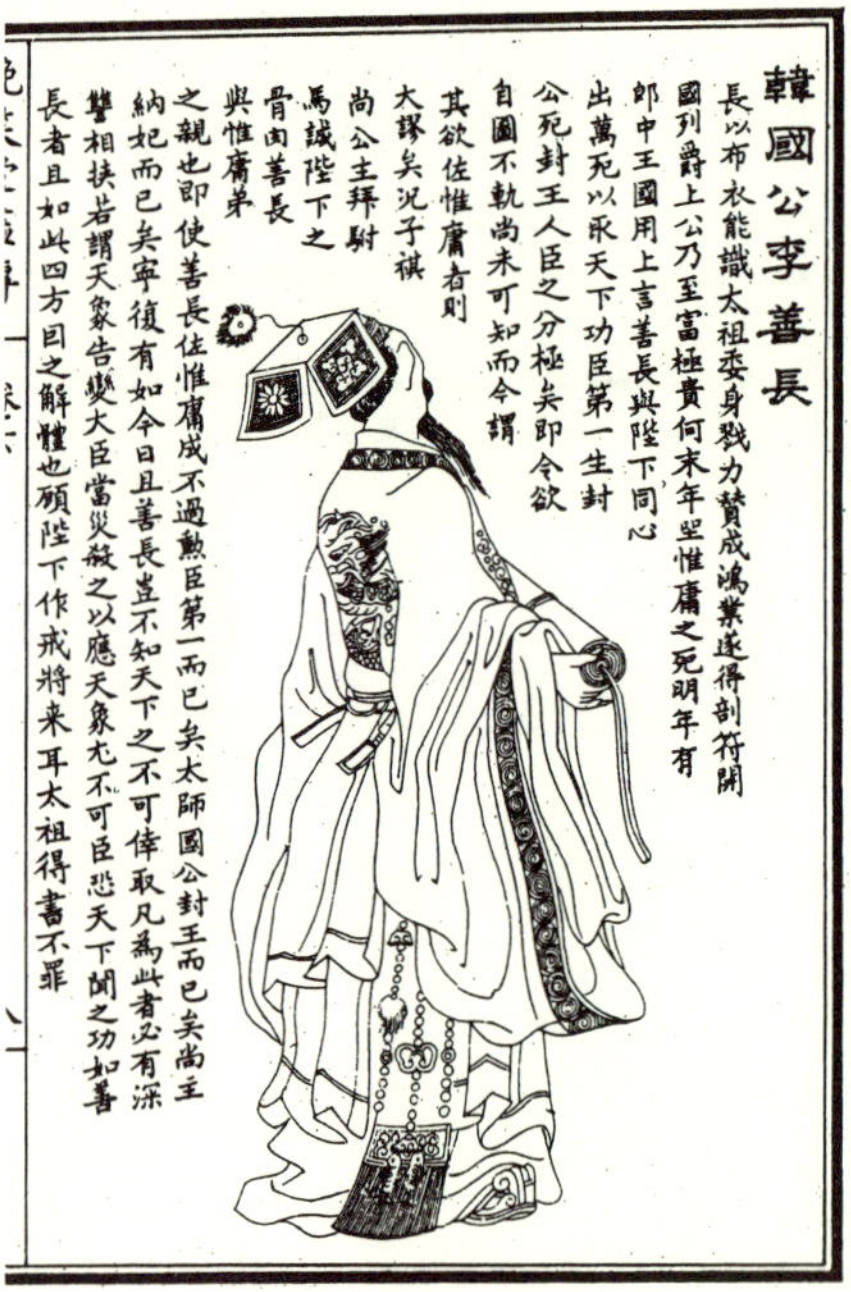
韓國公李善長
長以布衣能識太祖委身戮力贊成鴻業遂得剖符開
國列爵上公乃至富極貴何末年坐惟庸之死明年有
郎中王國用上言善長與陛下同心
出萬死以取天下功臣第一生封
公死封王人臣之分極矣即令欲
自圖不軌尚未可知而今謂
其欲佐惟庸者則
大謬矣況子祺
尚公主拜駙
馬議陛下之
骨肉善長
與惟庸弟
之親也即使善長佐惟庸成不過勲臣第一而已矣太師國公封王而已矣尚主
納妃而已矣寧復有加今日且善長豈不知天下之不可倖取凡為此者必有深
讐相扶若謂天象告變大臣當災殺之以應天象尤不可臣恐天下聞之功如善
長者且如此四方因之解體也願陛下作戒將来耳太祖得書不罪
李善長（晩笑堂画傳）

【郭子興《かくしこう》】（?～一三五五）元末、鳳陽宿県（現・安徽宿県）の人。朱元璋の義父。濠州紅巾軍を率いて、のちに朱元璋を部下とした。また養女であったむすめ（後の馬皇后）を、朱元璋に娶わせた。

【李善長《りぜんちょう》】（一三一四～一三九〇）明初、鳳陽定遠（現・安徽省）の人。字《あざな》は百室。元末、朱元璋の軍に投じ、書記となる。参謀を歴任し、軍政の要務を掌握した。呉元年（一三六七）、宣国公に封ぜられた。『大明律』を制定し、朱元璋が帝を宣言すると、礼制・官制などを定めた。

高成侯韓成
史稱成有紀信之風
韓成（晩笑堂画傳）

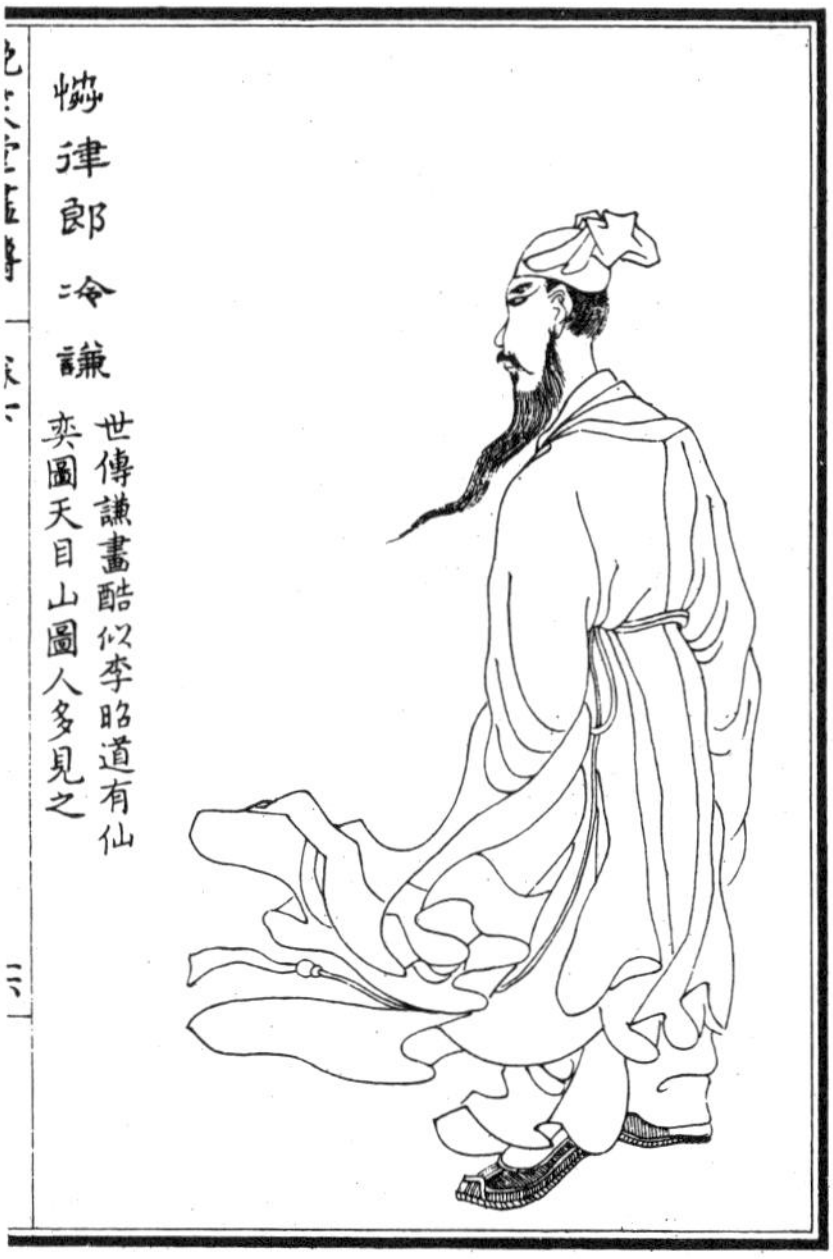
協律郎冷謙
世傳謙畫酷似李昭道有仙奕圖天目山圖人多見之
冷謙（晩笑堂画傳）

【韓成《かんせい》】

元末、鳳陽虹県（現・安徽省泗《し》県）の人。鄱陽《はよう》の戦いで功を挙げた。亡くなって、安遠将軍を贈られ、忠臣廟に第一位で祭られた。

【冷謙《れいけん》】

元末、武陵（現・湖南省）の人。字《あざな》は啓。博学で易に通じ、方術を善くした。趙孟頫《ちょうもうふ》とも往来があったという。かつて史彌遠《しびえん》の家で李思訓の画を見て、深く悟るところがあった。明になって百余歳で童顔、太常博士として仕えた。その画は李思訓に酷似していたという。

濟陽侯丁普郎
康郎山戦死者三十五人以丁普郎為首祀
丁普郎（晩笑堂画傳）

樂浪公濮眞
真卒表其門追封後子璵甫方生數月襁褓中封為西涼侯年幼因趨朝為多
士蹋傷毋夫人以聞上命御用監鑄一王字牌懸璵冠上每朝使人知所避避
上惜節臣之愛眷顧後人如此
濮眞（晩笑堂画傳）

【丁普郎《ていふろう》】（?～一三六三）元末、黄陂《こうは》（現・湖北省）の人。はじめ陳友諒にしたがっていたが、至正二十一年（一三六一）朱元璋に帰順した。しばしば戦功を挙げ、官は枢密院同知に至った。鄱陽《はよう》湖の大戦で、十数カ所の傷を受け亡くなった。死後、済陽郡公を贈られた。

【濮眞《ぼくしん》】元末明初、濠州（現・安徽省鳳陽）の人。中原を平定し、高麗を討伐するとき捉えられて帰順を勧められたが、自ら赤心を示すとして切腹し亡くなった。これに驚いた敵が謝罪して帰順したという。

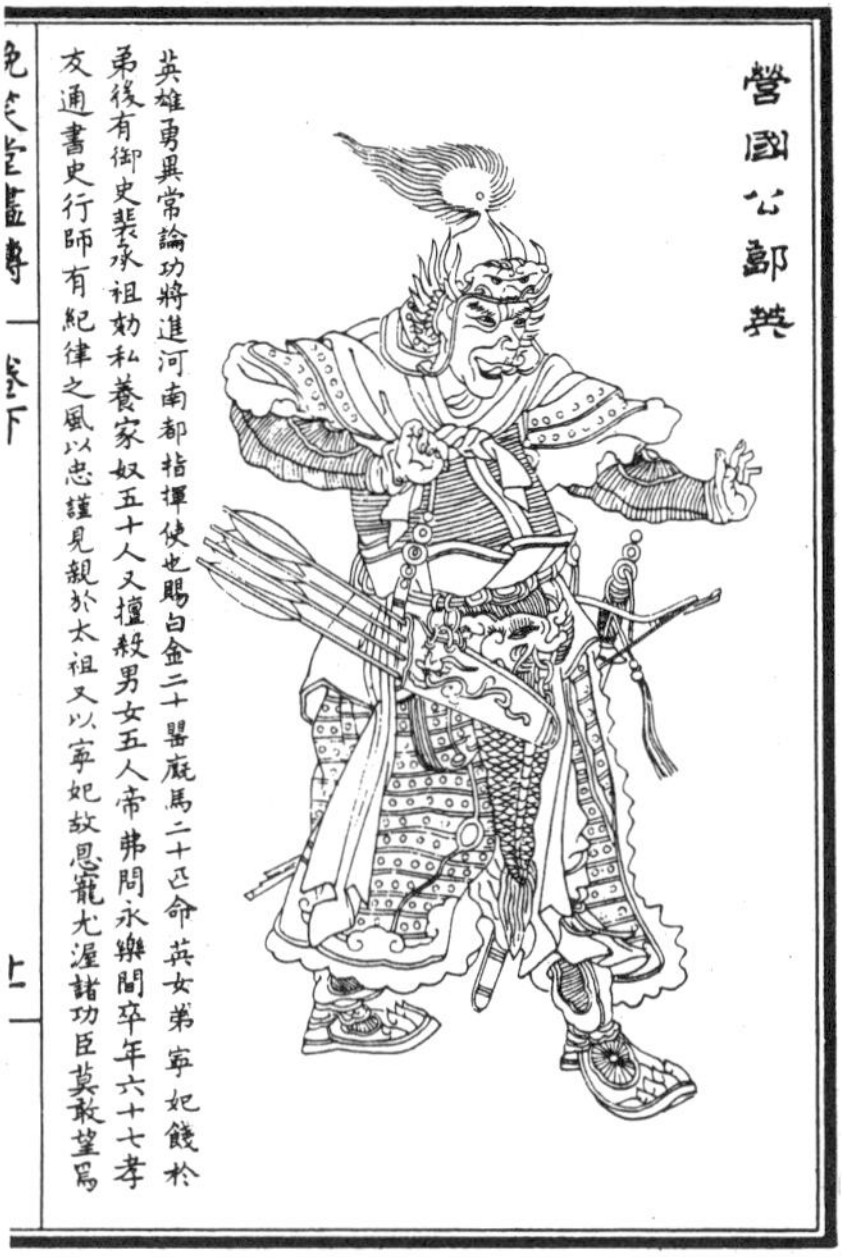
營國公郭英
英雄勇異常論功將進河南都指揮使也賜白金二十罌廐馬二十匹命英女弟寧妃餞於
弟後有御史裴承祖劾私養家奴五十人又擅殺男女五人帝弗問永樂間卒年六十七孝
友通書史行師有紀律之風以忠謹見親於太祖又以寧妃故恩寵尤渥諸功臣莫敢望焉
晩笑堂畫傳　卷下　上一

郭英（晩笑堂画傳）

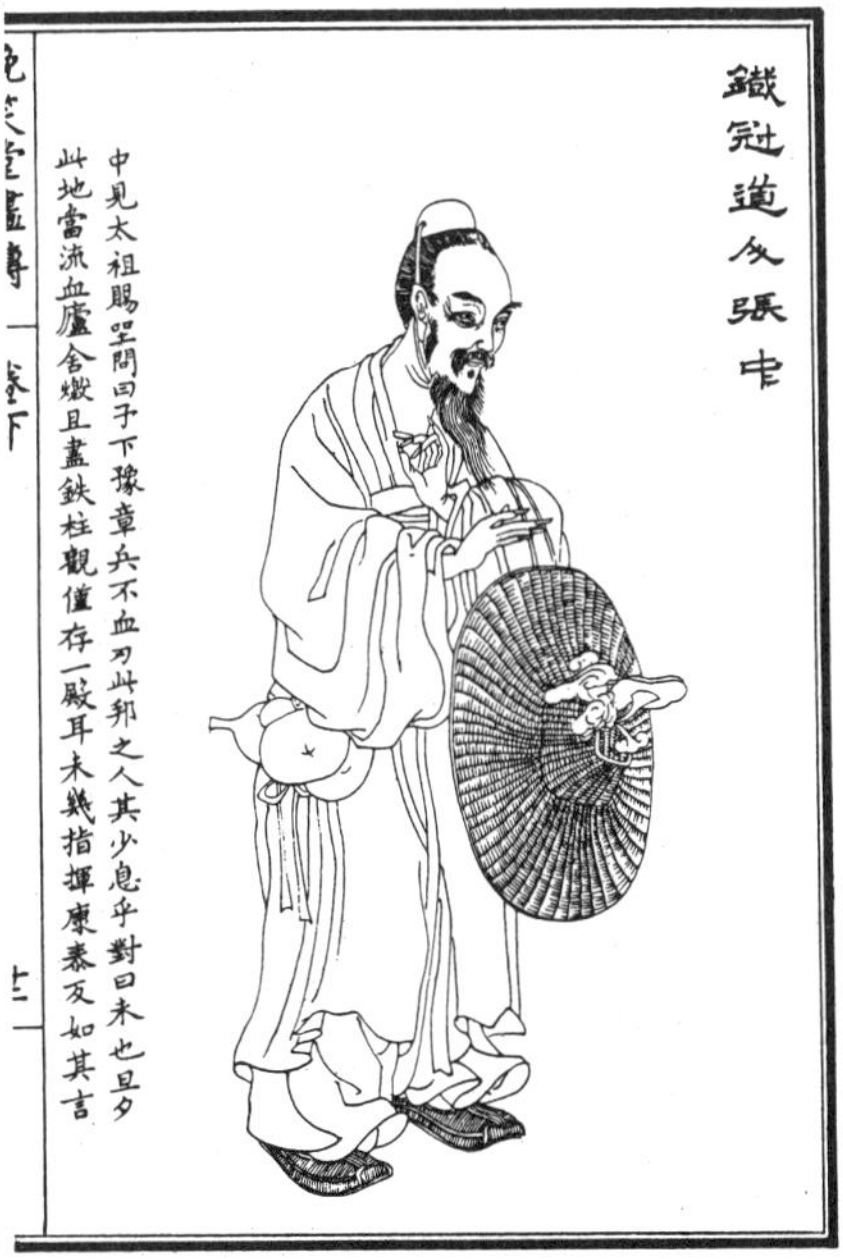
鐵冠道人張中
中見太祖賜坐問曰予下豫章兵不血刃此邦之人其少息乎對曰未也旦夕
此地當流血廬舍燬且盡鐵柱觀僅存一殿耳未幾指揮康泰反如其言
晩笑堂畫傳　卷下　上二

張中（晩笑堂画傳）

【郭英《かくえい》】

元末、濠州（現・安徽省鳳陽）の人。交際を好み、読書は百家に通じ、しばしば戦功を挙げた。朱元璋に尉遅恭《うっちきょう》以上と褒められた。百戦を通じて七十以上の傷があった。武定侯に封ぜられた。


【張中《ちょうちゅう》】

元末明初、臨川（現・江西省）の人。字《あざな》は景。進士に及第せず、占い師のようなことをしていた。太祖に召されて、鄱陽《はよう》の戦いに敵の陳友諒が矢に当たり死ぬことを予言した。最後は、橋から身投げしたが死体はあがらず、同じ日に潼関《どうかん》で見かけた人がいたという。

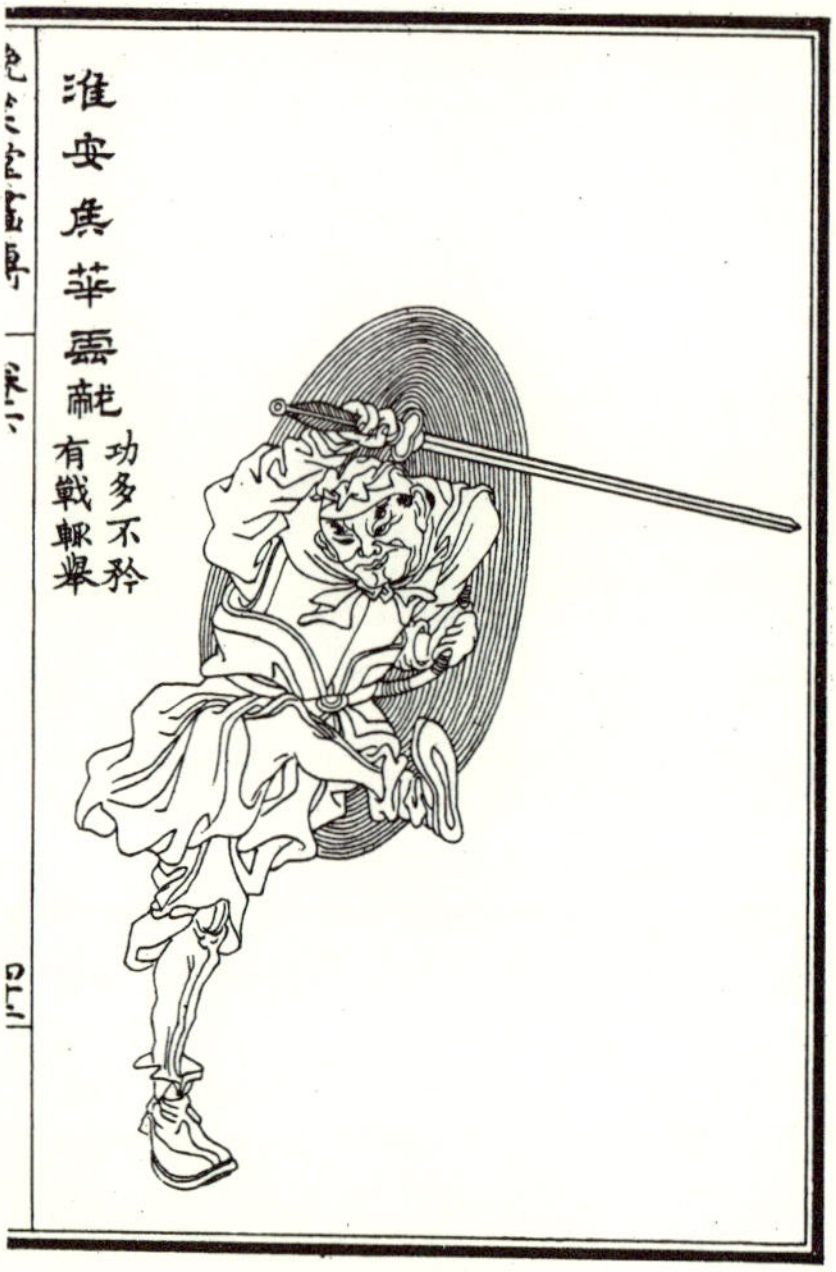

華雲龍（晩笑堂画傳）

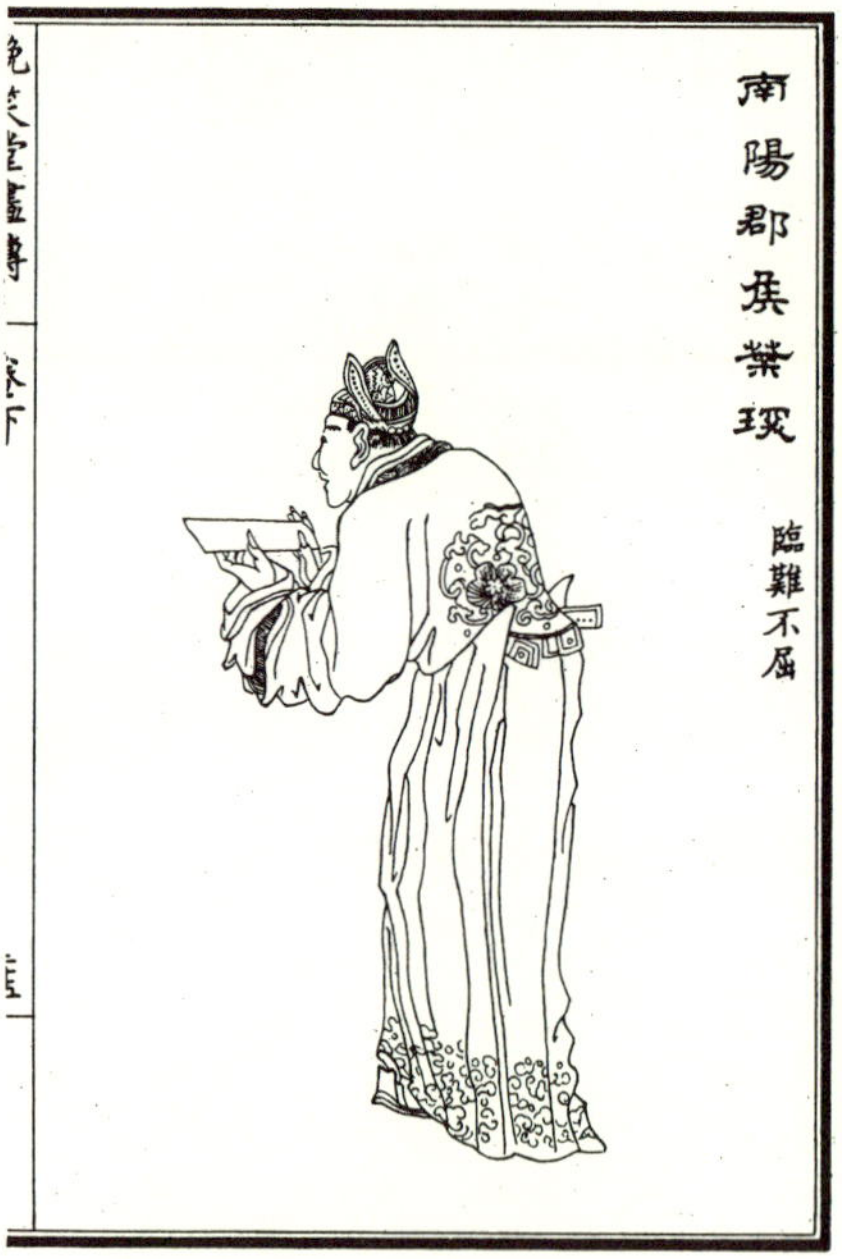

葉琛（晩笑堂画傳）

【華雲龍《かうんりゅう》】（一三三二〜一三七四）元末明初、鳳陽定遠（現・安徽省）の人。元末朱元璋の軍に投じた。北伐軍に加わり、大都を攻め、洪武三年（一三七〇）、淮安《わいあん》侯となった。

【葉琛《ようちん》】（一三一四〜一三六二）明の知将。麗水（現・浙江省）の人。字は景淵。元末、官軍に従い叛乱軍を征伐していたが、建寧に逃げた。博学多才のため、南京に朱元璋に招かれて行き、鄧愈《とうゆ》を助け洪都知府などを務めた。

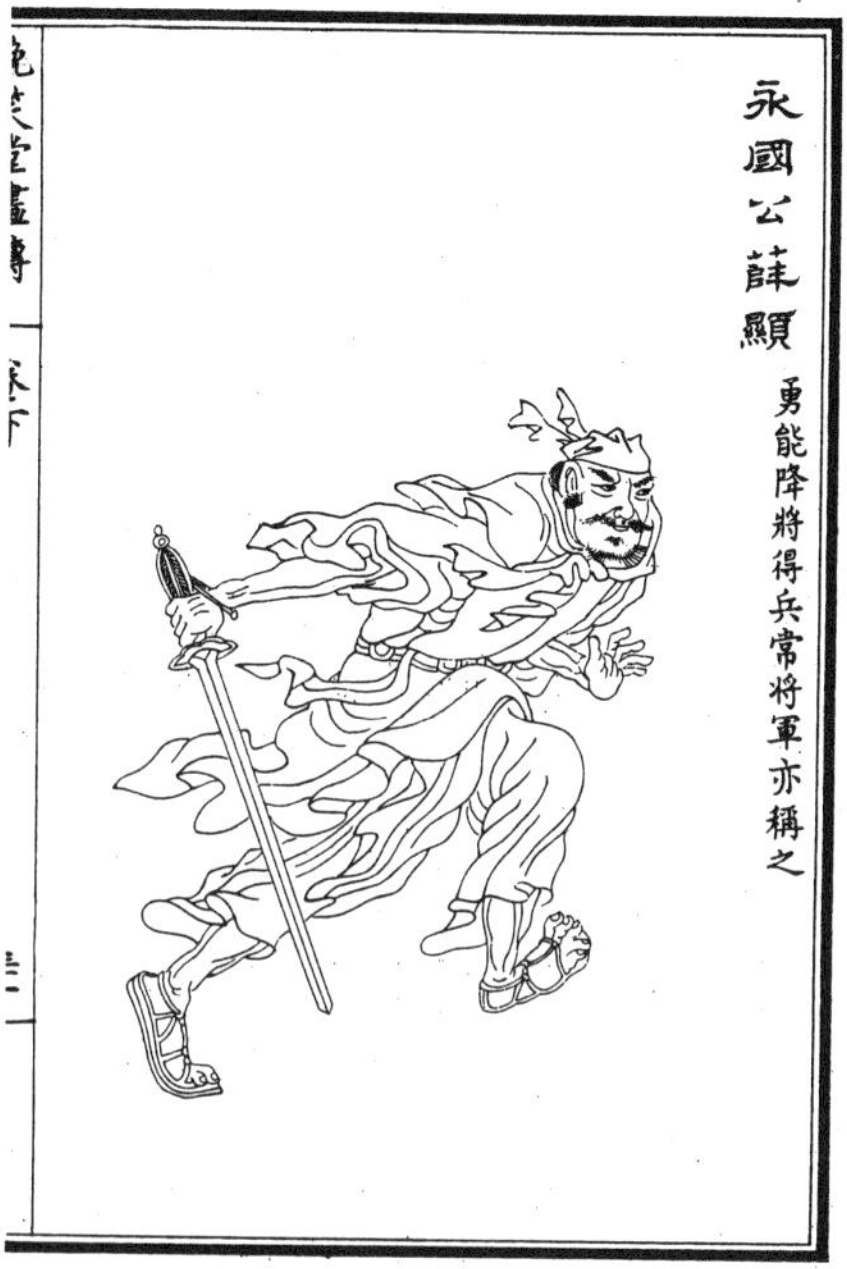
永國公薛顯
勇能降將得兵常將軍亦稱之

薛顕（晩笑堂画傳）

安遠侯蔡遷
遷為將十五年未嘗獨任多從諸將征討經數十戰敵皆莫敢當及卒詔歸葬京師上親製文祭焉

蔡遷（晩笑堂画傳）

【薛顕《せっけん》】（?～一三八八）明の武将。徐州蕭県（現・安徽省）の人。朱元璋に従い、親軍指揮などに任じた。徐達について北伐に行き、大いに戦功を挙げた。洪武三年（一三七〇）、永城侯に封ぜられた。のち永国公を贈られた。

【蔡遷《さいせん》】（?～一三七〇）元末明初の人。蔡仙とも書く。元末、李二の起義にかかわり、後に朱元璋に従う。数十回の戦いを経験、千戸・万戸・指揮同知・、広西行省参政兼靖江王相を歴任した。亡くなってから安遠侯を贈られた。

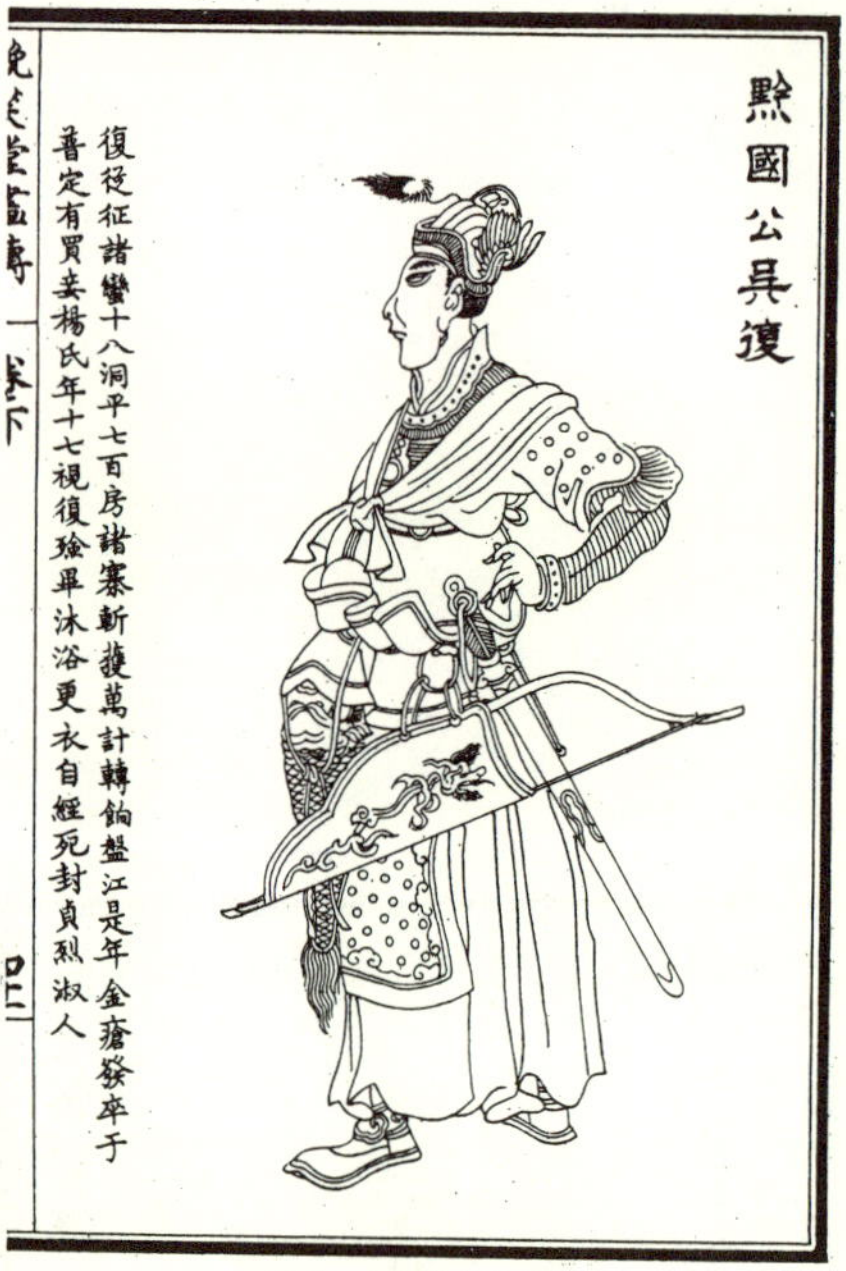
黔國公呉復
復從征諸蠻十八洞平七百房諸寨斬獲萬計轉餉盤江是年金瘡發卒于
普定有買妾楊氏年十七視復殮畢沐浴更衣自經死封貞烈淑人
呉復（晩笑堂画傳）

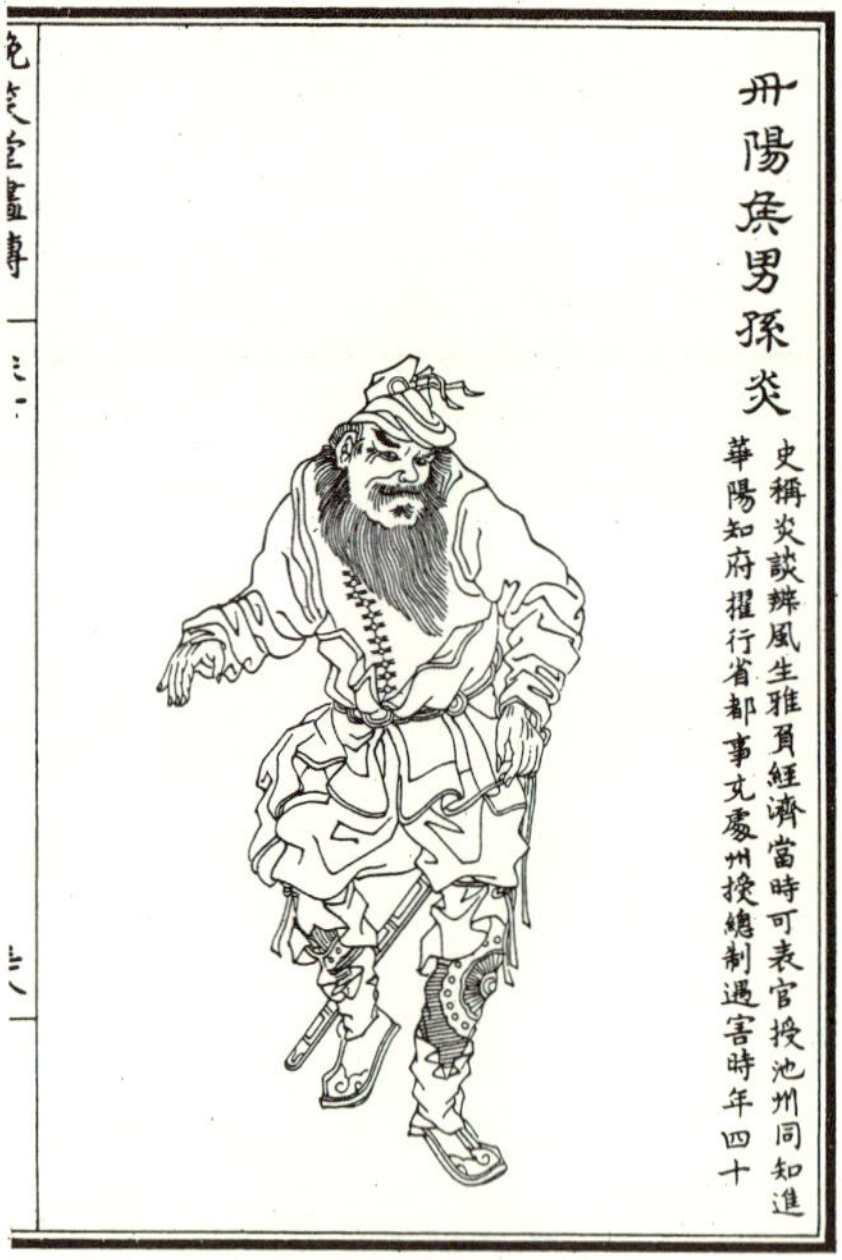
丹陽県男孫炎
史稱炎談辨風生雅負經濟當時可表官授池州同知進
華陽知府擢行省都事充處州授總制遇害時年四十
孫炎（晩笑堂画傳）

【呉復《ごふく》】（一三二一～一三八三）明初、盧州合肥（現・安徽省）の人。字は伯起。至正十四年（一三五四）、朱元璋にしたがい、万戸・統軍元帥・鎮武衛指揮同知を歴任した。洪武三年（一三六八）、安陸衛指揮使となった。雲南征服に行き、広西を取った。軍中で亡くなり、黔国公《けんこく》を贈られた。

【孫炎《そんえん》】明初、句容（現・江蘇省）の人。字は伯融。片足が不自由だったが、万感の書を読破した。華陽知府・処州授総制などに任じた。

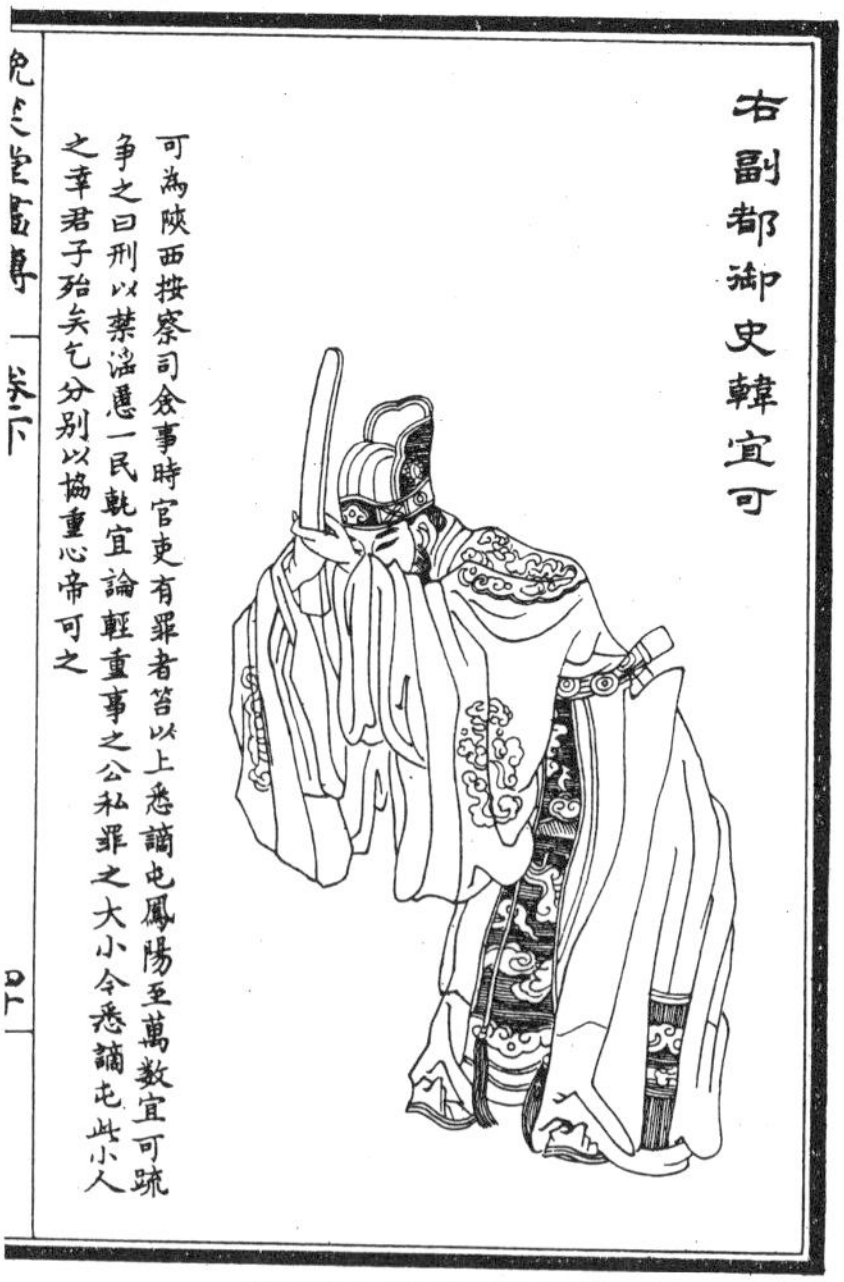
右副都御史韓宜可
可為陝西按察司僉事時官吏有罪者笞以上悉謫屯鳳陽至萬数宜可疏争之曰刑以禁淫慝一民軋宜論軽重事之公私罪之大小今悉謫屯此小人之幸君子殆矣乞分別以協重心帝可之
韓宜可（晩笑堂画傳）

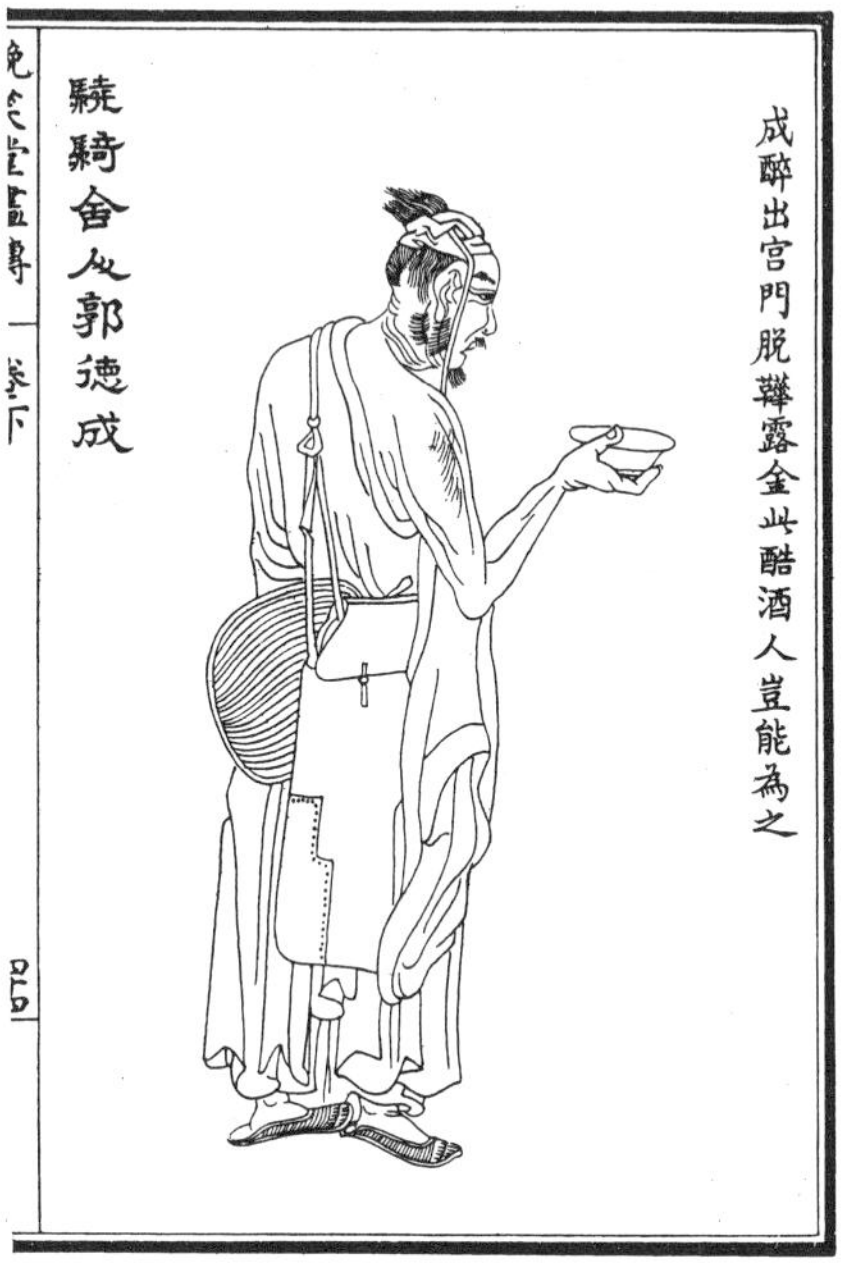
驍騎舍人郭徳成
成醉出宮門脱韡露金此酷酒人豈能為之
郭徳成（晩笑堂画傳）

【韓宜可《かんぎか》】（?〜一三九九頃）明初、浙江山陰（現・紹興）の人。字は伯時。洪武初に山陰教諭、楚王府録事、監察御史を歴任した。胡惟庸《こいよう》を弾劾したため獄に下り、まもなく釈放され、陝西按察司僉事となった。文辞に強く、日本への詔書を起草した。

【郭徳成《かくとくせい》】明初、濠州（現・安徽省鳳陽）の人。郭興の弟。洪武初、妹が入宮して寧妃となり、驍騎《きょうき》舎人となった。酒が好きで利禄には関心が薄かった。酒でしくじったので剃髪し、そのため明初の党禍を免れた。

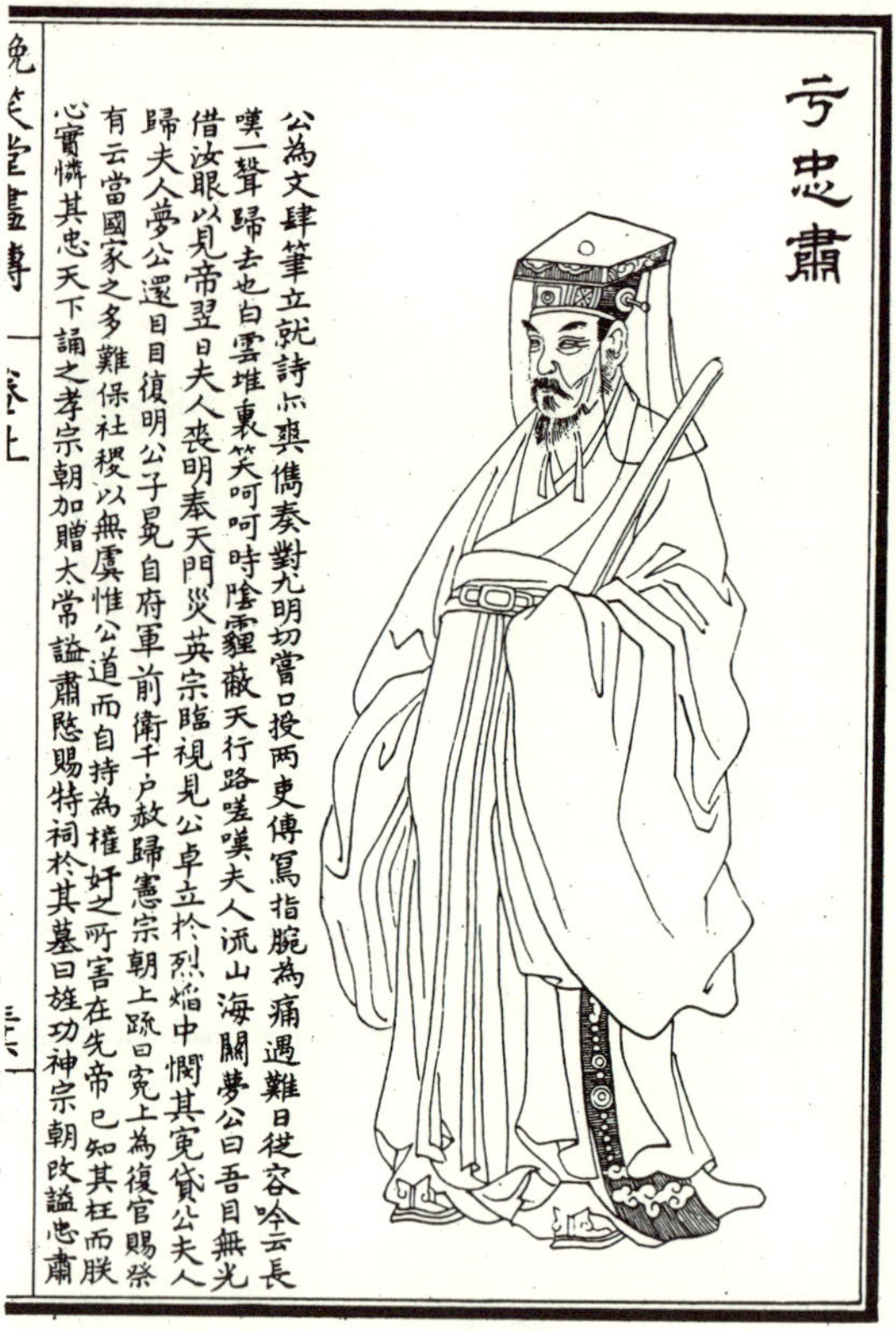
于忠肅
公為文肆筆立就詩亦爽儁奏對尤明切嘗口授兩吏傳寫指腕為痛遇難日從容吟云長
嘆一聲歸去也白雲堆裏笑呵呵時陰霾蔽天行路嗟嘆夫人流山海關夢公曰吾目無光
借汝眼以見帝翌日夫人喪明奉天門災英宗臨視見公卓立於烈焰中憫其冤貸公夫人
歸夫人夢公還目目復明公子冕自府軍前衛千戶赦歸憲宗朝上疏白冤上為復官賜祭
有云當國家之多難保社稷以無虞惟公道而自持為權奸之所害在先帝已知其枉而朕
心實憐其忠天下誦之孝宗朝加贈太常謚肅愍賜特祠於其墓曰旌功神宗朝改謚忠肅
晩笑堂畫傳
于謙（晩笑堂画傳）

三才圖會
于忠肅公像
于謙（三才図会）

【于謙《うけん》】（一三九八～一四五七）明の政治家。銭塘（現・浙江省杭州）の人。字《あざな》は廷益。永楽の進士。ながらく兵部右侍郎に在任、のち兵部左侍郎となった。土木の変に際して朝廷内の南遷論をおさえ、郕《せい》王（景帝）を立て北京を死守した。英宗がオイラートから復辟し、奪門の変で帝位を取り戻すと、謀逆罪によって処刑されたが、のちに名誉回復された。

徐階（三才図会）

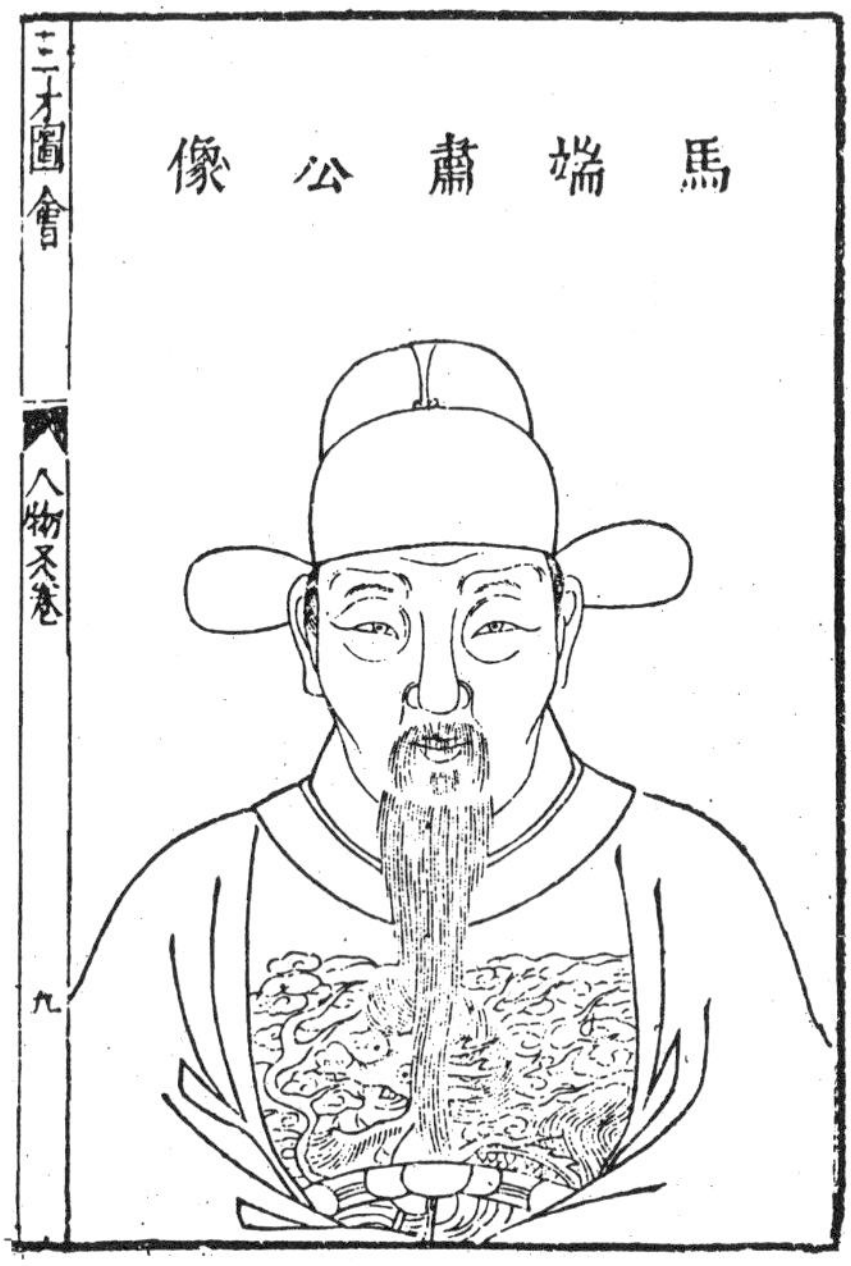

馬文升（三才図会）

【徐階《じょかい》】

（一四九四～一五七四）明の大臣。字《あざな》は子升。松江華亭（現・上海松江）の人。嘉靖の進士。帝意に迎合し、礼部尚書・大学士などを永年にわたり歴任した。穆《ぼく》宗が即位すると、地位を追われた。

【馬文升《ばぶんしょう》】

（一四二六～一五一〇）明の大臣。鈞州（現・河南省禹県）の人。字《あざな》は負図。進士に及第して、御史に任じ、山西・湖広などを巡按した。長期にわたり陝西を守り、兵部侍郎にのぼるが、弾劾によって下獄した。のち復官して遼東の巡按をつとめた。孝宗が即位すると、兵部尚書となった。

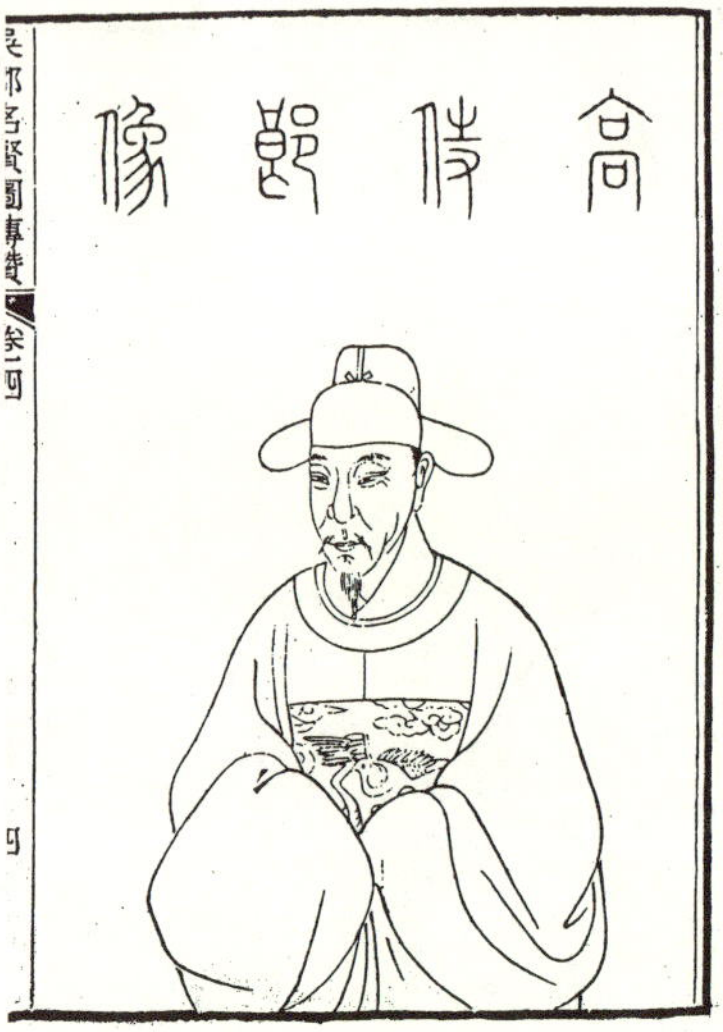
高啓（呉郡名賢図傳賛）

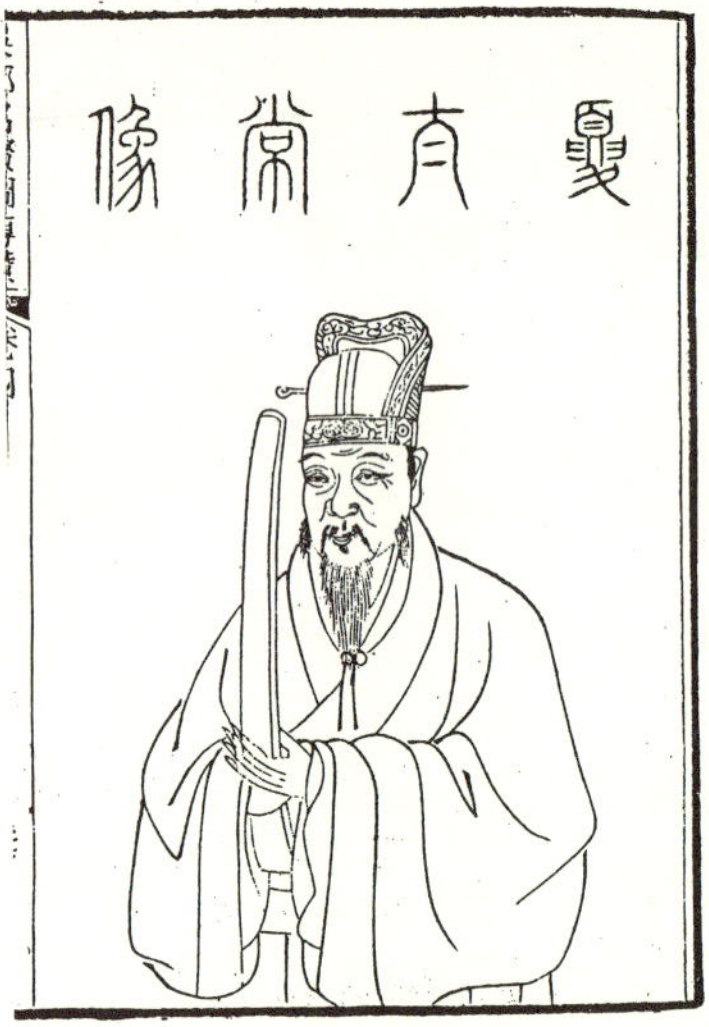
夏昶（呉郡名賢図傳賛）

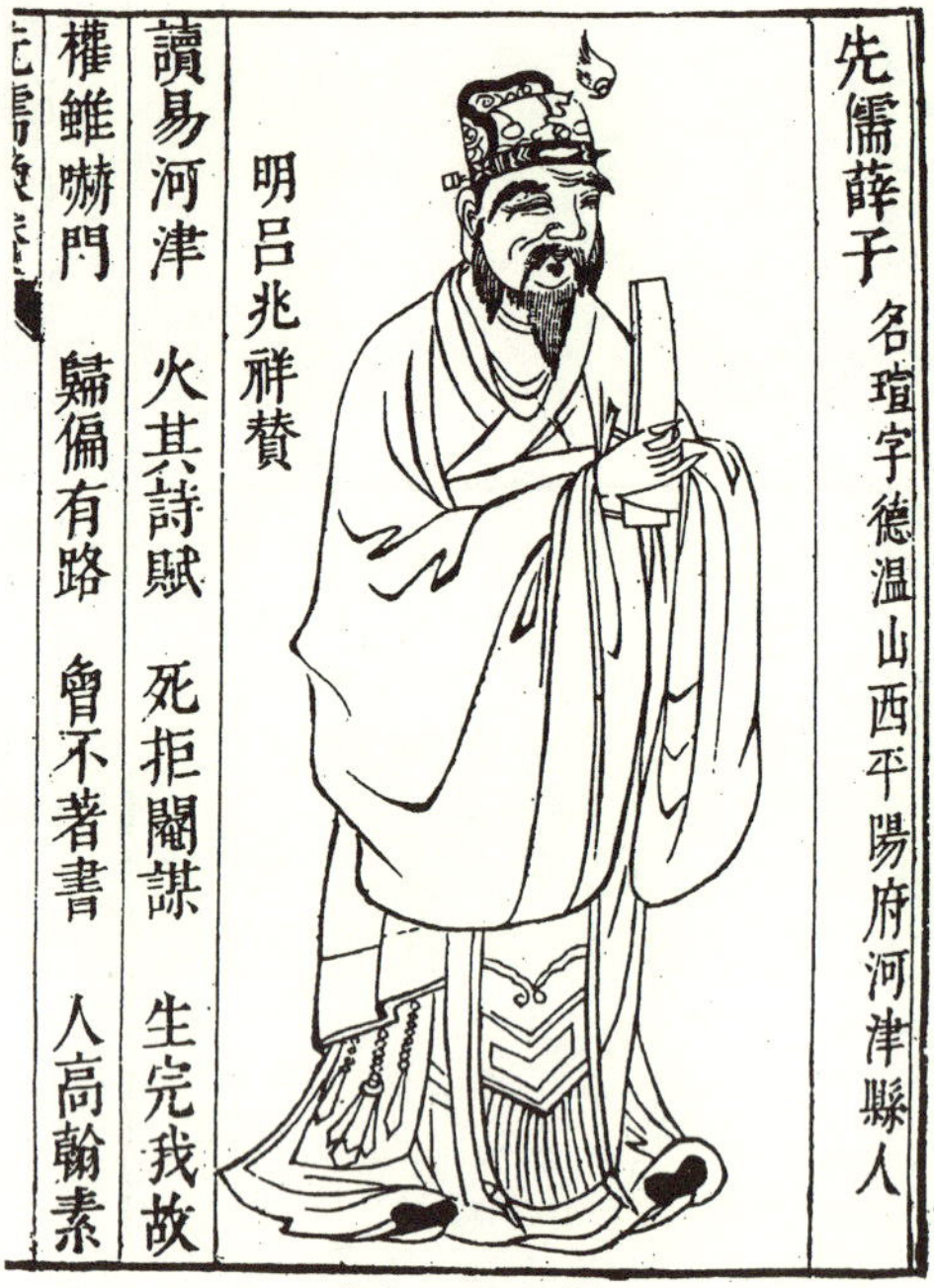
先儒薛子
名瑄字徳温山西平陽府河津縣人
明呂兆祥贊
讀易河津　火其詩賦　死拒閹謀　生完我故
權雒嚇門　歸偏有路　曾不著書　人高翰素
薛瑄（聖賢像賛）

【薛瑄《せっせん》】

（一三八九～一四六四）明の学者。河津（現・河南省）の人。字《あざな》は徳温、号は敬軒。諡《おくりな》は文清。永楽の進士。宣徳年間に御史となる。景帝のとき大理寺丞、英宗のとき礼部右侍郎兼翰林院学士となった。著に『読書録』『薛文清集』などがある。

【高啓《こうけい》】

（一三三六～一三七四）明初の詩人。長洲（現・江蘇省蘇州）の人。字《あざな》は季迪《きてき》、号は青邱子《せいきゅうし》。博学で、明代第一の詩人とされた。張士誠政権の根拠地・蘇州に過ごしたため、朱元璋によって腰斬《ようざん》の刑に処せられた。『高青邱集』がある。

【夏昶《かちょう》】

（一三八八～一四七〇）明の書画家。はじめ姓は朱。字《あざな》は仲昭、号は自在居士。江蘇昆山の人。永楽十三年の進士。官は太常寺卿に至った。竹枝、墨竹などを描き名高かった。楷書にも優れていた。

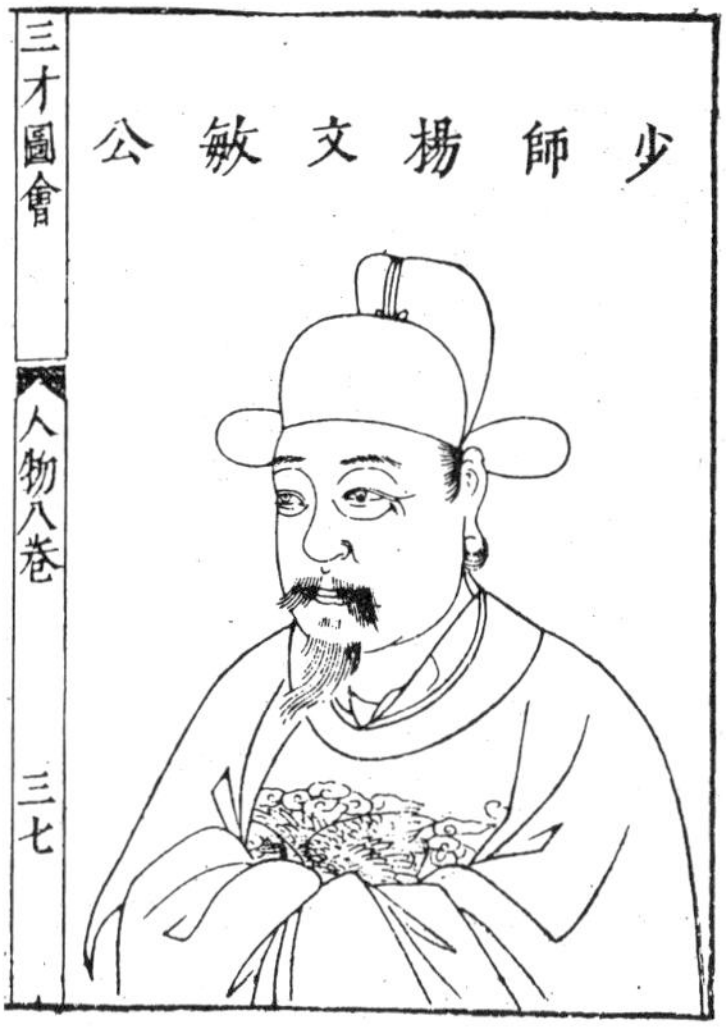

楊栄（三才図会）

楊士奇（三才図会）

楊溥（三才図会）

【楊士奇《ようしき》】（一三六五～一四四四）明の政治家。江西泰和の人。名は寓。士奇は字《あざな》。湖広各地で塾師として長年過ごした後、編纂官として『太祖実録』の制作に関わった。仁宗が即位すると礼部侍郎となり、宣宗・英宗朝にまで政治を補佐した。楊栄・楊溥《ようほ》と併せて三楊と併称された。

【楊栄《ようえい》】（一三七一～一四四〇）明の政治家。福建建安の人。初名は子栄、字は勉仁。建文の進士。永楽時期に内閣に入り、成祖を補佐して明敏と称された。楊士奇・楊溥《ようほ》とともに「三楊」といわれた。『楊文敏集』などがある。

【楊溥《ようほ》】（一三七二～一四四六）明の政治家。湖広石首（現・湖北省）の人。字《あざな》は弘済。建文の進士。永楽中、太子に仕えて洗馬となった。のち翰林学士・太常卿などを歴任、礼部尚書にまでのぼった。楊士奇・楊栄とともに「三楊」と称された。

方孝孺（三才図会）

沈周（練川名人画像）

【方孝孺《ほうこうじゅ》】（一三五七〜一四〇二）明の政治家。浙江寧海の人。字《あざな》は希直また希古、号は遜志、人呼んで正学先生といった。宋濂《そうれん》に学んだ。建文の初め、翰林侍講となり、のち文学博士として『太祖実録』の総裁となった。永楽帝の奪位後、登基詔を起草することを命じられたが、従わず一族もろとも殺された。

【沈周《しんしゅう》】（一四二七〜一五〇九）明の文人、画家。長洲（現・江蘇省呉県）の人。字《あざな》は啓南。号は石田、晩号は白石翁。沈石田《せきでん》の呼称でも知られる。元代以来の名家に生まれ、科挙に応じず家産の経営に努めた。群書を博覧し、詩文書画にすぐれた。黄公望・呉鎮に学んで新境地を開き、呉派の祖として重んじられた。『石田集』がある。

呉寛（呉郡名賢図傳贊）

沈周（呉郡名賢図傳贊）

唐寅（呉郡名賢図傳贊）

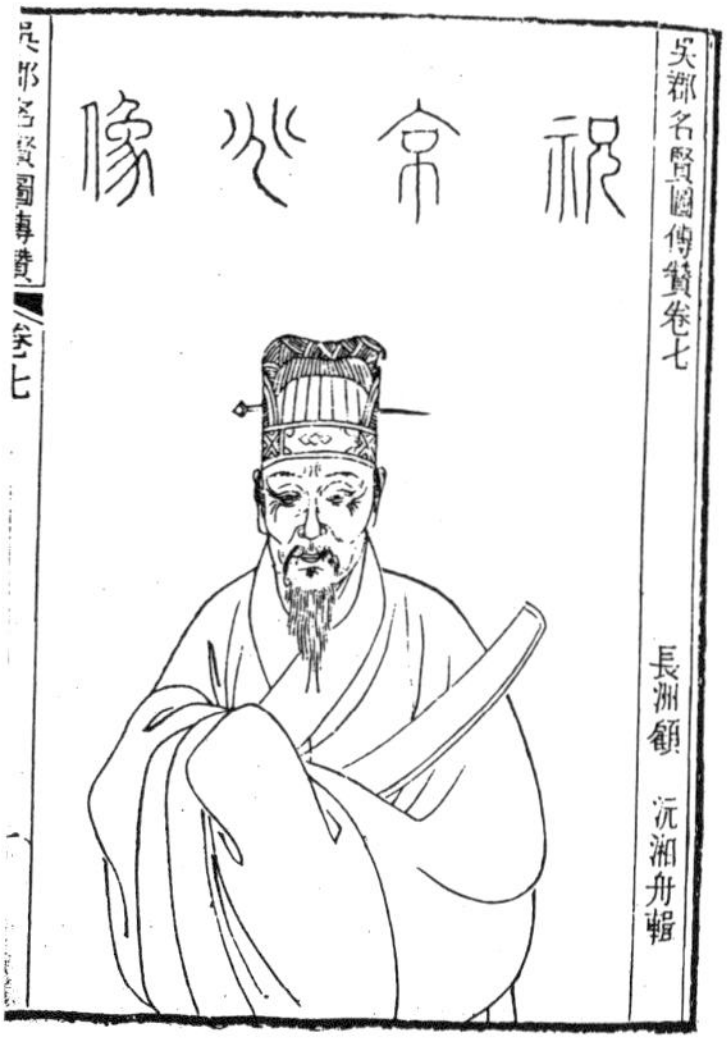

祝允明（呉郡名賢図傳贊）

【呉寛《ごかん》】

（一四三五～一五〇四）明の政治家。蘇州長洲の人。字《あざな》は原博、号は匏庵《ほうあん》。成化八年（一四七二）の状元。『憲宗実録』の編修に携わった。官は礼部尚書に至った。詩文を善くし、『匏庵集』がある。

【祝允明《しゅくいんめい》】

（一四六〇～一五二六）明の文人。蘇州長洲の人。字《あざな》は希哲、号は枝山。弘治の挙人。広東興寧の知県などを務めた。詩・書に巧みで、著に『懐星堂集』『野記』などがある。

【唐寅《とういん》】

（一四七〇～一五二三）明の文人、画家。呉県（現・江蘇省）の人。字《あざな》は伯虎・子畏、号は六如《りくじょ》居士・桃花菴など。郷試で解元（首席）となるが、会試で疑惑に巻きこまれ、以後は仕官せず民間に自由な売画生活を過ごした。詩文にも秀で、著に『画譜』がある。

李流芳（呉郡名賢図傳賛）

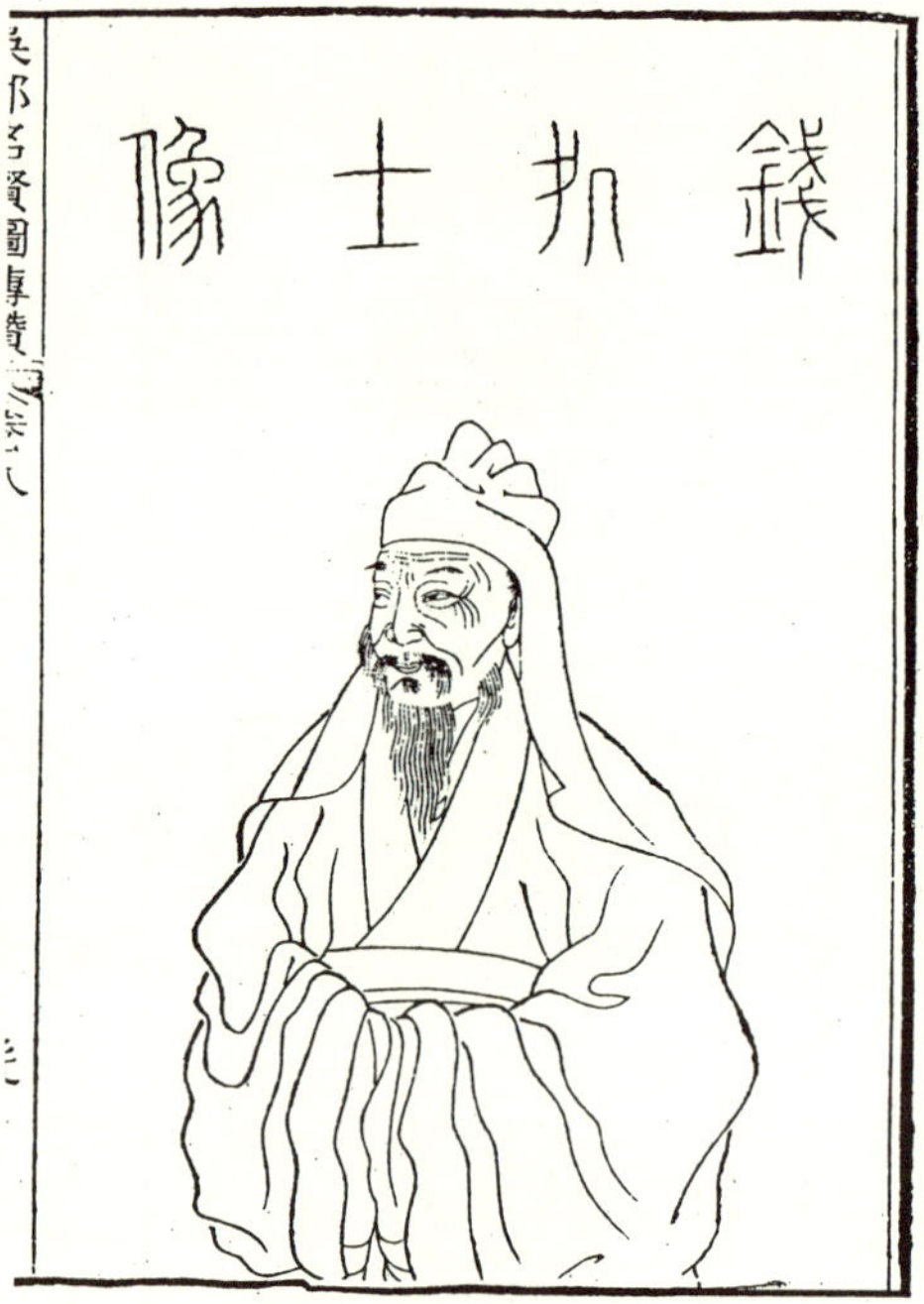
銭穀（呉郡名賢図傳賛）

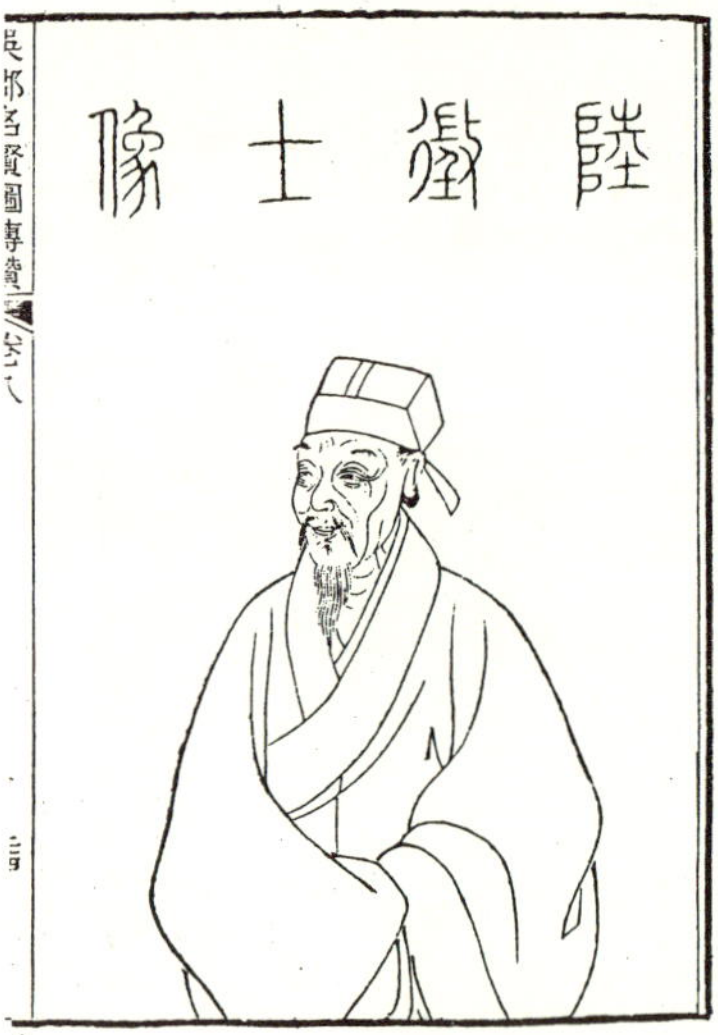
陸治（呉郡名賢図傳賛）

【銭穀《せんこく》】
（一五〇八～？）明の画家。字《あざな》は叔宝、号は磬室《けいしつ》。蘇州長洲の人。壮年から読書をはじめ、文徴明に詩文・書画を学んだ。山水画に長じ、人物・蘭竹も描いた。

【李流芳《りりゅうほう》】
（一五七五～一六二九）明の文人。字《あざな》は長蘅《ちょうこう》、号は泡庵。安徽省歙《しょう》県の出身で嘉定に流寓した。万暦）の挙人。倪瓚・呉鎮を学んで独特の画風を開いた。書や篆刻にも秀でた。

【陸治《りくじ》】
（一三四九～一五七六）明の画家。蘇州呉県（現・江蘇省）の人。字《あざな》は叔平、号は包山子。貢生。青年時期に文徴明、祝允明らと往来し、のちに山中に隠棲して画業に励んだ。山水に長じる。

王世貞（呉郡名賢図傳賛）

帰有光（呉郡名賢図傳賛）

張鳳翼（呉郡名賢図傳賛）

【帰有光《きゆうこう》】

（一五〇六～一五七一）明の文人。蘇州崑山（現・江蘇省）の人。字《あざな》は熙甫・開甫、号は震川。嘉靖時期に南京国子監生となり、多くの弟子を育てた。嘉靖四十一年（一五六五）進士となり、晩年は南京太僕寺丞となった。古文に秀で、王世貞とならび称せられた。著に『震川集』がある。

【王世貞《おうせいてい》】

（一五二六～一五九〇）明の文学者・政治家。太倉（現・江蘇省）の人。字《あざな》は元美、号は鳳州また弇州《えんしゅう》。十九歳で進士となり、刑部尚書などを歴任。李攀龍《りはんりゅう》とともに古文辞の復古を主張し、帰有光と並び称された。著に評論集『藝苑卮言《しげん》』などがある。

【張鳳翼《ちょうほうよく》】

（一五二七～一六一三）明の文人。蘇州長洲の人。字《あざな》は伯起、号は霊墟。嘉靖の挙人。のち仕官せず、書を売り自活した。著に『書実堂集』『文選注』『史記評林』、戯曲に『紅拂記』『祝髪記』『虎符記』などが知られる。

文震孟（呉郡名賢図傳賛）

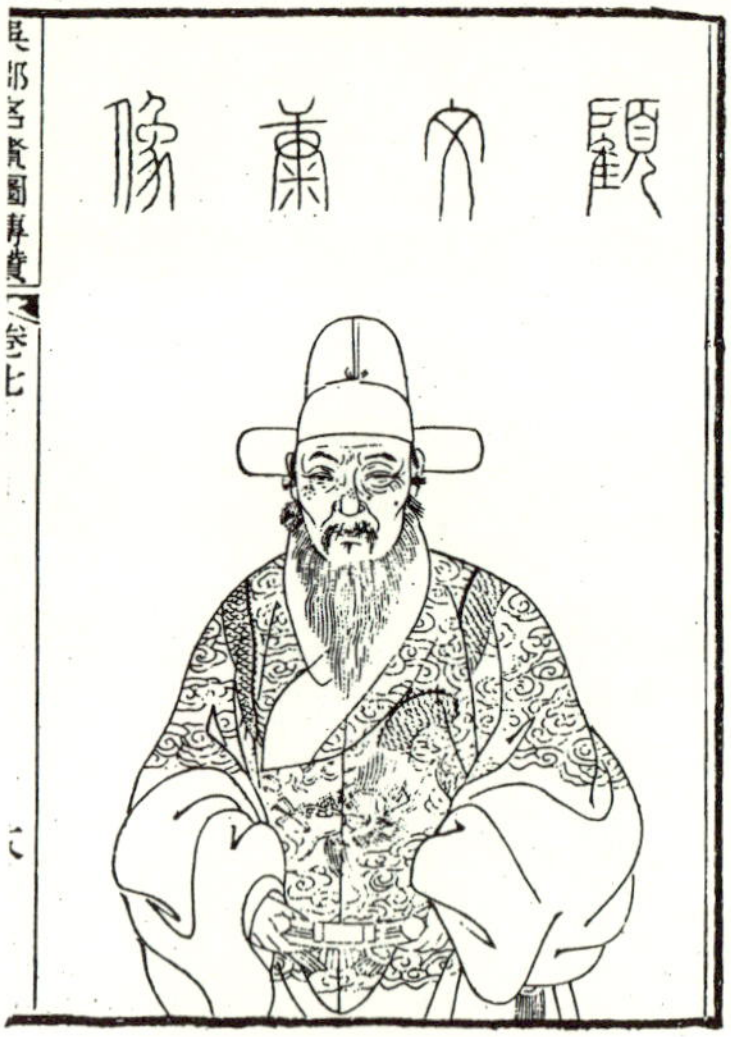
顧鼎臣（呉郡名賢図傳賛）

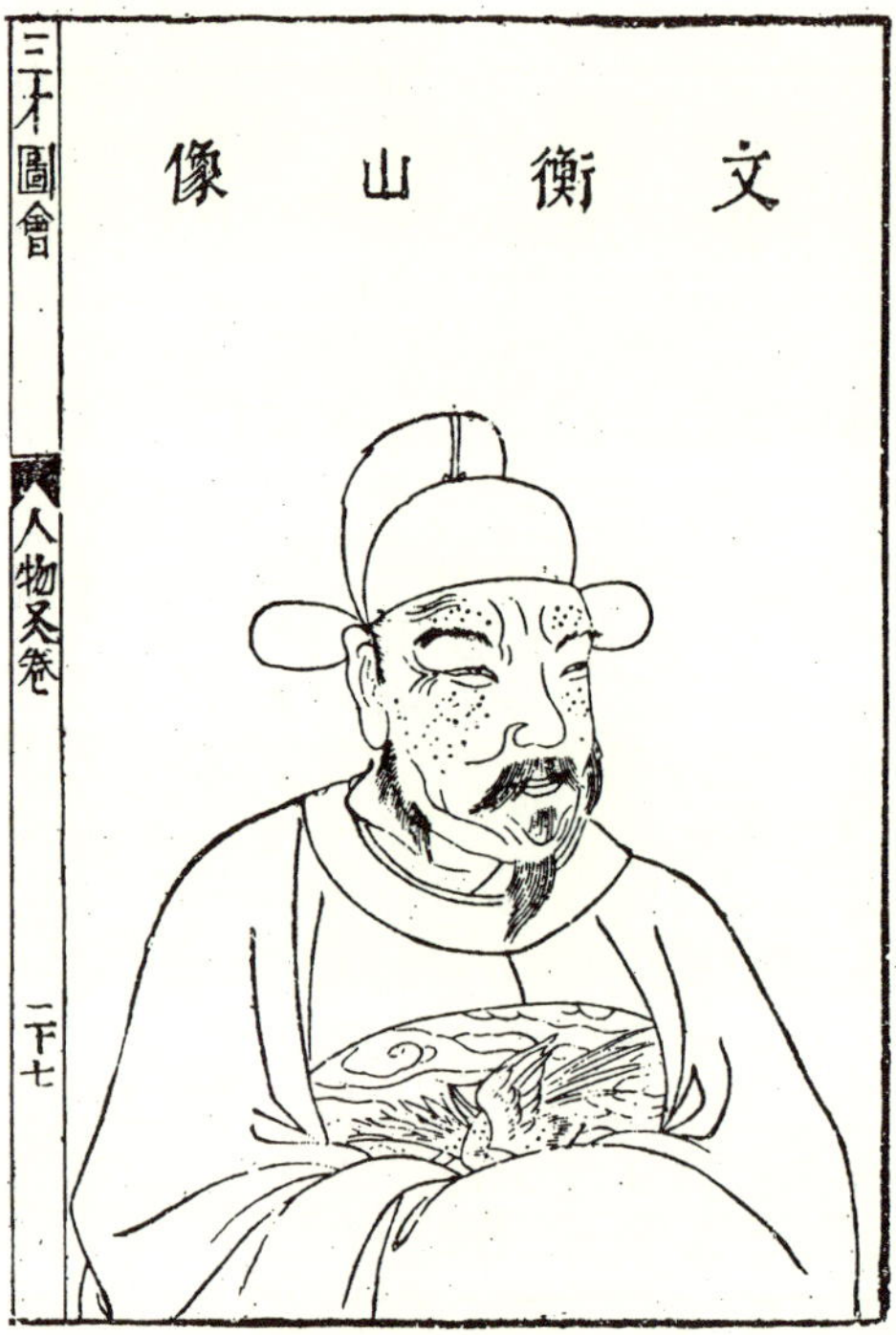

文徴明（三才図会）

【文震孟《ぶんしんもう》】

（一五七四～一六三六）明の文人。蘇州長洲の人。字《あざな》は文起、号は湛持、原名は従鼎。文徴明の曽孫。天啓二年（一六二二）の状元。礼部侍郎兼東閣大学士などに任じた。『姑蘇名賢小記』などがある。

【顧鼎臣《こていしん》】

（一四七三～一五四〇）明の学者。昆山の人。字《あざな》は九和、号は未斎。弘治の進士。嘉靖年間に礼部右侍郎となった。のち太子太傅、武英殿大学士などを歴任した。死後、文康と諡《おくりな》された。

【文徴明《ぶんちょうめい》】

（一四七〇～一五五九）明の文人、画家。長洲（現・江蘇省呉県）の人。名は璧《へき》、号は衡山、徴明は字《あざな》。科挙には合格せず、五十四歳で北京に赴いて翰林院待詔《たいしょう》を授るが、三年後に帰郷した。詩文・書画にすぐれ、書もよくした。晩年は隠逸生活を送った。著に『甫田集』がある。

文伯仁（呉郡名賢図傳賛）

文徴明（呉郡名賢図傳賛）

文嘉（呉郡名賢図傳賛）

文彭（呉郡名賢図傳賛）

【文伯仁《ぶんはくじん》】（一五〇二〜一五七五）明の画家。字《あざな》は徳仁、号は呉峰また葆生。蘇州長洲の人。文徴明の甥。山水に特に優れ、また人物も善く描き、詩作ものした。

【文彭《ぶんぽう》】（一四九八〜一五七三）明の画家、篆刻家。字《あざな》は寿承、号は三橋、漁陽子など。蘇州長洲の人。文徴明の長子。官は国子監博士の至った。書画のみならず、篆刻に優れた。

【文嘉《ぶんか》】（一五〇一〜一五八三）明の画家。字《あざな》は休承、号は文水。蘇州長洲の人。文徴明の次子。官は和州学正に至った。家の学問を継承し、山水に秀でた。花卉や楷書にも長じ、書画の鑑定にも詳しかった。

海忠介像
三才圖會

海瑞（三才図会）

李文正公東陽像
三才圖會

李東陽（三才図会）

楊忠愍
公臨當赴義出所著年譜授子應尾曰後十年可開也復為詩二章其一曰浩氣還太虚丹心照千古生前未了事留與後人補其二曰天王自聖明制度高千古生平未報恩留作忠魂補

楊継盛（晩笑堂画傳）

【海瑞《かいずい》】

（一五一四～八七）明代の清官。広東省瓊《けい》山の人。字《あざな》は汝賢、号は剛峯。回族。嘉靖の挙人。隆慶年間、応天巡撫《じゅんぶ》のとき郷紳の不当な土地取上げに反対して罷免された。剛直で不正を許さず、冤罪事件などを解決した姿勢が、のちに民衆から伝説化されて『海忠介公居官公案』などがうまれた。


【李東陽《りとうよう》】

（一四四七～一五一六）明の文人・政治家。字《あざな》は賓之、号は西涯、諡《おくりな》は文正。湖南茶陵の人。天順の進士、礼部尚書、文淵閣大学士などを歴任、『英宗実録』『憲宗実録』を編集し、『大明会典』『歴代通鑑纂要』などの編集の総裁となった。著に『懐麓堂集』『燕対録』などがある。


【楊継盛《ようけいせい》】

（一五一六～一五五五）明保定容城（現・河北省）の人。字《あざな》は仲芳、号は椒山。嘉靖の進士。兵部員外郎に任じ、大将軍仇鸞《きゅうらん》を弾劾して免官されたが、間もなく再任、次いで厳嵩の大罪を告発し下獄、殺された。

王陽明（三不朽図賛）

【王陽明《おうようめい》】（一四七二～一五二八）明の学者・政治家。字《あざな》は伯安、号は陽明、諡《おくりな》は文成。余姚《よよう》(現・浙江省)の人。弘治の進士。世宗のとき、両広総督となる。貴州龍場に流謫され、ここで陽明学のもとを築いた。朱熹の理気二元論に反対し、知行合一・致良知を説いた。『伝習録』がある。

王陽明（聖廟祀典図考）

【王陽明《おうようめい》】解説前頁

陳洪綬（三不朽図賛）

楊一清（古聖賢像傳略）

戚継光（古聖賢像傳略）

【陳洪綬《ちんこうじゅ》】（一五九八～一六五二）明末の画家。字《あざな》は章侯、号は老蓮《ろうれん》。諸曁《しょき》（現・浙江紹興）の人。幼時から画を好み、藍英を師とした。科挙に失敗、北京で国子監生となるが帰郷し、杭州で売画生活をおくった。人物画にとくに優れ、繊細な線描で変形・誇張した人物を描いた。『宝綸堂集《ほうりんどう》』がある。

【楊一清《よういっせい》】（一四五四～一五三〇）明の政治家。雲南安寧の人。字は応寧、号は邃庵《すいあん》。成化の進士。中書舎人、陝西督学副使などを歴任、のち、吏部尚書兼武英殿大学士になった。『関中奏議』などがある。

【戚継光《せきけいこう》】（一五二八～一五八七）明の武将。字《あざな》は元敬、号は南塘《なんとう》。山東蓬莱の人。総督・胡宗憲のもとにあって、倭寇の防御に任じ、鎮定に多くの功績を挙げた。晩年、庇護者の宰相張居正が亡くなると、不遇のうちに没した。『紀効新書』などの兵書がある。

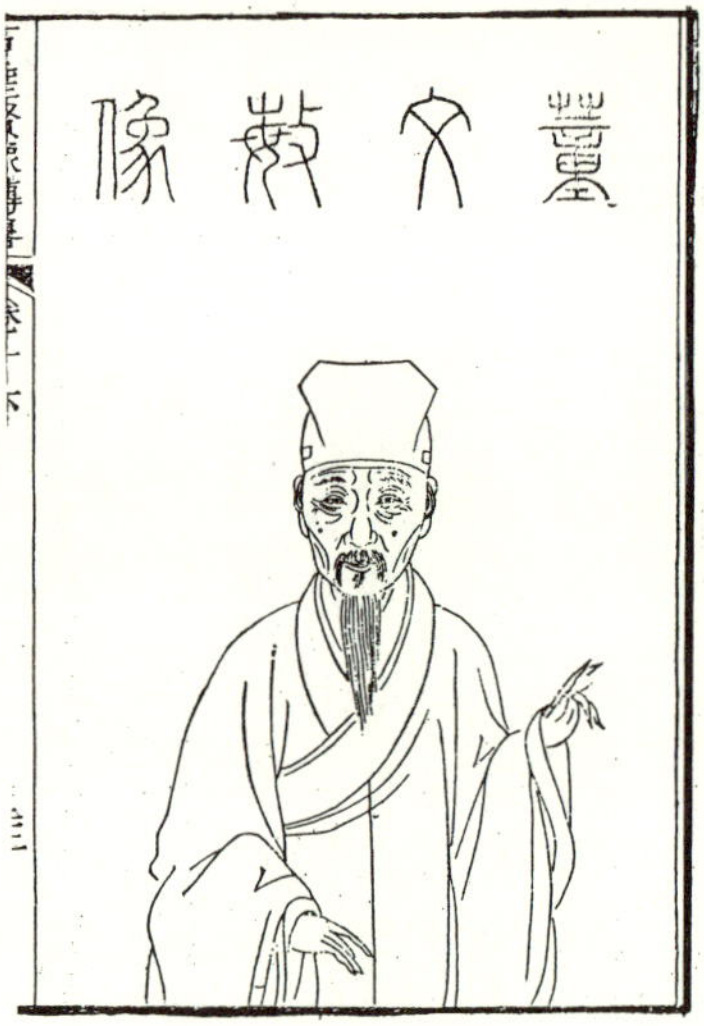

董其昌（古聖賢像傳略）

馮夢禎（古聖賢像傳略）

卞賽（秦淮八艶図詠）

【董其昌《とうきしょう》】（一五五五～一六三六）明の書画家。松江《しょうこう》（現・上海市松江県）の人。字《あざな》は玄宰《げんさい》。号は思白・香光・思翁など。諡《おくりな》は文敏。万暦の進士。官は礼部尚書にいたった。絵画における南北二宗論を提唱し、南宗画を推称、北宗画を貶しめた。著には『容台集』『画禅室随筆』などが知られる。

【馮夢禎《ふうむてい》】（一五四八～一五九五）明の学者。字は開之。秀水（現・浙江省嘉興）の人。万暦の進士。南京国子監祭酒などをつとめた。家に王羲之の「快雪時晴帖」を蔵したので、その堂を「快雪」となづけた。『快雪堂集』などがある。

【卞賽《べんさい》】明末の歌妓。南京の人。蘇州の虎丘・山塘に住み、黄衫《こうさん》をまとい、玉京道人と称した。書は楷書、画は蘭に長じ、鼓・琴など音律にも詳しかった。出家してからは、法華経一部を血書したという。無錫《むしゃく》恵山に葬られた。

顧横波（秦淮八艶図詠）

【顧横波《こおうは》】

明末、南京秦淮《しんわい》の歌妓。字《あざな》は眉《び》、また眉生、横波は号。晩号は善持君。絵筆を持つと蘭を巧みに描き、その画技は馬湘蘭に次いだが、自身の容貌はこれに勝ったという。

寇白門（秦淮八艷図詠）

【寇白門《こうはくもん》】

明末、南京秦淮《しんわい》の歌妓。名は湄《び》。白門は字《あざな》。画は蘭に優れ、吟詠にも長じた。十九歳で保国公の妾となるが、入清以後、自ら京師を辞して故郷に円亭を築き、ここで友人らと自適して過ごした。

陳子龍（古聖賢像傳略）

史可法（古聖賢像傳略）

黄宗羲（於越先賢像傳賛）

【陳子龍《ちんしりゅう》】

（一六〇八～一六四七）明末の人。松江華亭（現・上海市松江）の人。初名は介、字《あざな》は人中、号は大樽など。崇禎《すうてい》の進士。恵州推官となったが赴任せず、崇禎《すうてい》十三年（一六四〇）に紹興推官となった。明が滅びると福王に仕えた。『陳忠裕全集』がある。

【史可法《しかほう》】

（一六〇一～一六四五）明末の忠臣。河南祥符《しょうふ》（現・開封）の人。字《あざな》は憲之。号は道鄰。崇禎《すうてい》の進士。張献忠の討伐の功によって南京兵部尚書となった。明滅亡のとき、福王を立てた。のち揚州で清軍と戦い、捕らわれ殺された。『史忠正公集』がある。

【黄宗羲《こうそうぎ》】

（一六一〇～一六九五）明末清初の学者。浙江余姚《よよう》の人。字は太沖、号は南雷、梨洲《りしゅう》先生といわれた。父は東林党の中心人物で、魏忠賢《ぎちゅうけん》に殺される。明の滅亡後、清朝に反抗したが、のち著述につとめ『南雷文定』『明儒学案』『明夷待訪録《めいいたいほうろく》』などをのこした。

利瑪竇（左）・徐光啓（支那図説）

【利瑪竇《りまとう》】（一五五二～一六一〇）マテオ・リッチ(Matteo Ricci)の中国名。イタリア人のイエズス会宣教師。明の万暦年間に渡来、南京・北京などで伝道活動をした。中国最初の世界地図『坤輿《こんよ》万国全図』の作成や、科学書『幾何原本』の翻訳などによって、ヨ～ロッパ科学を中国に紹介した。

【徐光啓《じょこうけい》】（一五六二～一六三三）明末の政治家・科学者。上海徐家匯《じょかかい》の人。字《あざな》は子先、号は玄黙《げんぎょ》、諡《おくりな》は文定。万暦の進士。礼部尚書・東閣大学士・文淵閣大学士などになった。マテオ・リッチ(利瑪竇《りまとう》)に会いキリスト教に入信、西洋の天文学・数学などを学んだ。リッチに協力しユークリッドの『幾何原本』などを出版した。著に『農政全書』『徐氏卮言《しげん》』などがある。

陳圓圓（秦淮八艶図詠）

陳圓圓（秦淮八艶図詠）

【陳圓圓《ちんえんえん》】明末清初の人。本姓は邢《けい》、名は沅《げん》、字は畹芬《えんふん》。蘇州の妓女。呉三桂の妾となるが、三桂が山海関の防衛に出ると、李自成軍が北京に入り、陳圓圓は囚われの身となる。そこで呉三桂は清に降って北京を攻め、陳圓圓を再び取り戻した。晩年は女道士となり、寂静、字は玉庵と改名した。

呉三桂（北京）

李自成（北京）

【呉三桂《ごさんけい》】

（一六一二〜一六七八）明末・清初の武将。明末に武官となり、清軍と戦っていたが、李自成の反乱軍が北京を攻略すると清に援助を求め北京を回復した。清からは、平西王に封ぜられた。のちに清に対し反乱（三藩の乱）を起こした。呉三桂が北京に清兵を引き入れたのは、陳円円を取り戻すためであったとも言われる。

【李自成《りじせい》】

（一六〇六〜一六四五）明末の農民反乱軍の将。陝西省米脂《べいし》の人。西安を占領し王を称して東征軍を起こし、北京を攻撃して明を崩壊させた。しかし、満州族の力を借りた呉三桂に敗れた。のち湖北の山中で殺された。

康熙帝（支那図説）

康熙帝（康熙帝傳）

【康熙帝《こうきてい》】

（一六五四〜一七二二在位一六六二〜一七二二）清の第四代皇帝。姓は愛新覚羅《アイシンギョロ》、名は玄曄《げんよう》。廟号《びょうごう》は聖祖。八歳で即位した。六十一年の在位中、租税の減免、台湾の平定など、内政・外交につとめ、清朝の全盛期をつくった。反清の思想を弾圧する一方、『康熙字典』『佩文韻府』などの書物を編集させ、またイエズス会の神父らの手を借りて、学術振興に努めた。

王時敏（呉郡名賢図傳賛）

王鑑（呉郡名賢図傳賛）

王原祁（呉郡名賢図傳賛）

【王鑑《おうかん》】
（一五九八～一六七七）清初の画家。婁東《ろうとう》（現・江蘇省）の人。明代の文豪・王世貞の曾孫。字《あざな》は玄照、のちに円照。号は湘碧《しょうへき》、染香庵主。幼少から家蔵の古書画に学び、王時敏とともに董其昌《とうきしょう》に師事した。清初画壇の指導的役割を果たした。

【王時敏《おうじびん》】
（一五九二～一六八〇）清初の画家。婁東《ろうとう》（現・江蘇省）の人。字《あざな》は糖之。号は烟客《えんかく》、西廬《せいろ》老人ほか。明末の宰相王錫爵《おうししゃく》の孫。明滅亡後は故郷に隠退した。詩文、書ともに秀でた。董其昌に師事し、黄公望に学んだ山水画を描き、清初宮廷画壇の指導者となった。『西田集』などがある。

【王原祁《おうげんき》】
（一六四二～一七一五）清初の文人画家。婁東《ろうとう》（現・江蘇省）の人。字《あざな》は茂京。号は麓台。王時敏の孫。幼少より王時敏や王鑑より伝統的山水を学ぶ。康熙の進士。内府所蔵の書画の鑑識にあたり『佩文斎書画譜《はいぶんさいしょがふ》』編纂にあたった。

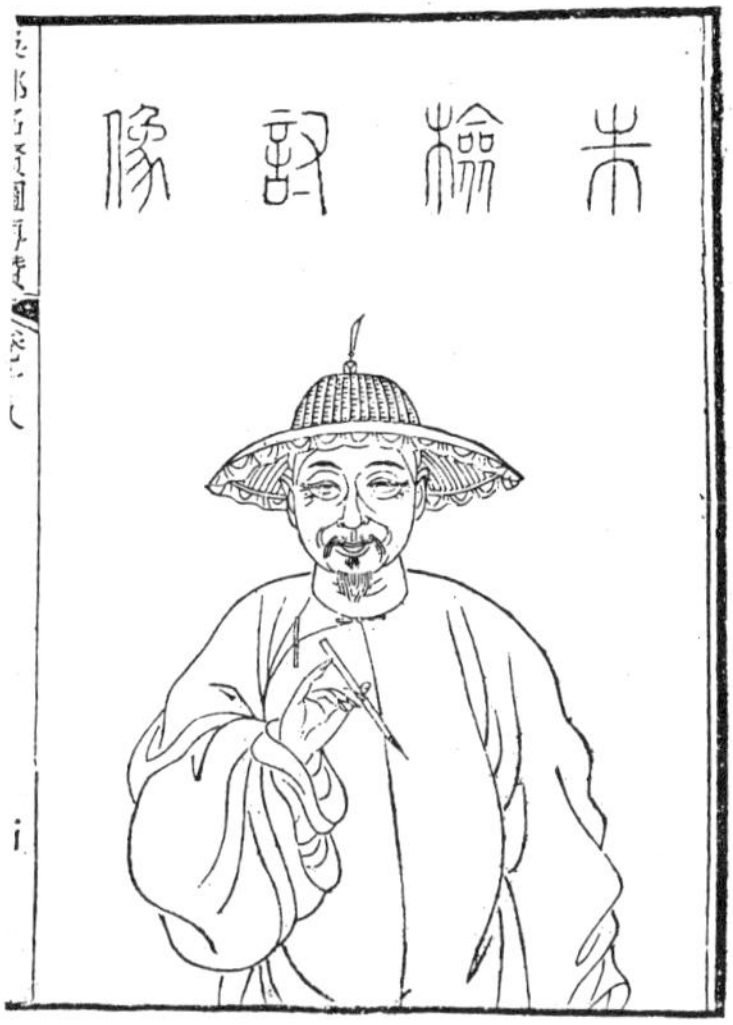

朱彝尊（呉郡名賢図傳賛）

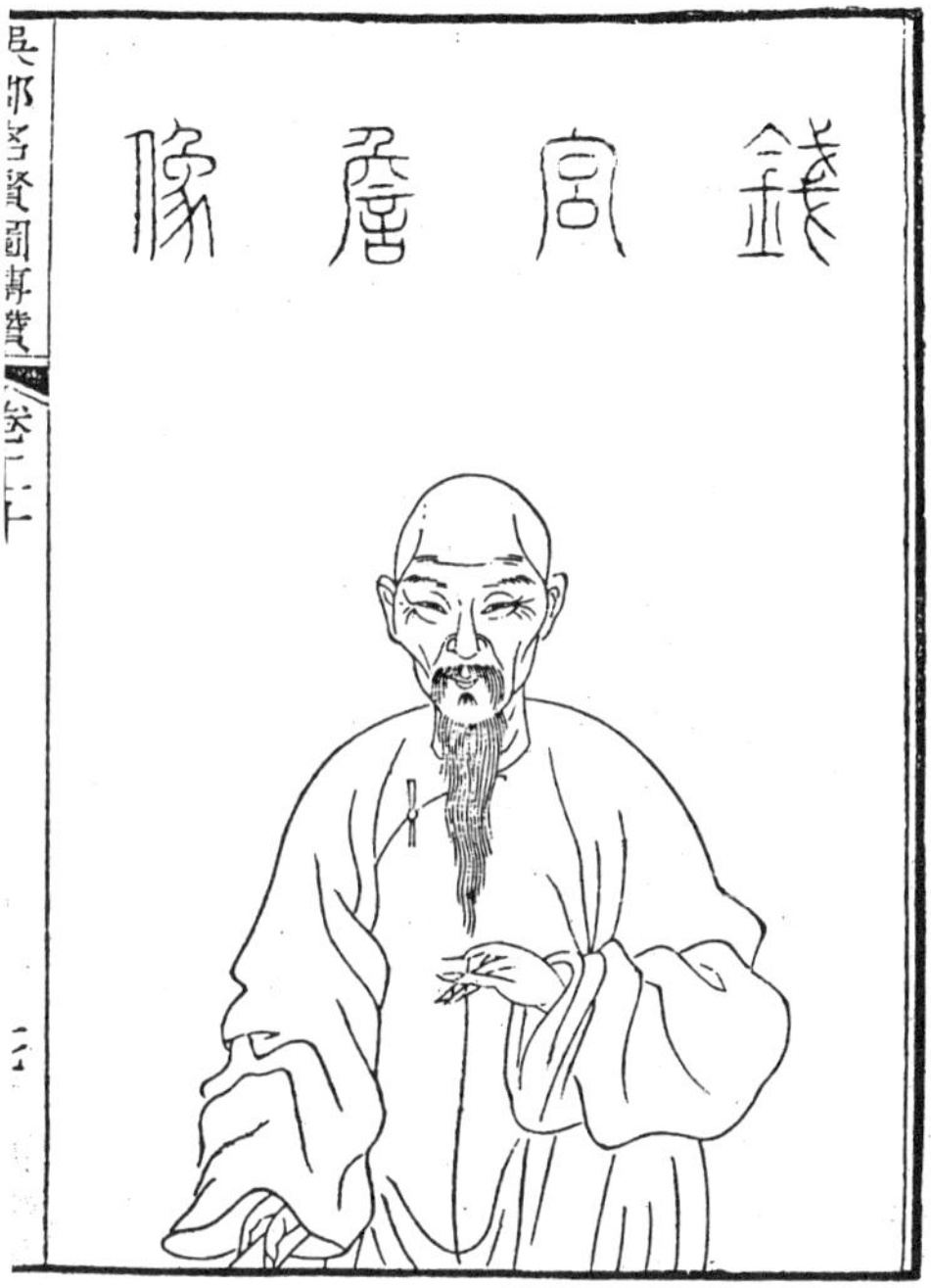

銭大昕（呉郡名賢図傳賛）

尤侗（呉郡名賢図傳賛）

【銭大昕《せんたいきん》】

（一七二八～一八〇四）清代の学者。嘉定（現・上海市）の人。字《あざな》は暁徴、また辛舷《しんげん》、号は竹汀《ちくてい》。乾隆の進士。『大清一統志』『続文献通考《ぶんけんつうこう》』『熱河《ねっか》志』などの編纂を行った。広東学政を最後に官を退き、弟子を教えた。その学問の特色は考証学的史学の確立にある。該博な知識を駆使して、天文学・数学・音韻学・金石文の研究にも活躍した。


【朱彝尊《しゅいそん》】

（一六二九～一七〇九）清の文学者。字《あざな》は錫鬯《せきちょう》、号は竹垞《ちくた》。浙江秀水（現・嘉興）の人。『明史』の編纂に参加した。経史に通じ博学で、古文を善くした。『日下《じっか》旧聞』『曝書亭集』などがある。


【尤侗《ゆうどう》】

（一六一八～一七〇四）清の文学者・戯曲家。字《あざな》は同人、展成、号は悔庵《かいあん》、艮斎《こんさい》、西堂老人など。長洲（現・江蘇省呉県）の人。『明史』の編纂に参加したが三年で帰郷した。その詩には当時の生活がよく現れている。雑劇もつくった。詩文集『鶴《かく》棲堂《せいどう》文集』などがある。

練川名人畫象坿巻下弟十頁
文學生呉先生象

呉歴（練川名人画像）

金農（冬心先生集）

【呉歴《ごれき》】（一六三二～一七一八）清初の画家。号は漁山、墨井《ぼくせい》道人、桃渓居士。江蘇省常熟の人。王鑑、次いで王時敏にも師事して山水を学んだ。佛門に帰依したが、五十歳過ぎてイエズス会に入り、布教活動もした。八十六歳で上海にて没した。繊細な筆致と淡彩を特色とし、西洋画の影響がみられる作品も知られる。『墨井画跋』『墨井詩鈔』などがある。

【金農《きんのう》】（一六八七～一七六四）清中期の画家。字《あざな》は壽門。号は冬心《とうしん》先生、司農、稽留《けいりゅう》山民、曲江外史など。浙江仁和《にんわ》（現・杭州）の人。考証学者の何策に師事して金石を研究、篆刻家の丁敬と親しかった。晩年は揚州に定住した。揚州八怪《はっかい》の一人。特に墨梅がすぐれ、文集に『金冬心集』『画梅題記』などがある。

費丹旭〈左2〉（東軒吟社画像）

【費丹旭《ひたんきょく》】（一八〇一～一八五〇）清代後期の画家。字《あざな》は子苕《しちょう》。号は暁楼・環渓・環渚生、晩号は偶翁。烏程《うてい》(現・浙江省呉興)の人。上海から蘇州に移り、杭州でも売画生活を送った。人物・山水・花卉を描いたが、仕女図を最も得意とした。書と詩も善くし『依旧草堂遺稿』がある。

顧炎武（呉郡名賢図傳賛）

湯若望（支那図説）

【顧炎武《こえんぶ》】
（一六一三～一六八二）明末清初の学者。字は寧人、号は亭林。江蘇省崑山の人。実用と考証を重んじた「経学」を提唱し、清代の学問に新風を送りこんだ。著に『日知録《にっちろく》』『天下郡国利病書』などがある。

【湯若望《とうじゃくぼう》】
（一五九二～一六六六）イエズス会の宣教師、アダム・シャール（Johann Adam Schall）。湯若望は中国名。ドイツ・ケルンの生まれ。万暦四十七年（一六一九）に中国に渡り、西安で布教活動を行ったのち、徐光啓の推薦で北京に来て西洋天文学書の漢訳に参加、『崇禎暦書《すうていれきしょ》』を編成した。清朝では、康熙時代に弾圧にあって下獄し、のち釈放されて亡くなった。

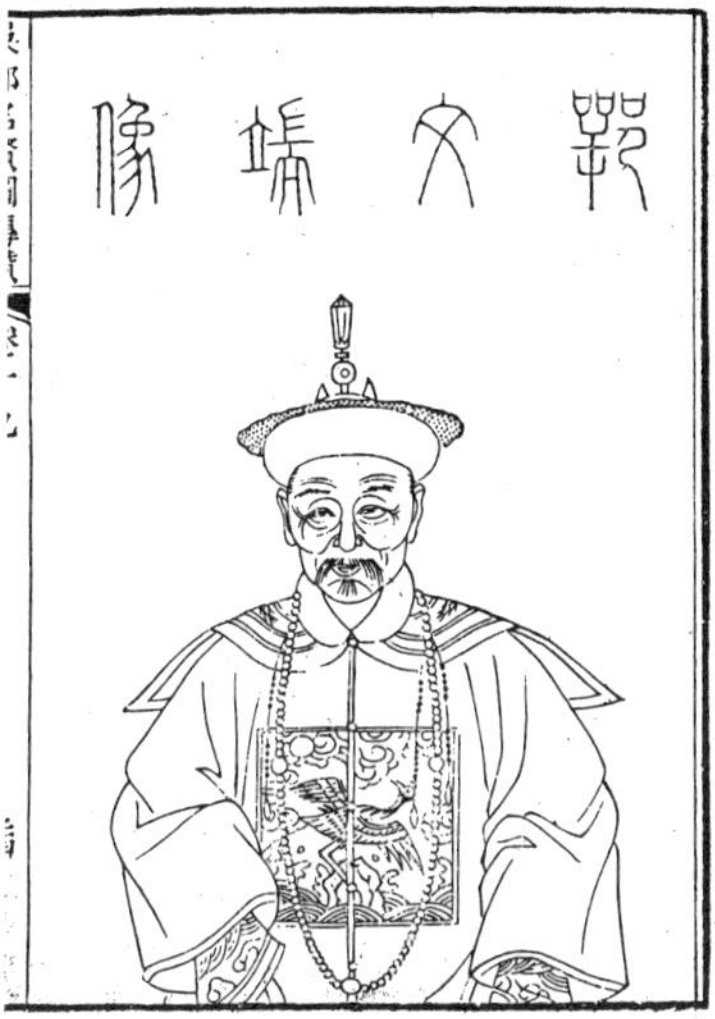

鄂爾泰（呉郡名賢図傳賛）

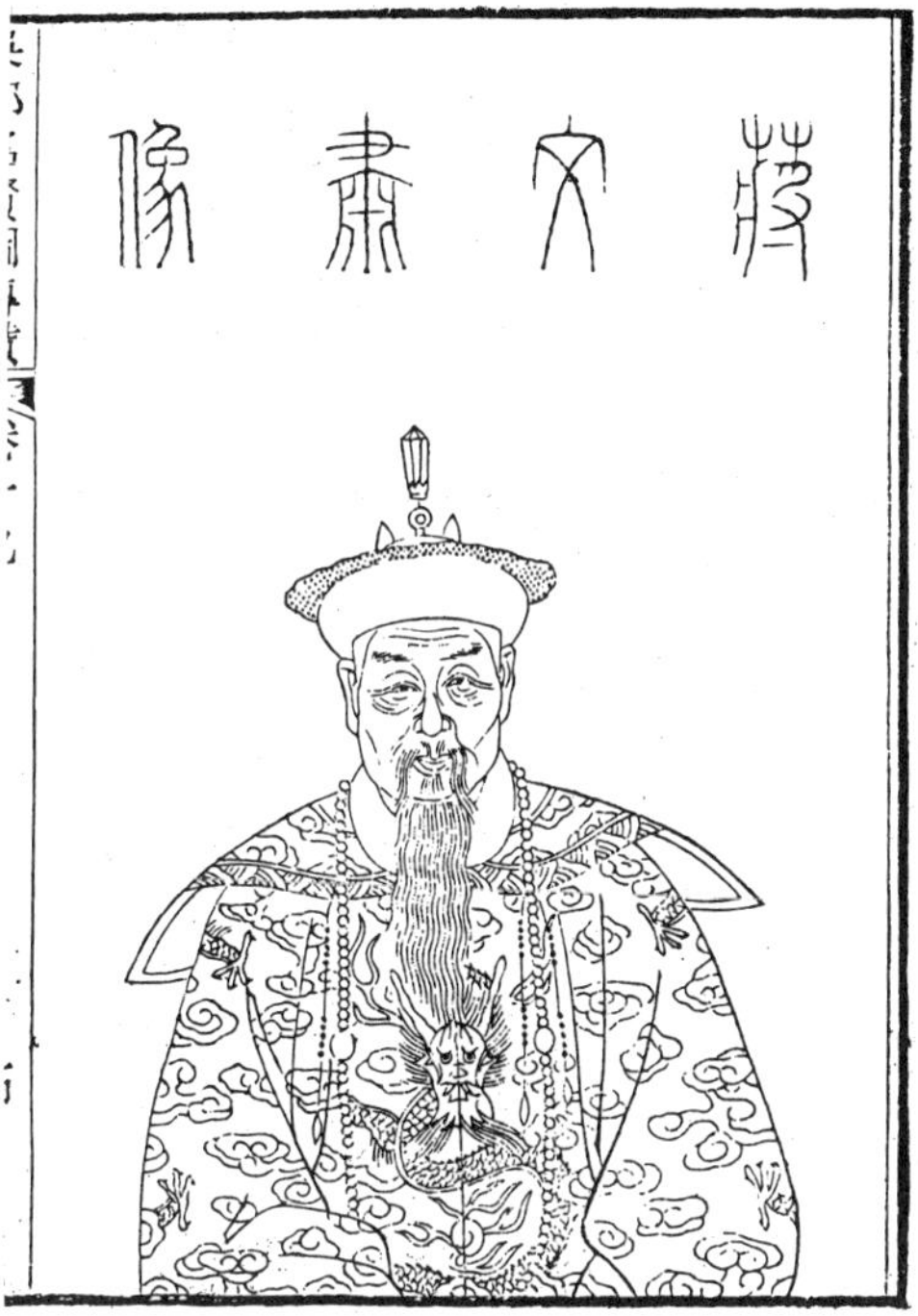

蒋廷錫（呉郡名賢図傳賛）

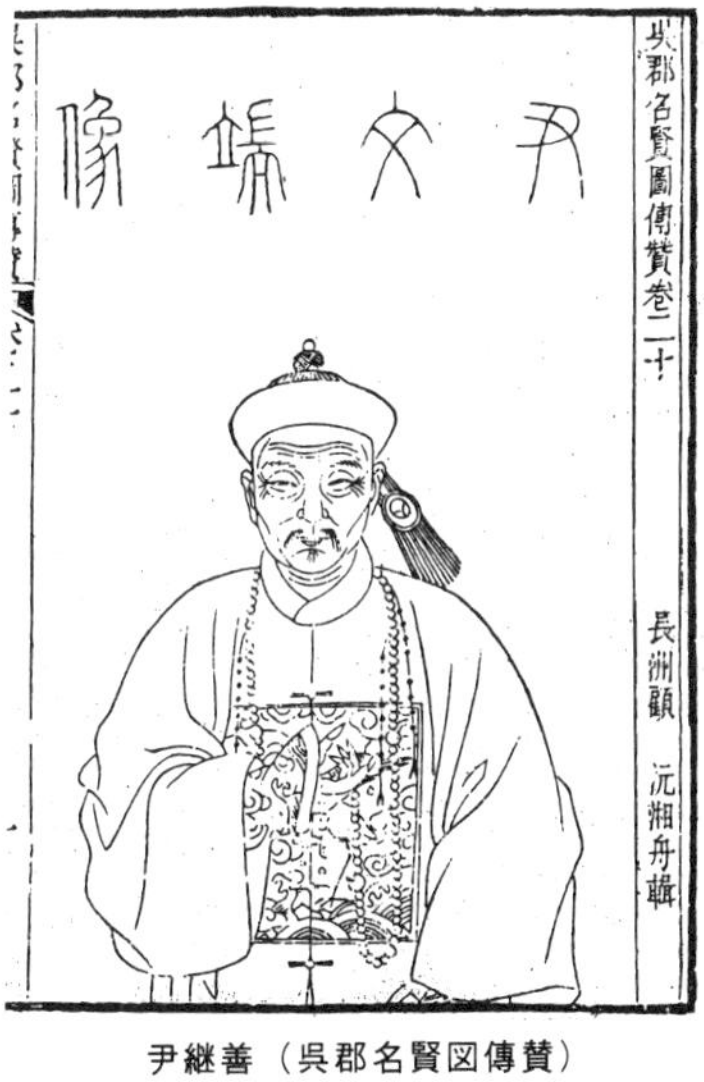

尹継善（呉郡名賢図傳賛）

【蒋廷錫《しょうていしゃく》】（一六六九～一七三二）清の政治家。江蘇常熟の人。字《あざな》は揚孫、号は西谷など。兵部尚書などを歴任、『聖祖実録』の総裁を務めた。詩画を善くし、著に『青桐軒集』がある。

【鄂爾泰《がくじたい》】（一六七七～一七四五）清中期、満洲の鑲藍《じょうらん》旗人。西林覚羅氏。字《あざな》は毅庵。雍正《ようせい》時期に雲貴総督などをつとめ、統治を強化した。雍正十年（一七三二）軍機大臣となり、雍正帝が亡くなると、乾隆帝を補佐した。

【尹継善《いんけいぜん》】（一六九五～一七七一）清中期、満洲の鑲黄《じょうこう》旗人。章佳氏。字《あざな》は元長、号は望山。雍正《ようせい》の進士。江蘇巡撫《じゅんぶ》・江南河道・雲南、貴州、四川、陝西などの総督を歴任、世宗（雍正帝）、高宗（乾隆帝）の信任が厚かった。

文学編

崑崙奴・崔生・紅綃（酹江集）

【崑崙奴《こんろんど》】

唐代伝奇・斐鉶《はいけい》撰『崑崙奴《こんろんど》』に登場する昆崙族の奴隷。名は、磨勒《まろく》。主人の崔生《さいせい》の意を受けて、紅綃《こうしょう》をこっそり盗み出す、不思議な力を持つ人物。紅綃は大官の家に奴隷として囲われているが、屋敷には猛犬が放たれ近づけない。磨勒は、犬を殺して屋敷に催生を導き、恋を成就させた後、こんどは二人を屋敷から助け出す。


【崔生《さいせい》】

唐代伝奇・斐鉶《はいけい》作『崑崙奴《こんろんど》』の主人公。下僕の昆崙奴・磨勒《まろく》の不思議な力によって、見初めた絶世の美女・紅綃《こうしょう》と結ばれる。


【紅綃《こうしょう》】

唐代伝奇・斐鉶《はいけい》作『崑崙奴《こんろんど》』の女主人公。絶世の美女。家妓として大官の家に囲われているが、父の使いで大官の病気見舞いにきた催生に、手で不思議な合図をして、こっそり愛情を示す。崔生《さいせい》は、その合図の意味を測り兼ねて煩悶するが、磨勒《まろく》の「解読」と超人的な力によって、憧れの紅綃に会いに行くことが出来る。

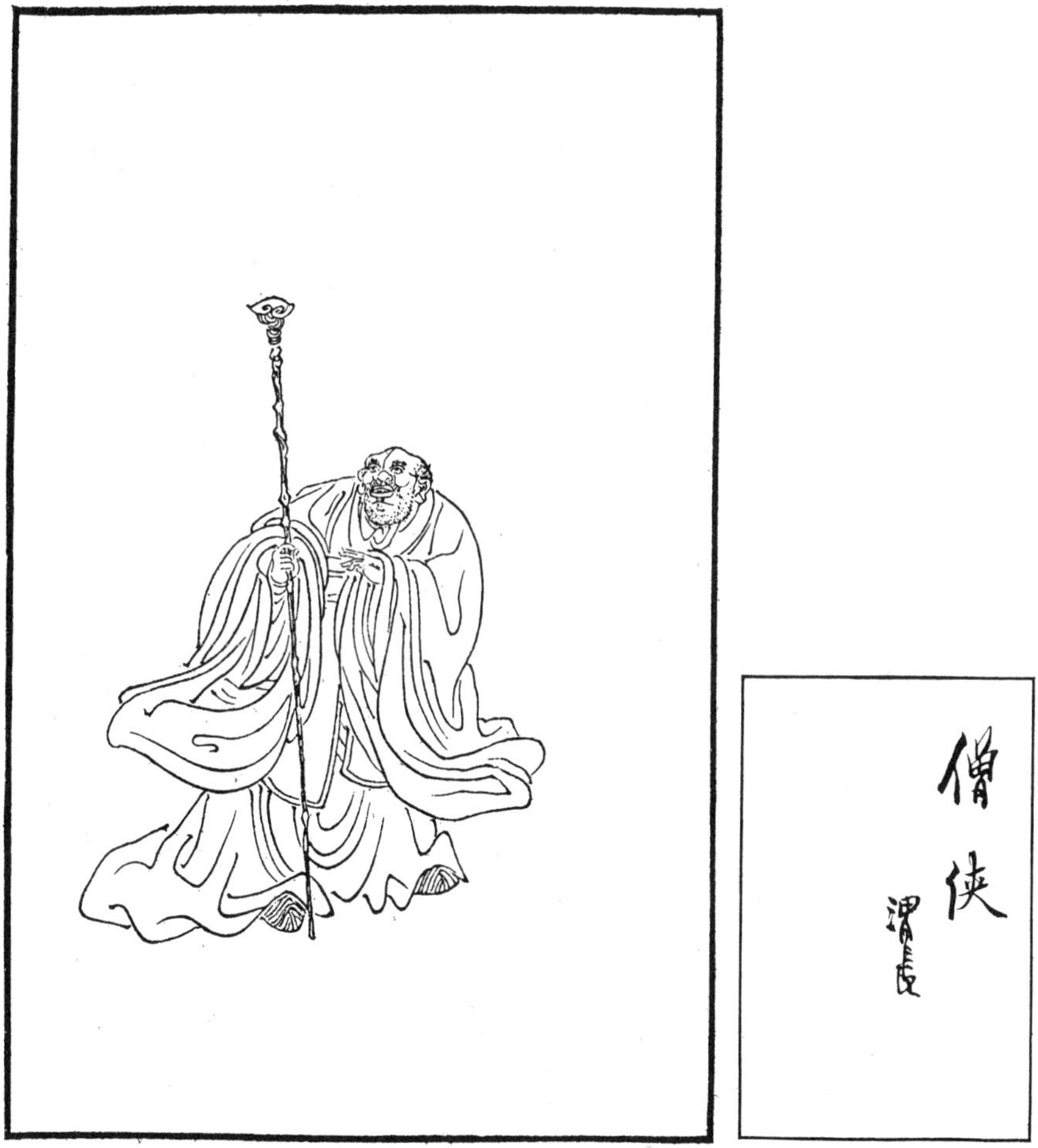

僧俠（剣俠傳）

【僧俠《そうきょう》】唐代伝奇・段成式《だんせいしき》撰『酉陽雑俎《ゆうようざっそ》』のなかの「盗俠」に出てくる人物。韋という士人と道連れになった僧侶が、自分の寺に韋を招いた。韋は弾弓の名手だった。屋敷に着くと、僧は盗賊で老年のため廃業しようと思っていて、一人息子の腕試しを頼まれた。弓で息子の飛飛を射てくれという。僧の足手まといにならないように、殺してほしいという。しかし韋がどんなに力を尽くしても、弓は当たらなかった。

紅線女（酔江集）

【紅線《こうせん》】

唐代伝奇・袁郊《えんこう》撰『紅線』の女主人公。潞州《ろしゅう》節度使・薛嵩《せつすう》の婢女。人並みはずれて聡明で、経史に通じ、音律を善くした。薛嵩は、魏博節度使の田承嗣《でんしょうし》が武士を募って潞州を侵そうとしているのに煩悶していた。紅線はこれを知って、一夜にして七百里を往復して、魏博の田承嗣の枕元から金の箱を盗み出してきた。薛嵩はこれを田承嗣に送り返すと、田はその威光に恐れて謝罪し、服した。事が解決すると、紅線は入山して修業すると告げて姿を消した。

紅線女（剣侠傳）

聶隠娘（剣侠傳）

【聶隠娘《しょういんじょう》】

唐代伝奇・斐恒《はいこう》撰『聶隠娘』の登場人物。聶鋒《しょうほう》のむすめ。十歳で尼に連れ去られた。そして三年後に空を飛び、剣を使い、鷹隼を刺すことができるようになっていた。四年で人ごみで人を刺殺しても気づかれないほどになった。自ら選んだ鏡磨きの若者と結婚した。後に、魏博《ぎはく》節度使の命を受けて、二人で陳許《ちんきょ》節度使の劉昌裔《りゅうしょうえい》を殺しに行くが、意図を見抜かれ、その人格に心服して逆に従う。裏切ったために魏博節度使からきた刺客も殺し、あるとき忽然と姿を消す。

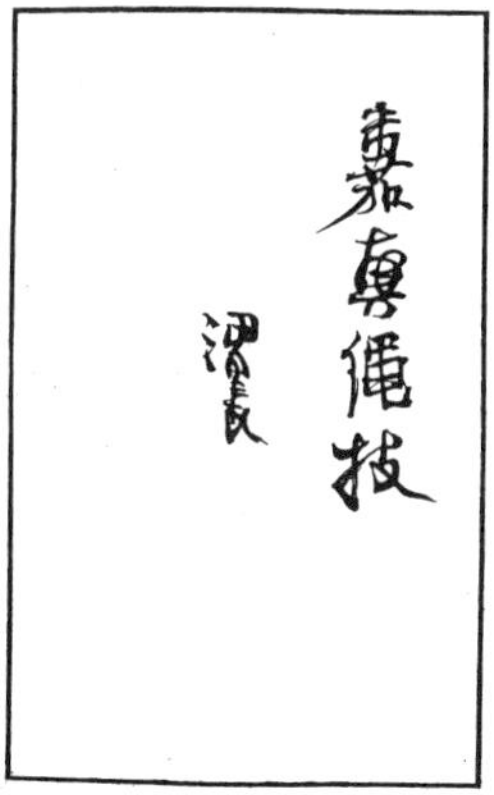

嘉興縄技（剣侠傳）

【嘉興縄技《かこうじょうぎ》】 唐代伝奇・皇甫《こうほ》氏撰『嘉興縄技』の登場人物。開元のころ、勅命によって開かれた催しに、囚人も参加した。囚人の一人が、変わった綱の技を示すというので参加を許した。囚人が縄を天空に投げ入れると、縄はするすると伸びた。そして男は昇りだし、次第に高くなって見えなくなった。首尾よく監獄から脱走したのであった。

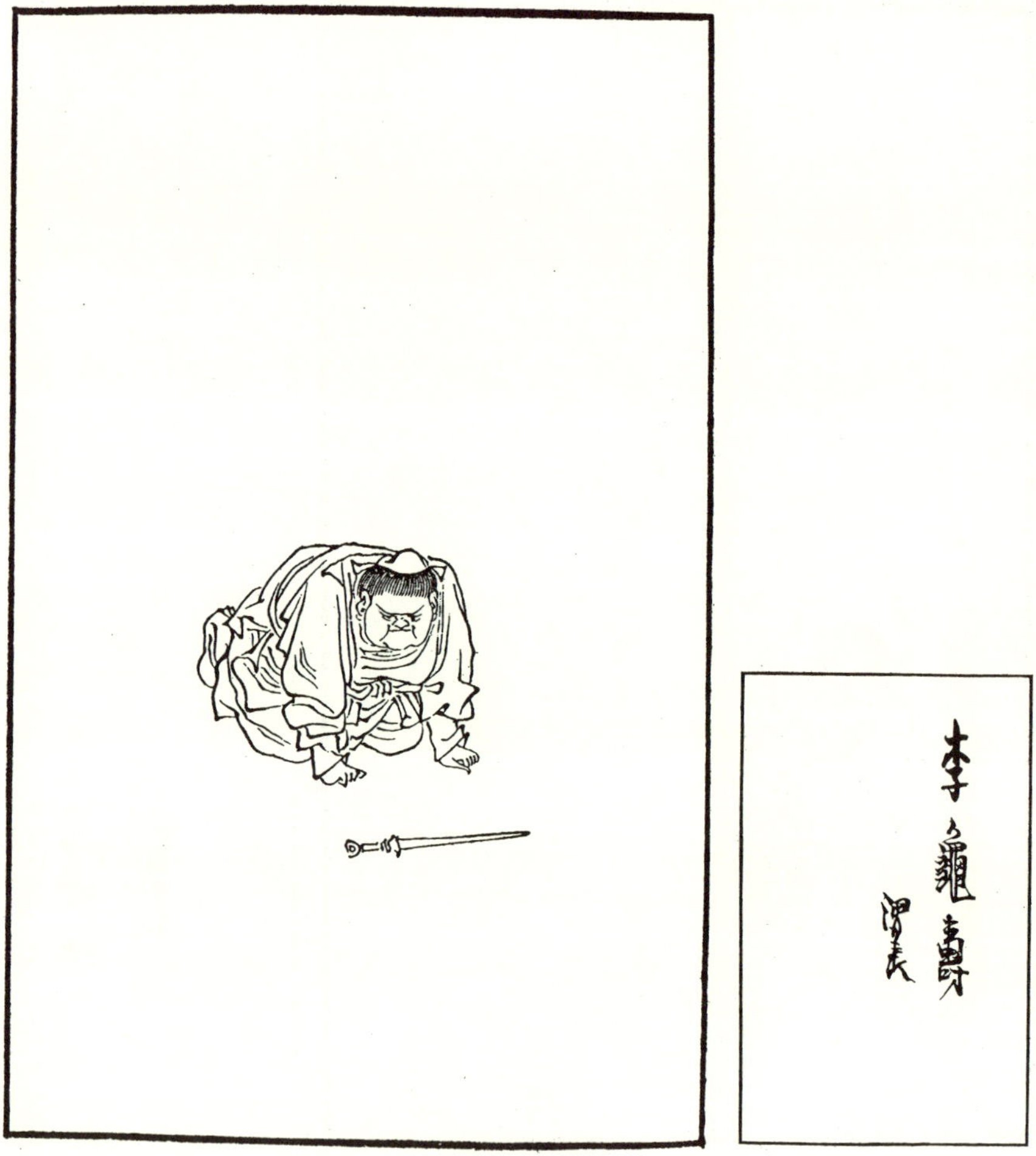
李亀寿（剣俠傳）

【李亀寿《りきじゅ》】唐代伝奇・皇甫枚《こうほばい》撰『李亀寿』の主人公。宰相の晋国公の暗殺のために送られた刺客。愛犬の花鵲《かじゃく》に吼えられて姿をあらわし、晋国公に仕えることを誓う。翌日、赤子を抱いた女が尋ねてきたが、これが妻であった。彼女は昨日の夜中に李亀寿の帰りがすこし遅いので、薊州（現・河北省薊《けい》県、長安とは千キロも離れている）から見に来たといった。晋国公が亡くなった後、李亀寿一家は逃げ去った。

南柯夢（南柯記）

【淳于棼《じゅんうふん》】

唐代伝奇・李公佐撰『南柯太守傳《なんかたいしゅでん》』の主人公。呉楚の侠士・淳于棼の屋敷の根元に槐があり、淳于棼はある日酔った後にそこで夢を見る。槐安国というところから迎えが来て、皇女を娶り出世するが、やがて罪を得て官位を剥奪され、最後は人間界に戻ってくるところで目が醒める。その槐《えんじゅ》の木の根元には蟻の巣があったが、雨ですべて流された。淳于棼が行ったのは蟻の国であった。淳于棼は、道教の教えを学び、酒と女色を断った。

紅拂（継志斎紅拂記）

紅拂（百美新詠）

【紅拂《こうふつ》】

唐代伝奇・杜光庭《とこうてい》撰『虬髯客伝《きゅうぜんかくでん》』の登場人物。もと隋の大貴族楊素の家妓。李靖が楊素を訪ねてきたのを見て、その英雄ぶりを見込んで密かに相携えて出奔する。二人は途中で虬髯客《きゅうぜんかく》という豪傑に出会い、意気投合して友情を固く結ぶ。虬髯客は、李靖の建功立業のために莫大な資金を提供して援助をする。三人の出会いの場面を描くのが「風塵三俠《ふうじんさんきょう》」図である。紅拂《こうふつ》の姓は張氏。常に手に赤い拂子《ほっす》を持ち、これが名称のもとである。

李靖・紅拂・虬髯客（継志斎紅拂記）

【李靖《りせい》】

唐代伝奇・杜光庭撰『虬髯客伝《きゅうぜんかくでん》』の登場人物。のちに唐の将軍。隋の楊素を訪ね、偶然に家妓・紅拂と知り合い、志を同じくして二人で駆け落ちする。途中知り合った豪傑・虬髯客の助けを得て、李世民（唐・太宗）の天下取りに功績を挙げ、出世する。


【虬髯客《きゅうぜんかく》】

唐代伝奇・杜光庭撰『虬髯客伝《きゅうぜんかくでん》』の登場人物。謎の侠客にして、大富豪。李靖・紅拂に協力して、唐太宗李世民の旗揚げのために、知力・財力を注ぎ込む。

杜麗娘（還魂記）

【杜麗娘《とれいじょう》】明代伝奇・湯顕祖《とうけんそ》撰『牡丹亭』の女主人公。杜甫の子孫・杜宝のむすめ。聡明で美しい。ある日、夢のなかで理想の男性・柳夢梅《りゅうむばい》と邂逅するが、夢が醒めてから恋い焦がれて病に落ちる。命の長くないのを知って、杜麗娘は自己の姿を描くとそれに詩を添えた。彼女亡きあと、偶然、才子柳夢梅が、花園の太湖石の下に埋めたその肖像と詩を発見する。その縁によって、最後は目出度く再生した杜麗娘と結ばれる。

柳夢梅（還魂記）

【柳夢梅《りゅうむばい》】

明代伝奇・湯顕祖《とうけんそ》撰『牡丹亭』の主人公。柳宗元の子孫の柳夢梅は、科挙に応じて都に上る途中、偶然に花園の太湖石の下に絶世の美女の肖像画を見つける。これを大切に掲げ、なかの美女に呼びかけていると、やがて杜麗娘《とれいじょう》（美女）の霊が自らの埋葬されたところを知らせる。のちに杜麗娘は生き返り、柳夢梅と結ばれ、柳夢梅は目出度く科挙にも合格する。

崔鶯鶯・張君瑞・紅娘（奇妙全釈西廂記）

崔鶯鶯（歴朝名媛詩詞）

【崔鶯鶯《さいおうおう》】

元雑劇『西廂記《せいしょうき》』の女主人公。美貌と才覚に恵まれ、亡父は相国をつとめた名門の生まれ。科挙に応じて都に上る途中の張君瑞《ちょうくんずい》と知り合い、恋仲になる。小間使いの紅娘《こうじょう》の助けもあり、厳しい礼教の掟をのりこえて、張君瑞と結ばれる。君瑞は科挙にも合格し、最後は大団円となる。

崔鶯鶯・張君瑞・紅娘（閔刻西廂記）

崔鶯鶯（西廂記考）

【張君瑞《ちょうくんずい》】

元雑劇『西廂記《せいしょうき》』の主人公。官僚の家に生まれ、都に科挙の受験に赴く途中、立ち寄った寺で崔鶯鶯《さいおうおう》を見初める。様々な困難を乗り越え、結ばれる。そののち科挙に主席で合格し、あらためて結婚の運びとなった。


【紅娘《こうじょう》】

元雑劇『西廂記《せいしょうき》』の登場人物、崔鶯鶯《さいおうおう》の召使い。主人思いでよく気がつき、しかも勇敢で聡明な侍女。ふたりを勇気づけ、また厳しい家風を守る鶯鶯の母親にも毅然と対応する。

崔鶯鶯・張君瑞・紅娘（雅趣藏書）

崔鶯鶯・張君瑞・紅娘（南西廂記）

崔鶯鶯・紅娘（起鳳館北西廂記）

趙五娘（李卓吾批評琵琶記）

【趙五娘《ちょうごじょう》】

元雑劇『琵琶記《びわき》』の女主人公。夫の蔡邕《さいよう》が、老いた両親の勧めで科挙のために都に上ると、五娘は残された両親を献身的に世話するが、その甲斐なく両親は亡くなる。夫は都で科挙に合格して出世し、宰相の命令でその娘を娶っていた。趙五娘は髪を売り、琵琶を引きながらわずかな銭をもらって都に尋ねていく。苦労の末に夫にめぐりあう。身分の高い妻は、自分から譲って趙五娘を正妻とし、三人で仲よく暮らした。

【蔡邕《さいよう》】

元雑劇『琵琶記』の主人公。モデルは後漢の蔡邕《さいよう》だが、実像とは異なる。故郷に新妻と老親をのこして都にのぼるが、めでたく科挙に合格すると宰相からその娘・牛氏を娶るように命ぜられる。既に結婚しているといっても許されず、牛氏を妻にして楽しい日々を送るが、故郷の両親と新妻が気にかかる。幸いにして曲折の末、趙五娘とめぐり合い、義父の許しを得て故郷に帰り墓参も済まし、三人仲良く大団円となる。

趙五娘（第七才子書）

蔡邕（玩虎軒琵琶記）

趙五娘（玩虎軒琵琶記）

●ひとり琵琶を背負い、都に夫を尋ねて行く趙五娘。

蔡邕（李卓吾批評琵琶記）

●科挙の合格者は、唐の孟郊の詩『登科後』の「春風得意馬蹄疾《ばていはやし》、一《いち》日《にちにして》看尽《みつくす》長安花」に描かれるように、揚々として春の長安城を駆け抜けた。

関羽（絵図三国演義）

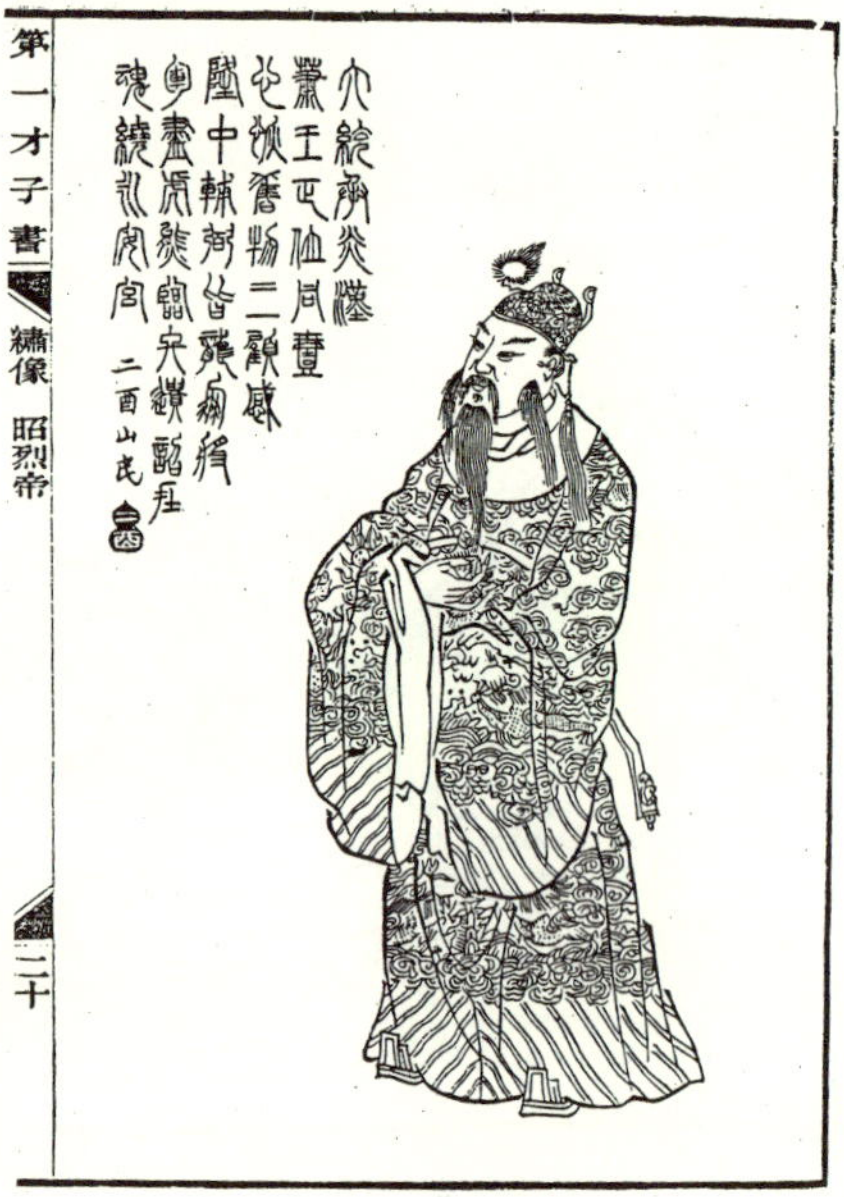

劉備（絵図三国演義）

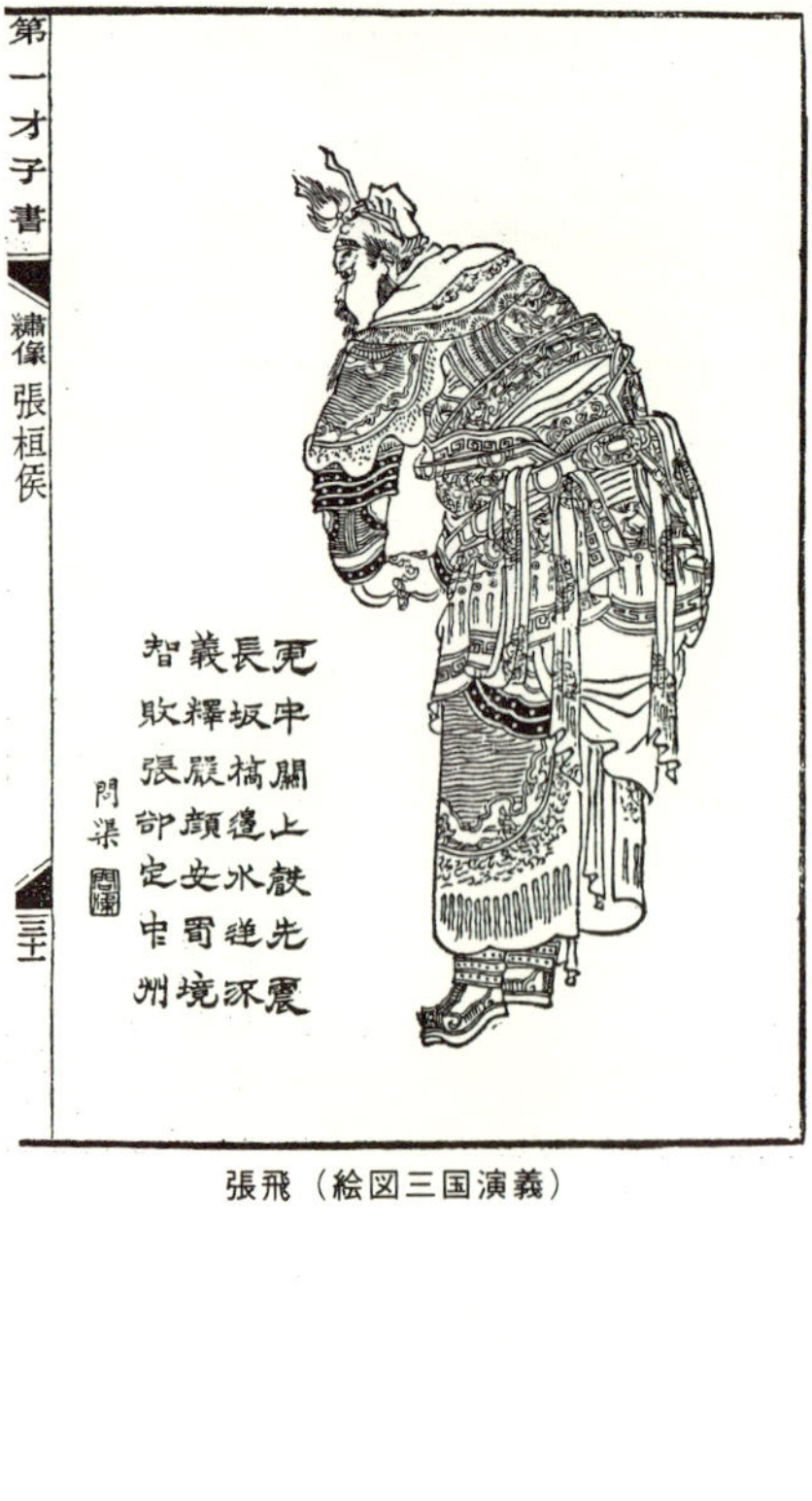

張飛（絵図三国演義）

【劉備《りゅうび》】（一六二～二二三）蜀漢の初代皇帝。昭烈帝。字《あざな》は玄徳。前漢の中山王の子孫と称した。諸葛亮を得て、天下を魏・呉と三分、成都で帝位についた。

桃園結義（英雄譜）

【関羽《かんう》】（?～二一九）蜀の名将。字《あざな》は雲長。劉備に仕えたが、魏の曹操に捕らえられしかも厚遇される。しかし逃げ出して劉備のもとで将軍となった。勇猛果敢で敵に恐れられたが、孫権の武将・呂蒙に殺された。死後、各地で関帝廟が造られ、武神・財神として祭られた。

【張飛《ちょうひ》】（?～二二一）蜀の武将。字《あざな》は益徳、または翼徳。関羽とともに劉備に兄事する。武勇に優れるが、直情型でやや浅慮なため、最後は部下に殺された。

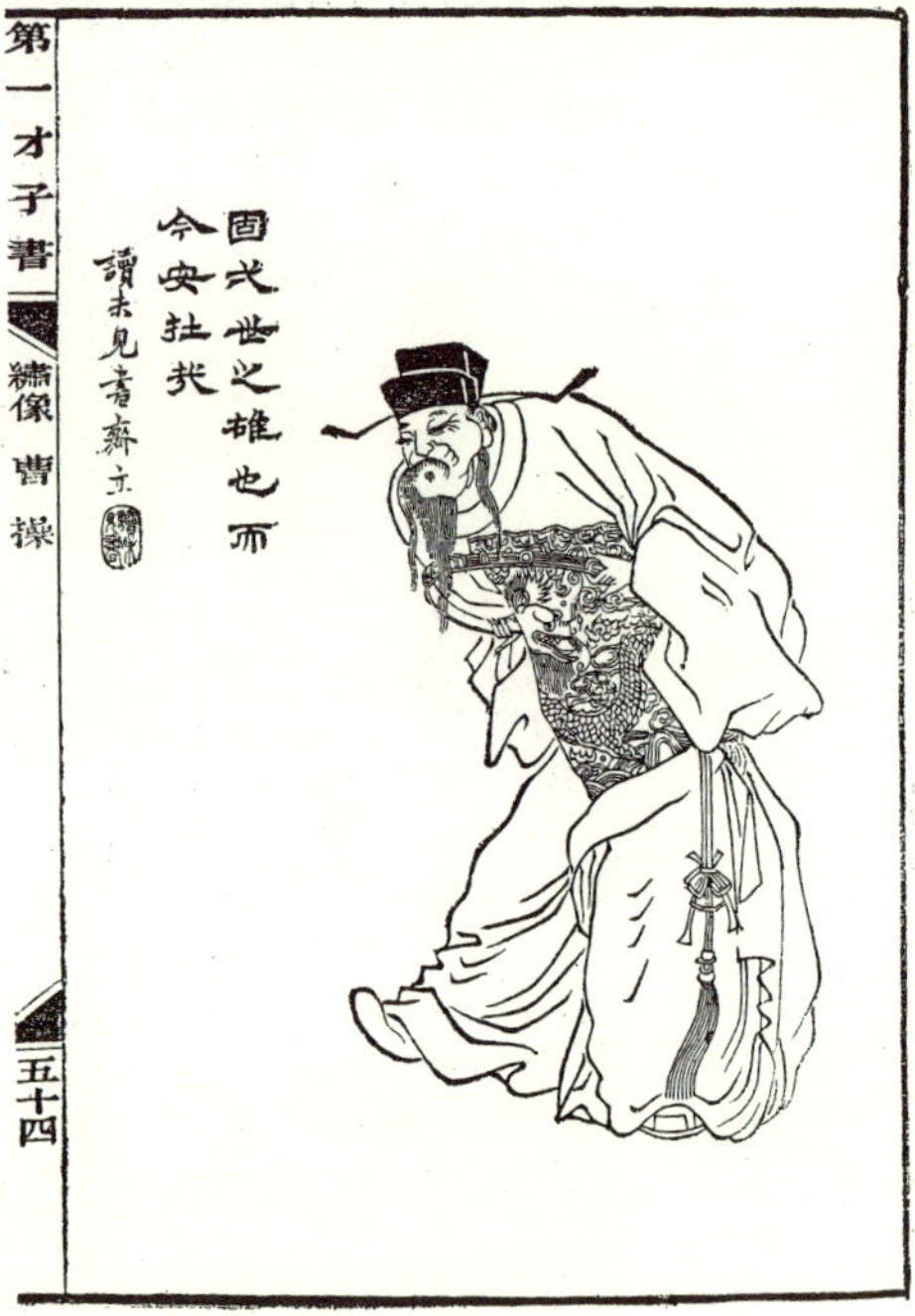

曹操（絵図三国演義）

董卓（絵図三国演義）

【曹操《そうそう》】（一五五〜二二〇）魏の武帝。字《あざな》は孟徳、幼名は阿瞞《あまん》。権謀術数にたけた乱世の姦雄。沛国譙《しょう》郡（現・安徽省）の人。三国演義では、実像より悪役に描かれる。

曹操刺殺董卓（英雄譜）

【董卓《とうたく》】（?～一九二）後漢末の将軍。字《あざな》は仲穎《ちゅうえい》。後漢の霊帝の死後、何太后を殺し献帝をたて、自身は相国となり勢力を専らにした。狂暴にして残忍な性格で、のち部下の呂布に殺される。

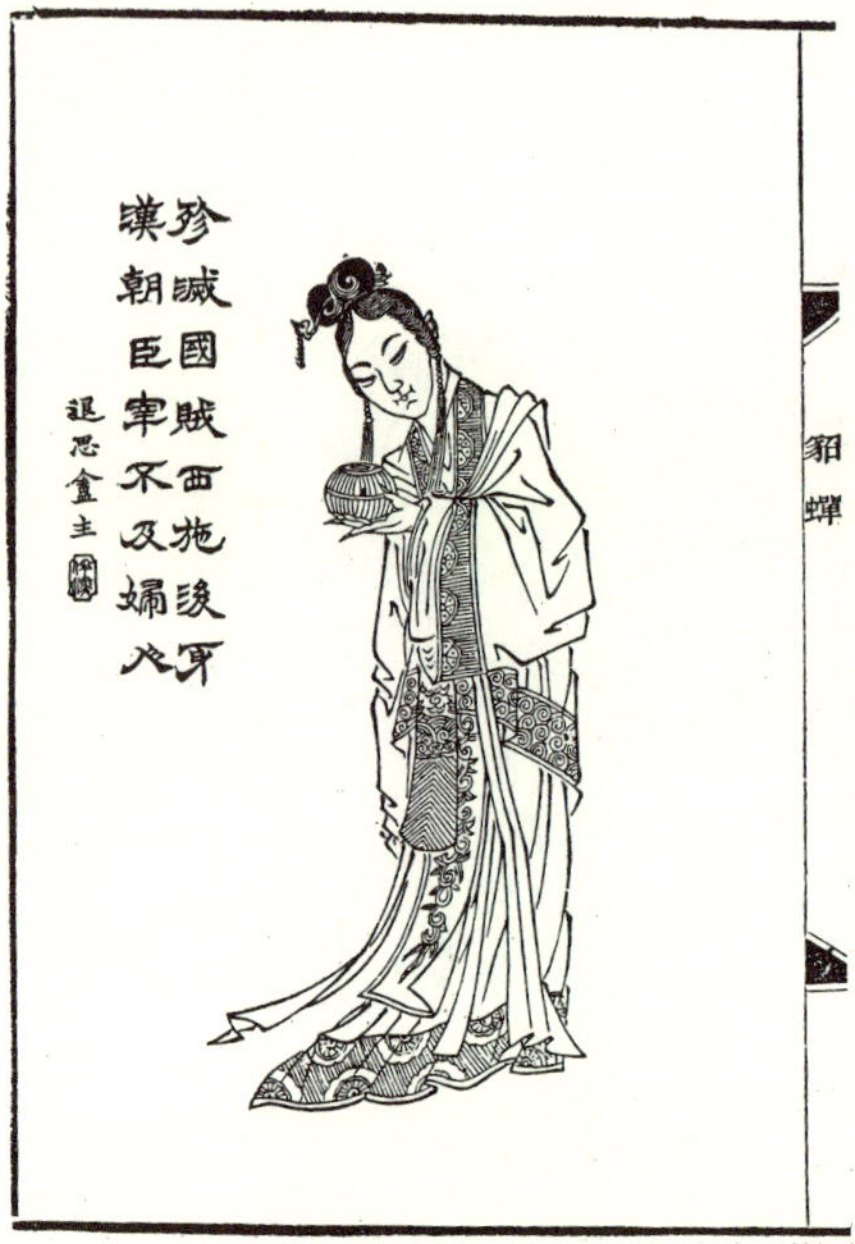

貂蟬（絵図三国演義）

呂布（絵図三国演義）

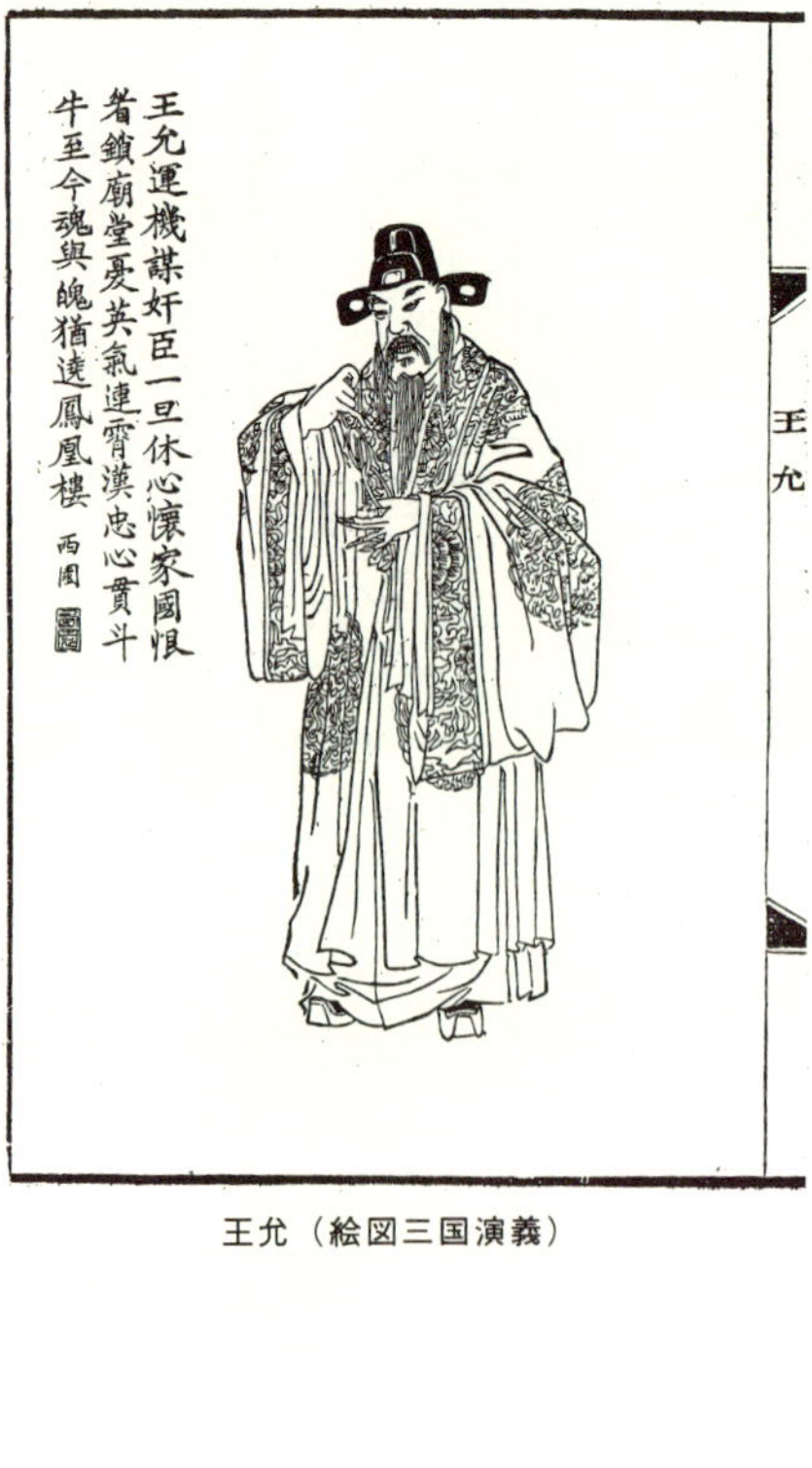

王允（絵図三国演義）

【呂布《りょふ》】（?～一九八）字《あざな》は奉先。丁原の義子であったが、裏切ってこれを殺した。虎牢関《ころうかん》では劉備・関羽・張飛を相手に戦う。王允の美姫貂蟬《ちょうせん》を使う「連環の計」にはまり、嫉妬に狂い董卓を殺す。しかし、後に部下にも裏切られ、曹操に捕らわれて殺された。

虎牢関三戦呂布（英雄譜）

【貂蝉《ちょうせん》】

王允の家妓。歌舞に優れ、美貌を誇った。王允の「連環の計」で呂布《りょふ》と董卓の間を裂き、のちに呂布の妾となる。歴史上は存在しない、虚構の美姫である。


【王允《おういん》】

（一三七～一九二）後漢の司徒で、憂国の士。十六歳の美女貂蝉《ちょうせん》に命じて、董卓の妾とならせ、かつ呂布の気を惹かせ、二人の中を割く。呂布は董卓《とうたく》を殺し、連環の計が成功する。

●虎牢関三戦呂布
反董卓の軍勢が押し寄せる中、呂布が虎牢関の守りにつくと、張飛がこれに打ってかかり、次いで関羽、そして劉備も加勢する。形成不利と見た呂布は赤兎馬《せきとば》を駆って逃げ出す。

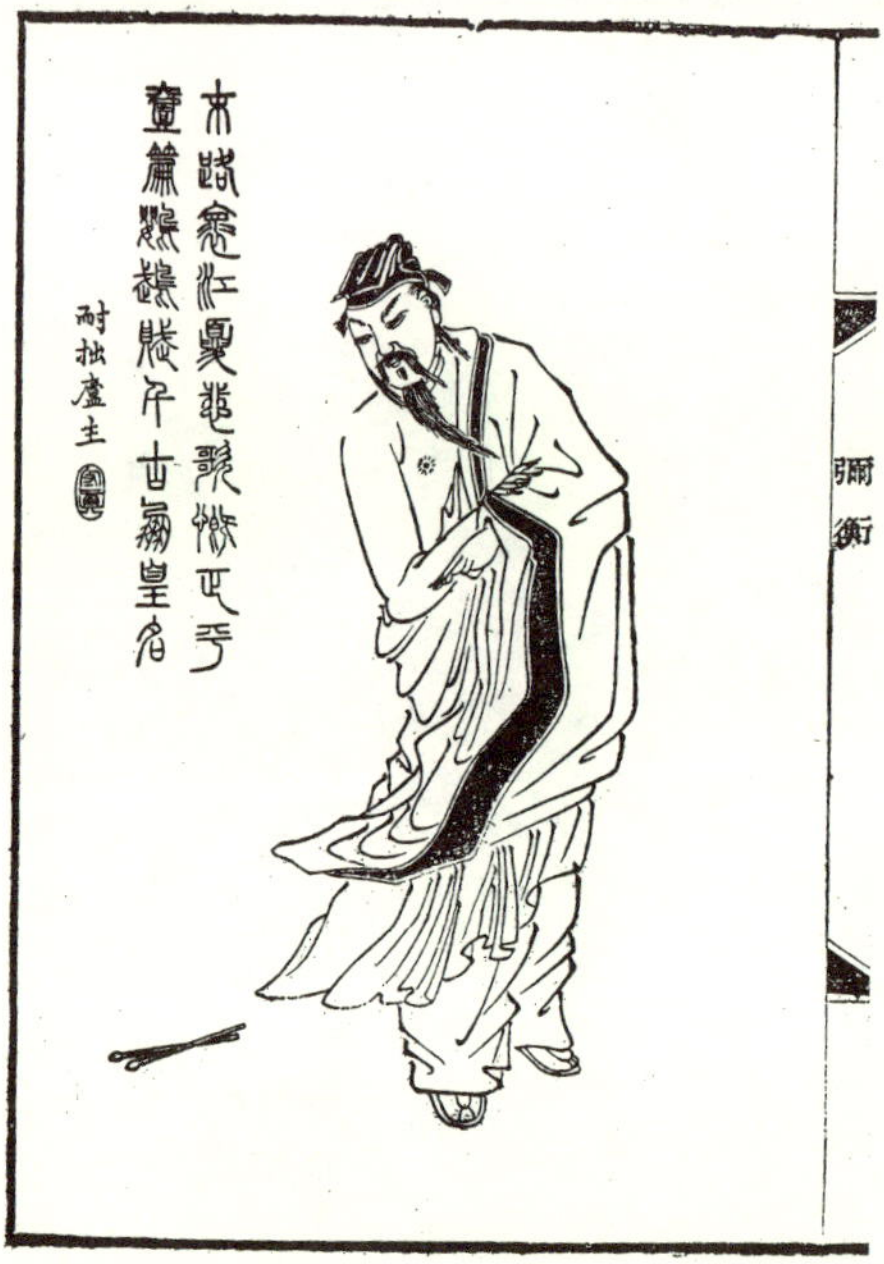

祢衡（絵図三国演義）

祢衡・曹操（四声猿）

禰衡裸衣罵曹操（英雄譜）

【祢衡《でいこう》】

（一七三〜一九八）字《あざな》は正平。平原般（現・山東省臨邑東北）の人。孔融から曹操に推薦された。曹操に太鼓番を命じられ素晴らしい演奏をするが、裸になって曹操を侮辱したため、荊州の劉表のところに送られた。最後は江夏太守・黄祖のところに流されて、ここで殺された。死骸は黄鶴楼を望む長江の中州・鸚鵡州《おうむしゅう》に葬られた。

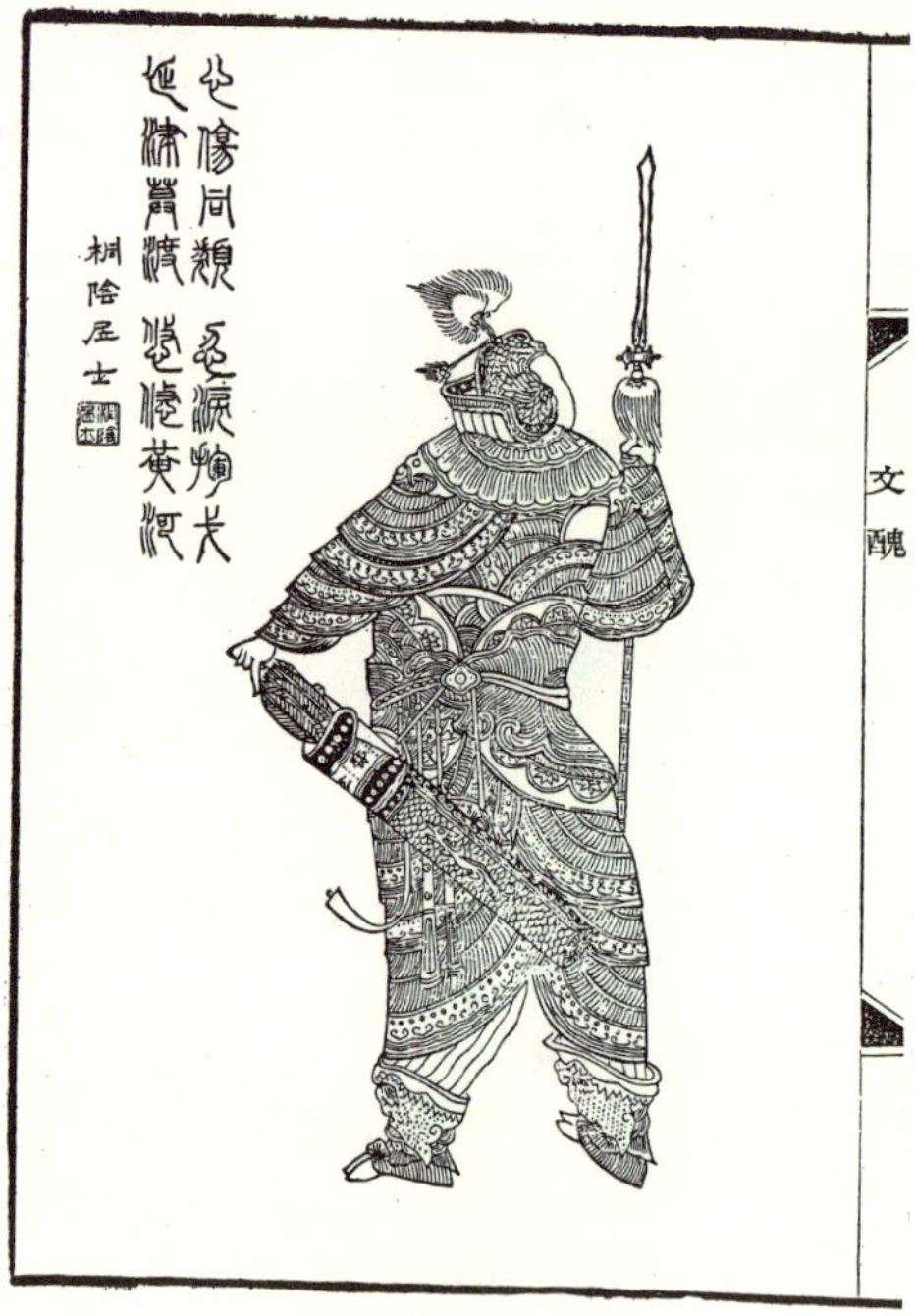

文醜（絵図三国演義）

顔良（絵図三国演義）

【文醜《ぶんしゅう》】（？～二〇〇）袁紹の部下の大将。顔良とともに武勇に秀でた。建安五年、顔良が白馬を攻めたとき関羽に斬られた。文醜は、その仇討ちをしようと試みたが、関羽に斬り殺された。

雲長三鼓斬蔡陽（英雄譜）

【顔良《がんりょう》】（?～二〇〇）袁紹の部下の大将。先鋒として白馬を攻めたが、曹操が軍を率いて迎え撃つと、顔良は数人を倒した。そこで関羽が曹操に命ぜられて出撃し、瞬く間に顔良を打ち負かした。

【蔡陽《さいよう》】（?～二〇一）曹操の武将。甥の秦琪《しんき》を関羽に斬られたが、曹操に仇討ちをとめられる。のちに関羽と出会い、戦いを挑むが瞬く間に討ち取られる。

袁紹（絵図三国演義）

袁術（絵図三国演義）

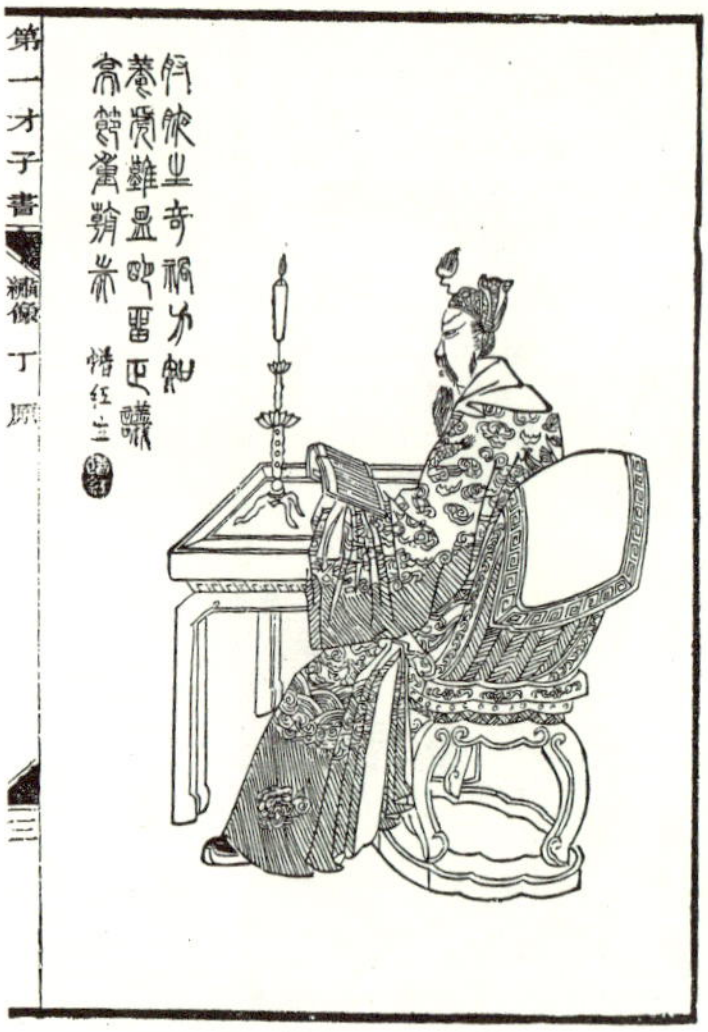

丁原（絵図三国演義）

【袁紹《えんしょう》】

（?～二〇二）字《あざな》は本初。汝南郡汝南県（現・河南省商水西南）の人。名門の出身で、何進に重用され、宦官虐殺を実行。公孫瓚《こうそんさん》を倒して河北に勢力を伸ばした。曹操と戦い敗れた後、病に倒れた。

【袁術《えんじゅつ》】

（?～一九九）字《あざな》は公路。汝南郡汝南県（現・河南省商水西南）の人。袁紹の従弟。黄巾軍討伐で頭角をあらわし、宦官大虐殺に加担。のちに揚州を拠点とし、帝位を僭称するが最後は病で亡くなった。

【丁原《ていげん》】

（?～一八九）後漢末の大臣。字《あざな》は建陽。董卓の少帝廃位に反対した。そのため、董卓は呂布を使って彼を殺させた。

【公孫瓚《こうそんさん》】

（?～一九九）字《あざな》は伯珪。遼西令支（現・河北省）の人。北平の太守。劉備の学友。虎牢関《こうろうかん》で呂布と戦うが、かなわずに張飛に助けられる。華北に大きな勢力を張ったが、袁紹に攻められて妻子とともに自害した。

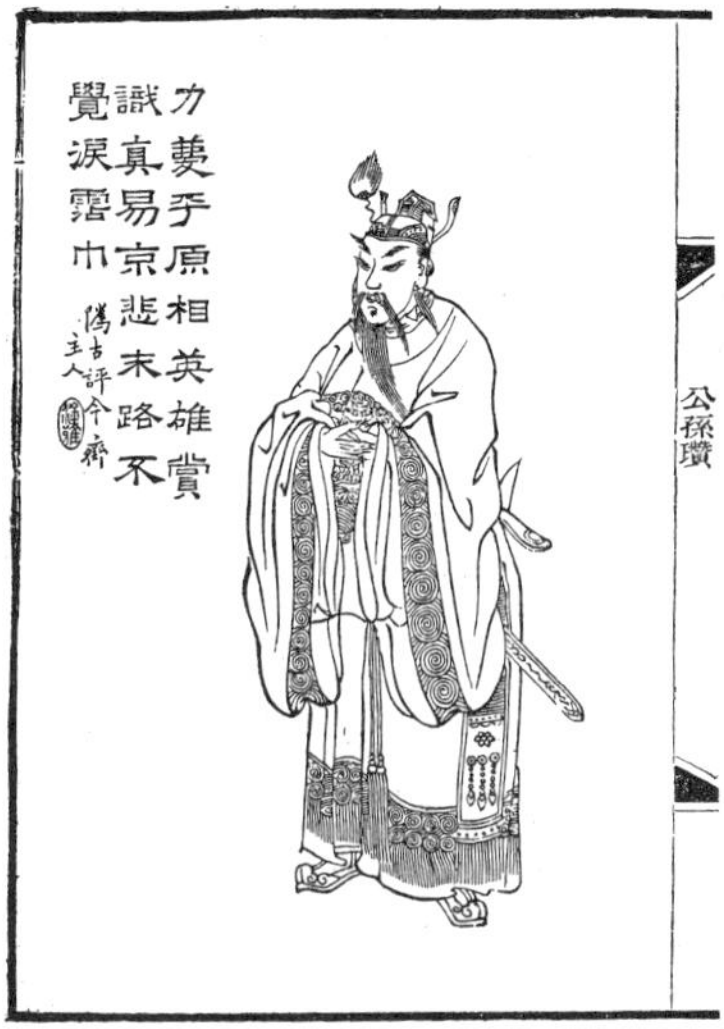

公孫瓚（絵図三国演義）

劉表（絵図三国演義）

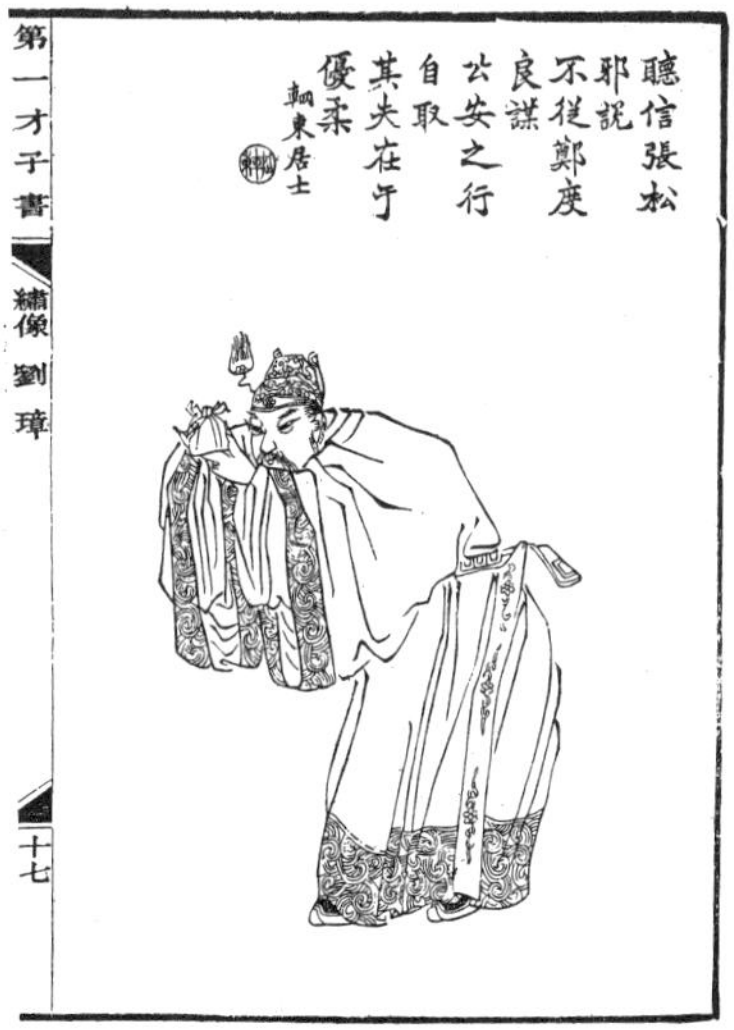

劉璋（絵図三国演義）

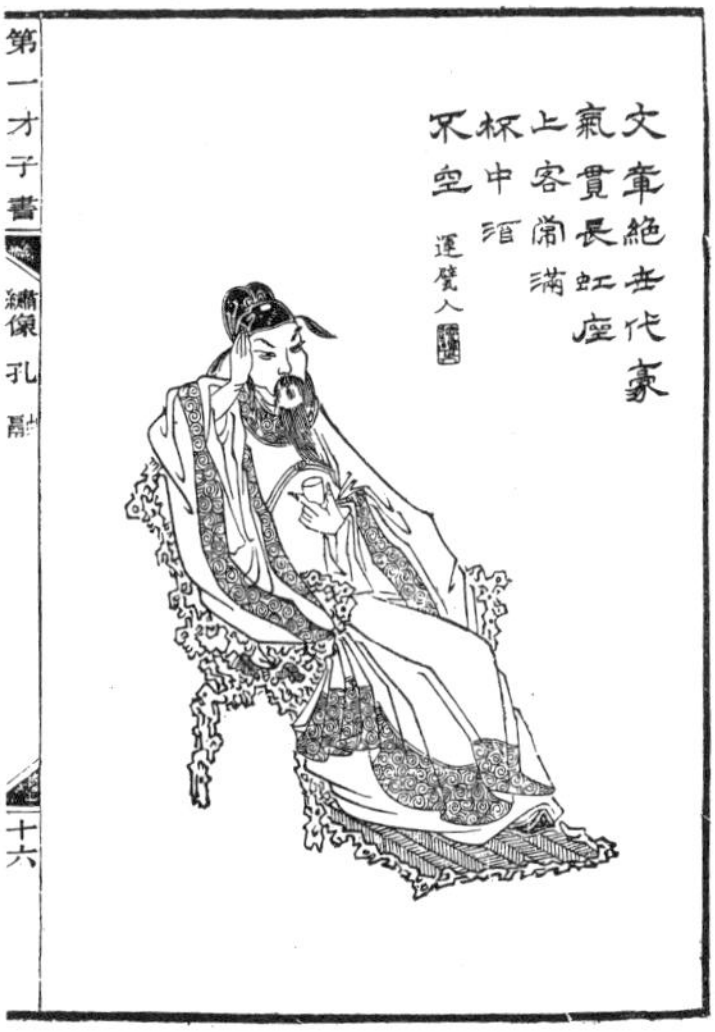

孔融（絵図三国演義）

【劉表《りゅうひょう》】（一四二～二〇八）字《あざな》は景升。山陽郡高平県（現・山東省鄒城西南）の人。前漢の魯の恭王・劉余の子孫という。儒者として知られるが、荊州に勢力を張った。のち曹操に追われた劉備を受け入れるが、自身は病に倒れた。

【劉璋《りゅうしょう》】（?～二一九）後漢末、江夏竟陵（現・湖北省潜江西北）の人。字《あざな》は季平。父を継いで益州の牧となっていたが、暗愚なために劉備に実権を奪われた。

【孔融《こうゆう》】（一五三～二〇八）字《あざな》は文挙。孔子二十世の孫。魯国曲阜（現・山東省）の人。北海の太守。幼少から文名高く、建安七子の一人。曹操に祢衡《でいこう》を推薦するが、祢衡はのちに湖北に送られて殺される。孔融ものちに曹操の逆鱗に触れて一家皆殺しに遭う。

徐庶
痛恨高賢不再逢臨岐
泣別両情濃片言
卻似春雷震能使南陽
起臥龍 穿雨

徐庶（絵図三国演義）

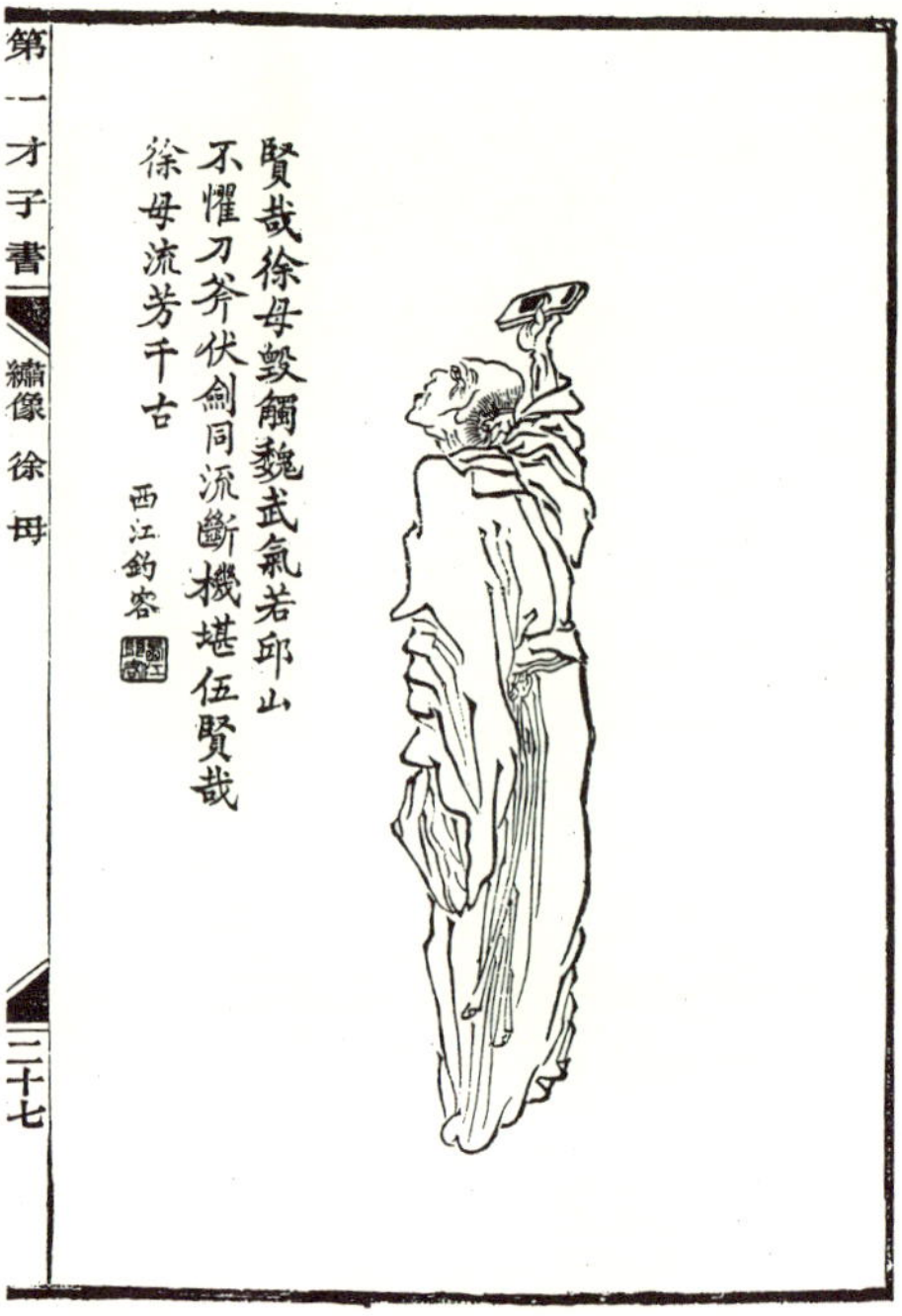
第一才子書
繡像 徐母
二十七
賢哉徐母毅觸魏武氣若邱山
不懼刀斧伏劍同流斷機堪伍賢哉
徐母流芳千古
西江釣客

徐母（絵図三国演義）

【徐庶《じょしょ》】

潁川（現・河南省禹県）の人。字《あざな》は元直。諸葛亮の友人。はじめ劉備の軍師だが、のちには曹操に仕えた。曹操のもとに行くときに、友人の諸葛亮を劉備に推薦した。

徐庶走薦諸葛亮（英雄譜）

【徐母《じょぼ》】

名は不詳。曹操は徐庶の母を許昌に呼び、程昱《ていいく》の計略を用いて徐庶を自分に仕えさせることを考えた。曹操は、母のにせの手紙で徐庶を劉備のもとから呼びもどした。徐庶を見た母は、曹操の逆賊であることを告げて、自らくびれ死んだ。

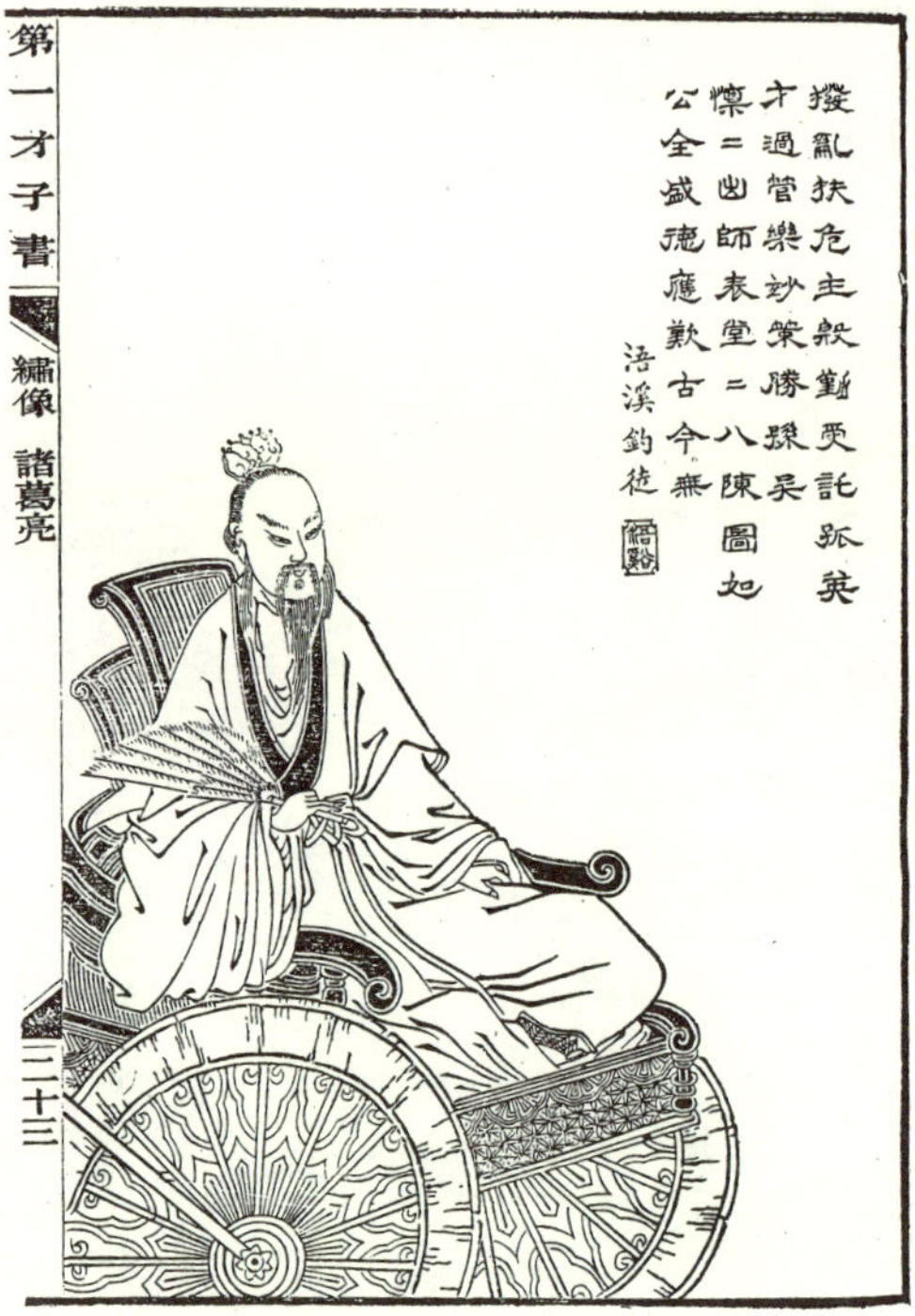

諸葛亮（絵図三国演義）

諸葛亮・孟獲（七勝記）

議定三分（英雄譜）

【諸葛亮《しょかつりょう》】（一八一～二三四）蜀の忠臣。琅《ろう》邪《や》陽都（現・山東省沂南《ぎなん》県）の人。字《あざな》は孔明。襄陽《じょうよう》の隆中に寓居し臥龍といわれた。劉備から三顧の招きを受けて「天下三分の計」を提示、蜀が魏・呉と天下を三分して支配するのを助けた。その戦略は天才的で、しかも信義に篤い高潔な人物として描かれる。

【孟獲《もうかく》】蜀漢、建寧（現・雲南省曲靖）の人。彝《い》族の首領。諸葛亮に七度捕らえられ、その度に解放され、最後は再び背かないことを誓った。

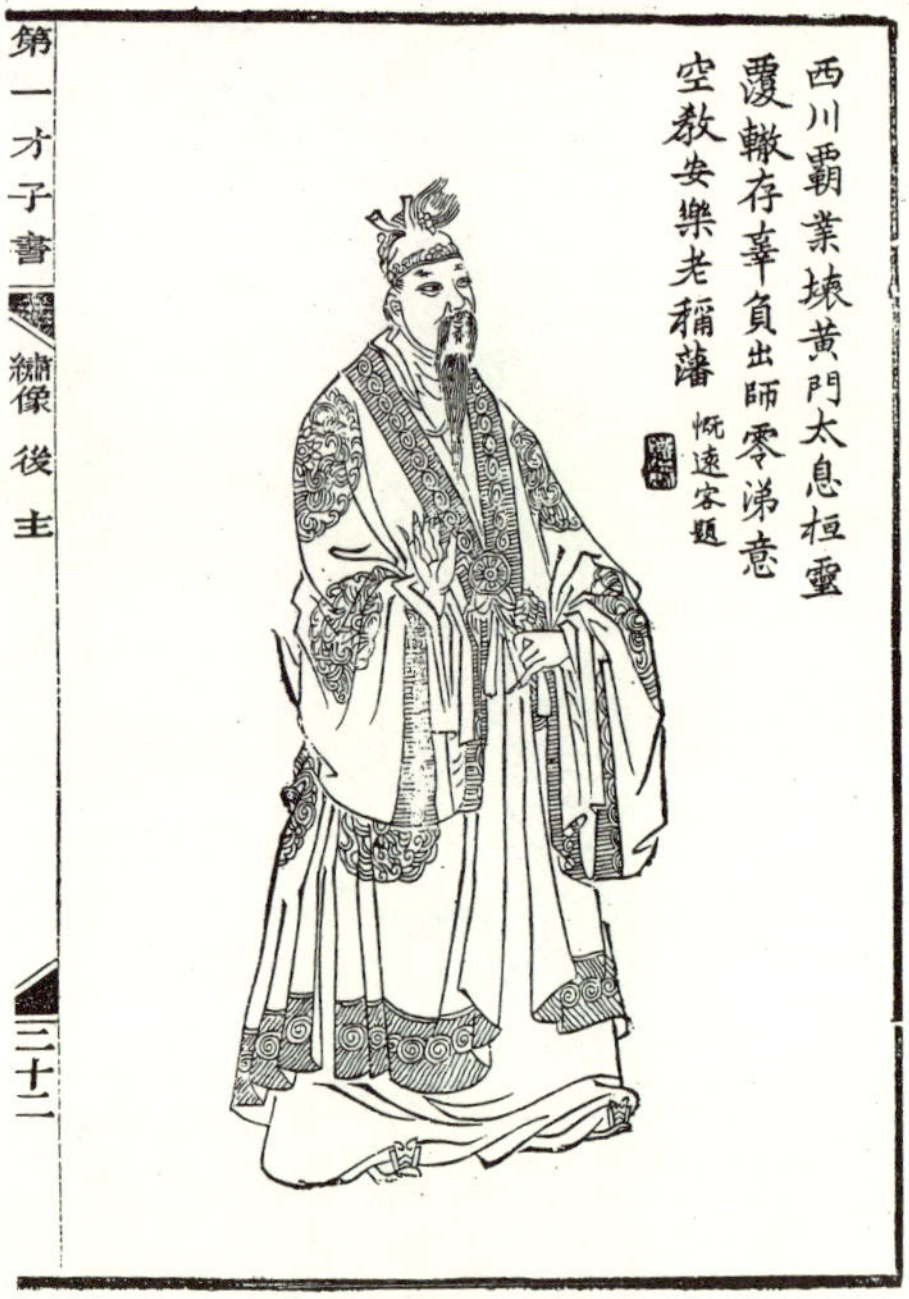

劉禪（絵図三国演義）

趙雲（絵図三国演義）

【劉禪《りゅうぜん》】（二〇一〜二七一）蜀漢の後主。劉備の嫡子。幼名は阿斗《あと》。劉備の死後、諸葛亮の補佐で蜀を治めるが、魏の大将鄧艾に迫られて魏に降伏した。息子の北地王（劉諶《りゅうじん》）は、これに反対し自刃した。

趙子龍当陽救主（英雄譜）

【趙雲《ちょううん》】（?～二二九）蜀の大将。字《あざな》は子龍。常山真定県（現・河北正定南）の人。はじめ公孫瓚の指揮下にいたが、劉備にひかれ臣下となった。勇猛で忠義の心厚く、嫡子の後主（劉禅）の命を救うなど活躍する。晩年、諸葛亮の南征にも奮闘した。

孫堅（絵図三国演義）

孫権（絵図三国演義）

孫策（絵図三国演義）

【孫堅《そんけん》】

（一五五～一九一）後漢の武将。呉郡富春（現・浙江省富陽）の人。字《あざな》は文台。孫策・孫権の父で、『孫子』の兵法を書いた孫武の子孫とされる。黄巾軍と戦って功を挙げ、烏程侯となる。のち劉表征伐に襄陽を囲んだとき、戦死した。

【孫権《そんけん》】

（一八二～二五二）呉の太帝。呉郡富春（現・浙江省富陽）の人。字は仲謀。孫堅の息子、孫策の弟。兄の孫堅に就いて幼時から各地を転戦、十八歳でその後を継いだ。赤壁の戦いで劉備と組んで曹操を破り、三国鼎立の時代を切り開いた。

【孫策《そんさく》】

（一七五～二〇〇）後漢の武将。呉郡富春（現・浙江省富陽）の人。字《あざな》は伯符。孫堅の息子。孫権の兄。父の死後袁術の配下となるが、のちに独立し江東に地盤を築いた。曹操の根拠地・許都を襲おうとしている矢先、暗殺された。

諸葛亮激孫権（英雄譜）

黄蓋（絵図三国演義）

闞澤（絵図三国演義）

【黄蓋《こうがい》】東呉の将領。字《あざな》は公覆。零陵泉陵（現・湖南省零陵）の人。赤壁の戦いで、火攻めを提案、曹操に帰順すると見せかけて，機に乗じて火を放ち、曹操軍を大敗させた。

黄蓋用苦肉計（英雄譜）

【闞澤《かんたく》】（?～二四三）呉の大臣。字《あざな》は徳潤、会稽山陰（現・浙江省紹興）の人。貧しい育ちだが、学問も勇気も身につけた逸材。黄蓋《こうがい》の「苦肉の計」で、曹操へ偽の帰順書を届ける役を果たす。曹操は、これを疑うが巧みに言いくるめて信じさせる。

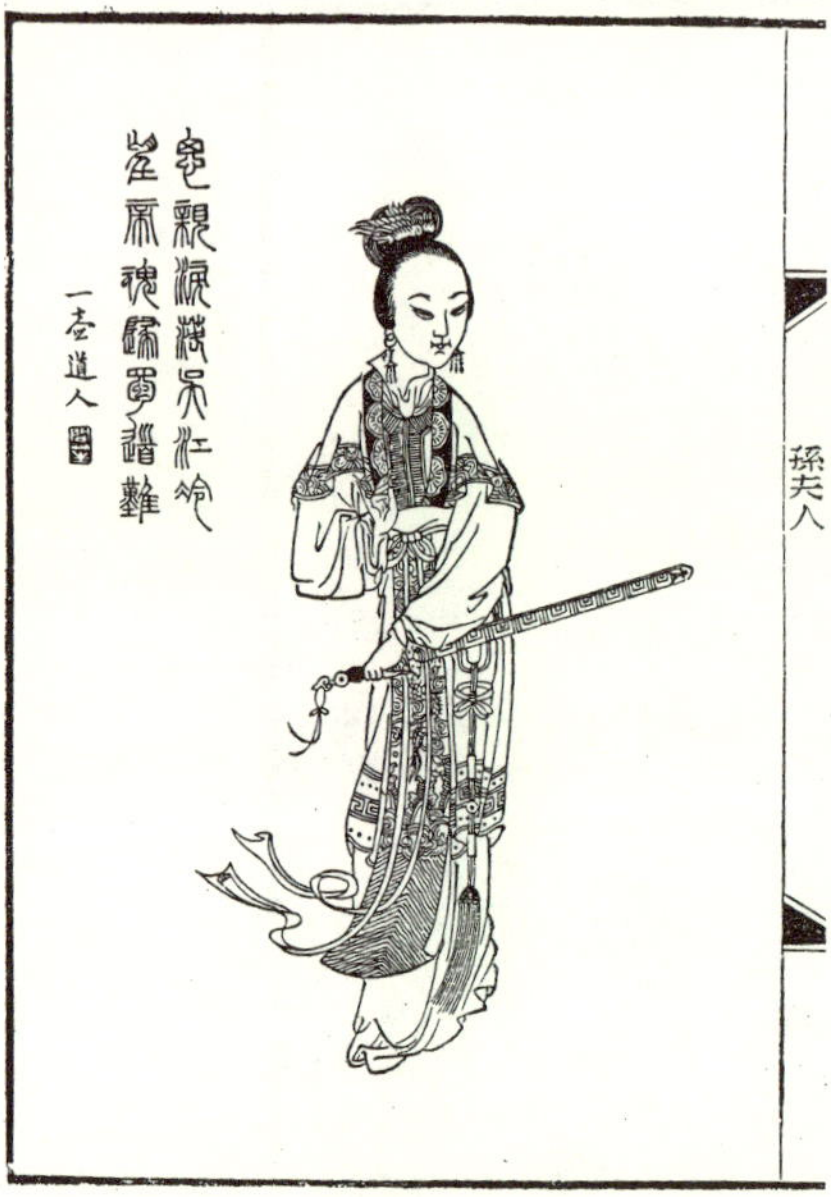

孫夫人（絵図三国演義）

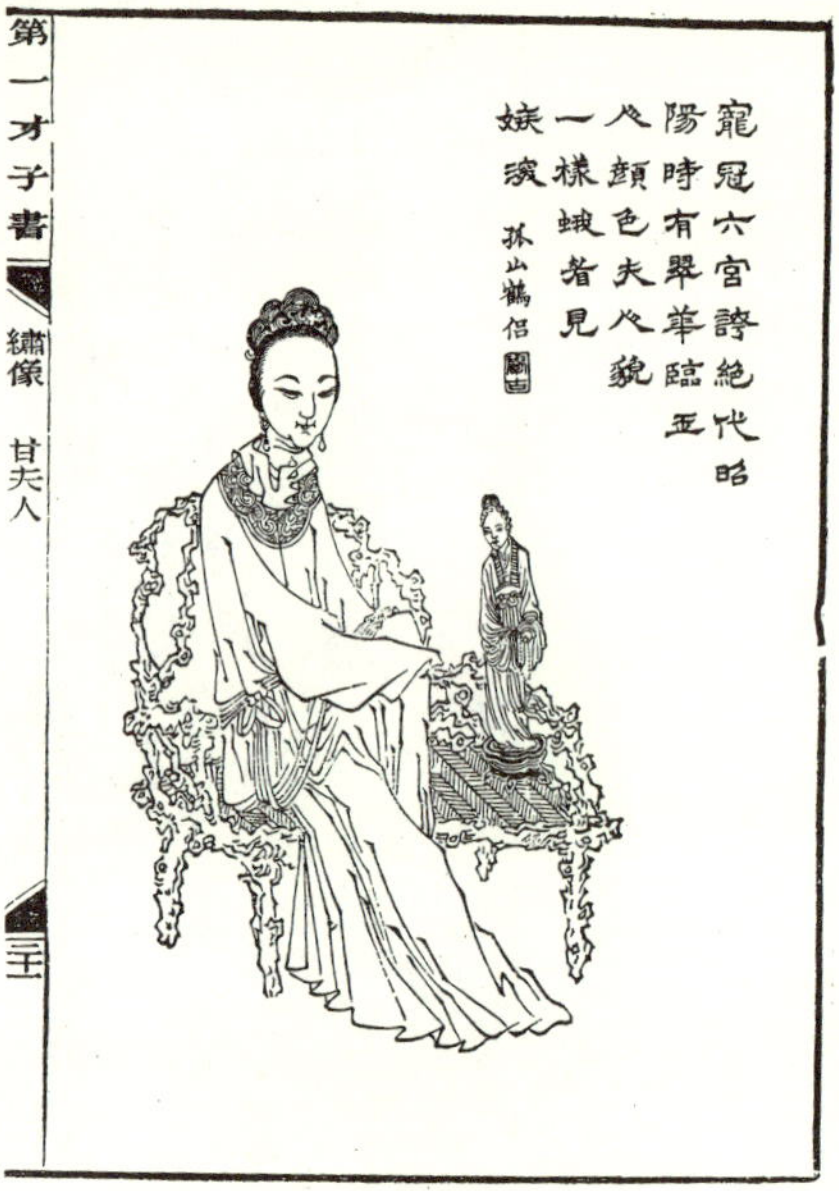

甘夫人（絵図三国演義）

糜夫人（絵図三国演義）

【甘夫人《かんふじん》】劉備の夫人。劉禅の母。名は不詳。長阪坡《ちょうはんは》で曹操の軍に追われたとき、趙雲の活躍で危うく難を逃れた。赤壁の戦いのあとで、亡くなった。

【糜夫人《びふじん》】劉備の夫人。名は不詳。糜竺《びじく》の妹。長阪坡《ちょうはんは》の戦いで、曹操軍に追われ、阿斗《あと》（劉禅）を抱いて逃げるが重傷を負う。阿斗を趙雲に預けて、これまでと観念した夫人は、自らは井戸に身投げした。

玄徳智娶孫夫人（英雄譜）

【孫夫人《そんふじん》】

孫権の妹、劉備の夫人。建安十四年、劉備に嫁ぐ。建安十六年、劉備は蜀に入るが、孫夫人は荊州に留まった。孫権は、母が病と偽って夫人を連れ戻し、阿斗《あと》を人質に取ろうとするが、趙雲と張飛はこれを知って、阿斗を奪回する。以後、夫人は再び劉備にまみえることはなかった。正史『三国志』には伝がなく、虚構の人物である。

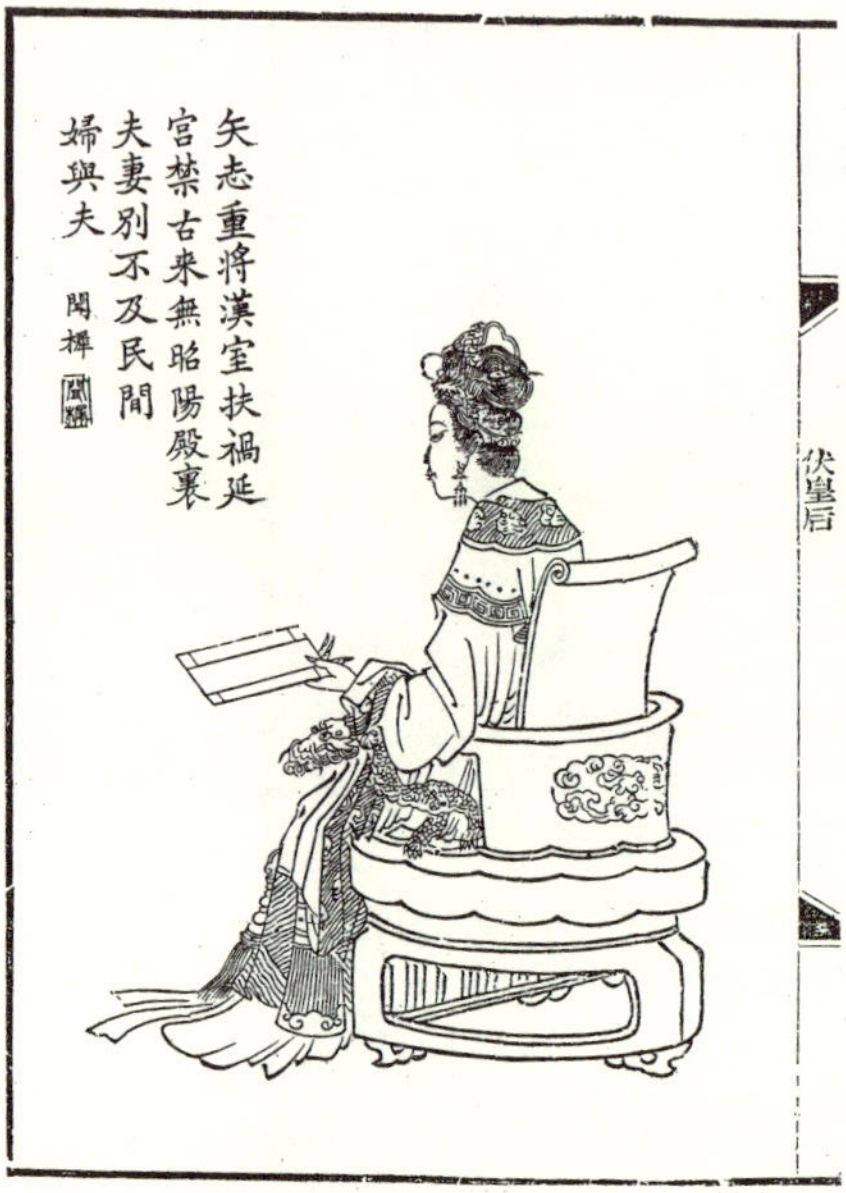

伏皇后（絵図三国演義）

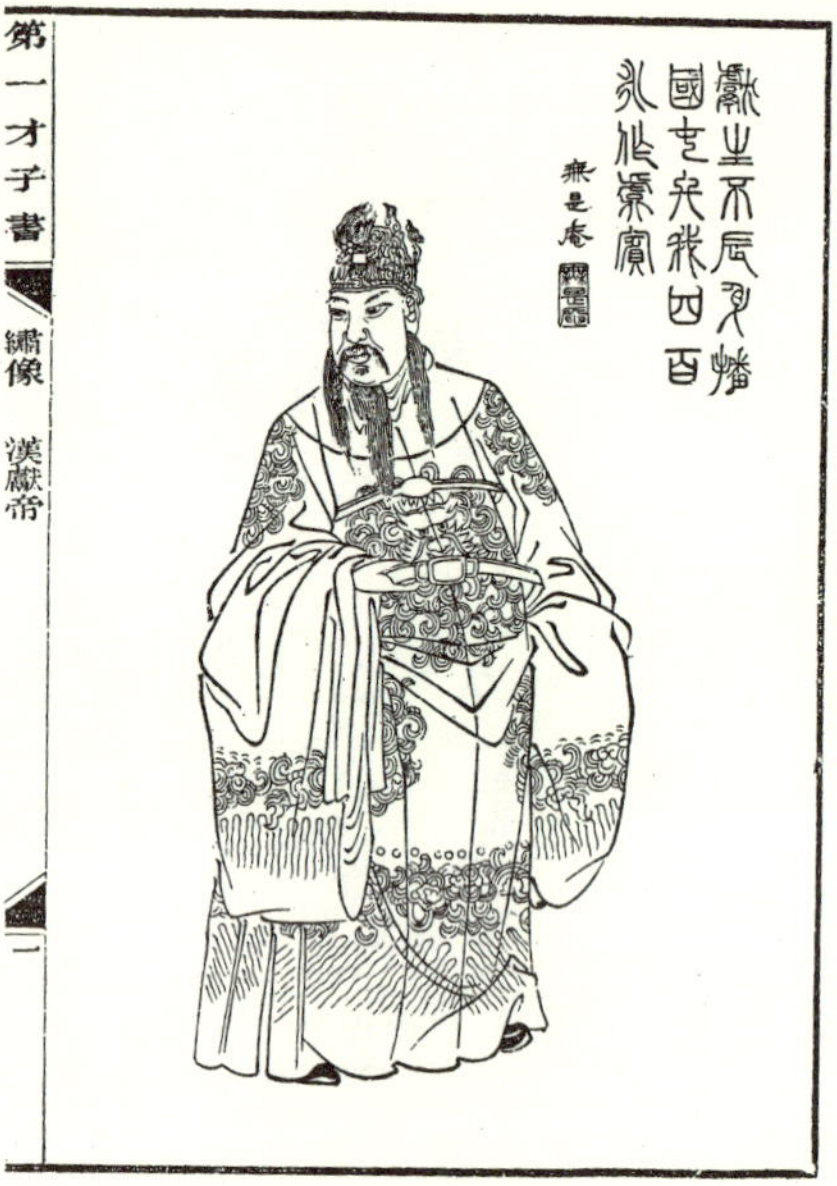

漢献帝（絵図三国演義）

董妃（絵図三国演義）

【漢献帝《かんけんてい》】（一八一〜二三四）後漢最後の皇帝。姓名は劉協。董卓に擁立され、のち曹操に迎えられるが傀儡となり、やがて曹丕に禅譲を迫られ、帝位を降りる。

【伏皇后《ふくこうごう》】（?〜二一四）献帝の正室。名は寿。琅邪《ろうや》東武（現・山東省諸城）の人。曹操の横暴に対して、これを亡きものにしようと計略をめぐらすが、密書が発見されて曹操に叩き殺される。

曹操杖殺伏皇后（英雄譜）

【董妃《とうひ》】（?～二〇〇）献帝の貴妃。車騎将軍董承の妹。献帝の種を宿して五か月のときに、兄の曹操誅滅の陰謀が発覚して、そのため曹操に殺される。史実では、董承の妹でなく娘とされる。

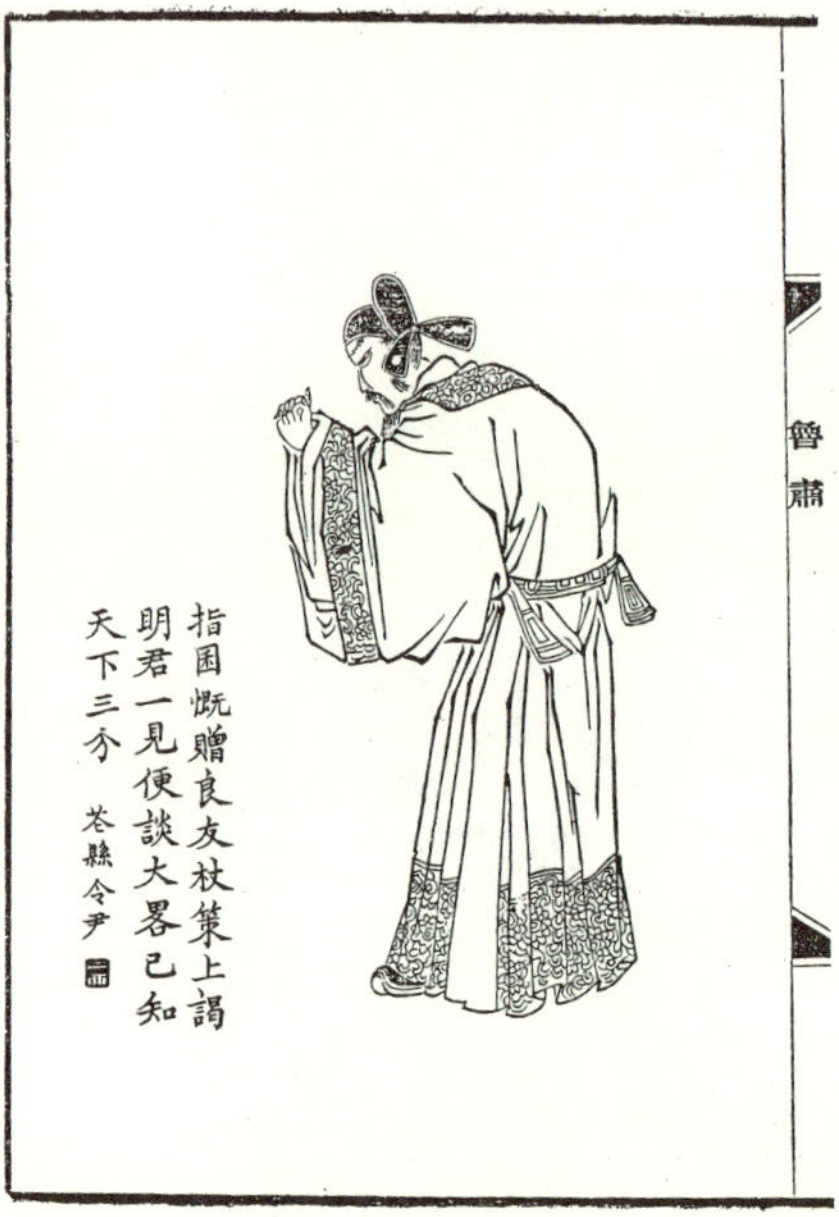

魯粛（絵図三国演義）

関平（絵図三国演義）

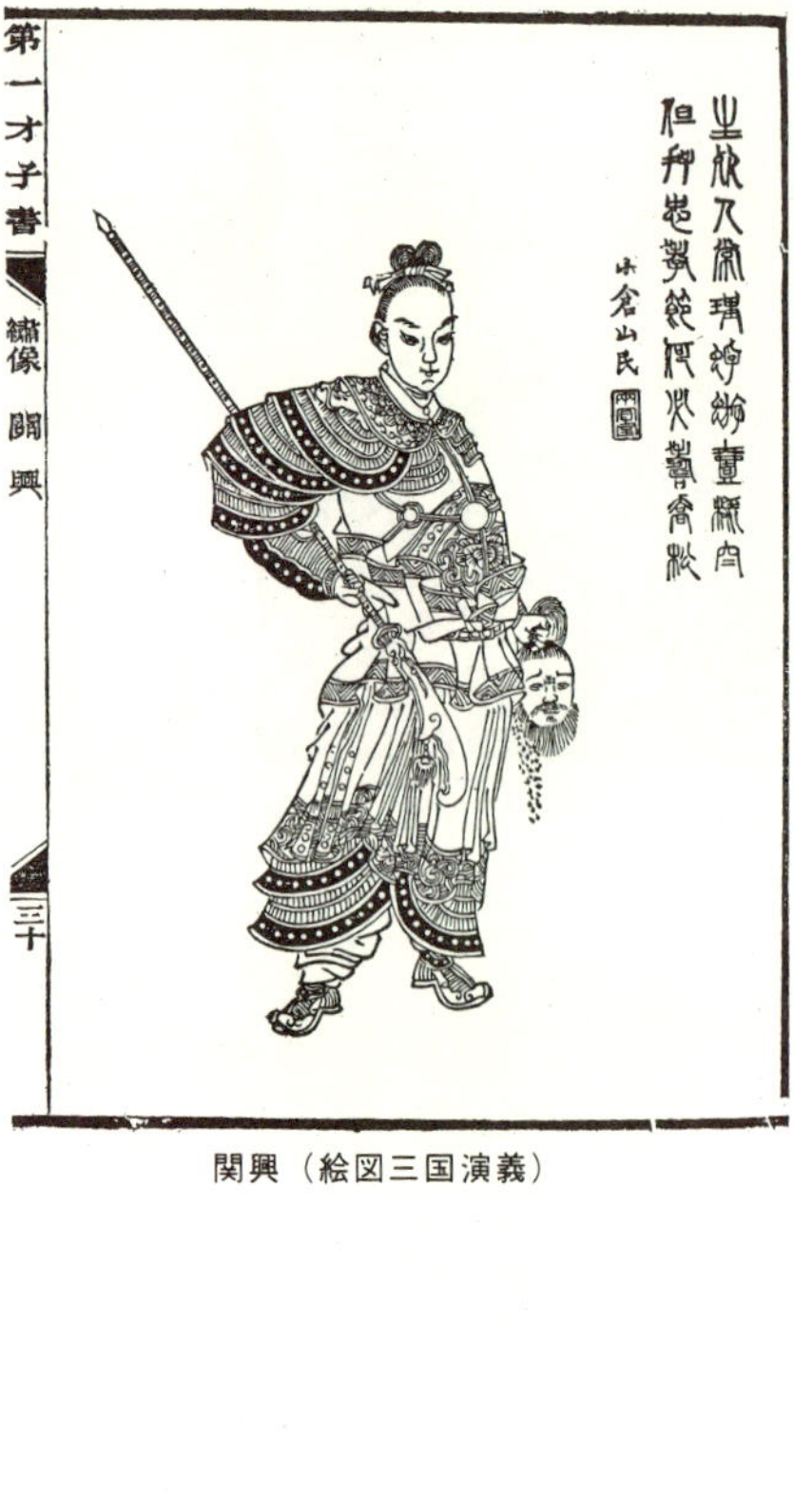

関興（絵図三国演義）

【関平《かんぺい》】

関羽の義子。関羽にしたがって荊州を守護した。建安二十四年、関羽にしたがって樊城に曹仁を攻めた。のち関羽と共に殺された。史実には登場しない、架空の人物である。


【魯粛《ろしゅく》】

（一七二～二一七）字《あざな》は子敬。臨淮郡東城（現・安徽省定遠東南）の人。周瑜の推挙で孫権と会見し、天下統一の大計を提案して信任を得た。曹操が南下したとき、周瑜・諸葛亮とともに抗戦を説いた。周瑜亡き後を継ぎ、呉の安定に貢献した。

関雲長単刀赴会（英雄譜）

【関興《かんこう》】蜀漢の武将。字《あざな》は興国。関羽の子。諸葛亮が北伐するとき、龍驤《りゅうじょう》将軍に任ぜられ、戦功があった。のち病死した。関興は実在したが、その事績の多くは虚構という。

【周倉《しゅうそう》】関羽の武将。もと江湖の好漢。大男で、常に関羽の側に侍り、薙刀《なぎなた》をもつ。正史には登場しない虚構の人物。

●関雲長単刀赴会
魯粛から招かれて、荊州の返却交渉に単身赴く関羽。薙刀《なぎなた》を持つのは、周倉。

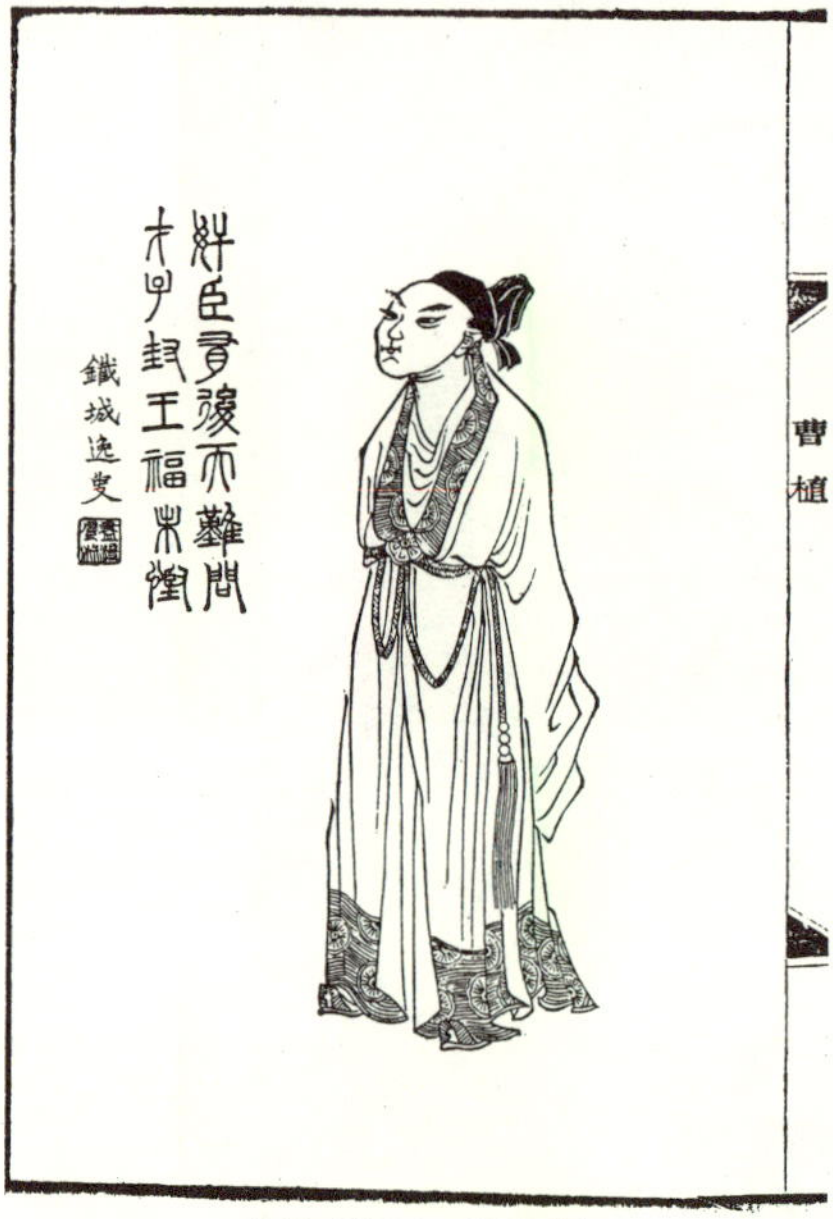

曹植（絵図三国演義）

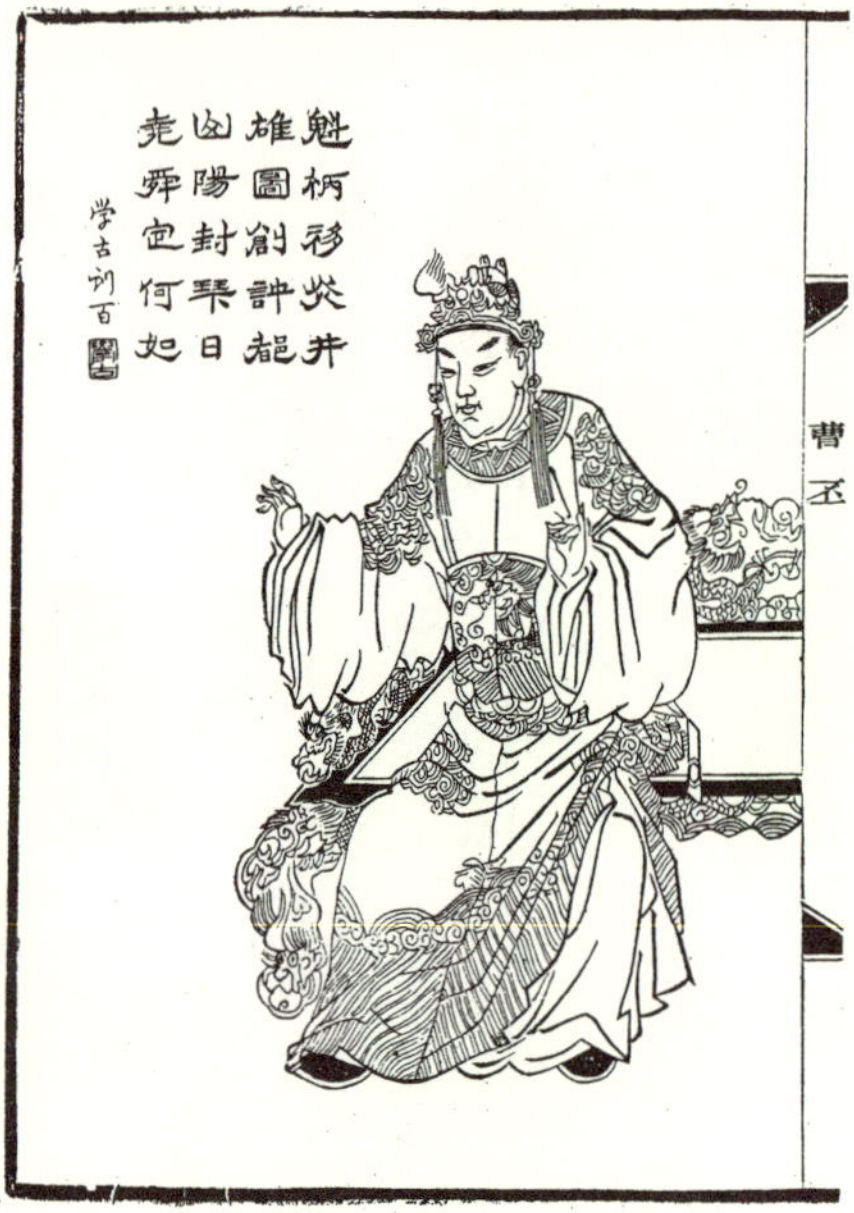

曹丕（絵図三国演義）

甄妃（絵図三国演義）

【曹丕《そうひ》】（一八四～二二六）魏の文帝。字《あざな》は子恒。譙《しょう》（現・安徽省亳《はく》県）の人。曹操の長子。文武両道に優れたが、陰険な性格であった。曹操が亡くなると魏王となり、献帝を廃して自ら帝位に就いた。七年後、風邪にかかって突然なくなった。

【曹植《そうしょく・そうち》】（一九二～二三二）曹操の第三子。字《あざな》は子建。詩文に抜群の才能を示した。初め曹操に後継ぎと見込まれ、兄の曹丕に憎まれて毒殺されかかったこともある。『曹子建集』がある。

曹子建七歩成詩（英雄譜）

【甄妃《しんひ》】

（一八二～二二一）後漢末、中山郡無極県（現・河北省無極県）の人。絶世の美女。袁紹の次子・袁煕の妻だったが、曹操が冀《き》州を攻めた折に手に入れ、曹丕の妻となった。後の魏の明帝曹叡《そうえい》の母。曹丕に疎んじられて死を賜った。

●曹子建七歩成詩

魏の文帝・曹丕が弟の曹植をねたみ、七歩あるく間に詩をつくれといったのに対し、曹植は忽ちに兄の冷遇を皮肉る詩をつくった。その詩を「七歩之詩」という。すぐれた詩を素早くつくる抜きん出た才能を「七歩の才」という。

司馬懿（絵図三国演義）

司馬師（絵図三国演義）

司馬昭（絵図三国演義）

【司馬師《しばし》】（二〇八～二五五）字《あざな》は子元。魏の権臣。河内郡温県（現・河南省温県西）の人。司馬懿《しばい》の長子。司馬昭の兄。父司馬懿の後を継ぎ、国政の実権を握った。その後司馬氏に対する反乱を鎮圧したが、手術後の傷が割け、それがもとで急死した。

死諸葛驚生仲達（英雄譜）

【司馬懿《しばい》】

（一七九～二五一）魏の大臣。河内郡温県（現・河南省温県西）の人。字《あざな》は仲達。魏の曹操に仕え、侍従・建議官などを歴任。のち軍の参謀に転じ、蜀の参謀・諸葛亮と戦った。孫の司馬炎が魏の元帝から禅譲を受けて晋（西晋）を建国したとき、宣帝の尊号を贈られた。


【司馬昭《しばしょう》】

（二一一～二六五）字《あざな》は子上。司馬懿の次子。河内郡温県（現・河南省温県西）の人。兄司馬師の死後、大将軍などを歴任し、魏の大権を継承、事実上の皇帝として君臨した。

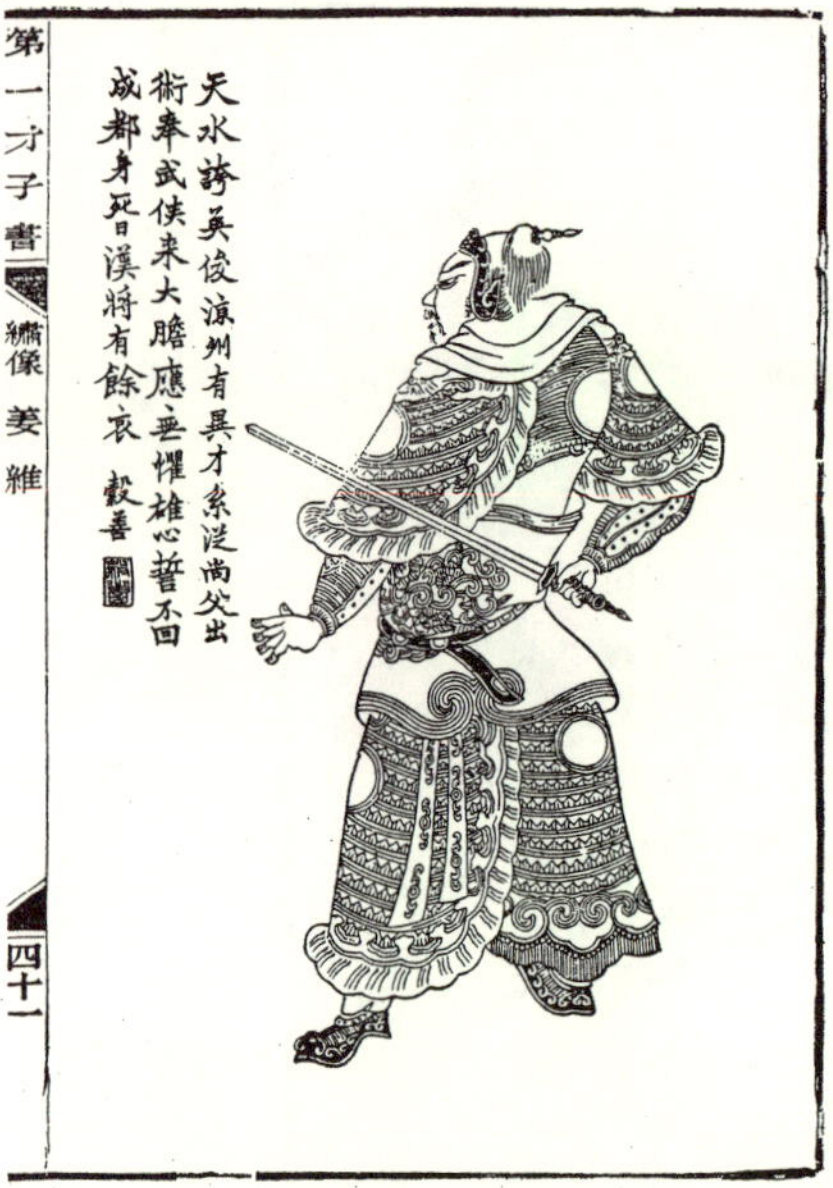

姜維（絵図三国演義）

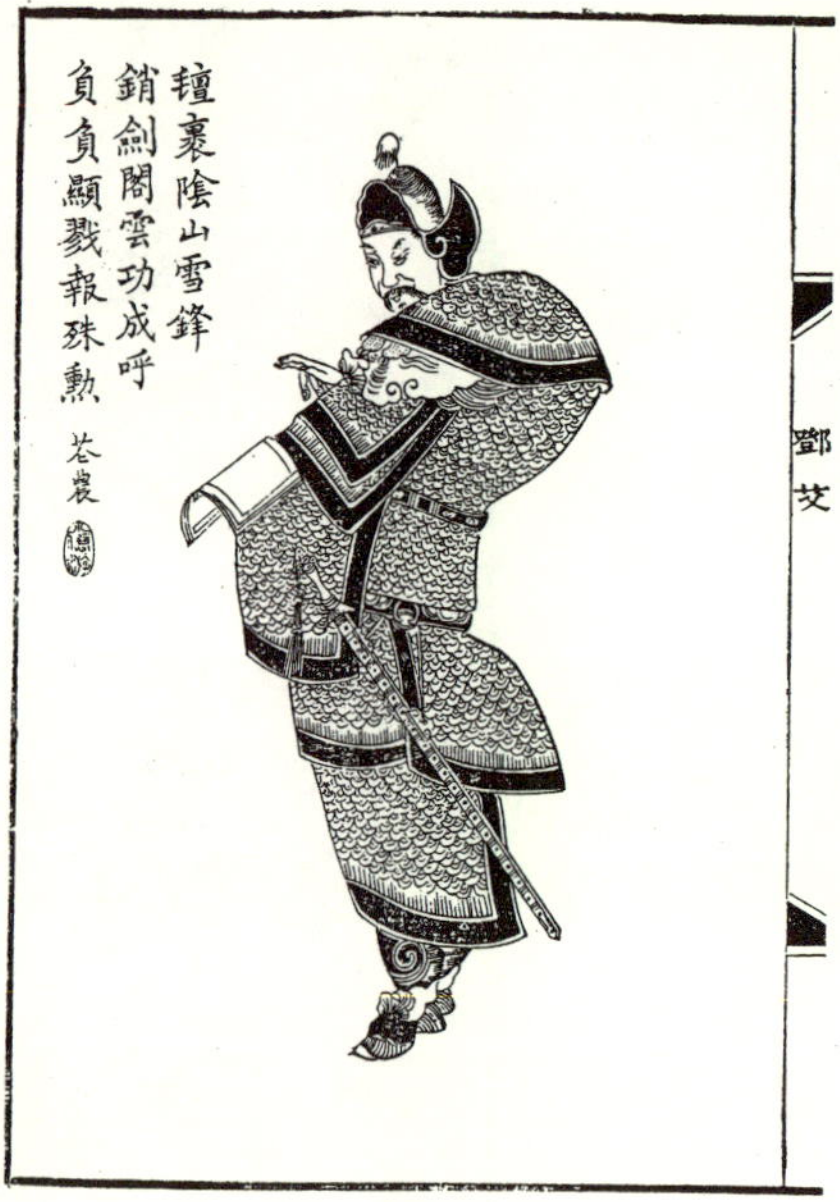

鄧艾（絵図三国演義）

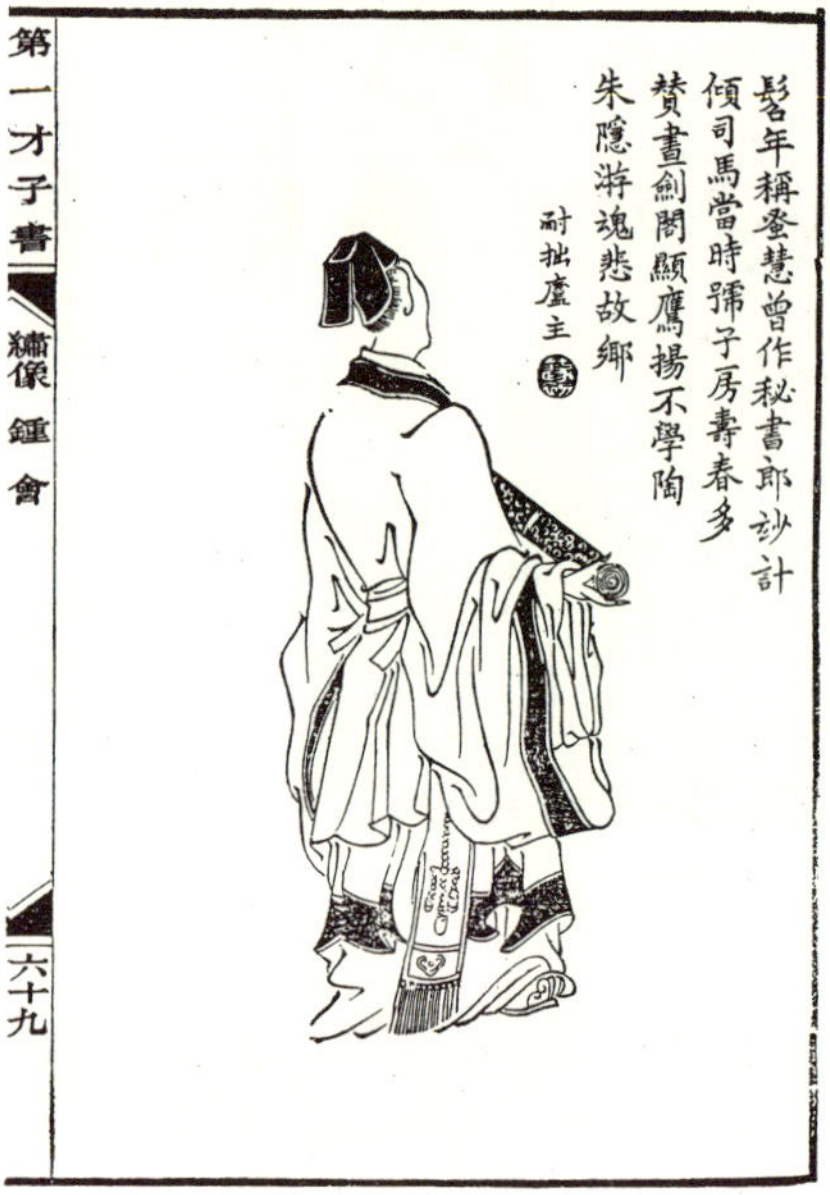

鍾会（絵図三国演義）

【鄧艾《とうがい》】（一九七〜二六四）魏の大将。字《あざな》は士載。義陽棘陽《きょくよう》（現・河南省新野東北）の人。司馬懿《しばい》の掾属であった。鍾会とともに蜀を攻める。後主が投降して蜀は滅亡するが、鄧艾ものちに陰謀に巻きこまれて殺される。

姜維長城戦鄧艾（英雄譜）

【姜維《きょうい》】（二〇二～二六四）蜀の大将。字《あざな》は伯約。天水冀《き》県（現・甘粛省甘谷東）の人。もと魏の中郎将。諸葛亮の死後、輔漢将軍となる。蜀滅亡ののち、軍を率いて鍾会に偽りの投降をする。最後は計略が敗れて戦闘の中に死んだ。

【鍾会《しょうかい》】（二二五～二六四）魏の知将。頴川郡長社県の人。魏創業の重臣鍾繇《しょうよう》の末子。博学多才、頭脳明晰で知られた。蜀討伐では鄧艾《とうがい》らとともに遠征し、蜀を降ろしたが、最後は部下の手にかかって殺された。

馬謖

馬謖（絵図三国演義）

第一才子書
繍像 黄忠
老将説黄忠收川立大功身披金鎖甲
手挽鐵胎弓膽氣驚河北威名鎮蜀中
補蹉跎齋主

黄忠（絵図三国演義）

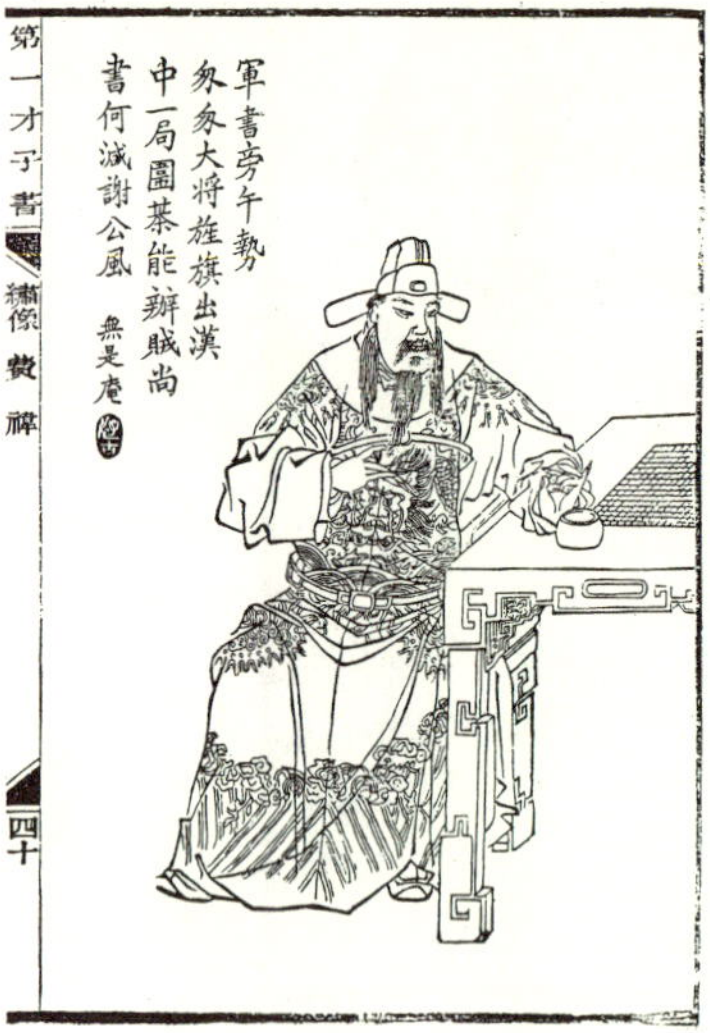
第一才子書
四十

費禕（絵図三国演義）

【黄忠《こうちゅう》】（？～二二〇）劉備配下の武将。字《あざな》は漢升。南陽（現・河南省南陽）の人。初め劉表に従う。赤壁の戦いの後、劉備についた。入蜀に際して先鋒となり、劉備が益州を手に入れると、征西将軍となった。

【馬謖《ばしょく》】（一九〇～二二八）蜀漢の将領。字《あざな》は幼常。襄陽宜城《じょうようぎじょう》（現・湖北省宜城）の人。赤壁の戦いの後劉備に帰したが、劉備は臨終のときに重用を戒めた。傲慢な馬謖は、果たして街亭の守りに失敗し、諸葛亮に斬られた。「泣いて馬謖を斬る」の故事の本人。

【費禕《ひい》】（？～二五三）蜀の大臣。字《あざな》は文偉。江夏郡鄳《もう》県（現・河南省信陽東北）の人。諸葛亮に注目され、後主（劉禪）に仕え、のち大将軍となった。姜維を牽制しつつ専守に心がけ、蜀を守ったが、宴席で刺されて亡くなった。

呂蒙（絵図三国演義）

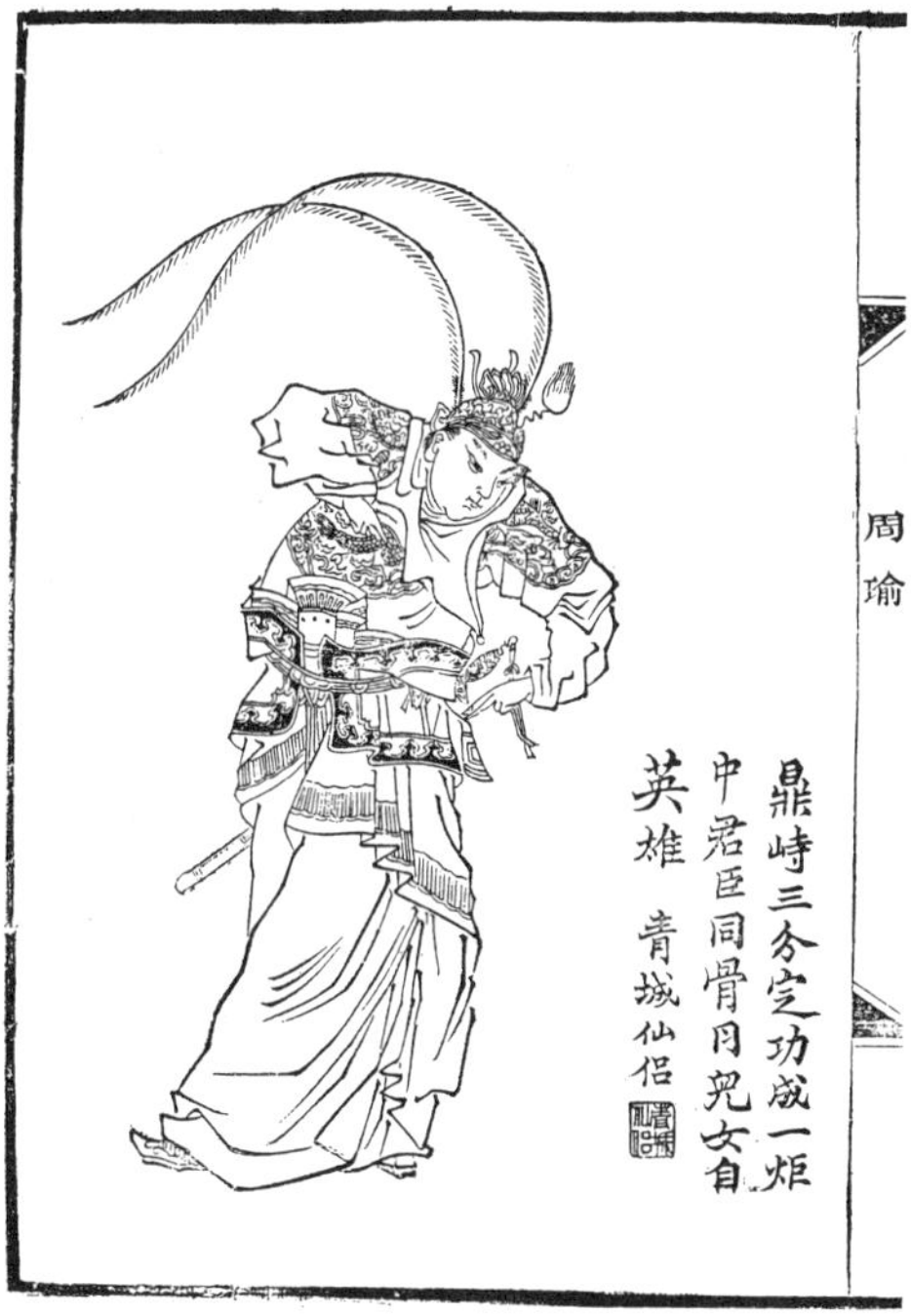

周瑜（絵図三国演義）

張遼（絵図三国演義）

【周瑜《しゅうゆ》】（一七五～二一〇）呉の知将。字《あざな》は公瑾。盧江郡舒県（現・安徽省舒城県）の人。孫策とは親友。孫策亡き後の呉を補佐し、魯粛と共に蜀と組んで赤壁の戦いに勝利した。最後は蜀を向かう途中に病没した。

【呂蒙《りょもう》】（一七八～二一九）呉の知将。字《あざな》は子明。汝南郡富陂県（現・安徽省阜陽）の人。無学であったが、努力して学識を身につけた。魯粛の死後、荊州の関羽を滅ぼす計画をたてて、実行に移し、見事成功させた。関羽は関平とともに殺されてその首は、曹操に送られた。

【張遼《ちょうりょう》】（一六九～二二二）曹操配下の大将。字は文遠。雁門馬邑《ばゆう》（現・山西省朔県）の人。もと呂布の武将で、その後曹操に帰順した。孫権の十万の大軍に八百の精兵で突撃し、敵を窮地に陥れたことは良く知られている。

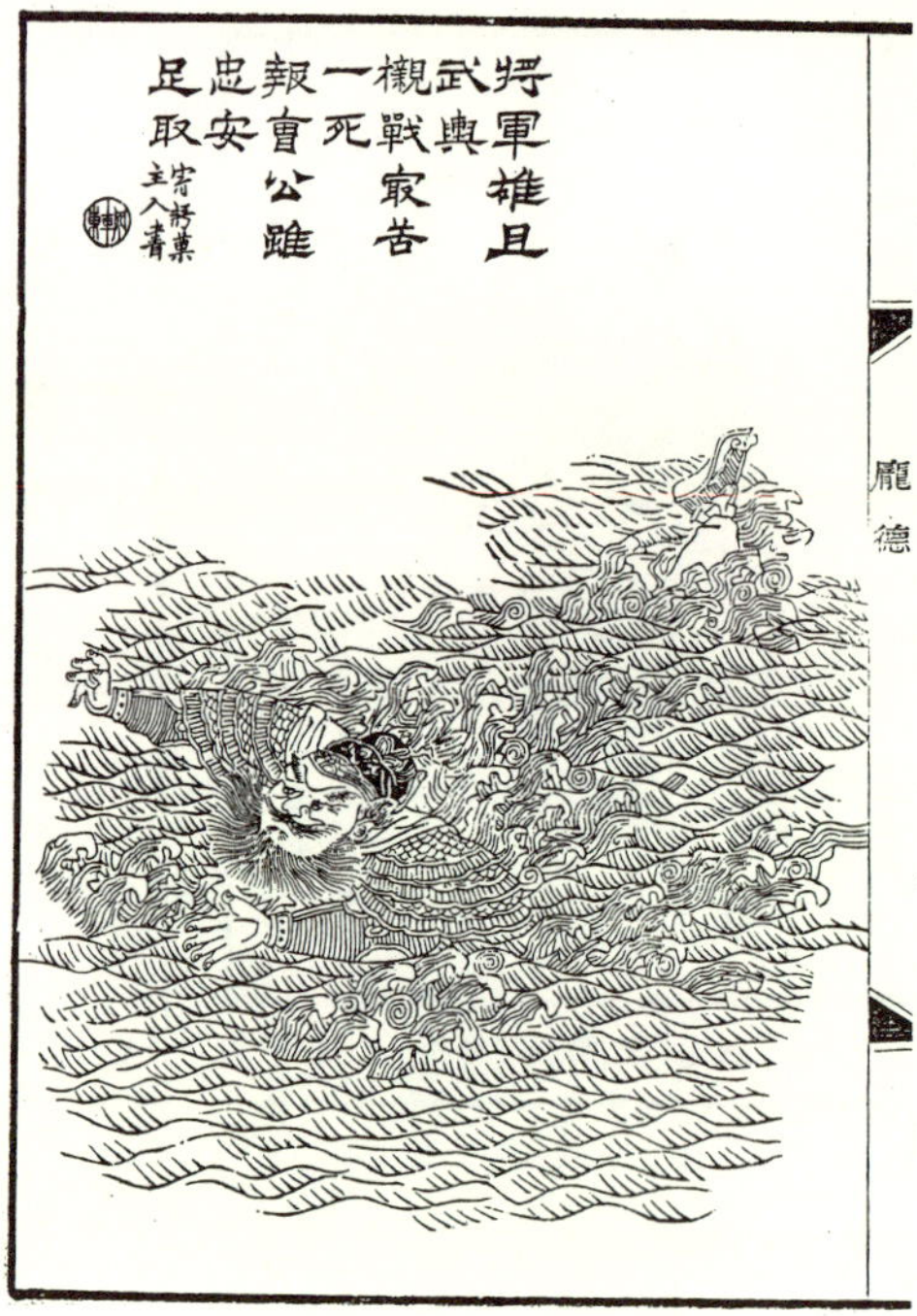

龐徳（絵図三国演義）

張郃（絵図三国演義）

【龐徳《ほうとく》】（？～二一九）曹操配下の勇将。字《あざな》は令明。南安豲《かん》道（現・甘粛省隴西東南）の人。もと馬超配下の武将。関羽と決戦を望み、関羽の左腕を射貫く。最後は生け捕りになるが、降伏せず殺された。

【張郃《ちょうこう》】（？～二三一）魏の大将。字《あざな》は儁乂。河間鄚《ばく》県（現・河北省任丘北）の人。もと袁紹の配下にいた。のち曹操に仕え、蜀軍攻撃の先鋒として働く。最後は諸葛亮の計略にはまって、木門道に死した。

三蔵法師・孫悟空・猪八戒・沙悟浄（新刻出像官版大字西遊記）

【三蔵法師《さんぞうほうし》】

唐の僧で姓は陳、字を玄奘《げんじょう》という。唐の太宗のとき国禁を犯して天竺《てんじく》（インド）に行き、十年間滞在ののち帰国、多くの仏典などを将来し、経典の漢訳に従事した。『西遊記』では、孫悟空らに助けられて、はるばる大冒険旅行をする、少々お人よしで頼りないところのある僧侶に描かれる。

三蔵法師・孫悟空・猪八戒・沙悟浄（李卓吾先生批評西遊記）

【孫悟空《そんごくう》】

『西遊記』の中心的な半神格。花果山の石から生まれ、神通力を身につけた猿。釈迦如来《しゃかにょらい》によって五行山の岩に閉じこめられ、のちに玄奘三蔵に助けられる。そして、猪八戒・沙悟浄とともに玄奘の天竺への旅の供をする。如意棒を持ち、觔斗雲に乗り、無類の怪力と正義感に満ちているが、玄奘三蔵には逆らえない。言うことを聴かないと、頭に巻かれた緊箍咒《きんこじゅ》がきりきりと締まる。

【猪八戒《ちょはっかい》】

『西遊記』に登場するブタの妖怪。孫悟空、沙悟浄とともに玄奘三蔵《げんじょうさんぞう》の弟子として天竺への旅に出る。もと天上の天蓬元帥であったが、蟠桃会《ばんとうかい》で酔って嫦娥《じょうが》に戯れたため、下界に落とされた。大食漢のうえ、好色な道化として描かれ、大衆的人気がある。

【沙悟浄《さごじょう》】

『西遊記』に登場する妖怪。もと玉皇大帝の霊霄殿《れいしょうでん》の巻簾《けんれん》大将。罪を得て下界に落とされた。孫悟空・猪八戒とともに取経の旅に出る。その前身は玄奘三蔵《げんじょうさんぞう》が天竺に行く途中の砂漠で出現して励ました護法神・毘沙門天の化身という。

観音・孫悟空・紅孩児（新鐫出像古本西遊證道書）

【観音《かんのん》】

観世音菩薩。慈悲深い仏であるため女性の姿で現れる。三蔵の西行取経の実際上の計画者にして保護者。一行に危機がおとずれると、いざというところでその姿をあらわし、霊験を示す。


【紅孩児《こうがいじ》】

父は牛魔王、母は羅刹女《らせつじょ》。またの名を聖嬰《せいえい》大王という。妖怪家族の子供である。紅孩児は玄奘三蔵の肉を食べようとして、観音に折伏される。

西遊記（孫悟空・観音）

（楊東来先生批評西游記）

解説前頁

孫悟空・観音

萬萬貫
呼保義宋江
刀筆小吏爾乃好義
飲首席

宋江（水滸葉子）

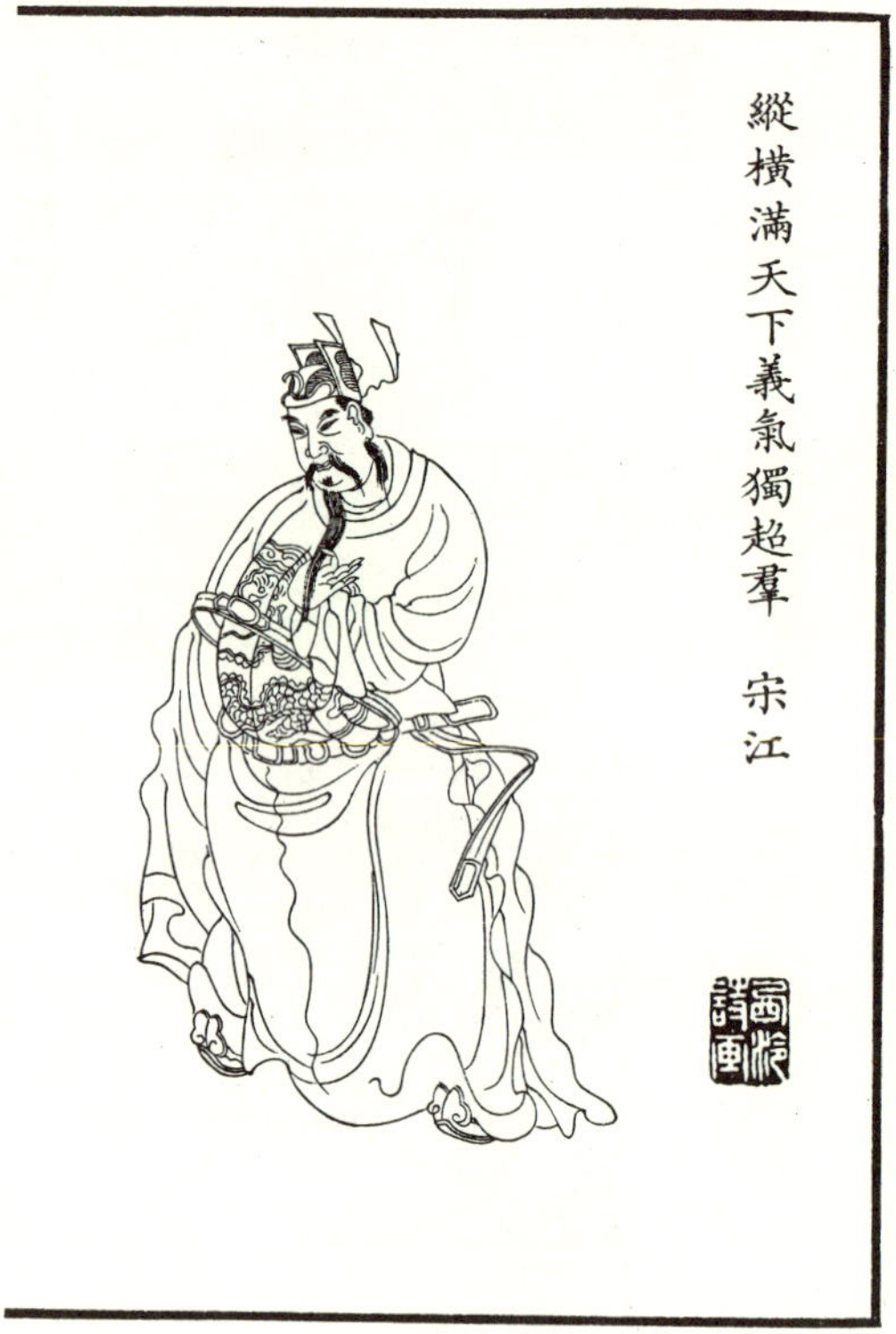
縱横滿天下義氣獨超羣　宋江

宋江（天罡地煞図）

一文錢
神行太保戴宗
歩健者飲

戴宗（水滸葉子）

【宋江《そうこう》】

字は公明、山東鄆城《うんじょう》県の人。排行は第三、色黒で小柄、義に厚く、孝名が高い。各地の英雄豪傑と交わり、誰でも困っているときにはすぐに助ける。そのために「及時雨《きゅうじう》」の宋江と呼ばれている。

【戴宗《たいそう》】

江州の両院押牢節級をしていた。あだ名は神行太保《しんこうたいほ》。足が速く「神行《しんこう》」の術を使えた。お札（甲馬）を足に貼れば、一日に五百里（二百キロメートルほど）を行くことが出来た。部下に黒旋風の李逵《りき》がいた。

宋江・戴宗（水滸図賛）

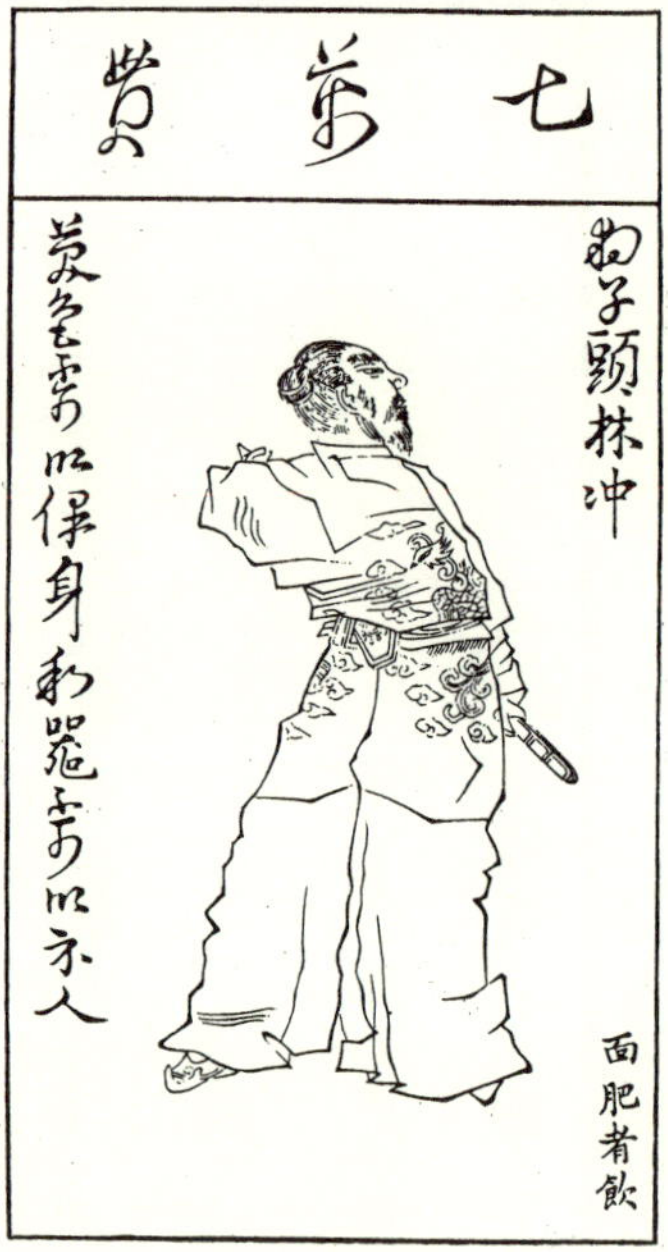

林冲（水滸葉子）

徐寧（水滸葉子）

徐寧（天罡地煞図）

【林冲《りんちゅう》】

もと東京《とうけい》禁軍の教頭。武藝に秀で、槍を使わせると右に出るものがいない。あだ名は豹子頭《ひょうしとう》。魯智深と義兄弟の契りを結ぶ。高俅《こうきゅう》の養子の高衙内《こうがない》が林冲の美人妻に横恋慕したため、罠にはめられて流罪となり、梁山泊に入る。


【徐寧《じょねい》】

禁軍の金鎗班の師範で、鎗の名人。あだ名は金鎗手《きんそうしゅ》。徐寧の「鉤鎌鎗法《こうれんそうほう》」を必要とした梁山泊は、計略によって徐寧を梁山泊に引き入れる。

林冲・徐寧（水滸図賛）

呼延灼（天罡地煞図）

【呼延灼《こえんしゃく》】宋の建国の名将・呼延贊の子孫。あだ名は双鞭《そうべん》。汝寧郡の都統制をしていた。計略にかかり生け捕りにされて、梁山泊に仲間入りする。

【関勝《かんしょう》】三国時代の名将・関羽の子孫とされる。あだ名は大刀。兵書を読み、武藝に通じ、蒲東で巡検をしていた。関羽の生き写しといった容貌である。

呼延灼（水滸葉子）

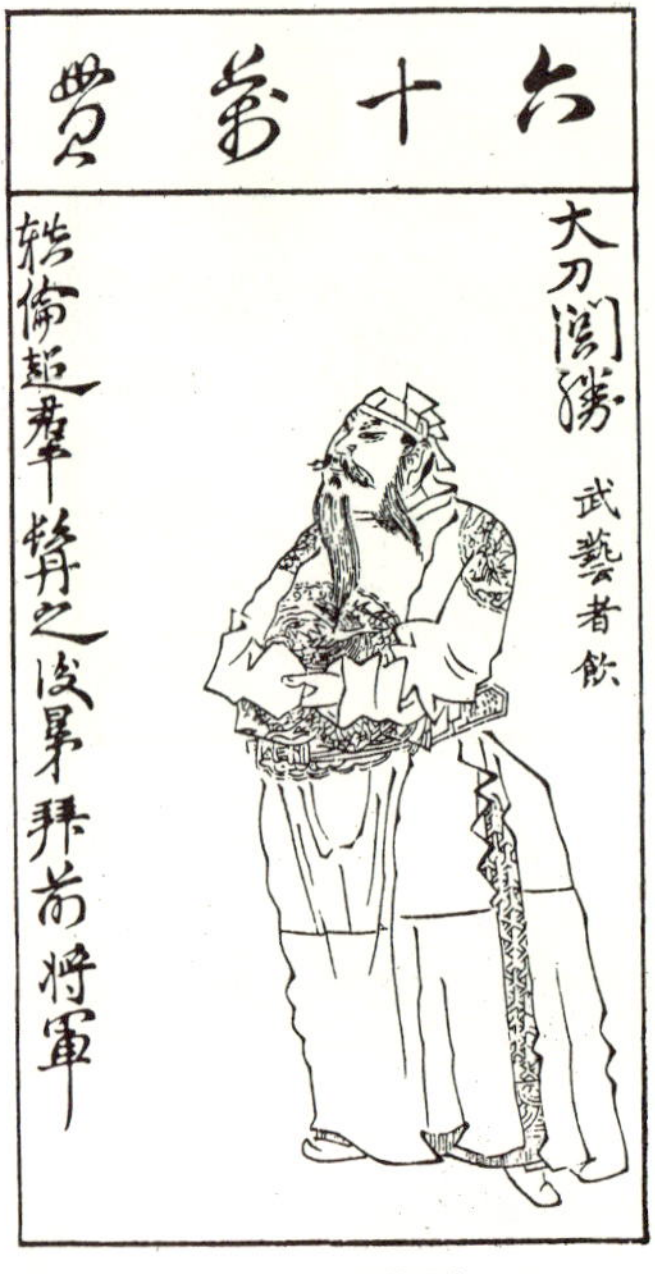

関勝（水滸葉子）

呼延灼・関勝（水滸図賛）

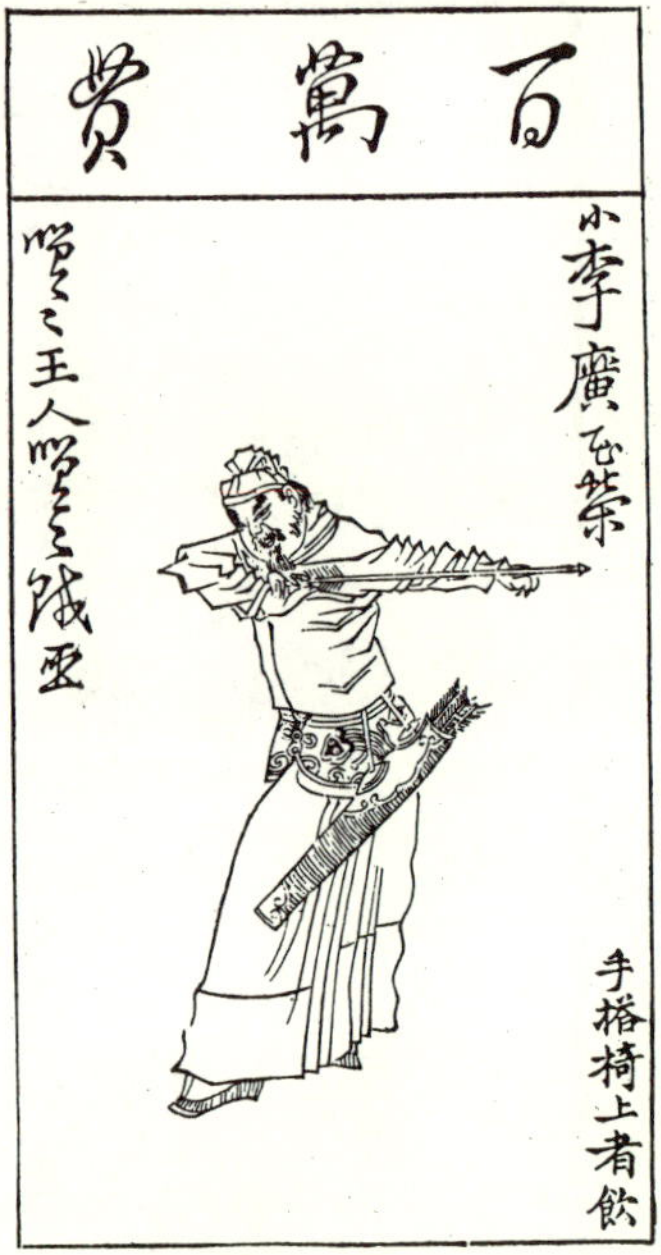
百萬貫
小李廣花榮
手搭椅上者飲

花栄（水滸葉子）

盧俊義（水滸葉子）

説劒談兵星斗寒　呉用
仇深一奴力敵萬夫　盧俊義

盧俊義・呉用（天罡地煞図）

【花栄《かえい》】

代々武家の家柄に生まれ、弓の名人。あだ名は、漢の弓の名人李広に因み、小李広《しょうりこう》。青州の清風寨の副知寨をつとめていた。


【盧俊義《ろしゅんぎ》】

北京大名府（現・河北省大名）の富豪。あだ名は玉麒麟《ぎょくきりん》。文武両道しかも武藝百般に通じ、棍棒をもてば天下無敵。部下に燕青がいたが、ともに梁山泊にはいる。


【呉用《ごよう》】

鄆城県の東渓村で私塾を開いていたやもめの先生で、字は学究。あだ名は知多星《ちたせい》。晁蓋《ちょうがい》とは幼なじみの間柄だった。道士の服を着ている。

花栄・盧俊義（水滸図賛）

九萬貫
設帳者飲

呉用（水滸葉子）

二百子
雙鎗将董平
霞峯首席

董平（水滸葉子）

雙鎗竟無敵一笑已傾城　董平
仕途淹蹇山鬼奚相踐　楊志

董平・楊志（天罡地煞図）

【呉用《ごよう》】解説前頁

【董平《とうへい》】

河東の上党郡の人。あだ名は双鎗《そうそう》将《しょう》。風流人で学があり、東平府の兵馬都監をつとめていた。生け捕りにされて梁山泊に仲間入りする。


【楊志《ようし》】

関西の人。若いころ、武挙に及第し、殿司府制使にまでなった。花石鋼の運搬役をしくじって都に出る途中、林冲と出会い二人で、梁山泊に入る。あだ名は顔のあざから、青面《せいめん》獣《じゅう》。

呉用・董平（水滸図賛）

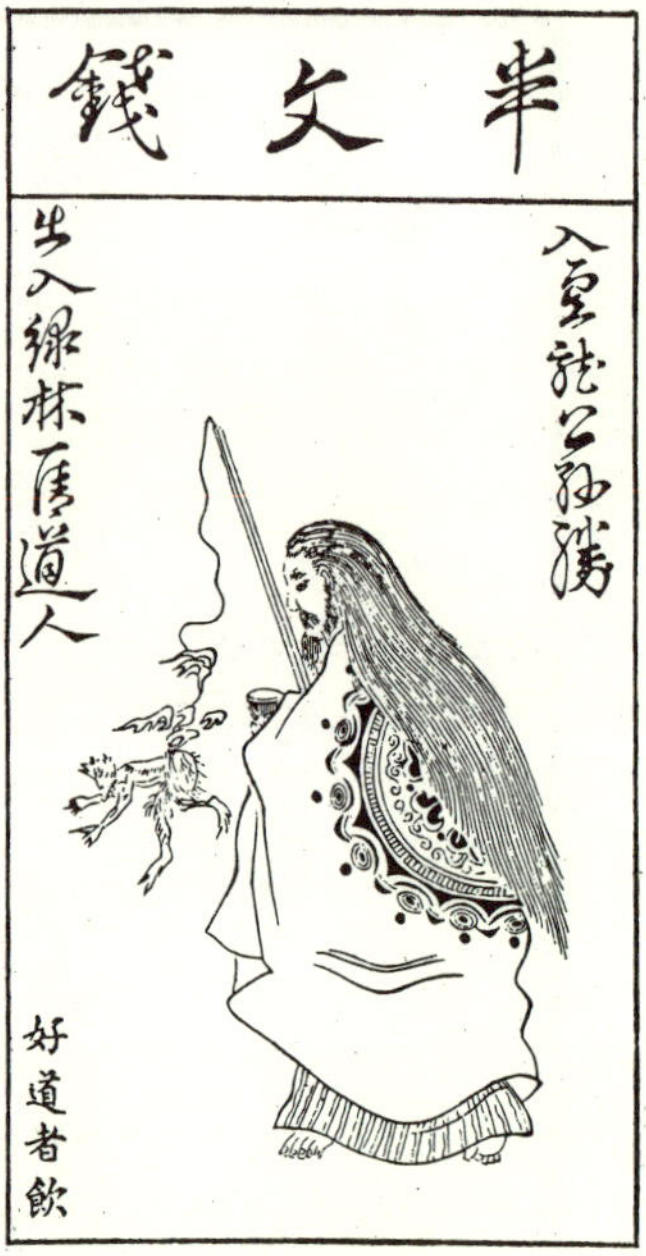
半文錢
入雲龍公孫勝
出入綠林唐道人
好道者飲

公孫勝（水滸葉子）

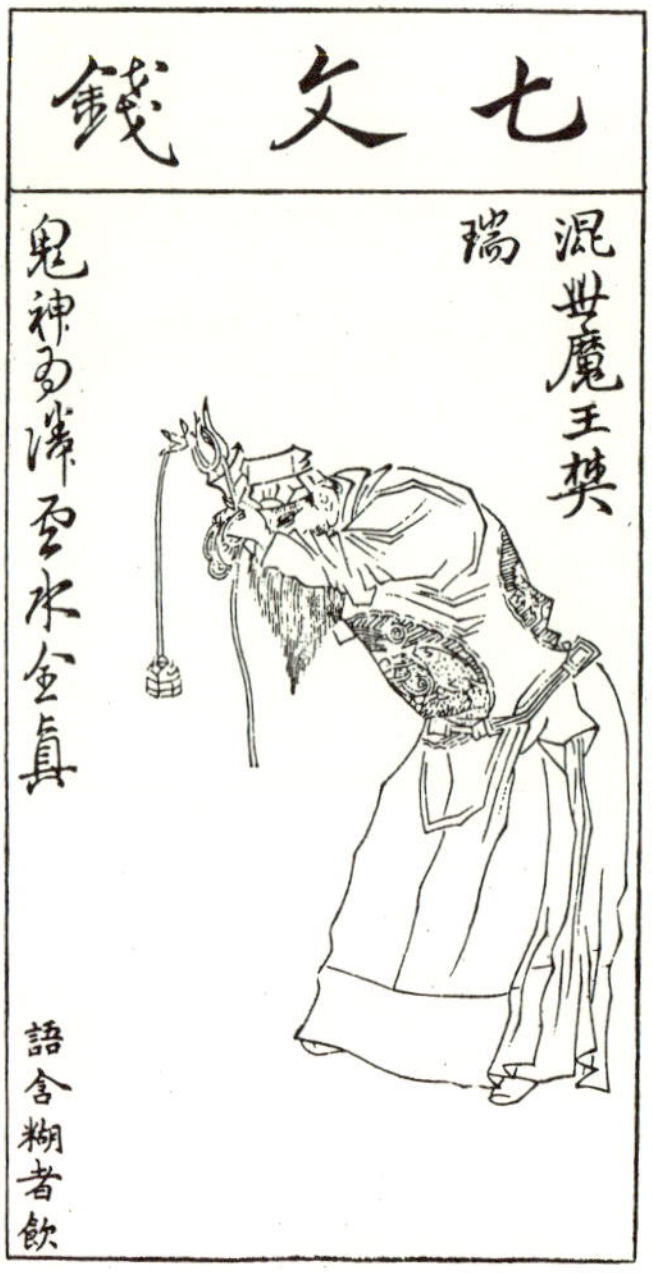
七文錢
混世魔王樊瑞
語含糊者飲

樊瑞（水滸葉子）

渉世錬形起塵入塵
公孫勝

公孫勝（天罡地煞図）

【公孫勝《こうそんしょう》】

薊州の人。薊州《けいしゅう》九宮県二仙山に住む羅真人の一番弟子。道号は一清先生。法術に通じ、また槍の名手でもある。あだ名は入雲龍《にゅううんりゅう》。

【樊瑞《はんずい》】

濮州の人。早くから道士としての修行を積む。江湖を渡り歩き、広く武藝百般を身につけた。仲間の李袞《りこん》らとともに芒碭山《ぼうとうざん》にこもっていた。あだ名は混世魔王《こんせいまおう》。

公孫勝・樊瑞（水滸図賛）

魯智深・武松（水滸図賛）

【魯智深《ろちしん》】

本名は魯達。渭州経略府の提轄《ていかつ》、出家後の法名は魯智深。背中の刺青のため、人呼んで「花《か(いれずみ)》」和尚。力持ちで、大酒のみ。人を殺してから五台山に入り出家するが大暴れ、のち、林冲を助け、梁山泊に入る。

【武松《ぶしょう》】

山東清河県の人。排行は第二、人呼んで武二郎《ぶにろう》。大男で力持ち、但し酒が大好きで飲むほどに馬鹿力を出す。その馬鹿力で景陽岡《けいようこう》では虎退治をした。兄の嫁（潘金蓮《はんきんれん》）と不倫相手の西門慶《せいもんけい》に殺された兄の武大《ぶだい》の仇を取り、そのため捕まって孟州へ流される。あだ名は行者《ぎょうじゃ》。

魯智深（天罡地煞図）

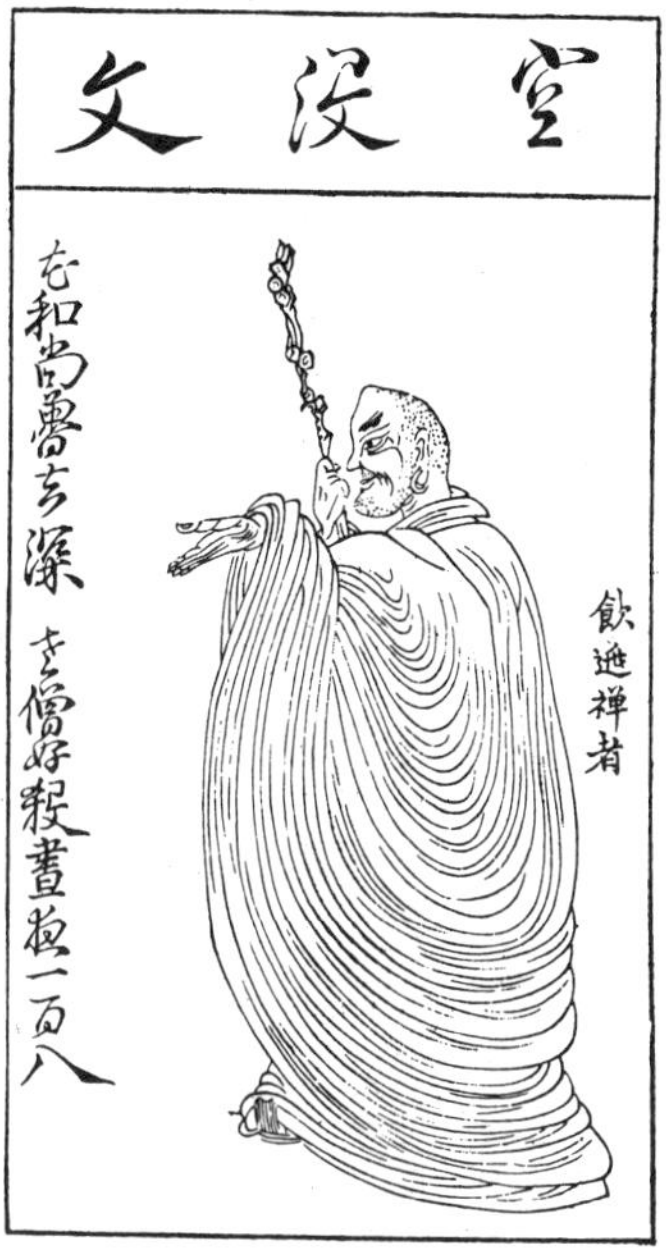

魯智深（水滸葉子）

武松（天罡地煞図）

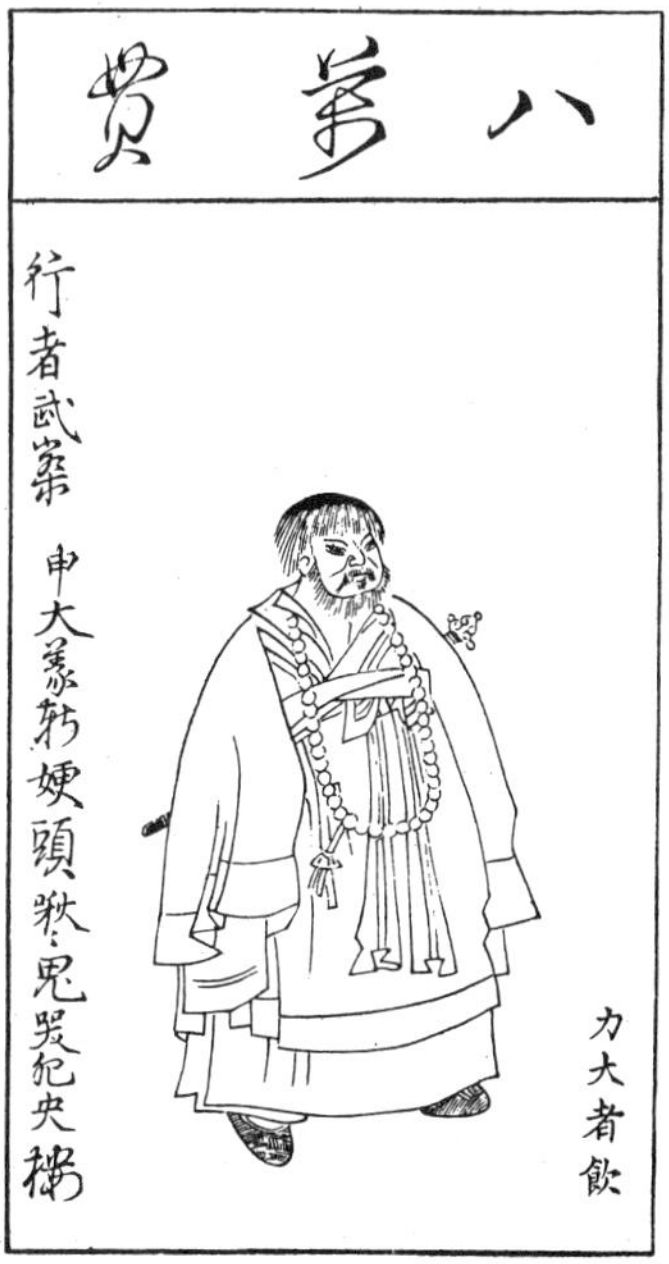

武松（水滸葉子）

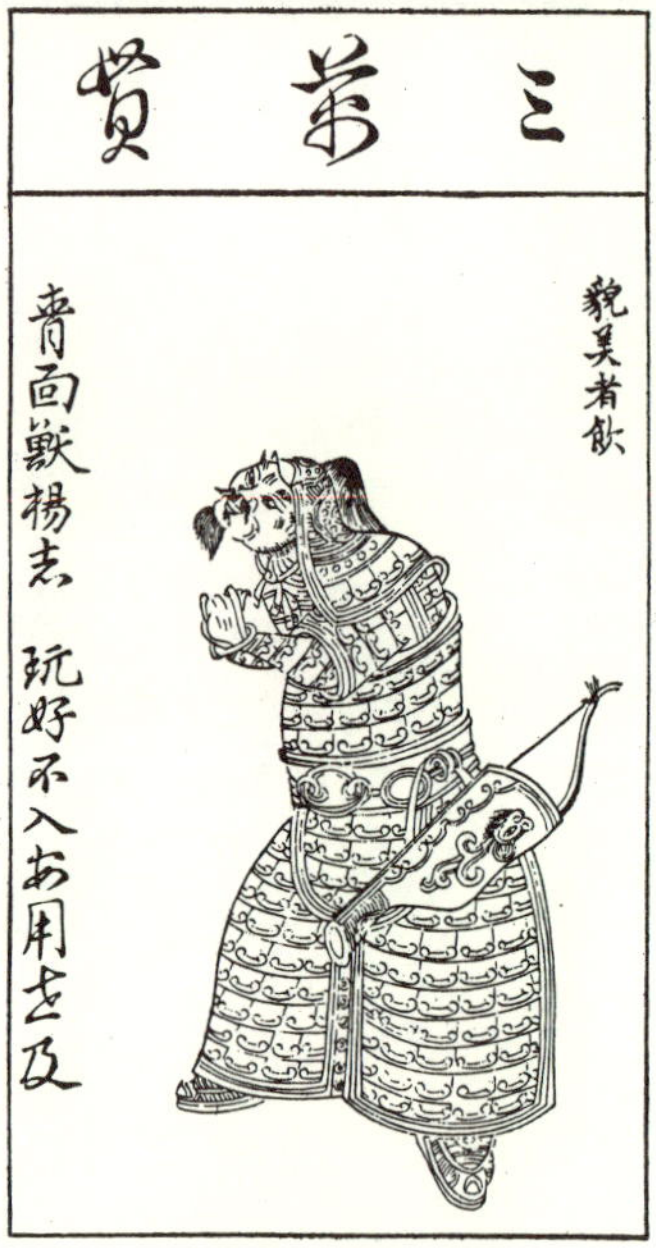
三萬貫
貌美者飲
青面獸楊志
楊志（水滸葉子）

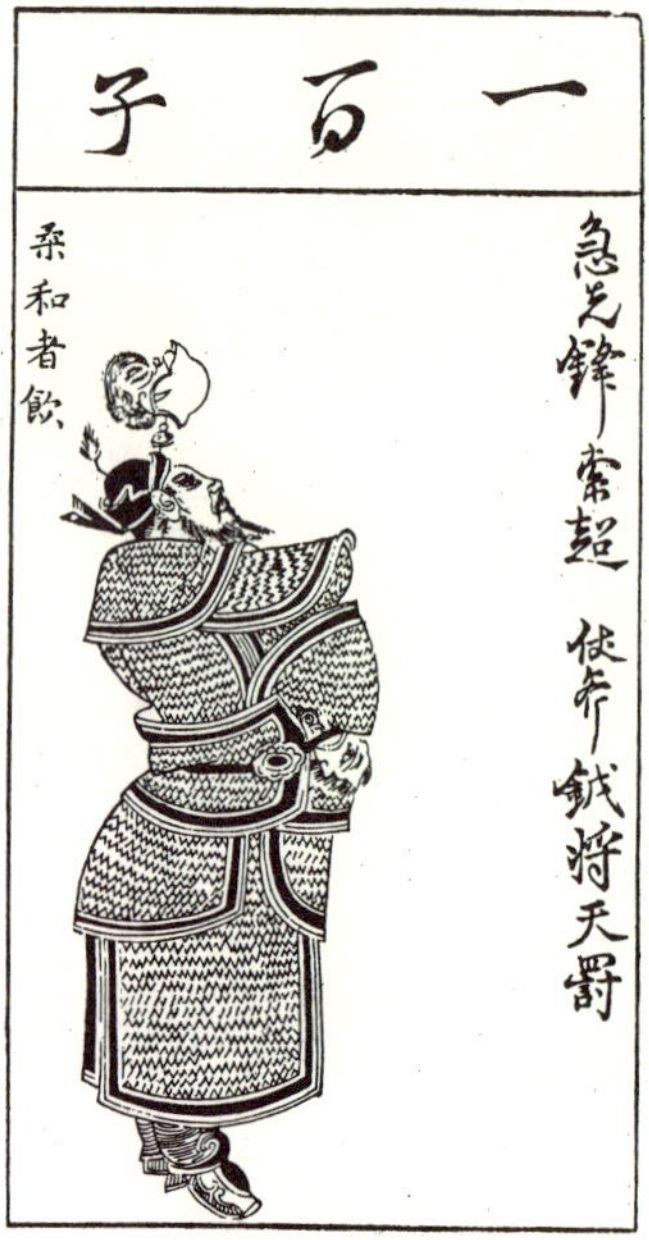
一百子
急先鋒索超
柔和者飲
索超（水滸葉子）

千里江陵一日還　戴宗
幽燕名将器宇沈雄　索超
索超・戴宗（天罡地煞図）

【戴宗《たいそう》】解説五一八頁参照

【楊志《ようし》】解説五二六頁参照

【索超《さくちょう》】北京大名府（現・河北省大名）留守司正牌軍。気が短く、すぐに金色のおのを振り回す。あだ名は急先鋒《きゅうせんぽう》。

楊志・索超（水滸図賛）

燕青・李逵（水滸図賛）

【燕青《えんせい》】

北京大名府（現・河北省大名）の生まれ。またの名を小乙。孤児となって盧俊義の家で育てられる。あだ名は浪子《ろうし》。色が白くていい男。全身に刺青があり、聡明機敏、歌舞音曲にも強い。

【李逵《りき》】

山東沂州沂水県の人。あだ名は黒旋風。別名鉄牛。真っ黒な大男で、赤い顔中にひげが生えている。無類の力持ちだが、酒好きでバクチを打つ。剛直だが人を疑わない素直な心根を持つ。但しすぐに人を殺す。宋江の言いつけは良く守る。

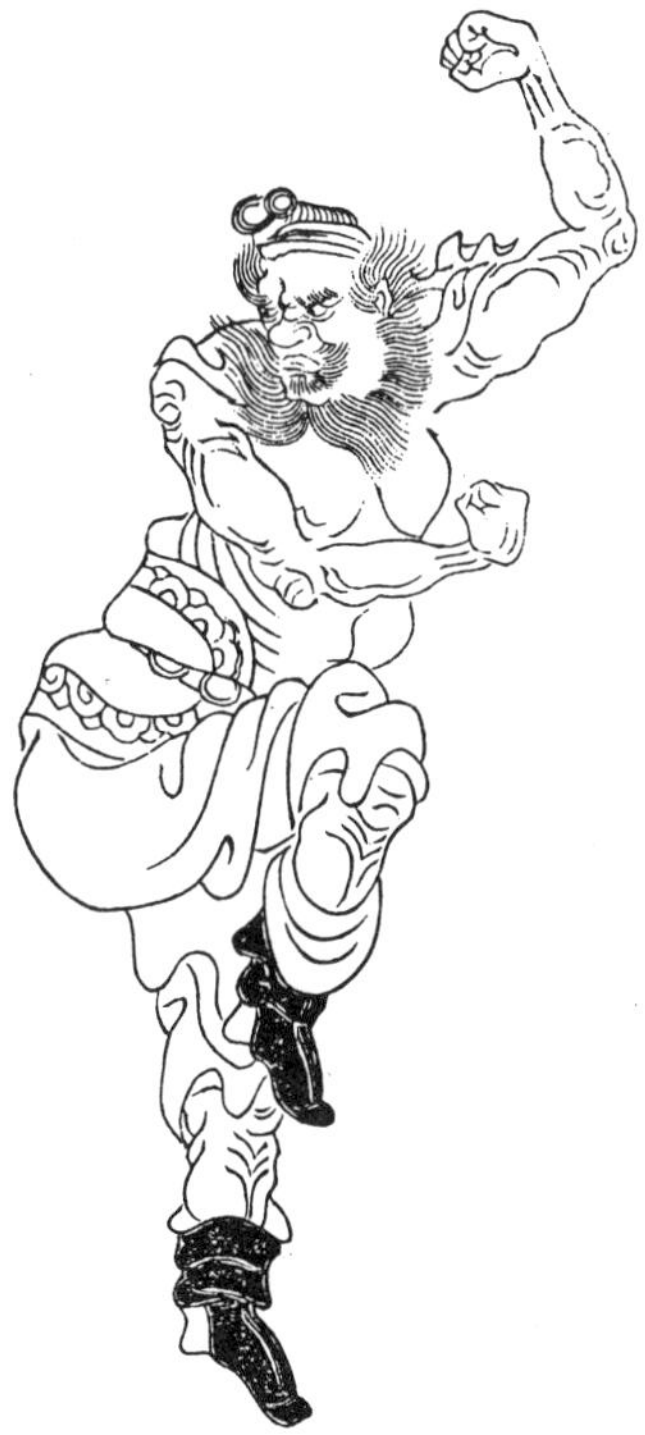

李逵（天罡地煞図）

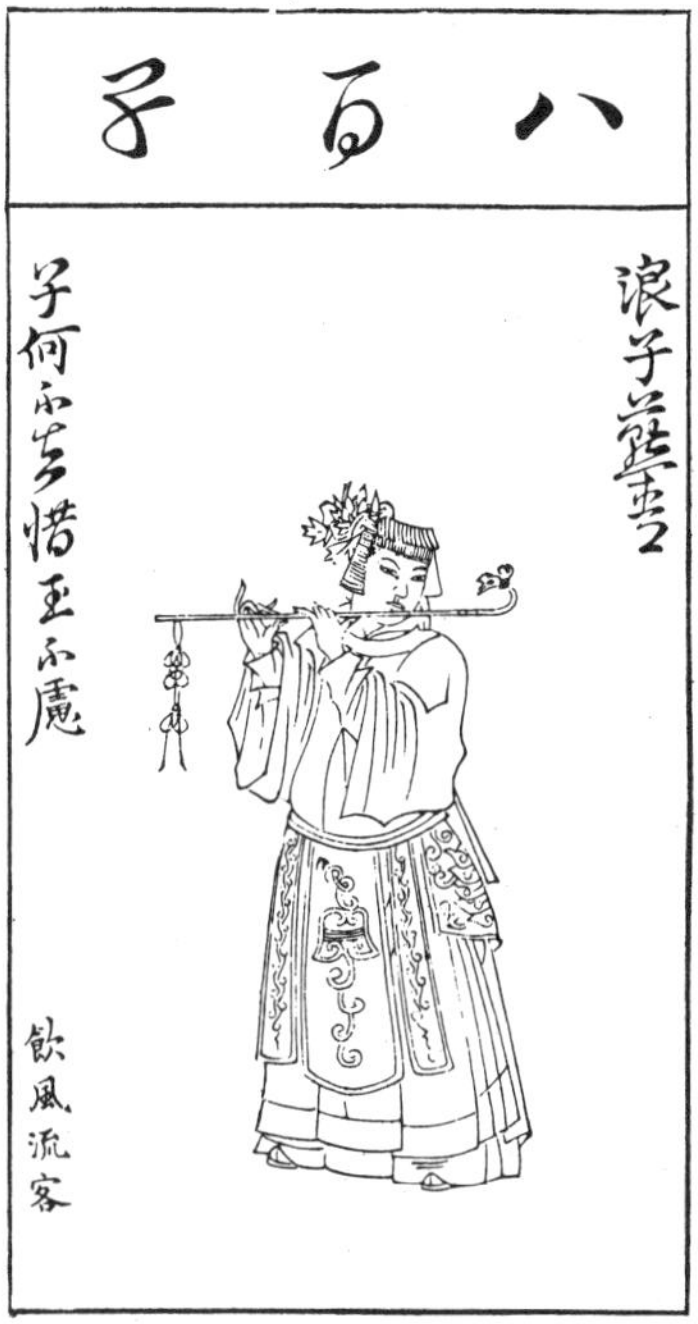
八百子
浪子燕青
飲風流客

燕青（水滸葉子）

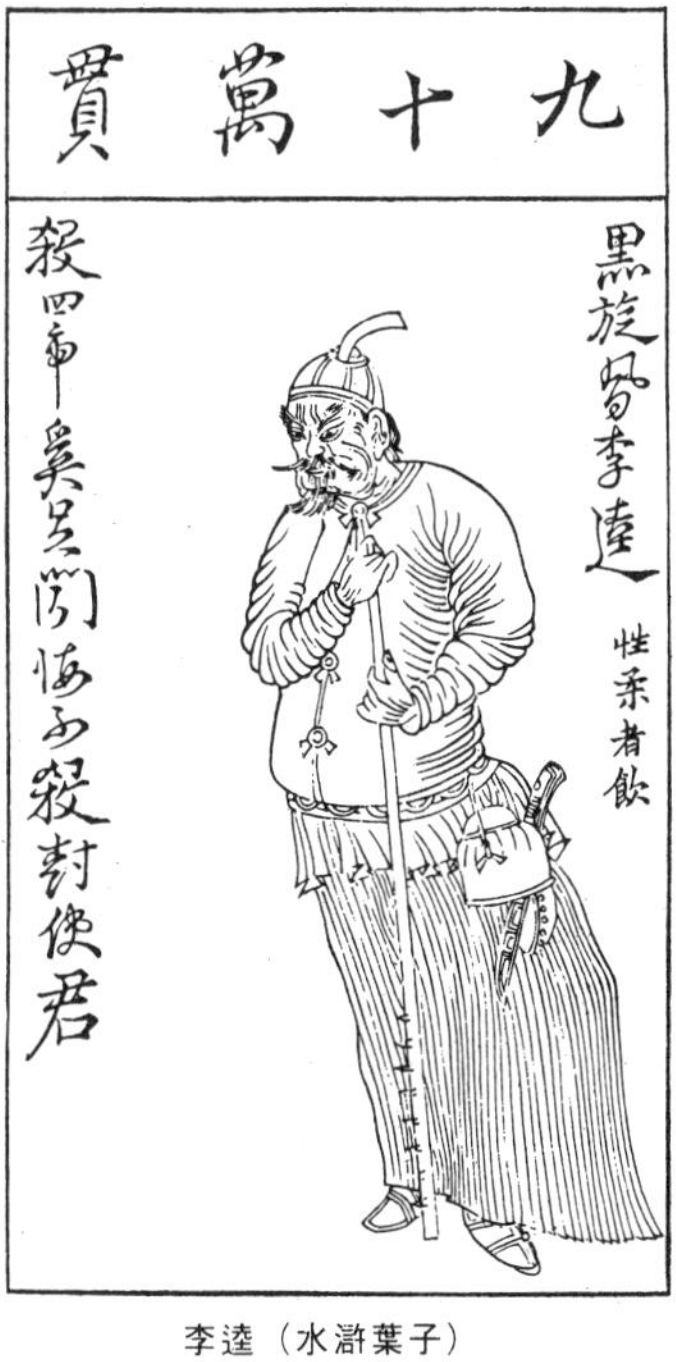
九十萬貫
黑旋風李逵
性柔者飲

李逵（水滸葉子）

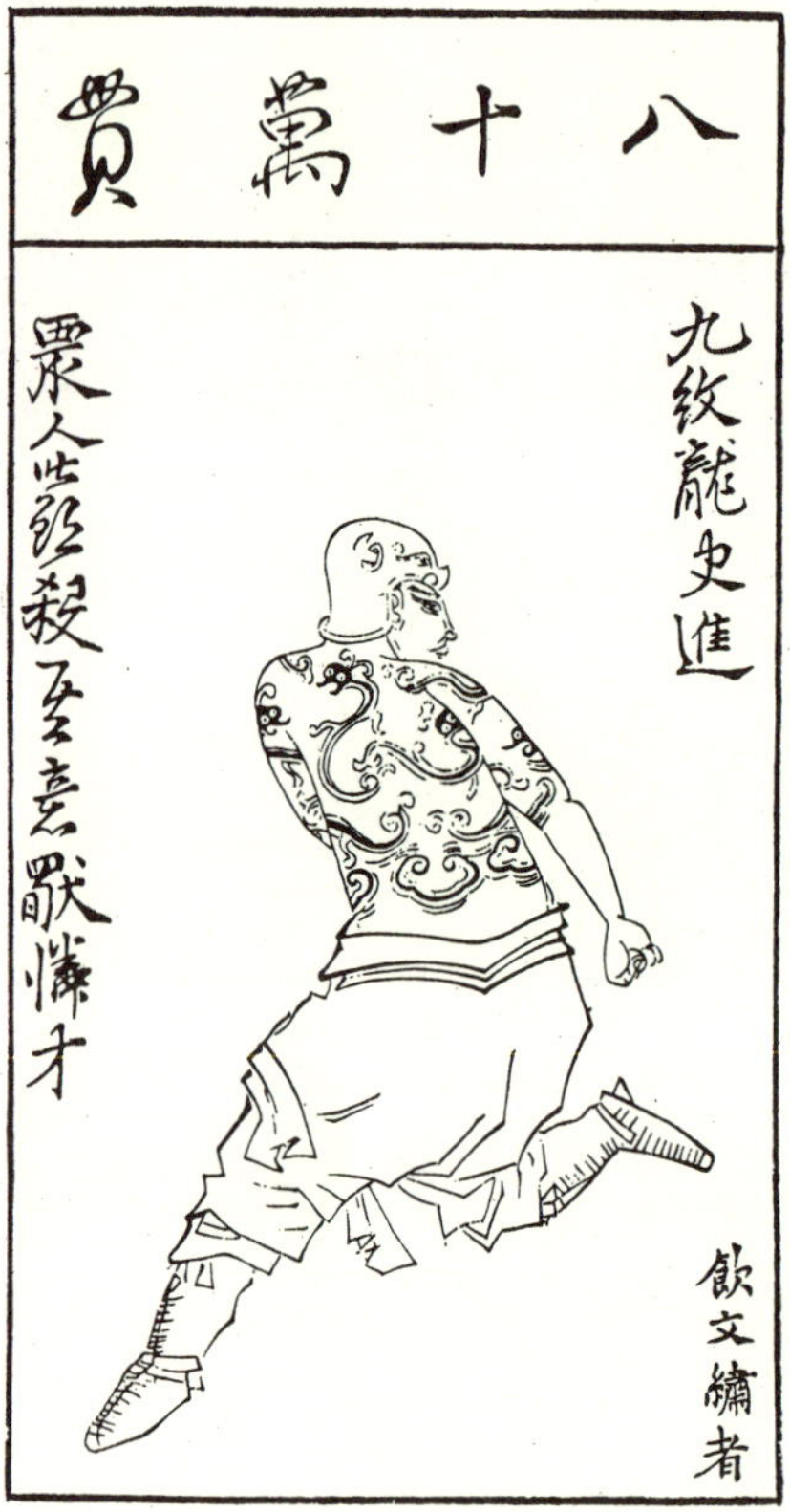
八十萬貫
九紋龍史進

史進（水滸葉子）

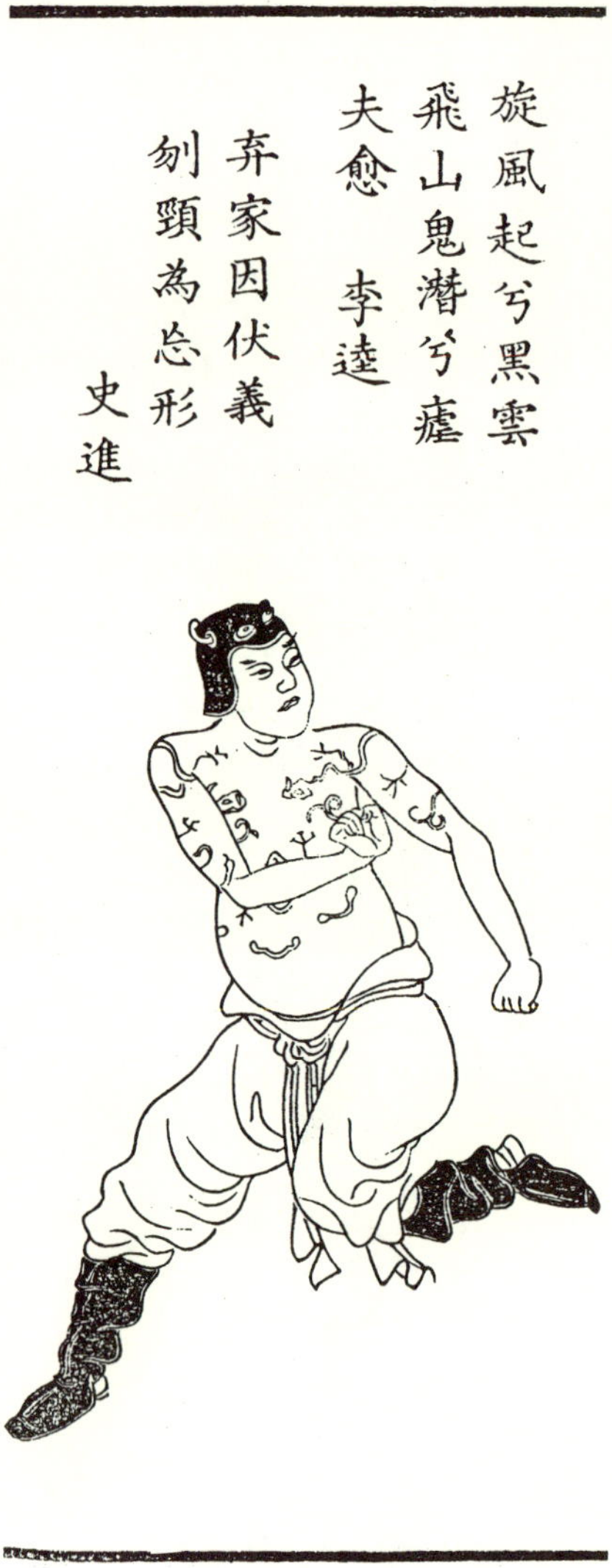
旋風起兮黒雲
飛山鬼潜兮瘧
夫愈　李逵
弃家因伏義
刎頸為忠形
史進

史進（天罡地煞図）

【史進《ししん》】華陰県史家村の富豪の息子。体に九匹の龍の刺青があり、あだ名を九《く》紋龍《もんりゅう》という。李忠から武藝の手ほどきをしてもらう。

【劉唐《りゅうとう》】祖籍は東潞州。赤黒くて大きな顔の鬢《びん》の脇にあざがあり、赤髪鬼《せきはつき》とあだ名がある。朴刀を巧みに使いこなし、槍も名手である。

史進劉唐

史進・劉唐（水滸図賛）

氣壯心偏急
怒髮鬢邊赤
劉唐

劉唐（天罡地煞図）

三文錢
赤髮鬼劉唐
民脂民膏豪取如曹太山一
擲若鴻毛
飲未冠

劉唐（水滸葉子）

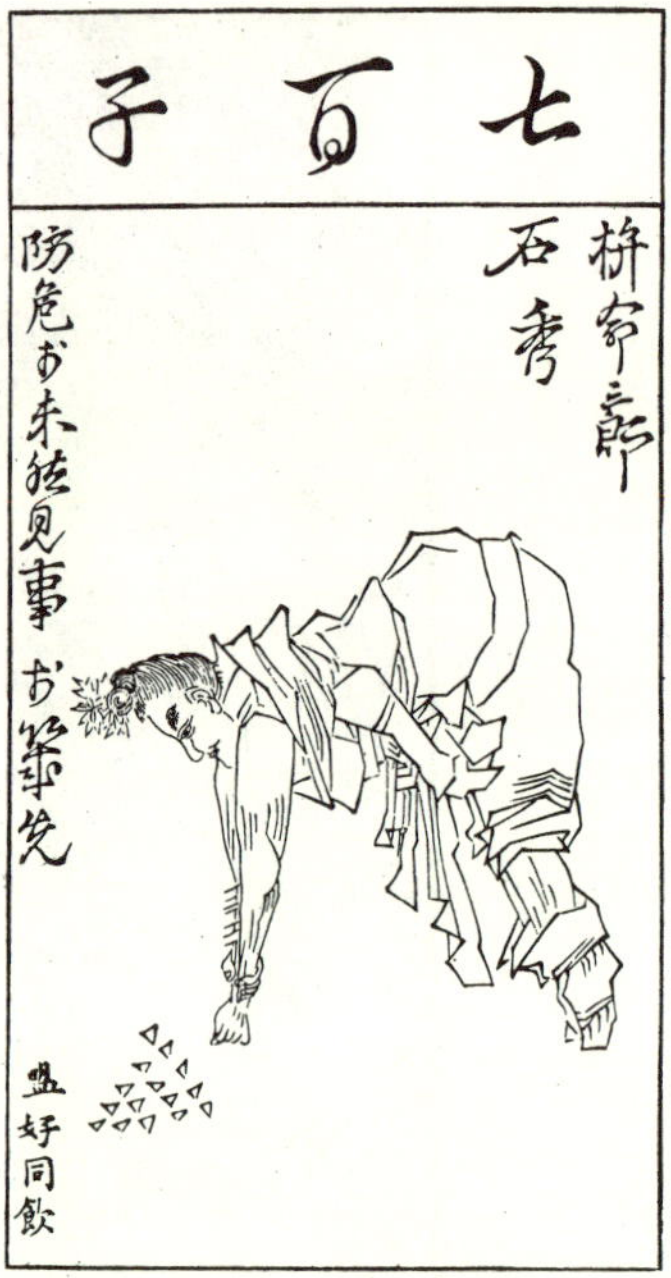

石秀（水滸葉子）

時遷（水滸葉子）

時遷　（天罡地煞図）

【石秀《せきしゅう》】
金陵建康府の人。槍をたしなみ、楊雄と義兄弟に契りを結ぶ。あだ名は拚命三郎《へんめいさんろう》。

【時遷《じせん》】
高唐州の人。体が柔らかく、盗みの達人で、牢役人の楊雄に救われたことがある。祝家荘で鶏を盗んで、梁山泊と祝家荘の果たし合いのきっかけとなる。あだ名は鼓上蚤《こじょうそう》。

石秀・時遷（水滸図賛）

張青・孫二娘（水滸図賛）

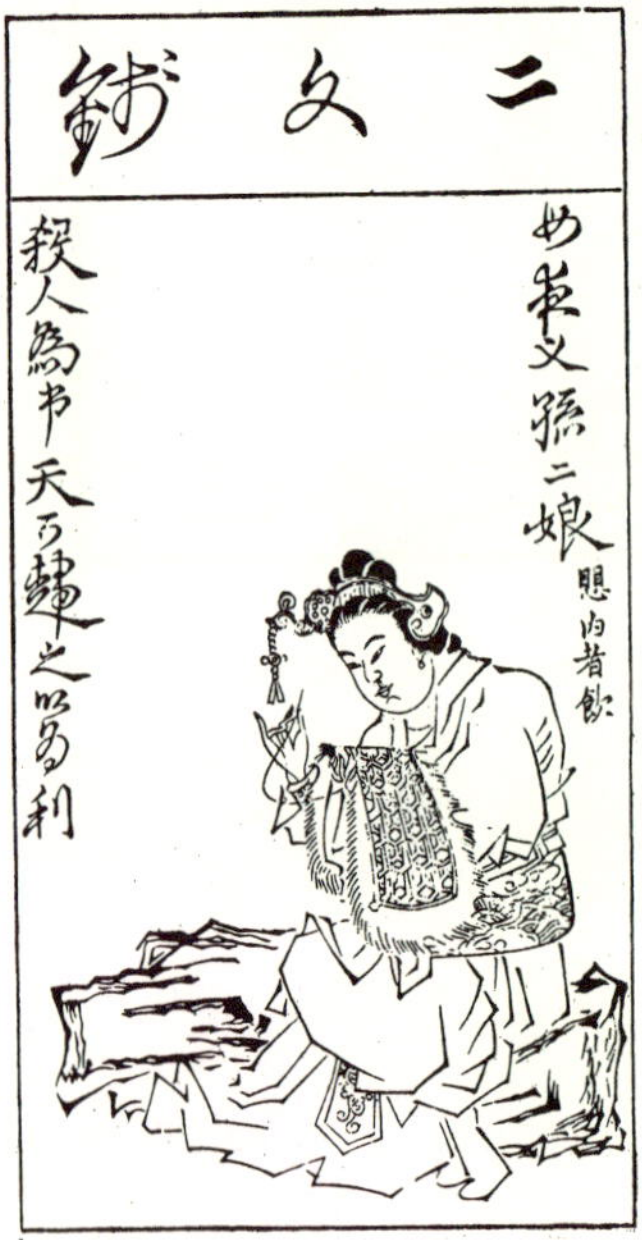

孫二娘（水滸葉子）

【張青《ちょうせい》】

妻は孫二娘。孟州十字坡《じゅうじは》で孫二娘と二人で居酒屋、実は客を殺す「人肉酒屋」を営む。武松が客となり、義兄弟となる。あだ名は菜園子《さいえんし》。

【孫二娘《そんじじょう》】

張青の女房。孟州十字坡《じゅうじは》で居酒屋稼業をしていると、武松が通りかかり、これにしびれ薬を飲ませて殺そうとして、ねじ伏せられる。あだ名は母夜叉《ぼやしゃ》。

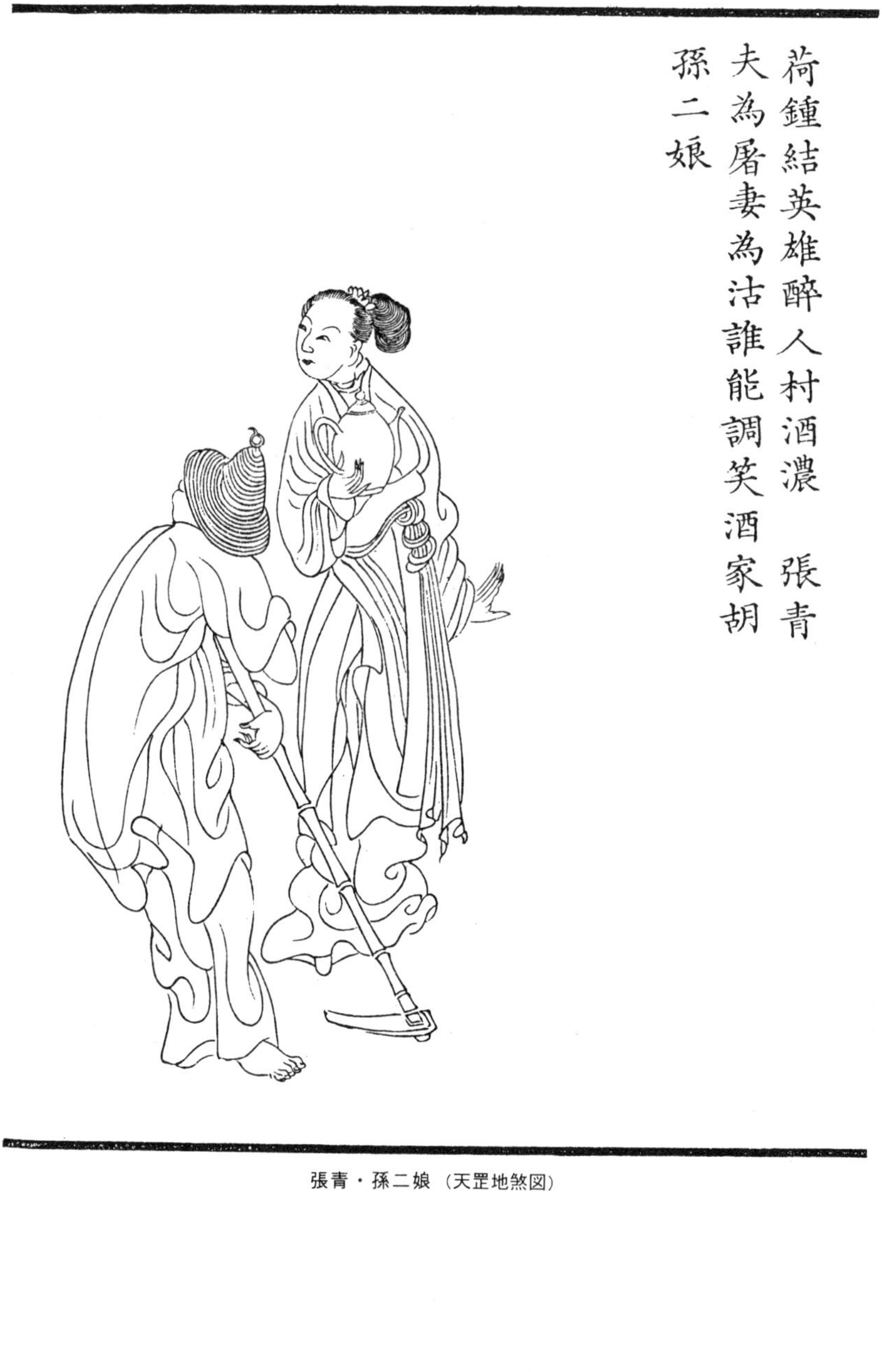
荷鍾結英雄醉人村酒濃　張青
夫為屠妻為沽誰能調笑酒家胡
孫二娘

張青・孫二娘（天罡地煞図）

王英・扈三娘（水滸図賛）

扈三娘（水滸葉子）

【王英《おうえい》】

清風山で盗賊を働いていた、ちびで女好きの槍使い。両淮《りょうわい》の生まれという。あだ名は矮脚虎《わいきゃくこ》。また王矮虎《おうわいこ》と呼ばれる。つまり足の短いトラ。祝家荘との戦いで、最後は美女の扈三娘《こさんじょう》と結婚する。


【扈三娘《こさんじょう》】

抜群の美人。鄆州《うんしゅう》独龍岡の扈家荘《こかそう》、すなわち祝家荘の隣村の女で、梁山泊の祝家荘攻めのときに、李逵が扈家荘を全滅させ、只一人生き残る。のちに王英と結婚する。あだ名は一《いち》丈青《じょうせい》。

孫新・顧大嫂（水滸図賛）

顧大嫂（水滸葉子）

【孫新《そんしん》】

祖先は瓊《けい》州の人。代々軍人の家の出身で、登州に住む。鞭と槍を巧みに使いこなす。あだ名は小尉遅《しょううつち》。尉遅は尉遅敬徳《うつちけいとく》（唐代の名将）のこと。

【顧大嫂《こだいそう》】

孫新の妻。登州東門外十里牌《じゅうりはい》に居酒屋を開く。解珍・解宝の父方のいとこ。夫の孫新も一目置くほどの力持ち。二、三十人くらいは敵ともしない、こわもての女丈夫。あだ名は母大虫《ぼだいちゅう》。

朱仝・鄭天寿（水滸図賛）

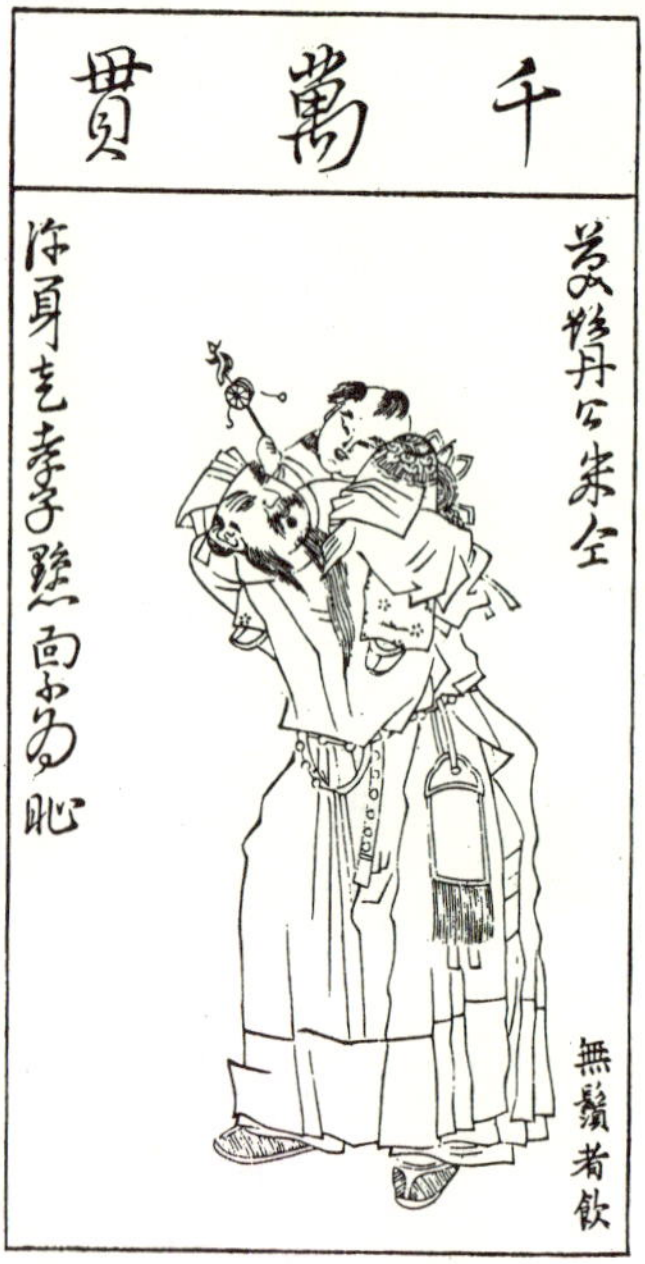

朱仝（水滸葉子）

【朱仝《しゅどう》】

鄆城県の人。騎兵の都頭をしている温厚な人物。あだ名の美髯公《びぜんこう》は、関羽に似ていることからつけられた。ひげは一尺五寸もあり、腹のあたりまでたれている。

【鄭天寿《ていてんじゅ》】

江南は蘇州出身の色白美男子。もと銀細工屋だった。あだ名は、白面《はくめん》郎君《ろうくん》。

瓊枝照席海内三千客　柴進　將軍三箭定天山　花榮

踈射伏義屠龍為技　朱仝

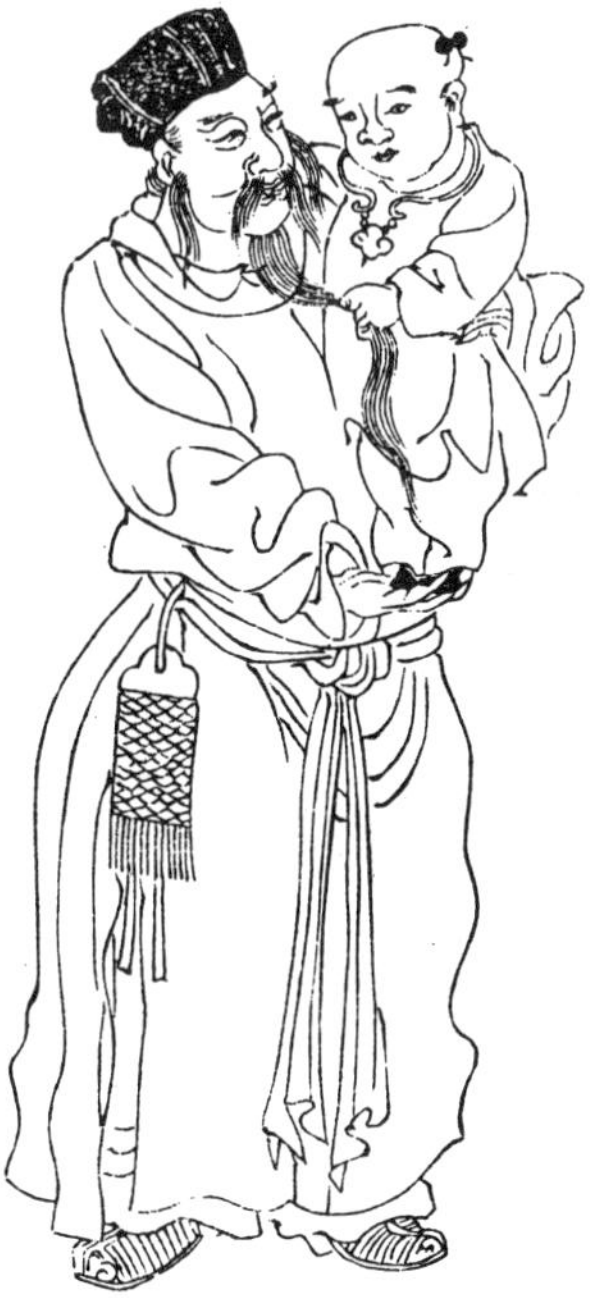

朱仝（天罡地煞図）

石勇・雷横（水滸図賛）

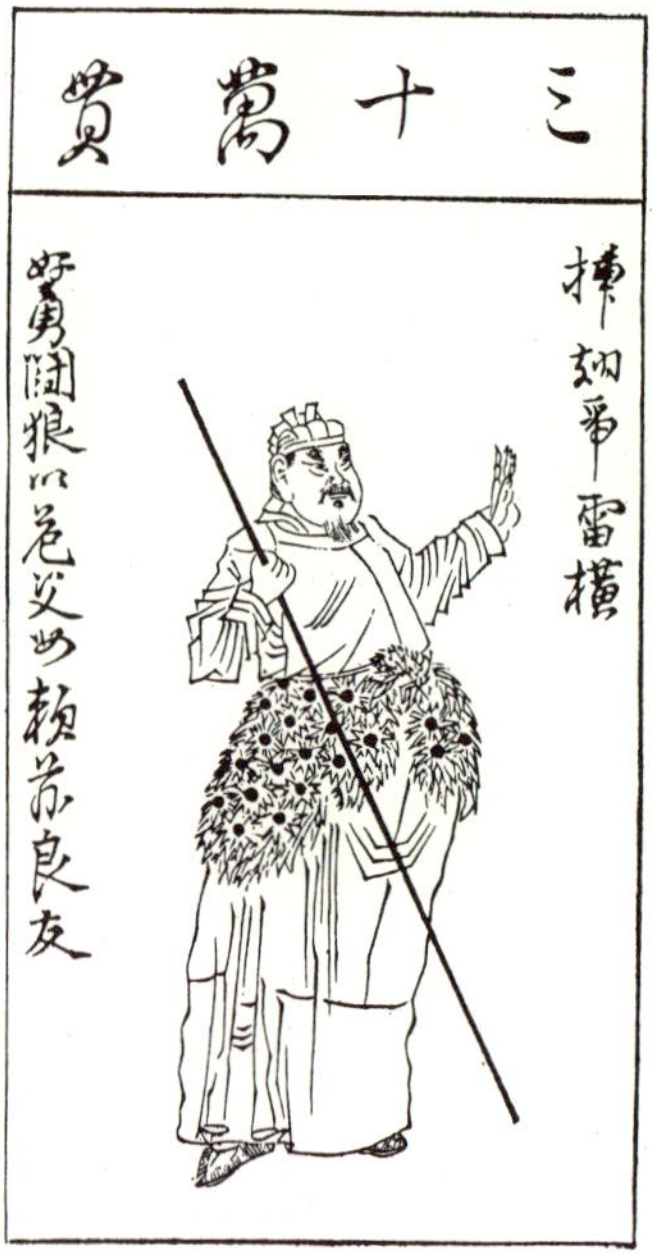

雷横（水滸葉子）

【石勇《せきゆう》】

北京大名府（現・河北省大名）の人。あだ名は石将軍《せきしょうぐん》。宋江の父親が死んだという偽手紙を、弟から預かり宋江に手渡すことで、梁山泊に仲間入りする。


【雷横《らいおう》】

鄆城県の人。もと鍛冶屋で、鄆城県の都頭もつとめる。同僚に朱仝がいる。晁蓋《ちょうがい》の罪を知り合いだということで見逃す。あだ名は挿翅虎《そうしこ》。

朱武・黄信（水滸図賛）

朱武（水滸葉子）

【朱武《しゅぶ》】

定遠の人。少華山の盗賊の首領だった。九紋龍史進と付き合って、のちに梁山泊に入る。あだ名は神機軍師《しんきぐんし》。


【黄信《こうしん》】

秦明の部下で、青州の兵馬都監をつとめていた武将。喪門剣《そうもんけん》を使いこなし、あだ名は鎮三山《ちんさんざん》。

柴進・穆弘（水滸図賛）

【柴進《さいしん》】

五代・後周の皇帝、柴栄の子孫を称する。龍の眉に鳳凰の目、白い歯に赤い唇の美丈夫。江湖の義士を世話するのが大好きで、屋敷は治外法権をもっていた。あだ名は小旋風《しょうせんぷう》。


【穆弘《ぼくこう》】

掲陽鎮の人。地元の顔役で、あだ名は没遮攔《ぼっしゃらん》。宋江を流れ者と思って捕まえるが、天下の義士と知って梁山泊に仲間入りする。

柴進（水滸葉子）

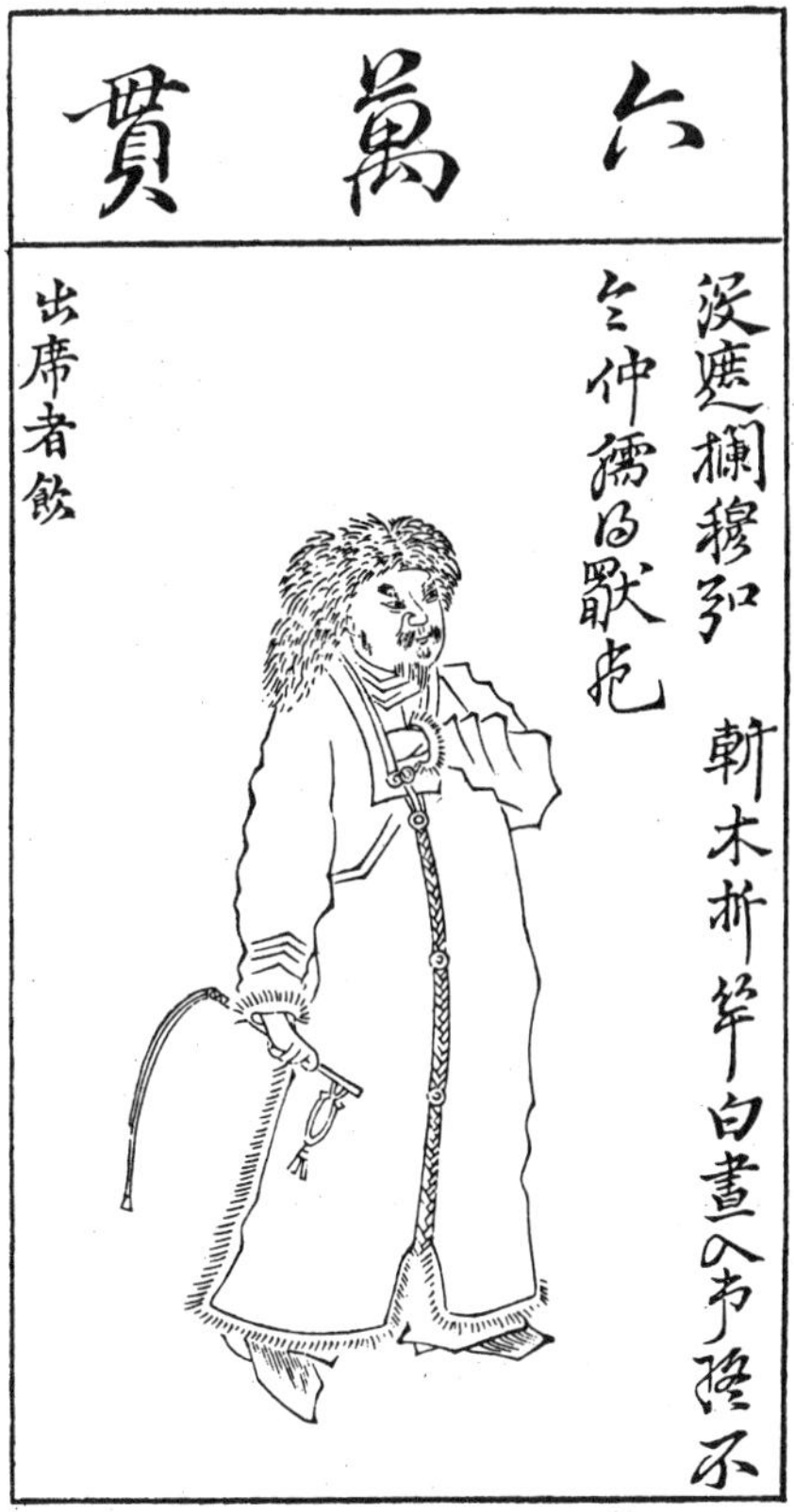

穆弘（水滸葉子）

秦明・蒋敬（水滸図賛）

秦明（水滸葉子）

【秦明《しんめい》】

四川山後の開州の人で、代々武官の家に生まれた。気短かで、棍棒を振りまわす。その先には針がたくさん植えてある。これを狼牙棒という。あだ名は霹靂火《へきれきか》。

【蒋敬《しょうけい》】

湖南潭州の人。科挙に失敗して仕官の道をあきらめ、文から武に切り替えた。兵法に通じ、謀略にも強い。あだ名は、神算子《しんざんし》。

李応・龔旺（水滸図賛）

李応（水滸葉子）

【李応《りおう》】

鄆州は独龍岡《どくりゅうこう》李家荘の主。李家荘は祝家荘の隣村である。あだ名は撲《はく》天鵰《てんちょう》。

【龔旺《きょうおう》】

馬上で投げやりを使うのが得意な武将。東昌府（現・山東省聊城）で張清の副将をつとめていた。梁山泊に生け捕られて仲間入りする。あだ名は、花項虎《かこうこ》。

王定六・李俊（水滸図賛）

李俊（水滸葉子）

【王定六《おうていろく》】

建康（現・江蘇省南京）の近く、長江のほとりで酒を商ってくらす痩せた小男。めっぽう足がはやい。あだ名は活閃婆《かっせんば》。


【李俊《りしゅん》】

祖籍は廬州（現・安徽省合肥）、揚子江で船を操り、水になじむ。人呼んで混江龍。久しく宋江の名を慕っていたが、知り合いの李立の居酒屋で、痺れ薬を飲ました客が宋江と分かり大いに驚く。

阮小七（水滸葉子）

朱貴・阮小七（水滸図賛）

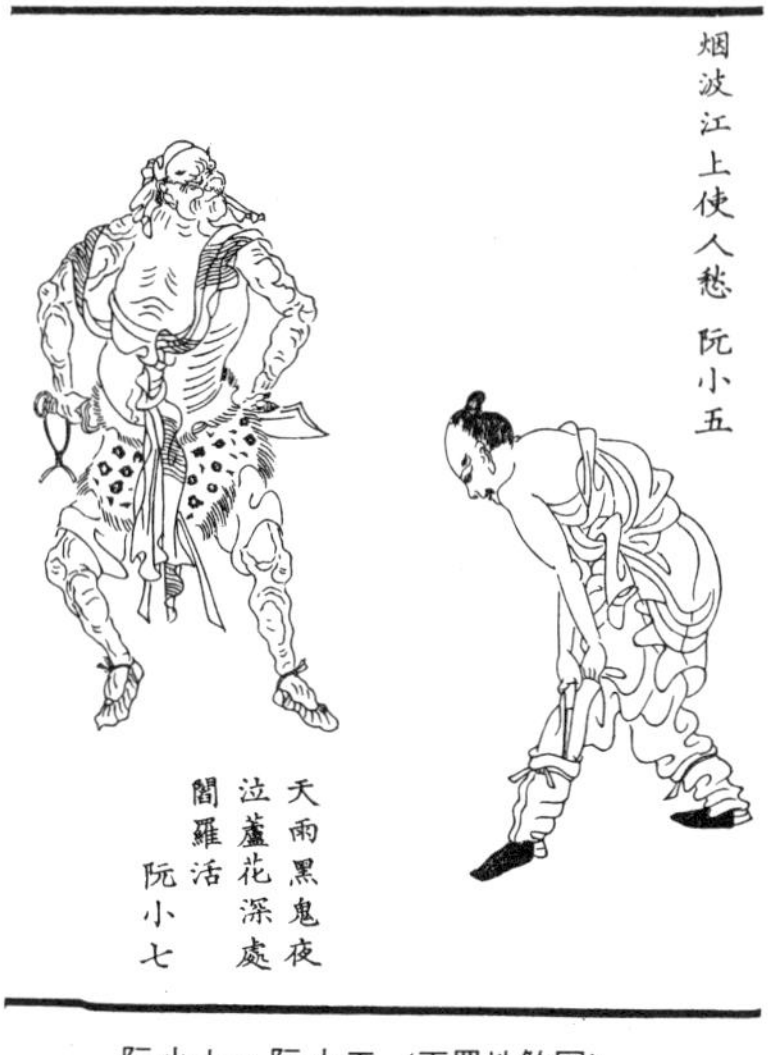

阮小七・阮小五（天罡地煞図）

【朱貴《しゅき》】

沂《ぎ》州沂水県（現・山東省沂水）の人。容貌魁偉、足が長く腰が細い。あだ名は旱地忽律《かんちこつりつ》。黒旋風の李逵と同郷。

【阮小七《げんしょうしち》】

斉州（現・山東省済南）梁山泊のほとりの石碣村《せきかつそん》に住む。阮氏三兄弟の末弟。体にはほくろがいっぱい、あだ名は活閻羅《かつえんら》。

【阮小五《げんしょうご》】

斉州（現・山東省済南）梁山泊のほとりの石碣村《せきかつそん》に住む。手は鉄棒のように固く、胸には刺青がある。塩の密売と湖の魚をとって暮らしていた。あだ名は短命二郎《たんめいにろう》。

鷗鵬・蕭讓（水滸図賛）

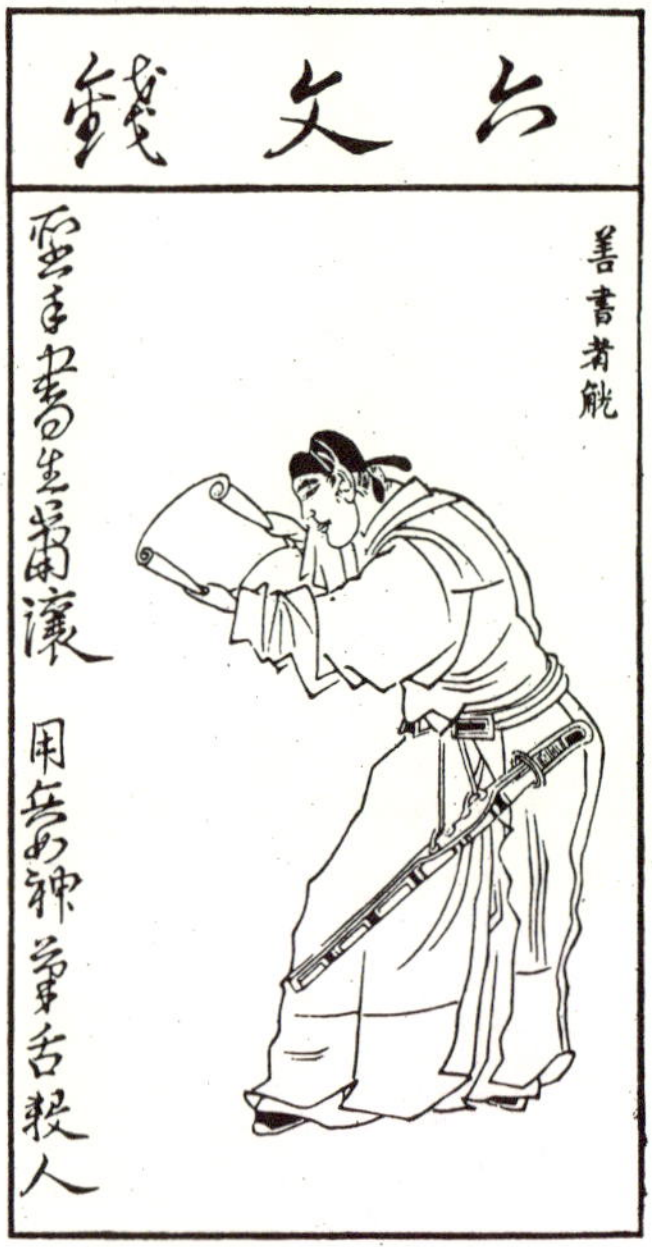

蕭讓（水滸葉子）

【鷗鵬《おうほう》】

黄州（現・湖北省黄岡）の人。軍官の家に生まれ、槍の名手。江州で宋江を救って梁山泊入りを果たす。あだ名は摩雲金翅《まうんきんし》。


【蕭讓《しょうじょう》】

済州（現・山東省済南）の人。書の達人で、あらゆる人の筆跡そっくりに字を書くことができる。あだ名は聖手書生《せいしゅしょせい》。蔡京《さいけい》の字を真似たにせ手紙をこしらえる。

安道全（天罡地煞図）

安道全・皇甫端（水滸図賛）

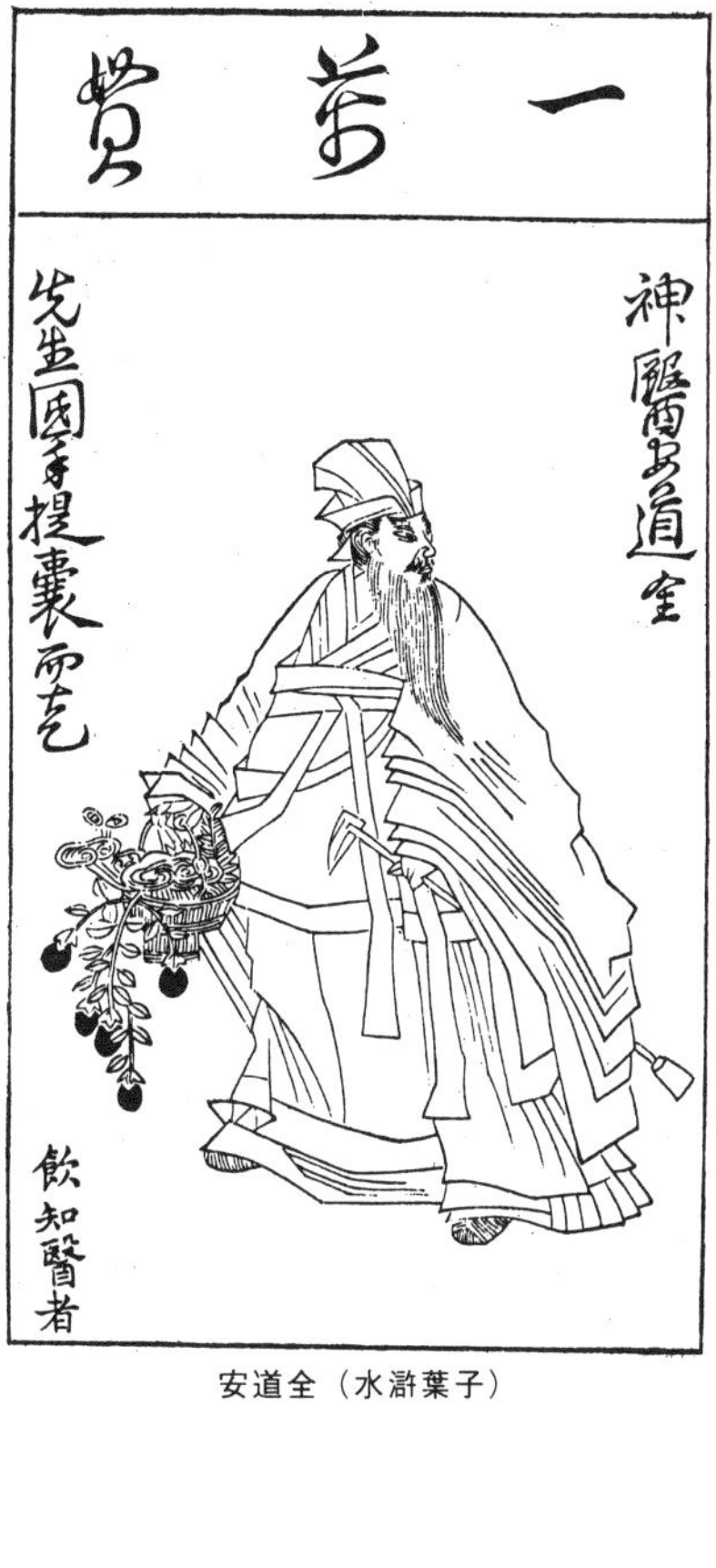

安道全（水滸葉子）

【安道全《あんどうぜん》】

建康府（現・南京）の人。医者でその腕は遠方にまで響いていた。妻をなくしてから娼妓の李巧奴《りこうど》に入れあげている。死にかけている宋江を生きかえらせる名医。あだ名は神医。

【皇甫端《こうほたん》】

幽州の生まれ、馬の目利き（伯楽《はくらく》）で、獣医の名医。軍の要の馬を管理する。あだ名は紫髯伯《しぜんはく》。

解珍・解宝（水滸図賛）

解珍（水滸葉子）

【解宝《かいほう》】
登州の人。兄の解珍と二人で猟師をしている。点鋼叉《てんこうさ》（さすまた）の名手。あだ名は双尾蝎《そうびかつ》。

【解珍《かいちん》】
登州の人。弟は解宝。点鋼叉（さすまた）の名手。あだ名は両頭蛇《りょうとうじゃ》。

張横・張順（水滸図賛）

張順（水滸葉子）

【張横《ちょうおう》】

潯陽江で闇の渡し舟を生業としていた。舟の客が流罪になる宋江だったことから、梁山泊に入る。あだ名は船火児《せんかじ》。


【張順《ちょうじゅん》】

水に潜れば誰もかなわない泳ぎの名手。兄の張横と二人で潯陽江の闇舟を経営している。暴れ者の李逵と水中で大喧嘩をする。あだ名は浪裏《ろうり》白跳《はくちょう》。

張清・施恩（水滸図賛）

施恩（水滸葉子）

【張清《ちょうせい》】

彰徳府の人。近衛兵の出身、東昌府の武将。石つぶてを投げれば天下一の命中率。あだ名は没羽箭《ぼつうせん》。


【施恩《しおん》】

孟州の人。安平寨《あんへいさい》の典獄の息子で、孟州の東にある快活林で料理屋を経営。その縄張りを荒らす蒋門神《しょうもんしん》を武松に叩きのめしてもらう。あだ名は金眼彪《きんがんひょう》。

賈宝玉・警幻仙姑（新鐫繡像全部紅樓夢）

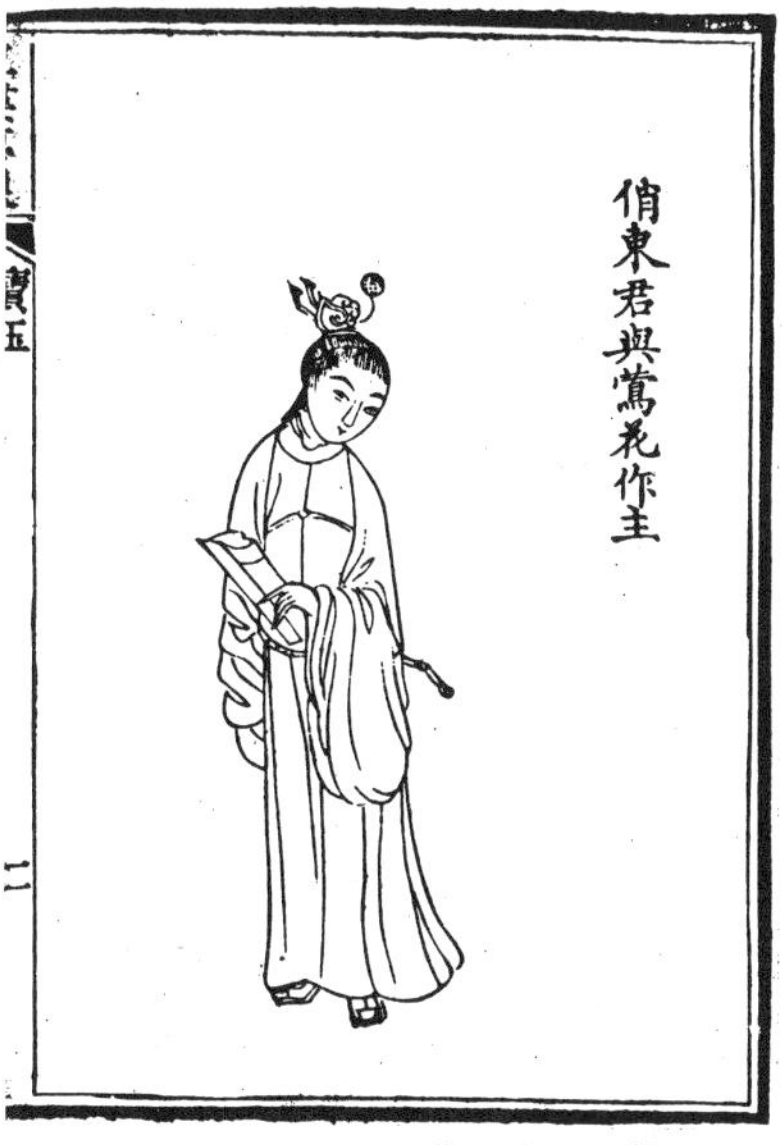

賈宝玉（新評繡像紅樓夢全傳）

【賈宝玉《かほうぎょく》】

賈家・栄国邸の若君、物語の主人公。賈政の次子。誕生時に口に宝石を含んでいた。祖母の史氏からは、大きな愛情を注がれている。林黛玉《りんたいぎょく》を思うが、薛宝釵《せっほうさ》と結ばれる。

【警幻仙姑《けいげんせんこ》】

紅楼夢の作者・曹雪芹《そうせっきん》の造った虚構の人物で、賈宝玉を夢の中で「太幻虚境」に案内し、物語の行く末を暗示する。

賈宝玉（紅樓夢図詠）

晴雯（新鐫繡像全部紅樓夢）

【晴雯《せいぶん》】賈宝玉の小間使い。早くから孤児となり、十歳で賈家に来た。大観園で最も美しい少女。

林黛玉（紅樓夢散套）

紫鵑（紅樓夢図詠）

【林黛玉《りんたいぎょく》】

巡塩御史・林如海の娘。蘇州の人。読書人の家に生まれる。『紅楼夢』の女主人公。賈宝玉より一つ年下で、父方の従妹にあたる。病気がちで繊細、薄幸な美人。あだ名は、顰児《ひんじ》。金陵十二釵《きんりょうじゅうにさ》の一人。

【紫鵑《しけん》】

もと賈母の小間使い。名は鸚哥《いんこ・おうこ》。のちに林黛玉のそばに仕え、名を紫鵑と変えた。林黛玉は紫鵑を妹扱いしたので、紫鵑は真心いっぱいに仕えた。

林黛玉（紅樓夢図詠）

林黛玉（新評繍像紅樓夢全傳）

薛宝釵（新鐫繡像全部紅樓夢）

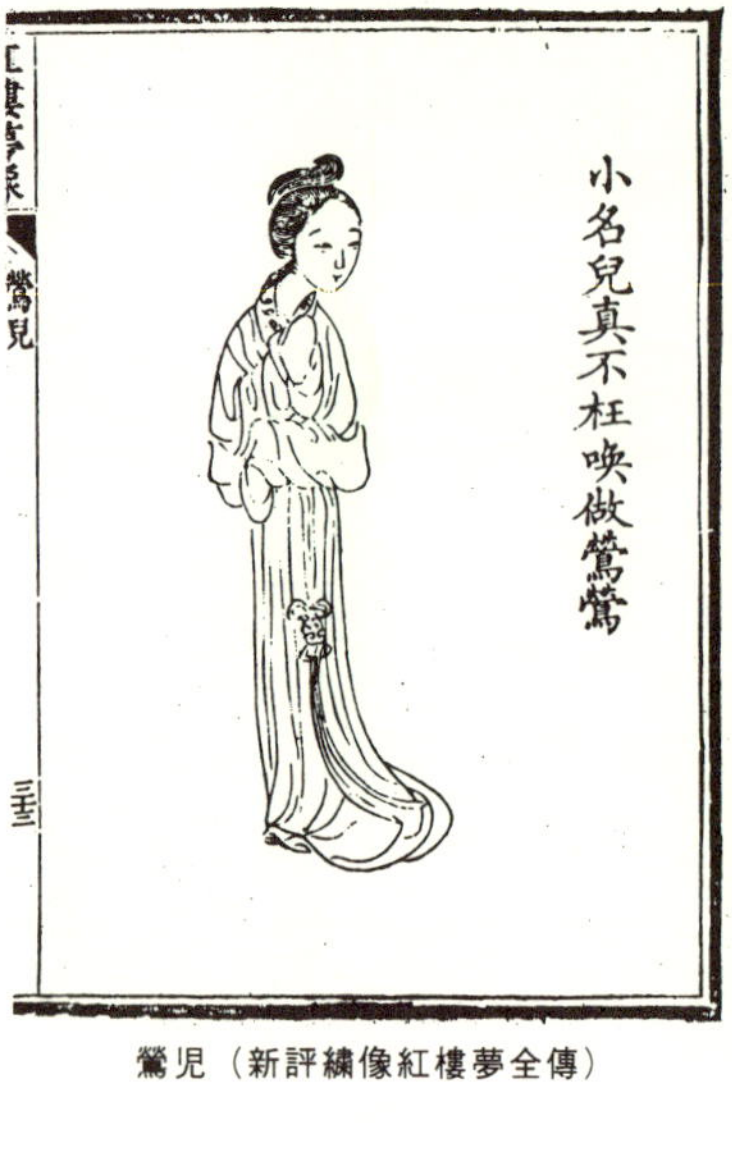

鶯児（新評繡像紅樓夢全傳）

【薛宝釵《せっほうさ》】賈宝玉の母方の従姉にあたる。聡明で美しく、性格は温厚で淑女の典型。賈宝玉と結ばれる。金陵十二釵《きんりょうじゅうにさ》の一人。

【鶯児《おうじ》】薛宝釵の小間使い。姓は黄、本名は金鶯《きんおう》。聡明で気がつく手先の器用な少女。

薛宝釵（紅樓夢図詠）

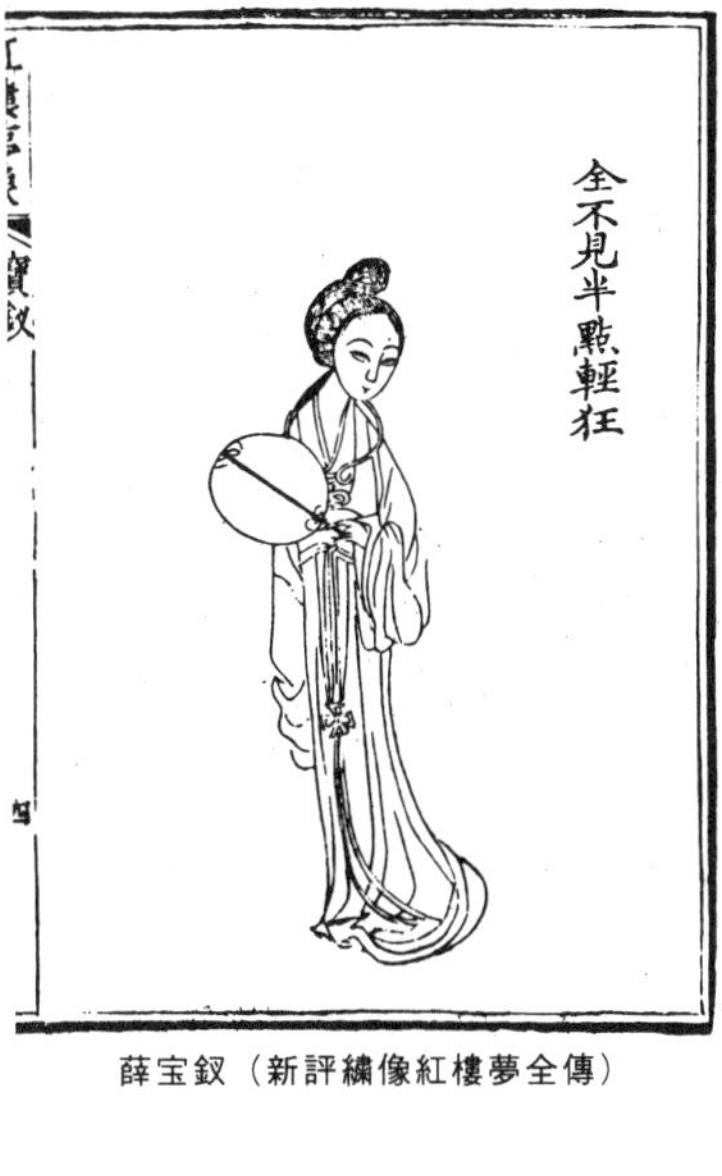

薛宝釵（新評繡像紅樓夢全傳）

史湘雲（新鐫繡像全部紅樓夢）

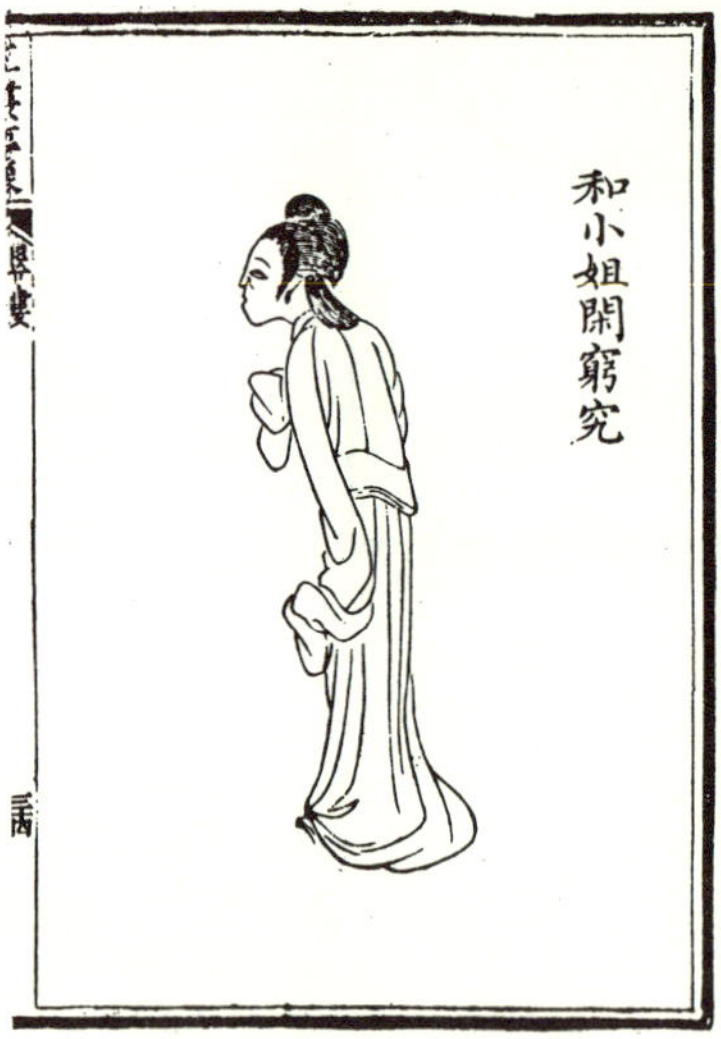

翠縷（新評繡像紅樓夢全傳）

【史湘雲《ししょううん》】
賈母・史太君のきょうだい、史鼎《してい》の孫娘。幼くして父母を亡くし、叔父に養われている。快活な気性だが、嫁いだ後まもなく夫が亡くなり寡婦となる。金陵十二釵《きんりょうじゅうにさ》の一人。

【翠縷《すいる》】
史湘雲の小間使い。史湘雲に善く尽くす。

史湘雲（紅樓夢図詠）

史湘雲（新評繡像紅樓夢全傳）

賈元春（新鐫繡像全部紅樓夢）

史太君（新鐫繡像全部紅樓夢）

【賈元春《かげんしゅん》】

賈政の長女、宝玉の姉。才徳優れたため、宮廷に召されて貴妃となり、鳳藻宮《ほうそうきゅう》尚書に封ぜられる。四十三歳で亡くなる。金陵十二釵《きんりょうじゅうにさ》の一人。


【史太君《したいくん》】

賈代善の未亡人。史氏。賈家の最高権力者で、孫の賈宝玉を溺愛している。金陵史家の出身で、信心深い性格。

賈元春（紅樓夢図詠）

賈元春（新評繡像紅樓夢全傳）

賈迎春（紅樓夢図詠）

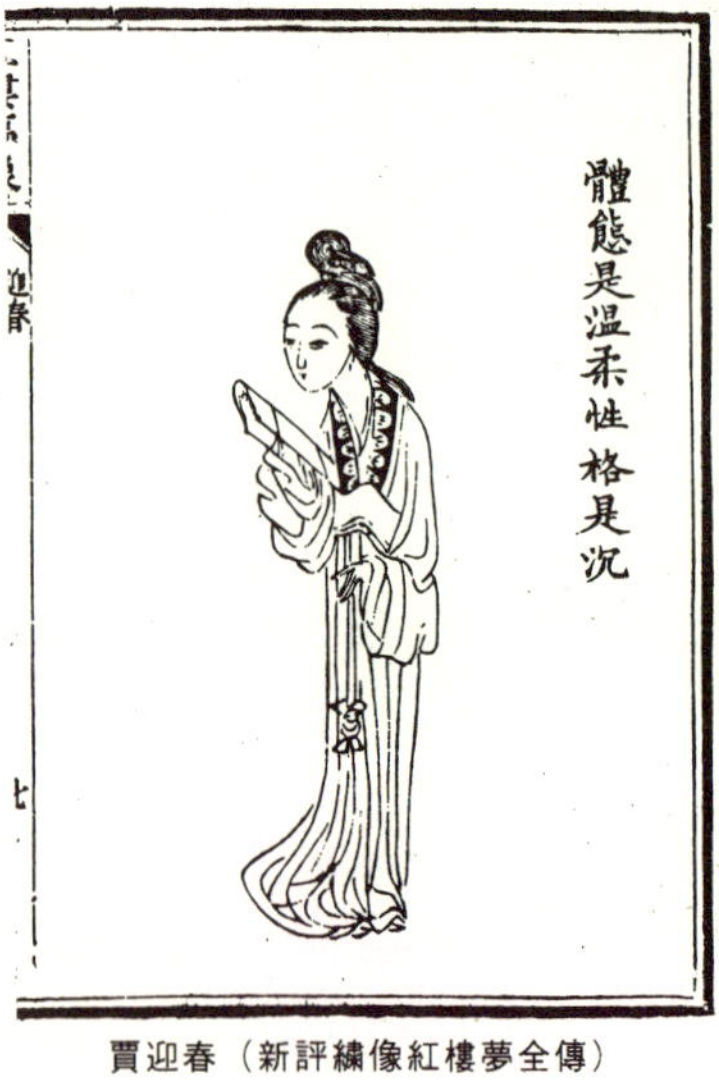

賈迎春（新評繡像紅樓夢全傳）

【賈迎春《かげいしゅん》】賈赦の庶生のむすめ。姉妹の中の排行は第二。あだ名は二木頭《アルムートウ》。幼くして母を失い、優柔不断な性格となった。金陵十二釵《きんりょうじゅうにさ》の一人。

【賈探春《かたんしゅん》】賈政の庶生の次女。姉妹の中の排行は第三。あだ名は玫瑰花《メイクイホア》。賢明で叡智に富んだ女性。金陵十二釵《きんりょうじゅうにさ》の一人。

賈探春（紅樓夢図詠）

賈探春（新評繍像紅樓夢全傳）

賈惜春（紅樓夢図詠）

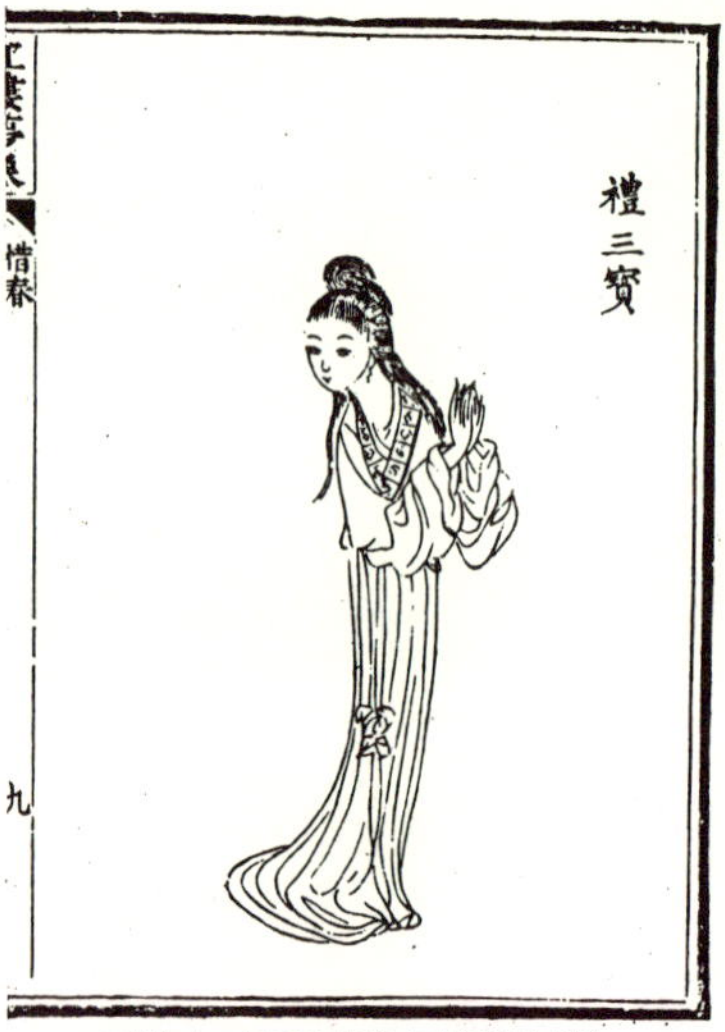

賈惜春（新評繡像紅樓夢全傳）

【賈惜春《かせきしゅん》】寧府・賈珍の妹。姉妹の中の排行は第四。賈母に溺愛され、その傍につきっきり。詩は苦手だが、画は善くする。金陵十二釵《きんりょうじゅうにさ》の一人。

王熙鳳（紅楼夢図詠）

王熙鳳（新鐫繡像全部紅楼夢）

【王熙鳳《おうきほう》】賈璉の妻。あだ名は鳳辣子《フォンラーズ》。また鳳姐《ほうしゃ》ともよぶ。幼いときから男の教養を仕込まれて、男勝りの性格となる。家内の切り盛りを一手に引き受ける。金陵十二釵《きんりょうじゅうにさ》の一人。

巧姐（紅楼夢図詠）

巧姐（新鐫繡像全部紅楼夢）

【巧姐《こうしゃ》】王熙鳳の一人娘。金陵《きんりょう》十二釵《じゅうにさ》の一人。

李紈（紅楼夢図詠）

李紈・李綺・邢岫烟（新鐫繡像全部紅楼夢）

【李紈《りがん》】

賈珠の妻。金陵の名家の出身で、夫の亡き後は寡婦となる。金陵十二釵《きんりょうじゅうにさ》の一人。


【李綺《りき》】

李紈の次女。母親らと共に都に上り、賈府の客人となった。聡明な美少女で、詩作の才能もある。


【邢岫烟《けいしゅうえん》】

邢夫人の姪。貧しい一家は、邢夫人を頼って都に上り、大観園に住んだ。大観園で迎春とともに慎ましく暮らしている。妙玉とも仲がいい。

秦可卿（紅樓夢図詠）

秦可卿（新評繍像紅樓夢全傳）

【秦可卿《しんかけい》】寧府賈蓉の妻。子供がない営繕郎秦業が孤児院から貰い受けたこどもだった。思慮深く聡明で美貌にも恵まれる。金陵十二釵《きんりょうじゅうにさ》の一人。

妙玉（紅樓夢図詠）

妙玉（新鐫繡像全部紅樓夢）

【妙玉《みょうぎょく》】大観園のなかの櫳翠庵《ろうすいあん》に住む尼僧。蘇州の人で妙玉は法名。出身は読書人の家庭だが、幼いときに病気になり仏寺に入った。金陵十二釵《きんりょうじゅうにさ》の一人。

尤三姐（紅樓夢図詠）

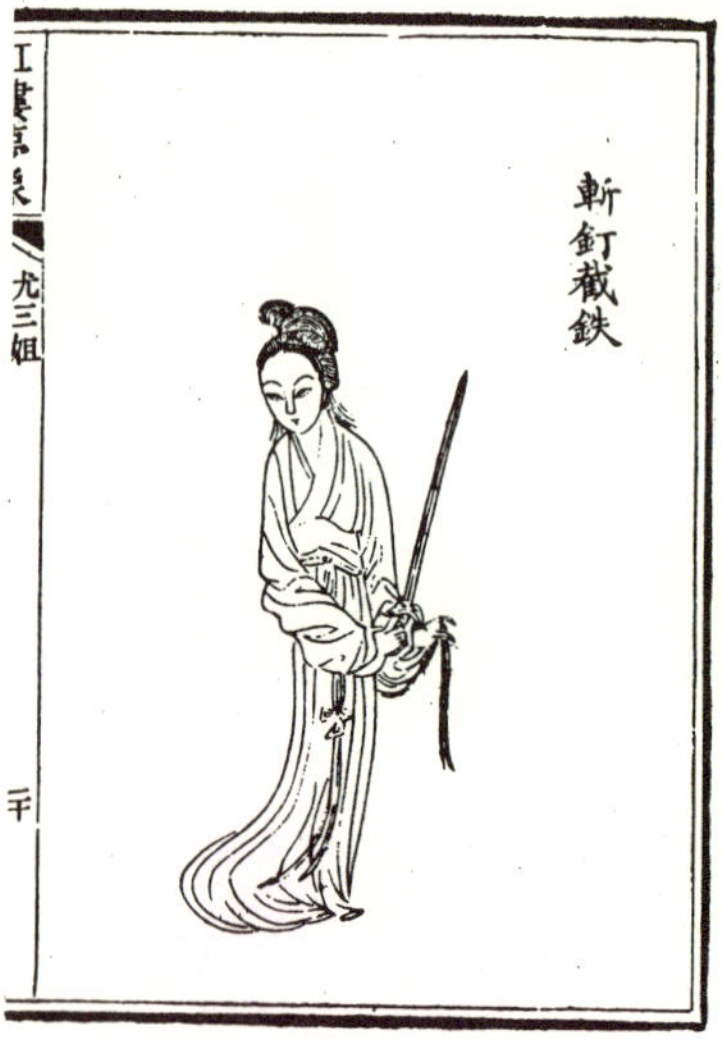

尤三姐（新評繍像紅樓夢全傳）

【尤三姐《ゆうさんしゃ》】賈珍の妻・尤氏の異母妹。真摯で潑剌とした性格。最後は自ら刀で自刎する悲劇的な最後を遂げる。

【薛宝琴《せつほうきん》】薛宝釵の妹。容貌は薛宝釵《せつほうき》を凌ぐ。小さい頃から父と共に行商に出かけ、各地を旅行している。

薛宝琴（紅楼夢図詠）

薛宝琴（新鐫繍像全部紅楼夢）

瀧本弘之 編著

中国神話・伝説人物図典

遊子館 歴史図像シリーズ②

◆神仙・妖怪・魑魅魍魎が大集合!。西王母・東公王から鳳凰・九尾狐までよくわかる。八仙人・達磨・韋駄天・寒山拾得も勢ぞろい!

◆中国の神話と伝説に登場する肖像画七一〇点をすべて原資料で解説した人物図像の一大宝庫。

A5判・四一六頁　定価（本体四八〇〇円＋税）
ISBN978-4-86361-009-5

〈編著者のことばより〉

古くは山海経の中を跳梁跋扈する魑魅魍魎や異人類のかずかず、そして詩経や楚辞に現れる聖人や異形の怪獣のいろいろ、また唐代伝奇の魅力あふれる仙人や極め付きの美女たち……。

これらの神格、聖人、閨秀や怪獣のイメージは、画像石・画像磚を初めとして、歴代のさまざまな書物のなかに、主として挿絵として散在している。どれほどの数があるか統計でも表せない多さであろうが、それらを煩を厭わず永年に亙って蒐集・分類して整理してみた試みの結晶がこの図典である。並べられた図像からの理解をより深めるために、それぞれ簡略に説明と図像の出典を附し、索引を完備した。本書をひもとけば、今までとは相貌を異にした新しい中国の神話伝説の空間が開けるに違いない。

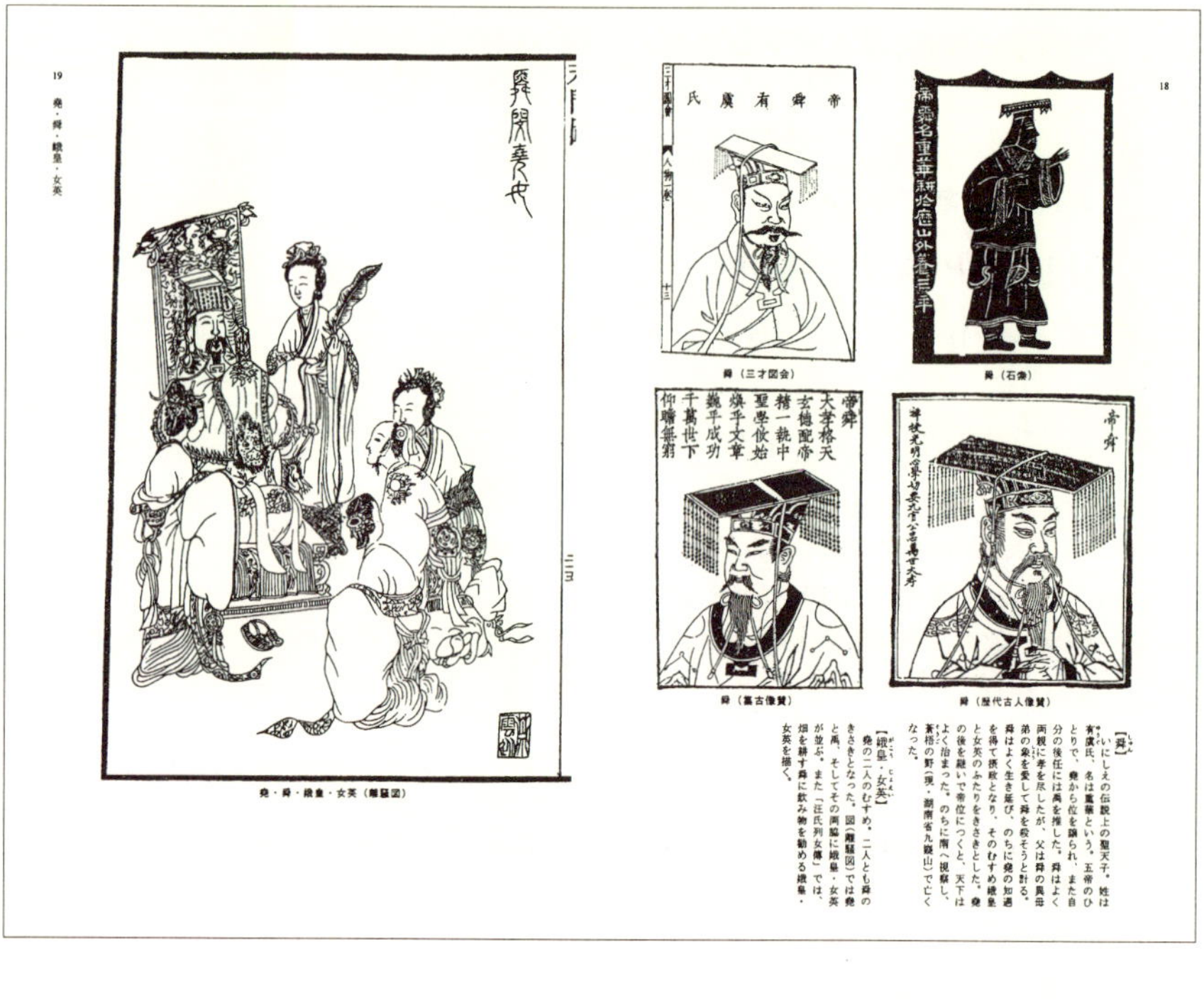
18

舜（石像）

舜（三才図会）

舜（歴代古人像贊）

舜（集古像贊）

【舜《しゅん》】いにしえの伝説上の聖天子。姓は有虞《ゆうぐ》氏、名は重華という。五帝のひとりで、堯から位を譲られ、また自分の後任には禹を推した。舜はよく両親に孝を尽したが、父は舜の異母弟の象《しょう》を愛して舜を殺そうと計る。舜はよく生き延び、のちに堯の知遇を得て摂政となり、そのむすめ娥皇と女英のふたりをきさきとした。堯の後を継いで帝位につくと、天下はよく治まった。のちに南へ視察し、蒼梧《そうご》の野（現・湖南省九嶷山）で亡くなった。

【娥皇《がこう》・女英《じょえい》】堯の二人のむすめ。二人とも舜のきさきとなった。図（離騒図）では堯と禹、そしてその両脇に娥皇・女英が並ぶ。また「汪氏列女傳」では、畑を耕す舜に飲み物を勧める娥皇・女英を描く。

19

堯・舜・娥皇・女英

堯・舜・娥皇・女英（離騒図）

瀧本　弘之（Hiroyuki　TAKIMOTO）

1947年、東京都生まれ。上智大学外国語学部フランス語学科卒業。著述家、中国版画研究家。日本民藝館共同研究員、『中国版画研究』編集主幹。長年にわたり大手出版社で外部編集者として業務に携わる。1988年「中国古代版画展」企画実現を契機に本格的研究に着手。中国版画史を、古代から現代にわたり幅広く研究、日本やヨーロッパとの文化交流にも関心を注ぐ。周辺の美術史や出版文化史にも注目している。

［主要編著書・論文等］
『中国古代版画展』図録（編・共著 町田市立国際版画美術館 1988年）
『蘇州版画』（編・共著 駸々堂 1992年）
『清朝北京都市大図典』（編・解題 遊子館 1998年）
『中国古典文学挿画集成』（一）〜（七）（編・解題 遊子館 1999年〜 2009年）
『中国歴史名勝大図典』（編著 遊子館 2003年）
『中国歴史人物大図典〈歴史・文学編〉』（編著 遊子館 2004年）
『中国歴史人物大図典〈神話・伝説編〉』（編著 遊子館 2005年）
「中国民間版画ノート」［一］〜［九］（『民藝』1999年7月号 ~ 2002年6月号 日本民藝協会）
「中国名勝版画史」1〜4（『藝術家』台湾・藝術家出版社 2002年4〜7月号）
『中国抗日戦争時期 新興版画史の研究』（編・共著 研文出版 2007年）

遊子館　歴史図像シリーズ 1

中国歴史・文学人物図典

2010年8月23日　第1刷発行

編著者　瀧本弘之
発行者　遠藤　茂
発行所　株式会社 遊子館
107- 0052　東京都港区赤坂 7-2-17 赤坂中央マンション 304
電話 03-3408-2286　FAX 03-3408-2180
印刷・製本　平河工業株式会社
装　幀　中村豪志
定　価　カバー表示

ISBN978 - 4 - 86361 - 008 - 8 C3622

〈中国歴史・文学人物図典〉

索　　引

(　)内は資料名、但し一部短縮して表記。

あ

あだむしゃーる　アダム・シャール(支那図説)　452
あと　阿斗〈劉禪〉(英雄譜)　493
あんきんぞう　安金蔵(無雙譜)　261
あんし　晏子(古聖賢像傳略)　21
あんどうぜん　安道全(水滸図賛)　555
あんどうぜん　安道全(水滸葉子)　555
あんどうぜん　安道全(天罡地煞図)　555
いいん　伊尹(三才図会)　5
いおうぶつ　韋応物(呉郡名賢図傳賛)　296
いとくこう　懿徳后(百美新詠)　326
いとん　猗頓(博古葉子)　36
いんかいざん　殷開山(凌烟閣功臣図)　247
いんけいぜん　尹継善(呉郡名賢図傳賛)　453
いんこうそう　殷高宗(三才図会)　6
いんちゅうおう　殷紂王(古列女傳)　6
いんちゅうはっせん　飲中八仙(程氏墨苑)　287
うけん　于謙(三才図会)　424
うけん　于謙(晩笑堂画傳)　424
うっちきょう　尉遅恭(凌烟閣功臣図)　240
うっちきょう　尉遅恭(新刻歴代聖賢像賛)　241
うっちきょう　尉遅恭(百将図傳)　241
えいき　衛姫(古列女傳)　24
えいき　衛姫(百美新詠)　24
えいせい　衛青(古聖賢像傳略)　91
えいせい　衛青(博古葉子)　91
えいふじん　衛夫人(百美新詠)　164
えいらくてい　永楽帝〈明成祖〉(三才図会)　397
えおん　慧遠(晩笑堂画傳)　183
えのう　慧能(仙佛奇踪)　313
えんきゅう　燕伋(聖賢像賛)　48
えんじゅつ　袁術(絵図三国演義)　486
えんしょう　袁紹(絵図三国演義)　486
えんせい　燕青(李卓吾批評忠義水滸傳)　331
えんせい　燕青(水滸図賛)　534
えんせい　燕青(水滸葉子)　535
えんだいしゃ　袁大捨(百美新詠)　214
えんぽうじ　袁宝児(百美新詠)　221
おうあんせき　王安石(晩笑堂画傳)　349
おうい　王維(古聖賢像傳略)　285
おうい　王維(晩笑堂画傳)　285
おうい　王禕(三才図会)　410
おうい　王禕(晩笑堂画傳)　410
おういん　王允(絵図三国演義)　480
おうえい　王英(水滸図賛)　542
おうかん　王鑑(呉郡名賢図傳賛)　448
おうき　王季〈季歴〉(古列女傳)　15
おうきし　王徽之(於越先賢像傳賛)　189
おうぎし　王羲之(晩笑堂画傳)　186
おうぎし　王羲之(集古像賛)　187
おうきほう　王熙鳳(紅楼夢図詠)　573
おうきほう　王熙鳳(新鐫繍像全部紅楼夢)　573
おうげんき　王原祁(呉郡名賢図傳賛)　448
おうけんし　王献之(於越先賢像傳賛)　188
おうじ　鶯児(新評繍像紅楼夢全傳)　564
おうじびん　王時敏(呉郡名賢図傳賛)　448
おうじゅう　王充(於越先賢像傳賛)　122
おうしょう　王祥(古聖賢像傳略)　201
おうしょう　王章(古聖賢像傳略)　117
おうしょう　王章(博古葉子)　117
おうしょうくん　王昭君(百美新詠)　99
おうせいてい　王世貞(呉郡名賢図傳賛)　431
おうそん　王尊(古聖賢像傳略)　116
おうつう　王通(聖賢像賛)　223
おうつう　王通(歴代古人像賛)　223
おうていろく　王定六(水滸図賛)　552
おうとう　王通(聖賢像賛)　223
おうとう　王通(歴代古人像賛)　223
おうどう　王導(古聖賢像傳略)　175
おうどう　王導(集古像賛)　175

おうは　王覇(雲台二十八将図)　143
おうべん　王冕(古聖賢像傳略)　394
おうほう　鷗鵬(水滸図賛)　554
おうぼつ　王勃(晩笑堂画傳)　281
おうもう　王猛(無雙譜)　196
おうようしゅう　歐陽修(集古像賛)　350
おうようしゅう　歐陽修(聖廟祀典図考)　350
おうようしゅう　歐陽修(晩笑堂画傳)　351
おうようめい　王陽明(三不朽図賛)　435
おうようめい　王陽明(聖廟祀典図考)　436
おうりょう　王梁(雲台二十八将図)　136
おんきょう　温嶠(古聖賢像傳略)　202
おんていいん　温庭筠(晩笑堂画傳)　307

か

かあいけい　賈愛卿(百美新詠)　364
がいえん　蓋延(雲台二十八将図)　147
かいげんきゅうじん　開元宮人(百美新詠)　275
かいずい　海瑞(三才図会)　434
かいちん　解珍(水滸図賛)　556
かいちん　解珍(水滸葉子)　556
かいほう　解宝(水滸図賛)　556
かうんりゅう　華雲龍(晩笑堂画傳)　420
かえい　花栄(水滸葉子)　524
かえい　花栄(水滸図賛)　525
かぎ　賈誼(古聖賢像傳略)　84
かくい　郭威<後周高祖>(三才図会)　318
かくえい　郭英(晩笑堂画傳)　419
がくがい　楽欬(聖廟祀典図考)　60
がくき　楽毅(百将図傳)　29
かくきょへい　霍去病(百将図傳)　92
かくこう　霍光(古聖賢像傳略)　95
かくこくふじん　虢国夫人(百美新詠)　270
かくしぎ　郭子儀(晩笑堂画傳)　262
かくしぎ　郭子儀(無雙譜)　262
かくしこう　郭子興(晩笑堂画傳)　416
がくじたい　鄂爾泰(呉郡名賢図傳賛)　453
がくしょうこうしゅ　楽昌公主(百美新詠)　178
かくたい　郭泰(古聖賢像傳略)　126
かくとくせい　郭徳成(晩笑堂画傳)　423
がくひ　岳飛(集古像賛)　372
がくひ　岳飛(無雙譜)　372
がくひ　岳飛(新刻歴代聖賢像賛)　373
がくひ　岳飛(晩笑堂画傳)　373
かげいしゅん　賈迎春(紅楼夢図詠)　570
かげいしゅん　賈迎春(新評繡像紅楼夢全傳)　570
かげんしゅん　賈元春(新鐫繡像全部紅楼夢)　568
かげんしゅん　賈元春(紅楼夢図詠)　569
かげんしゅん　賈元春(新評繡像紅楼夢全傳)　569
かこうじょうぎ　嘉興縄技(剣俠傳)　461
かずいふじん　花蕊夫人(百美新詠)　324
かずいふじん　花蕊夫人(歴朝名媛詩詞)　324
かずいふじん　花蕊夫人(列女傳)　325
かせきしゅん　賈惜春(紅楼夢図詠)　572
かせきしゅん　賈惜春(新評繡像紅楼夢全傳)　572
かたんしゅん　賈探春(紅楼夢図詠)　571
かたんしゅん　賈探春(新評繡像紅楼夢全傳)　571
がちしょう　賀知章(於越先賢像傳賛)　288
がちしょう　賀知章(新刻歴代聖賢像賛)　288
かちょう　夏昶(呉郡名賢図傳賛)　426
かとう　賈島(新刻歴代聖賢像賛)　305
かふく　賈復(雲台二十八将図)　137
かほうぎょく　賈宝玉(新鐫繡像全部紅楼夢)　559
かほうぎょく　賈宝玉(新評繡像紅楼夢全傳)　559
かほうぎょく　賈宝玉(紅楼夢図詠)　560
かんう　関羽(英雄譜)　485
かんう　関羽(英雄譜)　503
かんう　関羽(三才図会)　161
かんう　関羽(絵図三国演義)　476
かんう　関羽(英雄譜)　477
かんう　関羽(英雄譜)　481
かんう　関羽(英雄譜)　491
がんかい　顔噲(聖廟祀典図考)　63
かんき　韓琦(新刻歴代聖賢像賛)　335
かんぎか　韓宜可(晩笑堂画傳)　423
かんきんこ　韓擒虎(三才図会)　224
かんきんこ　韓擒虎(百将図傳)　224
かんけいてい　漢景帝(歴代古人像賛)　105
かんけんてい　漢献帝(絵図三国演義)　500
かんこう　関興(絵図三国演義)　502
がんこう　顔高(聖賢像賛)　55
がんこうけい　顔杲卿(晩笑堂画傳)　273
かんこうそ　漢高祖<劉邦>(三才図会)　78
かんこうそ　漢高祖<劉邦>(集古像賛)　78
かんこうそ　漢高祖<劉邦>(晩笑堂画傳)　79
かんこうぶてい　漢光武帝(集古像賛)　118
かんこうぶてい　漢光武帝(歴代古人像賛)　119
かんざん　寒山(仙佛奇踪)　310
がんし　顔子(三才図会)　41

がんし 顔子(聖廟祀典図考) 42
がんしこ 顔師古(古聖賢像傳略) 229
がんしこ 顔師古(三才図会) 229
がんしぼく 顔子僕(聖賢像賛) 60
かんしょう 関勝(水滸葉子) 522
かんしょう 関勝(水滸図賛) 523
かんしょうてい 漢章帝(三才図会) 120
かんしん 韓信(晩笑堂画傳) 82
かんしん 韓信(博古葉子) 83
がんしん 顔辛(幸)(聖廟祀典図考) 53
がんしんけい 顔真卿(晩笑堂画傳) 272
がんしんけい 顔真卿(新刻歴代聖賢像賛) 273
かんすいひん 韓翠蘋(百美新詠) 290
かんすいひん 韓翠蘋(題紅記) 291
かんせい 韓性(於越先賢像傳賛) 394
かんせい 韓成(晩笑堂画傳) 417
かんせんてい 漢宣帝(三才図会) 106
がんそ 顔祖(聖廟祀典図考) 57
かんたく 闞澤(絵図三国演義) 496
かんちゅう 管仲(集古像賛) 25
かんちゅう 管仲(石索) 25
かんのん 観音(出像古本西遊證道書) 515
かんのん 観音(楊東来先生批評西游記) 516
かんはんはん 関盼盼(百美新詠) 275
かんふじん 甘夫人(絵図三国演義) 498
かんふじん 管夫人(百美新詠) 389
かんふじん 管夫人(歴朝名媛詩詞) 389
かんぶてい 漢武帝(三才図会) 84
かんぶてい 漢武帝(集古像賛) 85
かんぶんてい 漢文帝(歴代古人像賛) 102
かんぺい 関平(絵図三国演義) 502
かんほこく 罕父黒(聖廟祀典図考) 58
がんむよう 顔無繇(聖賢像賛) 48
かんめいてい 漢明帝(三才図会) 120
かんゆ 韓愈(聖賢像賛) 298
かんゆ 韓愈(晩笑堂画傳) 298
がんりょう 顔良(絵図三国演義) 484
きさつ 季札(呉郡名賢図傳賛) 22
きさつ 季札(集古像賛) 23
きし 箕子(古聖賢像傳略) 6
ぎそう 魏相(古聖賢像傳略) 114
ぎたいそ 魏太祖〈曹操〉(歴代古人像賛) 167
ぎちょう 魏徴(新刻出像官版西遊記) 236
ぎちょう 魏徴(凌烟閣功臣図) 237
ぎはくよう 魏伯陽(於越先賢像傳賛) 153
きゅうあん 汲黯(古聖賢像傳略) 95
きゆうこう 帰有光(呉郡名賢図傳賛) 431
きゅうしょき 邱処機(玄風慶会図) 390
きゅうぜんかく 虬髯客(継志斎紅拂記) 465
ぎゅうそうじゅ 牛僧孺(博古葉子) 315
きょうい 姜維(古聖賢像傳略) 163
きょうい 姜維(絵図三国演義) 508
きょうい 姜維(英雄譜) 509
きょうおう 龔旺(水滸図賛) 551
きょうしのつま 姜詩妻(晩笑堂画傳) 131
きょうすい 龔遂(古聖賢像傳略) 113
きょうぜん 鄡単(聖廟祀典図考) 58
きょけん 許謙(聖廟祀典図考) 391
ぎょげんき 魚玄機(歴朝名媛詩詞) 291
きょこう 許衡(新刻歴代聖賢像賛) 391
きょこう 許衡(聖賢像賛) 391
きょはくぎょく 蘧伯玉(聖廟祀典図考) 64
ぎりょうおう 魏了翁(古聖賢像傳略) 371
ぎりょうおう 魏了翁(聖廟祀典図考) 371
きれき 季歴〈王季〉(古列女傳) 15
ぎろう 魏朗(於越先賢像傳賛) 154
きんそう 琴操(百美新詠) 348
きんちょう 琴張(牢)(聖廟祀典図考) 62
きんにってい 金日磾(古聖賢像傳略) 113
きんのう 金農(冬心先生集) 450
きんろ 黔婁(博古葉子) 35
ぐき 虞姫(百美新詠) 76
ぐき 虞姫(晩笑堂画傳) 77
ぐしゅう 虞集(三才図会) 388
くせいきょう 句井疆(聖廟祀典図考) 58
ぐせいなん 虞世南(凌烟閣功臣図) 254
ぐせいなん 虞世南(新刻歴代聖賢像賛) 255
くつげん 屈原(古聖賢像傳略) 37
くつげん 屈原(離騒図) 37
くつとっつう 屈突通(凌烟閣功臣図) 246
くつとっとう 屈突通(凌烟閣功臣図) 246
くようこう 公羊高(聖賢像賛) 64
くようだつ 孔穎達(三才図会) 222
けいか 荊軻(石索) 73
げいかん 児寛(古聖賢像傳略) 112
けいげんせんこ 警幻仙姑(新鐫繡像全部紅楼夢) 559
けいこう 嵆康(古聖賢像傳略) 199
げいさん 倪瓚(呉郡名賢図傳賛) 392
けいしゅうえん 邢岫烟(新鐫繡像全部紅楼夢) 575
けいたん 景丹(雲台二十八将図) 146

けいふじん　邢夫人(百美新詠)　88
けいようてん　奚容蒧(聖賢像賛)　54
けつおう　桀王(石索)　4
けつおう　桀王(古列女傳)　4
げんくんぺい　厳君平(博古葉子)　111
げんけん　原憲(聖賢像賛)　50
げんこう　厳光(三才図会)　129
げんこう　厳光(無雙譜)　129
げんこうもん　元好問(古聖賢像傳略)　379
げんしょうご　阮小五(天罡地煞図)　553
げんじょうさんぞう　玄奘三蔵(新刻官版西遊記)　513
げんじょうさんぞう　玄奘三蔵(李卓吾西遊記)　514
げんじょうさんぞう　玄奘三蔵(三教捜神大全)　312
げんしょうしち　阮小七(水滸図賛)　553
げんしょうしち　阮小七(水滸葉子)　553
げんしょうしち　阮小七(天罡地煞図)　553
げんしん　元稹(晩笑堂画傳)　304
けんせい　県成(聖賢像賛)　59
げんせいそ　元世祖(集古像賛)　380
げんせいそ　元世祖(古先君臣図鑑)　381
げんせき　阮籍(古聖賢像傳略)　200
けんたん　堅鐔(雲台二十八将図)　141
けんろう　黔婁(博古葉子)　35
こうあんこく　孔安国(聖廟祀典図考)　109
こうう　項羽(晩笑堂画傳)　74
こうう　項羽(無雙譜)　75
こうう　項羽(集古像賛)　76
こうう　項羽(歴代古人像賛)　76
こうえん　耿弇(雲台二十八将図)　138
こうがい　黄蓋(絵図三国演義)　496
こうがい　黄蓋(英雄譜)　497
こうがいじ　紅孩児(出像古本西遊證道書)　515
こうかく　江革(古聖賢像傳略)　129
こうかしゅ　公夏首(聖廟祀典図考)　56
こうかんこうそ　後漢高祖(三才図会)　317
こうきてい　康熙帝(康熙帝傳)　447
こうきてい　康熙帝(支那図説)　447
こうくんしゅう　侯君集(凌烟閣功臣図)　251
こうけい　高啓(呉郡名賢図傳賛)　426
こうけんてい　公肩定(聖廟祀典図考)　57
こうこう　黄香(古聖賢像傳略)　130
こうこうぼう　黄公望(呉郡名賢図傳賛)　392
こうこくきょう　高克恭(古聖賢像傳略)　392
こうさい　高柴(高士傳)　51
こうさいせい　耿再成(晩笑堂画傳)　412
こうし　孔子(集古像賛)　38
こうし　孔子(歴代古人像賛)　39
こうし　孔子(聖賢像賛)　40
こうし　孔子(聖廟祀典図考)　40
こうしゃ　巧姐(紅楼夢図詠)　574
こうしゃ　巧姐(新鐫繡像全部紅楼夢)　574
こうしゅうこうそ　後周高祖(三才図会)　318
こうしゅうせいそう　後周世宗(新刻歴代聖賢像賛)　318
こうじゅん　寇準(古聖賢像傳略)　333
こうじゅん　寇恂(雲台二十八将図)　140
こうじゅん　耿純(雲台二十八将図)　150
こうしょ　后処(聖賢像賛)　57
こうしょ　后処(聖廟祀典図考)　57
こうしょう　紅綃(酔江集)　456
こうじょう　紅娘(奇妙全釈西廂記)　468
こうじょう　紅娘(閔刻西廂記)　469
こうじょう　紅娘(雅趣蔵書)　470
こうじょう　紅娘(南西廂記)　470
こうじょう　紅娘(起鳳館北西廂記)　471
こうしょく　后稷(集古像賛)　8
こうしれん　高士廉(凌烟閣功臣図)　238
こうしん　黄信(水滸図賛)　547
こうしんこうそ　後晋高祖(三才図会)　317
こうせいせき　公西赤(聖廟祀典図考)　52
こうせいてん　公西蒧(聖賢像賛)　61
こうせいよじょ　公西輿如(聖賢像賛)　61
こうせきあい　公楕哀(聖廟祀典図考)　48
こうせん　紅線(酔江集)　458
こうせん　紅線(剣侠傳)　459
こうそうぎ　黄宗羲(於越先賢像傳賛)　443
こうそくじ　公祖句茲(聖廟祀典図考)　59
こうそんさん　公孫瓚(絵図三国演義)　487
こうそんしょう　公孫勝(水滸葉子)　528
こうそんしょう　公孫勝(天罡地煞図)　528
こうそんしょう　公孫勝(水滸図賛)　529
こうそんりょう　公孫龍(聖廟祀典図考)　54
こうちゅう　黄忠(絵図三国演義)　510
こうていけん　黄庭堅(集古像賛)　339
こうていけん　黄庭堅(晩笑堂画傳)　339
こうどうせい　高堂生(聖廟祀典図考)　109
こうとうそうそう　後唐荘宗(三才図会)　317
こうは　黄覇(古聖賢像傳略)　114
こうはくもん　寇白門(秦淮八艶図詠)　442
こうふつ　紅拂(継志斎紅拂記)　464
こうふつ　紅拂(百美新詠)　464

こうふつ	紅拂(継志斎紅拂記)	465
こうほたん	皇甫端(水滸図賛)	555
こうもさい	康茂才(晩笑堂画傳)	414
こうやちょう	公冶長(聖賢像賛)	49
こうゆう	孔融(古聖賢像傳略)	134
こうゆう	孔融(絵図三国演義)	487
こうよくふじん	鉤弋夫人(百美新詠)	88
こうり	孔鯉(聖賢像賛)	40
こうりょうたいそ	後梁太祖(三才図会)	317
こえん	胡瑗(聖賢像賛)	358
こえんしゃく	呼延灼(水滸葉子)	522
こえんしゃく	呼延灼(天罡地煞図)	522
こえんしゃく	呼延灼(水滸図賛)	523
こえんぶ	顧炎武(呉郡名賢図傳賛)	452
こおうは	顧横波(秦淮八艶図詠)	441
ごおうひ	呉王濞(博古葉子)	93
ごおうりょう	呉王僚(石索)	23
こがいし	顧愷之(晩笑堂画傳)	203
ごかん	呉寛(呉郡名賢図傳賛)	429
ごかん	呉漢(雲台二十八将図)	136
こくりょうせき	穀梁赤(聖賢像賛)	64
ごこうせん	呉絳仙(百美新詠)	221
ここうたんぽ	古公亶父〈太王〉(古列女傳)	15
ごさんけい	呉三桂(北京)	446
こさんじょう	扈三娘(水滸図賛)	542
こさんじょう	扈三娘(水滸葉子)	542
ごししょ	伍子胥(呉郡名賢図傳賛)	22
こたいかい	胡大海(三才図会)	404
こたいかい	胡大海(晩笑堂画傳)	404
こだいそう	顧大嫂(水滸図賛)	543
こだいそう	顧大嫂(水滸葉子)	543
ごたいてい	呉大帝〈孫権〉(歴代古人像賛)	168
ごちょう	呉澄(三才図会)	387
ごちょう	呉澄(新刻歴代聖賢像賛)	387
こていしん	顧鼎臣(呉郡名賢図傳賛)	432
ごふく	呉復(晩笑堂画傳)	422
こやおう	顧野王(呉郡名賢図傳賛)	206
ごよう	呉用(天罡地煞図)	524
ごよう	呉用(水滸葉子)	526
ごよう	呉用(水滸図賛)	527
ごりょう	呉良(晩笑堂画傳)	414
ごれき	呉歴(練川名人画像)	450
こんろんど	崑崙奴(酔江集)	456

さ

さいえい	柴栄〈後周世宗〉(新刻歴代聖賢像賛)	318
さいえん	蔡琰〈蔡文姫〉(百美新詠)	128
さいおうおう	崔鶯鶯(奇妙全釈西廂記)	468
さいおうおう	崔鶯鶯(歴朝名媛詩詞)	468
さいおうおう	崔鶯鶯(西廂記考)	469
さいおうおう	崔鶯鶯(閔刻西廂記)	469
さいおうおう	崔鶯鶯(雅趣蔵書)	470
さいおうおう	崔鶯鶯(南西廂記)	470
さいおうおう	崔鶯鶯(起鳳館北西廂記)	471
さいじゅん	祭遵(雲台二十八将図)	144
さいしょう	柴紹(凌烟閣功臣図)	248
さいじょう	蔡襄(晩笑堂画傳)	340
さいしん	柴進(水滸図賛)	548
さいしん	柴進(水滸葉子)	549
さいせい	崔生(酔江集)	456
さいせん	蔡遷(晩笑堂画傳)	421
さいぶんき	蔡文姫(百美新詠)	128
さいよ	宰予(聖廟祀典図考)	45
さいよう	蔡陽(英雄譜)	485
さいよう	蔡邕(三才図会)	127
さいよう	蔡邕(集古像賛)	127
さいよう	蔡邕(玩虎軒琵琶記)	473
さいよう	蔡邕(李卓吾批評琵琶記)	475
さきゅうめい	左丘明(聖廟祀典図考)	65
さくちょう	索超(水滸葉子)	532
さくちょう	索超(天罡地煞図)	532
さくちょう	索超(水滸図賛)	533
さごじょう	沙悟浄(新刻出像官版西遊記)	513
さごじょう	沙悟浄(李卓吾批評西遊記)	514
さじんえい	左人郢(聖賢像賛)	59
さんぞうほうし	三蔵法師(三教源流捜神大全)	312
さんぞうほうし	三蔵法師(新刻出像官版西遊記)	513
さんぞうほうし	三蔵法師(李卓吾批評西遊記)	514
さんとう	山濤(古聖賢像傳略)	200
しうん	紫雲(百美新詠)	309
しおん	施恩(水滸図賛)	558
しおん	施恩(水滸葉子)	558
しか	子夏(聖賢像賛)	47
しかほう	史可法(古聖賢像傳略)	443
じくどうしょう	竺道生(仙佛奇踪)	184
しけん	紫鵑(紅楼夢図詠)	562
しこうてい	始皇帝(三才図会)	72
しし	子思(三才図会)	41

しし　子思（聖賢像賛）　41
しし　子思（聖廟祀典図考）　41
ししょううん　史湘雲（新鐫繡像全部紅楼夢）　566
ししょううん　史湘雲（紅楼夢図詠）　567
ししょううん　史湘雲（新評繡像紅楼夢全傳）　567
ししん　史進（水滸葉子）　536
ししん　史進（天罡地煞図）　536
ししん　史進（水滸図賛）　537
じせん　時遷（水滸葉子）　538
じせん　時遷（天罡地煞図）　538
じせん　時遷（水滸図賛）　539
したいくん　史太君（新鐫繡像全部紅楼夢）　568
しちょう　子張（聖賢像賛）　47
しっちょうかい　漆雕開（聖賢像賛）　51
しっちょうかい　漆雕開（聖廟祀典図考）　51
しっちょうしゃ　漆雕哆（聖賢像賛）　55
しっちょうとほ　漆雕徒歩（聖賢像賛）　55
じっとく　拾得（仙佛奇踪）　311
しばい　司馬懿（歴代古人像賛）　165
しばい　司馬懿（絵図三国演義）　506
しばい　司馬懿（英雄譜）　507
しばこう　司馬光（聖賢像賛）　352
しばこう　司馬光（事林広記）　353
しばこう　司馬光（晩笑堂画傳）　353
しばこう　司馬耕（聖賢像賛）　51
しばし　司馬師（絵図三国演義）　506
しばしょう　司馬昭（絵図三国演義）　506
しばしょうじょ　司馬相如（博古葉子）　96
しばしょうてい　司馬承禎（晩笑堂画傳）　314
しばせん　司馬遷（晩笑堂画傳）　110
しばせん　司馬遷（三才図会）　111
しゃあん　謝安（晩笑堂画傳）　179
しゃあん　謝安（於越先賢像傳賛）　180
しゃあん　謝安（無雙譜）　180
しゃどううん　謝道韞（於越先賢像傳賛）　210
しゃぼうとく　謝枋得（新刻歴代聖賢像賛）　344
しゃれいうん　謝霊運（集古像賛）　193
しゅいそん　朱彜尊（呉郡名賢図傳賛）　449
しゆう　子游（三才図会）　47
しゅうあふ　周亜夫（古聖賢像傳略）　98
しゅうこうおう　周康王（三才図会）　13
しゅうこうたん　周公旦（石索）　9
しゅうこうたん　周公旦（三才図会）　10
しゅうこうたん　周公旦（集古像賛）　10
しゅうしょ　周処（無雙譜）　194
しゅうしょ　周処（百将図傳）　195
しゅうせいおう　周成王（石索）　8
しゅうそう　周倉（英雄譜）　503
しゅうとんい　周敦頤（事林広記）　358
しゅうとんい　周敦頤（晩笑堂画傳）　358
しゅうぶおう　周武王（集古像賛）　13
しゅうぶおう　周武王（古列女傳）　15
しゅうぶんのう　周文王（三才図会）　10
しゅうぶんのう　周文王（集古像賛）　10
しゅうぶんのう　周文王（古列女傳）　15
しゅうぼつ　周勃（古聖賢像傳略）　84
しゅうゆ　周瑜（古聖賢像傳略）　166
しゅうゆ　周瑜（百将図傳）　166
しゅうゆ　周瑜（絵図三国演義）　511
しゅうゆうおう　周幽王（古列女傳）　15
しゅき　朱貴（水滸図賛）　553
しゅき　朱熹（晩笑堂画傳）　366
しゅき　朱熹（新刻歴代聖賢像賛）　366
しゅき　朱熹（事林広記）　367
しゅくいんめい　祝允明（呉郡名賢図傳賛）　429
しゅくせい　叔斉（古聖賢像傳略）　14
しゅくちゅうかい　叔仲会（聖賢像賛）　49
しゅくりょうこつ　叔梁紇（聖賢像賛）　40
しゅげんしょう　朱元璋〈明太祖〉（三才図会）　396
しゅしゅくしん　朱淑真（百美新詠）　379
しゅしゅん　朱儁（於越先賢像傳賛）　155
しゅしょう　朱松（新刻歴代聖賢像賛）　367
しゅぜんちゅう　朱全忠〈後梁太祖〉（三才図会）　317
しゅどう　朱仝（水滸図賛）　544
しゅどう　朱仝（水滸葉子）　545
しゅどう　朱仝（天罡地煞図）　545
しゅばいしん　朱買臣（於越先賢像傳賛）　98
しゅぶ　朱武（水滸図賛）　547
しゅぶ　朱武（水滸葉子）　547
しゅほえん　主父偃（博古葉子）　95
しゅゆう　朱祐（雲台二十八将図）　143
じゅようこうしゅ　寿陽公主（百美新韻）　215
じゅようこうしゅ　寿陽公主（百美新詠）　216
じゅんうふん　淳于棼（南柯記）　463
しょういつ　章溢（晩笑堂画傳）　409
しょういつ　章溢（三才図会）　409
しょういんじょう　聶隠娘（剣俠傳）　460
しょうう　蕭瑀（凌烟閣功臣図）　244
しょうか　蕭何（古聖賢像傳略）　80
しょうかい　鍾会（絵図三国演義）　508

じょうかんしょうよう 上官昭容(百美新詠) 289
しょうく 商瞿(聖賢像賛) 49
じょうぐうしゅん 常遇春(三才図会) 399
じょうぐうしゅん 常遇春(晩笑堂画傳) 399
しょうけい 蒋敬(水滸図賛) 550
しょうこうせき 召公奭(古聖賢像傳略) 14
しょうこうせき 召公奭(三才図会) 14
じょうしせき 壌駟赤(聖賢像賛) 55
しょうじょう 蕭譲(水滸葉子) 554
しょうじょう 蕭譲(水滸図賛) 554
じょうせい 聶政(石索) 32
しょうたく 商澤(聖賢像賛) 56
しょうていしゃく 蒋廷錫(呉郡名賢図傳賛) 453
しょうばん 小蛮(百美新詠) 302
しょうぼうとく 葉夢得(古聖賢像傳略) 343
しょうめいたいし 昭明太子(歴代古人像賛) 208
しょうよ 接輿(古列女傳) 21
しょうよう 鍾繇(三才図会) 163
しょうよう 邵雍(新刻歴代聖賢像賛) 355
しょうよう 邵雍(聖賢像賛) 355
しょうよう 邵雍(晩笑堂画傳) 355
しょうよのつま 接輿妻(古列女傳) 21
しょうりしゅん 鍾離春(古列女傳) 26
しょうりしゅん 鍾離春(石索) 26
しょうれつてい 昭烈帝<劉備>(集古像賛) 158
じょかい 徐階(三才図会) 425
しょかつりょう 諸葛亮(無雙譜) 159
しょかつりょう 諸葛亮(七勝記) 490
しょかつりょう 諸葛亮(絵図三国演義) 490
しょかつりょう 諸葛亮(英雄譜) 491
しょかつりょう 諸葛亮(英雄譜) 495
しょかつりょう 諸葛亮(英雄譜) 497
しょかつりょう 諸葛亮(英雄譜) 507
じょきそ 徐輝祖(三才図会) 405
じょこうけい 徐光啓(支那図説) 444
じょしょ 徐庶(絵図三国演義) 488
じょしょ 徐庶(英雄譜) 489
じょたつ 徐達(三才図会) 398
じょたつ 徐達(晩笑堂画傳) 398
じょち 徐穉(三才図会) 126
じょねい 徐寧(水滸葉子) 520
じょねい 徐寧(天罡地煞図) 520
じょねい 徐寧(水滸図賛) 521
じょぼ 徐母(絵図三国演義) 488
しろ 子路(石索) 46
しろ 子路(聖廟祀典図考) 47
しんかけい 秦可卿(紅楼夢図詠) 576
しんかけい 秦可卿(新評繍像紅楼夢全傳) 576
しんかん 秦観(古聖賢像傳略) 342
しんけい 秦瓊(凌烟閣功臣図) 260
しんげんてい 晋元帝(三才図会) 174
しんげんてい 晋元帝(歴代古人像賛) 174
じんこう 任光(雲台二十八将図) 144
しんこくふじん 秦国夫人(百美新詠) 271
しんじゃくらん 秦若蘭(百美新詠) 326
しんしゅう 沈周(練川名人画像) 428
しんしゅう 沈周(呉郡名賢図傳賛) 429
しんしょう 秦商(聖廟祀典図考) 58
しんせい 申生(古列女傳) 34
しんぜん 秦冉(聖廟祀典図考) 62
しんそ 秦祖(聖賢像賛) 54
しんとう 申棖(聖廟祀典図考) 63
しんとくしゅう 真徳秀(聖賢像賛) 370
しんとくしゅう 真徳秀(晩笑堂画傳) 370
しんひ 秦非(聖廟祀典図考) 62
しんひ 甄妃(絵図三国演義) 504
じんふせい 任不斉(聖廟祀典図考) 56
しんぶてい 晋武帝(三才図会) 174
しんぽう 岑彭(雲台二十八将図) 141
しんめい 秦明(水滸図賛) 550
しんめい 秦明(水滸葉子) 550
じんようぎ 潯陽妓(古雜劇) 301
じんようぎ 潯陽妓(百美新詠) 302
ずいぶんてい 隋文帝(歴代古人像賛) 218
すいる 翠縷(新評繍像紅楼夢全傳) 566
せいかんこう 斉桓公(古列女傳) 24
せいかんこう 斉桓公(石索) 25
せいこうそ 斉高祖<斉高帝>(歴代古人像賛) 206
せいし 西施(於越先賢像傳賛) 19
せいし 西施(百美新詠) 19
せいせんのう 斉宣王(古列女傳) 26
せいせんのう 斉宣王(石索) 26
せいたいそうのむすめ 斉太倉女(晩笑堂画傳) 104
せいとう 成湯(三才図会) 5
せいぶん 晴雯(新鐫繍像全部紅楼夢) 561
せいもんひょう 西門豹(古聖賢像傳略) 34
せきけいこう 戚継光(古聖賢像傳略) 437
せきけいとう 石敬瑭<後晋高祖>(三才図会) 317
せきさくしょく 石作蜀(聖賢像賛) 56
せきしゅう 石秀(水滸葉子) 538

せきしゅう　石秀(水滸図賛)　539
せきしゅしん　石守信(古聖賢像傳略)　332
せきすう　石崇(博古葉子)　184
せきゆう　石勇(水滸図賛)　546
せしじょう　施子常(聖廟祀典図考)　59
せつ　契(集古像賛)　4
せつ　契(三才図会)　5
せつけん　薛顕(晩笑堂画傳)　421
せつじんき　薛仁貴(百将図傳)　266
せつせん　薛瑄(聖賢像賛)　426
せっとう　薛濤(百美新詠)　307
せつほうきん　薛宝琴(紅楼夢図詠)　579
せつほうきん　薛宝琴(新鐫繍像全部紅楼夢)　579
せつほうさ　薛宝釵(新鐫繍像全部紅楼夢)　564
せつほうさ　薛宝釵(紅楼夢図詠)　565
せつほうさ　薛宝釵(新評繍像紅楼夢全傳)　565
せつやらい　薛夜来(百美新詠)　182
せつよ　接輿(古列女傳)　21
せつよのつま　接輿妻(古列女傳)　21
せんかふじん　宣華夫人(百美新詠)　219
ぜんき　冉季(聖賢像賛)　54
ぜんきゅう　冉求(聖賢像賛)　45
ぜんこう　冉耕(聖賢像賛)　44
せんこく　銭穀(呉郡名賢図傳賛)　430
ぜんじゅ　冉儒(孺)(聖廟祀典図考)　53
せんしょ　専諸(石索)　23
せんたいきん　銭大昕(呉郡名賢図傳賛)　449
せんふじん　洗夫人(無雙譜)　220
ぜんよう　冉雍(聖廟祀典図考)　44
ぜんよう　冉雍(聖賢像賛)　45
せんりゅう　銭鏐(無雙譜)　321
そうえい　宋璟(新刻歴代聖賢像賛)　264
そうが　曹娥(無雙譜)　133
そうきそう　宋徽宗(李卓吾批評忠義水滸傳)　331
ぞうきゅう　臧宮(雲台二十八将図)　151
そうきょう　曾鞏(晩笑堂画傳)　354
そうきょう　僧俠(剣俠傳)　457
そうけい　宋璟(新刻歴代聖賢像賛)　264
そうこう　宋江(水滸葉子)　518
そうこう　宋江(天罡地煞図)　518
そうこう　宋江(水滸図賛)　519
そうこうそう　宋孝宗(三才図会)　356
そうこうそう　宋孝宗(新刻歴代聖賢像賛)　356
そうこうそう　宋高宗(新刻歴代聖賢像賛)　356
そうさん　曹参(古聖賢像傳略)　84
そうし　曾子(高士傳)　43
そうし　曾子(三才図会)　44
そうし　荘子(古聖賢像傳略)　69
そうじ　荘子(古聖賢像傳略)　69
そうじゅつ　曹卹(聖廟祀典図考)　53
そうしょく　曹植(絵図三国演義)　504
そうしょく　曹植(英雄譜)　505
そうしんそう　宋真宗(三才図会)　330
そうじんそう　宋仁宗(新刻歴代聖賢像賛)　330
そうぜんはいてい　宋前廃帝(歴代古人像賛)　205
そうそう　曹操(英雄譜)　501
そうそう　曹操(絵図三国演義)　478
そうそう　曹操(英雄譜)　479
そうそう　曹操(四声猿)　482
そうそう　曹操(英雄譜)　483
そうそう　曹操<魏太祖>(歴代古人像賛)　167
そうたいそ　宋太祖<趙匡胤>(古雑劇)　328
そうたいそ　宋太祖<趙匡胤>(新刻歴代聖賢像賛)　329
そうたいそう　宋太宗(新刻歴代聖賢像賛)　329
そうたく　宗澤(古聖賢像傳略)　376
そうたく　宗澤(百将図傳)　376
そうたくそう　宋度宗(新刻歴代聖賢像賛)　357
そうち　曹植(絵図三国演義)　504
そうち　曹植(英雄譜)　505
そうてん　曾點(聖賢像賛)　48
そうねいそう　宋寧宗(新刻歴代聖賢像賛)　357
そうばつ　曹沫(石索)　25
そうひ　曹丕(絵図三国演義)　504
そうひ　曹丕(英雄譜)　505
そうひん　曹彬(新刻歴代聖賢像賛)　333
そうぶてい　宋武帝(歴代古人像賛)　176
そうぶんてい　宋文帝(三才図会)　205
そうまつ　曹沫(石索)　25
そうりそう　宋理宗(新刻歴代聖賢像賛)　357
そうれん　宋濂(三才図会)　407
そうれん　宋濂(晩笑堂画傳)　407
そくてんぶこう　則天武后(無雙譜)　230
そくてんぶこう　則天武后(集古像賛)　231
そくてんぶこう　則天武后(百美新詠)　231
そくふじん　息夫人(古列女傳)　9
そくふじん　息夫人(百美新詠)　9
そけい　蘇蕙(晩笑堂画傳)　197
そけい　蘇蕙(無雙譜)　198
そじゅん　蘇洵(晩笑堂画傳)　347
そしゅんきん　蘇舜欽(古聖賢像傳略)　342

そしょく　蘇軾（晩笑堂画傳）345
そしょく　蘇軾（古聖賢像傳略）346
そしょく　蘇軾（新刻歴代聖賢像賛）346
そしん　蘇秦（博古葉子）33
そてつ　蘇轍（晩笑堂画傳）347
そぶ　蘇武（無雙譜）91
それんこう　楚蓮香（百美新詠）303
そんえん　孫炎（晩笑堂画傳）422
そんけん　孫堅（絵図三国演義）494
そんけん　孫権（絵図三国演義）494
そんけん　孫権（英雄譜）495
そんけん　孫権（英雄譜）497
そんけん　孫権<呉大帝>（歴代古人像賛）168
そんごくう　孫悟空（新刻出像官版西遊記）513
そんごくう　孫悟空（李卓吾批評西遊記）514
そんごくう　孫悟空（出像古本西遊證道書）515
そんごくう　孫悟空（楊東来先生批評西游記）516
そんさく　孫策（無雙譜）171
そんさく　孫策（絵図三国演義）494
そんじじょう　孫二娘（水滸図賛）540
そんじじょう　孫二娘（水滸葉子）540
そんじじょう　孫二娘（天罡地煞図）541
そんしゃく　孫綽（於越先賢像傳賛）190
そんしん　孫新（水滸図賛）543
そんぴん　孫臏（百将図傳）28
そんぶ　孫武（百将図傳）28
そんふじん　孫夫人（百美新詠）169
そんふじん　孫夫人（絵図三国演義）498
そんふじん　孫夫人（英雄譜）499

た

たいき　戴逵（於越先賢像傳賛）190
たいきょう　太姜（古列女傳）15
たいこうぼう　太公望（古聖賢像傳略）11
たいこうぼう　太公望（歴代古人像賛）11
たいこうぼう　太公望（百将図傳）12
たいじ　太姒（古列女傳）15
たいじん　太任（古列女傳）15
たいそう　戴宗（天罡地煞図）532
たいそう　戴宗（水滸葉子）518
たいそう　戴宗（水滸図賛）519
たいはく　太伯（古列女傳）15
たいはく　太伯（三才図会）14
たくおうそん　卓王孫（博古葉子）96
たくぶんくん　卓文君（博古葉子）96
たくぶんくん　卓文君（百美新詠）97
だっき　妲己（古列女傳）6
だんしげん　段志玄（凌烟閣功臣図）245
だんどうせい　檀道済（三才図会）196
たんぼくし　端木賜（聖賢像賛）45
ちくりんしちけん　竹林七賢（程氏墨苑）199
ちょううん　朝雲（百美新詠）348
ちょううん　趙雲（絵図三国演義）492
ちょううん　趙雲（英雄譜）493
ちょうおう　張横（水滸図賛）557
ちょうきゅうれい　張九齢（新刻歴代聖賢像賛）284
ちょうきゅうれい　張九齢（晩笑堂画傳）284
ちょうきょういん　趙匡胤<宋太宗>（古雑劇）328
ちょうきょういん　趙匡胤（新刻歴代聖賢像賛）329
ちょうきょく　張旭（呉郡名賢図傳賛）287
ちょうくんずい　張君瑞（奇妙全釈西廂記）468
ちょうくんずい　張君瑞（閔刻西廂記）469
ちょうくんずい　張君瑞（雅趣蔵書）470
ちょうくんずい　張君瑞（南西廂記）470
ちょうけん　張騫（無雙譜）94
ちょうこう　張郃（絵図三国演義）512
ちょうこうきん　張公謹（凌烟閣功臣図）252
ちょうこうげい　張公藝（古聖賢像傳略）315
ちょうこうこう　張好好（柳枝集）309
ちょうこうこう　張紅紅（百美新詠）281
ちょうごうとく　趙合徳（百美新詠）100
ちょうごじょう　趙五娘（李卓吾批評琵琶記）472
ちょうごじょう　趙五娘（第七才子書）473
ちょうごじょう　趙五娘（玩虎軒琵琶記）474
ちょうさい　張載（新刻歴代聖賢像賛）361
ちょうさい　張載（晩笑堂画傳）361
ちょうじゅうこく　趙充国（古聖賢像傳略）114
ちょうじゅん　張巡（新刻歴代聖賢像賛）265
ちょうじゅん　張巡（晩笑堂画傳）265
ちょうじゅん　張順（水滸図賛）557
ちょうじゅん　張順（水滸葉子）557
ちょうしょうぎょう　張承業（無雙譜）323
ちょうしょく　張栻（聖賢像賛）368
ちょうしょく　張栻（晩笑堂画傳）368
ちょうせい　張清（水滸図賛）558
ちょうせい　張青（水滸図賛）540
ちょうせい　張青（天罡地煞図）541
ちょうせん　貂蝉（絵図三国演義）480
ちょうそんじゅんとく　長孫順徳（凌烟閣功臣図）249

ちょうそんぶき	長孫無忌(凌烟閣功臣図)	232
ちょうそんぶき	長孫無忌(新刻歴代聖賢像賛)	233
ちょうちゅう	張中(晩笑堂画傳)	419
ちょうとくしょう	張徳勝(晩笑堂画傳)	413
ちょうとくしょう	趙徳勝(晩笑堂画傳)	411
ちょうひ	張飛(絵図三国演義)	476
ちょうひ	張飛(英雄譜)	477
ちょうひ	張飛(英雄譜)	481
ちょうひ	張飛(英雄譜)	491
ちょうひえん	趙飛燕(百美新詠)	100
ちょうふ	趙普(新刻歴代聖賢像賛)	332
ちょうほうよく	張鳳翼(呉郡名賢図傳賛)	431
ちょうほし	晁補之(古聖賢像傳略)	343
ちょうもうふ	趙孟頫(古聖賢像傳略)	388
ちょうもうふ	趙孟頫(新刻歴代聖賢像賛)	388
ちょうらい	張耒(古聖賢像傳略)	342
ちょうりょう	張亮(凌烟閣功臣図)	250
ちょうりょう	張良(無雙譜)	80
ちょうりょう	張良(晩笑堂画傳)	81
ちょうりょう	張遼(絵図三国演義)	511
ちょうれいか	張麗華(百美新詠)	213
ちょすいりょう	褚遂良(新刻歴代聖賢像賛)	228
ちょはっかい	猪八戒(新刻出像官版西遊記)	513
ちょはっかい	猪八戒(李卓吾批評西遊記)	514
ちんえんえん	陳圓圓(秦淮八艶図詠)	445
ちんえんえん	陳圓圓(秦淮八艶図詠)	445
ちんこう	陳后(百美新詠)	87
ちんこう	陳亢(聖賢像賛)	62
ちんこうじゅ	陳洪綬(三不朽図賛)	437
ちんしゅん	陳俊(雲台二十八将図)	137
ちんしりゅう	陳子龍(古聖賢像傳略)	443
ちんとう	陳東(無雙譜)	374
ちんぶてい	陳武帝(歴代古人像賛)	212
ちんぺい	陳平(博古葉子)	83
ていい	程頤(新刻歴代聖賢像賛)	360
ていい	程頤(事林広記)	360
ていい	程頤(晩笑堂画傳)	360
ていきつ	鄭吉(於越先賢像傳賛)	106
ていきょふ	程鉅夫(新刻歴代聖賢像賛)	386
ていげん	丁原(絵図三国演義)	486
ていこう	程顥(事林広記)	359
ていこう	程顥(新刻歴代聖賢像賛)	359
ていこう	程顥(晩笑堂画傳)	359
でいこう	祢衡(四声猿)	482
でいこう	祢衡(絵図三国演義)	482
でいこう	祢衡(英雄譜)	483
ていこく	鄭国(聖廟祀典図考)	60
ていししょう	鄭思肖(呉郡名賢図傳賛)	393
ていちせつ	程知節(凌烟閣功臣図)	253
ていてんじゅ	鄭天寿(水滸図賛)	544
ていとくこう	丁徳興(晩笑堂画傳)	412
ていふろう	丁普郎(晩笑堂画傳)	418
ていらん	丁蘭(古聖賢像傳略)	155
てきこく	狄黒(聖賢像賛)	61
てきじんけつ	狄仁傑(晩笑堂画傳)	263
てきじんけつ	狄仁傑(無雙譜)	263
てきせい	狄青(晩笑堂画傳)	337
てきせい	狄青(百将図傳)	337
とうあん	陶安(三才図会)	408
とうあん	陶安(晩笑堂画傳)	408
とういん	唐寅(呉郡名賢図傳賛)	429
とうう	鄧禹(雲台二十八将図)	134
とうう	鄧禹(三才図会)	134
とうえい	董永(古聖賢像傳略)	154
とうえんめい	陶淵明(歴代古人像賛)	191
とうえんめい	陶淵明(晩笑堂画傳)	192
とうえんめい	陶淵明(博古葉子)	193
とうがい	鄧艾(絵図三国演義)	508
とうがい	鄧艾(英雄譜)	509
とうかん	陶侃(古聖賢像傳略)	201
とうぎ	竇儀(三才図会)	332
とうきしょう	董其昌(古聖賢像傳略)	438
とうけん	唐倹(凌烟閣功臣図)	257
とうけん	董賢(無雙譜)	116
とうけんそう	唐憲宗(歴代古人像賛)	279
とうげんそう	唐玄宗(集古像賛)	267
とうげんそう	唐玄宗(古雑劇)	269
とうこう	竇后(百美新詠)	225
とうこうけい	陶弘景(仙佛奇踪)	209
とうこうそ	唐高祖(新刻歴代聖賢像賛)	225
とうじゃくぼう	湯若望(支那図説)	452
とうしょうえん	董小宛(秦淮八艶図詠)	440
とうせんそう	唐宣宗(歴代古人像賛)	279
とうたいそう	唐太宗(新刻出像官版西遊記)	236
とうたいそう	唐太宗(歴代古人像賛)	226
とうたいそう	唐太宗(集古像賛)	227
とうたいそう	唐太宗(新刻歴代聖賢像賛)	227
とうたく	董卓(絵図三国演義)	478
とうたく	董卓(英雄譜)	479
とうちゅうじょ	董仲舒(聖賢像賛)	90

とうつう 鄧通（博古葉子） 112
とうとくそう 唐徳宗（集古像賛） 278
とうひ 董妃（絵図三国演義） 500
とうひ 董妃（英雄譜） 501
とうぶそう 唐武宗（三才図会） 280
とうへい 董平（水滸葉子） 526
とうへい 董平（天罡地煞図） 526
とうへい 董平（水滸図賛） 527
とうぼうさく 東方朔（無雙譜） 88
とうぼうさく 東方朔（晩笑堂画傳） 89
とうゆ 鄧愈（三才図会） 401
とうゆ 鄧愈（晩笑堂画傳） 401
とうよう 桃葉（百美新詠） 189
とうわ 湯和（三才図会） 402
とうわ 湯和（晩笑堂画傳） 402
とじょかい 杜如晦（凌烟閣功臣図） 235
とほ 杜甫（晩笑堂画傳） 292
とほ 杜甫（新刻歴代聖賢像賛） 293
とほ 杜甫（博古葉子） 293
とぼく 杜牧（晩笑堂画傳） 308
とぼく 杜牧（柳枝集） 309
とも 杜茂（雲台二十八将図） 139
とよ 杜預（絵図三国演義） 173
どよ 杜預（絵図三国演義） 173
とれいじょう 杜麗娘（原本還魂記） 466

な

なんきゅうかつ 南宮括（聖廟祀典図考） 49
にきょう 二喬（百美新詠） 170
にんこう 任光（雲台二十八将図） 144
にんじんはつ 任仁發（呉郡名賢図傳賛） 393
ねいせき 寧戚（古聖賢像傳略） 31

は

ばいぎょうしん 梅堯臣（古聖賢像傳略） 342
はいたく 裴度（新刻歴代聖賢像賛） 276
ばいひ 梅妃（百美新詠） 270
ばえん 馬援（三才図会） 121
ばえん 馬援（百将図傳） 121
はくい 伯夷（古聖賢像傳略） 13
はくい 伯夷（三才図会） 13
はくがん 伯顔（新刻歴代聖賢像賛） 384
はくがん 伯顔（百将図傳） 384
はくきょい 白居易（集古像賛） 300
はくきょい 白居易（晩笑堂画傳） 300
はくきょい 白居易（古雑劇） 301
はくけい 白圭（博古葉子） 36
ばくけいじゅ 莫瓊樹（百美新詠） 182
はくけん 伯虔（聖廟祀典図考） 54
はくりけい 百里奚（博古葉子） 27
ばこうごう 馬皇后（晩笑堂画傳） 396
ばしゅてい 馬守貞（秦淮八艶図詠） 439
ばしょく 馬謖（絵図三国演義） 510
ばせい 馬成（雲台二十八将図） 135
ばっき 末喜（古列女傳） 4
ばぶ 馬武（雲台二十八将図） 150
ばぶんしょう 馬文升（三才図会） 425
はんこ 班固（古聖賢像傳略） 124
はんしゅ 樊須（聖賢像賛） 52
ばんしゅう 萬修（雲台二十八将図） 147
はんしょ 范雎（石索） 33
はんしょう 班昭（晩笑堂画傳） 125
はんしょう 班昭（無雙譜） 125
はんしょうよ 班婕妤（百美新詠） 100
はんしょうよ 班婕妤（晩笑堂画傳） 101
はんすい 范雎（石索） 33
はんずい 樊瑞（水滸葉子） 528
はんずい 樊瑞（水滸図賛） 529
はんそ 樊素（百美新詠） 303
はんちゅうえん 范仲淹（聖廟祀典図考） 334
はんちゅうえん 范仲淹（新刻歴代聖賢像賛） 334
はんちょう 班超（無雙譜） 123
はんちょう 班超（百将図傳） 124
はんぼう 范滂（三才図会） 126
はんれい 范蠡（於越先賢像傳賛） 18
はんれい 范蠡（博古葉子） 18
ひい 費禕（絵図三国演義） 510
ひかん 比干（古聖賢像傳略） 7
びし 微子（古聖賢像傳略） 7
ひたんきょく 費丹旭（東軒吟社画像） 451
ひとう 邳彤（雲台二十八将図） 149
びふじん 麋夫人（絵図三国演義） 498
ひゃくりけい 百里奚（博古葉子） 27
ひょうい 馮異（雲台二十八将図） 142
びわ 琵琶（百美新詠） 364
びんおうしんち 閩王審知（三才図会） 320
びんおうしんち 閩王審知（歴代古人像賛） 320
びんそん 閔損（聖廟祀典図考） 44

ふうい　馮異(雲台二十八将図)　142
ふうこくよう　馮国用(晩笑堂画傳)　411
ふうしょう　馮勝(晩笑堂画傳)　415
ふうどう　馮道(無雙譜)　322
ふうむてい　馮夢禎(古聖賢像傳略)　438
ぶえんのおんな　無塩女〈鍾離春〉(古列女傳)　26
ぶえんのおんな　無塩女〈鍾離春〉(石索)　26
ぶかん　豊干(仙佛奇踪)　312
ふくこうごう　伏皇后(絵図三国演義)　500
ふくしせん　宓子賎(聖賢像賛)　48
ふくしょう　伏勝〈伏生〉(無雙譜)　115
ふくせい　伏生〈伏勝〉(無雙譜)　115
ふしゅん　傅俊(雲台二十八将図)　140
ぶしょう　武松(水滸図賛)　530
ぶしょう　武松(水滸葉子)　531
ぶしょう　武松(天罡地煞図)　531
ふせつ　傅説(三才図会)　5
ぶっとちょう　佛図澄(仙佛奇踪)　181
ふばし　巫馬施(聖廟祀典図考)　52
ふひつ　富弼(新刻歴代聖賢像賛)　335
ふびらい　フビライ(集古像賛)　380
ふびらい　フビライ(古先君臣図鑑)　381
ふゆうとく　傅友徳(晩笑堂画傳)　405
ぶんか　文嘉(呉郡名賢図傳賛)　433
ぶんげんはく　文彦博(集古像賛)　335
ぶんげんはく　文彦博(新刻歴代聖賢像賛)　335
ぶんしゅう　文醜(絵図三国演義)　484
ぶんしんもう　文震孟(呉郡名賢図傳賛)　432
ぶんちょうめい　文徴明(三才図会)　432
ぶんちょうめい　文徴明(呉郡名賢図傳賛)　433
ぶんてんしょう　文天祥(晩笑堂画傳)　377
ぶんてんしょう　文天祥(無雙譜)　377
ぶんはくじん　文伯仁(呉郡名賢図傳賛)　433
ぶんぽう　文彭(呉郡名賢図傳賛)　433
へいきつ　丙吉(古聖賢像傳略)　114
べいふつ　米芾(新刻歴代聖賢像賛)　341
べんこん　卞壼(古聖賢像傳略)　202
べんさい　卞賽(秦淮八艶図詠)　438
ぼうげんれい　房玄齢(凌烟閣功臣図)　242
ぼうげんれい　房玄齢(歴代古人像賛)　243
ほうこうじゅ　方孝孺(三才図会)　428
ほうじ　褒姒(古列女傳)　15
ほうじ　褒姒(百美新詠)　16
ほうじょう　包拯(新刻歴代聖賢像賛)　336
ほうじょう　包拯(歴代古人像賛)　336
ほうせん　邦巽(聖廟祀典図考)　61
ほうとく　龐徳(絵図三国演義)　512
ほうとくこう　龐徳公(晩笑堂画傳)　132
ぼくこう　穆弘(水滸図賛)　548
ぼくこう　穆弘(水滸葉子)　549
ぼくしき　卜式(古聖賢像傳略)　112
ぼくしき　卜式(博古葉子)　113
ぼくしん　濮眞(晩笑堂画傳)　418
ほしゅくじょう　歩叔乗(聖廟祀典図考)　63
ほてい　布袋(仙佛奇踪)　314

ま

まておりっち　〈マテオリッチ〉利瑪竇(支那図説)　444
みょうぎょく　妙玉(紅楼夢図詠)　577
みょうぎょく　妙玉(新鐫繡像全部紅楼夢)　577
みんせいそ　明成祖〈永楽帝〉(三才図会)　397
みんせそう　明世宗(三才図会)　397
みんたいそ　明太祖〈朱元璋〉(三才図会)　396
もうかく　孟獲(七勝記)　490
もうこう　孟光(古列女傳)　152
もうこう　孟郊(歴代古人像賛)　296
もうこうねん　孟浩然(晩笑堂画傳)　286
もうさいじん　孟才人(百美新詠)　280
もうし　孟子(三才図会)　65
もうし　孟子(古列女傳)　66
もうしょうくん　孟嘗君(博古葉子)　31
もうちょう　毛萇(聖賢像賛)　108
もうぼ　孟母(古列女傳)　66
もくえい　沐英(三才図会)　403
もくえい　沐英(晩笑堂画傳)　403
もくらん　木蘭(無雙譜)　211

や

やりつそざい　耶律楚材(新刻歴代聖賢像賛)　382
やりつそざい　耶律楚材(三才図会)　383
やりつそざい　耶律楚材(集古像賛)　383
ゆうさんしゃ　尤三姐(紅楼夢図詠)　578
ゆうさんしゃ　尤三姐(新評繡像紅楼夢全傳)　578
ゆうじゃく　有若(聖賢像賛)　52
ゆうどう　尤侗(呉郡名賢図傳賛)　449
ゆつうかい　兪通海(晩笑堂画傳)　413
よういっせい　楊一清(古聖賢像傳略)　437
よういてい　楊維楨(呉郡名賢図傳賛)　393

ようえい　楊栄（三才図会）　427
ようき　銚期（雲台二十八将図）　148
ようきひ　楊貴妃（百美新詠）　268
ようきひ　楊貴妃（古雑劇）　269
ようけい　楊炯（晩笑堂画傳）　282
ようけいせい　楊継盛（晩笑堂画傳）　434
ようこ　羊祜（無雙譜）　172
ようこうごう　羊皇后（百美新詠）　204
ようし　楊志（天罡地煞図）　526
ようし　楊志（水滸葉子）　532
ようし　楊志（水滸図賛）　533
ようじ　楊時（聖賢像賛）　362
ようじ　楊時（晩笑堂画傳）　362
ようしき　楊士奇（三才図会）　427
ようじょう　窅娘（百美新詠）　324
ようしん　楊震（三才図会）　130
ようすう　姚崇（新刻歴代聖賢像賛）　264
ようすう　姚枢（新刻歴代聖賢像賛）　385
ようそ　楊素（百将図傳）　219
ようちん　葉琛（晩笑堂画傳）　420
ようほ　楊溥（三才図会）　427
ようむとく　葉夢得（古聖賢像傳略）　343
ようゆう　楊雄（三才図会）　107
ようゆう　楊雄（歴代古人像賛）　107
よじょう　豫譲（石索）　32

ら

らいおう　雷横（水滸図賛）　546
らいおう　雷横（水滸葉子）　546
らくひんのう　駱賓王（晩笑堂画傳）　283
らじゅうげん　羅従彦（晩笑堂画傳）　363
らんていしゅうけいず　蘭亭修禊図（程氏墨苑）　187
りいく　李煜〈李後主〉（三才図会）　319
りいく　李煜〈李後主〉（歴代古人像賛）　319
りおう　李応（水滸図賛）　551
りおう　李応（水滸葉子）　551
りが　李賀（晩笑堂画傳）　306
りがん　李紈（紅楼夢図詠）　575
りがん　李紈（新鐫繡像全部紅楼夢）　575
りき　李綺（新鐫繡像全部紅楼夢）　575
りき　李逵（水滸図賛）　534
りき　李逵（水滸葉子）　535
りき　李逵（天罡地煞図）　535
りき　驪姫（古列女傳）　34
りきじゅ　李亀寿（剣侠傳）　462
りくう　陸羽（古聖賢像傳略）　296
りくか　陸賈（古聖賢像傳略）　109
りくきゅうえん　陸九淵（新刻歴代聖賢像賛）　365
りくきゅうえん　陸九淵（聖賢像賛）　365
りくきゅうえん　陸九淵（晩笑堂画傳）　365
りくこう　陸抗（古聖賢像傳略）　173
りくし　陸贄（新刻歴代聖賢像賛）　276
りくじ　陸治（呉郡名賢図傳賛）　430
りくゆう　陸游（列仙酒牌）　378
りくゆう　陸游（古聖賢像傳略）　379
りこう　李綱（古聖賢像傳略）　375
りこう　李綱（新刻歴代聖賢像賛）　375
りこう　李廣（古聖賢像傳略）　103
りこう　李廣（百将図傳）　103
りこう　李沆（新刻歴代聖賢像賛）　336
りこうきょう　李孝恭（凌烟閣功臣図）　234
りこうくん　李香君（秦淮八艶図詠）　439
りこうしゅ　李後主〈李煜〉（三才図会）　319
りこうしゅ　李後主〈李煜〉（歴代古人像賛）　319
りこうひつ　李光弼（新刻歴代聖賢像賛）　274
りこうりん　李公麟（古聖賢像傳略）　343
りしし　李師師（李卓吾批評忠義水滸傳）　331
りじせい　李自成（北京）　446
りしゅん　李俊（水滸図賛）　552
りしゅん　李俊（水滸葉子）　552
りしょういん　李商隠（晩笑堂画傳）　308
りせい　李靖（凌烟閣功臣図）　239
りせい　李靖（継志斎紅拂記）　465
りせい　李晟（新刻歴代聖賢像賛）　274
りせいしょう　李清照（歴朝名媛詩詞）　344
りせいのむすめ　李勢女（百美新詠）　177
りせいみん　李世民〈唐太宗〉（歴代古人像賛）　226
りせいみん　李世民〈唐太宗〉（集古像賛）　227
りせいみん　李世民〈唐太宗〉（新刻歴代聖賢像賛）　227
りせき　李勣（凌烟閣功臣図）　258
りせき　李勣（新刻歴代聖賢像賛）　259
りぜんちょう　李善長（晩笑堂画傳）　416
りそんきょく　李存勗〈後唐荘宗〉（三才図会）　317
りちゅう　李忠（雲台二十八将図）　145
りとう　李侗（晩笑堂画傳）　363
りとうよう　李東陽（三才図会）　434
りとくゆう　李徳裕（新刻歴代聖賢像賛）　316
りはく　李白（晩笑堂画傳）　294
りはく　李白（無雙譜）　295

りはく　李白(歴代古人像賛) 295
りふじん　李夫人(百美新詠) 86
りぶんちゅう　李文忠(三才図会) 400
りぶんちゅう　李文忠(晩笑堂画傳) 400
りまとう　利瑪竇(支那図説) 444
りゅうあんせい　劉安世(晩笑堂画傳) 354
りゅういん　劉因(新刻歴代聖賢像賛) 385
りゅううしゃく　劉禹錫(呉郡名賢図傳賛) 297
りゅううしゃく　劉禹錫(晩笑堂画傳) 297
りゅうかけい　柳下惠(古列女傳) 20
りゅうかけい　柳下惠(古聖賢像傳略) 20
りゅうかけいのつま　柳下惠妻(古列女傳) 20
りゅうき　劉基(三才図会) 406
りゅうき　劉基(晩笑堂画傳) 406
りゅうきょう　劉向(古聖賢像傳略) 116
りゅうこうけん　柳公権(新刻歴代聖賢像賛) 277
りゅうこうそん　劉孝孫(古聖賢像傳略) 222
りゅうさいしゅん　劉采春(百美新詠) 304
りゅうし　柳氏(百美新詠) 289
りゅうしょう　劉璋(絵図三国演義) 487
りゅうじょぜ　柳如是(秦淮八艶図詠) 440
りゅうじん　劉諶(無雙譜) 162
りゅうせいかい　劉政会(凌烟閣功臣図) 256
りゅうぜん　劉禪(絵図三国演義) 492
りゅうそうげん　柳宗元(集古像賛) 299
りゅうそうげん　柳宗元(晩笑堂画傳) 299
りゅうちえん　劉知遠〈後漢高祖〉(三才図会) 317
りゅうちょうけい　劉長卿(晩笑堂画傳) 306
りゅうとう　劉唐(水滸図賛) 537
りゅうとう　劉唐(水滸葉子) 537
りゅうとう　劉唐(天罡地煞図) 537
りゅうび　劉備(英雄譜) 489
りゅうび　劉備(英雄譜) 499
りゅうび　劉備(集古像賛) 158
りゅうび　劉備(絵図三国演義) 476
りゅうび　劉備(英雄譜) 477
りゅうび　劉備(英雄譜) 481
りゅうび　劉備(英雄譜) 491
りゅうひょう　劉表(絵図三国演義) 487
りゅうへいちゅう　劉秉忠(新刻歴代聖賢像賛) 385
りゅうほう　劉邦〈漢高祖〉(三才図会) 78
りゅうほう　劉邦〈漢高祖〉(集古像賛) 78
りゅうほう　劉邦〈漢高祖〉(晩笑堂画傳) 79
りゅうむばい　柳夢梅(原本還魂記) 467
りゅうりゅう　劉隆(雲台二十八将図) 152
りよう　李膺(三才図会) 126
りょうえいちゅう　廖永忠(晩笑堂画傳) 415
りょうこう　梁鴻(古列女傳) 152
りょうしょく　劉植(雲台二十八将図) 149
りょうせん　梁鱣(聖廟祀典図考) 53
りょうぶてい　梁武帝(歴代古人像賛) 207
りょくじゅ　緑珠(無雙譜) 185
りょそけん　呂祖謙(聖賢像賛) 369
りょそけん　呂祖謙(聖廟祀典図考) 369
りょふ　呂布(絵図三国演義) 480
りょふ　呂布(英雄譜) 481
りょふい　呂不韋(博古葉子) 35
りょもう　呂蒙(絵図三国演義) 511
りょもうせい　呂蒙正(新刻歴代聖賢像賛) 333
りりゅうほう　李流芳(呉郡名賢図傳賛) 430
りりょうみん　李龍眠〈李公麟〉(古聖賢像傳略) 343
りんしょうじょ　藺相如(山東沂南画像石) 30
りんしょうじょ　藺相如(石索) 30
りんたいぎょく　林黛玉(紅楼夢散套) 562
りんたいぎょく　林黛玉(紅楼夢図詠) 563
りんたいぎょく　林黛玉(新評繡像紅楼夢全傳) 563
りんちゅう　林冲(水滸葉子) 520
りんちゅう　林冲(水滸図賛) 521
りんなせい　林和靖〈林逋〉(古聖賢像傳略) 338
りんなせい　林和靖〈林逋〉(列仙酒牌) 338
りんぽ　林逋(古聖賢像傳略) 338
りんぽ　林逋(列仙酒牌) 338
りんぽう　林放(聖賢像賛) 63
れいけん　冷謙(晩笑堂画傳) 417
れんきけん　廉希憲(新刻歴代聖賢像賛) 386
れんけつ　廉潔(聖賢像賛) 60
ろうし　老子(列仙酒牌) 67
ろうし　老子(古聖賢像傳略) 68
ろうらいし　老莱子(博古葉子) 27
ろしゅく　魯肅(絵図三国演義) 502
ろしゅんぎ　盧俊義(水滸葉子) 524
ろしゅんぎ　盧俊義(天罡地煞図) 524
ろしゅんぎ　盧俊義(水滸図賛) 525
ろしょうりん　盧昭鄰(晩笑堂画傳) 282
ろちしん　魯智深(水滸図賛) 530
ろちしん　魯智深(水滸葉子) 531
ろちしん　魯智深(天罡地煞図) 531
ろちゅうれん　魯仲連(古聖賢像傳略) 29